France
Frankrijk
Francia
Frankreich
Frankrike
Francja

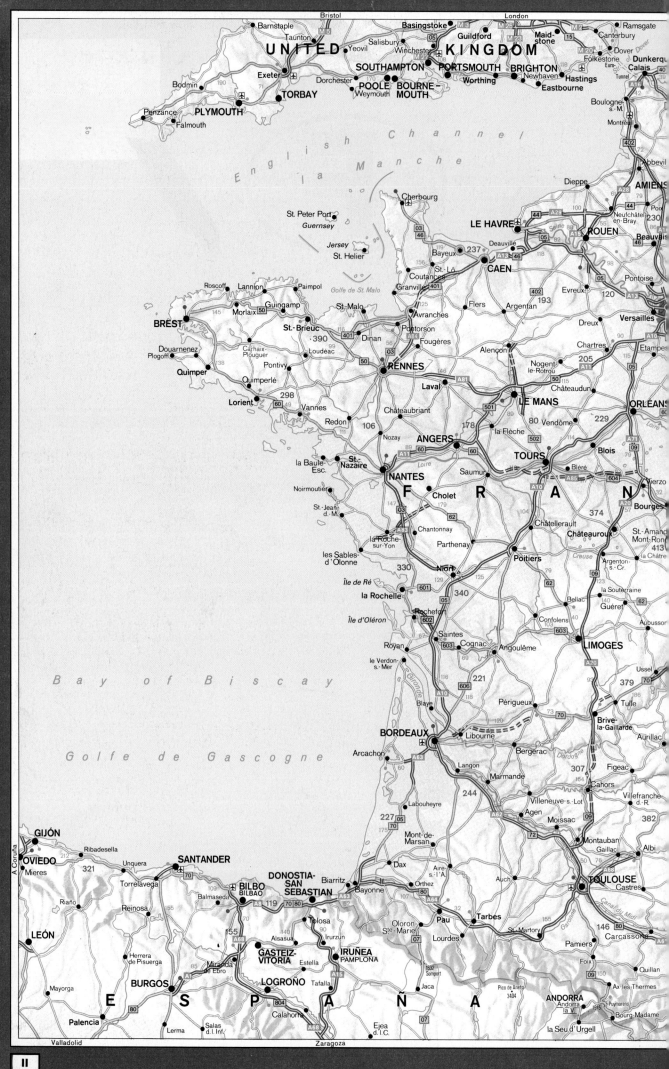

III

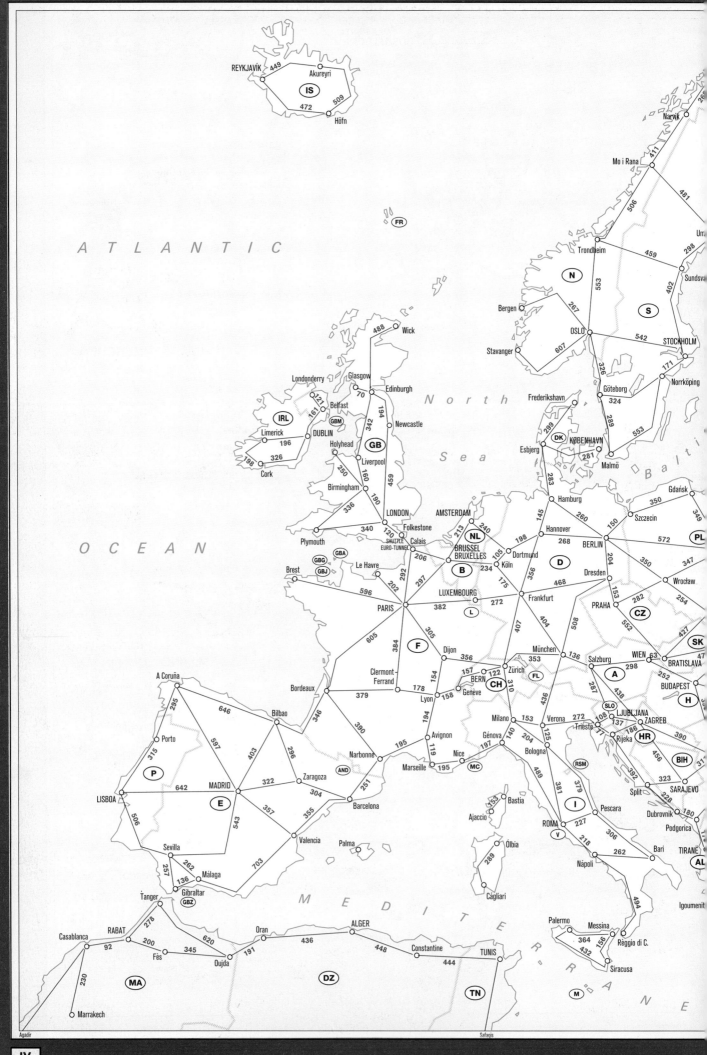

Tromsø

Murmansk

Arhangel'sk

640

Kemi

113

429

Oulu

320

529

FIN

Vaasa

423

334

391

167

Turku

308

HELSINKI

TALLINN

EST

359

S.-Peterburg

Vologda

694

445

791

588

Nižnij Novgorod

571

773

RÎGA

LV

375

291

625

417

MOSKVA

RUS

Perm

300

Ekaterinburg

230

Čeljabinsk

309

Kostanaj

386

Ufa

461

Samara

257

Ațtöbe

Oral

474

KZ

LT

VILNIUS

353

185

277

Smolensk

367

Orel

1025

Kaliningrad

RUS

MINSK

BY

345

599

313

WARSZAWA

195

Brest

262

452

Zarizyn

506

Atyrau

352

285

381

Rivne

327

KYJIV

478

Charkiv

465

496

425

Kraków

338

366

223

L'viv

600

UA

Astrahan'

Košice

500

Černivci

477

Rostov

267

314

296

MD

179

830

221

729

410

CHIŞINĂU

Odesa

Krasnodar

Vladikavkaz

692

Turkmenbaši

TM

Cluj-Napoca

439

RO

431

201

Kutaisi

TBILISI

BAKI

BEOGRAD

442

BUCUREŞTI

262

Constanţa

Black   Sea

GE

324

AZ

ARM

262

YU

397

277

160

Varna

327

JEREVAN

163

AZ

BG

138

270

Samsun

Trabzon

272

Naxçıvan

382

220

SOFIJA

Plovdiv

407

İstanbul

409

363

178

Tabrīz

595

TEHRĀN

SKOPJE

244

95

Kocaeli

510

Van

MK

666

339

ANKARA

773

Elâzığ

420

Cizre

461

154

Thessaloniki

490

545

491

559

IR

310

365

İzmir

Adana

282

570

Bähtarän

390

Lárissa

GR

451

Halab

1030

Eşfahän

Patra 214

ATHÍNA

Antalya

555

352

SYR

IRQ

BAĞDĀD

AN

Hania

Iraklio

146

LEFKOŞA

LEFKOŞIA

CY

86

Lemesós

BAYRUT

RL

101

DIMASHQ

852

Ābādān

SEA

YERUSHALAYIM AL-QUDS

Al-Başra

Omsk

Karagandy

TOŠKENT

UZ

Maşhad

AŞGABAT

Caspian   Sea

Ṣirāz

V

Sommaire · Inhoud · Indice · Índice
Inhaltsverzeichnis · Contents · Innehållsförteckning · Spis treści

Légende · Legenda
Segni convenzionali · Signos convencionales
1:300.000

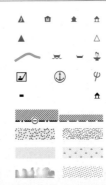

CIRCULATION - VERKEER | COMUNICAZIONI - TRAFICO

(F) (NL)

(I) (E)

Autoroute avec échangeur - Demi-échangeur - Poste d´essence - Restaurant - avec motel
Autosnelweg met op- en afritten - met of oprit of afrit - Benzinestation - Restaurant - met motel
Autostrada con raccordi - Semi-raccordo - Stazione di servizio - Restaurante - con motel
Autopista con enlace Medio enlace - Estación de servicio - Ristorante - con motel

Seulement une chaussée - en construction - en projet
Slechts een rijbaan - in aanleg - gepland
Solo una carreggiate - in costruzione - progettata
Soló una calzada - en construcción - en proyecto

Route à quatre ou plusieurs voies, à une ou deux chaussées - en construction
Weg met vier of meer rijstroken, een of twee rijbanen - in aanleg
Strada a quattro o più corsie, a una o due carreggiate - in costruzione
Carretera de cuatro o más carriles, de una o dos calzadas - en construcción

Route nationale - Route principale importante - en construction
Rijksweg - Belangrijke hoofdweg - in aanleg
Strada statale - Strada principale di particolare importanza - in costruzione
Carretera nacional - Carretera principal importante - en construction

Route principale - Route secondaire
Hoofdweg - Overige verharde wegen
Strada principale - Strada secondaria
Carretera principal - Carretera secundaria

Chemin carrossable (pratibilité non assurèe) - Sentièr
Weg (beperkt berijdbaar) - Voetpad
Strada carrozzabile (non sempre percorribile) - Sentiero
Camino vecinal (sólo transitable con restricciones) - Sendéro

Etat des routes: route sans revêtement - route en très mauvais état
Toestand van het wegdek: onverhard - zeer slecht
Stato delle strade: senza rivestimento antipolvere - in cattive condizioni
Estado de las carreteras: polvoriento - muy malo

Numération des routes - Numéro des routes européennes
Wegnummering - Europawegnummer
Numerazione delle strade - Numero di strada europea
Numeración de carreteras - Número de carretera europea

A 5   4   127   E 80

Côte - Col fermé en hiver (de - à)
Helling - Pas 's-winters gesloten (van - tot)
Pendenza - Valico con chiusura invernale (da - a)
Pendiente - Carretera de puerto de montana cerrado en invierno (de - a)

10%   X - IV

Non recommandé aux caravans - interdit
Voor caravans niet aanbevolen - verboden
Non raccomandabile alle roulottes - divieto di transito alle roulottes
No aconsejable para caravanas - prohibido

Distances sur autoroutes en km
Afstand in km op autosnelwegen
Distanze chilometrica autostradale
Distancias en kilómetros en autopistas

75   30   45

Distances sur autres routes en km
Afstand op overige wegen in km
Distanze chilometrica su altre strade
Distancias en kilómetros en las demás carreteras

35   25   10

Chemin de fer principal - Chemin de fer secondaire (avec gare ou haltes)
Belangrijke Spoorweg - Spoorweg (met station)
Ferrovia principale - secondaria (con stazione o fermata)
Ferrocarril principal - secondario (con estación o apeadero)

Chemin de fer (trafic de marchandises) - Chemin de fer à crémaillère ou funiculaire
Spoorweg (alleen goederenverkeer) - Tandradbaan of kabelspoorweg
Ferrovia (solo per trasporto merci) - Funicolare o ferroviaa cremagliera
Ferrocarril (sólo para transporte de mercansías) - Funicular o cremallera

Téléphérique - Télésiège - Téléski
Kabelbaan - Stoeltjeslift - Skilift
Funivia - Seggiovia - Sciovia
Teleférico - Telesilla - Telesquí

Navette par voie ferrée pour autos - Ligne maritime
Autoverlading - Scheepvaartlijn
Transporto automobili per ferrovia - Linea di navigazione
Ferrocarril con transporte de automóviles - Linea marítima

Ligne maritime avec transport de voitures - Bac autos (rivière)
Scheepvaartlijn met autovervoer - Autoveer over rivier
F
Linea di navigazione con trasporto auto - Trasporto auto fluviale
Linea marítima con transporte de automóviles - Transportador fluvial de automóviles

Route touristique - Itinéraire pittoresque
Toeristische route - Landschappelijk mooie route
Strada d´interesse turistico - Percorso panoramico
Carretera turística - Recorrido pintoresco

Péage - Route à péage - Route interdite
Tol - Tolweg - Verboden voor auto's
x x x x x
Stazione a barriera - Strada a pedaggio - Strada chiusa al traffico automobilistico
Peaje - Carretera de peaje - Carretera cerrada al tráfico

Aéroport - Aérodrome - Terrain pour vol à voile - Héliport
Luchthaven - Vliegveld - Zweefvliegveld - Heliport
Aeroporto - Campo di atterraggio - Campo di atterraggio per alianti - Eliporto
Aeropuerto - Aeródromo - Aeródromo de planeadores - Helipuerto

CURIOSITES - BEZIENSWAARDIGHEDEN | INTERESSE TURISTICO - CURIOSIDADES

Localité pittoresque
Zeer bezienswaardige plaats
BORDEAUX
Località di grande interesse
Población de especial interés

Localité remarquable
Bezienswaardige plaats
BIARRITZ
Località di notevole interesse
Población de interés

Bâtiment très intéressant
Zeer bezienswaardig gebouw
Cathédral
Costruzione di grande interesse
Monumento artístico de especial interés

Bâtiment remarquable
Bezienswaardig gebouw
Gibeau   les Maurices
Costruzione di notevole interesse
Monumento artístico de interés

Curiosité naturelle intéressant
Zeer bezienswaardig natuurschoon
Grotte de Lascaux
Curiosità naturale particolarmente interessante
Curiosidad natural de notable interés

Autres curiosités
Overige bezienswaardigheden
* Obélisque
Curiosità di altro tipo
Otras curiosidades

Jardin botanique - Jardin zoologique - Parc à gibier
Botanische tuin - Dierentuin - Wildpark
Giardino botanico - Giardino zoologico - Zona faunistica protetta
Jardín botánico - Jardín zoológico - Reserva de animales

Parc national, parc naturel - Point de vue
Nationaal park, natuurpark - Uitzichtpunt
Parco nazionale, parco naturale - Punto panoramico
Parque nacional, parque natural - Vista panorámica

Château- fort, Château - Monastère - Église, chapelle - Ruines
Burcht, slot - Klooster - Kerk, kapel - Ruïnes
Castello - Monastero - Chiesa, cappella - Rovine
Castillo, palacio - Monasterio - Iglesia, capilla - Ruinas

Tour - Tour radio ou télévision - Monument - Grotte
Toren - Radio- of televisietoren - Monument - Grot
Torre - Pilone radio o TV - Monumento - Grotta
Torre - Torre de radio o de TV - Monumento - Cueva

Phare - Bâteau- phare - Moulin à vent
Vuurtoren - Lichtschip - Windmolen
Faro - Nave faro - Molino a vento
Faro - Buque faro - Molino de viento

AUTRES INDICATIONS - OVERIGE INFORMATIE | ALTRI SEGNI - OTROS DATOS

Auberge de jeunesse - Motel - Hôtel ou auberge isolé - Refuge de montagne
Jeugdherberg - Motel - Afgelegen hotel of restaurant - Berghut
Ostella della gioventù - Motel - Albergo o locanda isolati - Rifugio montagna
Albergue de juventud - Motel - Hotel o fonda aislados - Refugio de montana

Terrain de camping, permanent - saisonnier
Camping, het gehele jaar - 's-zomers - Caravanplaats (niet voor tenten)
Campeggio aperto tutto l´anno - stagionale
Camping todo el año - sólo en verano

Plage recommandée - Baignade - Piscine - Station thermale
Strand met zwemgelegenheid - Strandbad - Openlucht- zwembad - Geneeskrachtige badplaats
Spiaggia - Balneare - Piscina (all´aperto) - Terme
Playa - Banos (playa) - Piscina descubierta - Balneario medicinal

Terrain de golf - Port de plaisance - Pêche sous-marine interdite
Golfterrein - Jachthaven - Jagen onder water verboden
Campo da golf - Attraco natanti - Caccia subacquea divieto
Campo de golf - Puerto deportivo - Pesca submarina prohibida

Ferme - Village de vacances
Vrijstaande boerderij - Vakantiedorp
Fattoria isolata - Località di soggiorno
Granja aislada - Centro de vacaciones

Frontière d´Etat - Passage frontalier - Limite des régions
Rijksgrens - Grensovergang - Regionale grens
Confine di stato - Passaggio di frontiera - Frontiera regionale
Frontera de estado - Paso fronterizo - Frontera regional

Mer recouvrant les hauts-fonds - Sable et dunes
Bij eb droogvallende gronden - Zand en duinen
Basso fondale - Sabbia e dune
Costa de aguas bajas - Arena y dunas

Bois - Lande
Bos - Heide
Bosco - Brughiera
Bosque - Brezal

Glacier - Zone interdite
Gletsjer - Verboden gebied
Ghiacciaio - Zona vietata
Glaciar - Zona prohibida

VII

Zeichenerklärung · Legend
Teckenförklaring · Objaśnienia znaków
1:300.000

VERKEHR - TRAFFIC | TRAFIK - KOMUNIKACJA

(D) (GB) … (S) (PL)

Autobahn mit Anschlußstelle - Halbanschlußstelle - Tankstelle - Rasthaus - mit Motel / Motorway with junction - Half junction - Filling station - Restaurant - with motel	Motorväg med trafikplats - Endast av- eller påfart - Bensinstation - Värdshus - med motell / Autostrady z rozjazdami - z częściowymi rozjazdami - Stacje paliw - Restauracje - z motelami
Nur einbahnig - in Bau - geplant / Only single carriageway - under construction - projected	Endast en vägbana - under byggnad - planerad / Autostrady jednojezdniowe - w budowie - projektowane
Vier- oder mehrspurige Autostraße, ein- oder zweibahnig - in Bau / Road with four or more lanes, single or dual carriageway - under construction	Väg med fyra eller flera körfält, en eller två vägbanor - under byggnad / Drogi szybkiego ruchu, cztery pasma i więcej - w budowie
Bundes- bzw. Staats- oder Nationalstraße - Wichtige Hauptstraße - in Bau / National or federal road - Major main road - under construction	Genomfartsled - Viktig huvudled - under byggnad / Przelotowe drogi główne, drogi krajowe - Ważniejsze drogi główne - w budowie
Hauptstraße - Nebenstraße / Main road - Secondary road	Huvudled - Sidogata / Drogi główne - Drogi drugorzędne
Fahrweg (nur bedingt befahrbar) - Fußweg / Practicable road (restricted passage) - Footpath	Väg (delvis användbar för biltrafik) - Vandringsled / Drogi inne (o ograniczonej przejezdności) - Ścieżki
Straßenzustand: nicht staubfrei - sehr schlecht / Road condition: unsealed - very bad	Vägbeskaffenhet: ej dammfritt - mycket dåligt / Stan dróg: drogi pylące - drogi w bardzo złym stanie
Straßennummerierung - Europastraßennummer / Road numbering - European route number	Vägnumrering - Europavägnummer / Numeracja dróg - Europejska numeracja dróg
A5 4 127 E80	
Steigung - Paßstraße mit Wintersperre (von - bis) / Gradient - Mountain pass closed in winter (from - to)	Stigning - Väg över pass med vinterspärrtid (fran - till) / Strome podjazdy - Przełęcze nieprzejezdne zimą (od - do)
10% X - IV	
Für Caravans nicht empfehlenswert - verboten / Not suitable - closed for caravans	Väg ej lämplig för husvagn - spärrad för husvagn / Drogi nie zalecane dla przyczep - zamknięte
Kilometrierung an Autobahnen / Distances on motorways in km	Afstånd i km vid motorvägar / Odległości w kilometrach na autostradach
75 30 45	
Kilometrierung an übrigen Straßen / Distances on other roads in km	Afstånd i km vid övriga vägar / Odległości w kilometrach na innych drogach
35 25 10	
Hauptbahn - Nebenbahn (mit Bahnhof bzw Haltepunkt) / Main railway - Other railway (with station or stop)	Huvudjärnweg - Mindre viktig järnweg (med station resp. hållplats) / Koleje główne - Koleje drugorzędne (z dworcami lub przystankami)
Eisenbahn (nur Güterverkehr) - Zahnrad- oder Standseilbahn / Railway (freight haulage only) - Rackrailway or cabin lift	Järnväg (endast godstransport) - Linbana eller bergbana / Koleje towarowe - Koleje zębate lub Koleje linowo-terenowe
Seilschwebebahn - Sessellift - Skilift / Cable lift - Chair lift - T-bar	Kabinbana - Stollift - Släplift / Koleje linowe (kabinowe)- Wyciągi krzesełkowe - Wyciągi narciarskie
Autoverladung - Schiffahrtslinie / Railway ferry for cars - Shipping route	Järnväg med biltransport - Båtförbindelse / Przeładunek samochodów - Linie żeglugi pasażerskiej
Schiffahrtslinie mit Autotransport - Autofähre an Flüssen / Car ferry route - Car ferry on river	Båtförbindelse med biltransport - Flodfärja / Linie żeglugi promowej - Promy rzeczne
F	
Touristenstraße - Landschaftlich schöne Strecke / Tourist road - Scenic road	Turistled - Naturskön vägstrecka / Drogi turystyczne - Drogi krajobrazowe
Mautstelle - Gebührenpflichtige Straße - für Kfz gesperrt / Toll - Toll road - Road closed for motor traffic	Vägavgift - Avgiftsbelagd väg - Väg sperrad för biltrafik / Pobieranie - Drogi płatne - Zamknięte dla pojazdów silnikowych
Flughafen - Flugplatz - Segelflugplatz - Hubschrauberlandeplatz / Airport - Airfield - Gliding field - Heliport	Större trafikflygplats - Flygplats - Segelflygfält - Landningsplats för helikopter / Lotniska - Lądowiska - Pola szybowcowe - Lądowiska helikopterów

SEHENSWÜRDIGKEITEN - PLACES OF INTEREST | SEVÄRDHETER - INTERESUJĄCE OBIEKTY

Deutsch / English	Symbol	Svenska / Polski
Besonders sehenswerter Ort / Place of particular interest	**BORDEAUX**	Mycket sevärd ort / Miejscowości szczególnie interesujące
Sehenswerter Ort / Place of interest	BIARRITZ	Sevärd ort / Miejscowości interesujące
Besonders sehenswertes Bauwerk / Building of particular interest	Cathédral	Mycket sevärd byggnad / Budowle szczególnie interesujące
Sehenswertes Bauwerk / Interesting building	Gibeau les Maurices	Sevärd byggnad / Budowle interesujące
Besondere Natursehenswürdigkeit / Natural object of particular interest	Grotte de Lascaux	Särskilt intressant natursevärdhet / Szczególnie interesujące obiekty naturalne
Sonstige Sehenswürdigkeit / Other object of interest	* Obélisque	Annan sevärdhet / Inne interesujące obiekty
Botanischer Garten - Zoologischer Garten - Wildgehege / Botanical gardens - Zoological gardens - Game park		Botanisk trädgård - Zoologisk trädgård - Djurpark / Ogrody botaniczne - Ogrody zoologiczne - Zwierzyńce
Nationalpark, Naturpark - Aussichtspunkt / Nature park - Viewpoint		Nationalpark, naturpark - Utsiktsplats / Parki narodowe, parki krajobrazowe - Punkty widokowe
Burg, Schloß - Kloster - Kirche, Kapelle - Ruinen / Castle - Monastery - Church, chapel - Ruins		Borg, slott - Kloster - Kyrka, kapell - Ruiner / Zamki, pałace - Klasztory - Kościoły, Kaplice - Ruiny
Turm - Funk- oder Fernsehturm - Denkmal - Höhle / Tower - Radio- or TV tower - Monument - Cave		Torn - Radio- eller TV- torn - Monument - Grotta / Wieże - Wieże RTV - Pomniki - Jaskinie
Leuchtturm - Feuerschiff - Windmühle / Lighthouse - Lightship - Windmill		Fyr - Fyrskepp - Väderkvarn / Latarnie morskie - Latarniowce - Młyny wietrzne

SONSTIGES - OTHER INFORMATION | ÖVRIGT - INNE INFORMACJE

Jugendherberge - Motel - Alleinstehendes Hotel oder Gasthaus - Berghütte / Youth hostel - Motel - Isolated hotel or inn - Mountain hut	Vandrarhem - Motel - Enslig hotell eller gästgiveri - Raststuga / Schroniska młodzieżowe - Motele - Samotnie stojące hotele lub gościńce - Schroniska górskie
Campingplatz, ganzjährig - nur im Sommer / Camping site, permanent - seasonal	Campingplats hela året - endast under sommaren / Campingi całoroczne - czynne tylko latem
Guter Badestrand - Strandbad - Schwimmbad - Heilbad / Recommended beach - Bathing place - Swimming pool - Spa	Badstrand - Strandbad - Friluftsbad - Badort / Plaże - Kąpieliska - Baseny - Uzdrowiska
Golfplatz - Boots- und Yachthafen - Unterwasserjagd verboten / Golf course - Harbour for boats and yachts - Underwater fishing prohibited	Golfbana - Småbåtshamn - Undervattensjakt förbjuden / Pola golfowe - Porty dla łodzi i żaglówek - Rybołówstwo zabronione
Einzelhof - Feriendorf / Isolated building - Holiday bungalows	Gard - Stugby / Pojedyncze zagrody - Wsie letniskowe
Staatsgrenze - Grenzübergang - Verwaltungsgrenze / International boundary - Border crossing point - Administrative boundary	Statsgräns - Gränsövergång - Regionsgräns / Granice państw - Przejścia graniczne - Granice administracyjne
Wattenmeer - Sand und Dünen / Tidal flat - Sand and dunes	Omrade som torrlägges vid ebb - Sand och dyner / Watty - Piaski i wydmy
Wald - Heide / Forest - Heath	Skog - Hed / Lasy - Wrzosowiska
Gletscher - Sperrgebiet / Glacier - Restricted area	Glaciär - Militärt skyddsomrade / Lodowce - Obszary zamknięte

VIII

Carte d'assemblage · Overzichtskaart · Quadro d'unione · Mapa índice
Kartenübersicht · Key map · Kartöversikt · Skorowidz arkuszy mapy
1:300.000

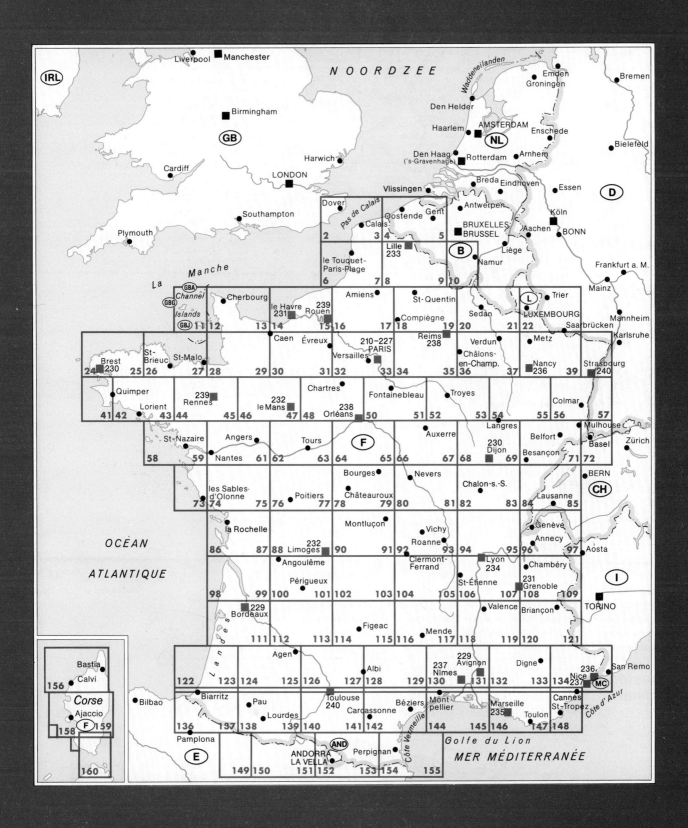

1:300.000

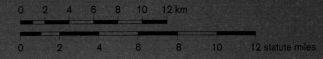

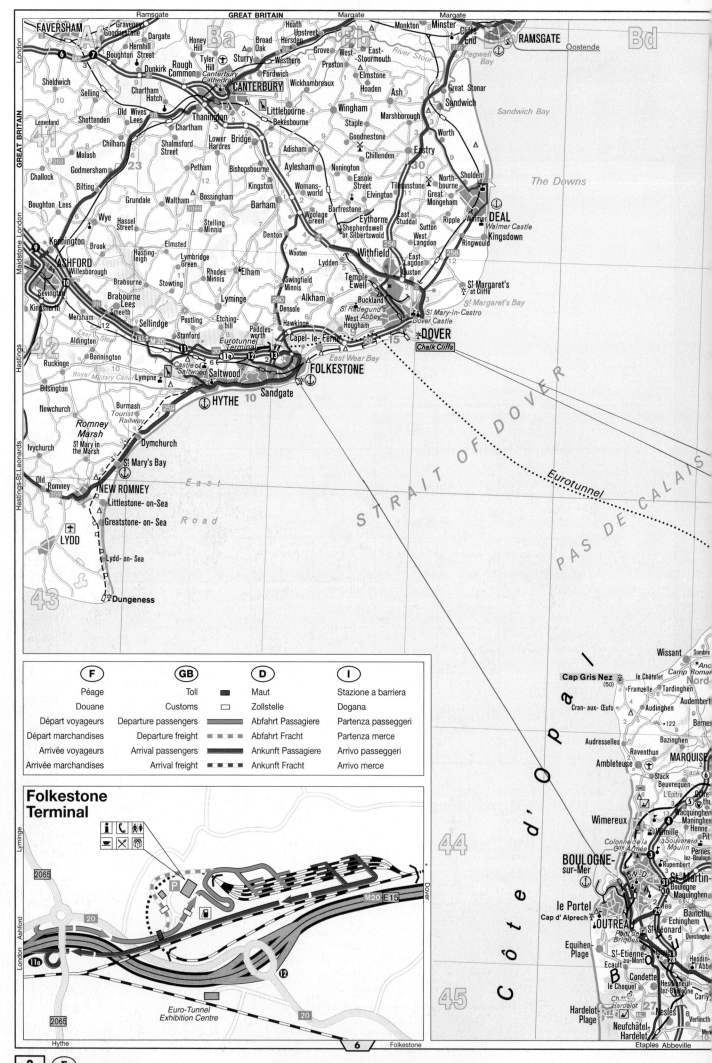

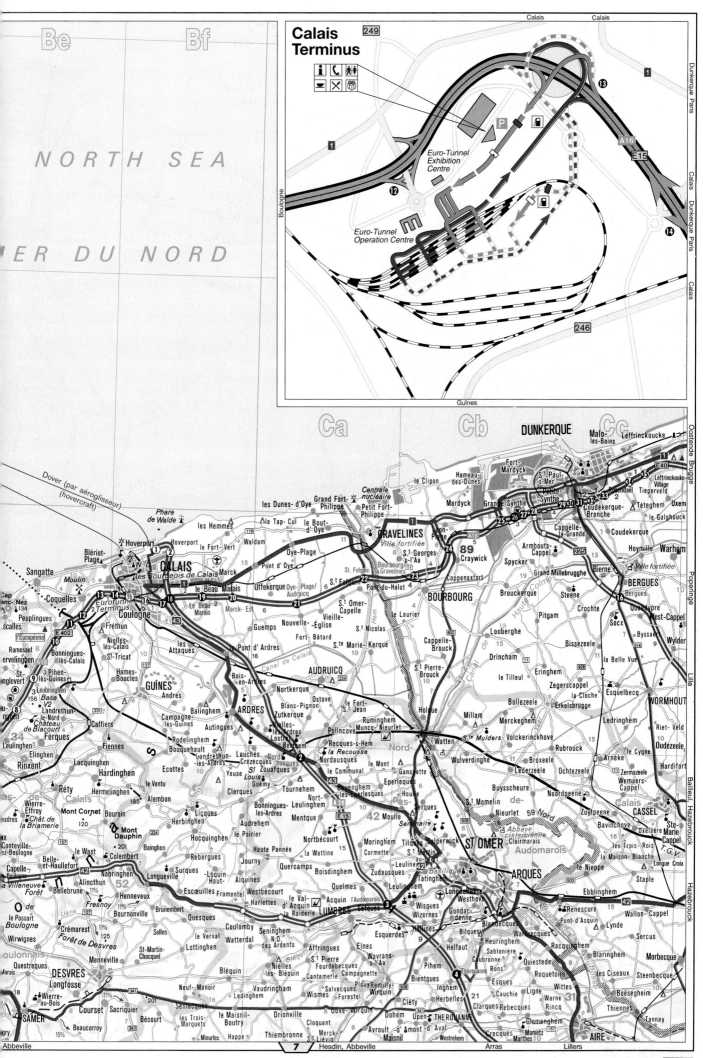

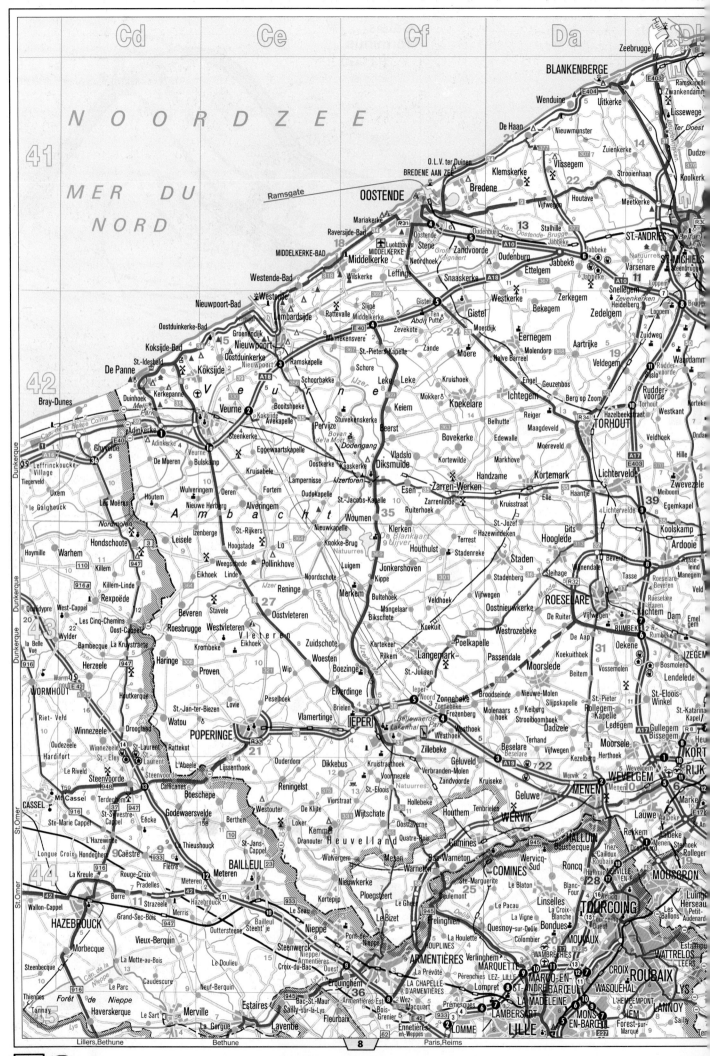

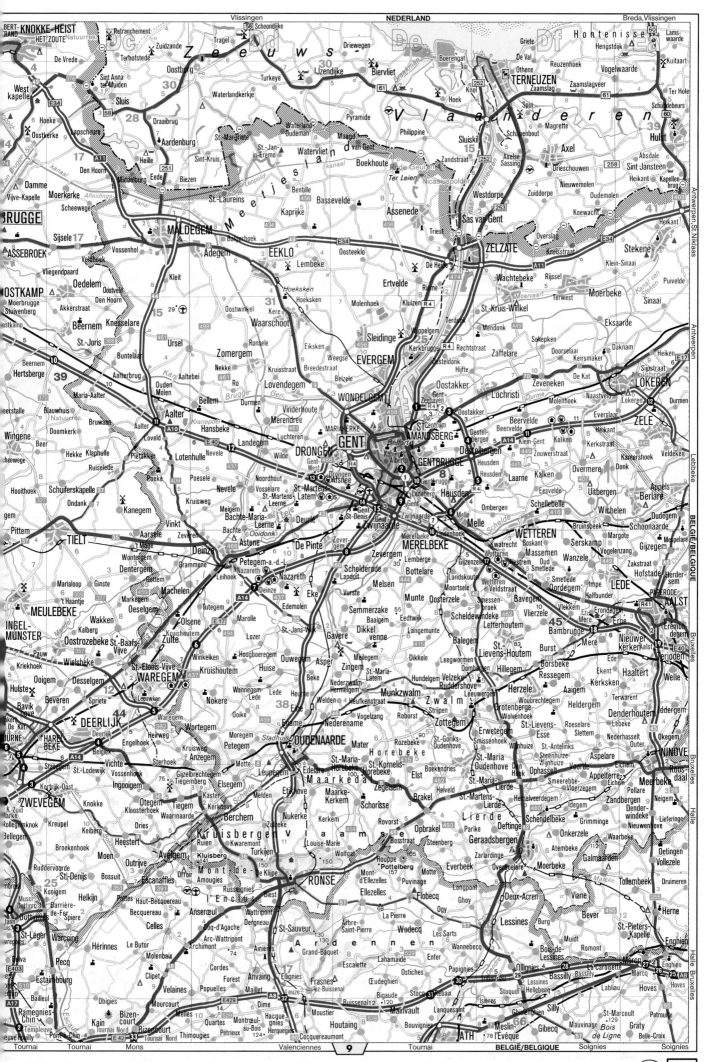

Af Ba Bb Bc Bd

45

46

47

48

49

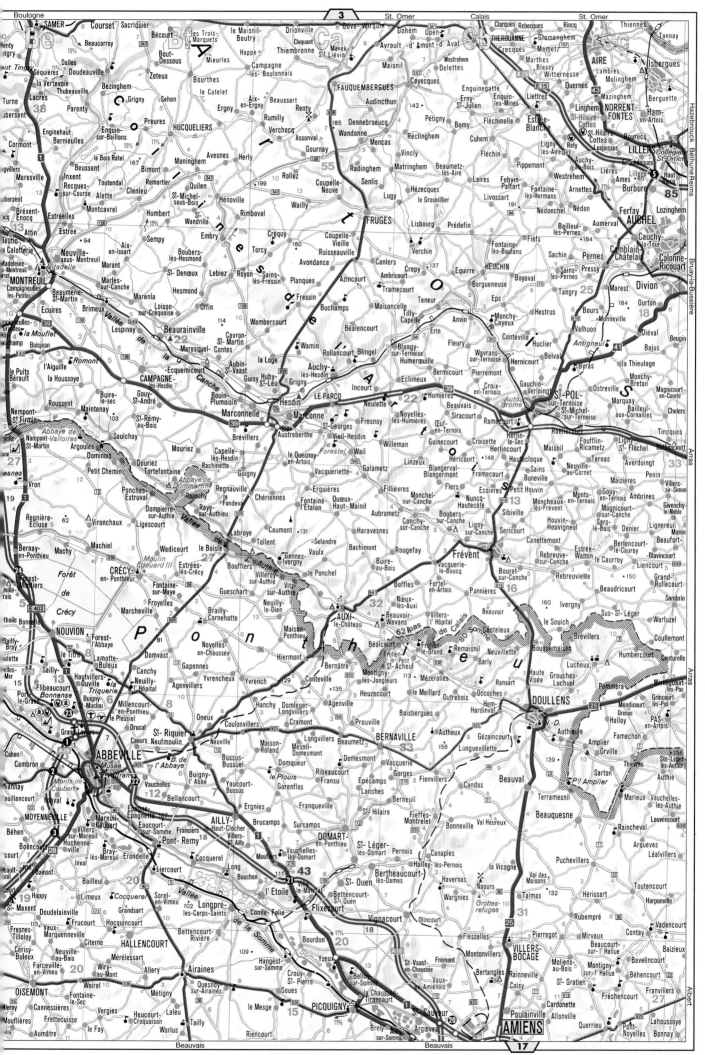

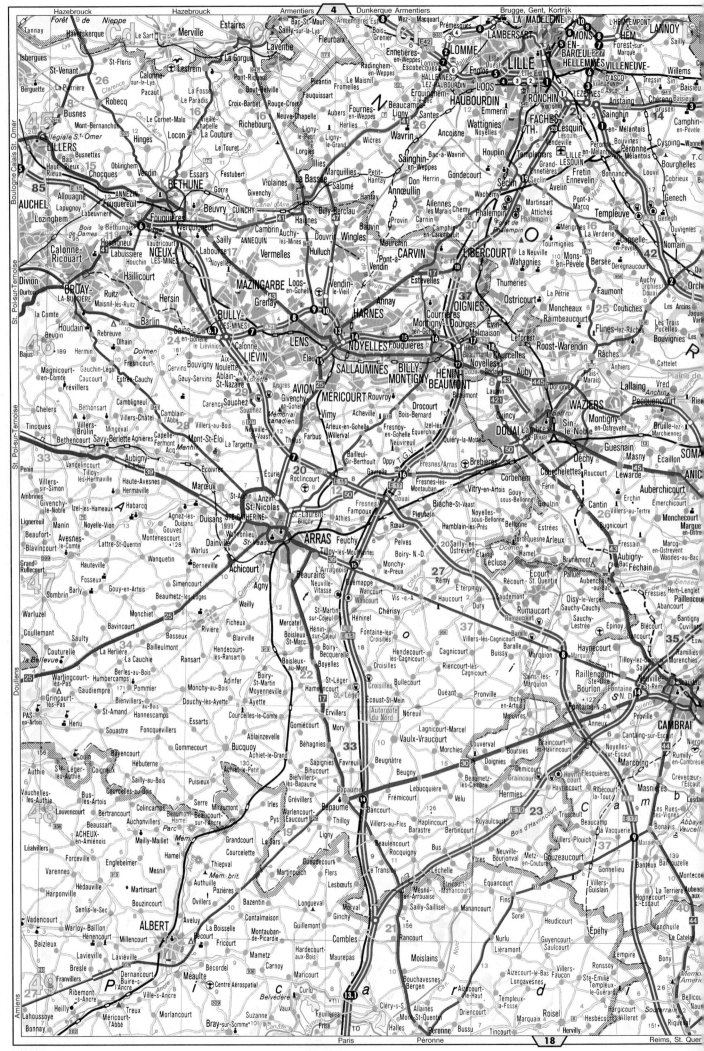

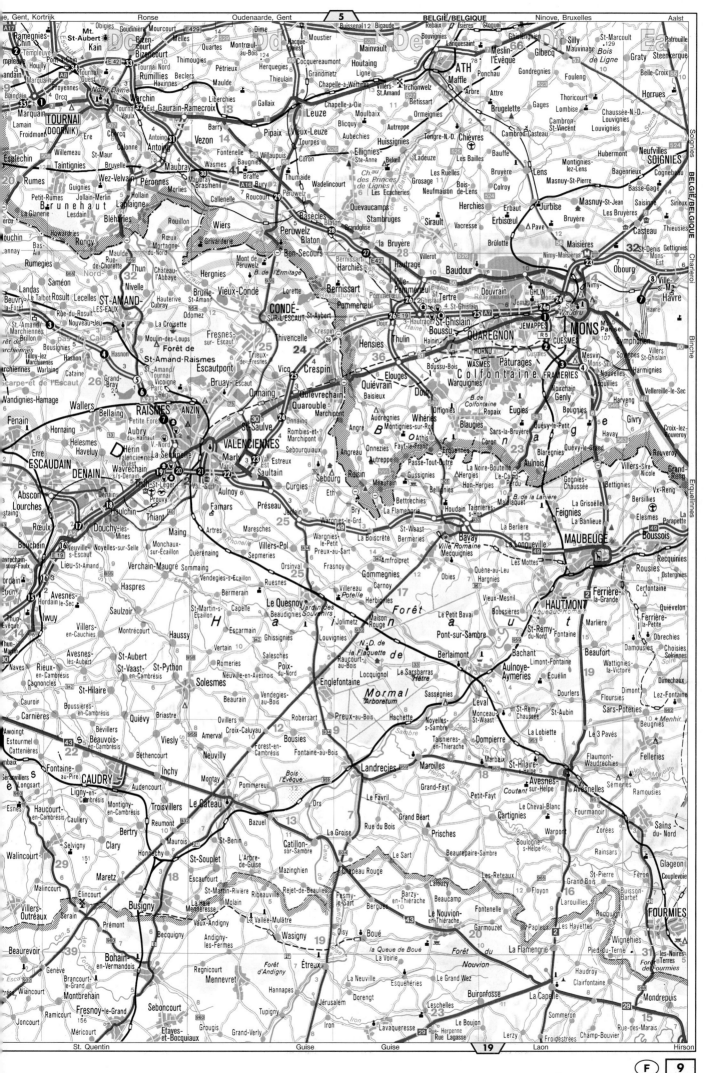

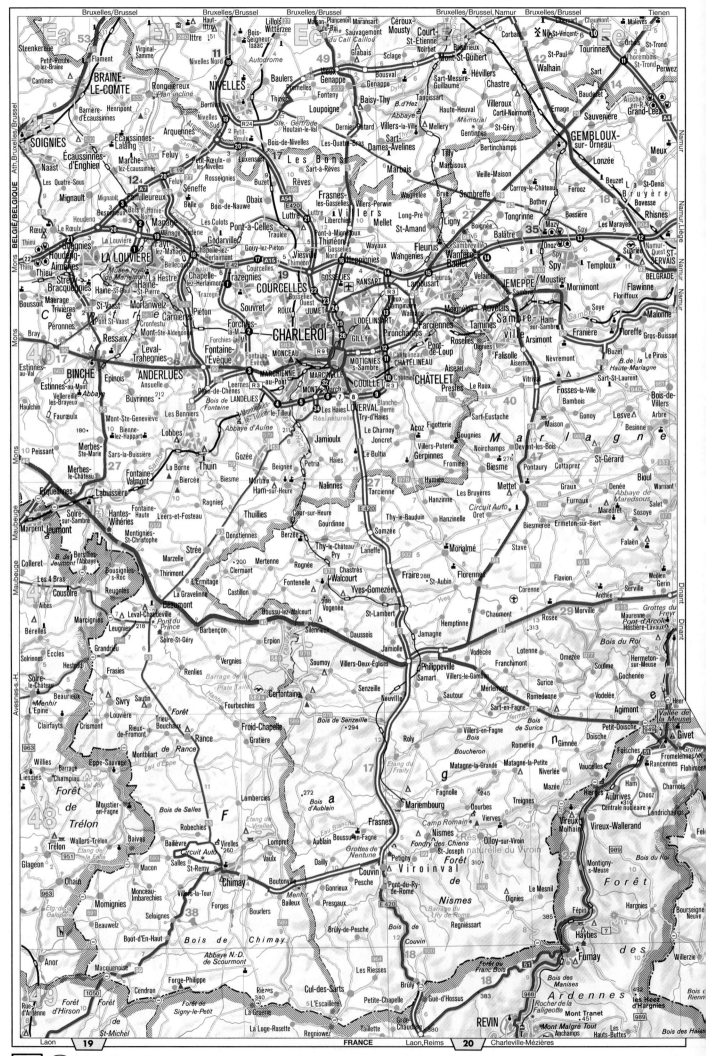

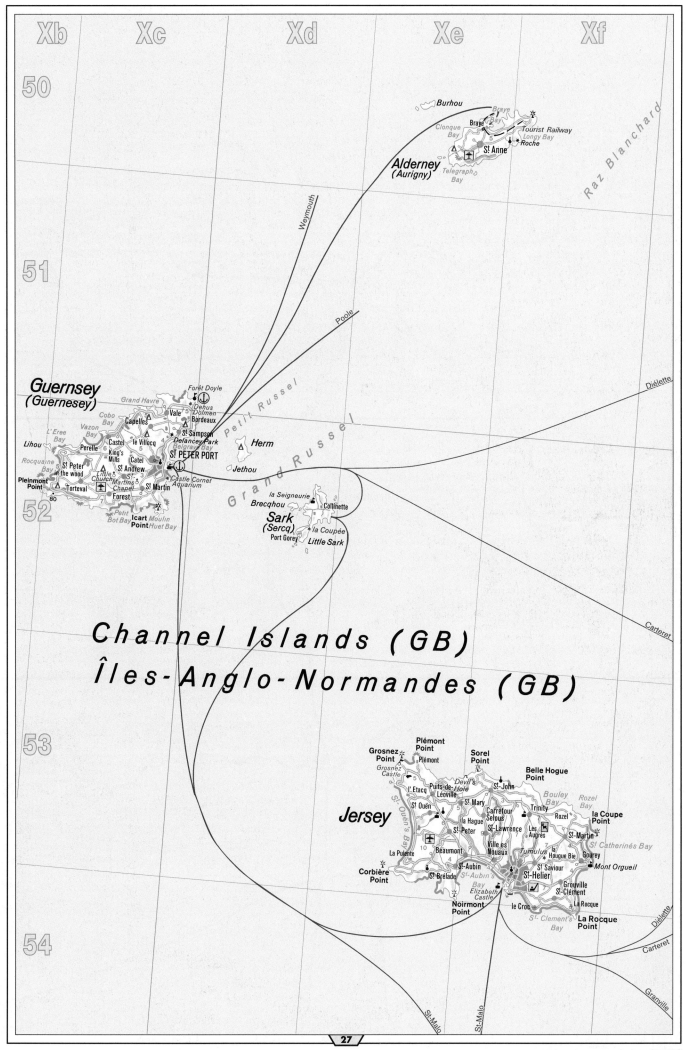

50

Burhou

Braye Bay

Braye

Clonque Bay

Tourist Railway

Longy Bay

S.t Anne

Roche

Alderney
(Aurigny)

Telegraph Bay

Raz Blanchard

51

Weymouth

Poole

Diélette

Guernsey
(Guernesey)

Forêt Doyle

Grand Havre

Dehus Dolmen

Vale

Bordeaux

Cobo Bay

Capelles

le Villocq

S.t Sampson

Delancey Park

Belgrave Bay

Vazon Bay

Catel

S.t PETER PORT

L' Eree Bay

Castel

King's Mills

Herm

Lihou

Perelle

St Andrew

Rocquaine Bay

S.t Peter in the wood

Little Church

St Martins Chapel

S.t Martin

Castle Cornet

Aquarium

Jethou

Pleinmont Point

Torteval

Forest

Petit Russel

Grand Russel

52

80

Icart Point

Moulin Huet Bay

Petit Bot Bay

la Seigneurie

Brecqhou

Collinette

Sark
(Sercq)

la Coupée

Port Gorey

Little Sark

Carteret

Channel Islands (GB)

Îles-Anglo-Normandes (GB)

53

Plémont Point

Grosnez Point

Plémont

Sorel Point

Grosnez Castle

St-John

Belle Hogue Point

l'Etacq

Puits-de-Hole

Devil's Hole

Léoville

Bouley Bay

Rozel Bay

Jersey

St Ouën

St Mary

Carrefour Selous

Trinity

Rozel

la Coupe Point

la Hague

St Ouën's Bay

St-Peter

St-Lawrence

Les Augrès

St-Martin

St Catherinés Bay

Ville es Nouaux

la Hougue Bie

Gourey

La Pulente

Beaumont

Tumulus

Mont Orgueil

St-Aubin

St Saviour

St-Helier

Corbière Point

St Brélade

Grouville

St-Clément

St-Aubin's Bay

Elizabeth Castle

le Croc

La Rocque

Noirmont Point

Diélette

St Clément's Bay

La Rocque Point

54

Carteret

Granville

St-Malo

St-Malo

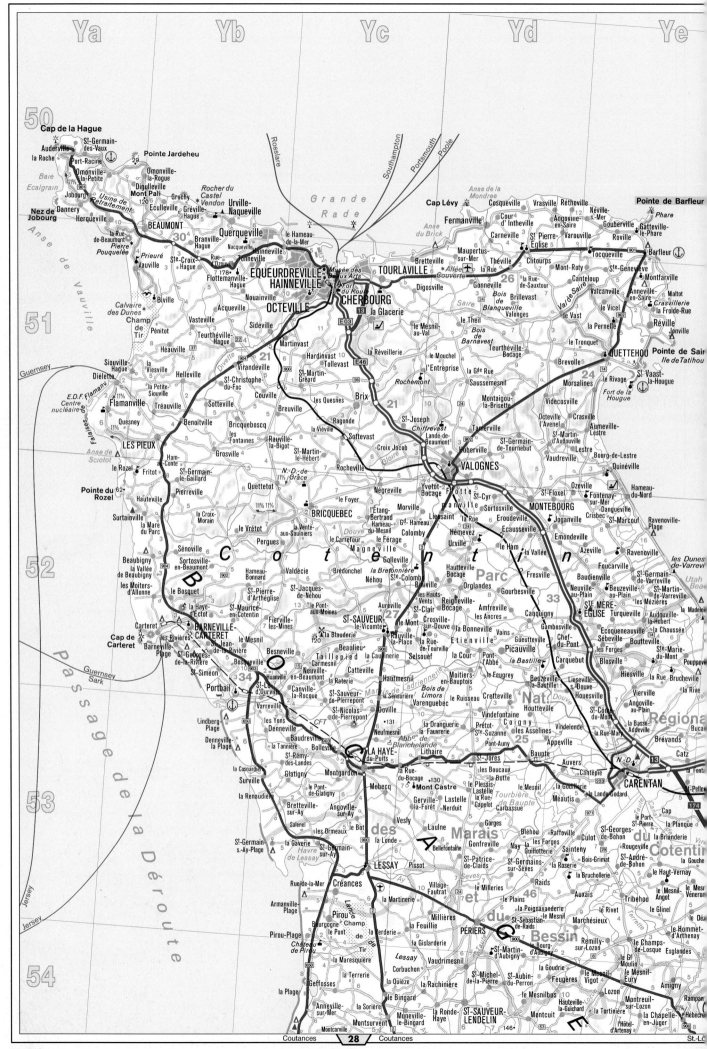

Iles St-Marcouf

Rade de
la Chapelle

Côte
de
Nacre

Baie de la Seine

Banc
du
Gd
Bassed'Isigny

Grandcamp-
Maisy
Pointe du Hoc
St-Pierre-
du-Mont
Omaha Beach
le Chaos
Gold Beach
Juno Beach

Maisy
le Douet
Cricqueville-
en-Bessin
Chât. de
Beaumont
Englesqueville-
la-Percée
Vierville-sur-Mer
les Moulins
St-Laurent-
sur-Mer
Port-en-Bessin-
Huppain
Longues-
sur-Mer
Manvieux
Arromanches-
les-Bains
le Paisty-Vert
Bernières-
sur-Mer
St-Aubin-
sur-Mer

Gefosse-
Fontenay
Osmanville
St-Clément
Carbonville-
du-Pert
Asnières-
en-Bessin
Louvières
la Cambe
Deux-Jumeaux
le Gd Hameau
Ste Honorine-
des Pertes
Commes
Escures
Tracy-
sur-Mer
Ste-Côme-
de-Fresne
Asnelles
Ver- s.-Mer
Meuvaines
Graye-sur-Mer

ISIGNY
-sur-Mer
Coquebourg
la Madeleine
les Oubeaux
les
Mares
Longueville
Canchy
Ecramme-
ville
Formigny
Colleville-
sur-Mer
Russy
Villiers-
sur-Port
Abbaye
Ste-Marie
Fontenailles
Musées du
Débarquement
Magny-
en-Bessin
RYES
Crépon
Ste-Croix-
s.-Mer
Courseulles-
sur-Mer

Bessin
l'Aure infer.
Neuilly-
la-Forêt
Vouilly
Hameau-Minet
Colombières
Aignerville
Trévières
Surrain
Mosles
Etréham
Maisons
Manoir
d'Argouges
Vaux-sur-Aure
Bazenville
Villiers-
le-Sec
Banville
Colombiers-
sur-Seulles
Reviers
DOUVRES-LA
DÉLIVRANDE

la Forêt
Castilly
Mestry
Bernesq
Saonnet
Mandeville-
en-Bessin
Dungy
Rubercy
la Goherrerie
Cussy
Tour-
en-Bessin
Vaucelles
St-Sulpice
Sommervieu
BAYEUX
St-Vigor-
le-Grand
St-Martin-
des-Entrées
le Manoir
Tierceville
CREULLY
Vienne-
en-Bessin
St-Gabriel-
Brécy
Amblie
Moulineaux
Bény-
sur-Mer
Basly

les Clerbosq
Château de
la Rivière
Lison
la Lande
les Landes
du-Rosey
la Folie
St-Marcouf
St-Martin-
de-Blagny
la Poterie
Saon
Blay
Barbeville
Cottun
Crouay
Cathédrale
St-Loup-
Hors
Guéron
Vaux-
sur-Seulles
Rucqueville
Coulombs
Lantheuil
Thaon
le Fresne-
Camilly
Villons
les-Buissons
Colomby-
sur-Thaon
Anisy
Mathieu

St-JEAN-
de-Daye
St-Fromond
Airel
la Fotelaie
Baynes
Fournières
Ranchy
Agy
Subles
Campigny
le Molay-
Littry
le Tronquay
Arganchy
Poussiard
Monceaux-
en-Bessin
Nonant
Carcagny
Martragny
Cully
Ste-Croix-
Grand'Tonne
Secqueville-
en-Bessin
Cainet
Cairon
Cambes-
en-Plaine
Anguerny

la Perrine
la Forge Fallot
Ste-Marguerite-
d'Elle
Littry
les Petits-
Carreaux
Noron-
la-Poterie
la Tuilerie
St-André
la Village-
de-Juaye
Ellon
Ducy-
Ste-Marguerite
Loucelles
Brouay
Bretteville-
l'Orgueilleuse
Bray
Lasson
Rosel
Buron
Epron

Cavigny
la Meauffe
Pont-Hébert
Villiers-
Fossard
les Foulons
Couvains
Cerisy-
la-Forêt
Forêt
de
Cerisy
Vaubadon
Castillon
Trungy
Mondaye
Juaye-
Mondaye
Couvert
Chouain
Audrieu
Putot-
en-Bessin
Cristot
le Mesnil-
Patry
Norrey-
en-Bessin
Rots
Authie
Gruchy
Mâlon
Abbaye
Ardenne
St-Contest
Cussy

le Mesnil-
Rouxelin
St-Quentin
Montfiquet
BALLEROY
St-Paul-
du-Vernay
St-Pierre
Bernières-
Bocage
Verrières
Fontenay-
le-Pesnil
St-Manvieu-
Norrey
Marcelet
Carpiquet
Bretteville-
sur-Odon
la-Blanche-Herbe
Abbaye aux
Hommes
CAEN

Agneaux
la Luzerne
St-Georges-
Montcocq
Martinville
St-Pierre-
de-Semilly
Litteau
la Bazoque
Planquery
Ste-Honorine-
de-Ducy
Cahagnolles
Lingèvres
TILLY-
sur-Seulles
Hottot-
les-Bagues
Juvigny-
sur-Seulles
le Bosq
Tessel
Cheux
St-Manvieu-
Norrey
Grainville-
sur-Odon
Mouen
Fontaine-
Etoupefour
Verson
Louvigny
Fleury-
sur-Orne

Béligny
le Chemin-
de-St Lô
Foulognes
Parfouru-
l'Eclin
Torteval-
Quesnay
Longraye
Crauville
les Douesnots
St-Vaas-
sur-Seulles
Vendes
St-Pierre
Cormolain

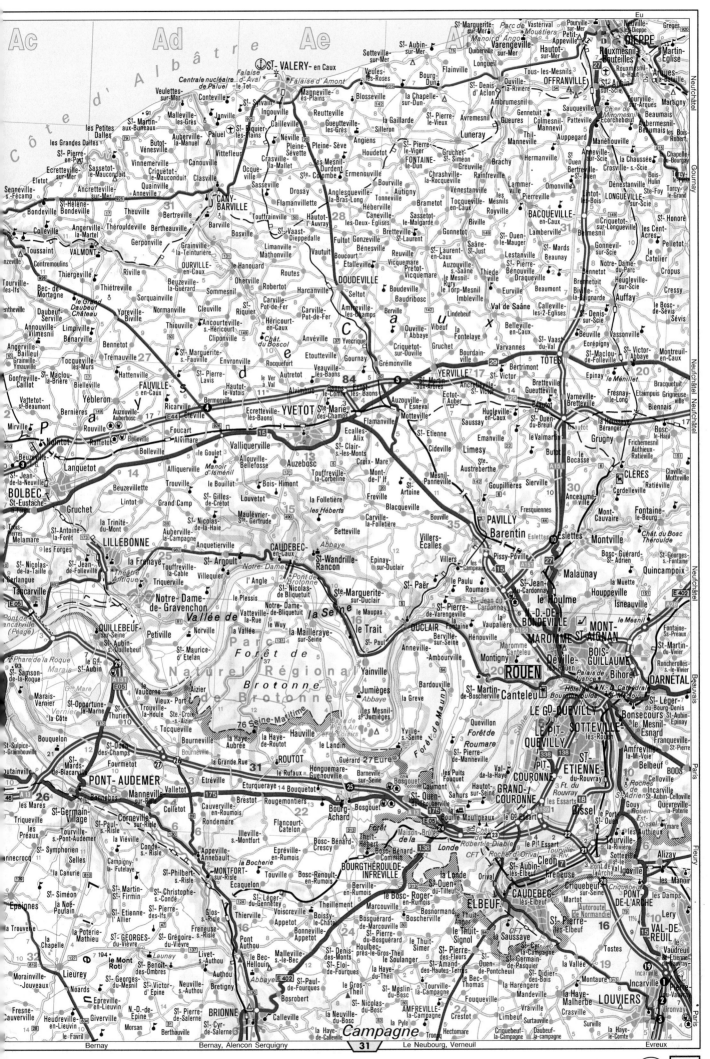

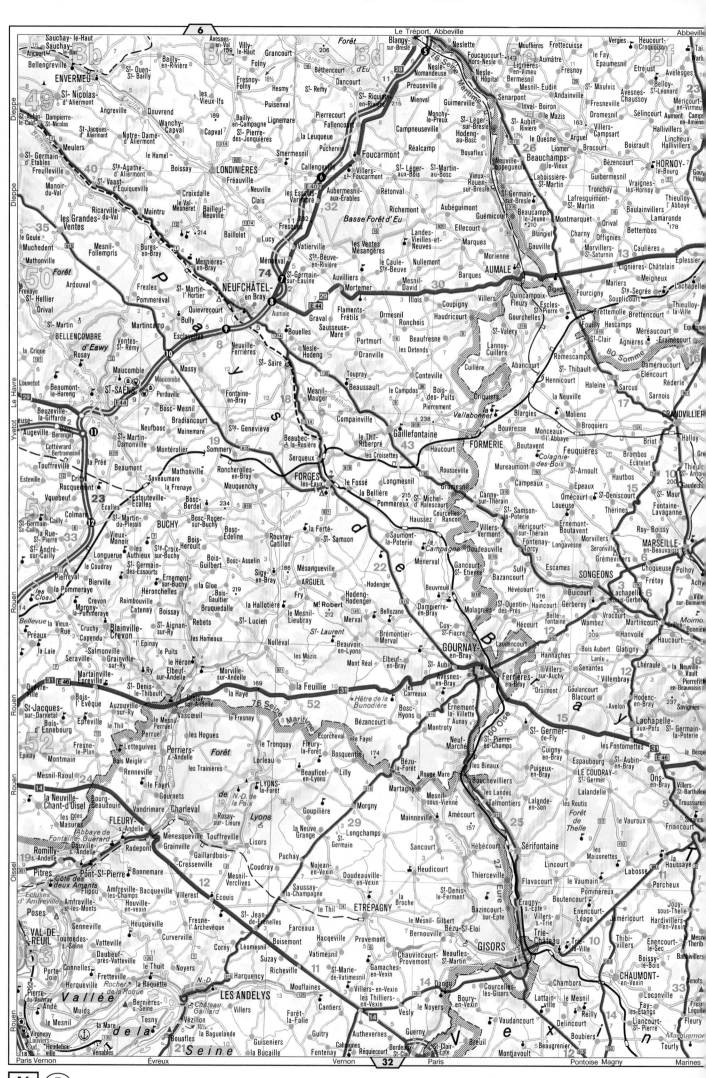

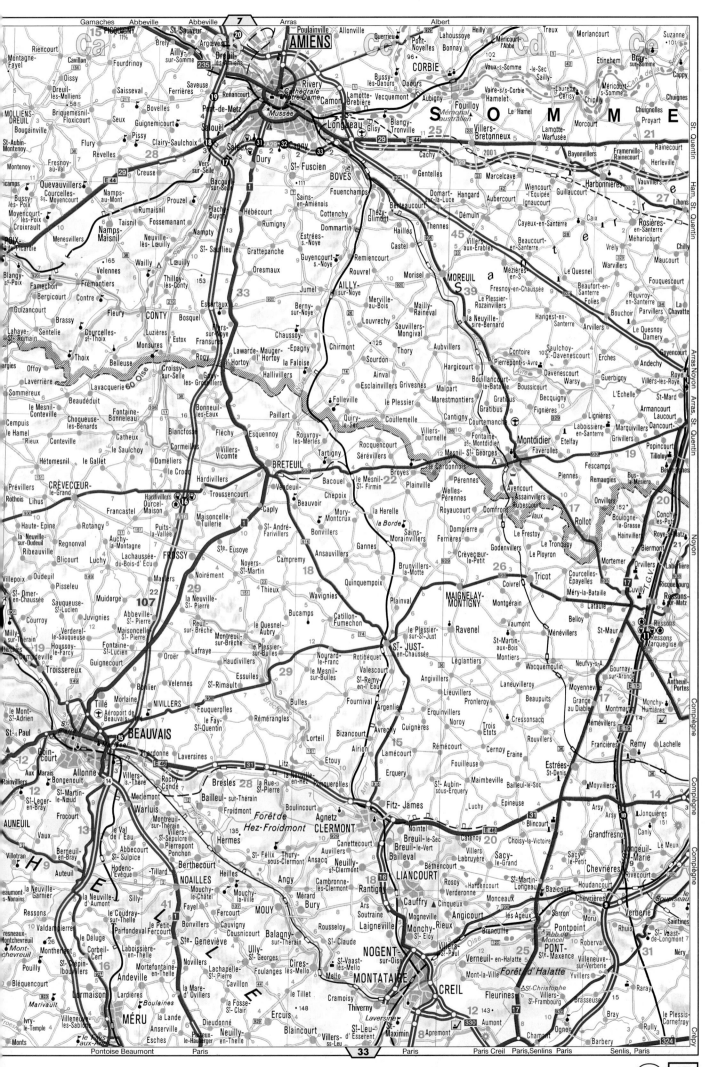

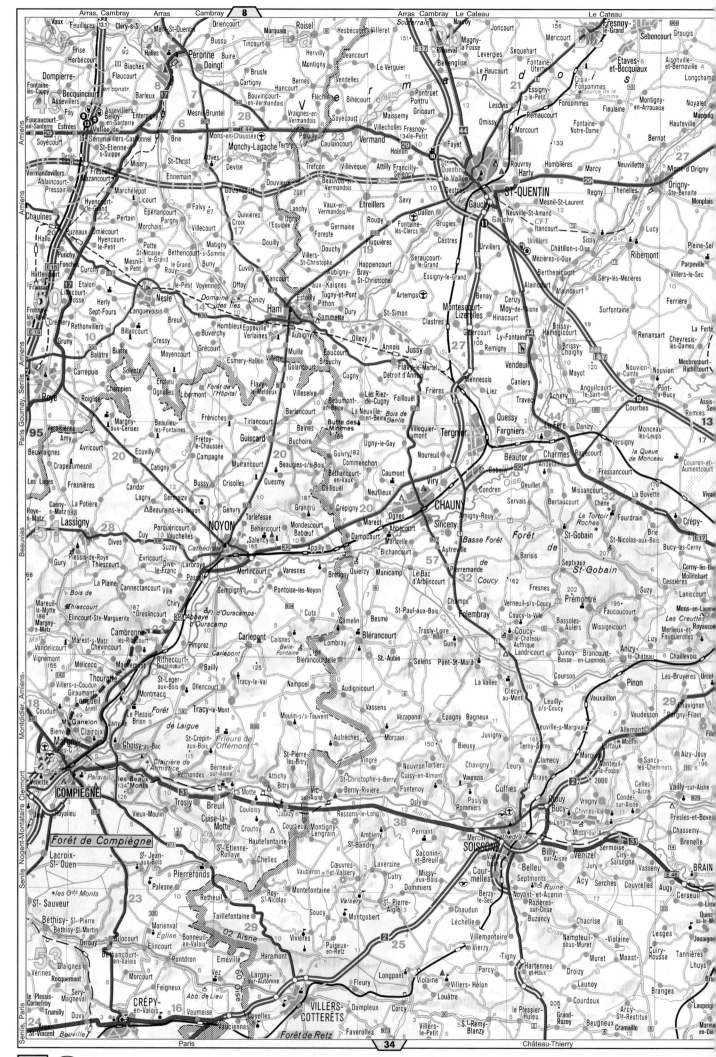

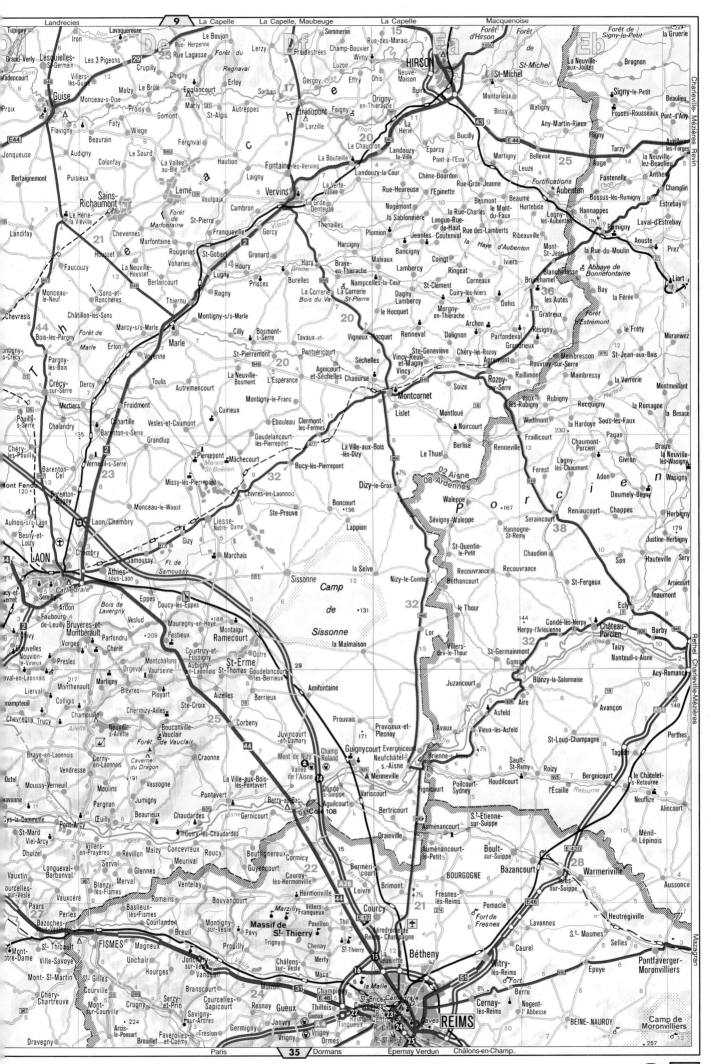

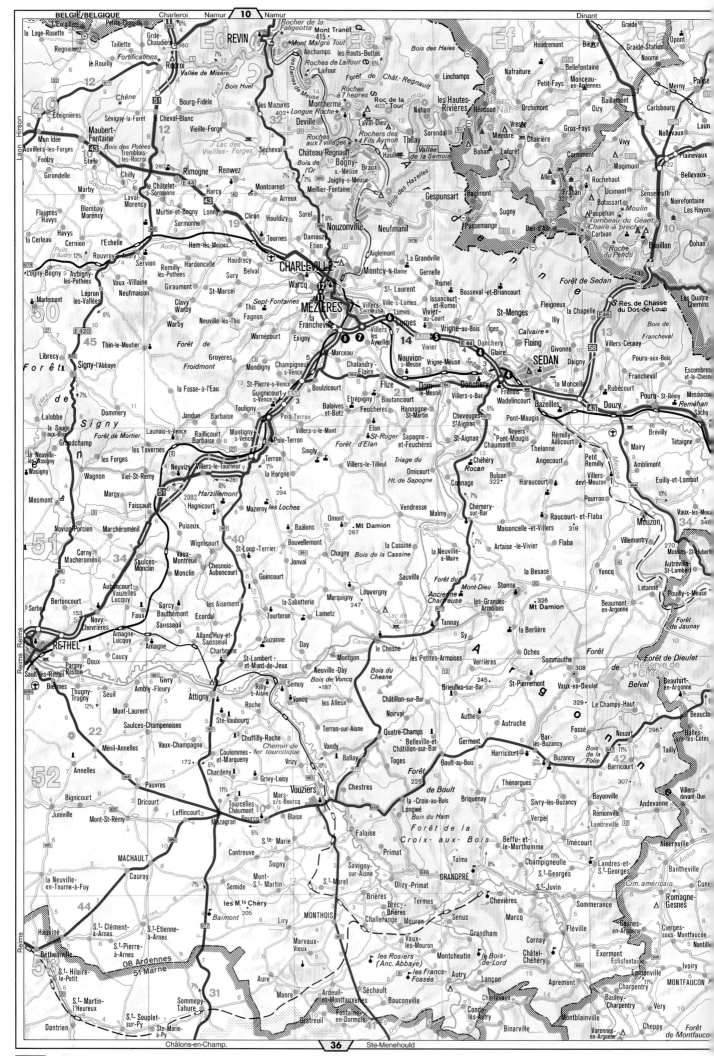

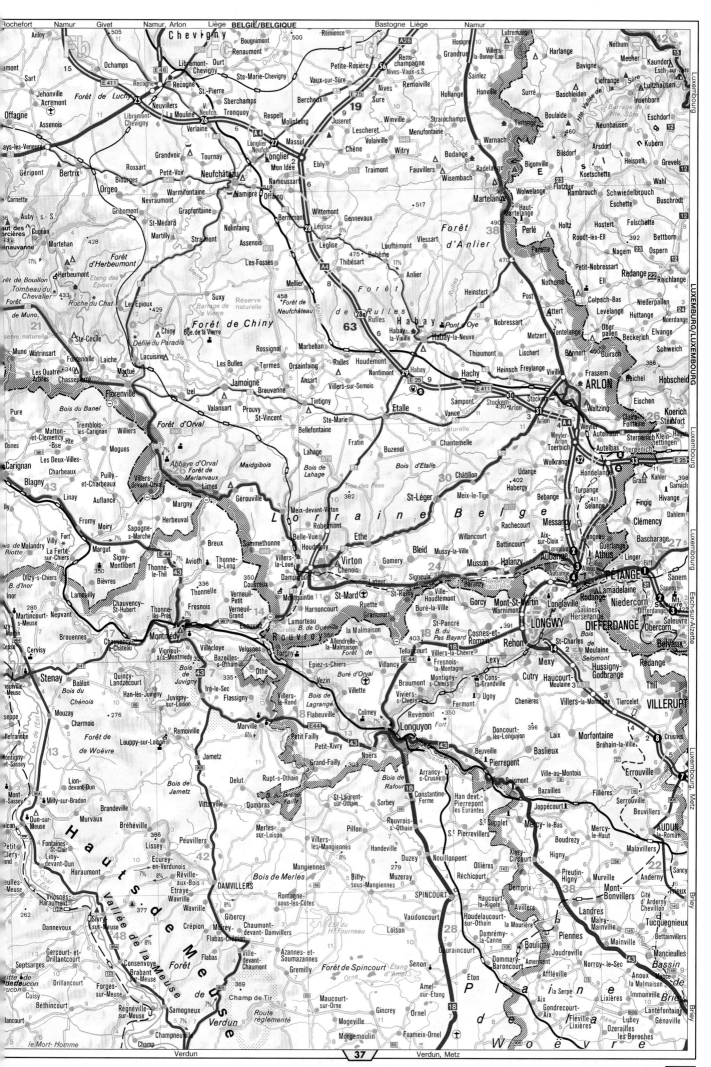

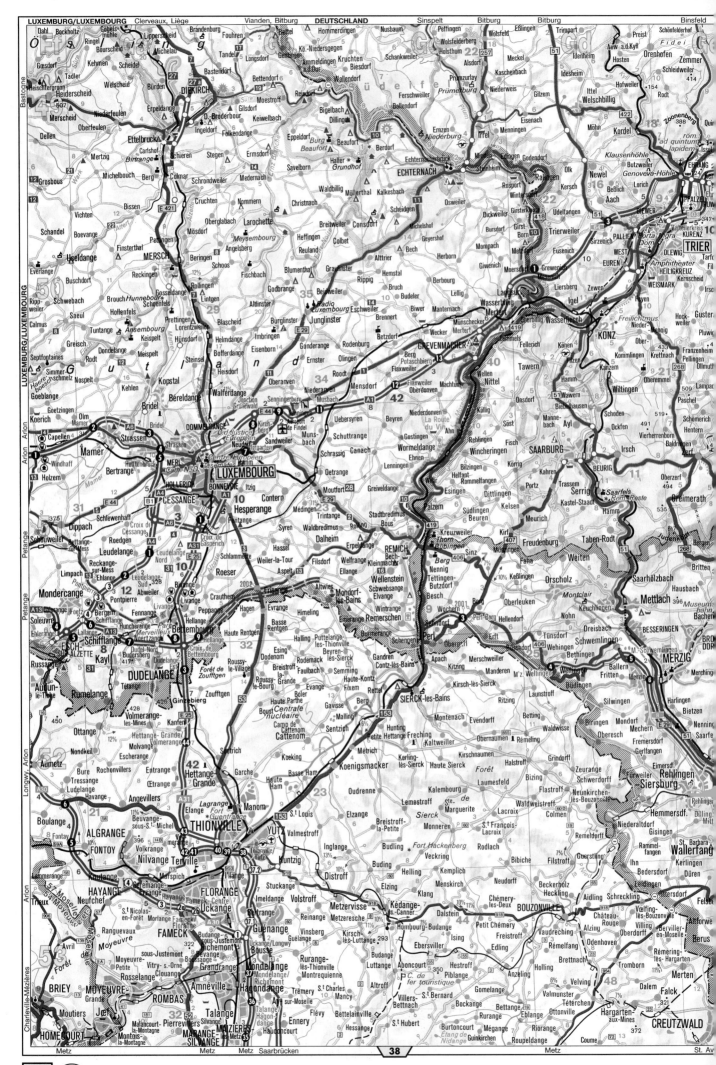

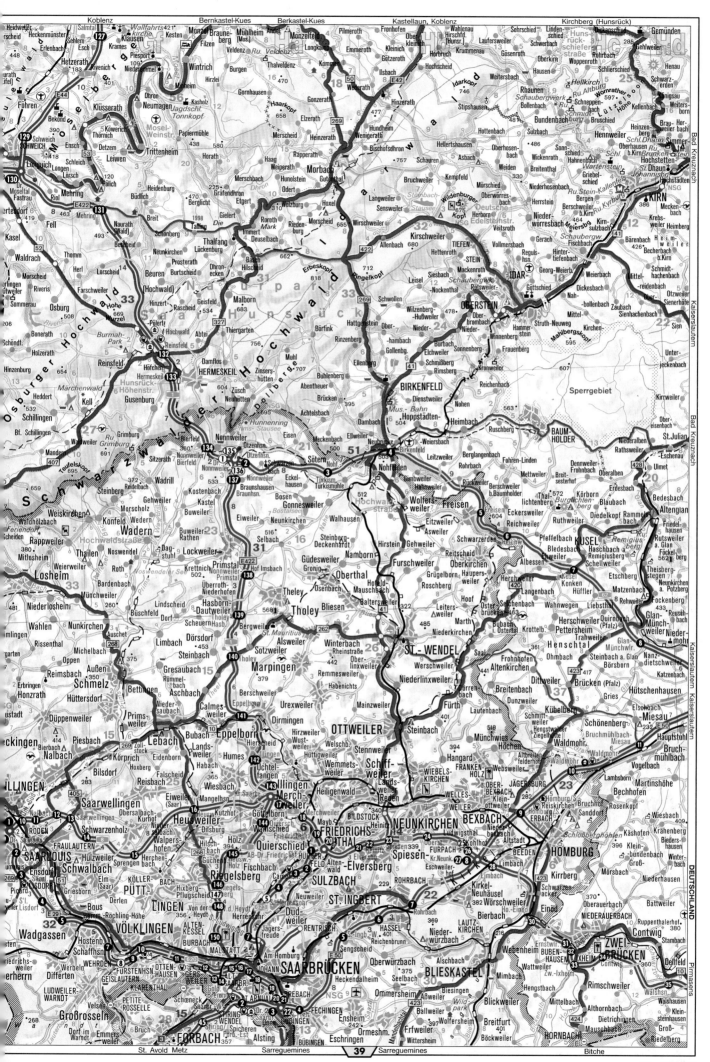

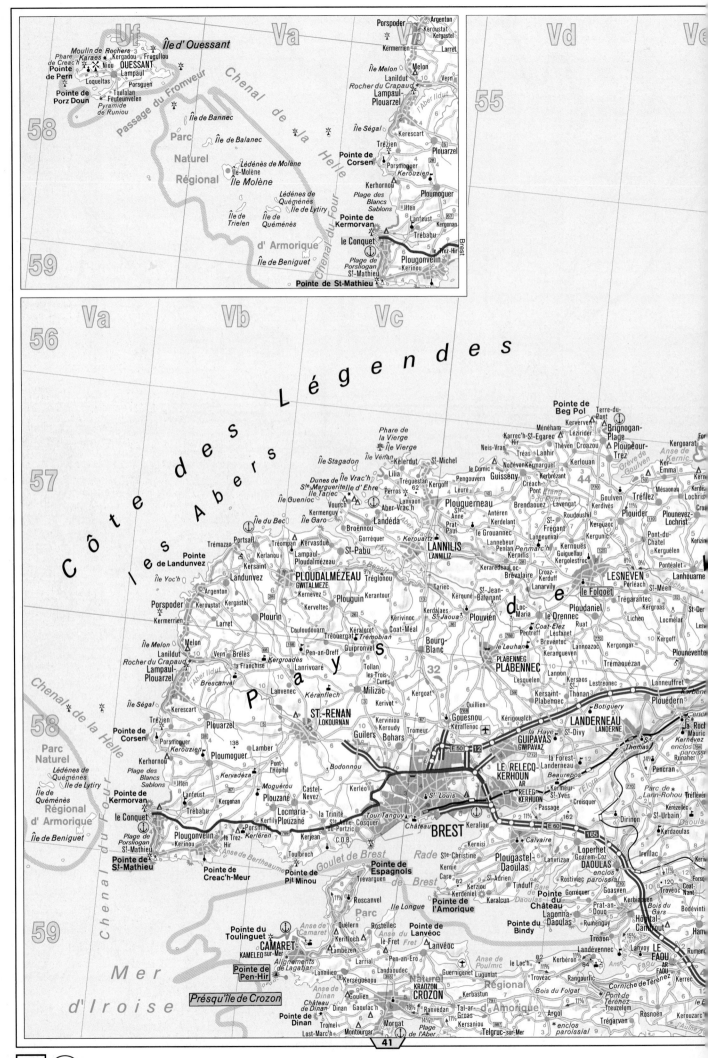

Inset map (top):

Uf · Va · Vb · Vd · Ve

Porspoder · Argenton · Kergoarat · Kergastel

Moulin de Rochers · Île d'Ouessant · Kermerrien · Larret
Phare de Creac'h · Karaes · Kergadou · Frugullou
Pointe de Pern · Niou · OUESSANT · Île Melon · Melon · Vern
Lampaul · Porsguen · Lanildut · Île Melon
Loqueltas · Rocher du Crapaud · Lampaul-
Pointe de Porz Doun · Toulalan · Feuteunvelen · Plouarzel
Pyramide de Runiou · Aber Ildut
Île de Bannec · Île Ségal · Kerescart
Passage du Fromveur · Île de Balanec · Plouarzel
Parc · Lédénès de Molène · Pointe de Corsen · Porsmoguer · Kerouzien
Naturel · Île-Molène · Île Molène · Kerhornou · Ploumoguer
Régional · Lédénès de Quéménès · Plage des Blancs Sablons · Itten · Lanfeust · Kergonan
Île de Lytiry · Illen · Trébabu
Île de Trielen · Île de Quéménès · Pointe de Kermorvan · le Conquet · le Trez-Hir · Brest
d'Armorique · le Conquet · Plougonvelin · Kerinou
Île de Beniguet · Plage de Porsliogan · St-Mathieu
Pointe de St-Mathieu

55 · 58 · 59

Main map:

56 · Va · Vb · Vc · Vd

C ô t e   d e s   L é g e n d e s

l e s   A b e r s

57

Pointe de Beg Pol · Terre-du-Pont · Brignogan-Plage · Ploueneour-Trez · Anse de Kernic · Ker-Emma

Phare de la Vierge · Île Vierge · Ménéham · Karrec'h-St-Egarec · Léziridet · Théven · Croazou · Kergoarat
Île Stagadon · Kélerdut · St-Michel · Neis-Vran · Tréas · Lanhir · Goulven · Tréflez · Kerin
Île Véran · Lilia · Tréguestan · Kergoff · le Curnic · Nodéven · Kermarguel · Kerlouan · Kerdivès · Plouider · Plounevez-Lochrist
Dunes de Île Vrac'h · Perros · Lanvaon · Pengouvern · Guissény · Créac'h-Pont · Goulven · 11% · Mésaonan · Lochris
Ste-Margueritte d'Ehre · Vourc'h · Ste-Anne · Brendaouez · Lavengat · Roudoushil · Kerguñac · Kerdivès · Pont-du-Châtel · Kerzin
Île Tariec · Aber-Vrac'h · Prat-Paul · le Grouannec · Lannebeur · Kernoués · Guiguellou · Kergolestroc · Kerguélen · Pontealet
Île Gueniou · Landéda · Gorréquer · Kerouartz · LANNILIS · Penlan · Penmarc'h · Kernilis · Plounéventer
Île du Bec · Île Garo · Broënnou · LANNILIZ · St-Jean-Balanant · Kerou · Croaz-Kerduff · LESNEVEN · Porléach · St-Méen · Trégarantec · Kergroas · St-Der
Portsall · Tréompan · Kervasdué · St-Pabu · Tréglonou · Tariec · Kéroune · Lanarvily · le Folgoët · Lanhouarne
Trémazan · Kerlanou · Lampaul-Ploudalmézeau · PLOUDALMÉZEAU · Plouguin · Kerantour · Kérivinoc · St-Jaoua · Plouvien · Loc-Maria · le Drennec · Ploudaniel · Locmélar · Kergoff · Plounéventer
Pointe de Landunvez · Kersaint · GWITALMEZE · Kernevez · Kerantour · Coat-Méal · Bourg-Blanc · Lannoazoc · Trémaouézan
Île Yoc'h · Landunvez · Plouguin · Kéraloret · Trémobian · Guipronvel · Ruat · Lichen
Argenton · Keroustat · Kergastel · Couloudouarn · Tréouergat · Tollan · les Trois-Curés · PLABENNEG · Coat-Elez · Pentreff · Lestanet
Porspoder · Kermerrien · Plourin · Pen-an-Dreff · Guipronvel · Milizac · PLABENNEC · le Leuhan · Breventec · Kerangueven · Plouédern · Lanneuffret
Larret · le Leuhan · Kergoat · Lesquelen · Lannon · Kersaos · Lestreonec · Kerbene
Île Melon · Melon · Vern · Brélès · Kergroadès · Lanrivoaré · 32 · Quillien · St-Thonan · Kersaint-Plabennec · Pencran · Runaher
Lanildut · Rocher du Crapaud · la Franchise · Brescanvel · Kéranflech · Kervot · Gouesnou · Kérigoualc'h · Botiguery · LANDERNEAU · la Roch
Lampaul-Plouarzel · Lanvenec · ST-RENAN · Kerviniou · Kéraltenoc · Kérnevez · LANDERNE · Kernévez · St-Thomas · Mauric
Île Ségal · Plouarzel · LOKOURNAN · Keroudy · Tromeur · GUIPAVAS · la Forest-Landerneau · enclos paroissial
Pointe de Corsen · Porsmoguer · Kerouzien · Guilers · Bohars · la Haye · St-Divy · GWIPAVAZ · Beaurepos · Kermeur-St-Yves
Kerhornou · Ploumoguer · Lamber · Pont-l'Hôpital · Bodonnou · E 50 · St-Louis · LE RELECQ-KERHOUN · Croisquer
Plage des Blancs Sablons · Kervadéza · Moguérou · Castel-Nevez · Kerléo · AR · RELEG-KERHUON · Passage
Illen · Itten · Lanfeust · Kergonan · Plouzané · Locmaria-Plouzané · la Trinité · Ste-Anne-du-Portzic · Tour Tanguy · Château · Keraliou · Dirinon
Pointe de Kermorvan · Trébabu · Kerfily · Kerjean · C.O.B. · BREST · E 60 · St-Urbain
le Conquet · Porsmilin · Kerléren · Toulbroch · Kernisi · Calvaire · Daoulas
Plougonvelin · Kerinou · le Trez-Hir · Anse de Bertheaume · Goulet de Brest · Rade · Ste-Christine · Plougastel-Daoulas · Loperhet · Goarem-Coz · Irvillac
Pointe de St-Mathieu · Pointe de Creac'h-Meur · Pointe de Pît Minou · Pointe de Espagnols · Trévarguen · de · Brest · Kernic · St-Adrien · DAOULAS · enclos
Pointe de Dinan · Roscanvel · Île Longue · Pointe de l'Amorique · Kerziou · Keralcun · Pointe du Château · Gorréquer · paroissial · Goasven · Prat-an-Douz · Kerbigou
Plage de Porsliogan · St-Mathieu · Pointe de Kermorvan · Anse de Camaret · Quélern · Rostellec · Pointe de Lanvéoc · Lagonna-Daoulas · Rumengol · Bois du Gars · Troveac · Coat-Nant
Île de Beniguet · Pointe du Toulinguet · Keritloch · le Fret · Lanvéoc · Pointe du Bindy · Hôpital-Camfrout
CAMARET-sur-Mer · Lambézen · Pen-an-Ero · Guernigenet · Luguniat · LE FAOU
KAMELED · Larrial · Landaoudec · Lanvoy · AR FAOU
Pointe de Pen-Hir · Alignements de Lagatjar · Kerséguénou · Anse du Poulmic · Pen-an-Ero · Bois du Folgat · Corniche de Térénez
Présqu'île de Crozon · Anse de Dinan · KRAOZON · CROZON · Kerbastun · Régional · Pont de Térénez · Rosnoen · Kerouarc'h
Château de Dinan · Dinan · Goalac'h · Ranvédan · les Saints-Croas · d'Amorique · Bois du Folgat · Argol · Trégarvan
Pointe de Dinan · Tromel · Montourgar · Morgat · Plage de l'Aber · Kersaniou · Telgruc-sur-Mer · enclos paroissial
Lost-Marc'h · Mer d'Iroise

56 · 57 · 58 · 59

Parc Naturel Régional d'Armorique

Lédénès de Quéménès · Île de Lytiry · Île de Quéménès

Mer d'Iroise

Chenal de la Helle · Chenal du Four

41

les Sept Iles

Cork   Rosslare   Plymouth

Pointe du
Squéouel

Île Renote
Aquarium
marin   Parc
Trégastel Municipal
Trégastel Plage   Ploumanac'h

Île Grande   Bretonne   la Clarté
Allée Couverte   Trégastel
Île à
Canton   Oburlin   Corniche   Dolmen
Menhir   34   Kervégan   PERROS-
de St-Uzec   106   GUIREC
Station de   Penvern   St-Quay-
Télécommunication   Pleumeur-   Perros
le Castel   Spatiale   Bodou

Île de Batz

Île de Batz   Trébeurden   Servel
Aquarium   Beg-Léguer   LANNION
Charles-Perez   Pointe   le Yaudet   LANNUON
le Pouldou   de Bihit   Loguivy-   Église de
Roscoff   Pointe   lès-Lannion   Brélevenez
de Dourvin   Locquémeau
Pointe   Pointe de   Christ   Ploulec'h   St-Brieuc

Île de Siec   Pointe
du Diben   de Primel   Séhar   Keranglas
Theven-   Rochers   102   Keranglas   Ploubezre
Kerbrat   Kerfissien   Santec   le Diben   Primel-Trégastel   Pointe de   786
St-Eden   Bougourouan   Kéradénec   Ste-Barbe   Beg-an-Fry   Locquirec   Tredrez   Kerblat
Poulfoën   Moguériec   Kerbrat   KASTELL-PAOL   St-Samson   Kerdrein   83   Kerboulic   St-Michel-   Kerfons
Kerdanné   Kérouzéré   Sibiril   Brenesquen   Rocher   Plougasnou   Pointe de   N.-D.-de-   en-Grève   enclos
anurien   Kérider   Traonjoly   Keromnes   ST-POL-de-Léon   461   Kernénot   St-Jean-du-Doigt   Locquirec   la-Joie   Kercoz   St-Cado   paroissial
Cléder   Cathédrale Ste-Anne   Île Callot   Kervebel   Lezingar   les Helles   Corniche de   Grand Rocher   Ploumilliau   Kervren   6
PLOUESCAT   Lanneustéd   la Villeneuve   Baie   Kersaint   Guimaëc   64   l'Armorique   St-Efflam   les Sept-Saints
PLOUESKAD   Kerzean   Cléder   Plougoum   Carantec   de   Terenez   Kerbabu   LANMEUR   Kerbouic   Manou   Grève   PLESTIN   Kergrist
Kergor-   Lanveur   Stang   Chaise   Taureau   Kernéléhen   Kersco   LANNEUR   786   PLESTIN   47   Kerfons   Kerauzen
nadeac'h   Kermenguy   Roupialouenan   du Curé   Ste-   47   Tréduder   Penquer
Tréflaouénan   Kérohantiou   Tumulus   Kervélégan   Plouézoch   St-Sébastien   les-Grèves   Lanascol
Quéran   Kerguiduff   Nenvic   de Barnenez   Dalar   Ste-   Tréduder   Rosanbo   Lanvellec   Penquer
Mengleuz   Berven   Ste-Catherine   Kermen   Morlaix   Anne   Plouzélambre   Tréduder   les Sept-Saints
St-Vougay   788   Mespaul   Kerosat   Dourduff-   le Foën   Ploujean   Kervolaugar   42   Plufur
Kerjean   Plouénan   Cobalon   en-Mer   786   Plouégat-   St-Maurice   PLOUARET
Plouvorn   Lopréden   Locquénolé   58   Bois-de-   Guérard   Tremel   PLOUARED   le Vieux-
Creac'h   Trémagon   Penfrat Kéranton   Tréfeunteuniou   la-Roche   Garlan   Lanleya   Trudujou   Uzel   Marché
Plougar   Langeouer   Penzé   TAULÉ   Aérodrome de   Kertanguy   Maysau   la Trinité
Coativellec   TAOLE   21   Lanuguy   Morlaix-Ploujean   Ste-Geneviève   15%   Plouégat-   la Gare
Kerlaer   Kernoter   Croas-ar-   Kerilly   St-Martin-   Kervorven   Kertanguy   64   St-Carré   Keramanac'h   17%   17%
Guerruas   Born   Kerdéland   Croix-Neuve   des-Champs   Lanleya   51   Plounérin   Plounévez-
Bodilis   35   Guern   Kerret   Viaduc   Plouigneau   le Ponthou   Ar Réchou   Rennes   Moëdec
Aérodrome   Plougourvest   31   St-Sève   St-Mathieu   PLOUIGNEAU   Étang du   Kerroué   Guic
de Landivisiau   Kerlidou   Locmenven   MORLAIX   la Croix-de-Pierre   St-Eutrope   Luzivilly   Moulin Neuf   BELLE-ISLE-
St-Servais   E 50   MONTROULEZ   St-Eloy   11%   e.-T. BENAC'H
la Poterie   62   12   Kérvenarc'hant   Vieux-   Plourin-   Questel   le Ponthou   Ar Réchou   Loc-Envel
Moulin de   St-Thivisiau   ST-THÉGONNEC   Moulin   lès-Mortaix   Coatélan   Plougonven   Botsorhel   Guerlesquin   le Dresnay
Brézal   112   Penarhoat   SANT-TEGONEG   le Fumé   Kerlosser   Beffou   Forêt de   Beffou
Landivisiau   enclos   Lestrézec   Calvaire   Lezauregan   320   Treusvern
Landiviziau   Kermat   paroissial   Penvern   Pleyber-   Keranguévén   Lohuec   la Chapelle-
LANDIVISIAU   Loc-   paroissial   Christ   Lannéanou   288   Neuve
Eguiner   enclos   Guimiliau   Quelern   Plougras   Kerroué   319
Lampaul-   Pont-   paroissial   Kergalein   268   Bolazec   Bolazec
Guimiliau   Kergréven   Kergrenn   Ste-Brigitte   Coat-   Keradily   Helles   Loguivy-
Loc-Eguiner-   Lamarc'h   Losquet   Plougras
PLOUZIRI   Kéroual   St-Thégonnec   275   Cloître-   Kerrgorre   Scrignac   Plouguic   Calanhel
PLOUDIRY   10   Locmélar   Kerroch   Kervian   St-Thégonnec   Kermeur   Finistère   l' Isle
Martyre   paroissial   Kerfrecq   le Mengleuz   Quilien   Lannéanou   côtes-d'Armor   Plourac'h   Botmel
anviguer   Quéau   Plounéour-   Kernelecq   Parc   Bouillard   Keridily   12%   la Croix-   Klempétu   Lestrédic   CALLAC
13%Pen-   Kernonen   Menez   293   Rouge   KALLAG   St-Servais
ar-Valy   Kerlodezan   Guernigou   le Relecq   268   Helles   Coat-   Quénéguen   le Bourg-
Loc-   18   Moulin de   Keradalan   Naturel   319   Quéau   Trévénec   Plusquellec   Neuf
Ildut   SIZUN   paroissial   Kéroual   Mendy   Trévénec
Roc'h-   enclos   Commana   d   Arrée   Navalennou   St-Gildas   Duault
Cléguer   paroissial   Ty Douar   371   Trédudon   Coadigou   le Guilly   Coatleau   Landugen
le Tréhou   l'Elorn   384   le-Moine   Kernévez   Forêt de   Carnoët   Gorges du
Lestrémélard   Brézéhant   Mougau   Trédudon   St-Ambroise   la Mine   Cornoc   268
St-   Bian   Roc'h Trévezel   Quinoualc'h   764   Locmaria-   Treffrin   Trébrivan
Eloy   St-Cadou   Barrage du   la Feuillée Goashalec Berrien   Grotte   AN   Berrien   Ste-Catherine
les Léflez   Drennec   Rugueilou   d'Artus   HUELGOAT   HUELGOAT   Kerguz   Locarn
18   300   383   Botmeur   Kerbizien   769   248   le Vieux-   le Nézert
Pen-ar-Hoat   Menéz   Kernévez   Réservoir   Kerelcun   le Fao   St-Ambroise   Forêt de   Tronc   785
217   Meur   Glugeau   de St-Michel   764   Rochers   Fréau   13
Kérancurru   Pennaguer   St-Rivoal Mgne St-Michel   Brennilis   le Guilly   Poullaouen   Duault
Forêt du   Parc   380   Maison   Kerbadiou   Réstamenac'h   54
Cranou   animalier   24   317   des Artisans   Elez   Kervélen   Treffin   Trébrivan
Traourivin   Ecole d'Agriculture   Kerbalaùn   31   Kerbrat   Plouyé   764   Plounévézel
7   Breuil   281   Kervez   du Nivot   Ménnec   Ty-ar-Seven   274   St-Herbot   Kerdoncuff   Kerbizien   769   13
Quiliou   Kerguellen   11   Roc'h Begheor   Plouyé   Kergadiou   Kerdoncuff   Kerguz
Squiriou   Kerguellen   Brasparts   Kéryvarc'h   Lannédern   Loqueffret   Kerbrat   Pen-   Collorec   Kerandouaré
770   enclos   Kerhnaden   Kériffin   Kervélen   ar-Voaz   764
Pont-de-Buis   Bassin   de   Châteaulin   Quistillic   Collorec   Kerandouaré
lès-Quimerch   Véridy paroissial   Doulou
Loperec   764

Quimper   Pleyben   42   Carhaix-Plouguer

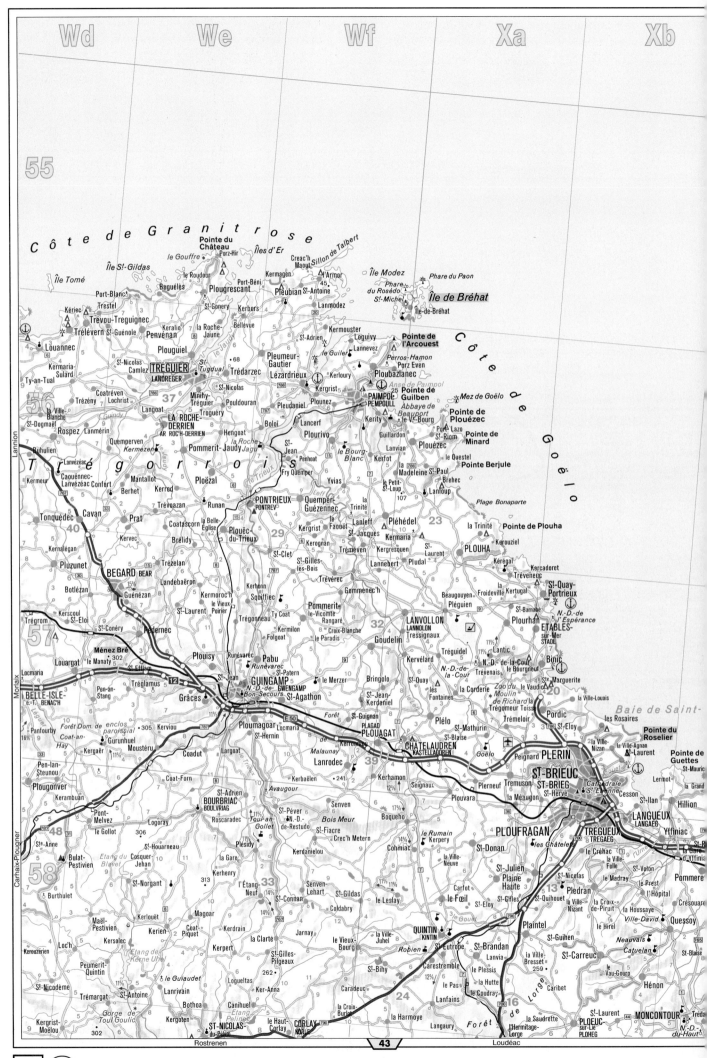

Xc   Xd   Xe   Xf   Ya

Guernsey, Sark
Jersey

Cork

Côte d' Emeraude

Côte de Penthieve

Côte de

Cap Fréhel
Anse des Sevignes
Fort la Latte
Pléherel-Plage (Vieux-Boury)
Plévenon   la Motte
la Fresnaye
Pointe de St-Cast

Îles de Cézembre
37

Rochers sculptés
Pointe de la Varde
le Minihic
les Guimorais
Rothéneuf
Lupin
le Verger
St-Coulomb

Cap d'Erquy
Tu-es-Roc
les Hôpitaux
la Carquois
Sables d'Or-les-Pins
la Baillie
St-Cast-le-Guildo
Pointe de la Garde

Grotte des Sirènes
Pointe du Décollé

St-MALO
ST-MALOÚ
Paramé
la Beuglais
la Croix-Desilles
St-Meloir-des-Ondes
la Chipaudière
St-Servan-sur-Mer

Plage de Caroual
Caroual
Erquy
Plurien
Frêhel
Coëtbily
N.-D.
St-Germain
la Cour
Pointe de Bay

Île des Hébihens
St-Lunaire
la Chapelle
la Fourberie
St-Briac-sur-Mer

DINARD
DINARZH
Chât. St-Vincent
la Vicomté
Tour Solidor

St-Jouan-des-Guérets
Le Gastines
St-Père
24

Pointe de Pléneuf
le Val-André
Grève des Vallées
la Ruée
Plébeulle
Pléboulle
Launay
Montbran
l' Hôpital
la Croix-aux-Merles
les Villes-Briend

MATIGNON
Pointe du Chevet
Lancieux
la Prévotais
la Richardais
la Passagère
le Bos
mademoiselle
Château-Malo
la Gouesnière
155

St-Pabu
PLÉNEUF-VAL-ANDRÉ
PLENEG-NANTRAEZH
Dahouët
la Ville Cochard
la Bouillie
St-Laurent
Ruca
St-Jaguel
N.-D. du-Guido

St-Jacut-de-la-Mer
le Samsonnais
les Rues
la Hamonais
PLOUBALAY
PLOUVALAE
la Giclais
Trégon
Pont-Arson

Pleurtuit
le Minihic-sur-Rance
Trégondé
la Vallée
St-Suliac
CHÂTEAUNEUF-d'Ille-et-Villaine
la Ville-es-Nonais
KASTEL-NOEZ
la Mare
St-Guinoux
l'Angle
15

la Cotentin
le Poirier
St-Marc
St-Jacques
Hénansal
Hénanbihen
St-Pótan
la Ville-Robert
St-Lormel
Créhen

Pont Cornou
la Croix-Janet
Plessis-Balisson
Plélan-Trigavou
Trémereuc
Trébédou
Langrolay-sur-Rance
la Ville-ès-Vallée
Pleslin-Trigavou
12
Plerguer
Miniac-Morvan

Morieux
Planguenoual
les Rigaudais
791
St-Denoual
Bas-Boulay Juhel
le Clos-Noël
Pluduno
la Croix-Janet
Trigavou
Languénan
21
St-Samson-sur-Rance
Plouër-Langrolay-sur-Rance
Mordreuc
Gouillon
Val-Hervelin
Pleudihen-sur-Rance
73

ètmieux
Andel
les Villes-Marie
Quintenic
Landébia
PLANCOËT
PLANGOED
Nazareth
Treguihé
la Caunelaye
Bourseul
29

St-Aaron
Forêt de la Hunauday
St-Aubin
St-Ayes
Pléven
St-Symphorien
Chât. de la Garaye
Quévert
Corseul
Carimel
Chât. de la Garaye
Croix-du-Frêne
Taden
la Vicomté-s-Rance
St-Helen
137

22
LAMBALLE
LAMBAL
Haras national
la Poterie
Trégomar
Forêt de St-Aubin
Chât. de la Hunaudaie
Plorec-s.-Arguenon
la Pévrie
St-Michel-de-Plélan
St-Méloir
Aucaleuc
la Lande
DINAN
Léhon
Lanvallay
St-Piat
St-Solent
St-James
les Renardières

Meslin
Marué
Noyal
St-Sulien
St-Rieul
Plédéliac
le St-Esprit
le Temple
le Breuil
Maudez
Vildé-Guingalan
Château
St-Esprit
St-Carné
St-Pierre-de-Plesguen
Etg. du Rouvre

Bréhand
le Probrien
la Ville-Commeaux
Landéhen
la Malhourne
Plestan
Quercy
Tramain
Lorgeril
St-Igneuc
Beaubois
PLÉLAN-le-Petit
PLELANN-VIHAN
la Landec
Trélivan
le Boculé
Tressaint
les Champs-Géraux
Calorguen
le Breuil-Caulnette
la Croix-Juhel

Trimoël
St-Glen
Penguily
le Lorrain
Plène-Jugon
Dolo
JUGON-les-Lacs
LANYUGON
Ranléon
Kergu
Quesny
Languédias
Trébédan
Bobital
le Hinglé
Trévron
le Hinglé-les-Granits
la Touche
la Lande-du-Tournay
Grabuisson
la Touche
la Chapelle-revinal
Pleugueneuc

la Touche-Trébry
Trébry
la Ville-Aufray
Megrit
Lannouée
le Creux
les Herviais
la Roussais
Brusvily
EVRAN

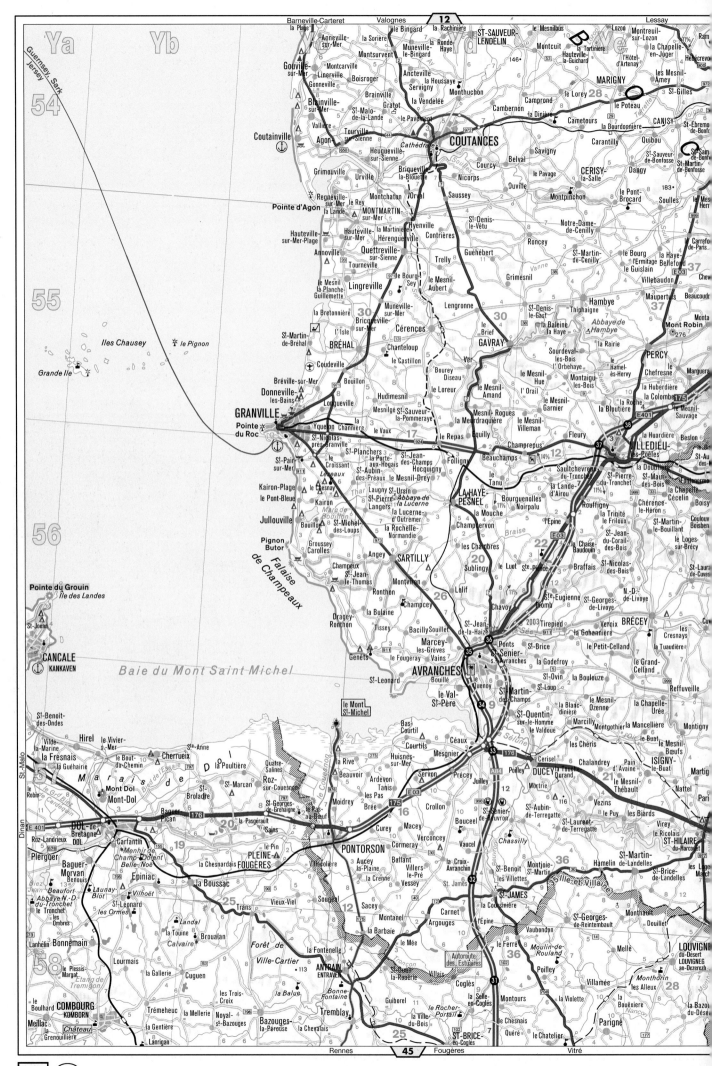

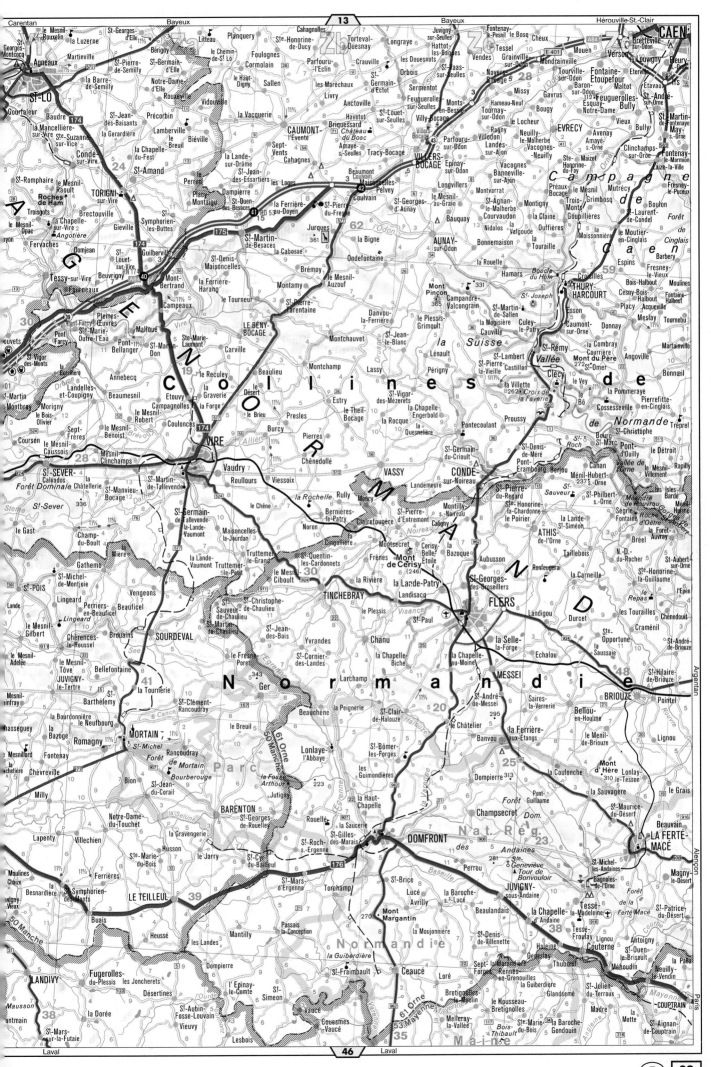

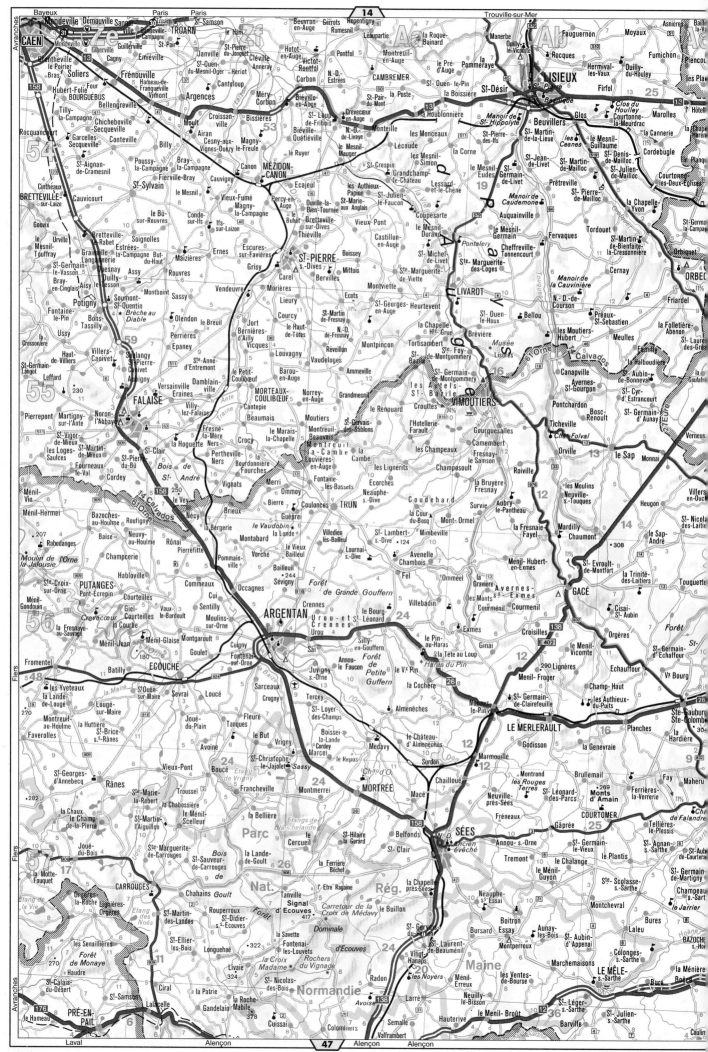

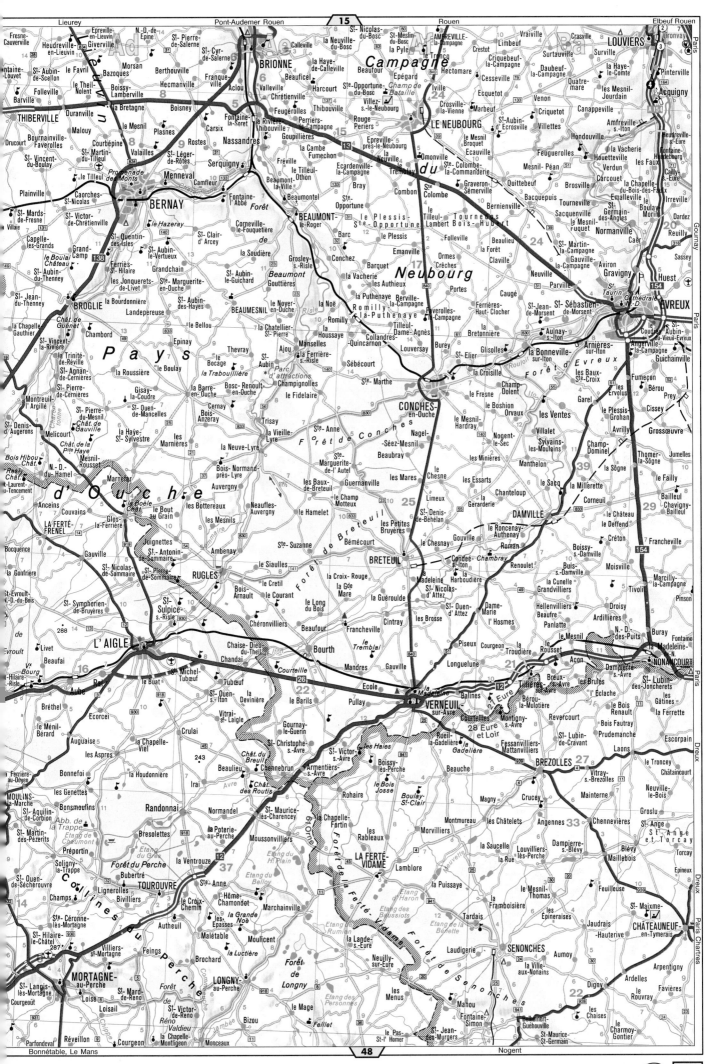

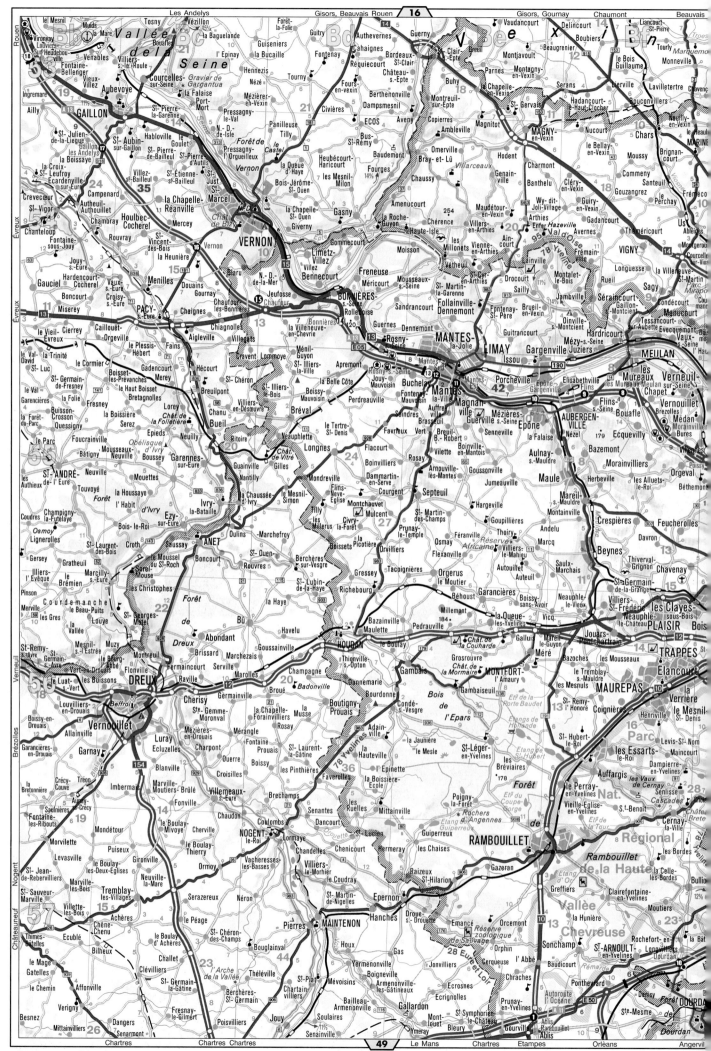

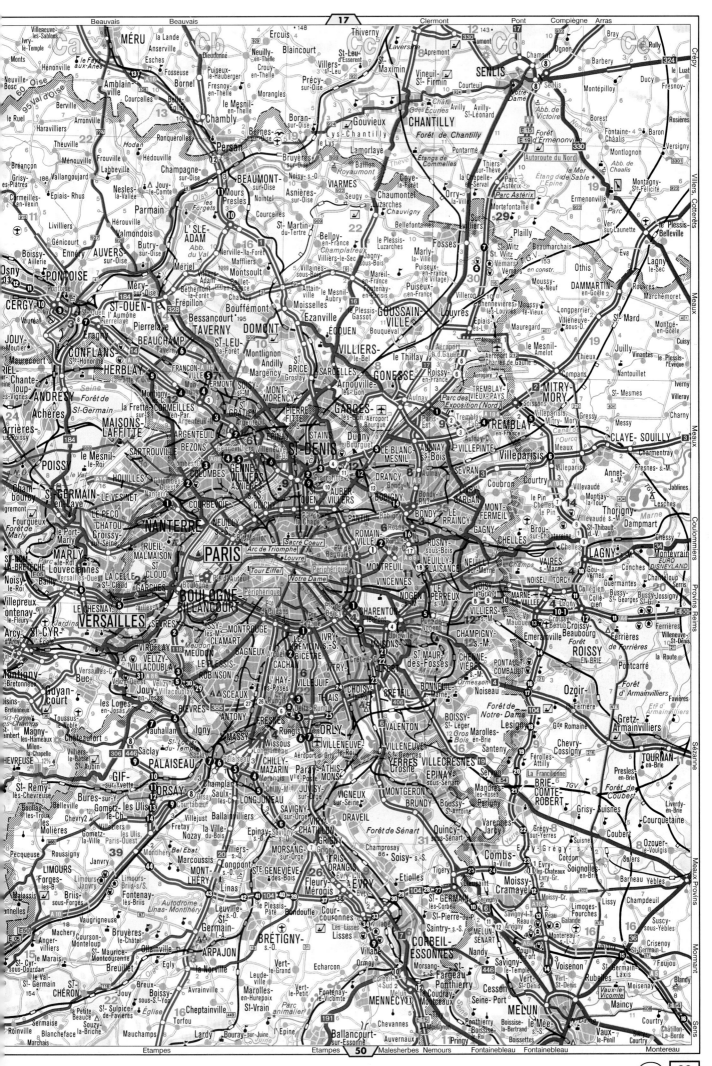

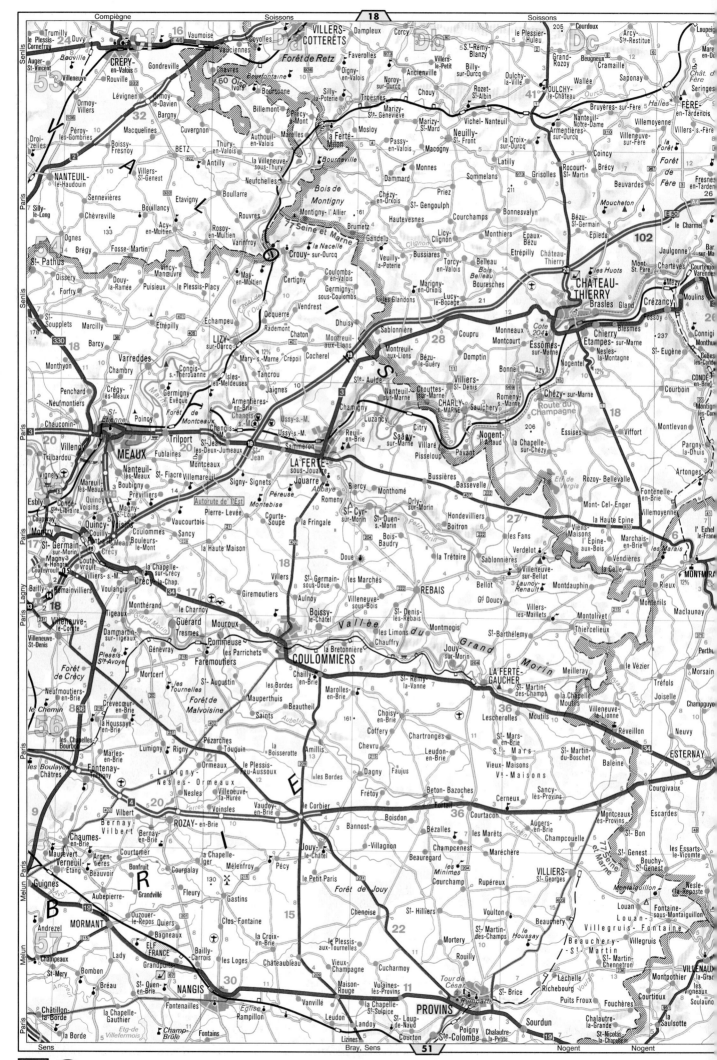

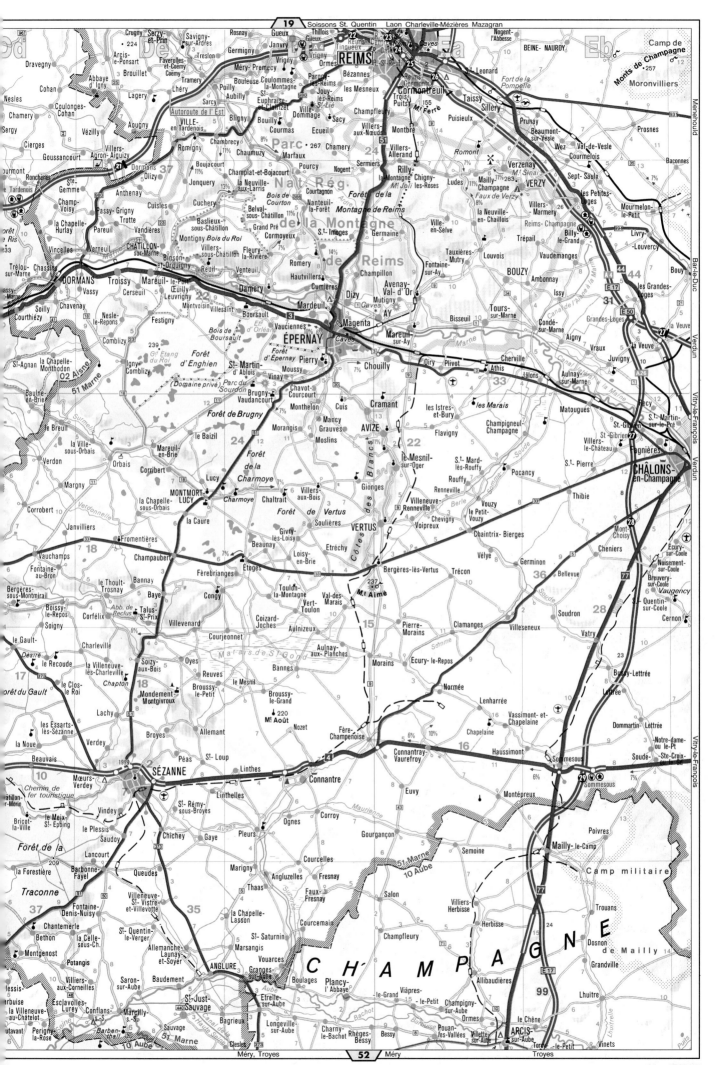

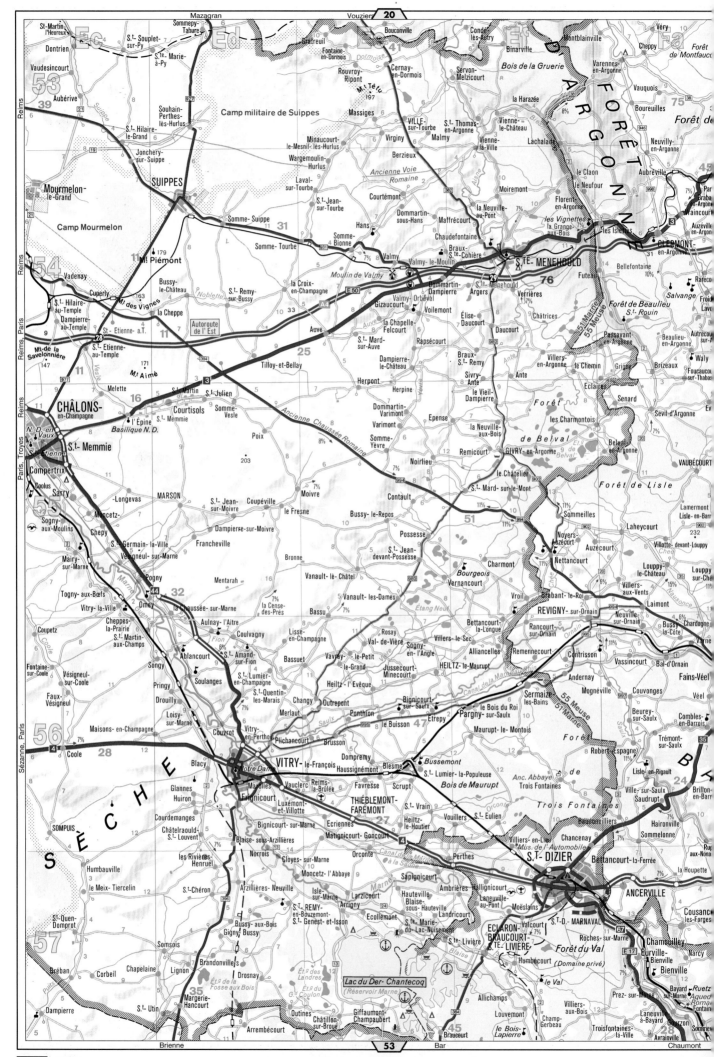

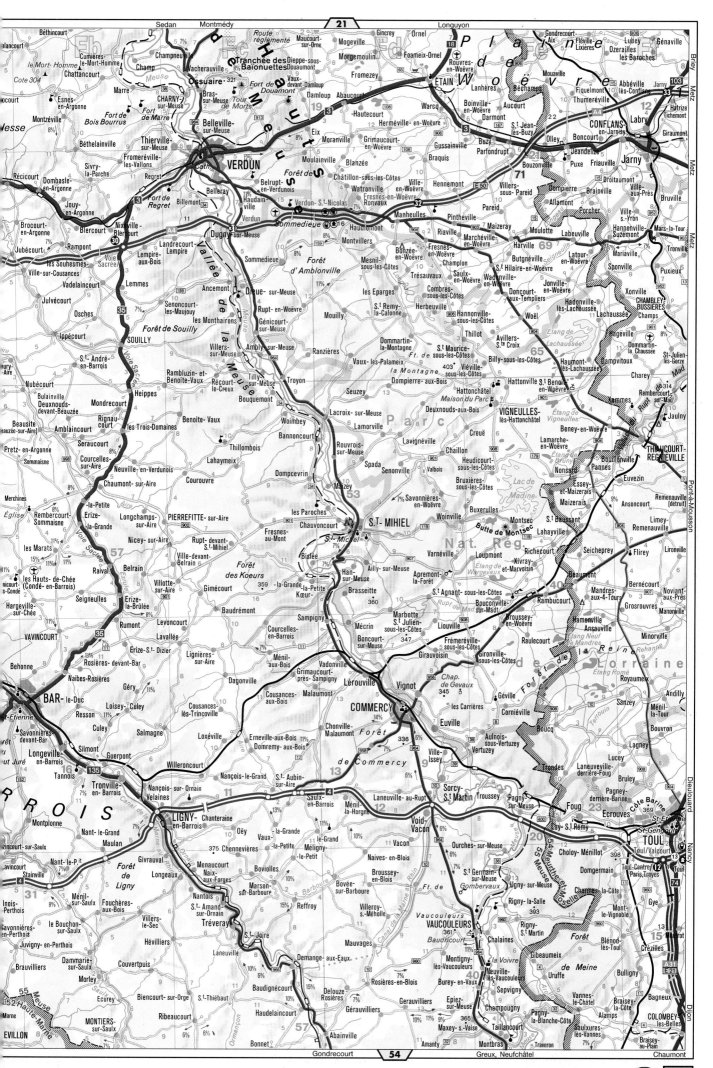

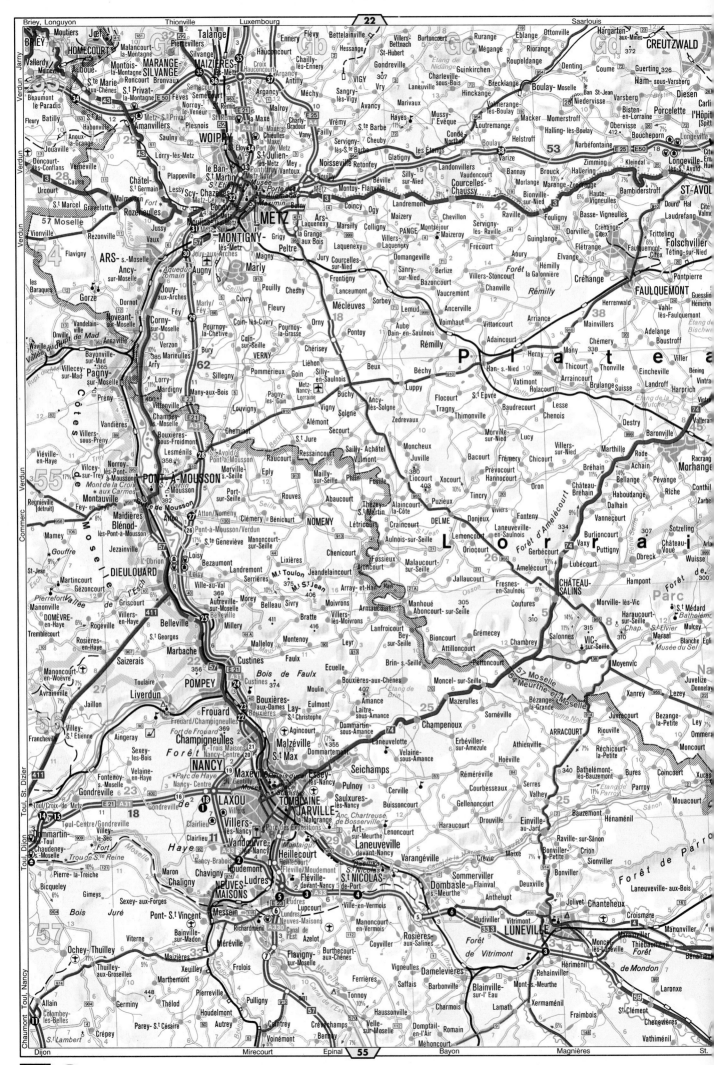

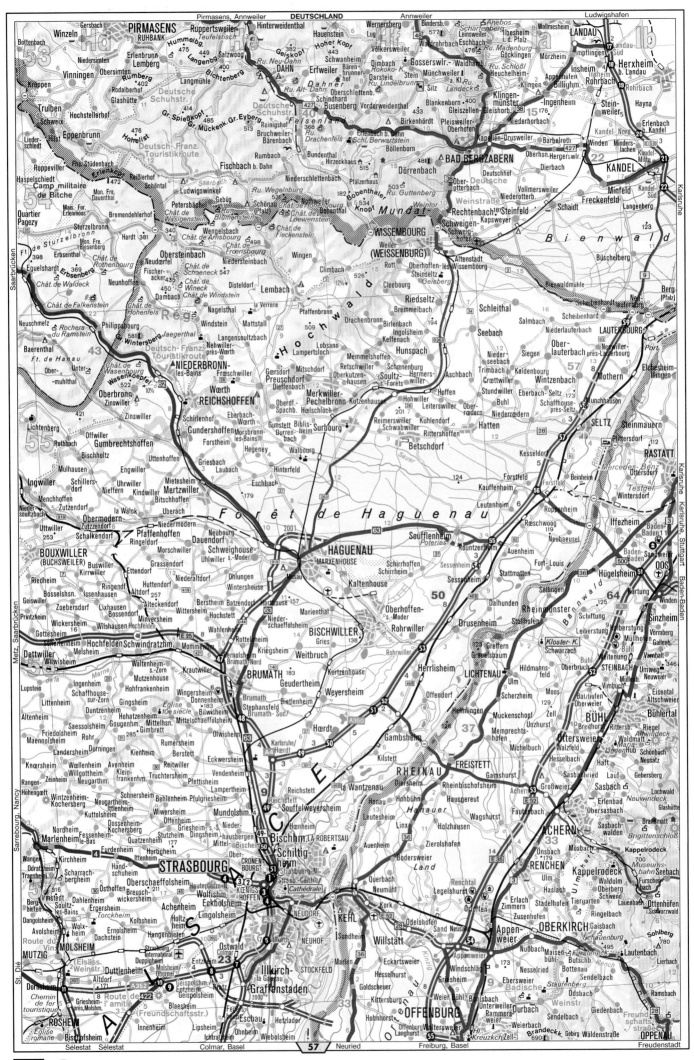

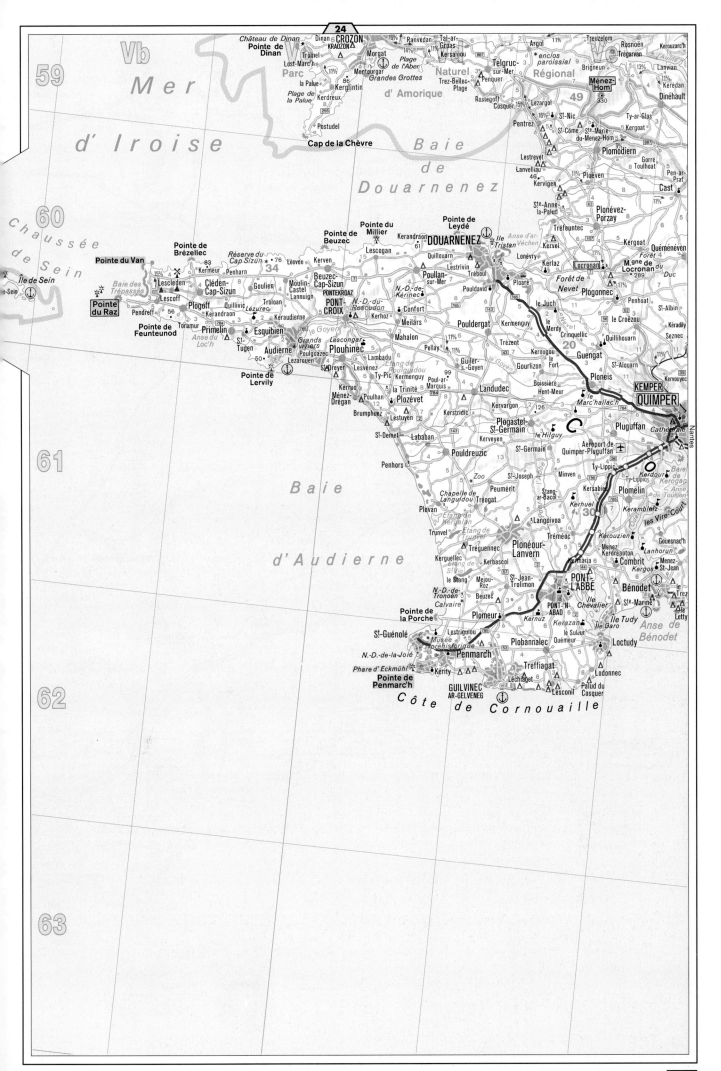

Vb

59

Mer

d' Iroise

60

Chaussée

de Sein

Île de Sein

61

Baie

d'Audierne

62

63

Château de Dinan
Pointe de
Dinan

Lost-Marc'h
la Palue
Plage de
la Palue

Postudel

Cap de la Chèvre

Pointe du Van

Pointe de
Brézellec

Pointe de
Beuzec

Pointe du
Millier

Réserve du
Cap Sizun

Baie des
Trépassés

Lescleden

Lescoff

Pointe
du Raz

Pendreff

Pointe de
Feunteunod

Primelin

Esquibien

Audierne

Pointe de
Lervily

Pointe de
la Porche

St-Guénolé

N.-D.-de-la-Joié

Phare d'Eckmühl
Pointe de
Penmarc'h

CROZON
KRAOZON

Morgat
Plage
de l'Aber

Montourgar
Grandes Grottes

Kerglintin

Kerdreux

Cléden-
Cap-Sizun

Plogoff

Plouhinec

Ranvédan
Tal-ar-
Groas
Kersanjou

Trez-Bellec-
Plage

Rostegoff
Cosquer

Lésven

Kerven

Goulien

Quillivic

Lézurec

Kerandraon

Poullan-
sur-Mer

DOUARNENEZ

Île
Tristan

Pointe de
Leydé

Tréboul

Ploaré

Telgruc-
sur-Mer

Penquer

Argol

*enclos
paroissial

Brigneun

Ménez-
Hom

St-Nic

Ste-Marie-
du-Ménez-Hom

Plomodiern

Plonévez-
Porzay

Locronan

Forêt de
Nevet

Plogonnec

QUIMPER
KEMPER

Cathédrale

Douarnenez

Baie
de

d' Amorique

Naturel

Parc

Régional

Treuzelom
Rosnoën
Kerouzarc'h
Trégarvan

Lanvian

Dinéhault

Pen-ar-
Prat

Cast

Quéménéven

M.gne du
Duc

Seznec

le Croëzou

Quillihouarn

Guengat

Kervouyec

St-Alouarn

Ploneis

Pluguffan

Aéroport de
Quimper-Pluguffan

Ty-Lippic

Kerdour

Plomelin

Baie
de
Kerogap

Anse
de
Toulven

Kerambleiz

les Vire-Court

Kerouzien

Combrit

Bénodet

Ste-Marine

Anse de
Bénodet

Le Trez

Le Letty

Île
Tudy

Île Garo

Loctudy

Lodonnec

Guilvinec
AR-GELVENEG

Penmarch

Kérity

Côte de Cornouaille

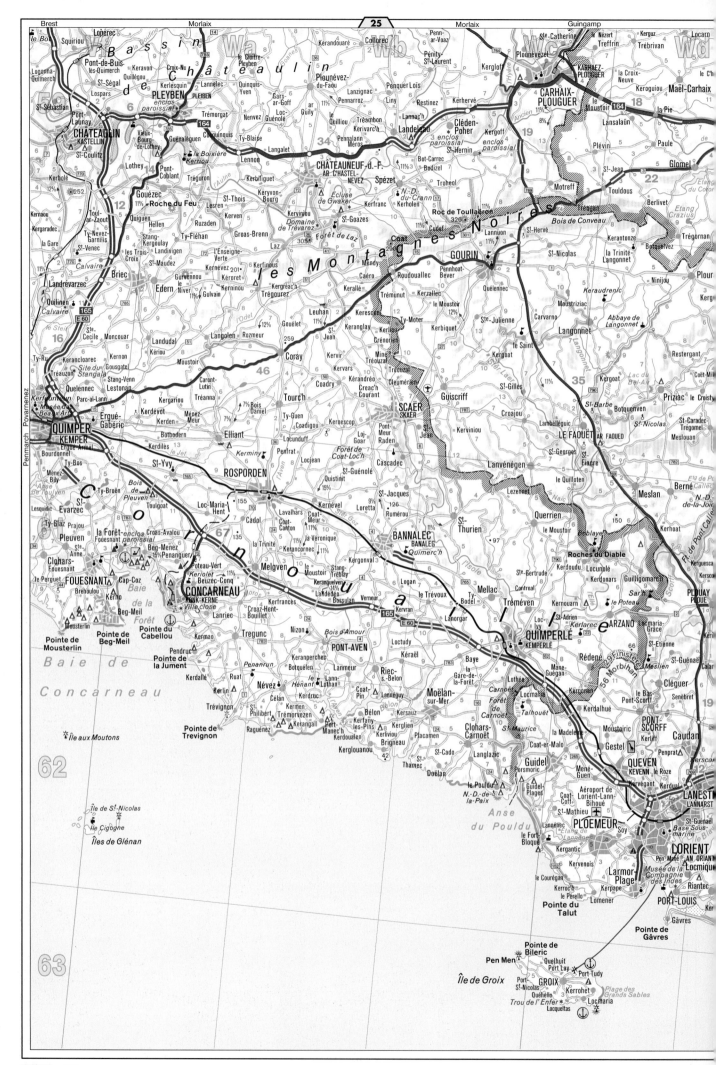

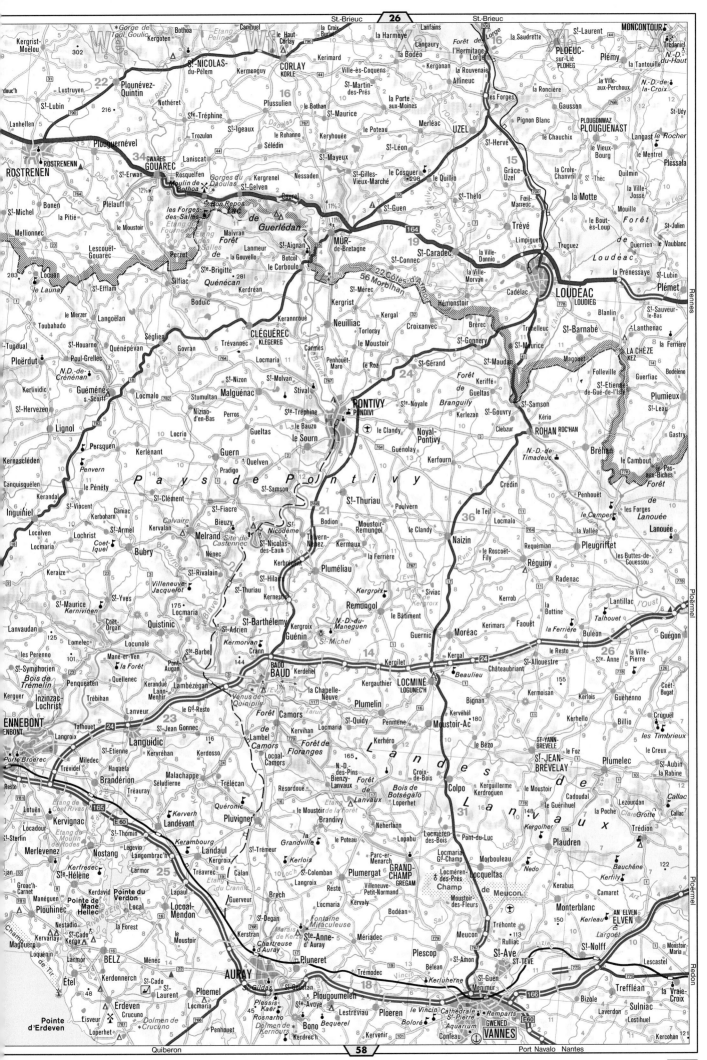

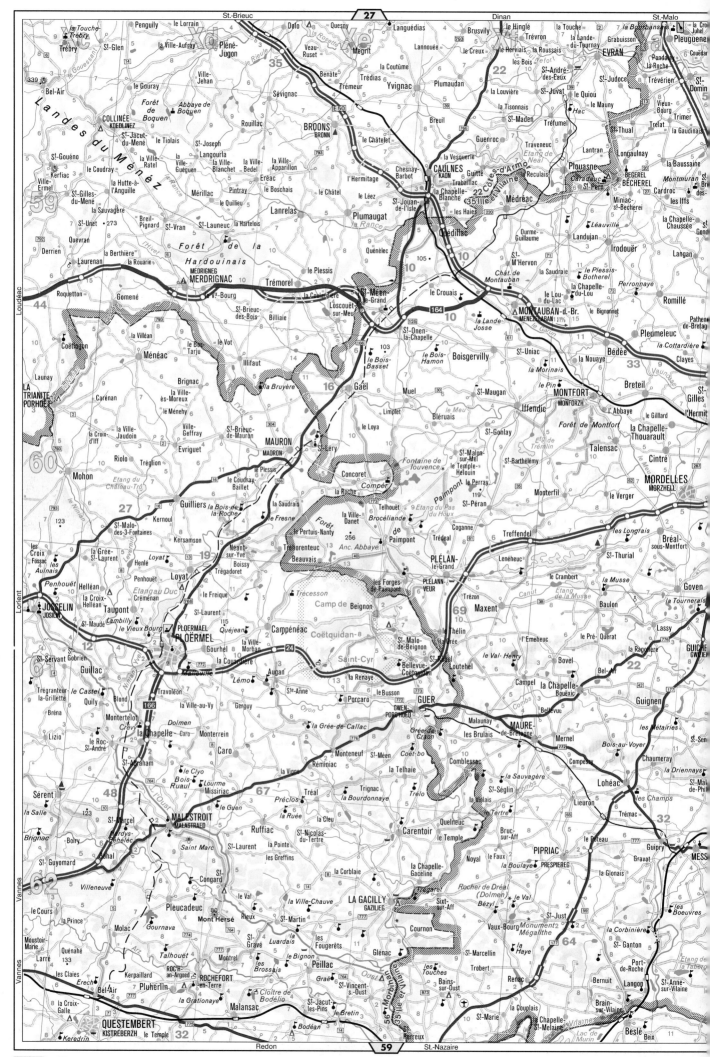

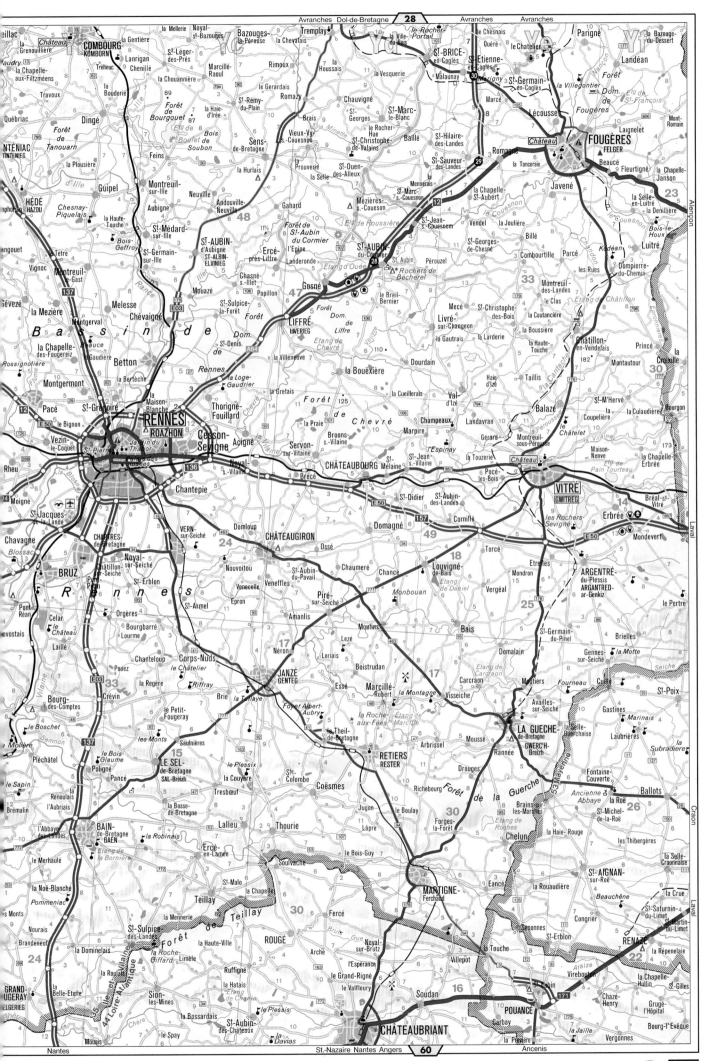

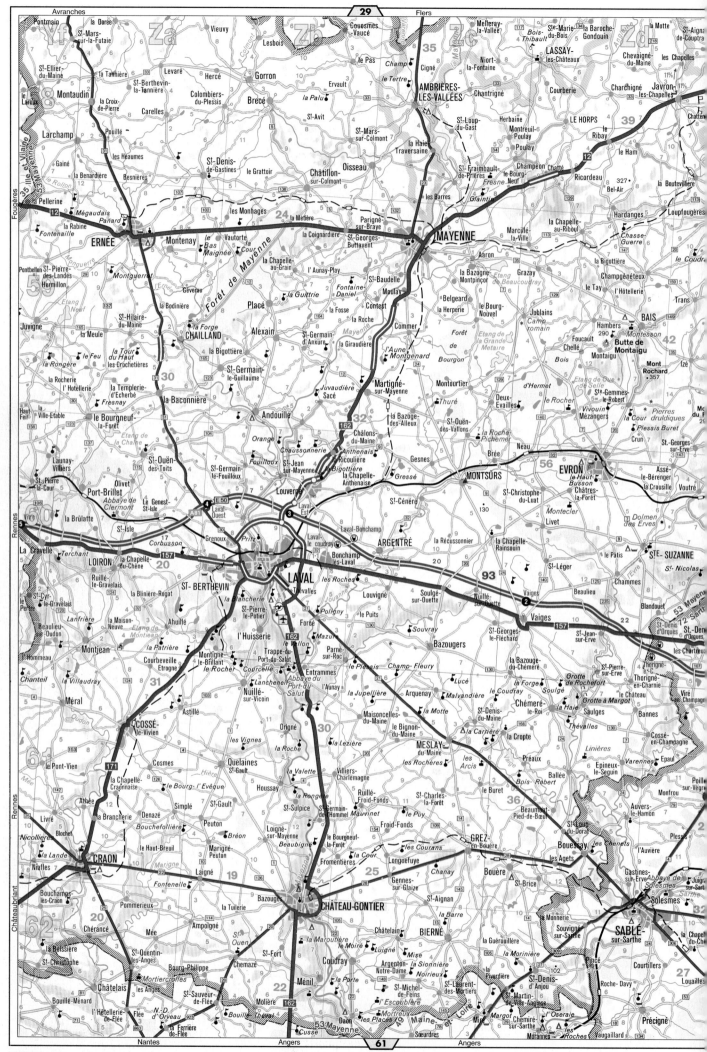

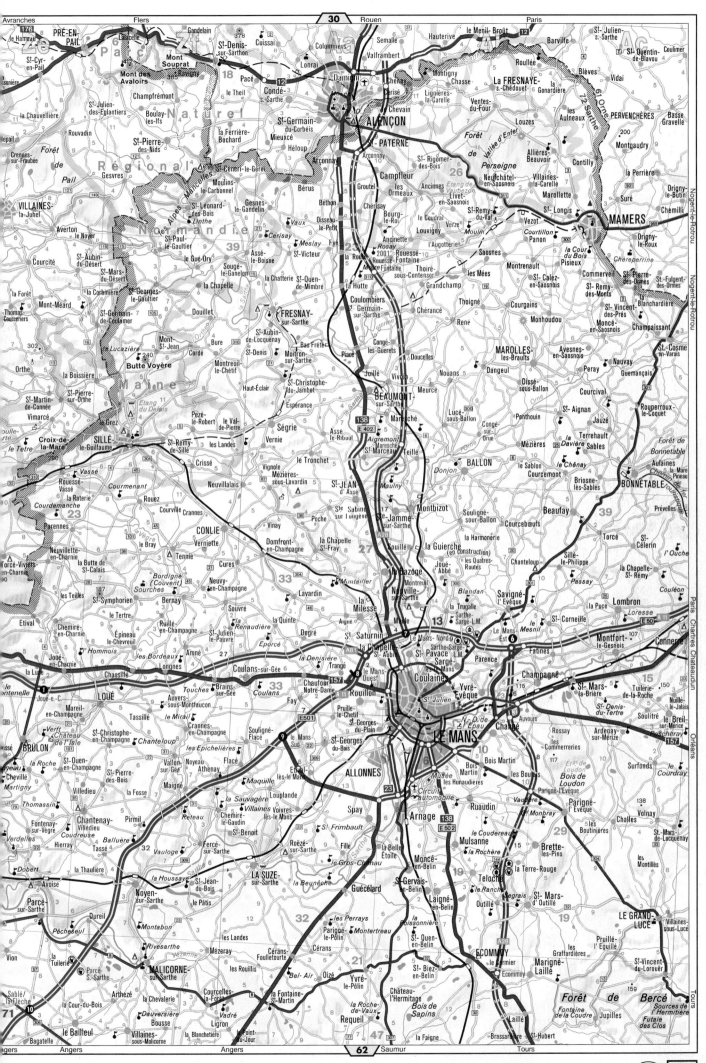

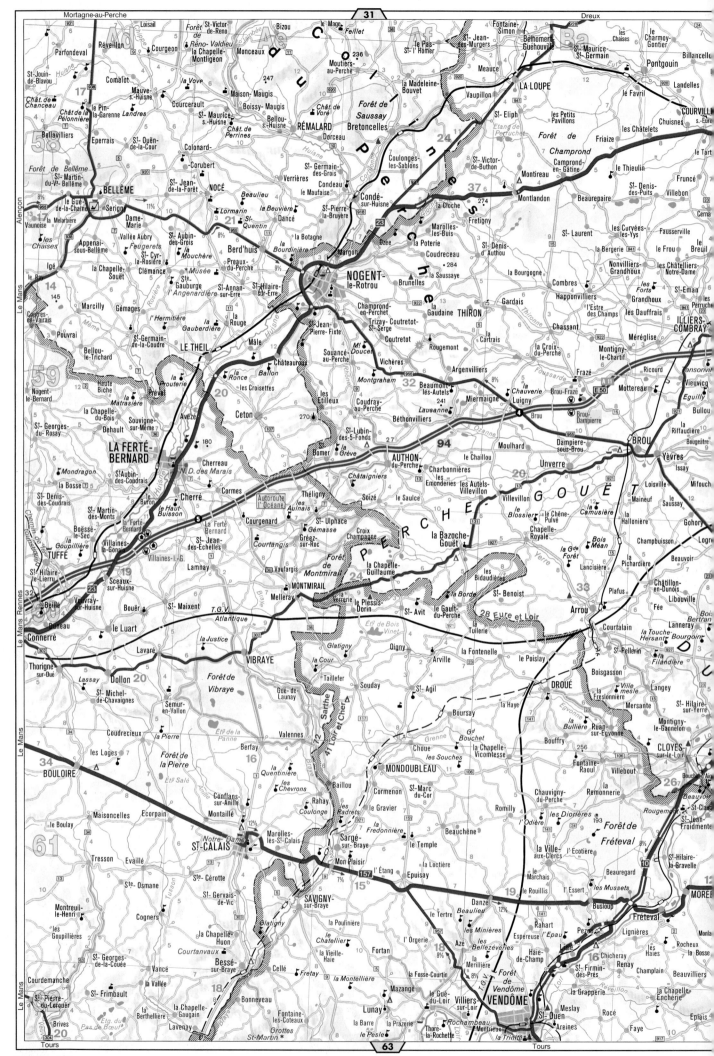

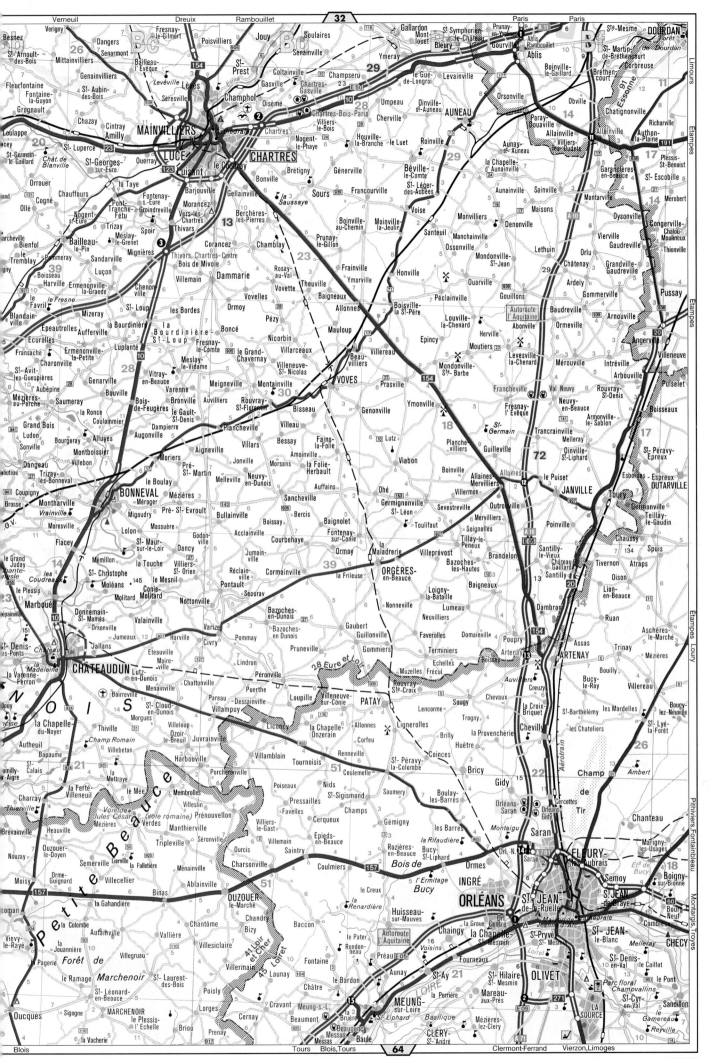

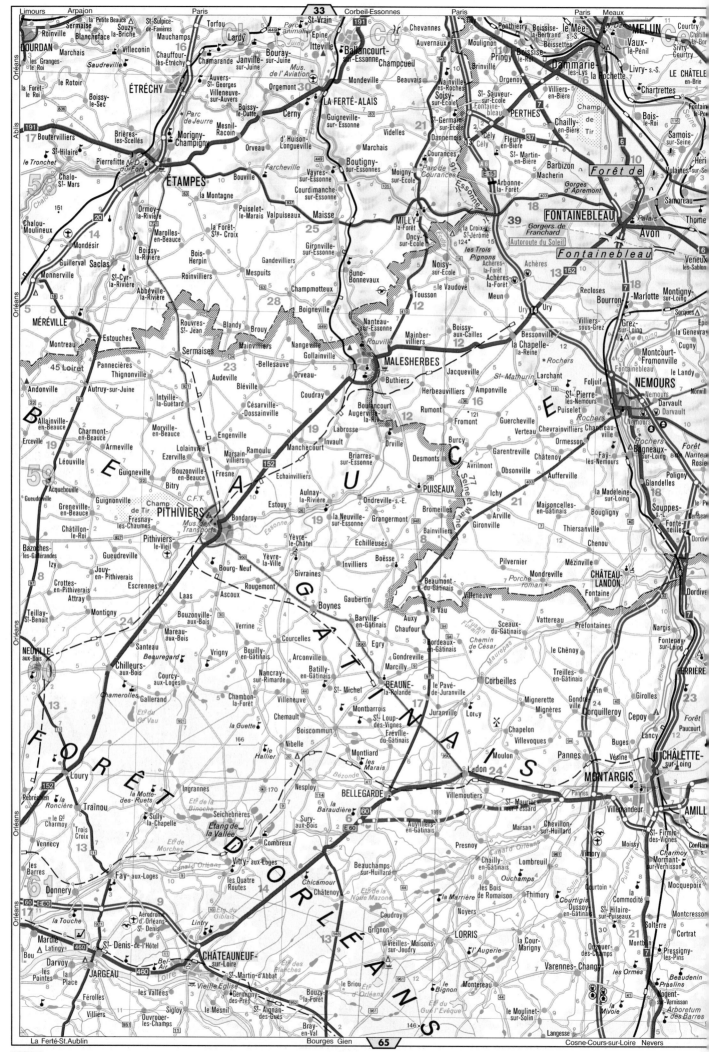

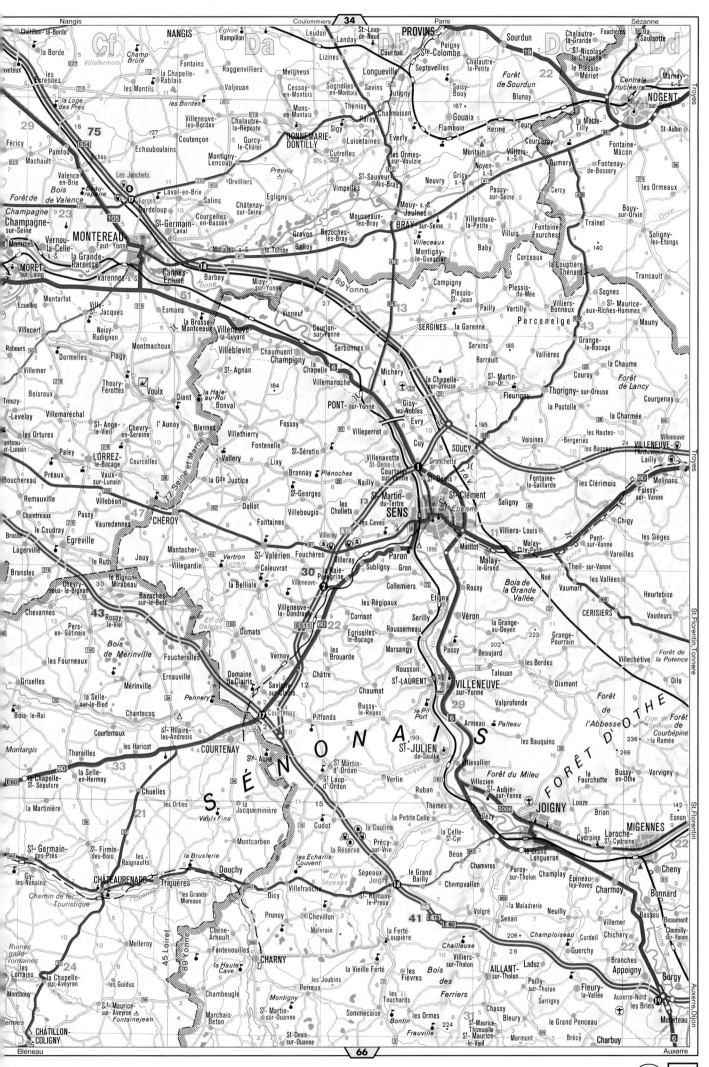

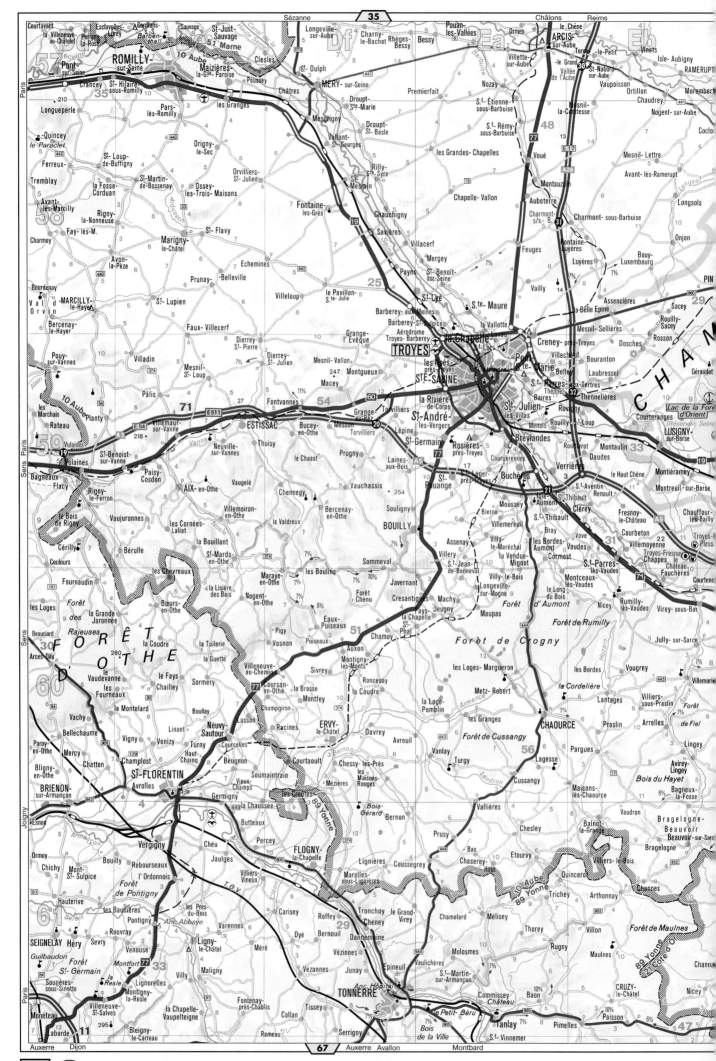

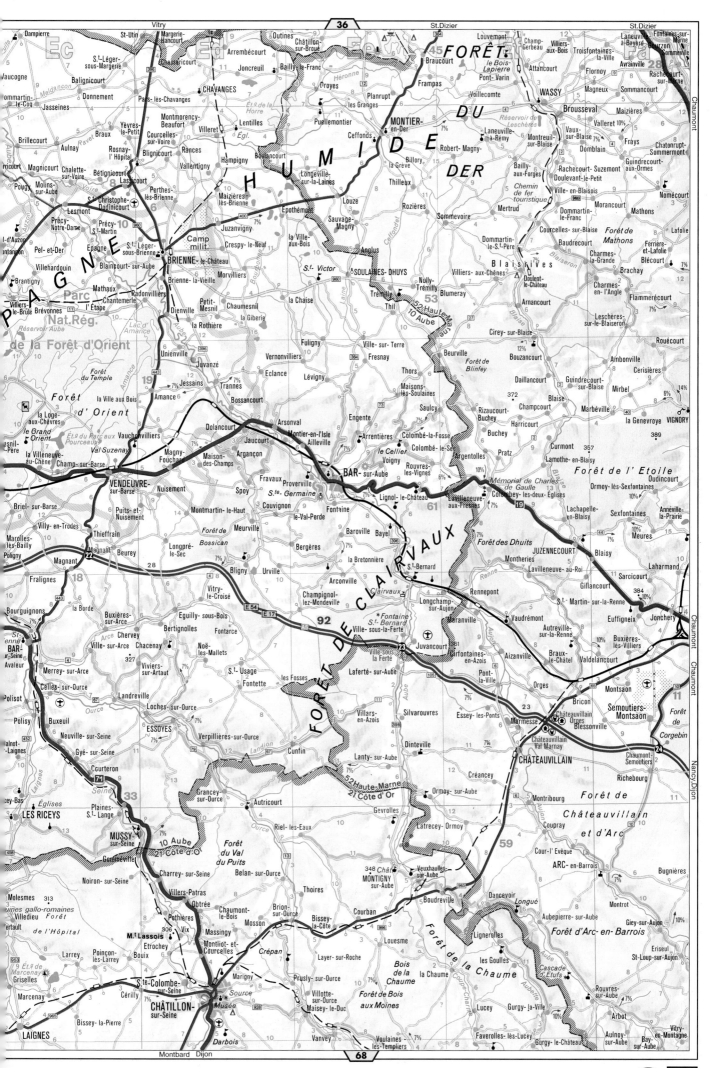

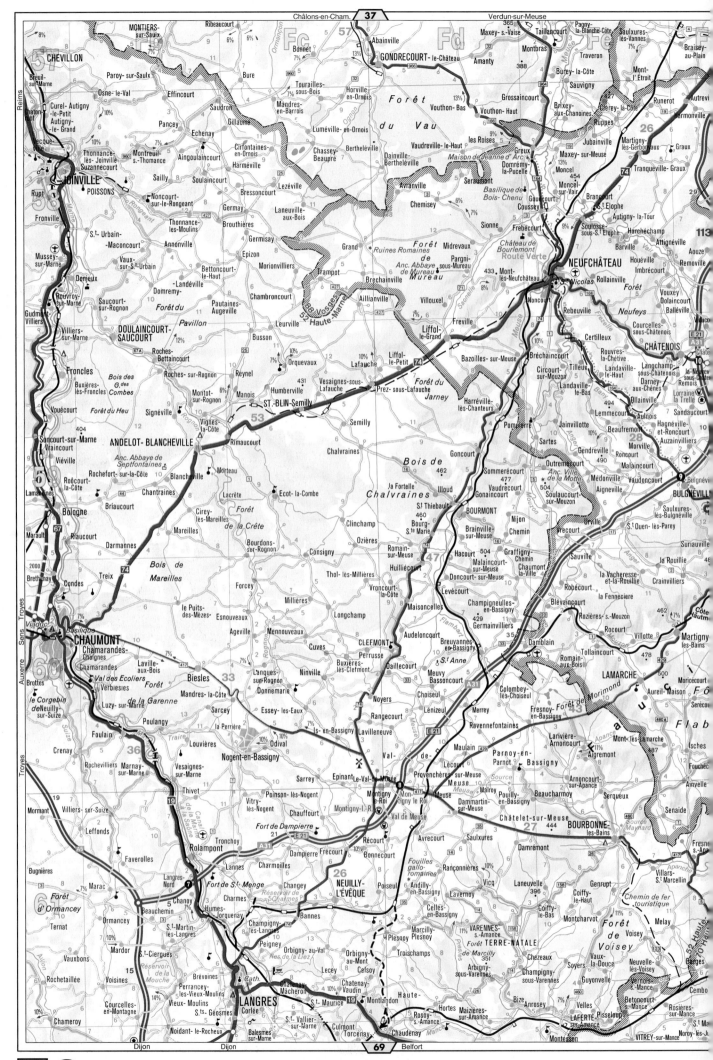

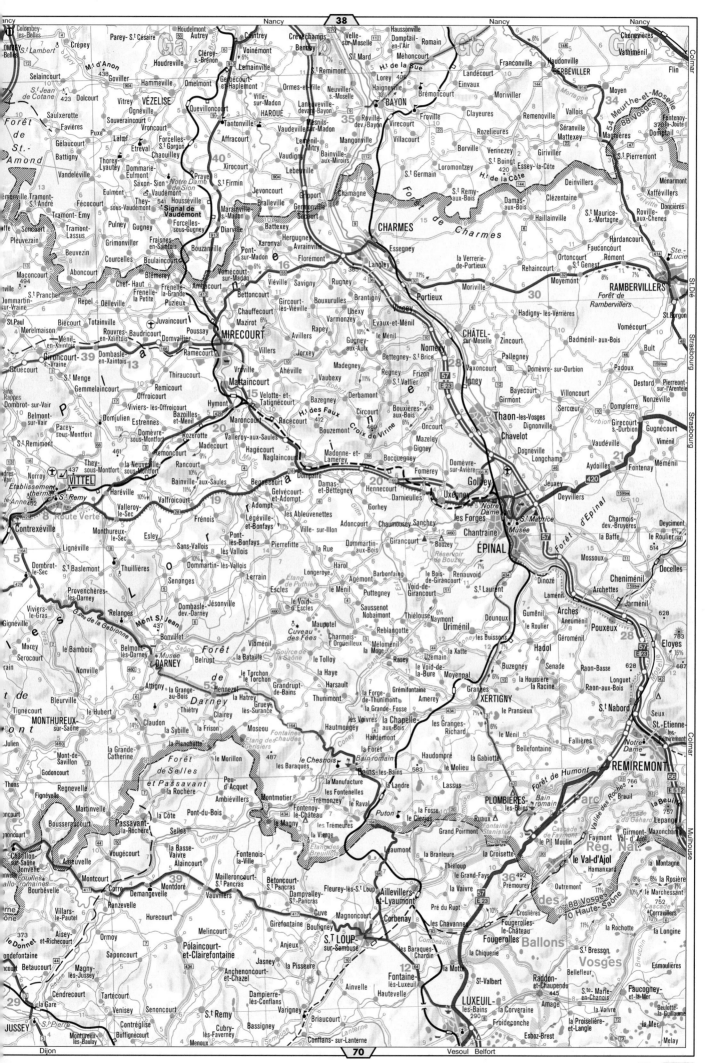

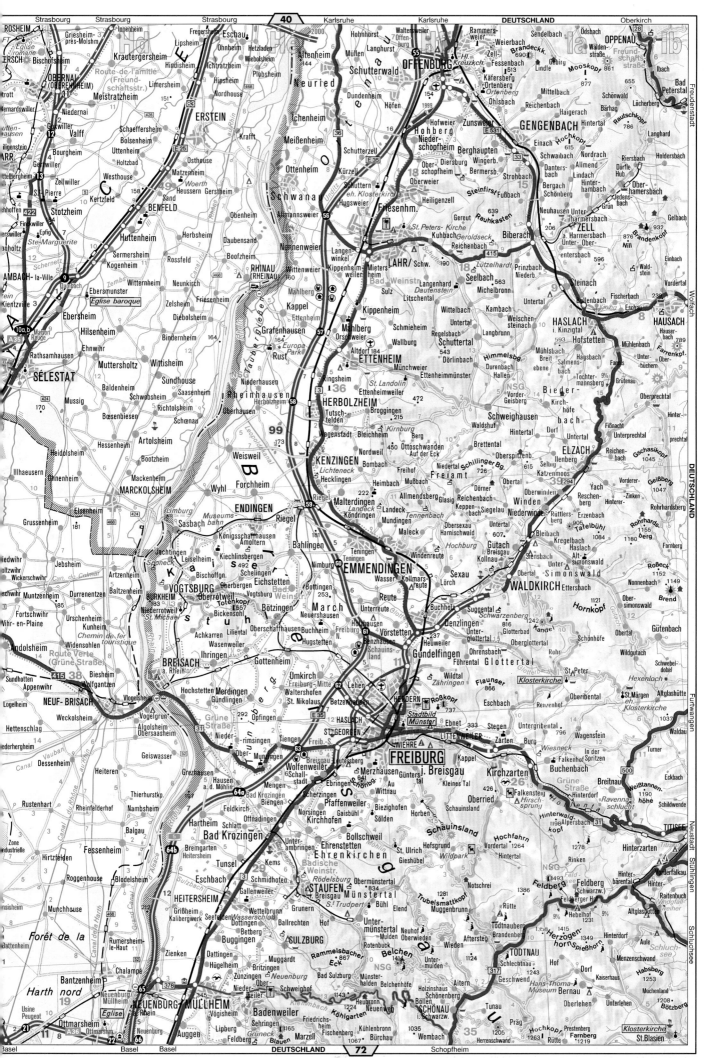

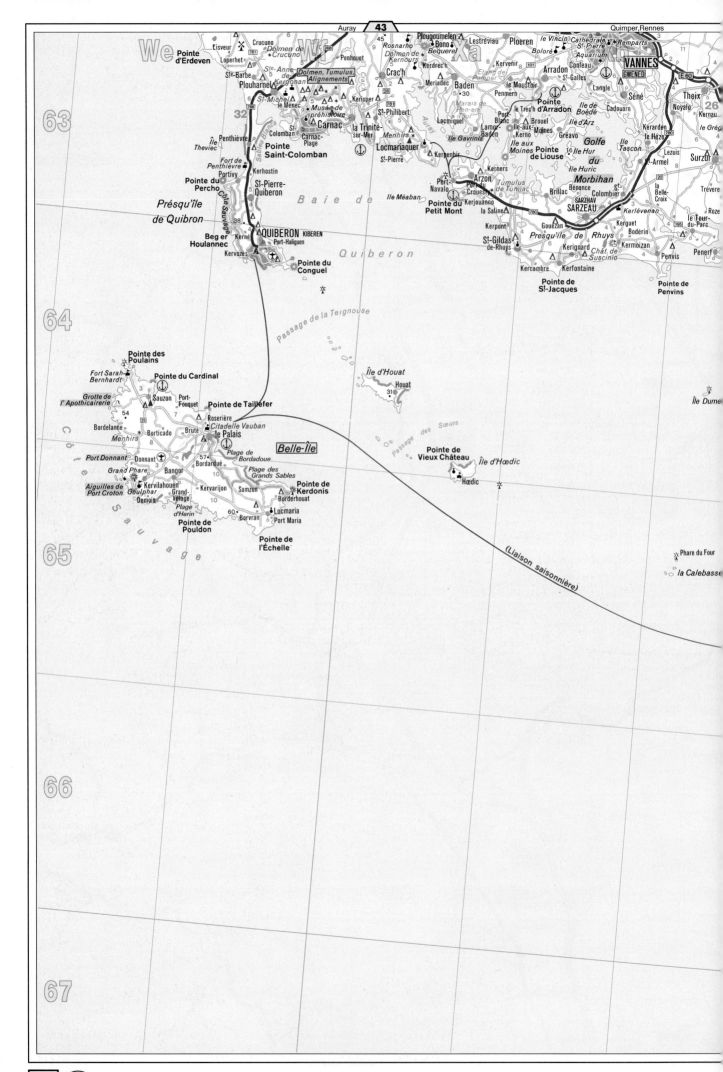

We

Pointe
d'Erdeven

Lisveur △ Crucuno
Loperhet Dolmen de
Crucuno

761

Penhouet 268

Rosnarho
Dolmen de
Kernours

45

Plougoumelen
Bono
Bequerel

Lestréviau

Ploeren

le Vincin
Cathédrale
St-Pierre
Aquarium

Remparts

3

11

VANNES
GWENED

E 60

7

Ste-Barbe
Plouharnel
St-Michel
le Menec

Ste-Anne-
de-
Kergonan

Dolmen, Tumulus
Alignements

Crac'h

Kerdrec'h

Kervenir

Meriadec

101

Baden

Kervenir

Arradon
St-Galles

Conleau

Langle

Séné

Theix

26

Noyalo

32

St-
Colomban

Musée de
préhistoire
Carnac

Kerisper

781

St-Philibert

28

5 30

Marais de
Pen-en-
Toul

le Moustoir

Penmern

Locmiquel

Pointe
le Trec'h d'Arradon

Port-
Blanc

Brouel

Ile de
Boëdé

Ile-aux-
Moines

Ile d'Arz

Cadouarn

le Hézo

780

le Grég

Carnac-
Plage

la Trinité-
sur-Mer

Menhirs

Kerno

Gréavo

Kerdeven

Lezuis

Surzur

Île
Theviec

Pointe
Saint-Colomban

Kerhostin

Lamor-
Baden

Ile Gavrinis

Kerarden

Ile
Tascon

Fort de
Penthièvre

Penthièvre

Locmariaquer

St-Pierre

Kerpenhir

Ile aux
Moines

Pointe
de Liouse

16 Ile Hur

Ile du
Huric

la
Belle-
Croix

Trévere

Portivy

Golfe
du

St
Colombier

Roze

St-Pierre-
Quiberon

Pointe du
Percho

5

38

Arzon
Port-
Navalo

Port du
Crouesty

Kerjouanno

Morbihan

SARZHAV

Bépance

SARZEAU

20

le Tour-
du-Parc

Présqu'île
de Quibron

Baie   de

Ile Méaban

Pointe du
Petit Mont

la Saline

Kerjouanno

Tumulus
de Tumiac

Brillac

786

Béhance

Kerguet

Kerlévenan

195

Beg er
Houlannec

Kerne

QUIBERON KIBEREN
Port-Haliguen

Quiberon

St-Gildas-
de-Rhuys

Kerpont

Presqu'île de Rhuys

Gouézan

Bodérin

Kermoizan

Penerf

Kervozes

Pointe du
Conguel

Châl. de
Suscinio

Penvis

Pointe de
Penvins

Pointe de
St-Jacques

Kercambre

Kerfontaine

Kerignard

☆

Passage de la Teignouse

Pointe des
Poulains

☆

Fort Sarah-
Bernhardt

3

Pointe du Cardinal

Ile d'Houat

Houat

31

Grotte de
l'Apothicairerie

Sauzon

Port-
Fouquet

Pointe de Taillefer

54

Roserière

25

Bordelanne

Menhirs

Borticado

8

Citadelle Vauban
le Palais

Bruté

Île Dume

Côte
Sauvage

Port Donnant
Donnant

7

Plage de
Bordadoue

Bordardué

57

Passage   des   Sœurs

Pointe de
Vieux Château

Île d'Hœdic

Grand Phare
Bangor

Kervilahouen
Goulphar
Domois

Aiguilles de
Port Croton

Grand-
Village

10

Kervarijon

Plage des
Grands Sables

Samzun

Hœdic

☆

Pointe de
Kerdonis

Belle-Île

Pointe de
Pouldon

Plage
d'Herin

60

Borvran

10

Locmaria

Port Maria

Borderhouat

Phare du Four

(Liaison saisonnière)

la Calebasse

Pointe de
l'Échelle

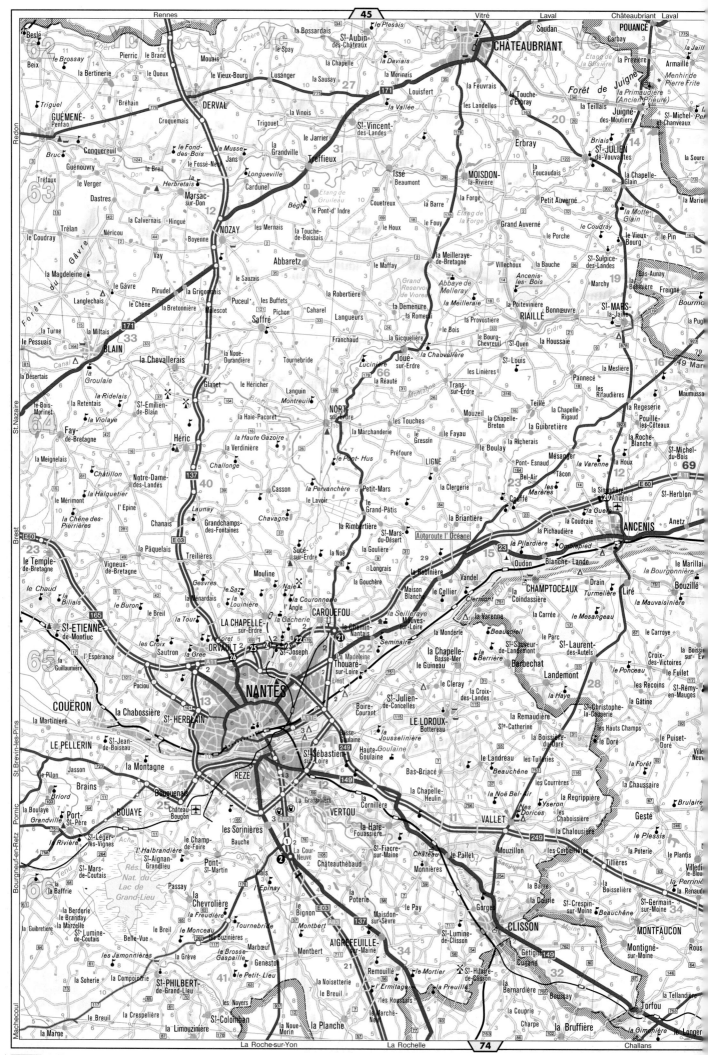

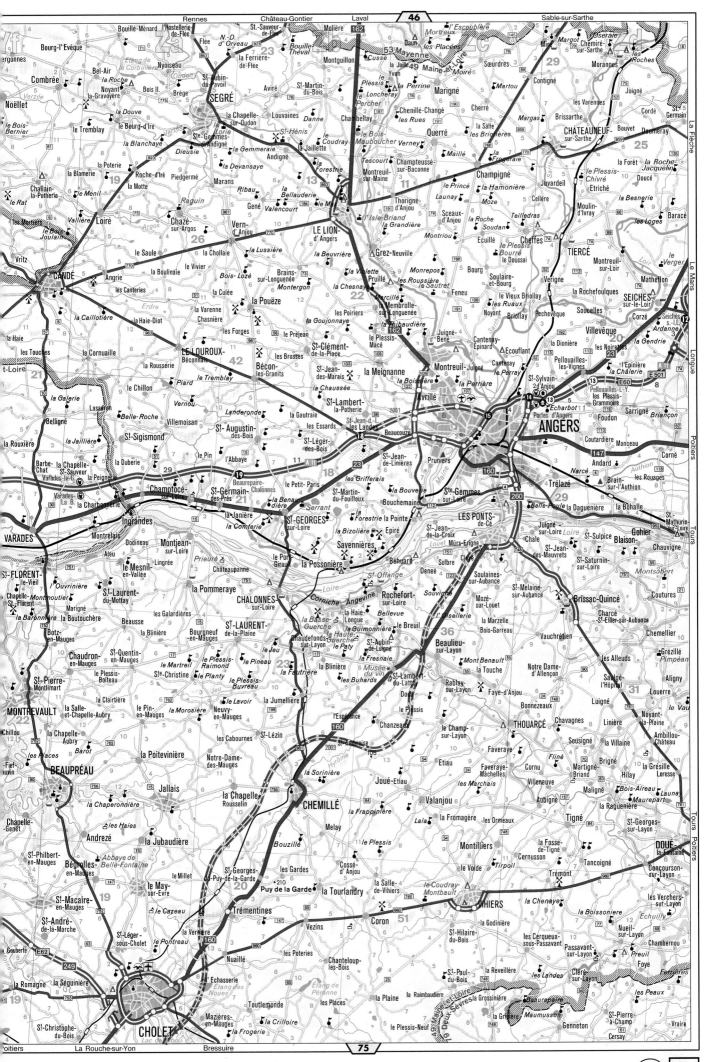

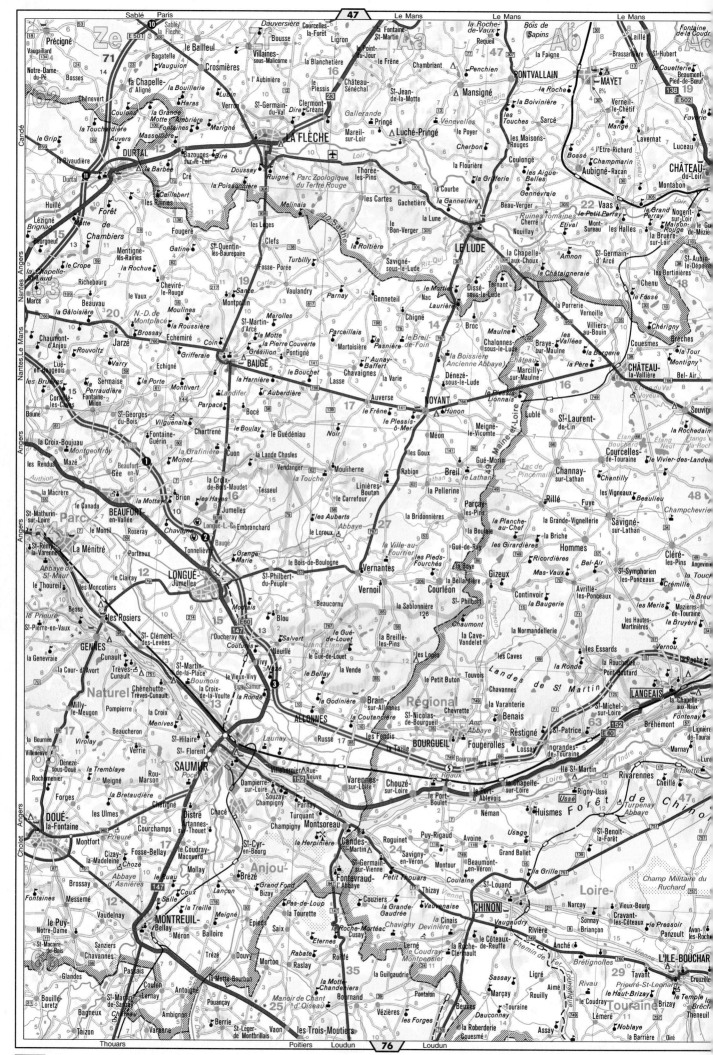

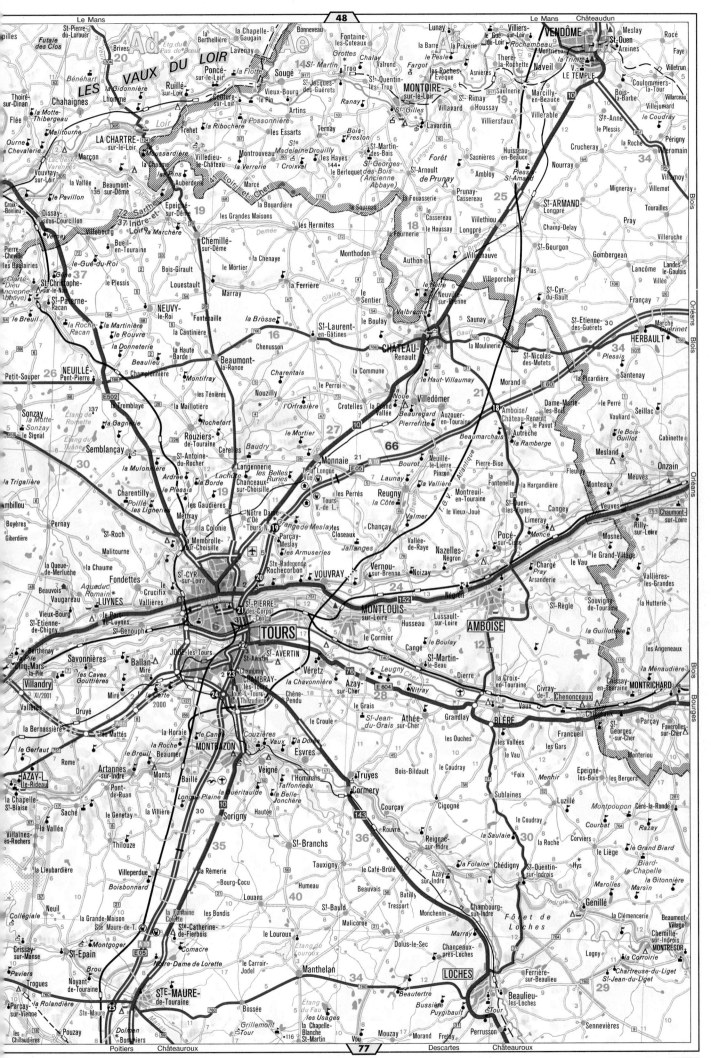

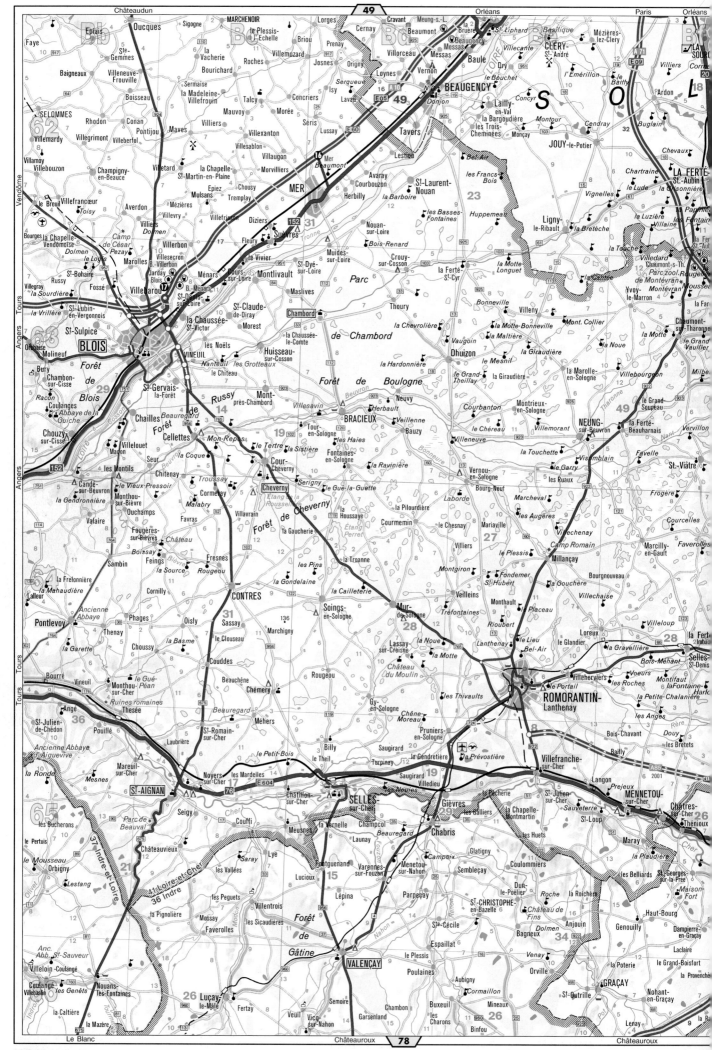

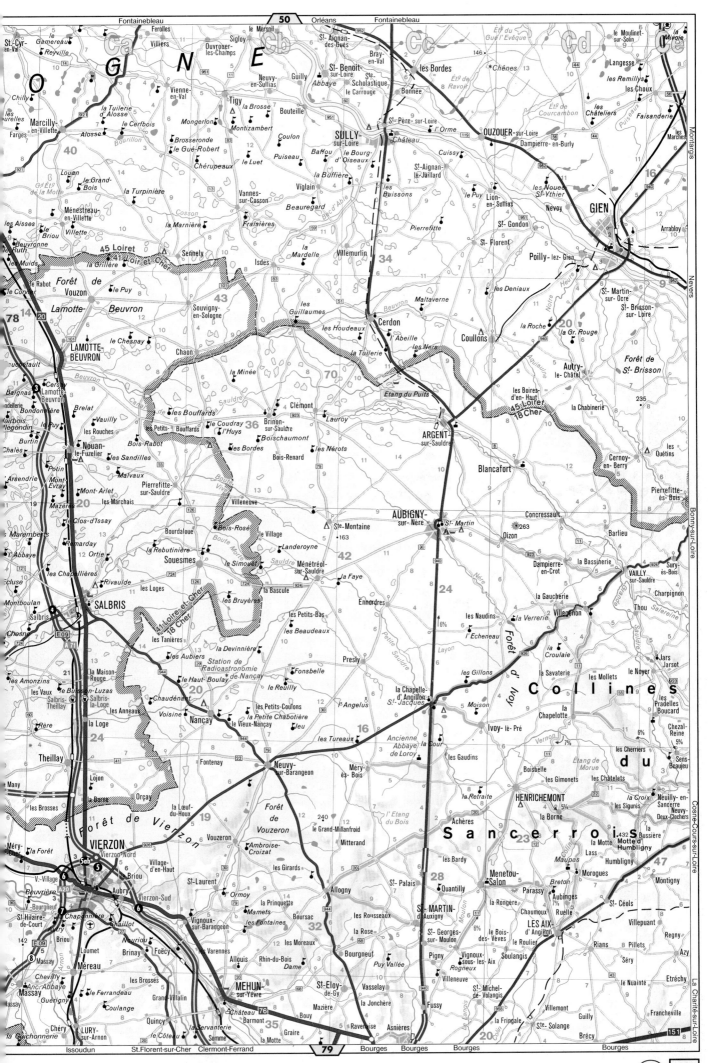

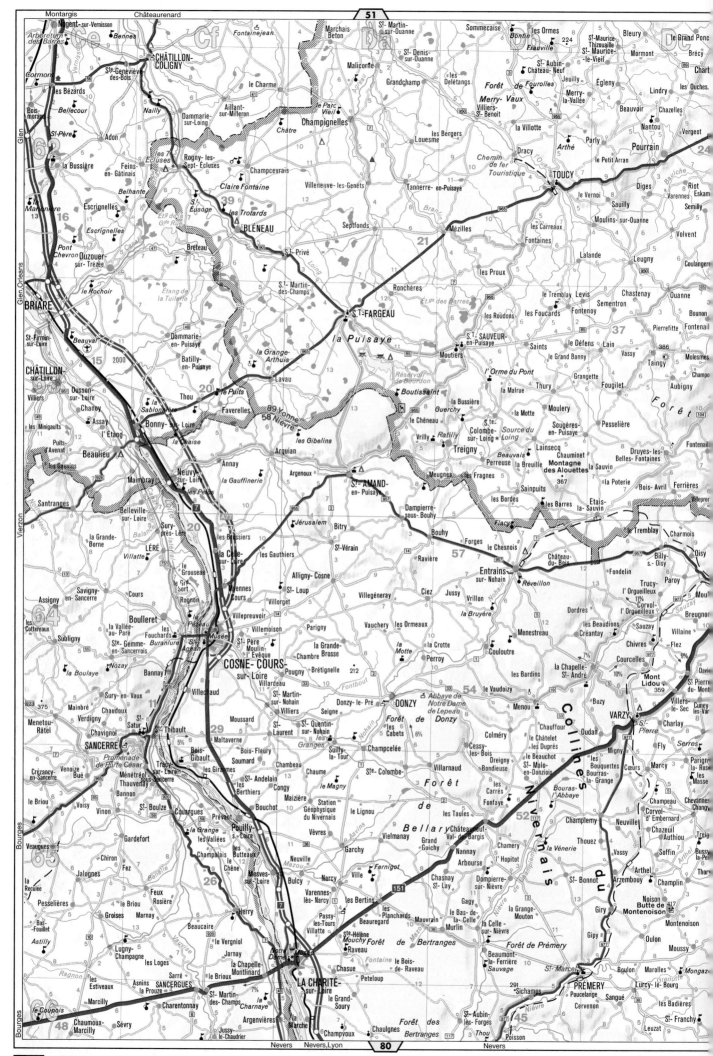

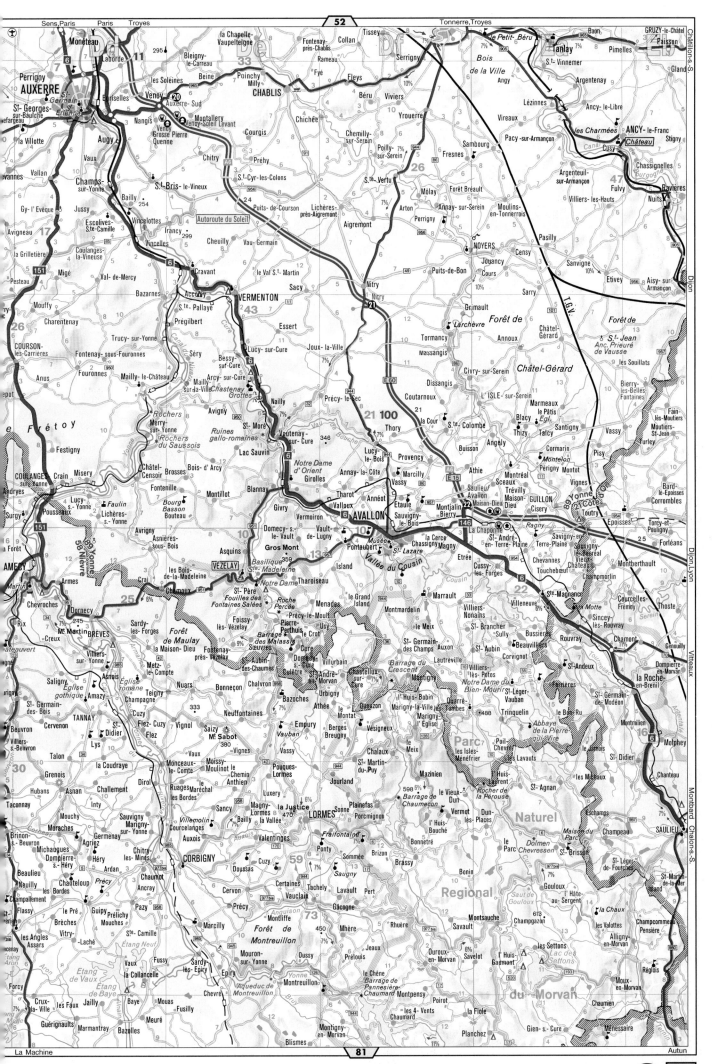

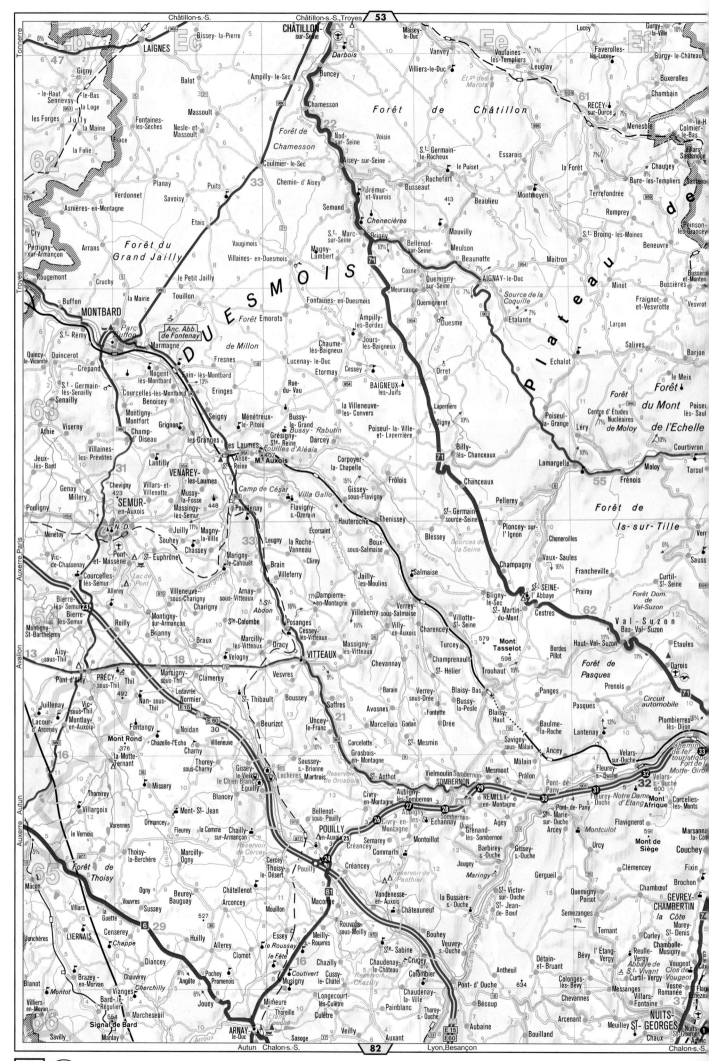

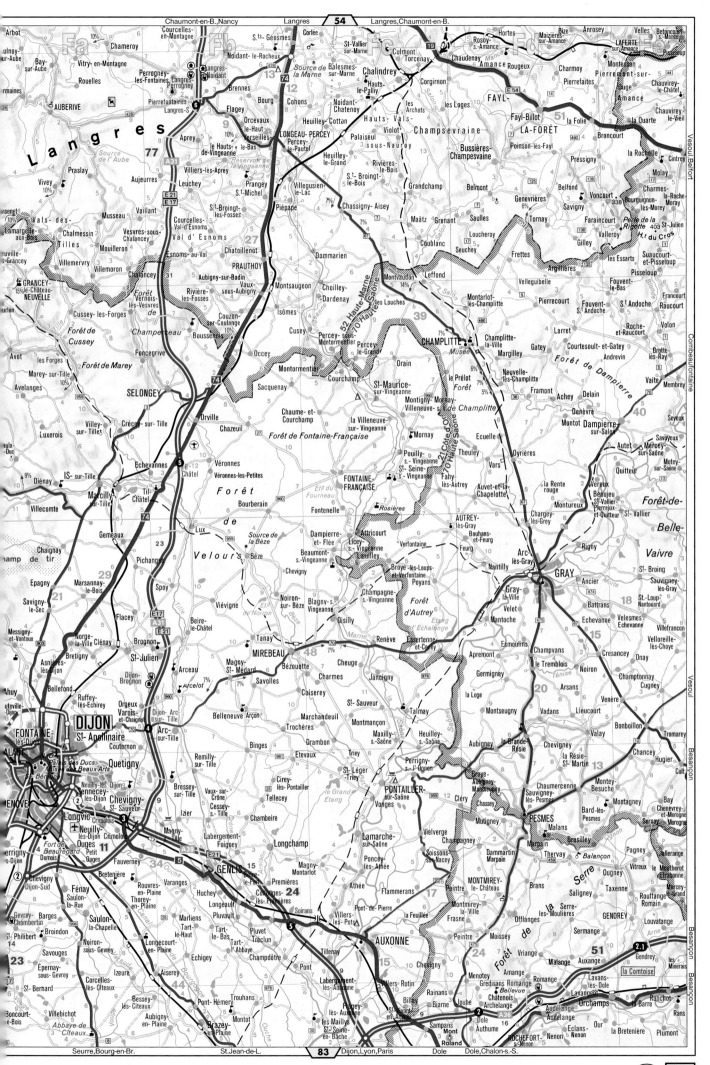

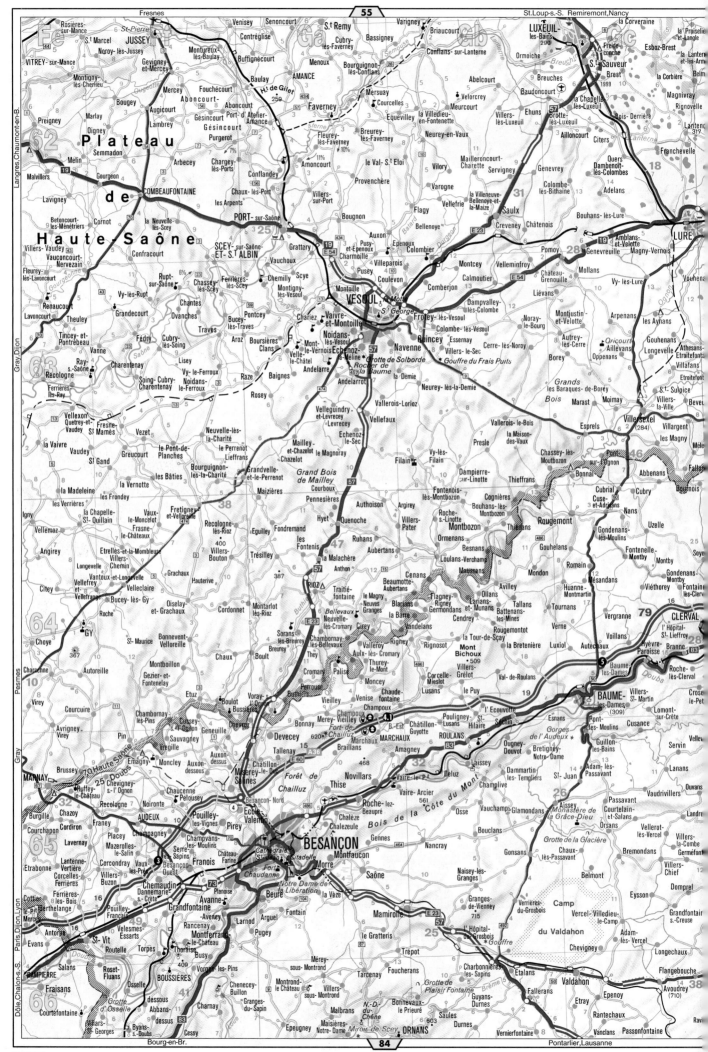

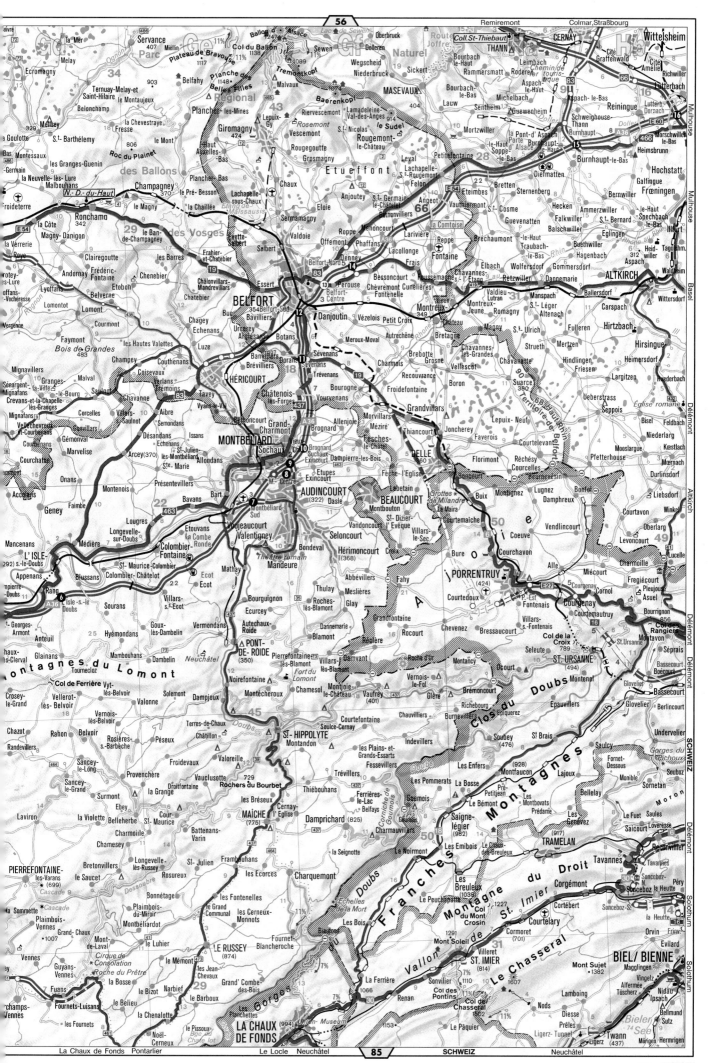

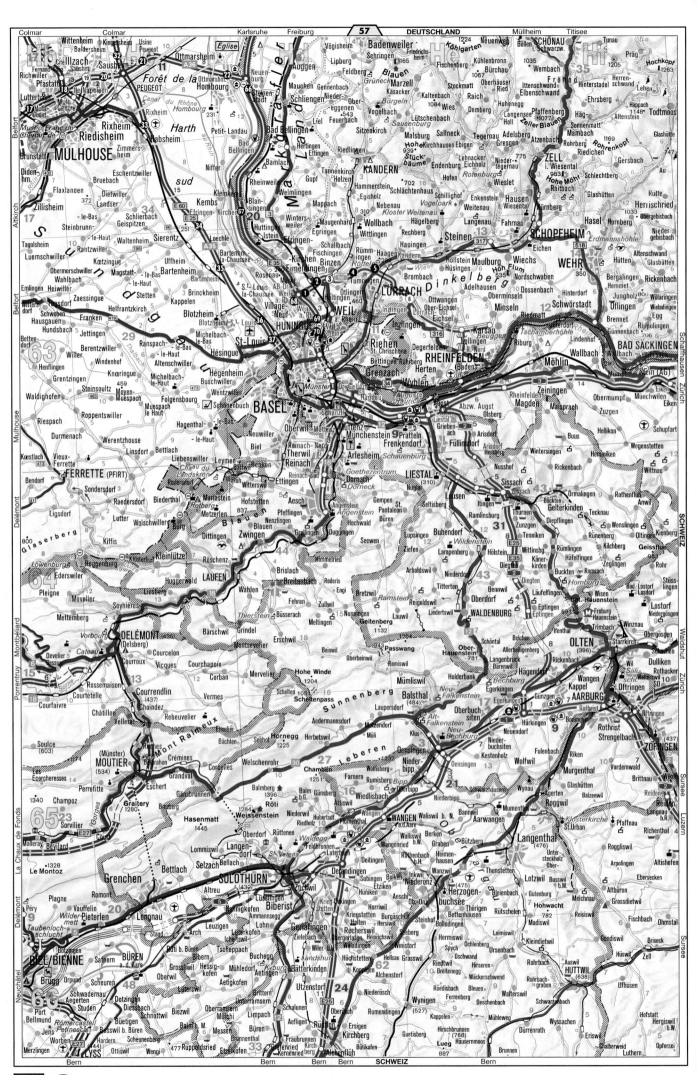

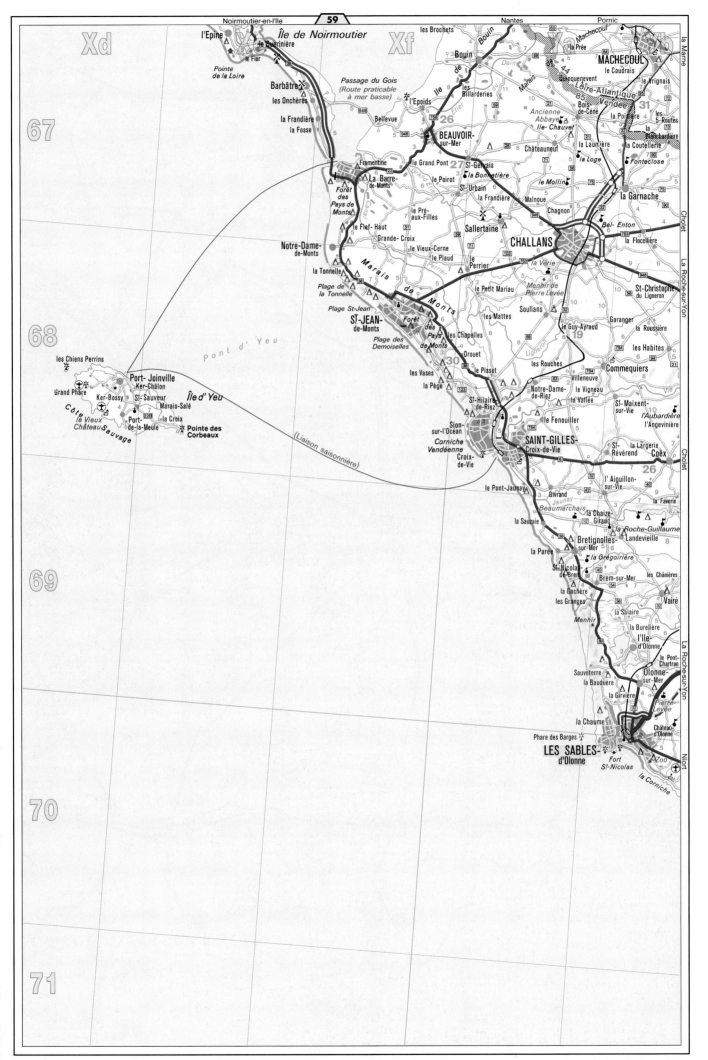

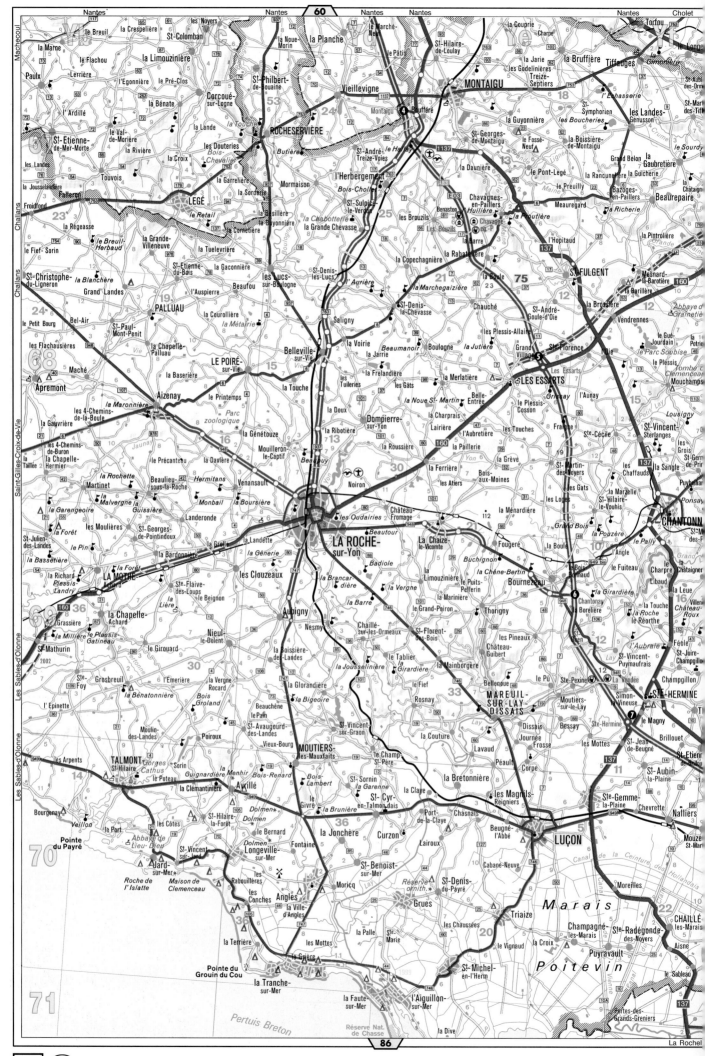

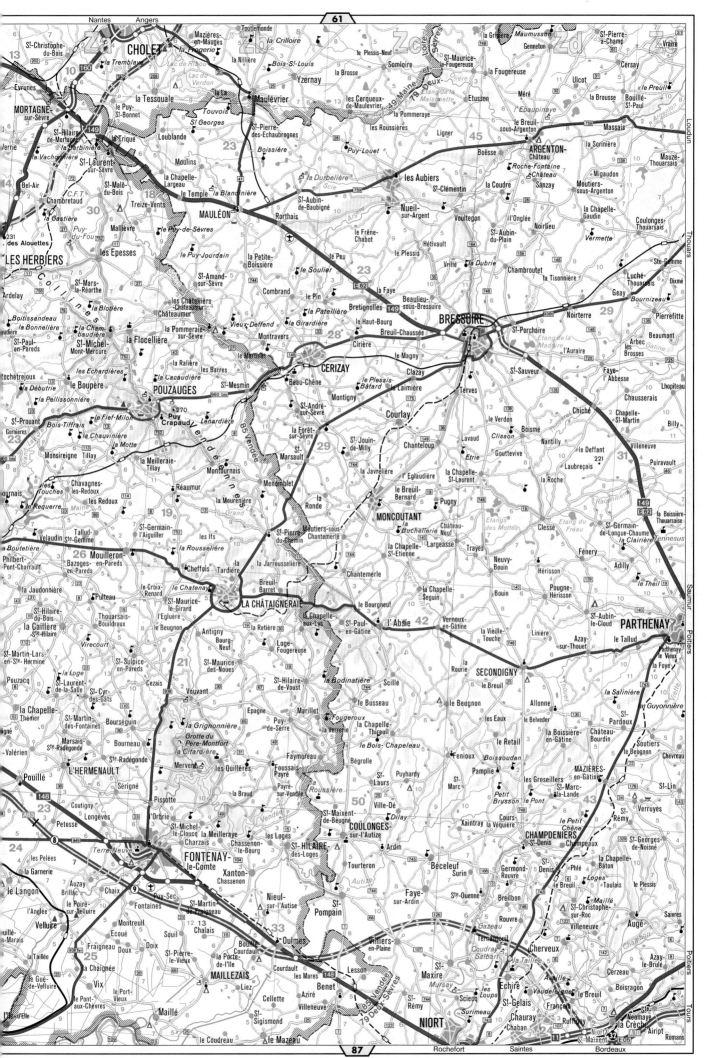

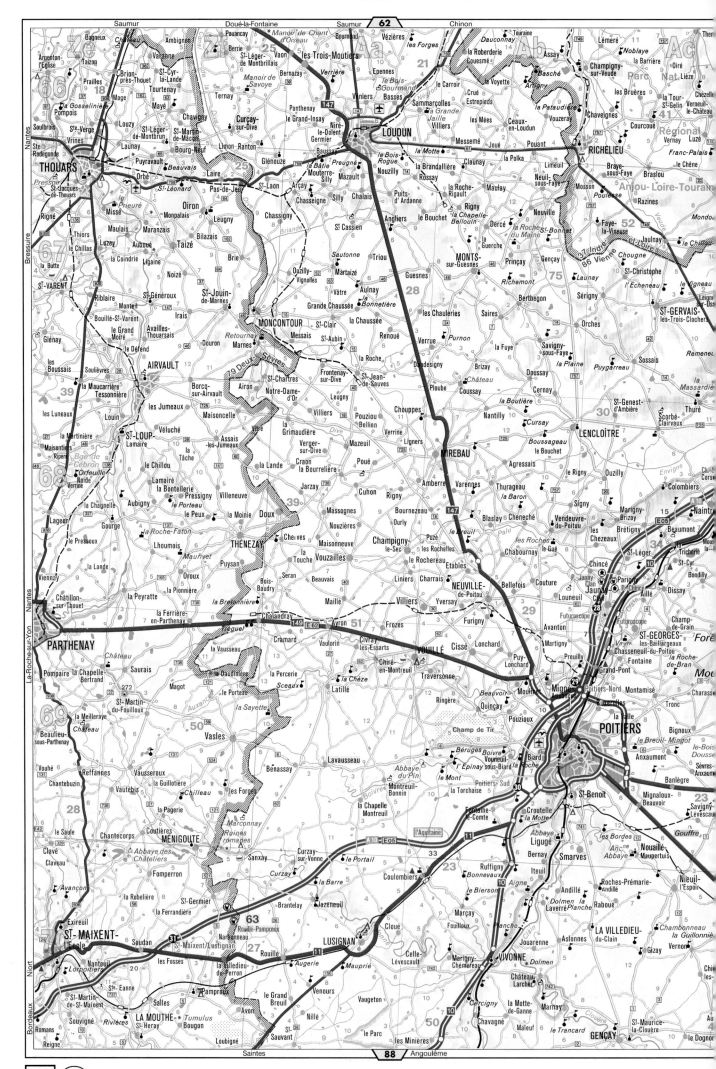

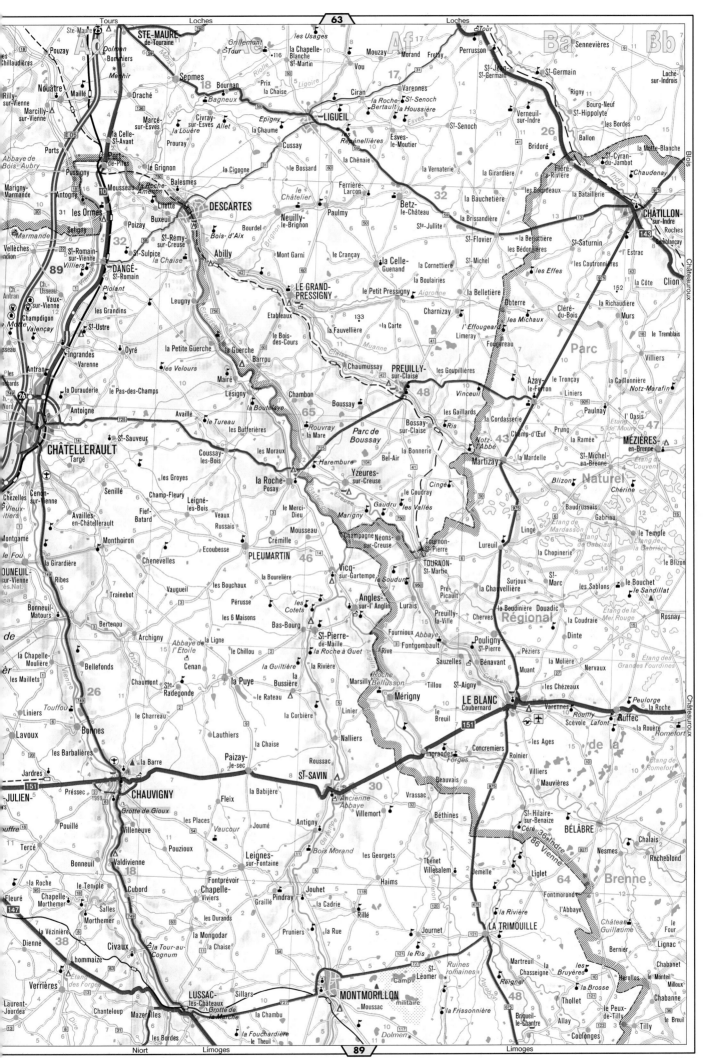

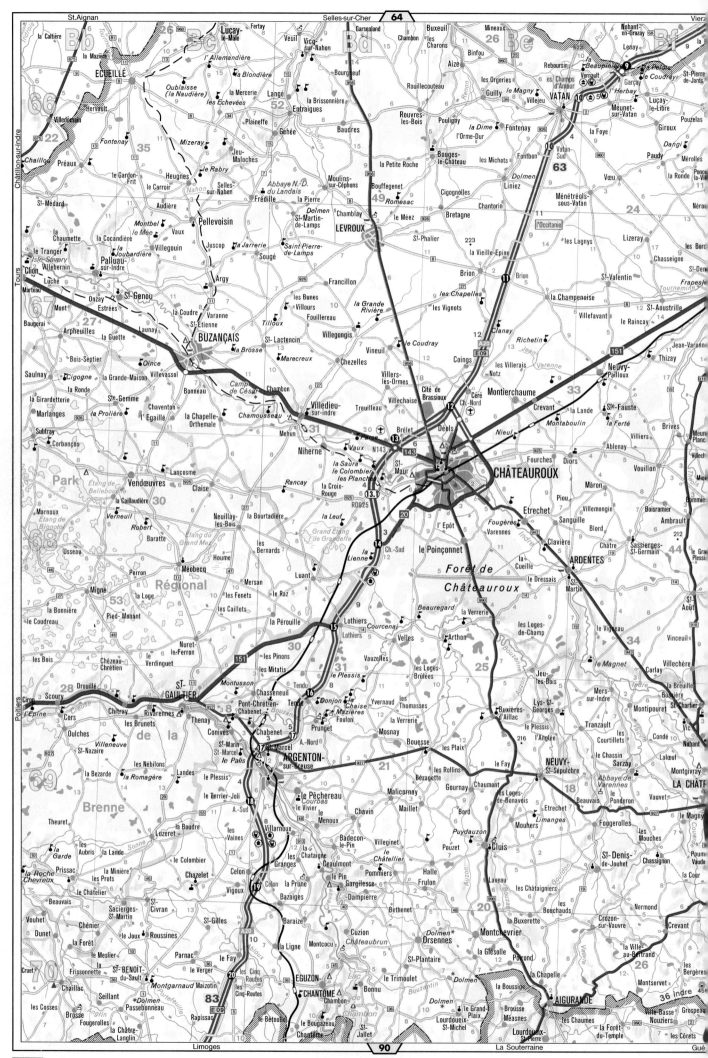

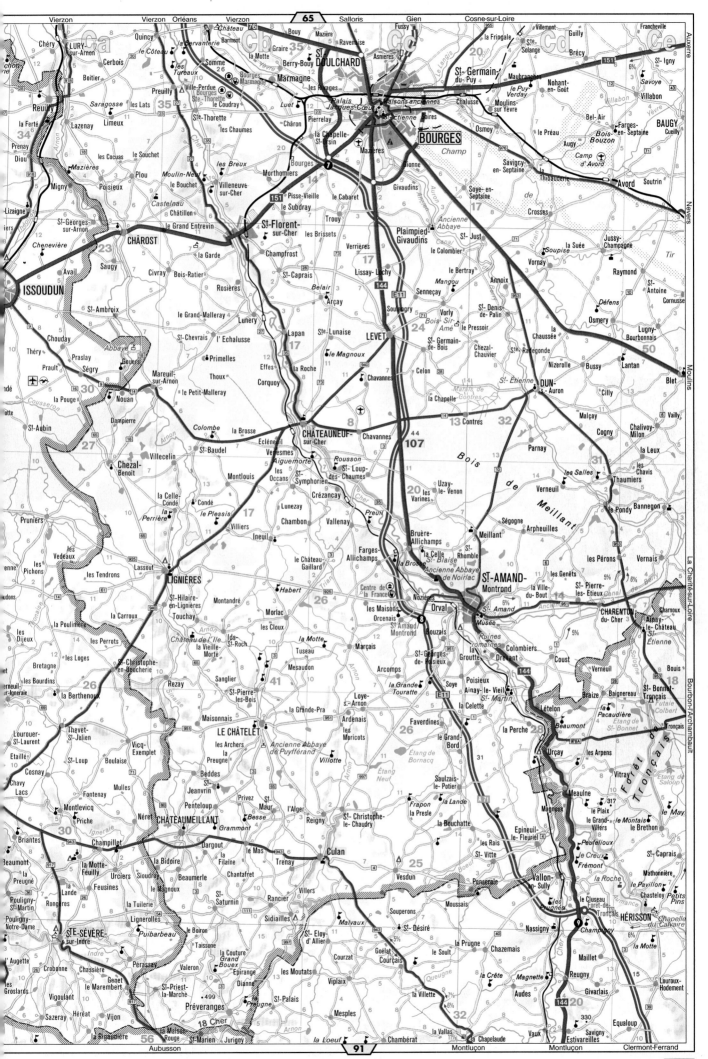

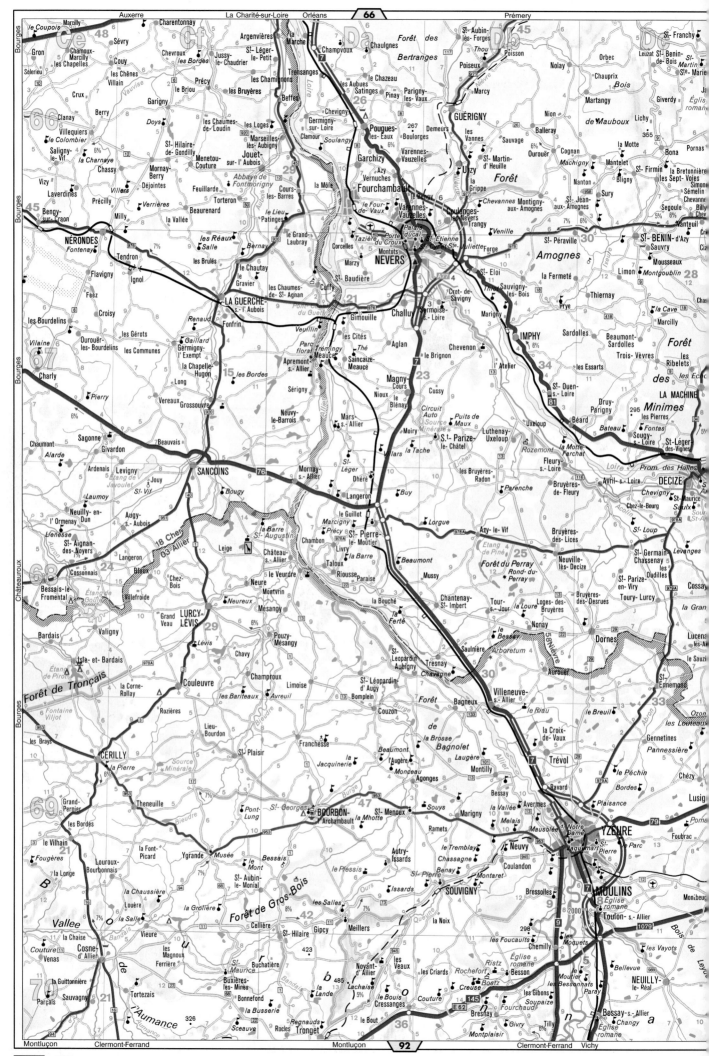

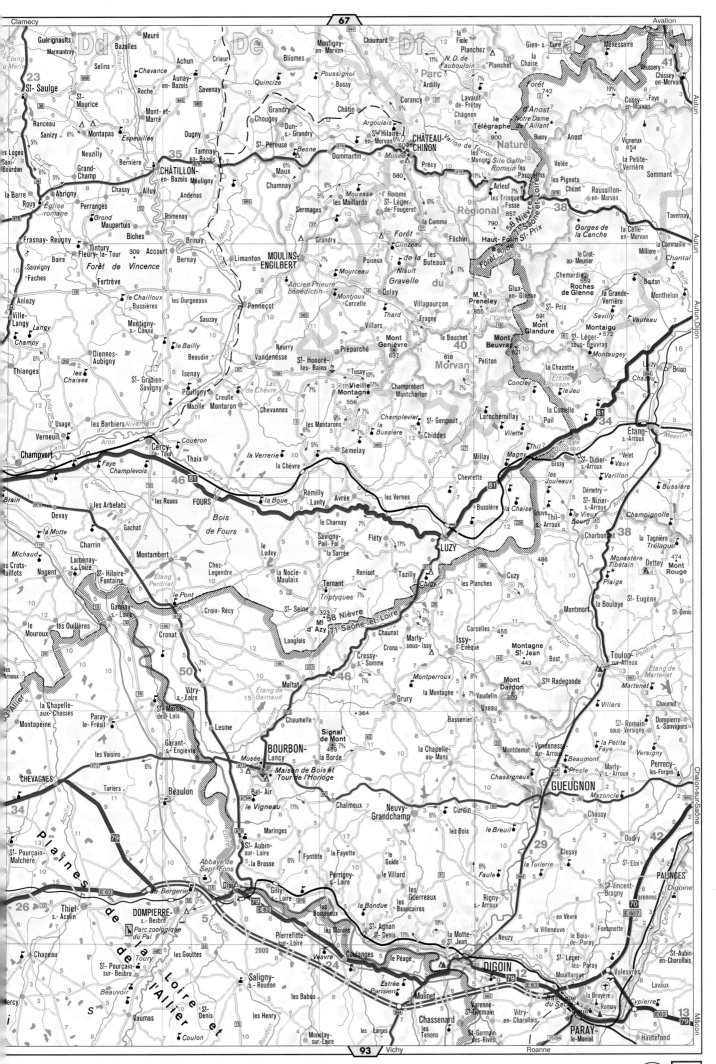

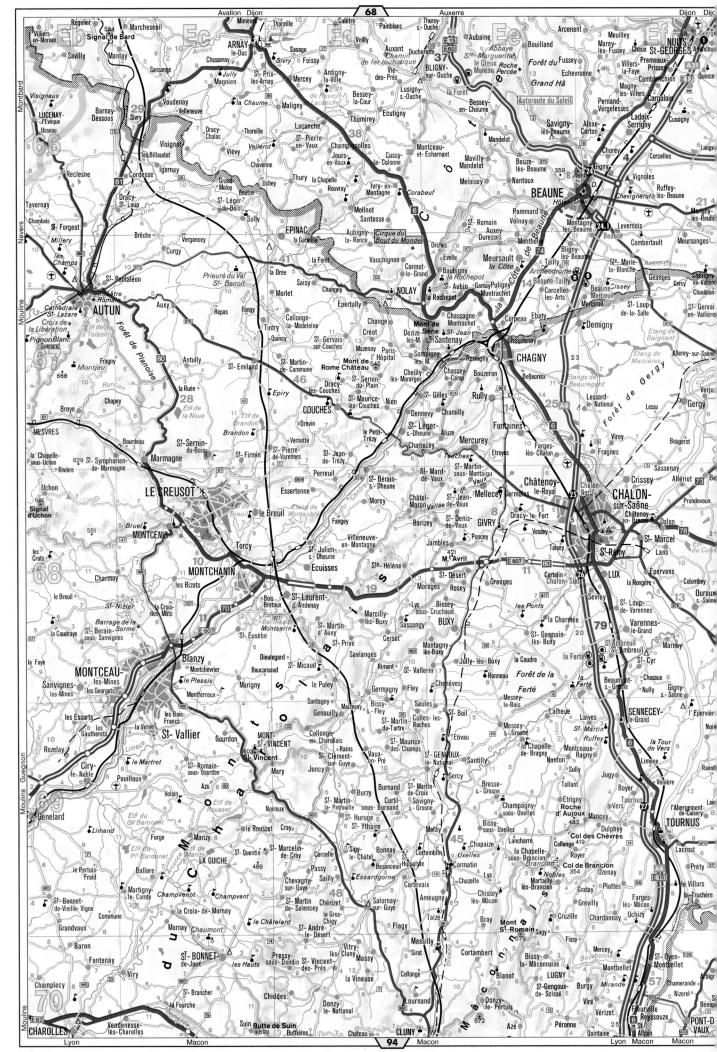

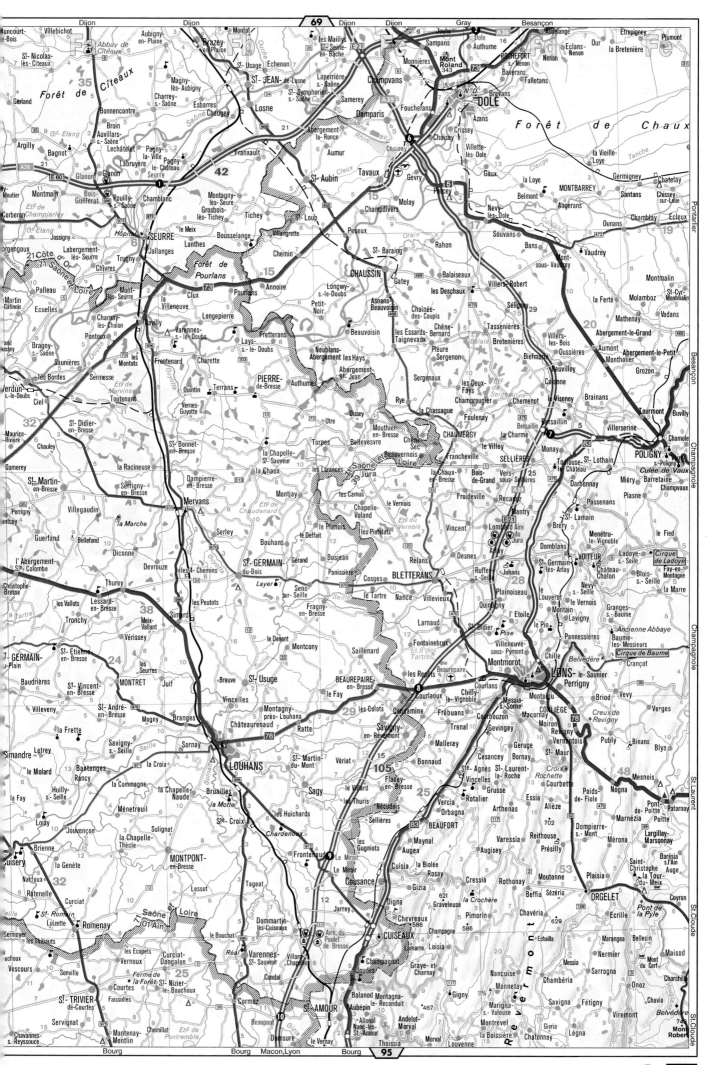

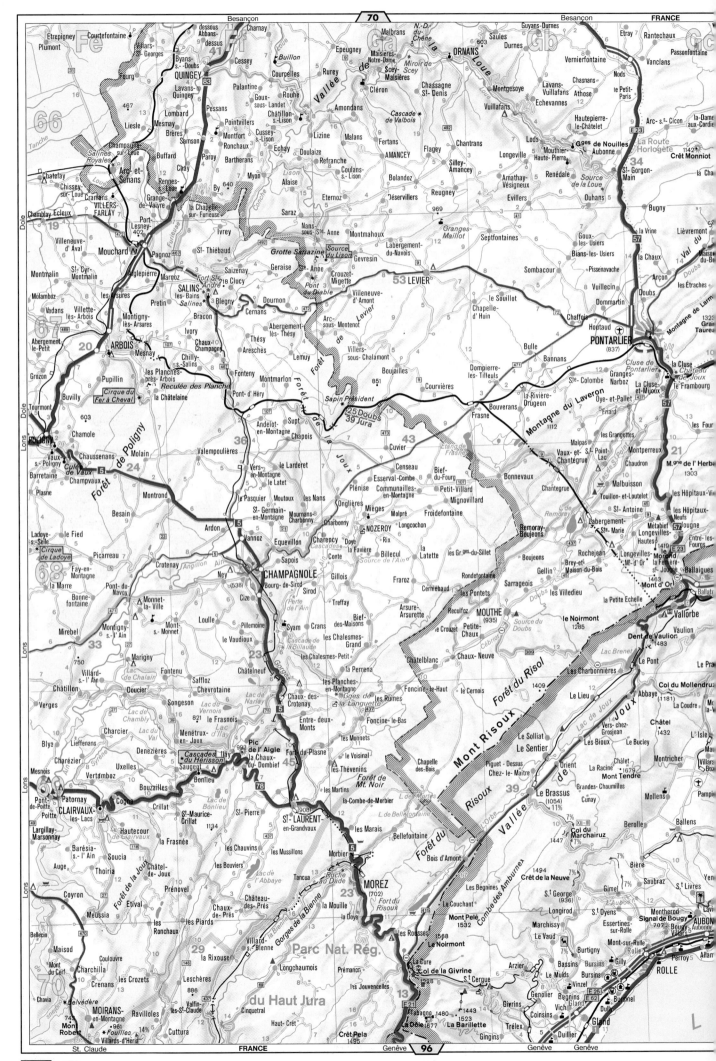

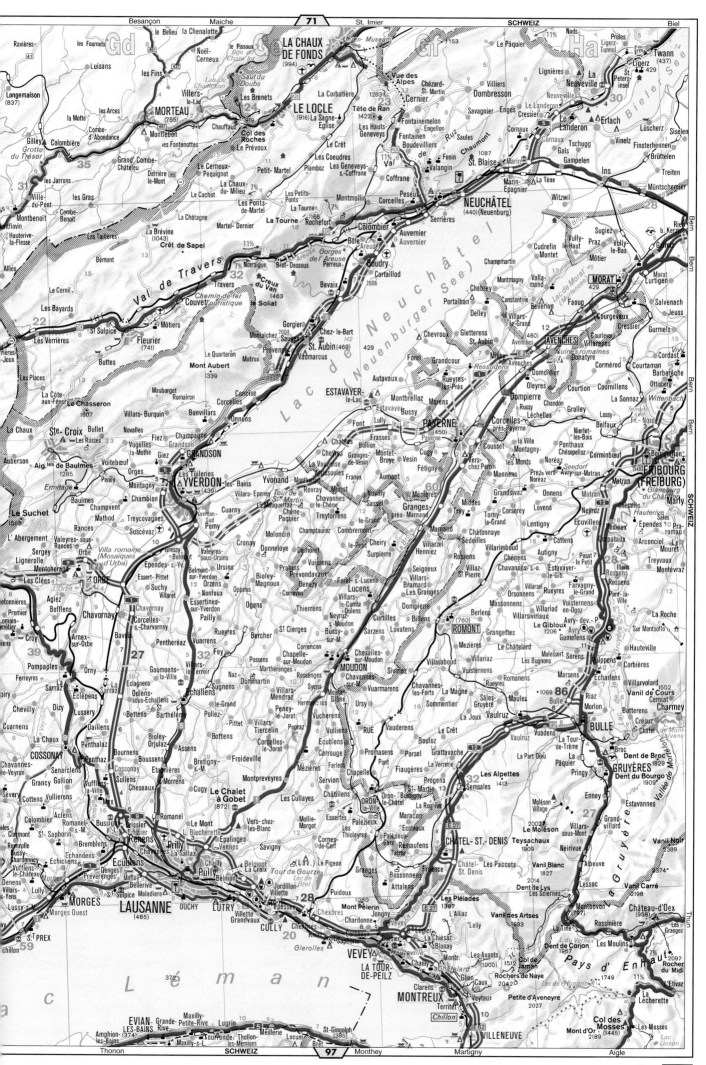

Yc · Yd · Ye · Yf · Za

ILE DE RÉ

Phare des Baleineaux

Phare des Baleines

les Portes-en-Ré

le Gillieux

St-Clément-des-Baleines

Loix

Pointe du Groin

ARS-en-Ré

St-MARTIN-de-Ré

Citadelle

la Couarde-sur-Mer

le Morinant

la Flotte

Abbaye des Châteliers

le Bois-Plage-en-Ré

Rivedoux-Plage

Fort de la Pré

lesGrenettes

la Noue

Phare de Chanchardon

Ste-Marie-de-Ré

Pertuis Breton

la Faute-sur-Mer

l'Aiguillon-sur-Mer

la Dive

le Génie

les Sablons

Réserve Nat. de Chasse

Pointe de l'Aiguillon

Anse de l'Aiguillon

Maison du Parc

Bourg-Chapon

Charron

MARANS

Nantes · Fontenay-le

l'Ile-d'Elle

85 Vendée

17 Charente-Mar.

Canal

Poitevin

Sérigny

Esnandes

Andilly

Marsilly

Nieul-sur-Mer

Villedoux

St-Ouen-d'Aunis

Longèves

Nantilly

Lauzières

la Sauzaie

le Raguenaud

Osseau

Loiré

Nuaillé-d'Aunis

Angliers

St-Sauveur-d'Aunis

Ferrer

Rioux-d'Ail

St-G

Mille-Ecus

les Touches la Martinière

Bouhet

Anais

Vérines

les Brandes

Dompierre-sur-Mer Belle-Croix

Ste-Soulle

Bourgneuf

St-Médard-d'Aunis

Chagnolet

LA JARRIE

Puyvineux

Virson

les Haie

Chan

Ramigeau

l' Houmeau

Lagord

Puilboreau

Périgny

Villeneuve

Montroy

Clavette

l'Aubertière

Cugné

St-Christophe

LA ROCHELLE

Aytré

Buzay

la Jarne

Cramahé

Croix Chapeau

AIGREFEUILLE-d'Aunis

Marlong

Forges

Angoulins

Salles-sur-Mer

Herbaudière

le Roullet

Mortagne

Puydrouard

le Cher

Tour du Lavardin

Phare de Chauveau

Châtelaillon-Plage

St-Vivien

Thairé

Cigogne

la Gravelle

le Thou

Landra

Pertuis d'Antioche

les Boucholeurs

Voutron

Ballon

Ciré-d'Aunis

Ardillières

Dolmen

Rocher d'Antioche

Phare de Chassiron

la Gautrie

St-Denis-d'Oléron

la Brée-les-Bains

les Boulassiers

Port du Douhet Plaisance

Rade des Basques

Île d'Aix

Fort Liedot

Grand Agère

l'Ile Marouillet

Baye d'Yves

les Vivie

l'Ile-d'Albe

les Huttes

Chaucre

l'Ile

Plage de la Gautrelle

Fort Boyard

Île-d'Aix

Fort de la Rade

Yves

Liron

Flay

ÎLE D'OLÉRON

Domino

St-Georges-d'Oléron

Sauzelle

Fort Enet

la Fumée

Fouras

Moulin-de-la-Croisée

Loire-les-Marais

Breuil-Magné

Rochefort-Nord

Tonnay

Charen

Chéray

Boyardville

Rade de l'Ile d'Aix

Fort

Soumard

St-Laurent-de-la-Prée

R.-Ouest

St-Gilles

Île Madame

Port-des-Barques

la Roche

la Biroire

les Allards

Piémont

St-Nazaire-sur-Charente

ROCHEFORT

TONNAY-Charente

St-Hippolyte

Caba

Candé

la Cotinière

Dolus-d'Oléron

Soubise

St-Froult

Plaisance

Moëze

la Renaissance

Echillais

Ancienne Abbaye Trizay

la Va

la Ro

la Perroche

la Remigeasse

la Gaconnière

la Chevalerie

LE CHÂTEAU-d'Oléron

Ors

Thionnet

Loubresse

Beaugeay

Montierneuf

l'Essert

Vert-Bois

Plage de Vert-Bois

Viaduc d' Oléron

Bourcefranc-le-Chapus

Brouage Ancienne Abbaye

Hiers-Brouage

St-Agnant

Razour

Villeneuve

Beurlay

St-Radegonde

l'Epina

le Grand-Village-Plage

Saint Trojan-les-Bains

Tramway touristique

Pointe de Manson

la Plage

la Gataudière

MARENNES

Malaigre

Champagne

Pont-l'Abbé d'Arnoult

Pointe de Gatseau

Marennes-Plage

Ronce-les-Bains

le Lindron

Mauzac

Luzac

Rochebonne

St-Just-Luzac

la Gripperie-St-Symphorien

Broue

St-Jean-d'Angle

les Piphanes

la Moulinette

Nancras

Corm Roya

Pertuis de Maumusson

Tour des 4 Fontaines

Artouan

les Touches

Parcs à huitres

Côte Sauvage

LA TREMBLADE

Coux

le Piochet

Bren-Assis

Nieulle-sur-Seudre

Saint Sornin

Cadeuil

Saint Nadeau

la Petite Vergne

Sainte Gemme

le Mur

Balanzac

la bouverie

Fôret de la Coubre

Avallon

Chatressac

Arvert

Mornac-sur-Seudre

Montsanson

le Gua

Chalons

Colombier

Ancienne Abbaye Sablonceaux

Briscrettes

Tour

les Mathes

Etaules

le Maine-Auriou

l'Ile-d'Etaules

Chaillevette

Souhe

Saint Martin

Sablonceaux

Phare de la Coubre

la Palmyre

Zoo

Saint Augustin

le Billeau

l'Eguille

Plordonnier

Dercie

le Pont

Saint Romain de-Benet

Chemin de fer touristique

Mornac-sur-Seudre

la Co

Pointe de la Coubre

Plage de la Palmyre

la Patho

le Grallet

le Breuil

Breuillet

Taupignac

Champagnole

St Sulpice-de-Royan

Fontbedeau

le Breuil

Toulon

Camp Romain

Tour de Pirelonge

le Vivier

le Ron

Plage de Grande Côte

la Grande-Côte

Charosson

Lafont

les Maries

SAUJON

la Grande Gorce

Beaunant

Briagne

Cozes

Vaux-sur-Mer

Médis

la Chay

Couvent

Corme-Ecluse

le Cormier

Saint Palais-sur-Mer

Pontaillac

ROYAN

les Brandes

Musson

Bergerac

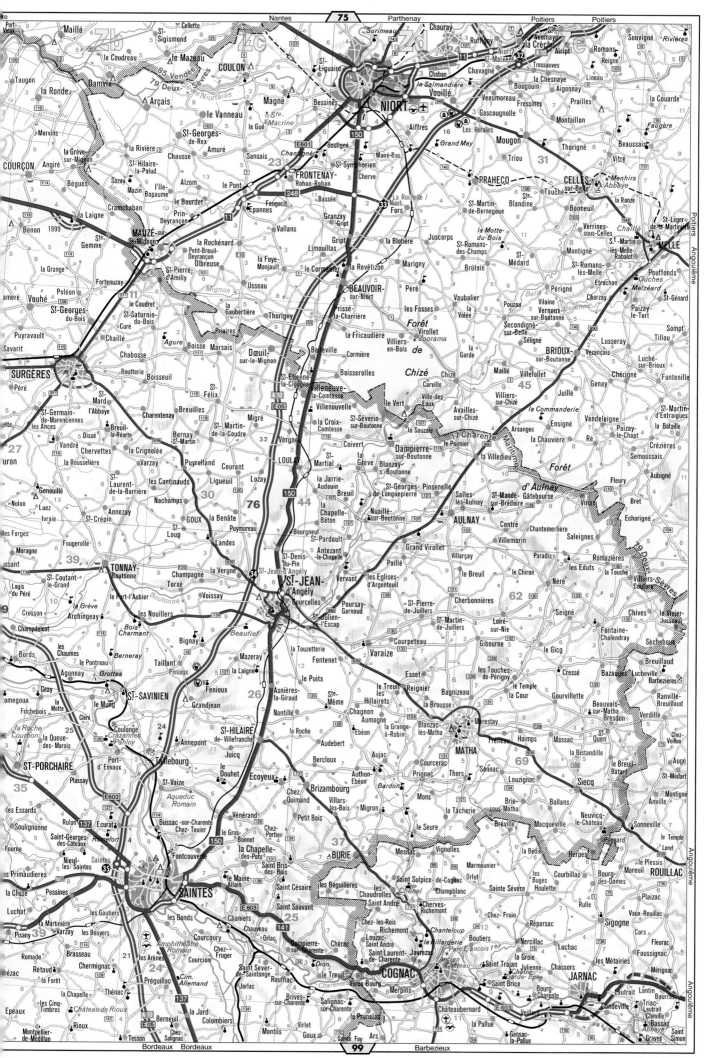

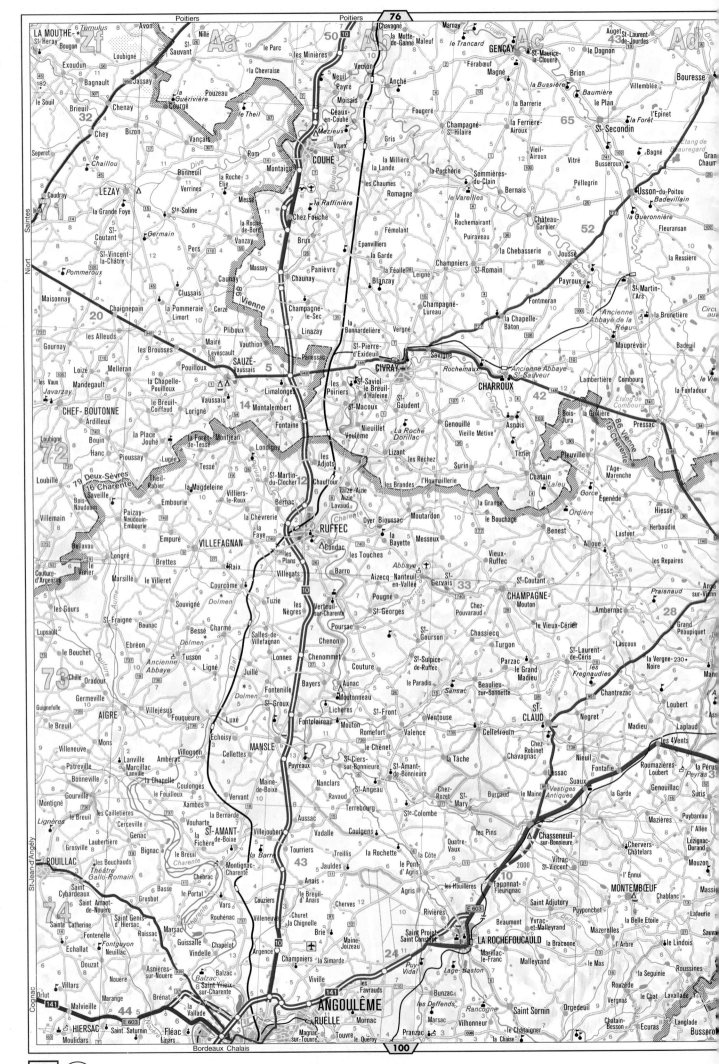

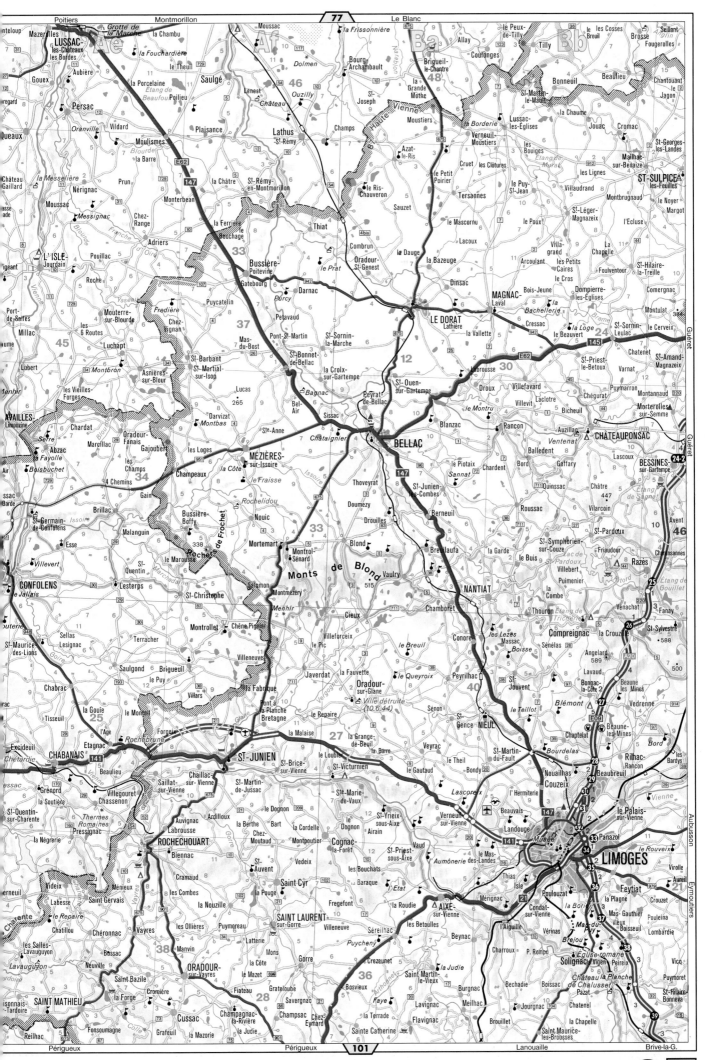

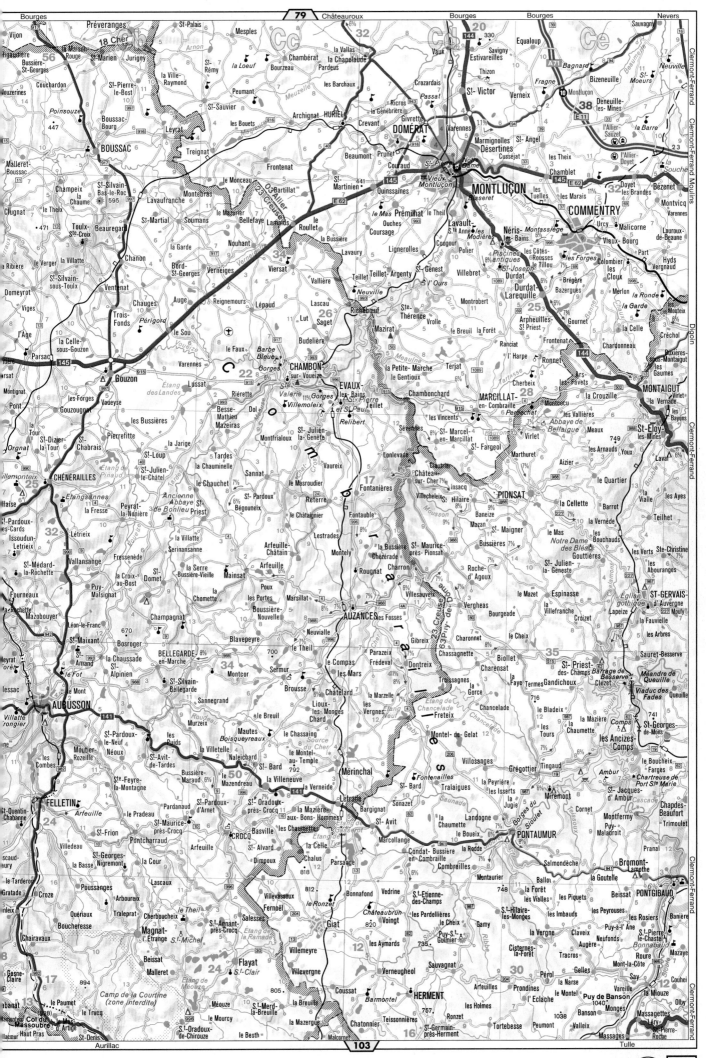

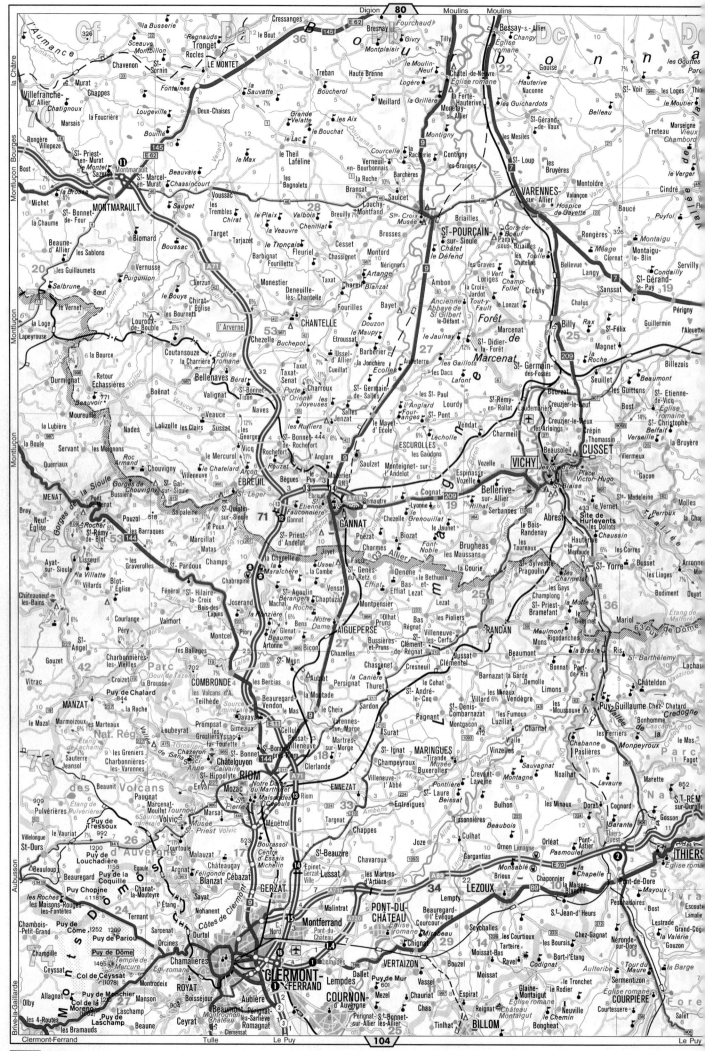

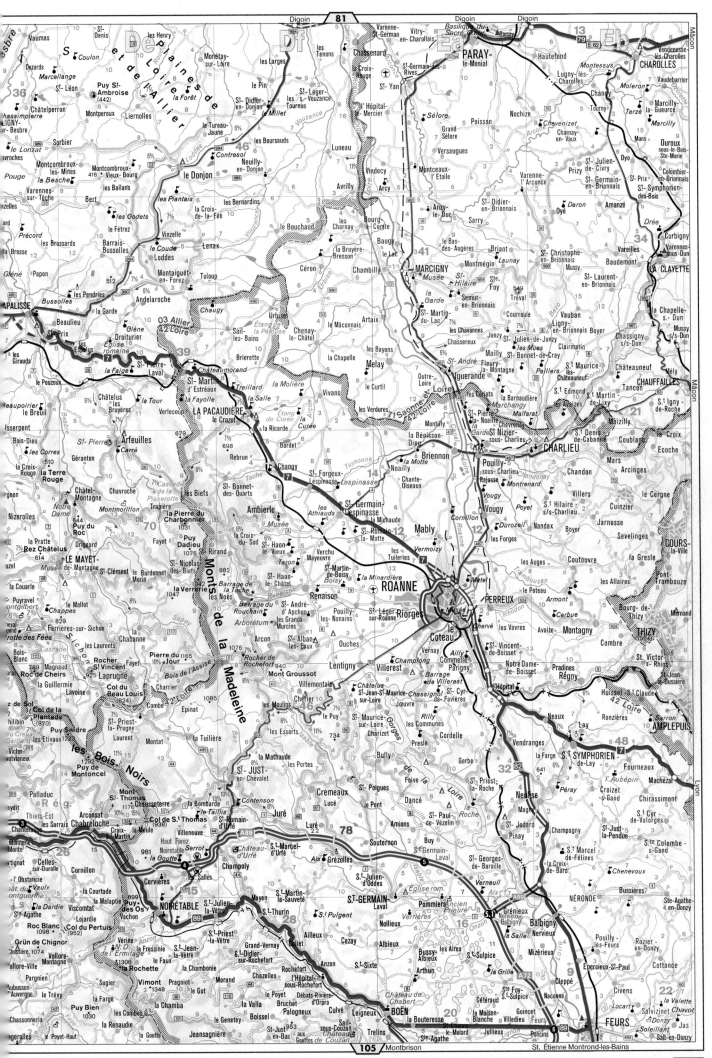

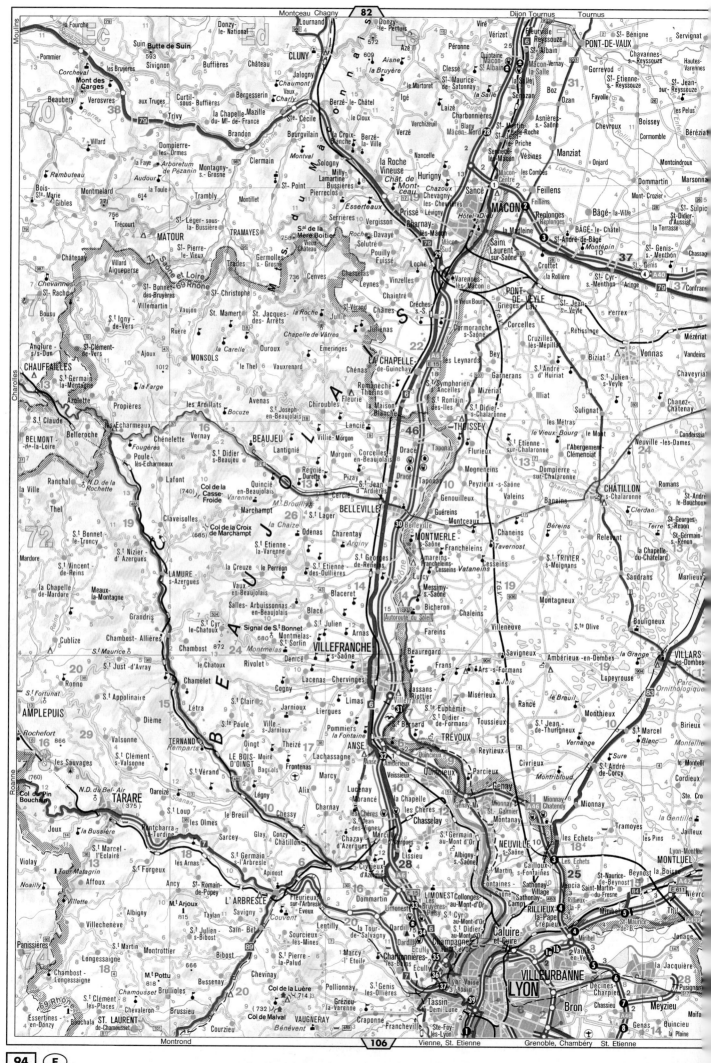

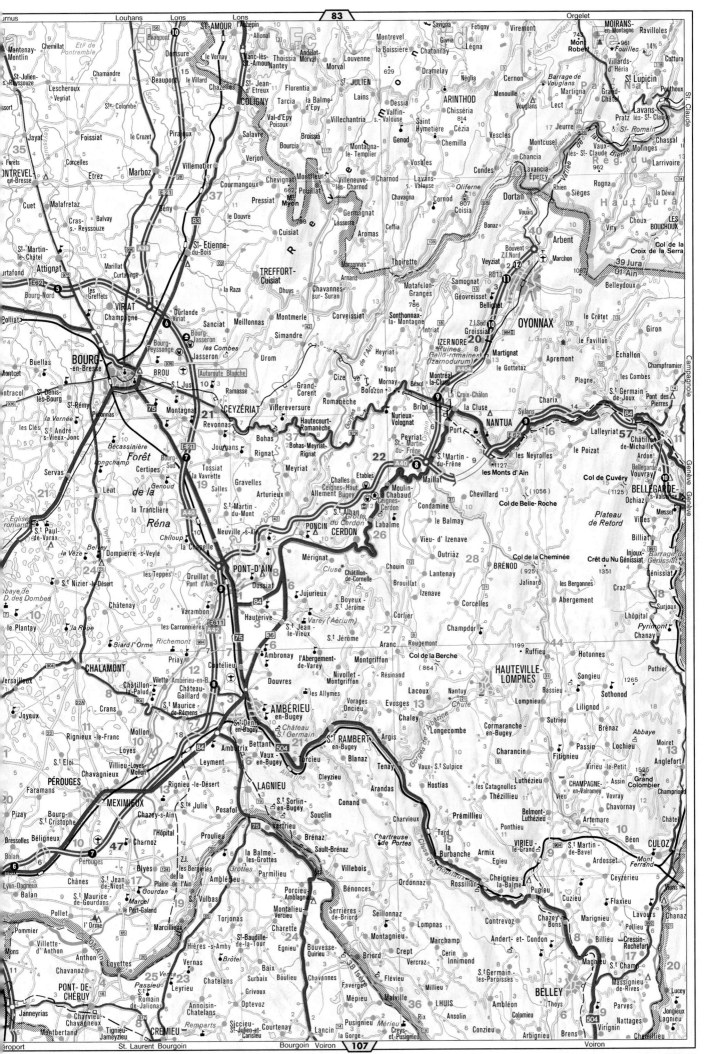

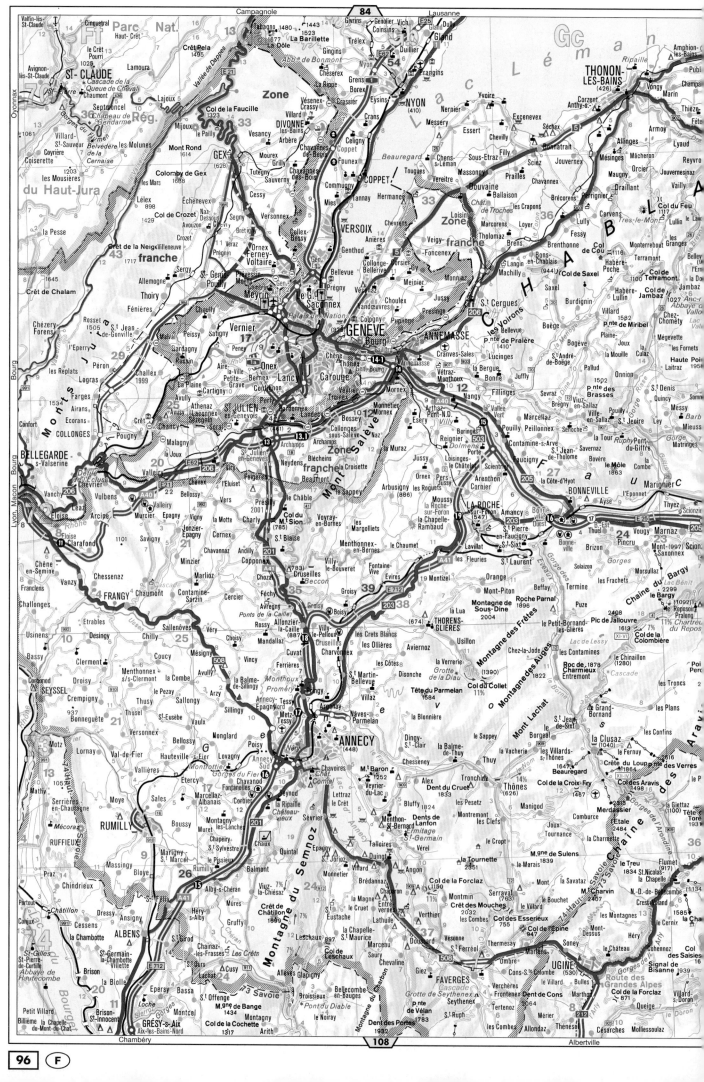

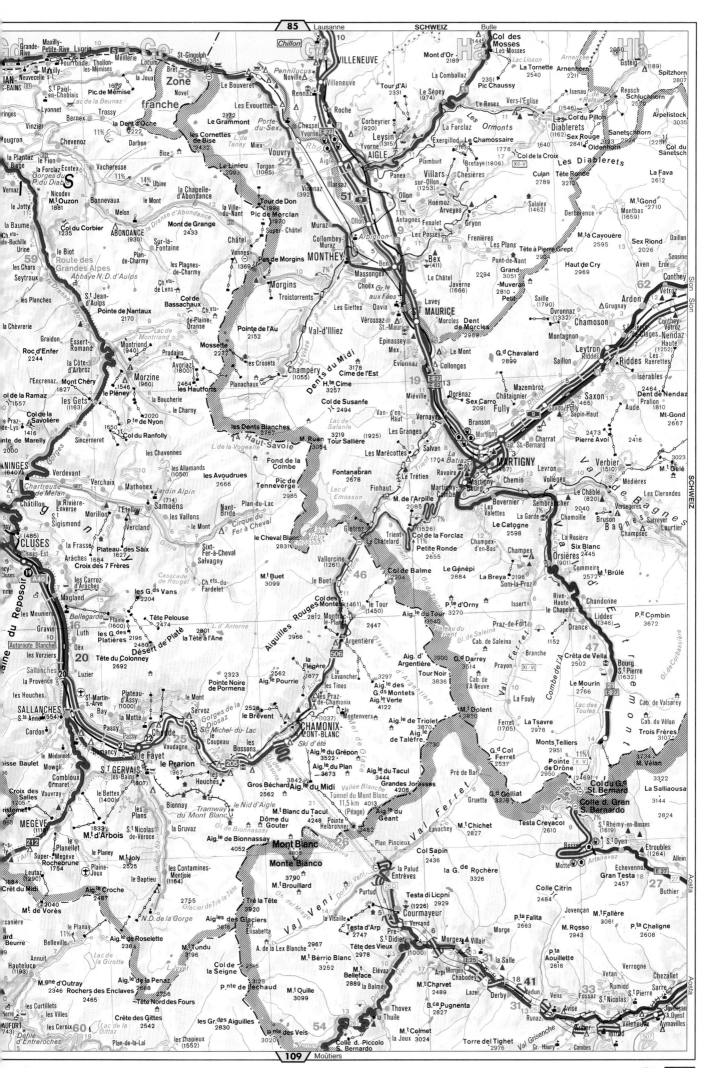

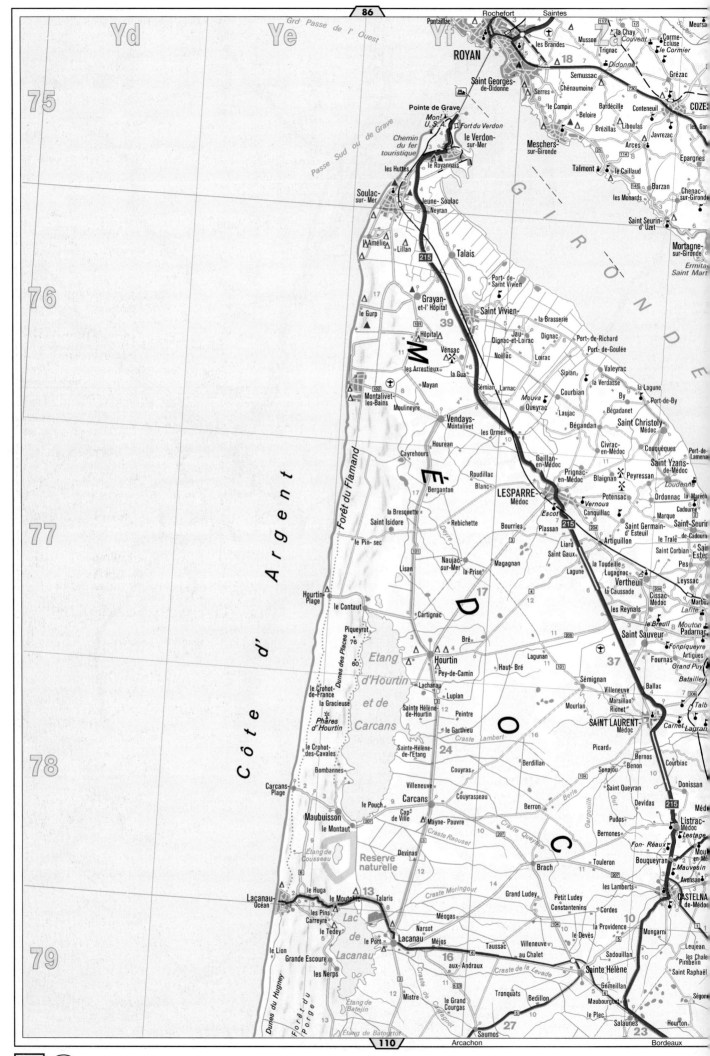

Yd   Ye   Yf   Za

75

Rochefort   Saintes
Pontaillac
Musson   la Chay   Couvent   Corme-
Ecluse   le Cormier   Meursa
ROYAN   les Brandes   Trignac   Didonne   le Cormier   117
Grézac   17
Saint Georges-   Semussac   △ 18   7
de-Didonne   Chênaumoine   730
Serres   Beloire   Contenuil   COZE
Pointe de Grave   le Compin   Bardécille   Liboulas   les Gor
Mont   Fort du Verdon   Brézillas   Arces   Javrezac
U.S.A.   le Verdon-   Meschers-   Epargnes
Chemin   sur-Mer   sur-Gironde   114
du fer   les Monards   25
touristique   Talmont   le Caillaud   145
les Huttes   le Royannais   Barzan
Soulac-   Saint Seurin-   Chenac-
sur-Mer   Jeune-Soulac   d'Uzet   sur-Gironde
Neyran   Mortagne-
l'Amélie   sur-Gironde
Lillan   215   Talais   Ermita
Port-de-   Saint Mart
Saint Vivien
le Gurp   Grayan-   Port-de-Saint Vivien   la Brasserie
et-l' Hôpital   39   Jau-   Dignac   Port-de-Richard
l'Hôpital   Saint Vivien-   Dignac-et-Loirac   Port-de-Goulée
M   Vensac   Noillac   Loirac   Sipian   Valeyrac
les Arrestieux   la Gua   Larnac   la Verdasse   la Lagune
Mayan   Sémian   Mouva   Courbian   By   Port-de-By
Queyrac
Montalivet-   Moulineyre   Laujac   Bégadanet   Saint Christoly-
les-Bains   Vendays-   les Ormes   Bégadan   Médoc
Montalivet   Civrac-   Couquèques   Port-
Hourean   en-Médoc   la-Lamena
Cayrehours   Gaillan-   Saint Yzans-
É   en-Médoc   de-Médoc   Port-
Roudillac   Prignac-   Blaignan   Peyressan   Loudeni
Berganton   Blanc   en-Médoc   Potensac   Ordonnac   la Marech
Cadourne
la Bresquette   LESPARRE-   Vernous   Marque   Saint-Seurin
Saint Isidore   Rebichette   Médoc   Canquillac   Saint Germain-   de-Cadourn
le Pin-sec   Bourries   Escot   d'Esteuil   le Tralé   Saint Corbian
D   Plassan   215   Artiguillon   Saint Corbian   Ester
Lisan   Naujac-   Magagnan   Liard   204   la Toudeille   Pes
sur-Mer   la Prise   Saint Gaux   Lagune   Lugagnac   Vertheuil
Hourtin-   17   la Caussade   Cissac-   Leyssac
Plage   le Contaut   les Reynals   Médoc   Marbu
Cartignac   4   205   Lafite
Piqueyrot   76   Bré   Lagunan   le Breuil   Mouton
60   12   101   Saint Sauveur   Padarnac
Etang   Hourtin   Haut-Bré   37   Fonpiqueyre   Artigues
le Crohot-   Pey-de-Camin   Sémignan   Fournas   Grand Puy
de-France   d'Hourtin   Lachanau   Villeneuve   Batailley
la Gracieuse   et de   Lupian   Marsillan   Ballac   206   Talb
Phares   Sainte Hélène-   Peintre   Mourlan   Rionet   Carnet   Lagran
d'Hourtin   Carcans   de-Hourtin   12   SAINT LAURENT-
le Crohot-   le Garthieu   O   Médoc
des-Cavales   Sainte-Hélène-   24   Craste Lambert   Picard   Bernos   Courbiac
Bombannes   de-l'Etang   Couyras   Berdillan   Benon   Donissan
Carcans-   Villeneuve   Senajou   Saint Queyran   215   Méd
Plage   Carcans   Couyrasseau   Berron   Devidas
le Pouch   Cap-   9   Berle   Pudos   Listrac-
Maubuisson   de Ville   Mayne-Pauvre   104   Bernones   Médoc   Lestage
le Montaut   207   Craste Raouset   Brach   Fon-Réaux   Bouqueyran   Mou
Etang de   Devinas   Craste Queyrire   Touleron   en-Mé
Cousseau   Réserve   12   Grand Ludey   les Lamberts   Mauvésin
naturelle   14   Petit Ludey   Avensan
le Huga   13   Craste Moringout   Constentenins   Cordes   CASTELNA
Lacanau-   le Moutchic   Talaris   Méogas   la Providence   de-Médoc
Océan   les Pins   Narsot   Villeneuve   les Devès   104   10
Carreyre   le Port   Méjos   au Chalet   Mongarni
le Tedey   LACANAU   Taussac   Sadouillan   Leujean
le Lion   16   aux-Andraux   Sainte Hélène   les Chale
Grande Escoure   Craste de la Levade   Gémeillan   Pimbelin
les Nerps   Tronquats   Maubourguet   Saint Raphaël
Mistre   le Grand   Bedillon   Ségore
Courgas   Saumos   le Plec   Salaunes   23
27   5

76

77

78

79

GIRONDE

Côte   d'   Argent

Forêt du Flamand

Dunes des Places

Lac de Lacanau

Dunes du Hugney   Forêt du Porge

Etang de Batejin   Étang de Batourtot

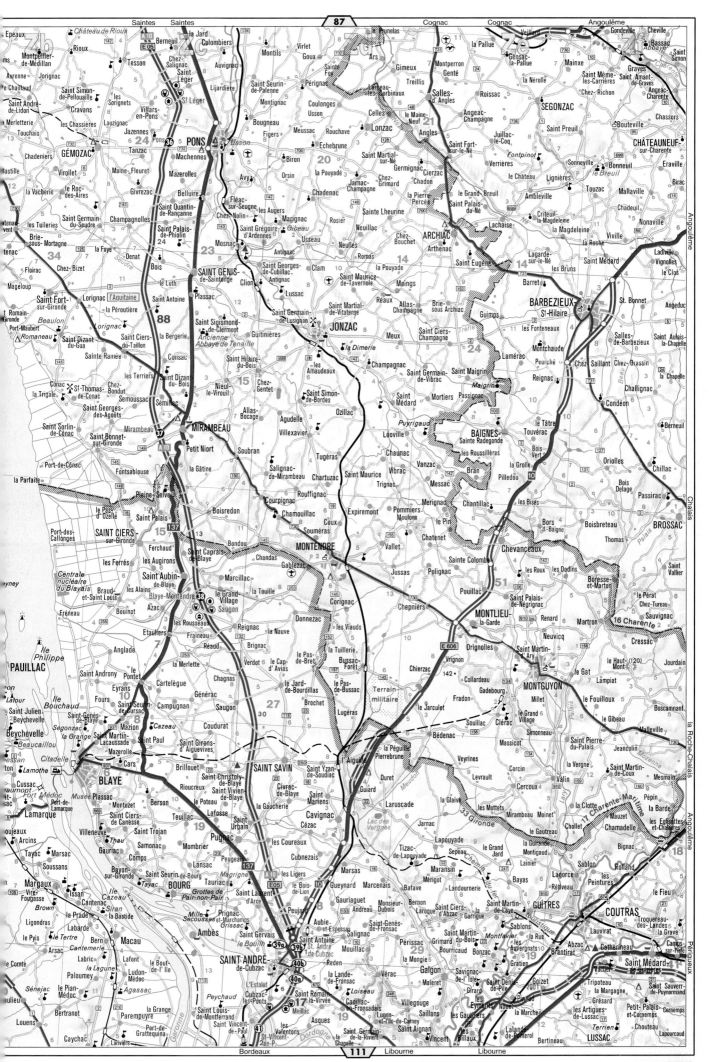

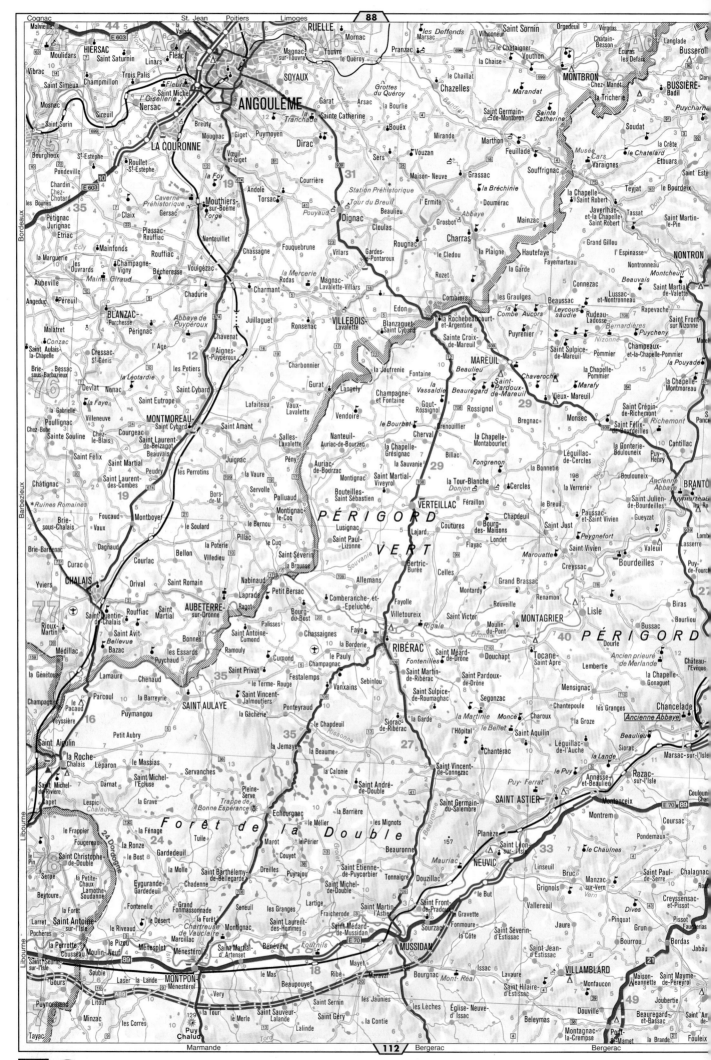

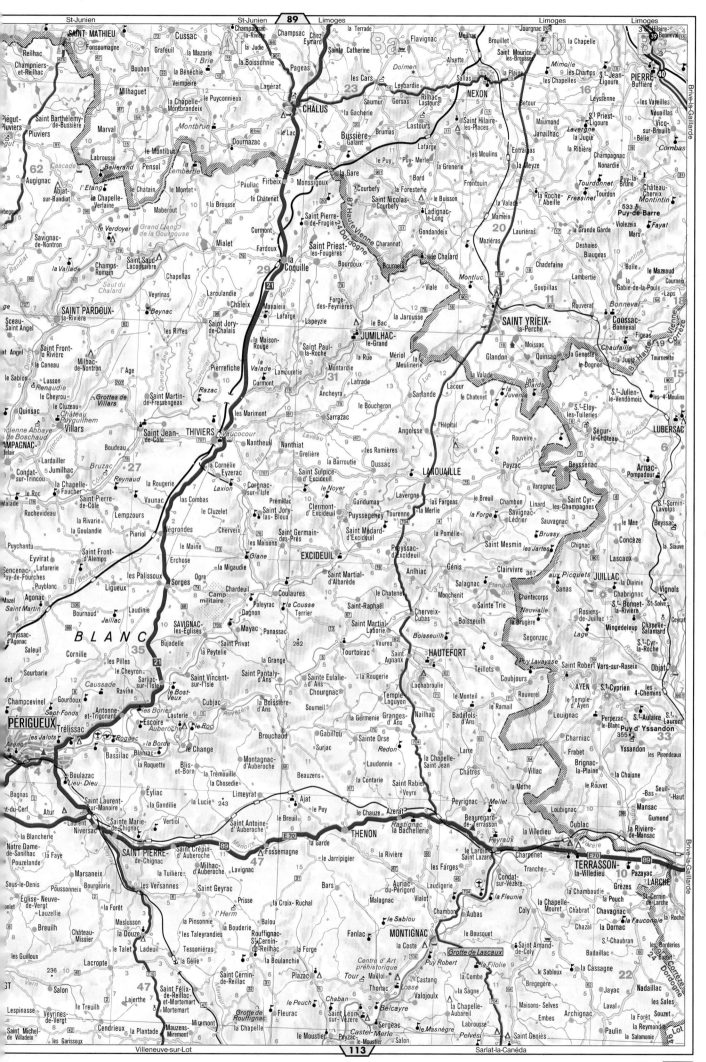

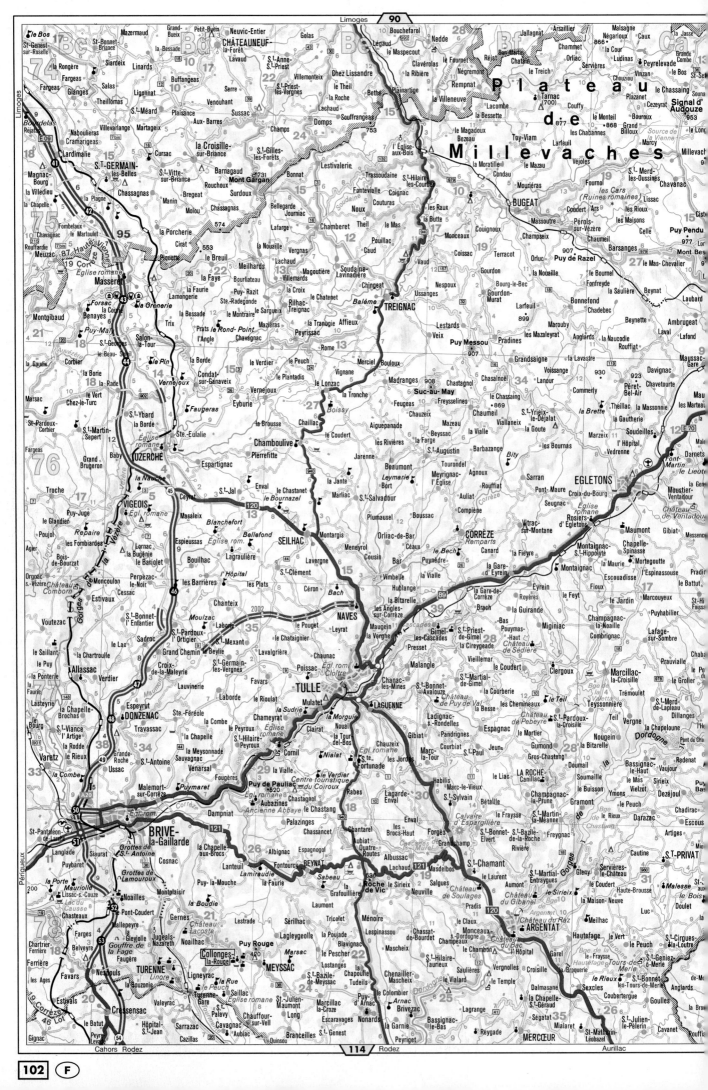

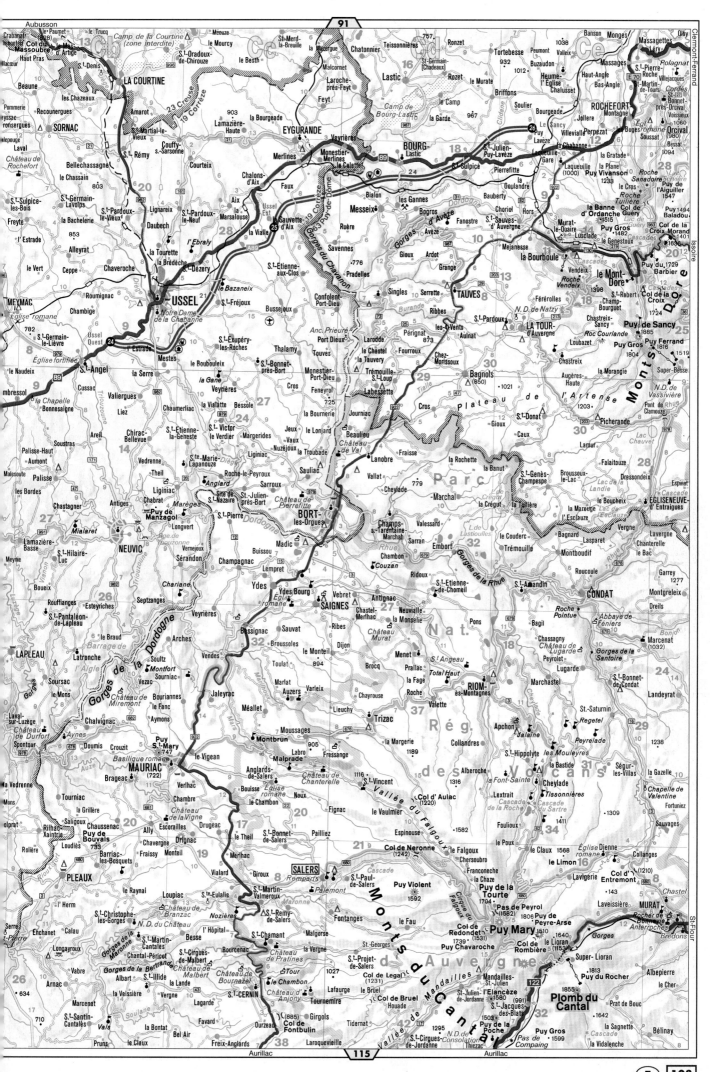

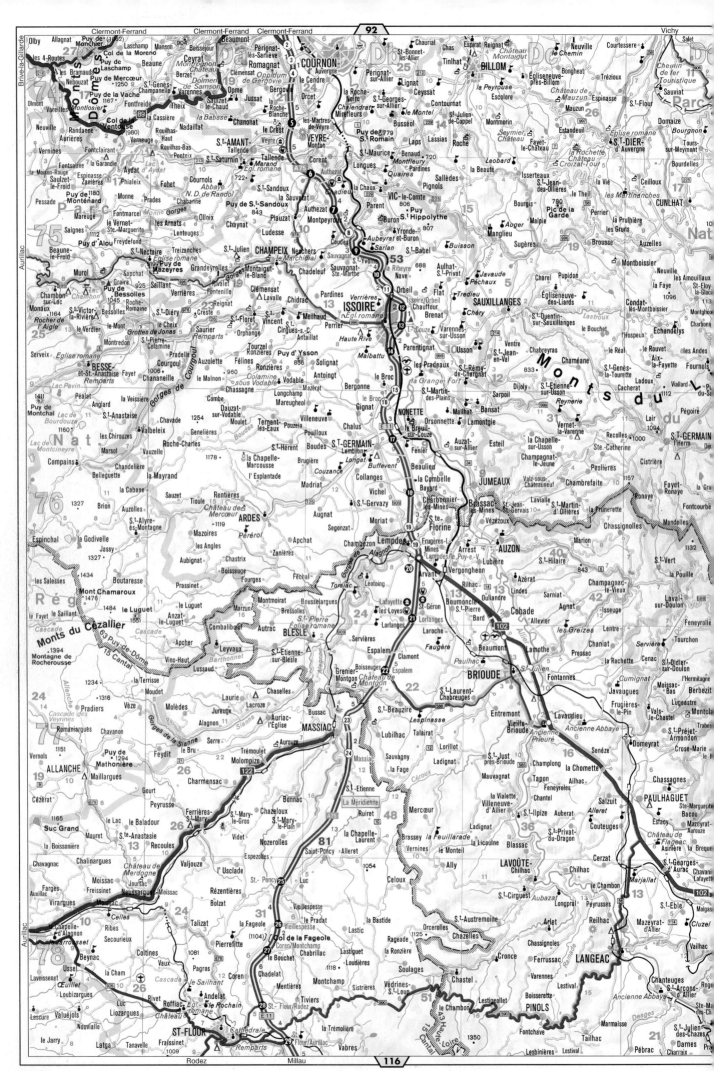

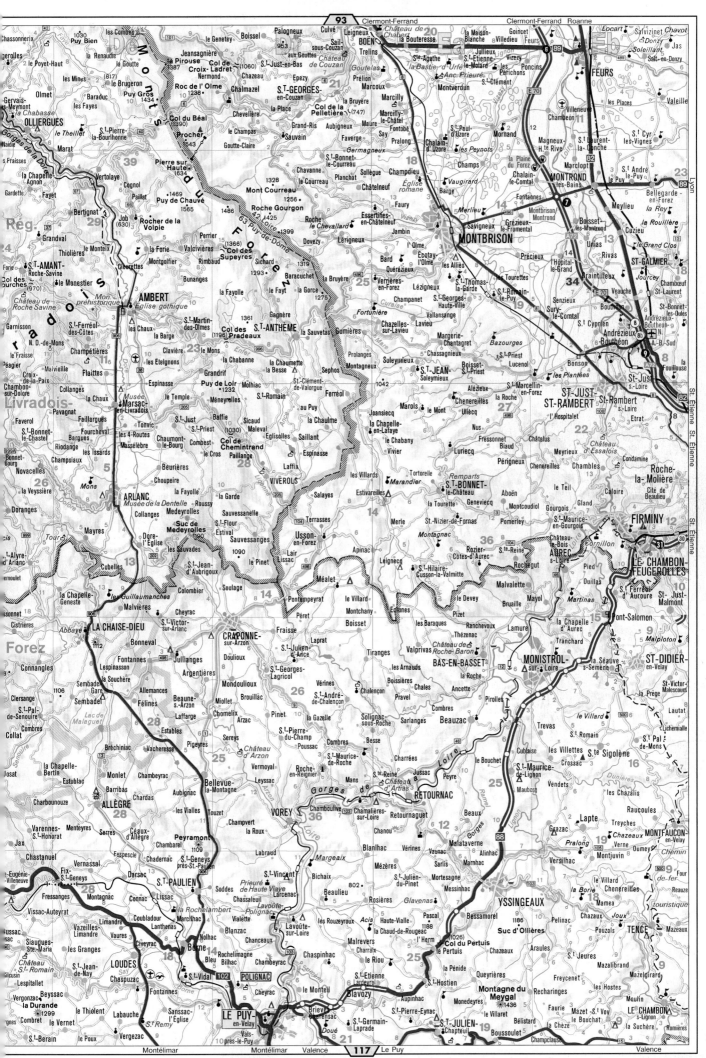

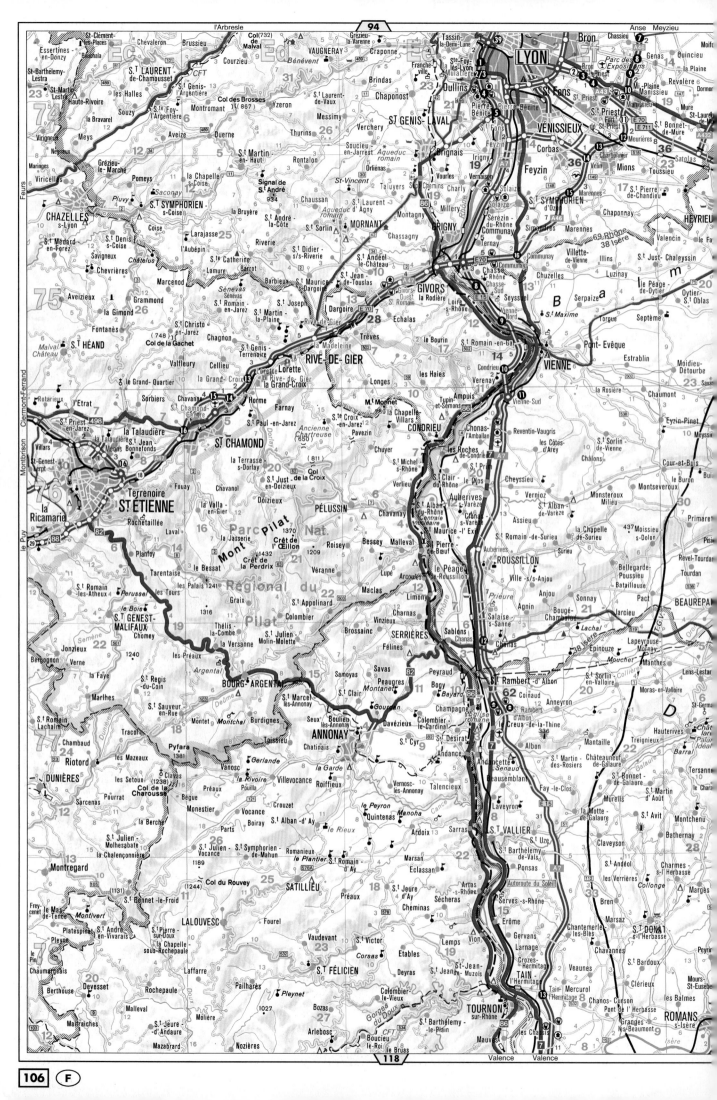

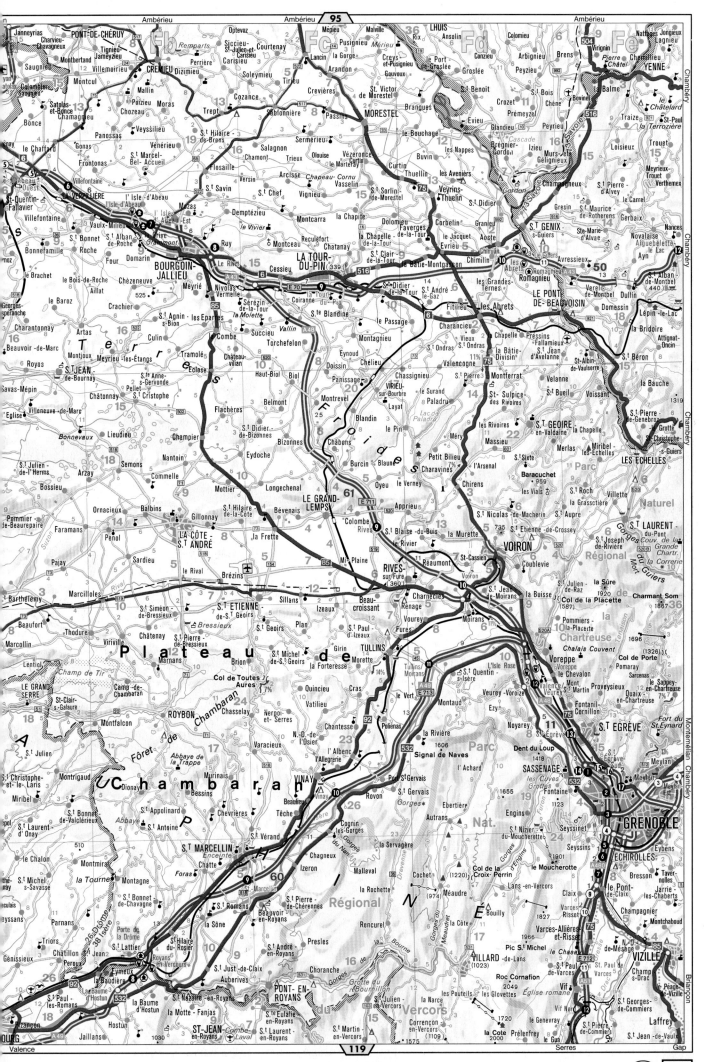

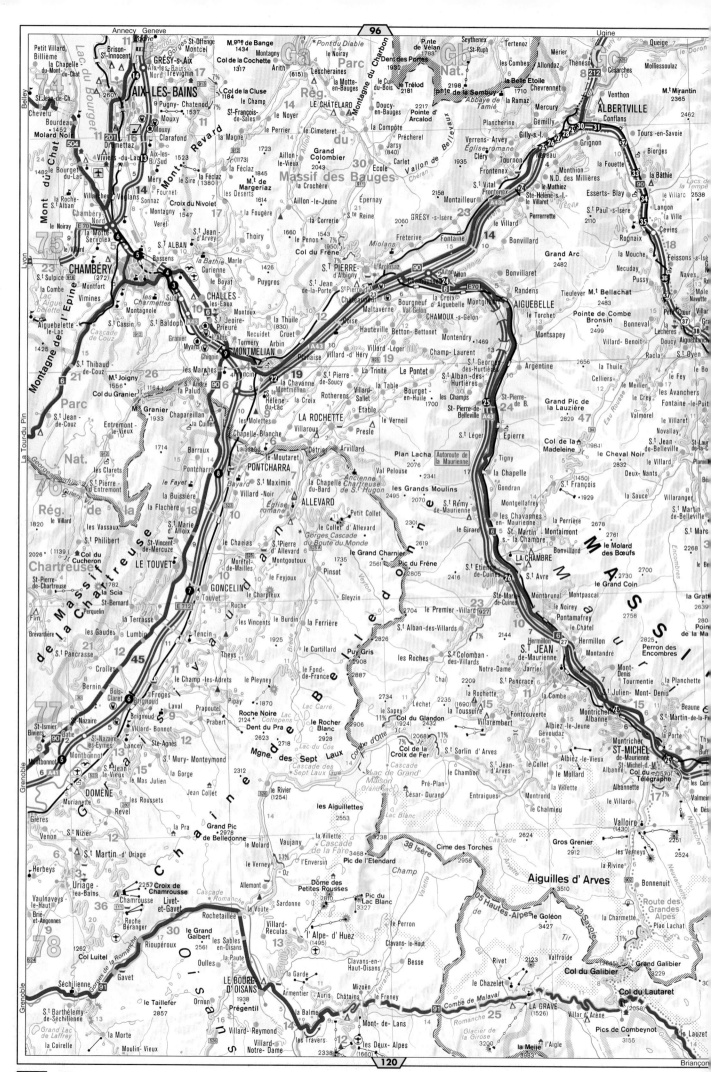

Yd Ye Yf Za Zb

79

Sainte Hélène   Lesparre-Médoc

le Grand Courgas
Bedillon   Maubourguet
le Plec
Salaunes   Hourton   la Main-d'Estè
Saumos   Ségonn
27   Villepret
le Tranqu
19   Grand Bos   23
Cérillan
le Porge-Océan   Petit Bos   Serigas   Issac
Étang de Lège Basse   Sautuges   Astigna
le Temple   Caupia
le Porge   107   18
le Crastieu

Terrain militaire
Martignas-
sur-Jalle
Maisonnieu   213   15
80   les Dorats   Saint Jean-
d'Illac   Boulac
Lège-   Mautans   Blagon   le Las   48
Cap-Ferret   215   106   les Nargues   les Blayais
Arès   Berganton   Toctoucau
Claouey   23   Jossaume   250
24   Pierroton
Bassin   Castillonville   24
le Petit Piquey   Lubec   Croix-d'Hins   A63   26
le Grand Piquey   Hougueyra   la Pointe   40   Bellebiste   49
le Canon   Marcheprime   les Gargails   le Puch
Ile aux Oiseaux   les Quatre-
Villa-Algérienne   AUDENGE   Routes   Tourn
la Vigne   d'Arcachon   Vignaud   les Argentières   Lacanau-   bride
Tagon   de-Mios   23
Tramways du   Biganos   Testarouch
Cap-Ferret   les Abatilles   Gujan-   Ruat Parc   Florence
Cap Ferret   le Moulleau   ARCACHON   Mestras   Ornithologique   Quartier-Bas
Meyran   le Teich   Facture   les Douils   le Barp
Pyla-   Parc   5   Florence
sur-Mer   aquatique   250   2   1   A660
81   Pyla-   Balanos   le Voisin   22   Mougnet
Plage   LA TESTE   23   12   Caze   Arcachon
Banc d'Arguin   Mios   Arnauton   le Barp
(Réserve   Forêt Nezer   Petit Caudos   l'Illet   Chantier
ornithologique)   Dune de Pyla   Moura   Peylon   Argilas   Jaugot   Castor   Baille
Gaillouneys   Peylahon   11
Dunes de   83   Castendet   E05   la Vignolle   Marguit
Pointe   Ginestras   652   Arnautille   Caudos   Salles
d'Arcachon   218   20   Champ de Tir   216   Parc   108   21
la Salie   Cazaux   12   Caplanne   le Mayne   Salles   Cès
10   le Bran   Landot   21   11
77   Bilos   Naturel
Champ   le Petit   Vieux Lugo   Béliet
de Tir   Étang de Cazaux   Langeot   Lagnereau   Lugos   10   BELIN-
Dunes des   46   Bernon   les Arroundey
Places   69   et de Sanguinet   Louse   Sillac   Régional   Quartier-
83   Lombard   Sanguinet   Courneilley   de-Joue   Quarti
Méoule   le Bougés   147   Camontès   l'Ameleiet
Biscarrosse-   le Clerc   20   Gare de Lugos   Marian   le Puch   le Meynieu
82   Plage   652   13   Canal   110   20   Bottox
en Mayotte   Larreille   Nigon   A63   7   Peyrin
Navarrosse   Goubern   Lilaire   19   10   Biganon   Capsu
146   Millas   Centre   le Muret   Saugnacq-et-Muret
Bosque   d'Essais   des   la Crabette   Mirador   la Nave
en Bergoin   Narp   15   Lesquire   Landes
BISCARROSSE   en Hill   Lubiosse   Hoursin   Castelnau   Moustey
Zone   36   652   11   Hourtoy   14
Lahitte   PARENTIS-   Vieux-
Étang de   en-Born   le Bôo   Bourruque   Montauzey   Richet
Biscarrosse et   le Lac   43   Mothes   Bourdieu   Berdoy   Richet
de Parentis   Poms   Lavigne   17   Liposthey   43
militaire   Herran   Lucats   Ychoux   les Forges   8   PISSOS
Hillan   Gastes   Esleys   Dupouy   Escoursolles   Bern
60   Maynage   Saint Trosse   140   5   Gruey
Pelouche   16   11   de
interdite   Lafont   Mongaillard   10   Grand-Ligautenx   la Crotte
87   Sainte Eulalie-   Petit-   Tuyas   Cantegrit
Guirosse   en-Born   Ligautenx   les Houssats
Étang   Souleyraou   Bestaven   Pontenx-   Menaut   27   Baxente   19
d'Aureilhan   les-Forges   626   Bouricos   Médous
Mimizan-   Jean-de-Crabe   Larrousseau   la Barde   Lüe   Labouheyre
Plage   MIMIZAN   Saint Paul-   Haza   Bayonne   Mont-de-Marsan
626   Aureilhan   en-Born   123

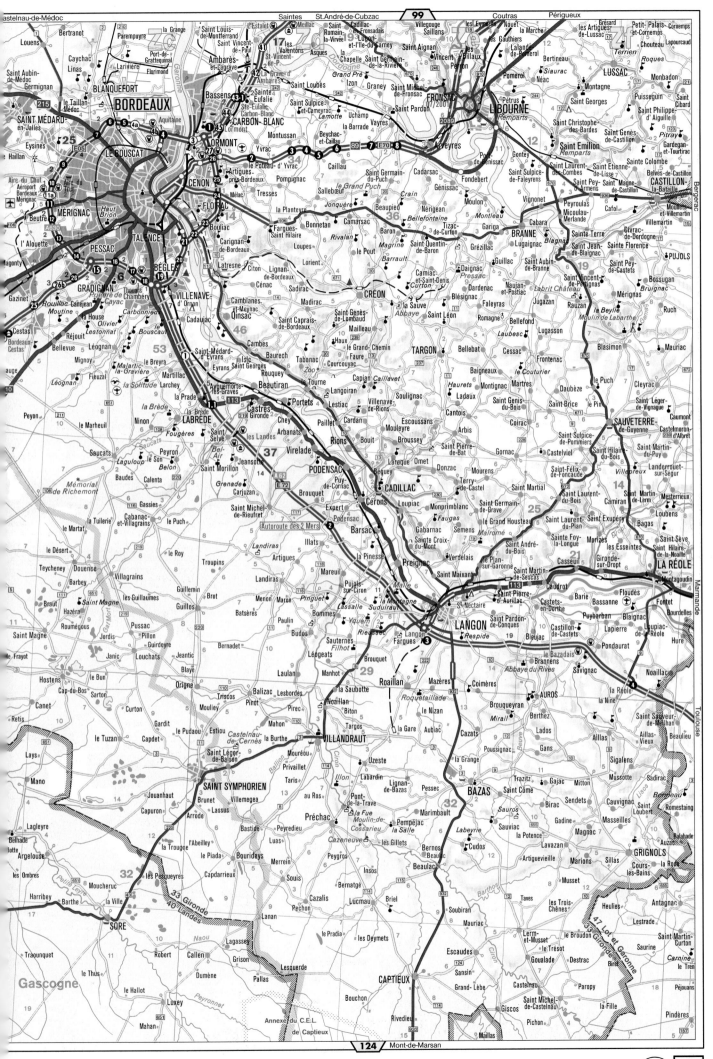

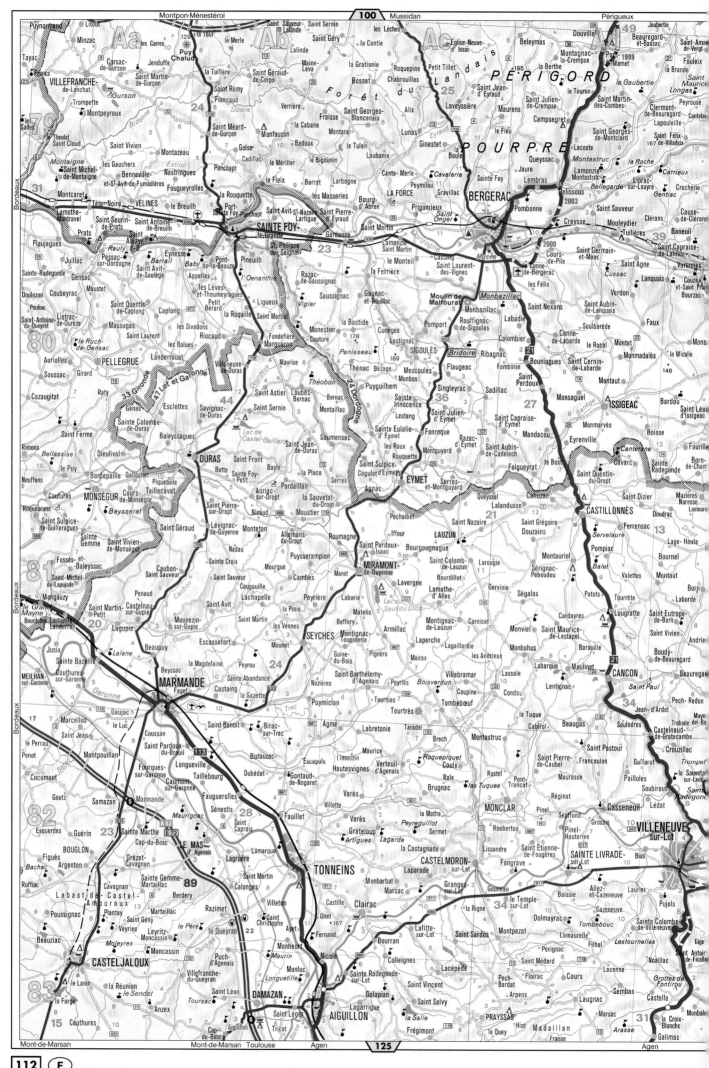

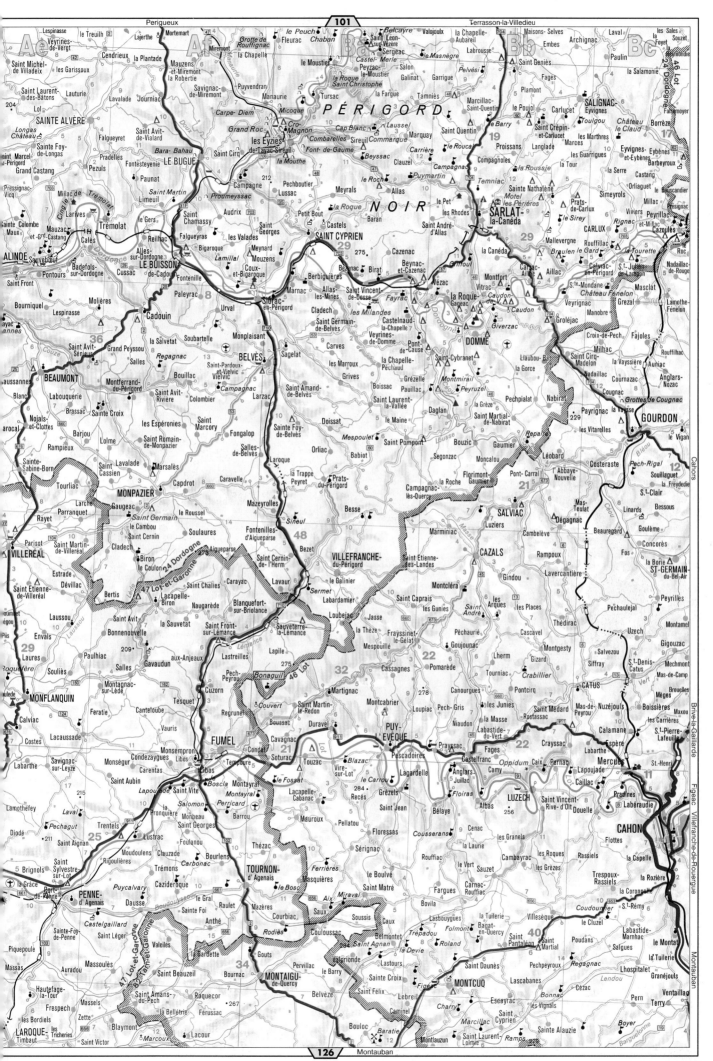

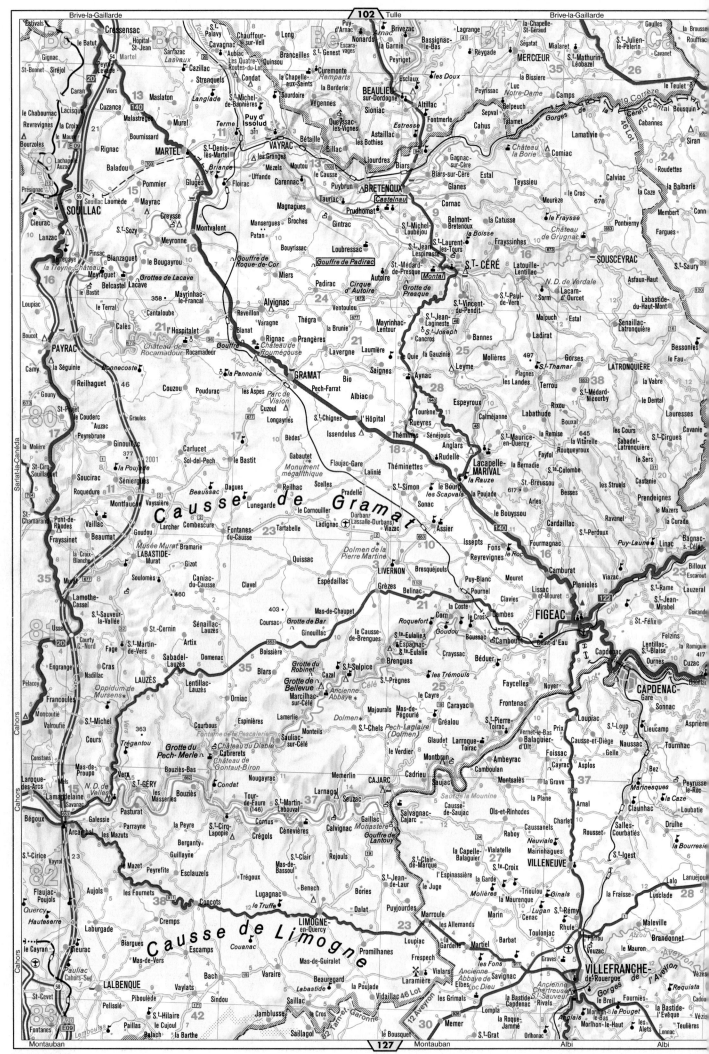

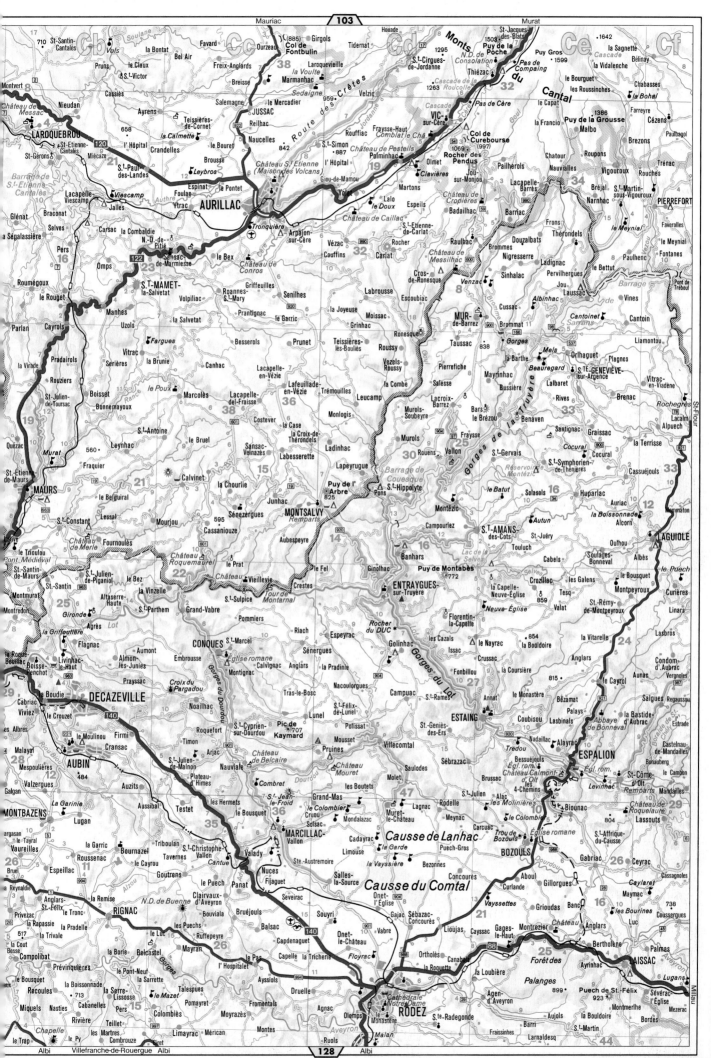

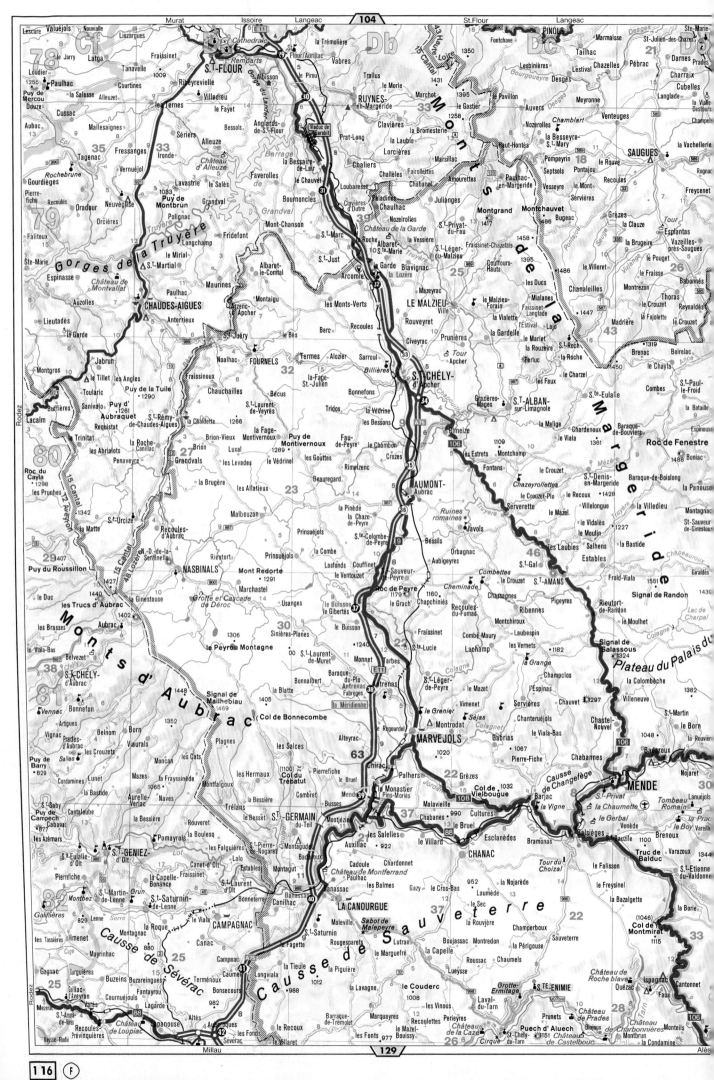

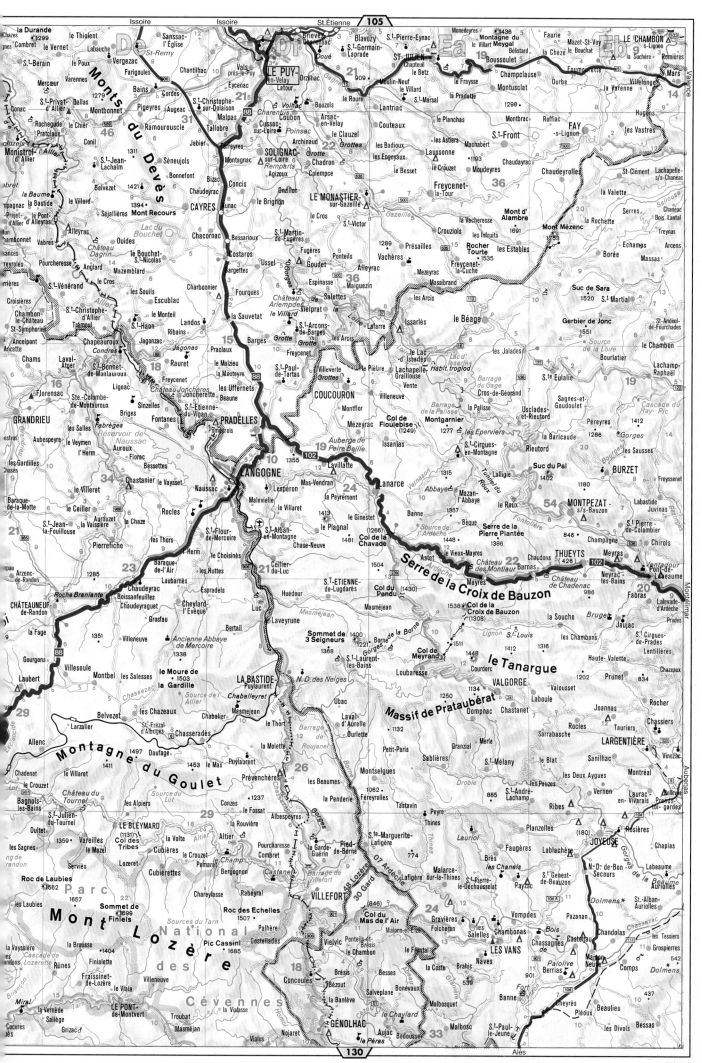

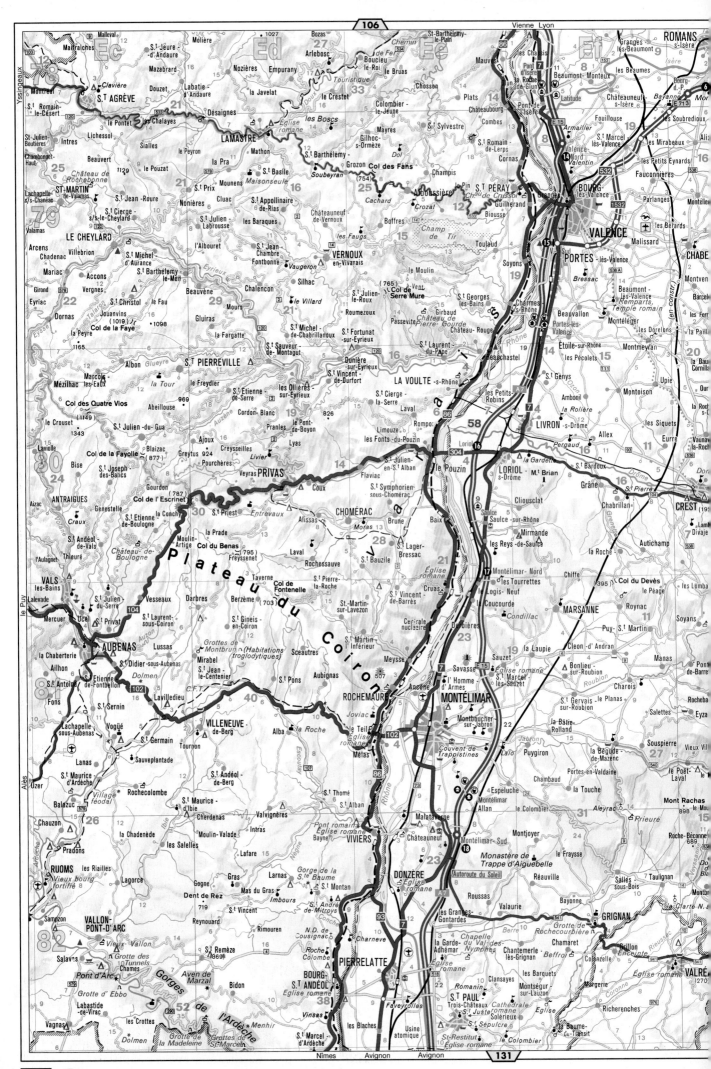

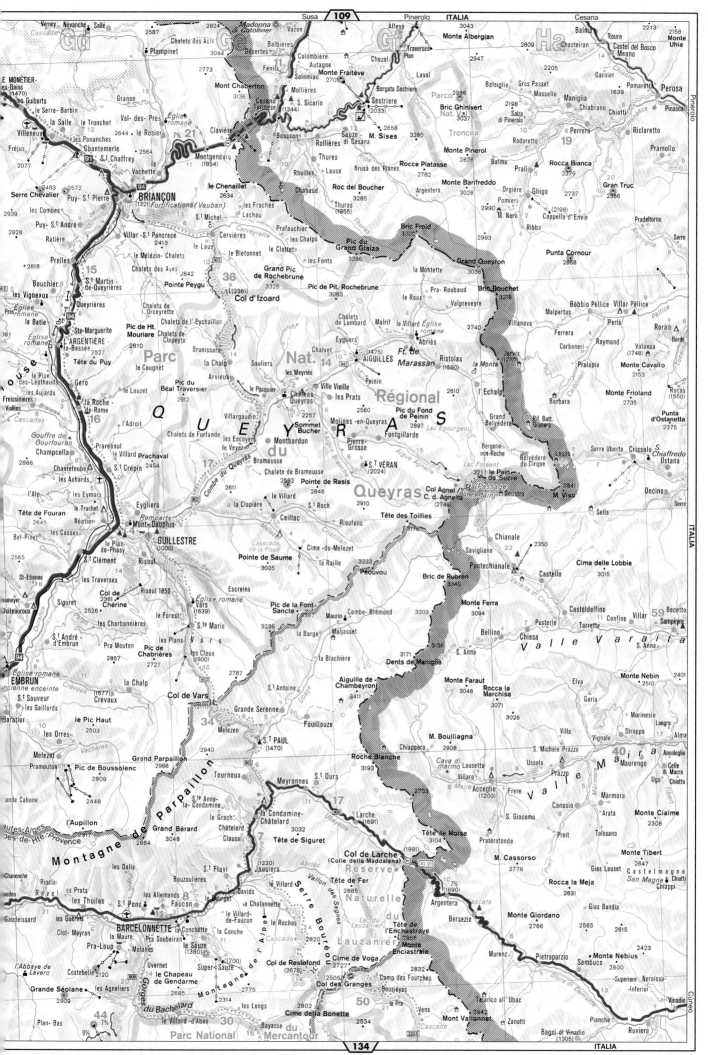

84

85

86

87

Golfe de

Gascogne

Arnaoutchot

Huchet
Pichelèbe

Moliets- Plage

*Etang
de Mollet*

*Etang de
Laprade*

Messanges-
Plage

Messanges

Vieux-Boucau-
les-Bains

Arènes

Quart
Catiot

652

Coudè

C.de la Boucau

79

8

*Etg de
Hardy*

Guin

Gaillou-de-
Pountaout

*Plage
des Casernes*

62•

*Lac
Blanc*

le Penon

89

*Etg
Noir*

les Estagnots

86

Seignosse

Hossegor

Soorts-
Hossegor

S37

Saubion

Angresse

33

Capbreton

E05

22

44

Bénesse-M.

Bénesse-
Maremne

36

Labenne

Orx

Ugn

Labenne-
Océan

Labenne

11

10

Villena

Ondres-
Plage

Beyres

Lalanne

Monchoisi

Lac d'Irieu

St-André-
de-Seigna

Larroque

85

Ondres

7

26

St-Martin-
de-Seignanx

le Pa

Tarnos

6.1

la Barre
Chiberta

8

Castillon

Vincennes

117

Quartier- Neuf

BOUCAU

5

10

6

Saint Barthélé

Plage Miramar
Grand Plage

Bayonne-
Nord

74

ANGLET

Adour

26

BIARRITZ

BAYONNE

Hendaye   Hendaye

C ô t e   d'   A r g e n t

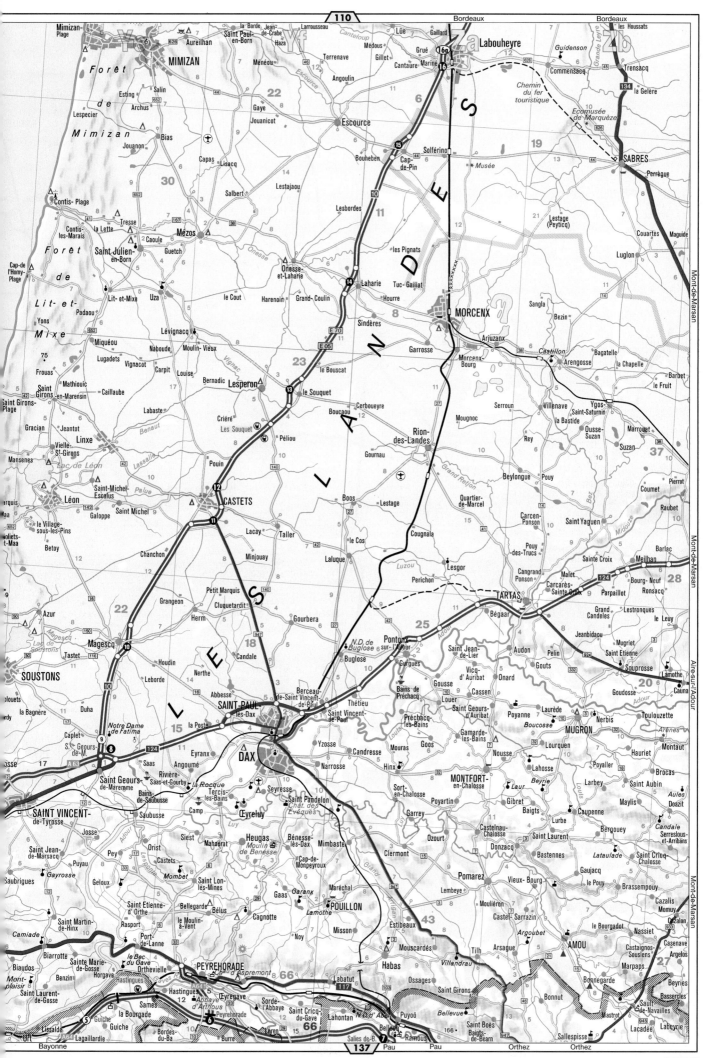

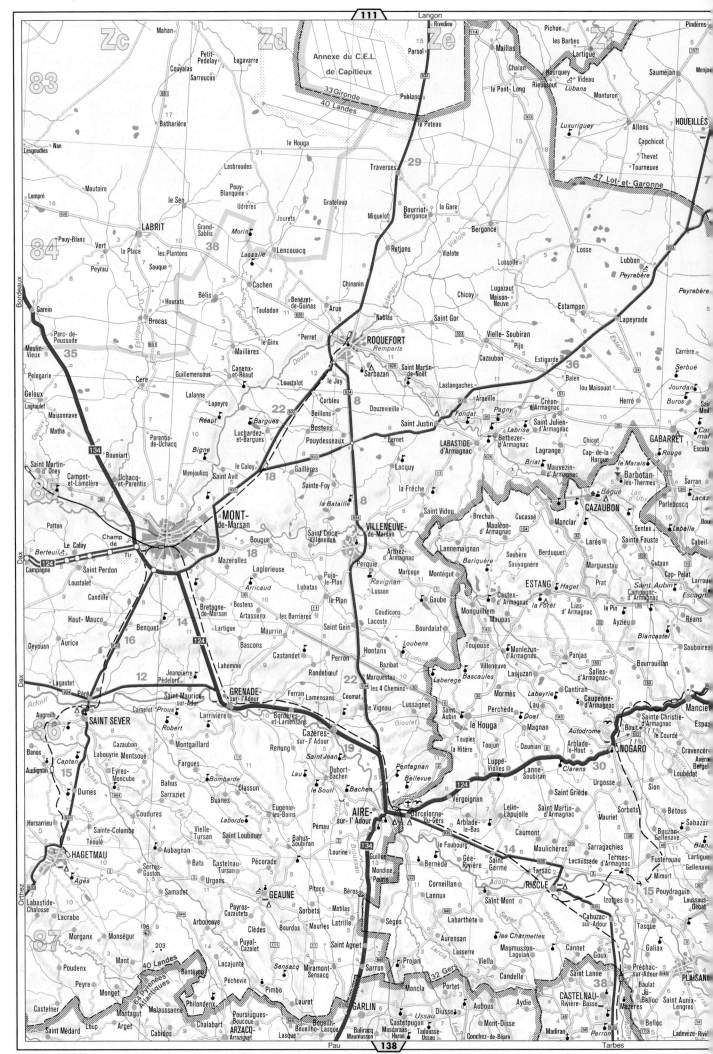

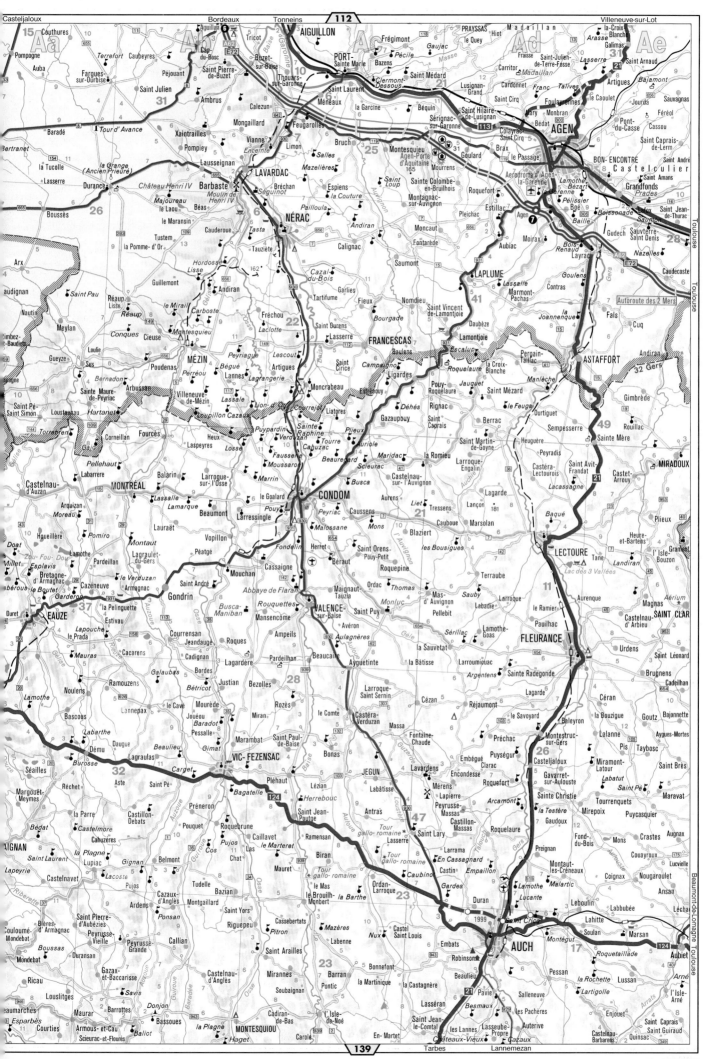

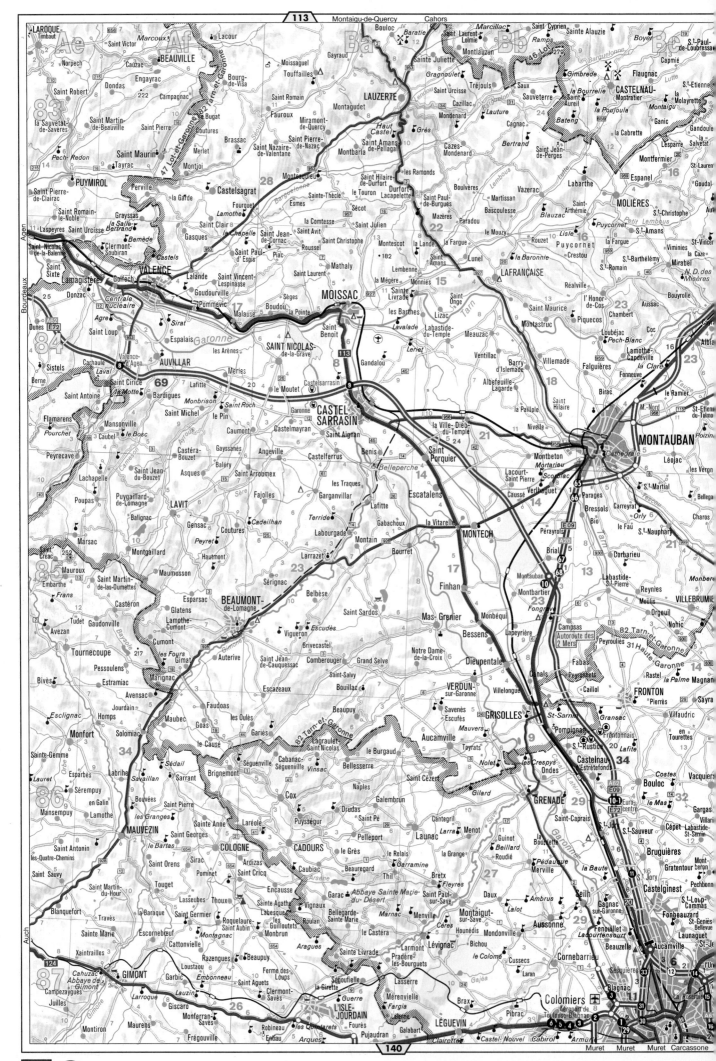

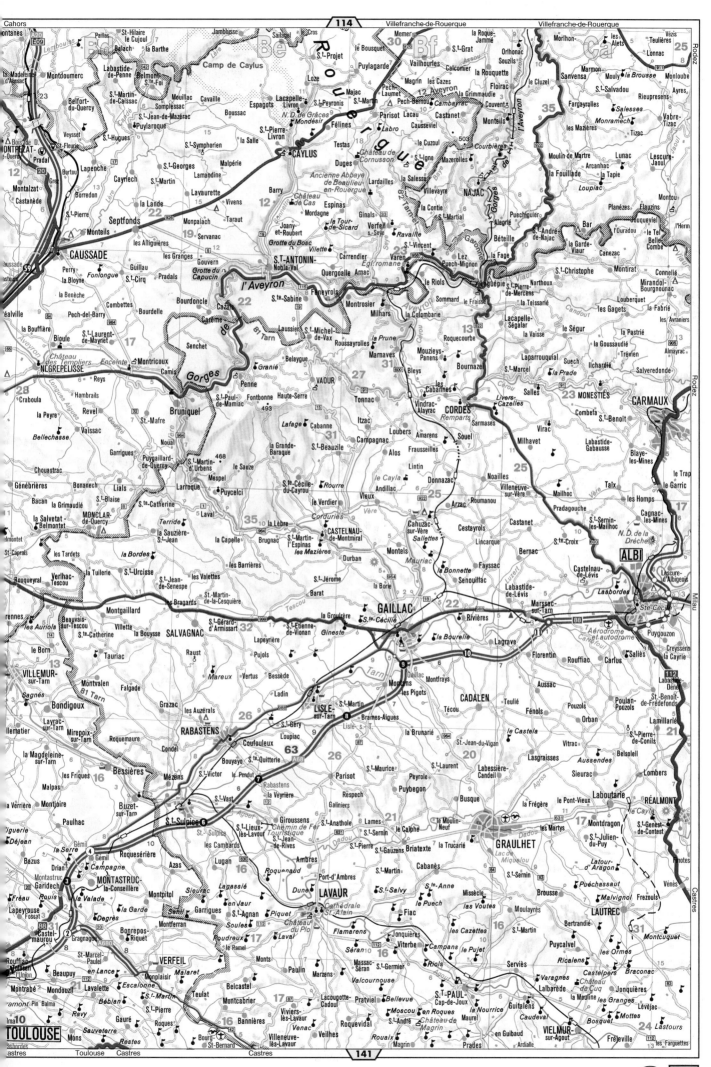

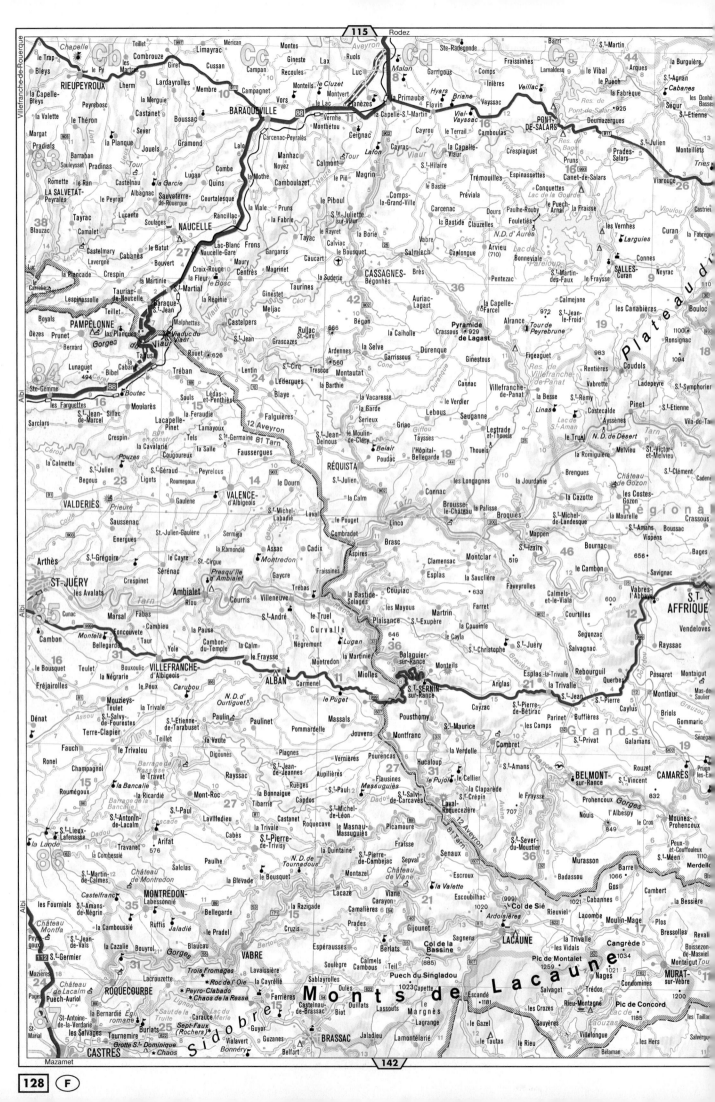

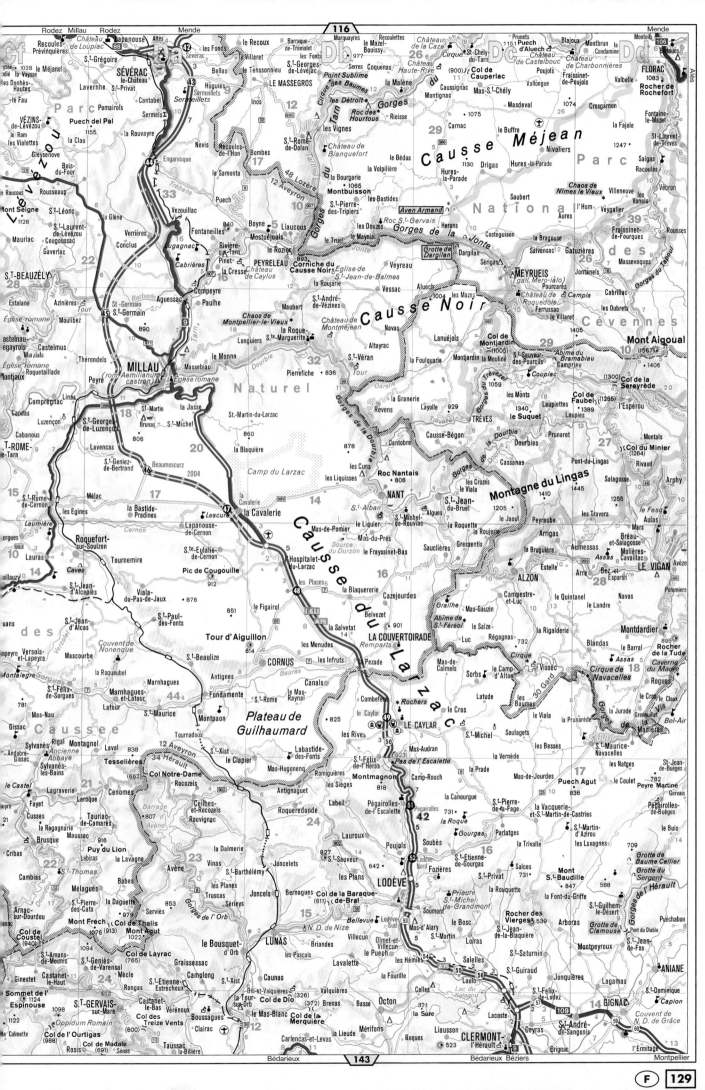

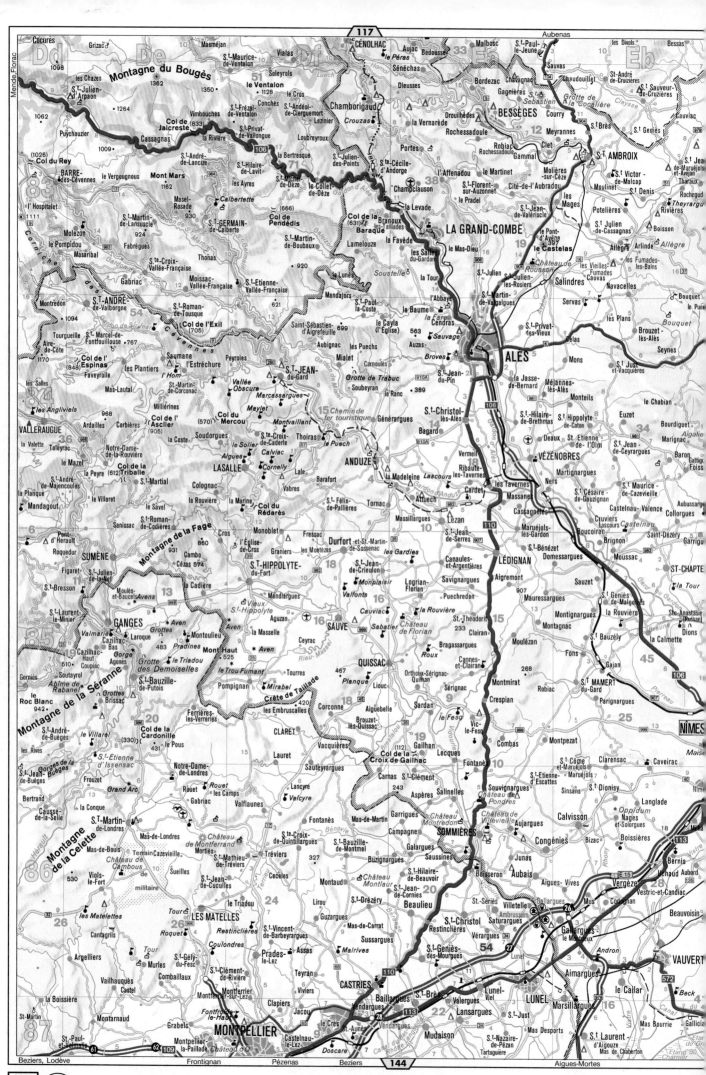

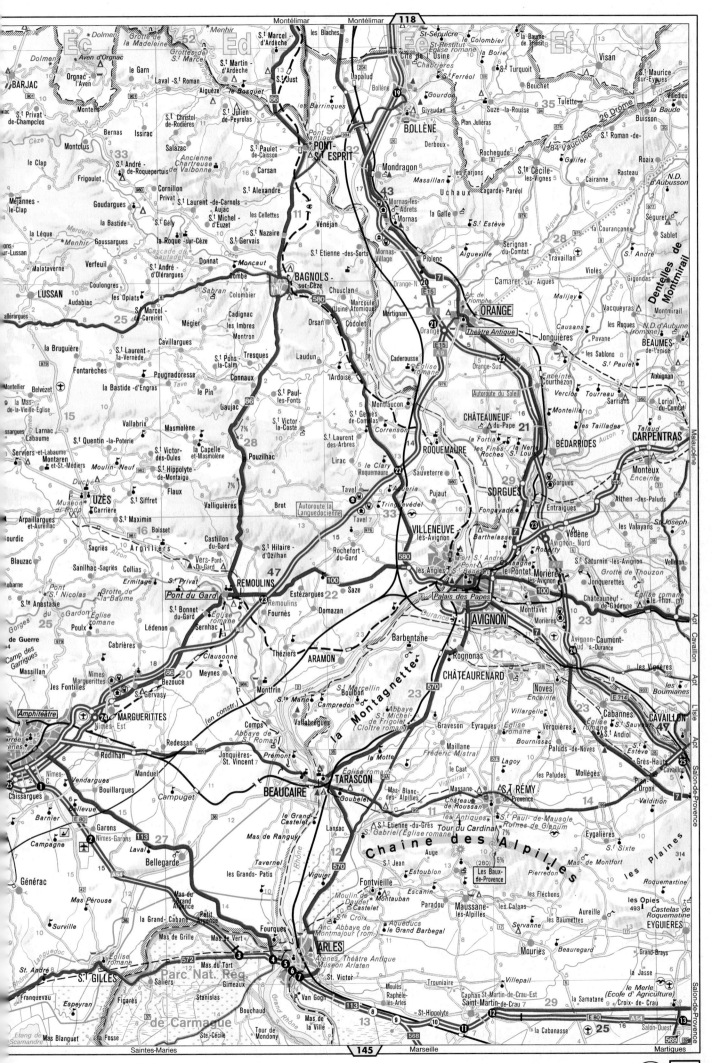

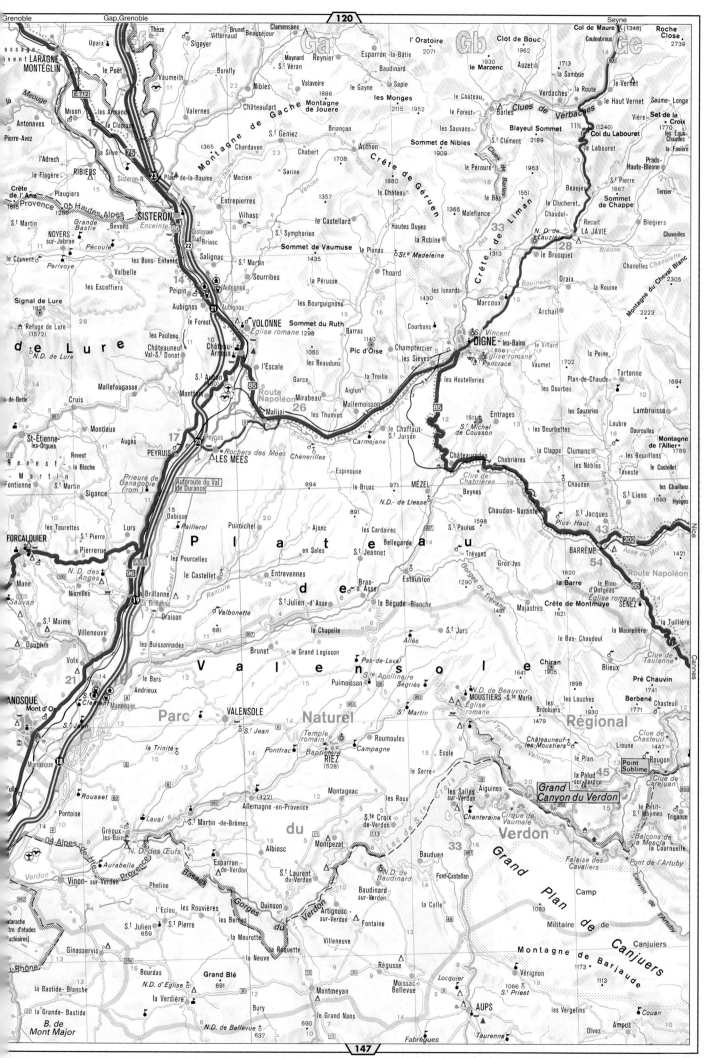

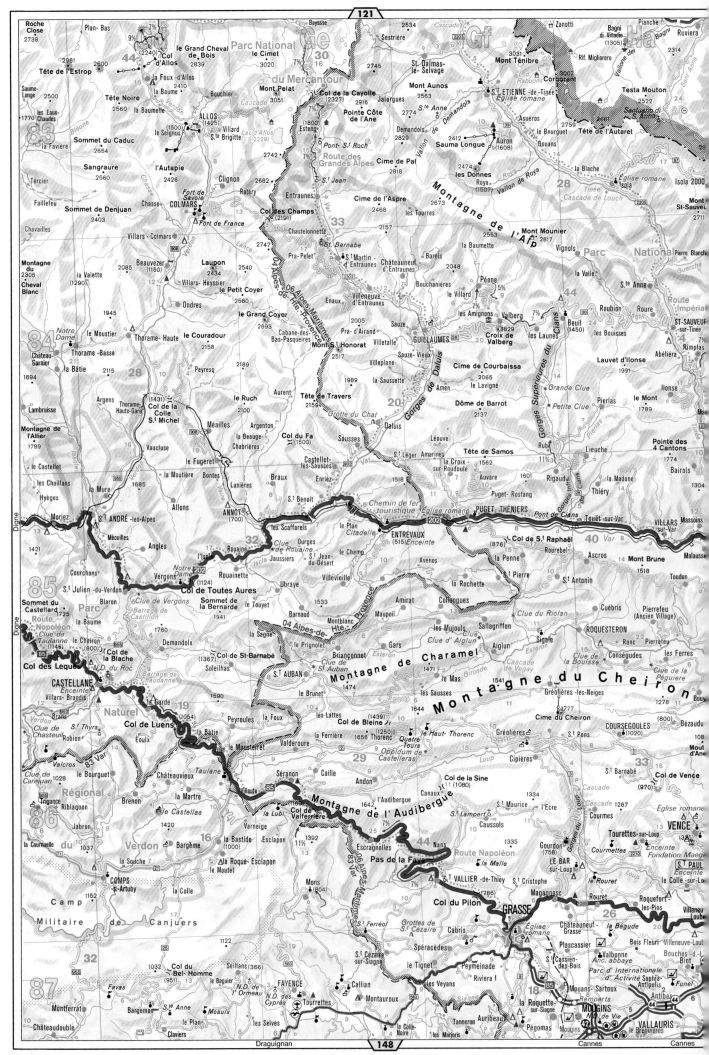

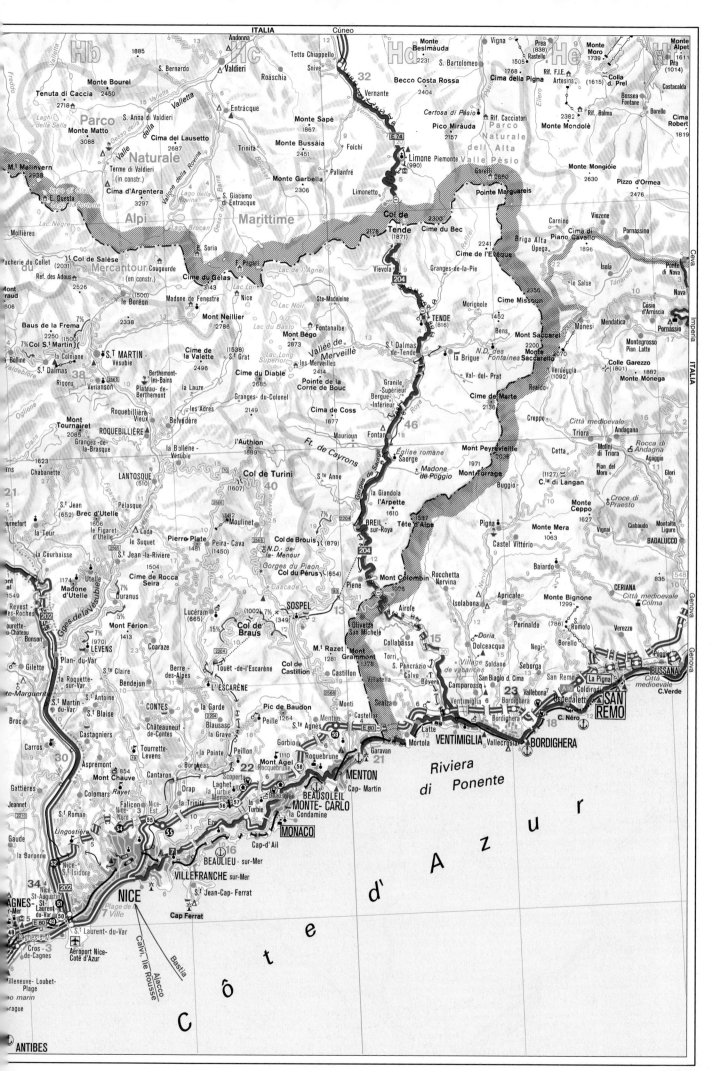

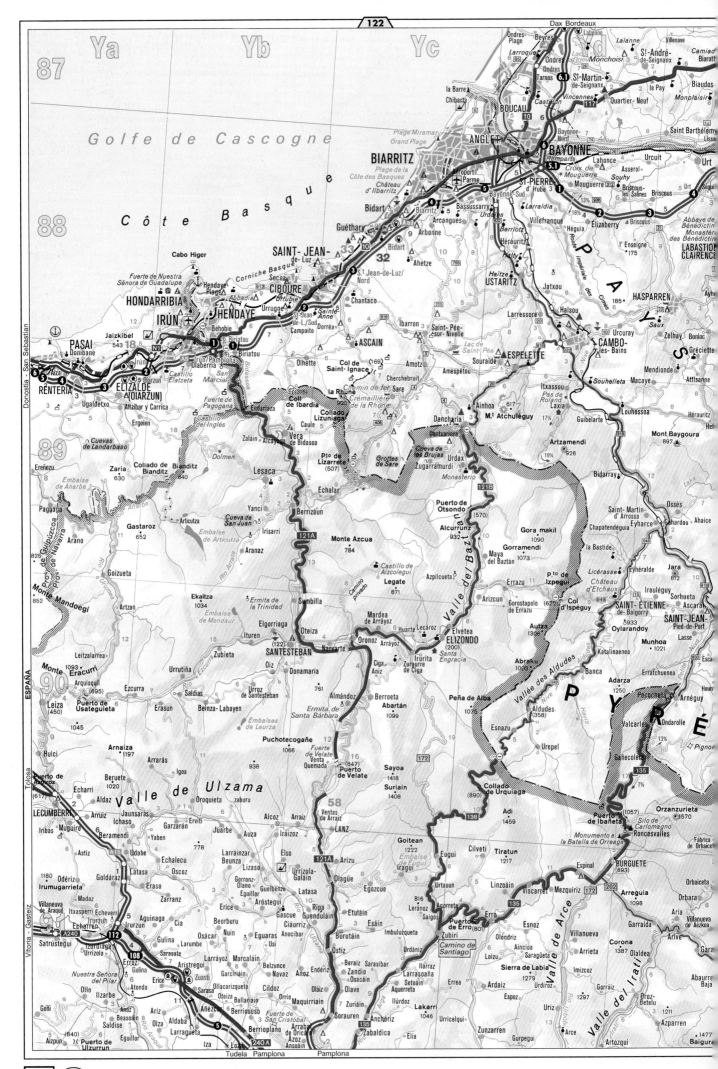

Golfe de Cascogne

Côte Basque

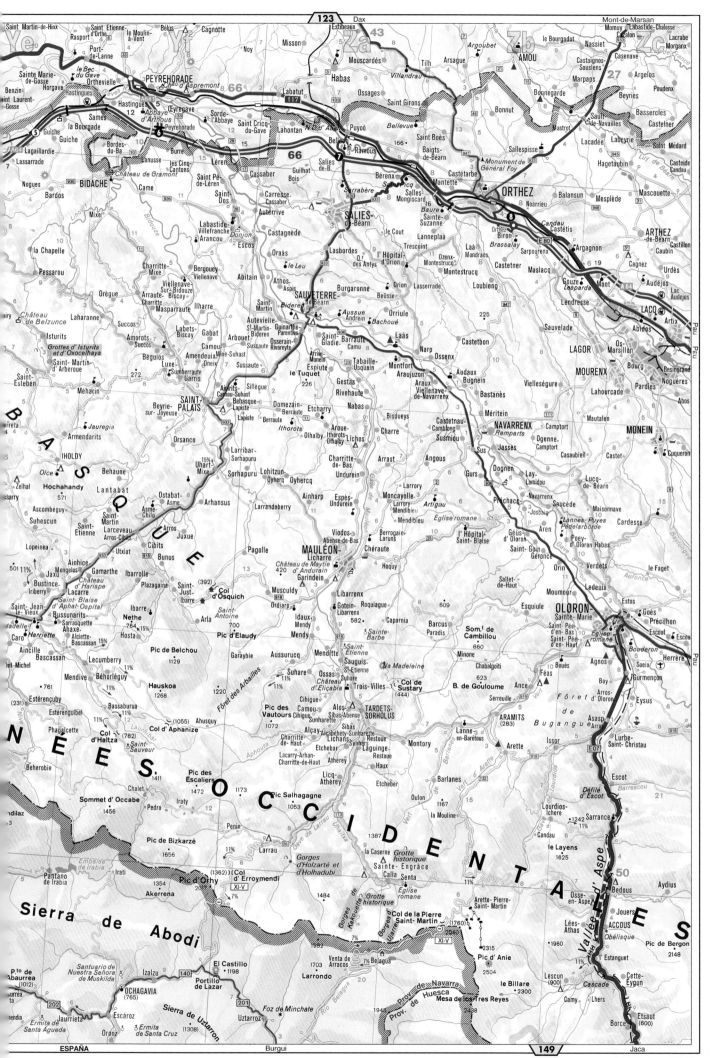

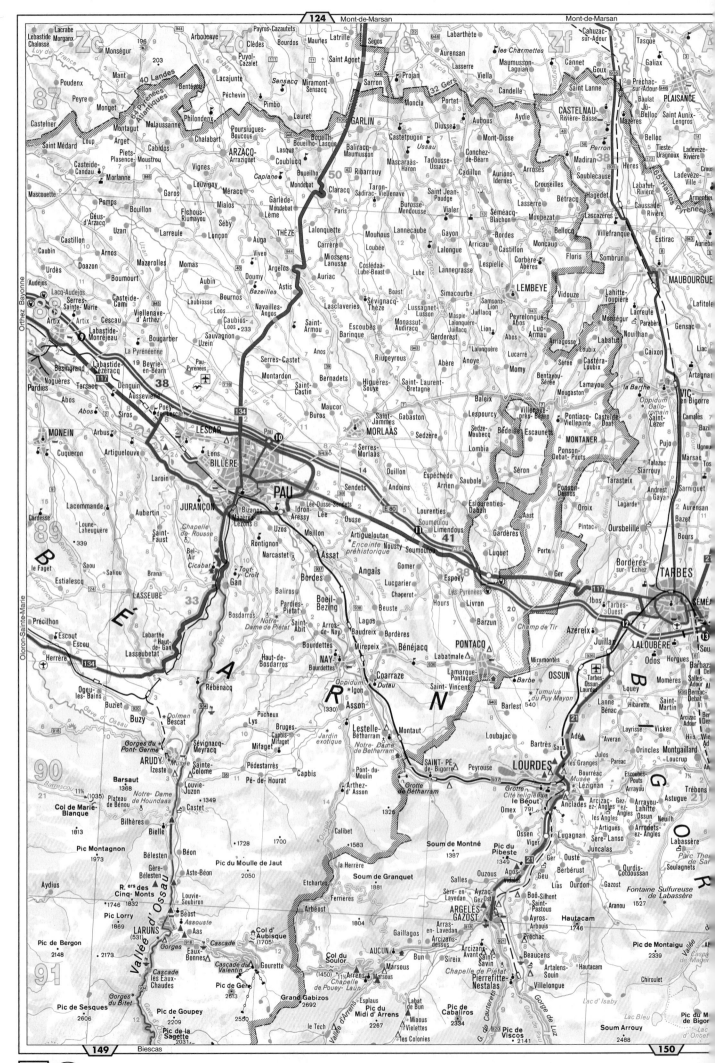

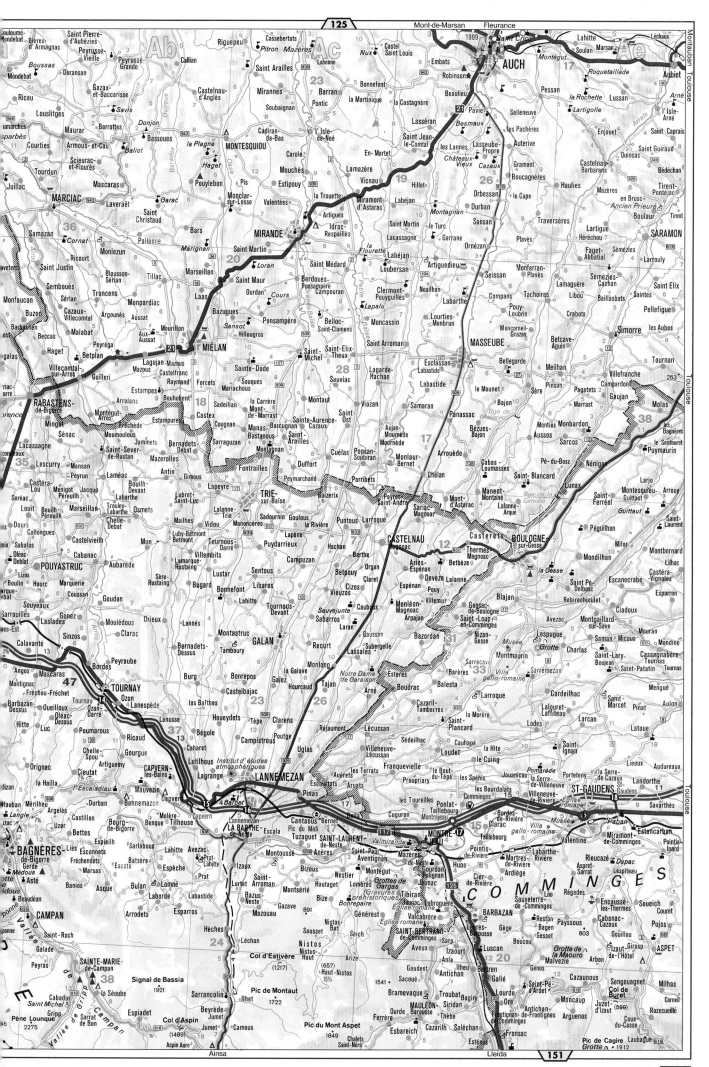

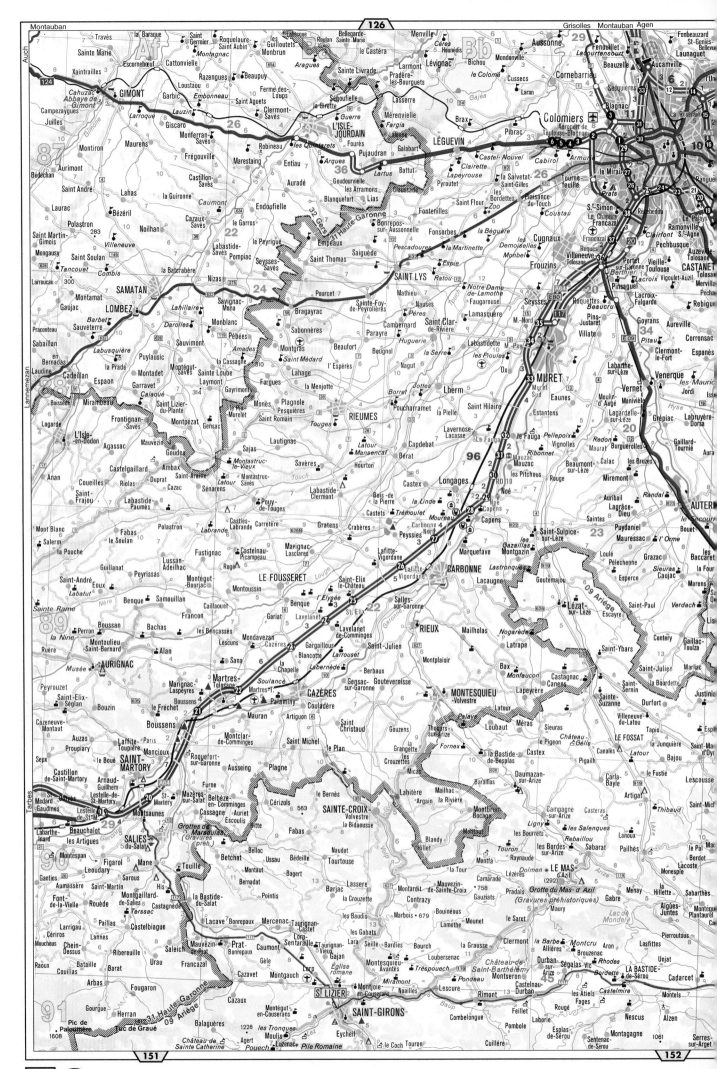

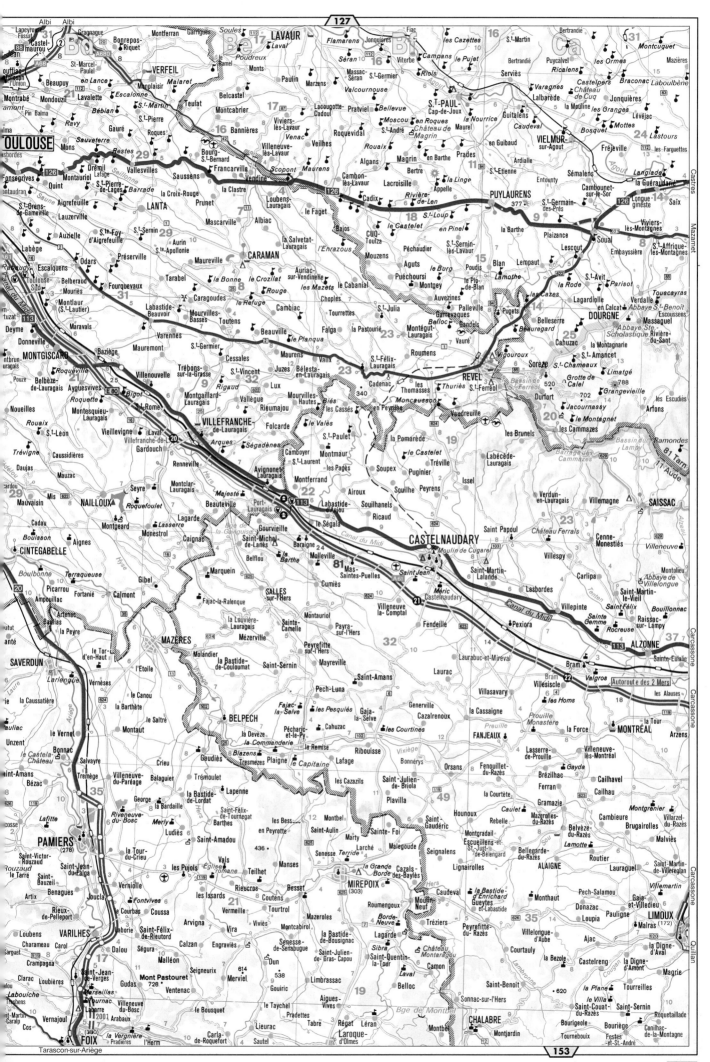

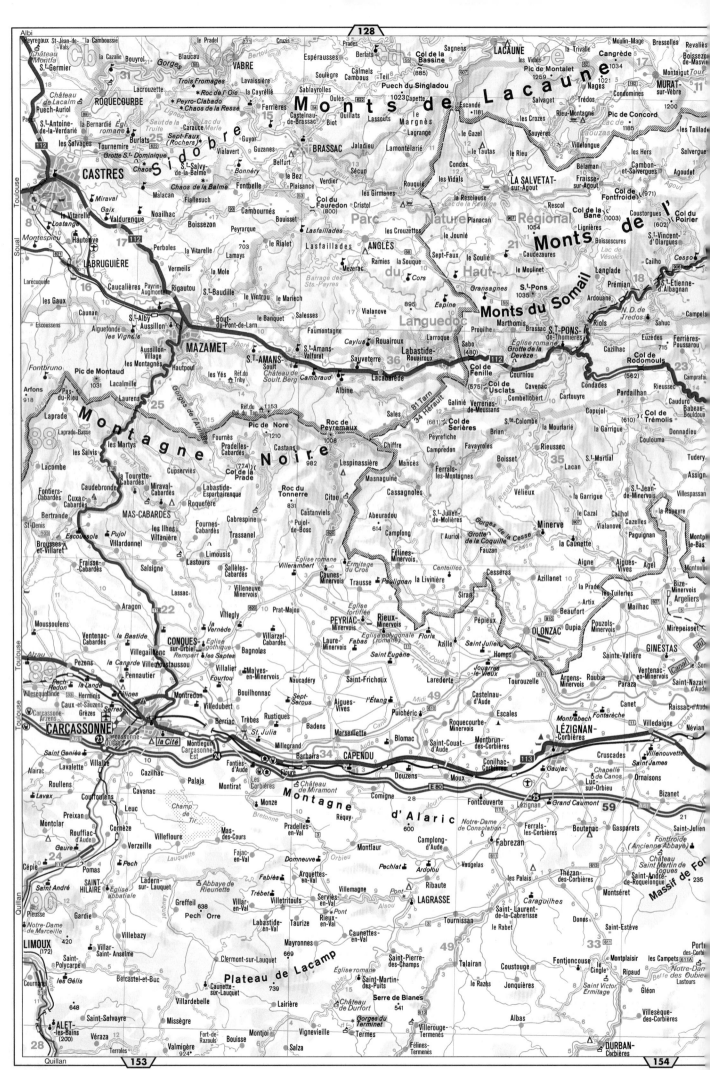

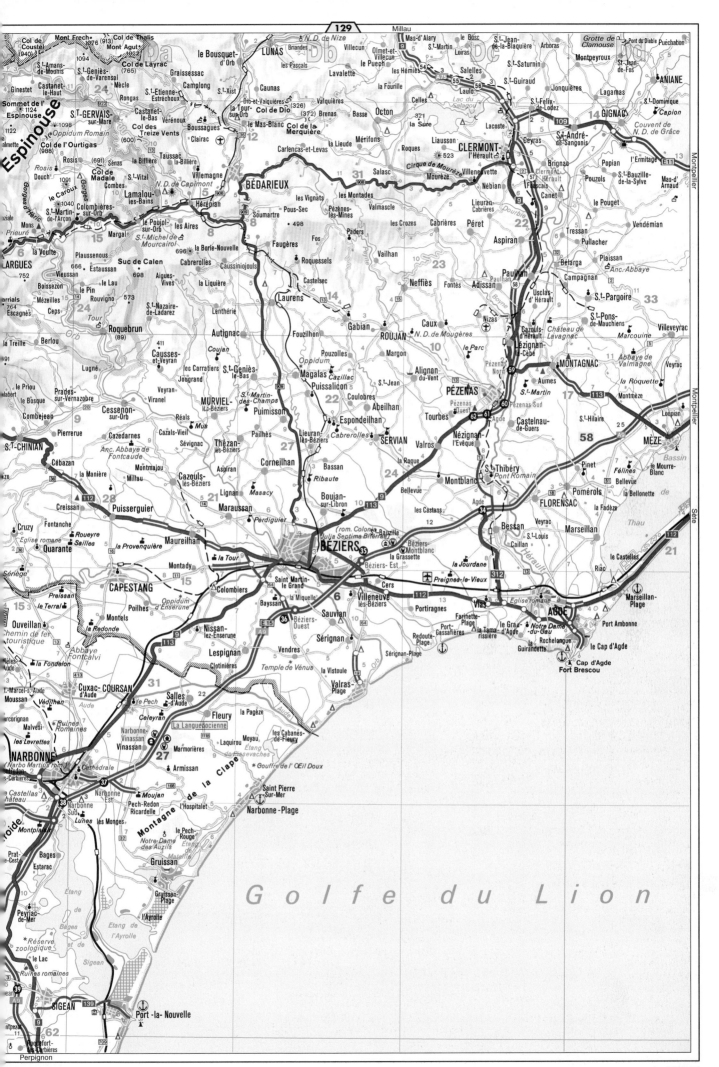

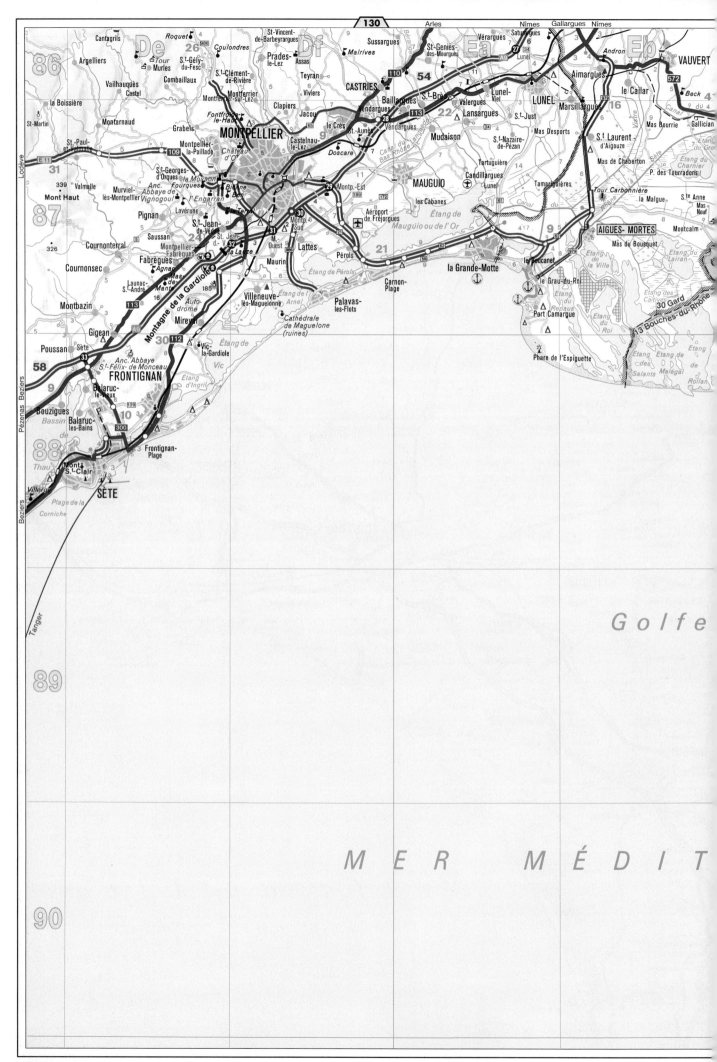

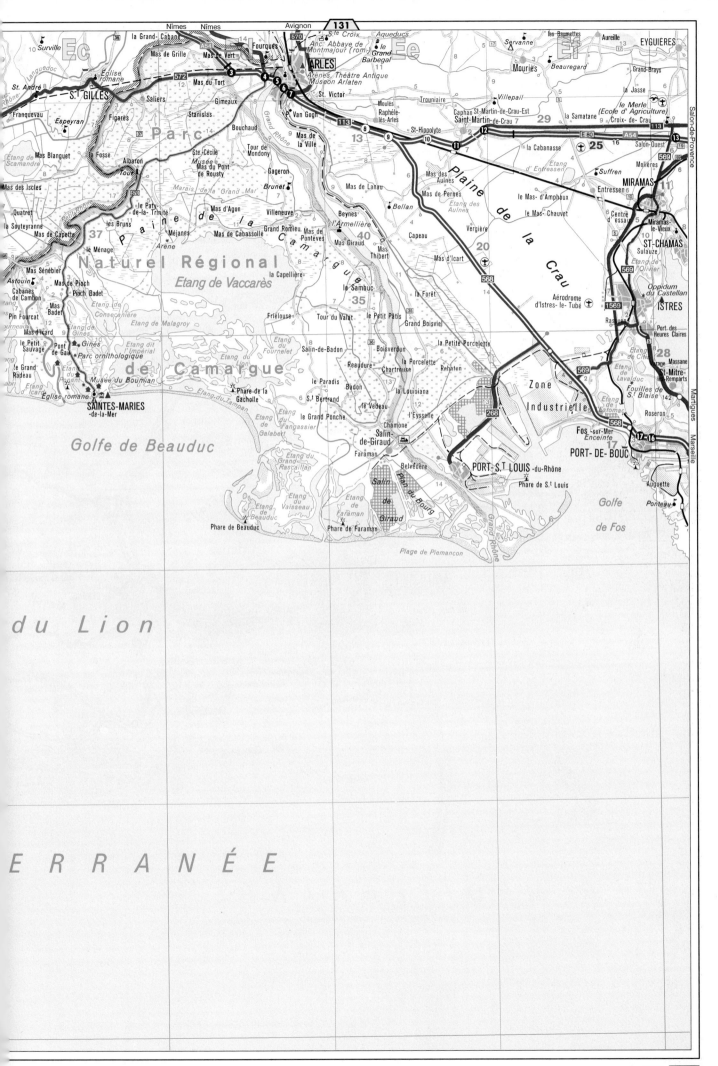

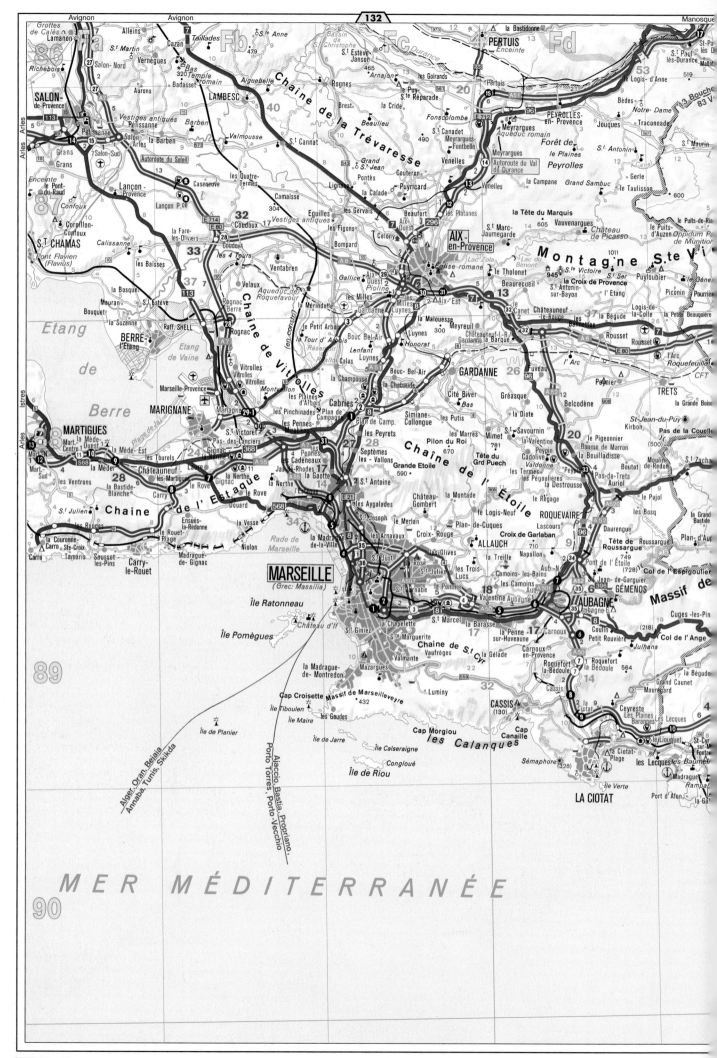

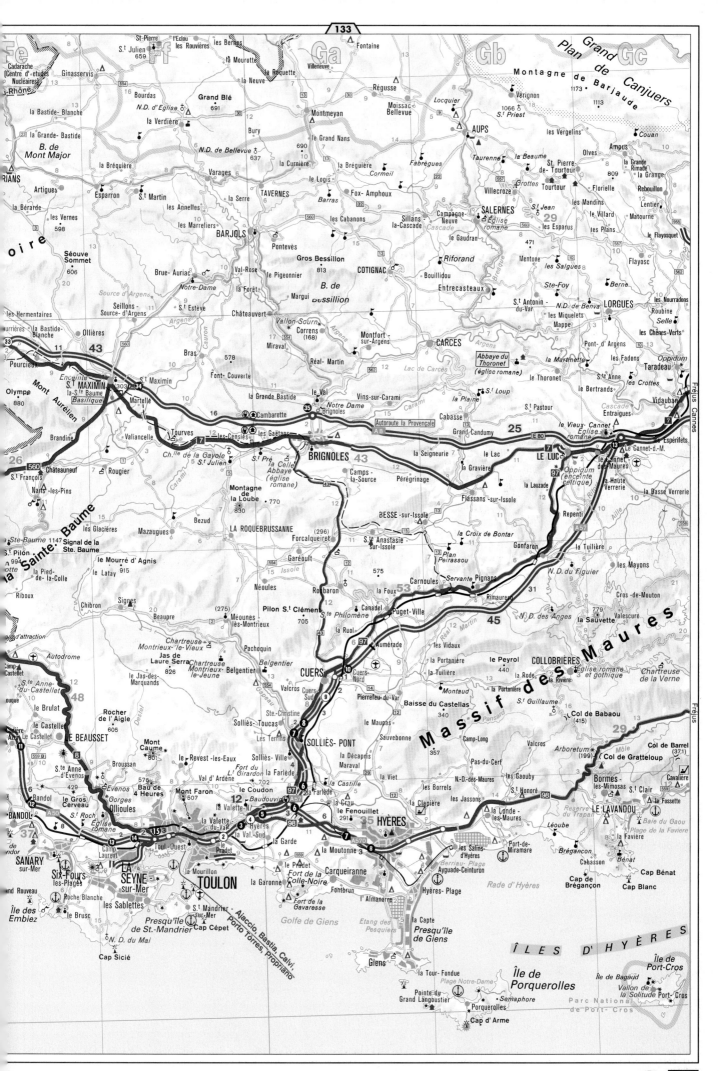

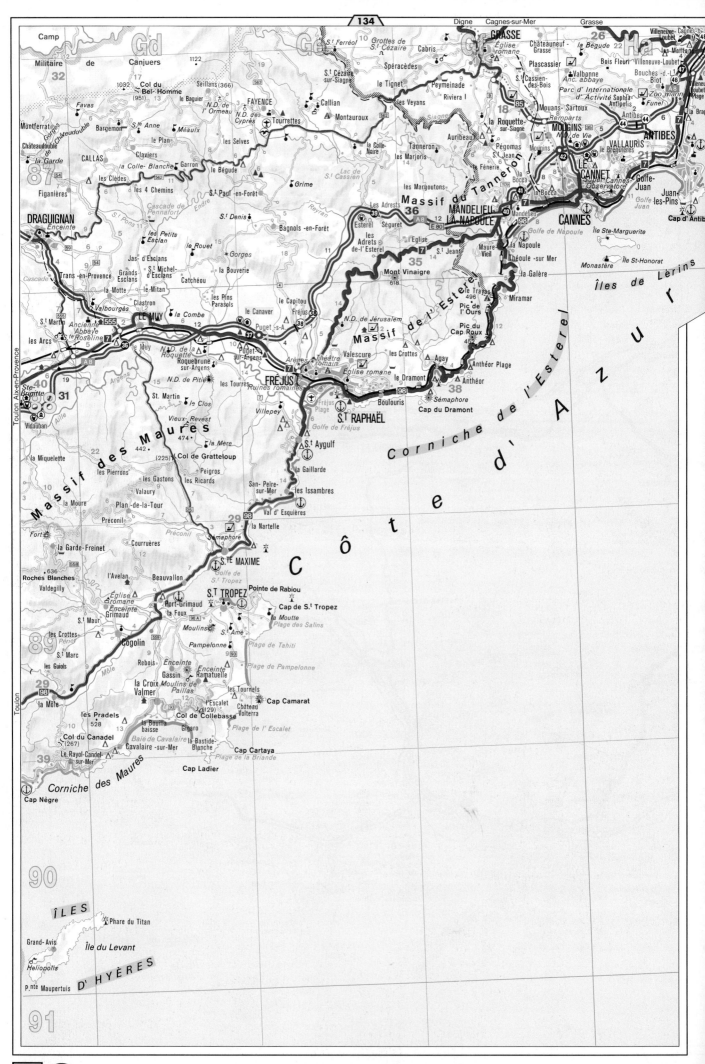

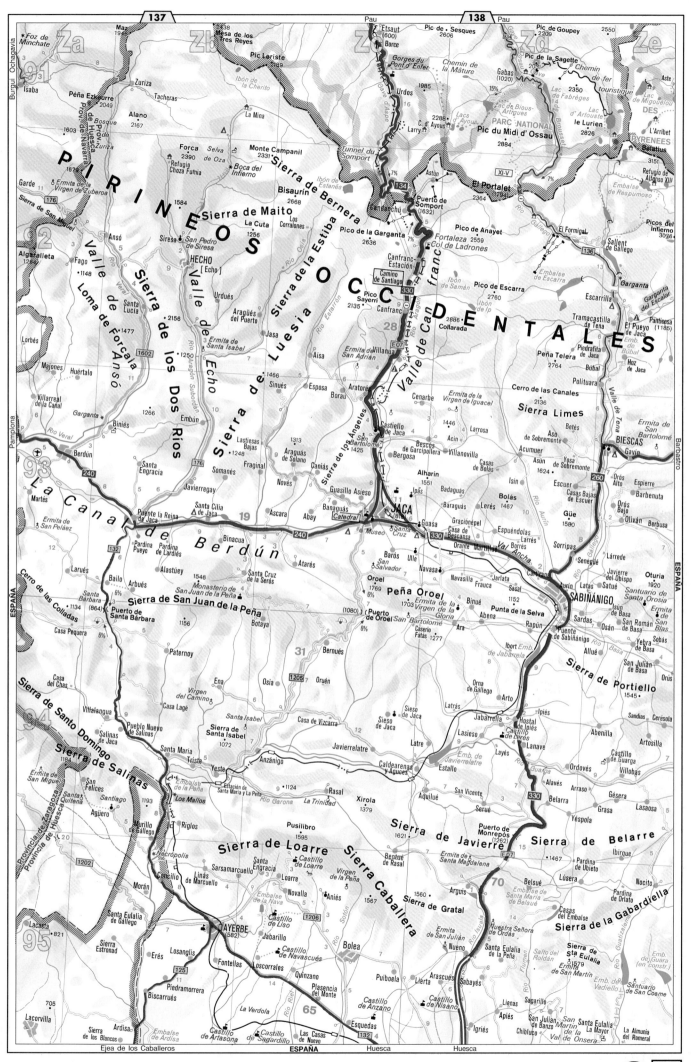

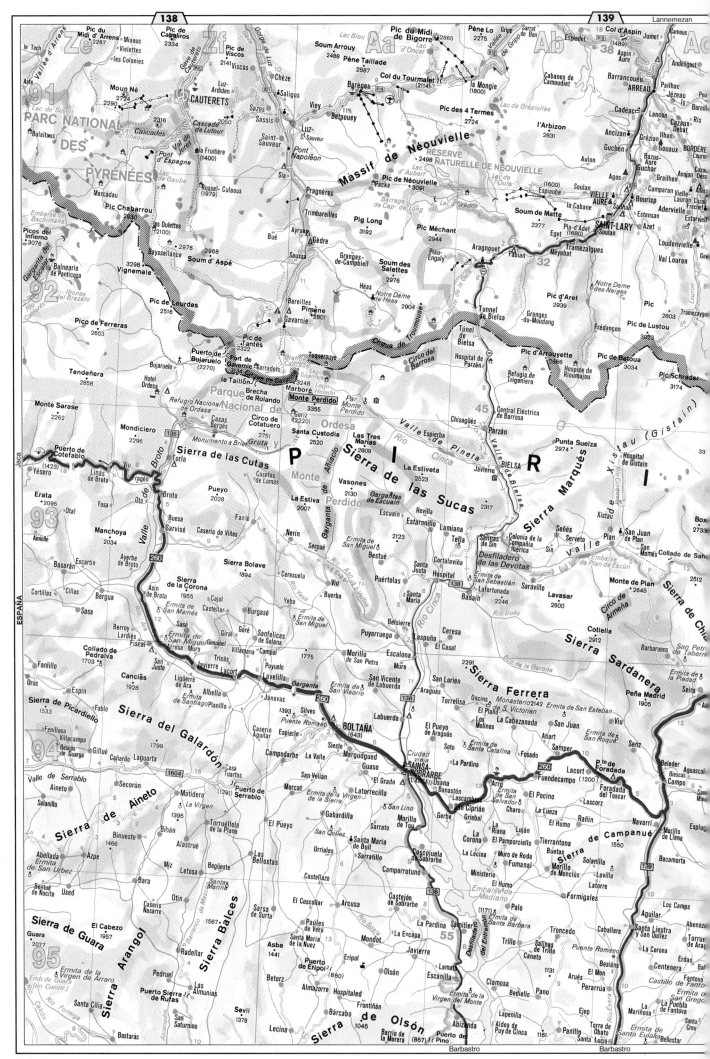

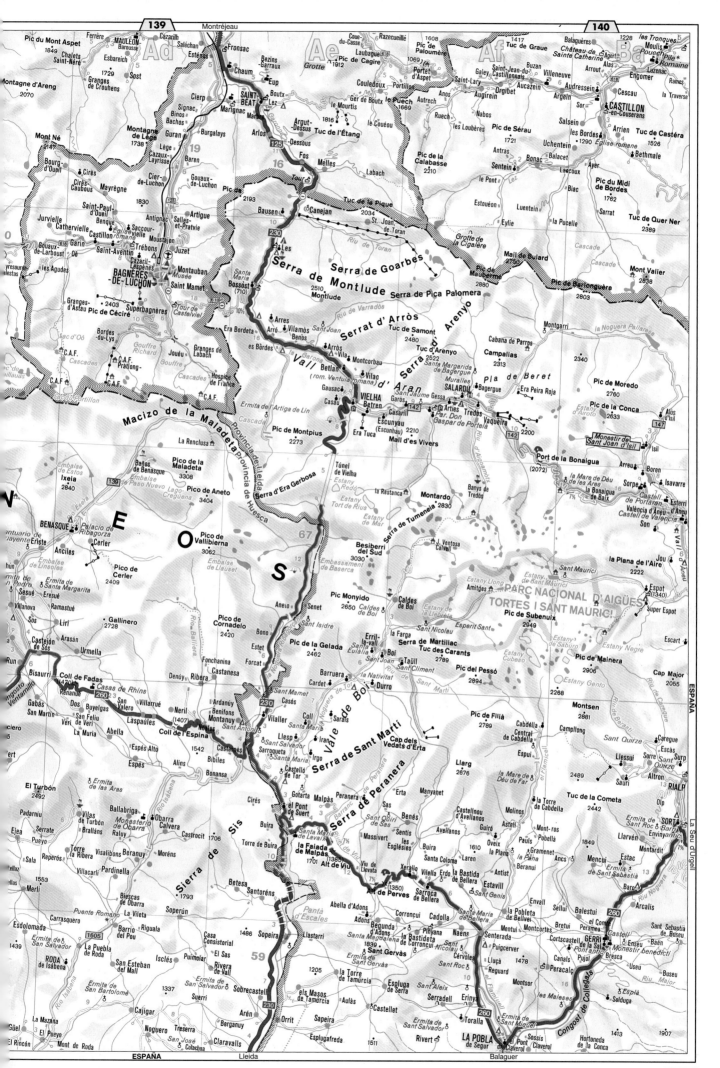

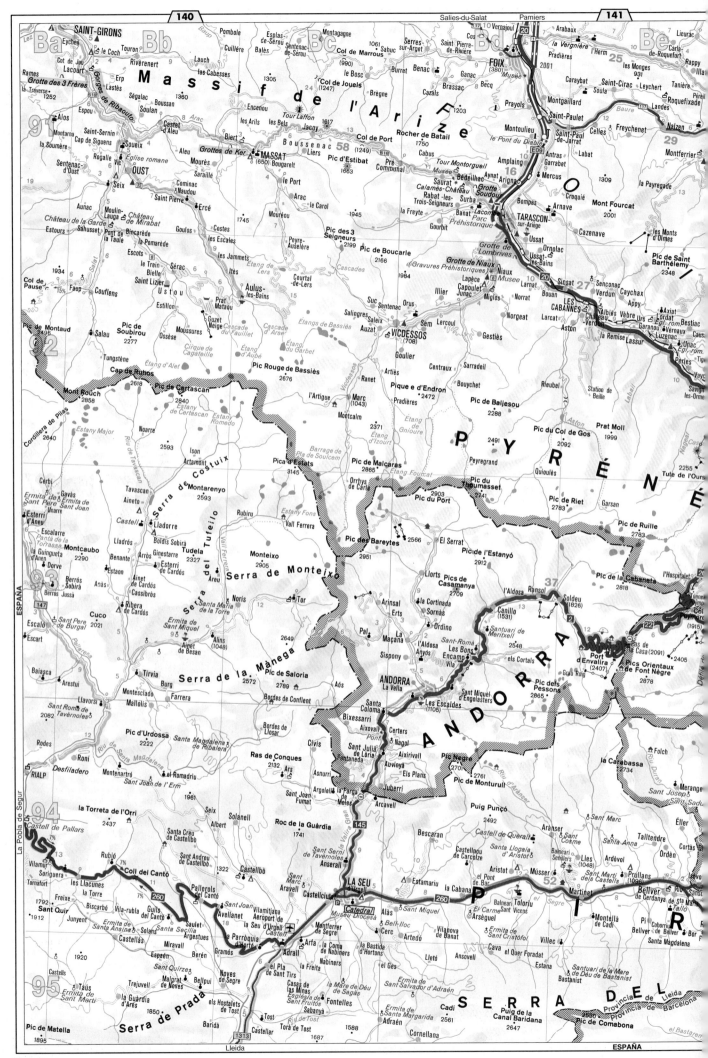

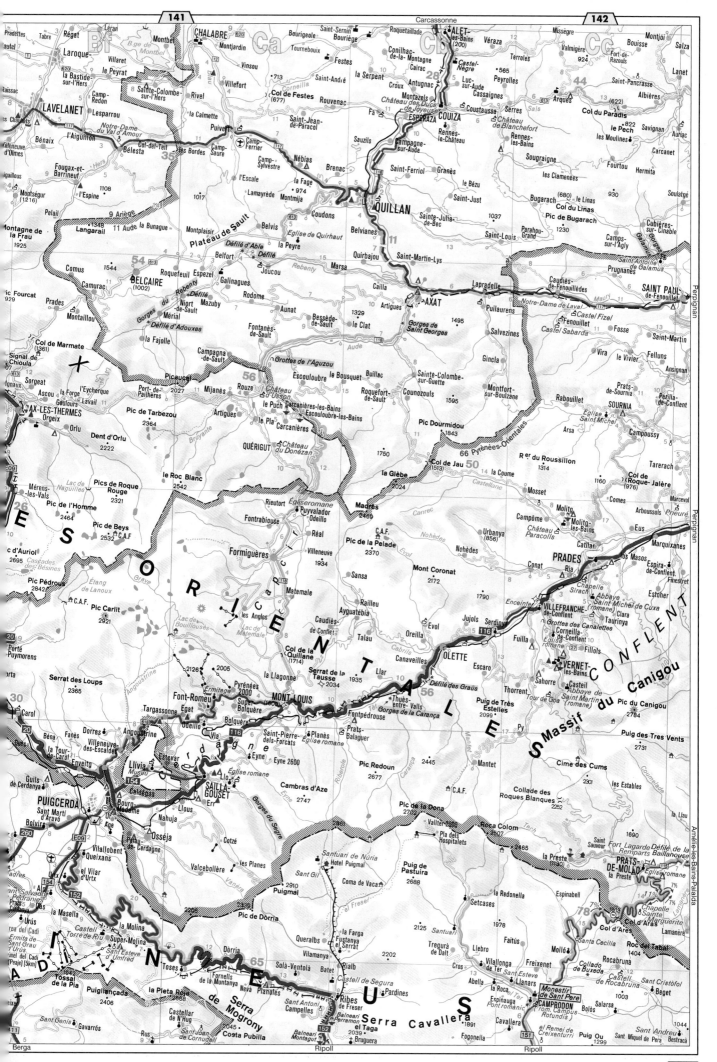

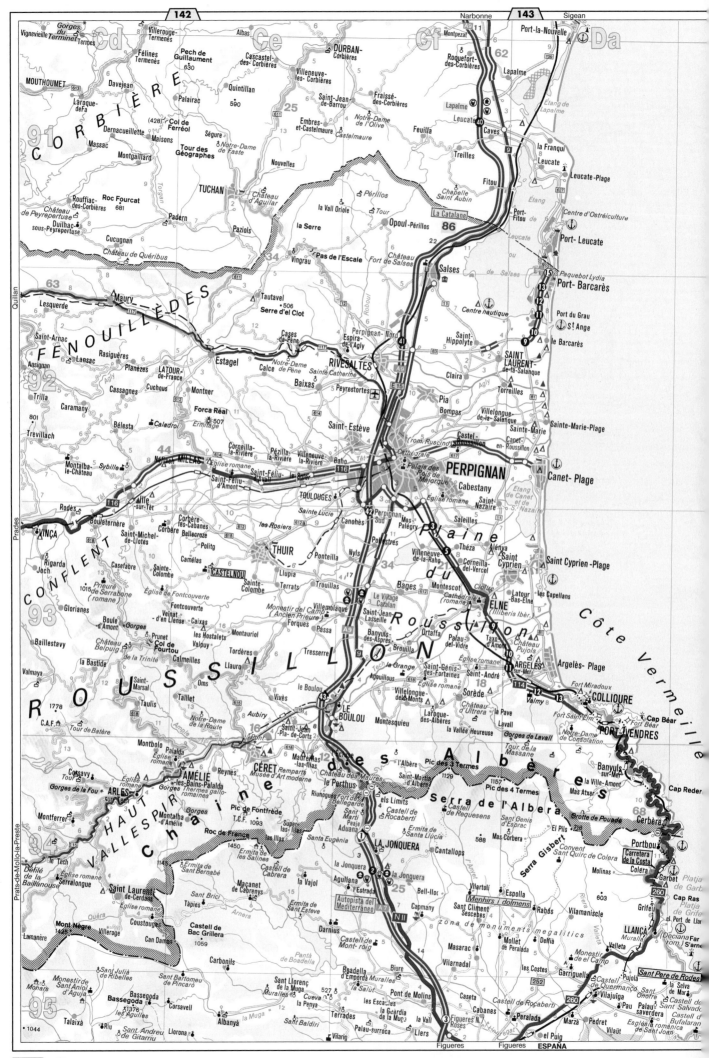

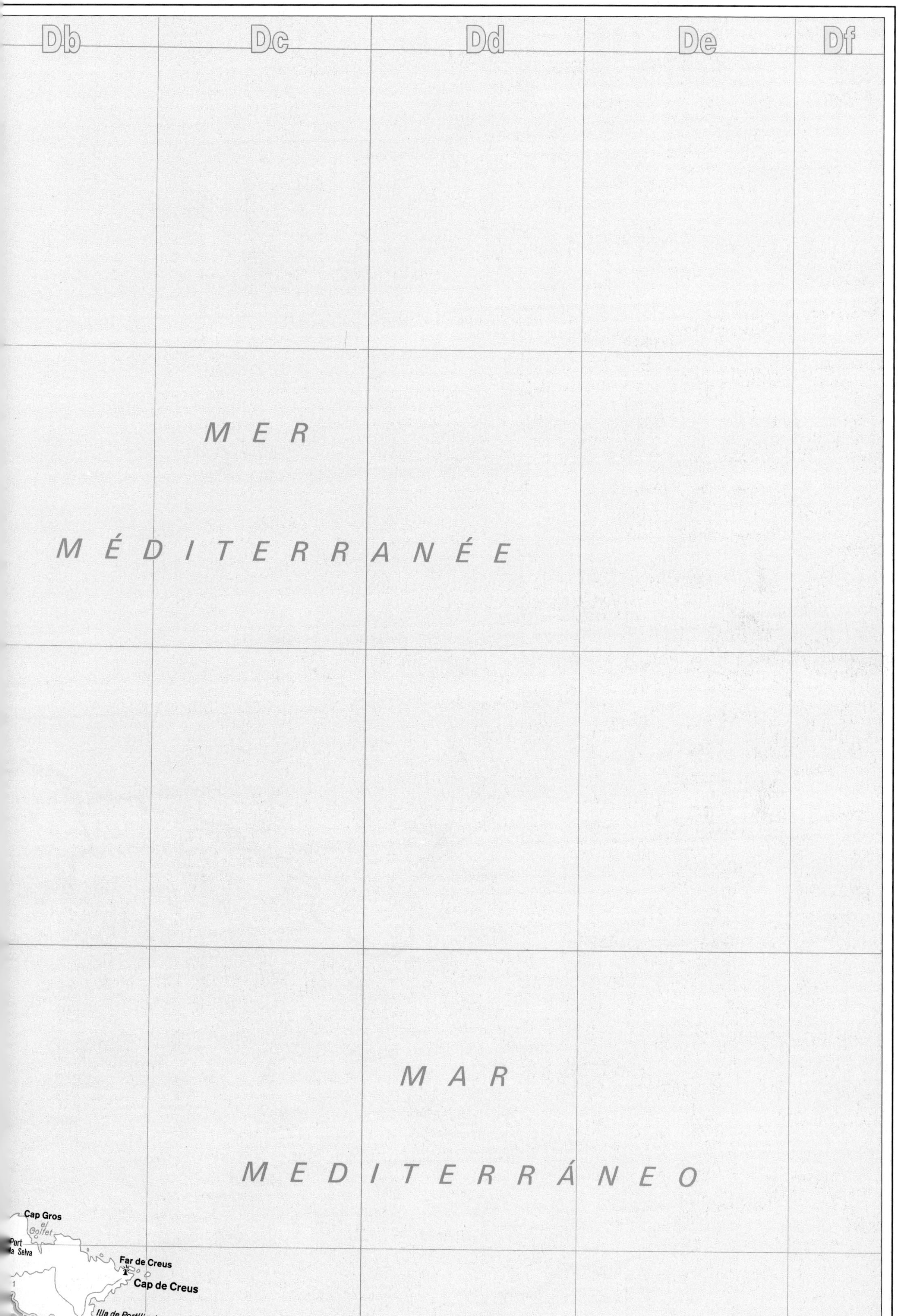

MER

MÉDITERRANÉE

MAR

MEDITERRÁNEO

Cap Gros
el Golfet
Port
la Selva
Far de Creus
Cap de Creus
Illa de Portlligat

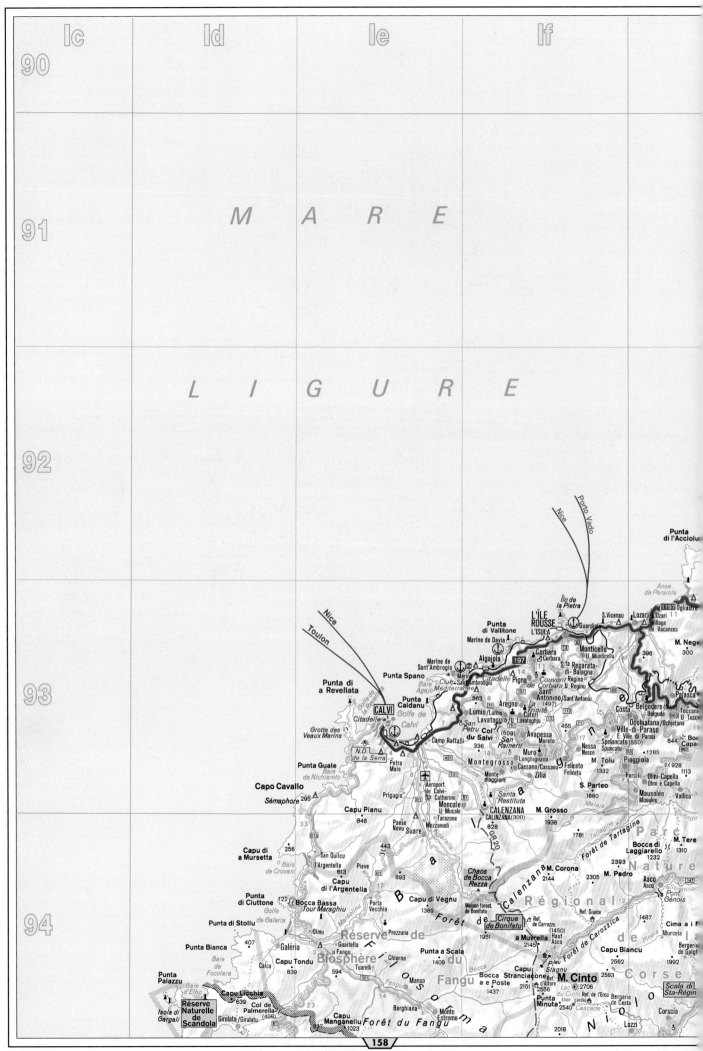

M A R E

L I G U R E

Nice
Porto Vado

Nice
Toulon

Punta
di l'Acciolu

Anse
de Peraiola

Île de
la Pietra

L'ÎLE
ROUSSE
L'ISULA

S.Vicensu   Lozari   1197 Ogliastro
Guardiola   Ozari
    Village
    de Vacances

Punta
di Vallitone

Marine de Davia

Algajola

Corbara
Curbara

197

Monticello
U. Municellu
396

M. Neg
300

Marine de
Sant'Ambrogio

S. ta Reparata-
di-Balagna

13

Punta Spano

Punta di
a Revellata

Marine di
Sant'Ambrogiu

Citadelle
Pigna

14

Couvent Regino
Sant'
Antoninu/Sant'Antoniu

Regino

Costa

Belgodere (S
Balgude
963
U Tucce

Palasca

Club
Méditerranée

151

Baie
Agajo

563

Aregno

La
Trinité

113

Toccone
U. Tucce

Punta
Caldanu

CALVI

Golfe de
la Revell

Citadelle

Lumio/Lumiu
71

Lavatoggio/U
Lavatoghju

Cateri

455
71

Occhiatana/Ochjatana

Ville-di-Paraso
E Ville di Parasi

844   Boc
Capa

Grotte des
Veaux Marins

Golfe de
Calvi

San
Petru Col
du Salvi
336

509

San
Raineru

17

Spelonçato (550)
Spuncatu

M. Tolu
1332

Pioggiola

963

N.D.
de la Serra

4

Camp Raffali

Punta Guale

Baie
de Nichiareto

Petra
Maio

451

18

Nessa
Nesce

Avapessa
Murato

Muro
Lunghignano

Cassano/Cassanu
Zilia

Felicetu
Felicetu

Nesce

S. Parteo
1680

Forcili

928

Olmi-Capella
Olmi e Capella

1113

Montegrosso

Capo Cavallo

Sémaphore 295

Capu Pianu
848

Aeroport
de Calvi-
Ste Catherine

81

51

Moncale
U. Mucale

Tarazone
Mezzanodi

Montemaggiore

Santa
Restituta

Mausoléo
Musuleu

Vallica

CALENZANA
CALINZANA (300)

M. Grosso
1938

Melaja

Paese
Novu   Suare

828

1781

Forêt de Tartagine

Parc

M. Tere
1310

Capu di
a Mursetta

256

San Quilcu
l'Argentella

813

Pieve

443

893

81

17

GR 20

Chaos
de Bocca
Rezza

M. Corona
2144

2393

2305

M. Padro

Nature

Bocca di
Laggiarello
1232

Asco
Ascu

147

Punta
di Ciuttone

122

Bocca Bassa
Tour Maraghiu

Golfe
de Galeria

Capu di
l'Argentella

Porta
Vecchia

Capu di Vegnu
1389

Maison forest.
de Bonifatu

Ref.
de Carrozzu
(1450)
Haut
Asco

Régional

Ref. Giunte

Pont
Génois

12

de

Punta di Stollu

Punta Bianca

407

Galéria

Capu Tondu
839

Olmu

Guaitella
u Fangu

Prezzuna

Chiorna

Cirque
de Bonifatu

Forêt de
a Muvrella
2145

1951

Punta a Scala
1409

Bocca
Stagnu

Forêt de Carozzica

1487

Cima a i
Murcela

Capu Biancu
2562

Bergerie
de Galgh
1992

Corse

Scala di
Sta-Régin

Réserve de

Réserve
Biosphère
du

Punta
Palazzu

Baie
d'Elbo

Calca

Baie
de
Focolara

594

Tuarelli
351

Manso

Fangu

Fangu

Bocca
a e Poste
1437

Stranciacone
2151

Capu
a e Poste
2556

Bocca
a e Poste

M. Cinto
2706

Lac
du Cinto

Ref. de l'Ercu
(non gardé)

2583

Bergerie
de Cesta

Corsica

Isola di
Gargali

Réserve
Naturelle
de
Scandola

Capu l'Icchia
639

Girolata /Girulatu

Col de
Palmerella
(408)
81

23

Barghiana

14

Capu
Manganellu
1023

Monte
Estremo

Forêt du Fangu

Punta
Minuta
2540

Cascade

2018

Niolo

Lozzi

158

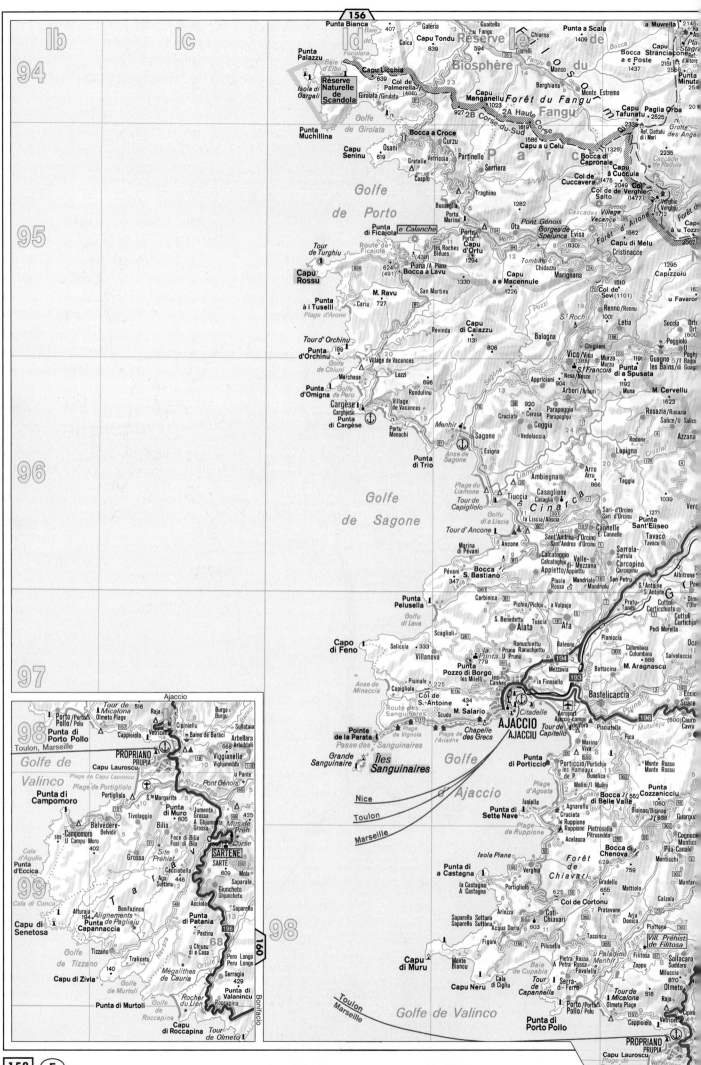

Punta Bianca
Punta Palazzu
Baie de Focolara
Galéria • 407
Guaitella
Chiorna
Capu Tondu 839
Calca
Baie de l'Elbo
Capu Licchia 639
Isola di Gargali
Col de Palmerella (408)
Réserve Naturelle de Scandola
Girolata /Girulatu
Punta Muchillina
Punta Seninu 619
Osani
Gratelle
Vetriccia
Golfe de Girolata
Caspiu
Bussaglia
Porto Marina
Punta di Ficajola
e Calanche
Route de Ficajola
les Roches Bléues
Porto /Portu
Bocca a Croce
Curzu
Partinello
Serriera
Traghinu
Golfe de Porto
Ota
Tour de Turghiu
Capu Rossu
Piana /A Piana
Bocca a Lavu
624 (491)
(438)
1330
M. Ravu 727
Cariu
San Martinu
Punta à i Tuselli
Plage d'Arone
Tour d'Orchinu
Punta d'Orchinu 189
Golfe de Chiuni
Village de Vacances
Marchese
Lozzi
Punta d'Omigna
Golfe de Peru
Marchese
Rondulinu
Cargèse
Carghjese
Punta di Cargèse
Village de Vacances
Portu Monachi
Menhir
Sagone
Punta di Trio
Anse de Sagone
Plage du Liamone
Tour de Capigliolo
Golfe de Sagone
Tour d'Ancone
Marina di Pévani
Ancone
Pévani
Bocca S. Bastiano 347
Punta Pelusella
Golfu di Lava
Carbinica
Punta Pozzo di Borgo
les Milelli
les Cannes
Capo di Feno
Saliccia • 333
Villanova
Pisinale
Capiglioglu
Anse de Minaccia
Route des Sanguinaires
Col de S.-Antoine
Scudo
M. Salario
Pointe de la Parata
Passe des Sanguinaires
Plage de Vignola
Plage de l'Ariadne
Chapelle des Grecs
Grande Sanguinaire
Îles Sanguinaires
AJACCIO
AJACCIU
Citadelle
Golfe d'Ajaccio
Nice
Toulon
Marseille
Punta di Porticcio
Porticcio/Purtichju
les Hameaux de P.
Molini/I Mulini
Plage d'Agosta
Isolella
Punta di Sette Nave
Agnarello
Cruciata
le Ruppione
Plage de Ruppione
Pietrosella
Pitrusedda
Acalesca
Isola Piana
Punta di a Castagna
Verghia
la Castagna A Castagna
Portigliolo
Col de Cortonu
Ariezzo
Coti-Chiavari
Acqua Doria
Figoni
Pilusella
Capu di Muru
Monte Blancu
Cala di Ciglu
Serra di-Ferro
Baie de Cupabia
Punta di Porto Pollo
PROPRIANO
PRUPIA
Capu Neru
Tour de Capannella
Porto /Portu Pollo/Polu
Toulon Marseille
Golfe de Valinco
Vill. Préhist de Filitosa
Filitosa
Sollacaro
Olmeto
Tour de Micalona
Olmeto Plage
Raja
Vetricella
Cappioolo
Cipiniellu
PROPRIANO
PRUPIA
Viggianello
Vighjaneddu

[Inset map:]
Ajaccio
Tour de Micalona
Olmeto Plage
516
Raja
Burgo
Burgu
Baracci
Porto /Portu Pollo/Polu
Olmeto
Punta di Porto Pollo
Toulon, Marseille
Cappiolo
Vetricella
Cipiniellu
Bains de Baraci
Arbellara
Arbiddali
Golfe de Valinco
PROPRIANO
PRUPIA
Capu Lauroscu
Plage de Capu Lauroscu
Plage de Portigliolo
Viggianello
Vighjaneddu
u Ponte
Pont Génois
S.ta Margarita
Punta di Campomoro
Portigliolo
Punta di Muro 605
Jumenta Grossa
A Ghjumenta Grossa
Mus de Préh.
Tivolaggio
Bilia
Belvédère-Belvidè
U Campu Moru
181 Campomoro
404
Grossa
Site Préhist.
Foce di Bilia
Foci di Bila
Cacciabello
Punta d'Eccica
Cala d'Agulia
SARTENE
SARTÈ
609 Mola
Saparale
Aga Suttanu 446
Giunchetu
Ghjunchetu
Cala di Conca
Arturaja
Alignements
Punta di Pagliaju
Capannaccia
Bonifazinca
194
Acciola
Saparella
Punta di Patania
Pastina
Capu di Senetosa
Golfe de Tizzano
Tizzano
Tralicetu
Nevara
u Chjusu d'a Casa
Pero Longo
Peru Longo
Serragia 429
Golfe de Murtoli
Mégalithes de Cauria
140
Punta di Valanincu
Roccapina
Capu di Zivia
Golfe de Roccapina
Rocher du Lion
Punta di Murtoli
Capu di Roccapina
Tour de Olmeto
Bonifacio

Reserve [le] de Biosphère du
Forêt du Fangu
Fangu
Parc
Capu Manganellu 1023
927 2B Corse-du-Sud 1619 2A Haute Corse
Capu a u Celu
Bocca di Capronale
Col de Cuccavera 1475
Col de Verghio (1477)
Village Vacance
Verghiu Verghiu 1712
Cascades de Radule
Capu à Cuccula 2049 Col
Gorges de Spelunca
Evisa (830)
Forêt d'Aitone 1562
Capu di Melu
Cristinacce
Capu d'Ortu 1294
Capu a e Macennule 1226
Col de Sevi (1101)
Renno /Rennu 1001
Capu di Calazzu 1131
Balogna
Chigliani
Tombato
Chidazzu
Marignana
Capizzolu 1295
u Favaror
Vico /Vicu (385)
Murzu
Guagno les Bains/di Bagni
Poggiolo
Soccia
St-François
Nesa /Nesce
S.t Roch
Appriciani 904
Arbori /Arburi
Muna
M. Cervellu 1623
Punta di a Spusata 1192
Rosazia /Rusazia
Salice /U Salge
Azzana
Lopigna
Rodone
Cinarca
Casaglione
Casaglio
Tiuccia
la Liscia /Aliscia
Sari-d'Orcino
Sari d'Orcinu 1271
Punta Sant'Eliseo
Sant'Andrea-d'Orcino
Sant'Andrea d'Orcinu
Cannelle
Tavaco Tavacu
Calcatoggio
Calcatoghju
Valle-di-Mezzana
Appietto /Appiettu
Sarrola-Carcopino
Carcopinu
Piscia Rossa
Mandriolo
Mandriolu
San Petru
Pichio /Pichju
a Vulpaja
Pratu-Tondu
Cuttoli-Corticchiato
Corticchio
S. Benedettu
Tuscia
Afa
Pedi Morella
Cuttuli Curtichja
Mezzavia
Pianiccia
Colombina
Columbina 888
Salvolaccia
Bottacina
M. Aragnascu
U Prunu
Pruno Ranuchiettu
Ranuchiettu
779
le Finosello
Bastelicaccia
Eccica
Suare
Cauro
Cavru (600)
Aéroport
Ajaccio-campo dell'Oro
Tour de Capitello
Pisciatella
Fica
Marina Viva
Punta di Porticcio
Monte Rosso
Monte Rossu
Bocca di Belle Valle 552
Punta Cozzanicciu 1060
Bocca di Chenova
Forêt de Chiavari
Pila-Canale
Monticchio
Bocca di Chenova 629
Gradello 655
Mattiolo
759
Calzola
Pratavone
Arja Donica
Piattone
Tassinca
Cognocca
Guargua
Bisinao/Bisinau 638
Molini/I Mulini
u Paladinu Menhir
Pietra Rossa
A Petra Rossa
Favalella
Zoppu
Miluccia 870
Suddaro
Piattone

Tour de Turghiu
Golfe de Tizzano
158 F

Ponte Leccia

Bastia

Porto-Vecchio

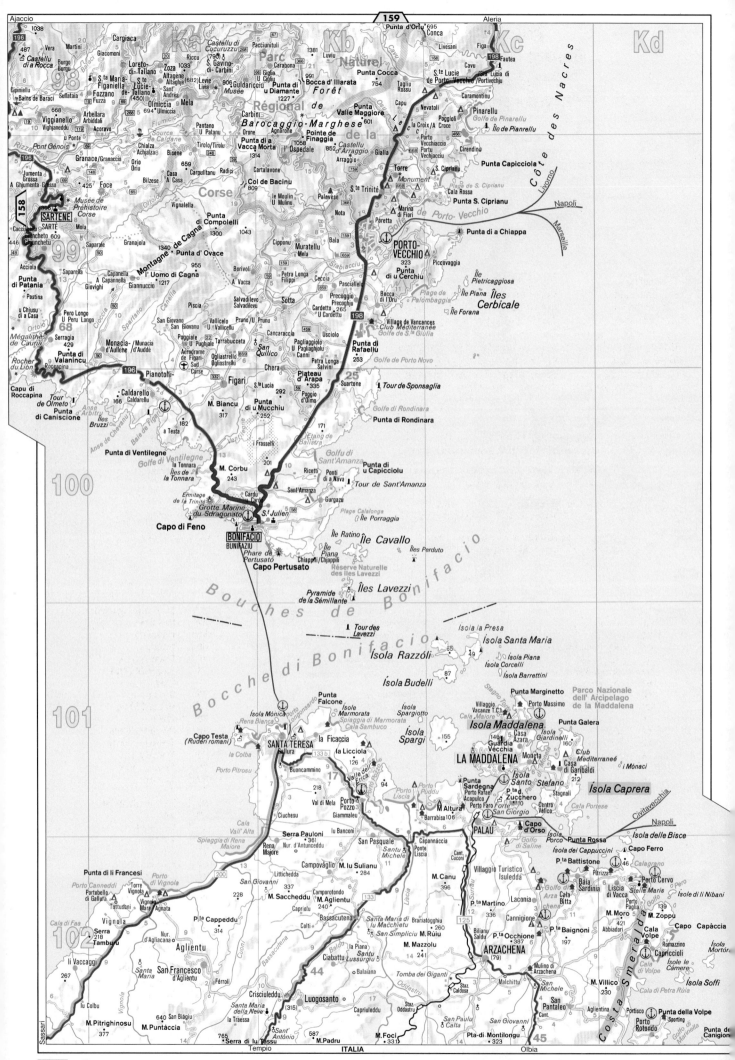

Index des localités · Plaatsnamenregister
Elenco dei nomi di località · Índice de poblaciones
Ortsnamenverzeichnis · Index of place names
Ortnamnsförteckning · Skorowidz miejscowości

Arles **13** 131 Ed 86
① ② ③ ④

	①	②	③	④
F	Localité	Département	N° de page	Coordonnées
NL	Plaatsnaam	Bestuursdistrict („Département")	Paginanummer	Zoekveld-gegevens
I	Località	Circondario amministrativo («Département»)	N° di pagina	Riquardo nel quale si trova il nome
E	Topónimo	Distrito («Département»)	Nro. de página	Coordenadas de la casilla de localización
D	Ortsname	Verwaltungseinheit („Département")	Seitenzahl	Suchfeldangabe
GB	Place name	Administrative district ("Département")	Page number	Grid search reference
S	Ortnamn	Förvaltningsområde («Département»)	Sidnummer	Kartrutangivelse
PL	Nazwa miejscowości	Jednostka administracyjna („Département")	Numer strony	Wspóýrzňdne skorowidzowe

Les communes que vous trouvez dans l'index des localités sont normalement autonomes.

De in het register van plaatsnamen vermelde plaatsen zijn in de regel zelfstandig.

Le località indicate nel relativo elenco dei nomi di località sono di regola autonome.

Las poblaciones del indice de topónimos son por lo general independientes.

Die im Ortsnamenverzeichnis enthaltenen Orte sind in der Regel selbständig.

Due to space constraints the index is selective (only autonomous places).

Ortena som är upptagna i ortnamsförteckningen är vanligen autonoma.

Miejscowości zawarte w zkorowidzu sąz reguły samodzielnymi gminami.

②

01	Ain	33	Gironde	66	Pyrénées-Orientales
02	Aisne	34	Hérault	67	Bas-Rhin
03	Allier	35	Ille-et-Vilaine	68	Haut-Rhin
04	Alpes-de-Haute-Provence	36	Indre	69	Rhône
05	Hautes-Alpes	37	Indre-et-Loire	70	Haute-Saône
06	Alpes-Maritimes	38	Isère	71	Saône-et-Loire
07	Ardèche	39	Jura	72	Sarthe
08	Ardennes	40	Landes	73	Savoie
09	Ariège	41	Loir-et-Cher	74	Haute-Savoie
10	Aube	42	Loire	75	Paris
11	Aude	43	Haute-Loire	76	Seine-Maritime
12	Aveyron	44	Loire-Atlantique	77	Seine-et-Marne
13	Bouches-du-Rhône	45	Loiret	78	Yvelines
14	Calvados	46	Lot	79	Deux-Sèvres
15	Cantal	47	Lot-et-Garonne	80	Somme
16	Charente	48	Lozère	81	Tarn
17	Charente-Maritime	49	Maine-et-Loire	82	Tarn-et-Garonne
18	Cher	50	Manche	83	Var
19	Corrèze	51	Marne	84	Vaucluse
2A	Corse-du-Sud	52	Haute-Marne	85	Vendée
2B	Haute-Corse	53	Mayenne	86	Vienne
21	Côte-d'Or	54	Meurthe-et-Moselle	87	Haute-Vienne
22	Côtes-d'Armor	55	Meuse	88	Vosges
23	Creuse	56	Morbihan	89	Yonne
24	Dordogne	57	Moselle	90	Territoire-de-Belfort
25	Doubs	58	Nièvre	91	Essonne
26	Drôme	59	Nord	92	Hauts-de-Seine
27	Eure	60	Oise	93	Seine-St-Denis
28	Eure-et-Loir	61	Orne	94	Val-de-Marne
29	Finistère	62	Pas-de-Calais	95	Val-d'Oise
30	Gard	63	Puy-de-Dôme		
31	Haute-Garonne	64	Pyrénées-Atlantiques	(AND)	Andorra
32	Gers	65	Hautes-Pyrénées	(MC)	Monaco

A

Aast 64 138 Zf 89
Abainville 55 37 Fd 57
Abancourt 59 8 Db 47
Abancourt 60 16 Be 50
Abaucourt 54 38 Gb 55
Abaucourt-Hautecourt 55 37 Fd 53
Abbans-Dessous 25 70 Ff 66
Abbans-Dessus 25 70 Ff 66
Abbaretz 44 60 Yc 63
Abbécourt 02 18 Db 51
Abbecourt 60 17 Ca 52
Abbenans 25 70 Gc 64
Abbeville 80 7 Bf 48
Abbéville-la-Rivière 91 50 Ca 58
Abbéville-lès-Conflans 54 37 Ff 53
Abbévillers 25 71 Gf 64
Abbeville-Saint-Lucien 60 17 Cb 51
Abeilhan 34 143 Db 88
Abelcourt 70 70 Gb 62
Abère 64 138 Ze 88
Abergement-Clémenciat, L' 01 94 Ef 72
Abergement-de-Varey, L' 01 95 Fc 73
Abergement-la-Ronce 39 83 Fc 66
Abergement-le-Grand 39 83 Fe 67
Abergement-le-Petit 39 83 Fe 67
Abergement-lès-Thésy 39 84 Ff 67
Abergement-Sainte-Colombe, L' 71 83 Fa 68
Abidos 64 137 Zc 88
Abilly 37 77 Ae 67
Abitain 64 137 Za 88
Abjat-sur-Bandiat 24 101 Ae 75
Ablaincourt-Pressoir 80 18 Ce 49
Ablain-Saint-Nazaire 62 8 Ce 46
Ablainzevelle 62 8 Ce 48
Ablancourt 51 36 Ed 56
Ableiges 95 32 Bf 54
Ableuvenettes, Les 88 55 Gb 59
Ablis 78 50 Be 57
Ablon 14 14 Ab 52
Aboncourt 54 55 Ff 58
Aboncourt 57 22 Gc 53
Aboncourt-sur-Seille 57 38 Gc 56
Abondance 74 97 Ge 71
Abondant 28 32 Bc 56
Abos 64 138 Zc 88
Abos 64 138 Zf 88
Abreschviller 57 39 Ha 57
Abrest 03 92 Dc 72
Abrets, Les 38 107 Fd 75
Abriès 05 121 Gf 80
Abscon 59 9 Db 46
Absie, L' 79 75 Zc 69
Abzac 16 89 Ae 72
Abzac 33 99 Zf 78
Accolans 25 71 Gd 64
Accolay 89 67 De 63
Accons 07 118 Ec 79
Accous 64 137 Zc 91
Achain 57 38 Gd 55
Achen 57 39 Hb 54
Achenheim 67 40 Hd 57
Achères 18 65 Cc 65
Achères 28 32 Bc 57
Achères 78 33 Ca 55
Achères-la-Forêt 77 50 Cd 58
Achery 02 18 Dc 50
Acheux-en-Amiénois 80 8 Cd 48
Acheux-en-Vimeu 80 7 Be 48
Acheville 62 8 Cf 46
Achey 70 25 Fd 63
Achicourt 62 8 Cd 47
Achiet-le-Grand 62 8 Ce 48
Achiet-le-Petit 62 8 Ce 48
Achun 58 81 De 66
Achy 60 16 Bf 51
Acigné 35 45 Yc 60
Aclou 27 31 Ae 53
Acon 27 31 Ba 56
Acq 62 8 Cd 46
Acqueville 14 29 Zd 55
Acqueville 50 12 Yb 51
Acquigny 27 31 Bb 53
Acquin 62 3 Ca 44
Acy 02 18 Dc 52
Acy-en-Multien 60 34 Cf 54
Acy-Romance 08 19 Ec 51
Adaincourt 57 38 Gc 54
Adainville 78 32 Bd 56
Adam-lès-Passavant 25 70 Cc 65
Adam-lès-Vercel 25 70 Gc 65
Adamswiller 67 39 Hb 55
Adelange 57 38 Gd 54
Adelans 70 70 Gc 62
Adervielle 65 150 Ac 92
Adinfer 62 8 Ce 47
Adissan 34 143 Dc 87
Adjots, Les 16 88 Ab 72
Adompt 88 55 Gb 59
Adon 45 66 Ce 62
Adrets-de-l'Esterel, Les 83 148 Ge 87
Adriers 86 89 Ae 71
Afa 2A 158 Ie 97
Affieux 19 102 Be 75
Affléville 54 21 Fe 53
Affoux 69 94 Ec 74
Affracourt 54 55 Gb 58
Affringues 62 3 Ca 43
Agassac 31 140 Af 88
Agde 34 143 Dc 89
Agel 34 142 Cf 89
Agen 47 125 Ad 83
Agencourt 21 68 Ef 66
Agen-d'Aveyron 12 115 Ce 82
Agenville 80 7 Ca 47
Agenvillers 80 7 Bf 47
Ageux, Les 60 17 Cd 53
Ageville 52 54 Fc 60
Agey 21 68 Ee 65
Aghione 2B 159 Kc 96
Agincourt 54 38 Gb 56
Agmé 47 112 Ac 82
Agnat 43 104 Dc 76
Agneaux 50 29 Yf 54
Agnetz 60 17 Cc 52
Agnez-lès-Duisans 62 8 Cd 47
Agnicourt-et-Séchelles 02 19 Df 50
Agnières 62 8 Cd 46
Agnières-en-Dévoluy 05 120 Ff 80
Agnin 38 106 Ef 76
Agnos 64 137 Zc 90
Agny 62 8 Cd 47
Agonac 24 101 Ae 77
Agon-Coutainville 50 28 Yc 54
Agonès 34 130 De 85
Agonges 03 80 Da 69
Agos 65 150 Ac 91
Agos-Vidalos 65 138 Zf 90
Agris 16 88 Ab 74
Agudelle 17 99 Zd 76
Aguessac 12 129 Da 84
Aguilcourt 02 19 Df 52
Aguts 81 141 Bf 87
Agy 14 13 Zb 53
Ahaxe-Alciette-Bascassan 64 137 Yf 90
Ahetze 64 136 Yc 88
Ahéville 88 55 Gb 59
Ahuillé 53 46 Za 60
Ahun 23 90 Ca 72
Ahuy 21 69 Fa 64
Aibes 59 10 Ea 47
Aibre 25 71 Ge 63
Aïcirits-Camou-Suhast 64 137 Yf 88
Aiffres 79 87 Zd 71
Aigle, L' 61 31 Ad 56
Aiglemont 08 20 Ee 50
Aiglepierre 39 84 Fe 67
Aigleville 27 32 Bc 54
Aiglun 06 134 Gf 85
Aignay-le-Duc 21 68 Ee 63
Aigne 34 142 Ce 89
Aigné 72 47 Aa 60
Aignerville 14 13 Za 53
Aignes 31 141 Bd 89
Aignes-et-Puypéroux 16 100 Aa 76
Aigneville 80 6 Bd 48
Aigny 51 35 Eb 54
Aigonnay 79 87 Ze 71
Aigre 16 88 Aa 73
Aigrefeuille 31 141 Bd 87
Aigrefeuille-d'Aunis 17 86 Za 72
Aigrefeuille-sur-Maine 44 60 Yd 66
Aigremont 30 130 Ea 85
Aigremont 52 54 Fe 60
Aigremont 78 33 Ca 55
Aiguebelette-le-Lac 73 108 Fe 75
Aiguebelle 73 108 Gb 75
Aigueblanche 73 108 Gd 75
Aiguefonde 81 142 Cb 88
Aigueperse 63 92 Db 72
Aigueperse 69 94 Ec 71
Aigues-Juntes 09 140 Bc 90
Aigues-Mortes 30 144 Eb 87
Aigues-Vives 09 141 Bf 91
Aigues-Vives 11 142 Cd 89
Aigues-Vives 30 130 Eb 86
Aigues-Vives 34 142 Ce 88
Aiguèze 30 131 Ed 83
Aiguilles 05 121 Gf 80
Aiguillon 47 112 Ac 83
Aiguillon, l' 09 153 Bf 91
Aiguillon-sur-Mer, L' 85 74 Ye 71
Aiguillon-sur-Vie, L' 85 73 Yb 68
Aiguines 83 133 Gb 86
Aigurande 36 78 Be 70
Ailhon 07 118 Ec 81
Aillant-sur-Milleron 45 66 Cf 62
Aillant-sur-Tholon 89 51 Dc 61
Aillas 33 111 Zf 82
Ailleux 42 93 Df 74
Aillevans 70 70 Gc 63
Ailleville 10 53 Ee 59
Aillevillers-et-Lyaumont 70 55 Gc 61
Aillianville 52 54 Fc 58
Ailloncourt 70 70 Gc 62
Aillon-le-Vieux 73 108 Ga 75
Ailly 27 32 Bb 54
Ailly-le-Haut-Clocher 80 7 Bf 48
Ailly-sur-Noye 80 17 Cc 50
Ailly-sur-Somme 80 7 Cb 49
Aimargues 30 130 Eb 86
Aime 73 109 Gd 75
Ainay-le-Château 03 79 Ce 68
Ainay-le-Vieil 18 79 Cd 68
Aincille 64 137 Ye 90
Aincourt 95 32 Be 54
Aincreville 55 20 Fa 52
Aingeray 54 38 Ga 56
Aingeville 88 54 Fe 59
Aingoulaincourt 52 54 Fb 58
Ainharp 64 137 Za 89
Ainhice-Mongelos 64 137 Yf 89
Ainhoa 64 136 Yc 89
Ainvelle 70 55 Gb 61
Ainvelle 88 54 Ff 61
Airaines 80 7 Bf 49
Airan 14 30 Zf 54
Aire 08 19 Eb 52
Airel 50 13 Yf 53
Aires, Les 34 143 Da 87
Aire-sur-l'Adour 40 124 Ze 86
Aire-sur-la-Lys 62 3 Cc 45
Airion 60 17 Cc 52
Airon-Notre-Dame 62 6 Bd 46
Airon-Saint-Vaast 62 7 Bd 46
Airoux 11 141 Bf 88
Airvault 79 76 Zf 68
Aiserey 21 69 Fa 65
Aisey-sur-Seine 21 68 Ed 62
Aisonville-et-Bernoville 02 18 Dd 49
Aissey 25 70 Gc 65
Aisy-sous-Thil 21 68 Eb 64
Aisy-sur-Armançon 89 67 Eb 63
Aïti 2B 157 Kb 94
Aiton 73 108 Gb 75
Aix 19 103 Cc 75
Aix-d'Angillon, les 18 65 Cd 65
Aix-en-Ergny 62 7 Bf 45
Aix-en-Issart 62 7 Be 46
Aix-en-Othe 10 52 De 59
Aix-en-Provence 13 146 Fc 87
Aixe-sur-Vienne 87 89 Ba 74
Aix-la-Fayette 63 104 Dd 75
Aix-les-Bains 73 108 Ff 74
Aix-Noulette 62 8 Ce 46
Aizac 07 118 Ec 80
Aizanville 52 53 Ef 60
Aize 36 78 Be 66
Aizecourt-le-Bas 80 8 Da 49
Aizecourt-le-Haut 80 8 Cf 49
Aizelles 02 19 De 52
Aizenay 85 74 Yc 68
Aizier 27 15 Ad 52
Aizy-Jouy 02 18 Dd 52
Ajac 11 141 Ca 90
Ajaccio 2A 158 Ie 97
Ajacciu = Ajaccio 2A 158 Ie 97
Ajain 23 90 Bf 71
Ajat 24 101 Ba 78
Ajou 27 31 Ae 55
Ajoux 07 118 Ed 80
Alaer = Allaire 56 59 Xf 63
Alaigne 11 141 Ca 90
Alaincourt 02 18 Dc 50
Alaincourt-la-Côte 57 38 Gc 55
Alairac 11 142 Cb 89
Alan 31 140 Af 89
Alando 2B 159 Kb 95
Alandu = Alando 2B 159 Kb 95
Alata 2A 158 Ie 97
Alba-la-Romaine 07 118 Ed 81
Alban 81 128 Cc 85
Albaret-le-Comtal 48 116 Da 79
Albaret-Sainte-Marie 48 116 Db 79
Albas 11 142 Ce 91
Albas 46 113 Bb 82
Albé 67 56 Hb 58
Albefeuille-Lagarde 82 126 Bb 84
Albenc, L' 38 107 Fc 77
Albens 73 96 Ff 74
Albepierre 15 103 Ce 78
Albère, L' 66 154 Cf 94
Albert 80 8 Cd 48
Albertacce 2B 159 If 95
Albertville 73 108 Gc 74
Albestroff 57 39 Gf 55
Albi 81 127 Ca 85
Albiac 31 141 Be 87
Albiac 46 114 Be 80
Albias 82 126 Bc 84
Albières 11 153 Cc 91
Albiès 09 152 Be 92
Albiez-le-Jeune 73 108 Gc 77
Albighy 69 94 Ec 74
Albignac 19 102 Be 78
Albigny-sur-Saône 69 94 Ee 73
Albine 81 142 Cd 88
Albitreccia 2A 159 If 97
Albon 07 118 Ec 80
Albon 26 106 Ef 77
Alboussières 07 118 Ee 79
Albussac 19 102 Bf 78
Alby-sur-Chéran 74 96 Ga 74
Alçay-Alçabéhéty-Sunharette 64 137 Za 90
Aldudes 64 136 Yd 90
Alembon 62 3 Bf 44
Alençon 61 47 Aa 58
Alénya 66 154 Cf 93
Aléria 2B 159 Kd 96
Alès 30 130 Ea 84
Alet-les-Bains 11 142 Cb 91
Alette 62 7 Be 45
Aleu 09 152 Bb 91
Alex 74 96 Gb 73
Alexain 53 46 Zb 59
Algajola 2B 156 If 93
Algans 81 141 Bf 87
Algolsheim 68 57 Hd 60
Algrange 57 22 Ga 52
Alièze 39 83 Fd 69
Alignan-du-Vent 34 143 Dc 88
Alincourt 08 19 Ec 52
Alincthun 62 3 Be 44
Alise-Sainte-Reine 21 68 Ec 63
Alissas 07 118 Ed 80
Alix 69 94 Ed 73
Alixan 26 118 Fa 79
Alizay 27 15 Bb 53
Allain 54 37 Ff 57
Allaines 80 8 Cf 49
Allaines-Mervilliers 28 49 Be 59
Allainville 28 32 Bb 56
Allainville 78 49 Bf 58
Allaire 56 59 Xf 63
Allamont 54 37 Fe 54
Allan 26 118 Ee 81
Allanche 15 104 Cf 77
Alland'Huy-et-Sausseuil 08 20 Ed 51
Allarmont 88 56 Ha 58
Allas-Bocage 17 99 Zd 76
Allas-Champagne 17 99 Zd 76
Allas-les-Mines 24 113 Ba 80
Allassac 19 102 Bc 77
Allauch 13 146 Fc 88
Allègre 30 130 Eb 83
Allègre 43 105 De 77
Alleins 13 132 Fa 86
Allemagne-en-Provence 04 133 Ga 86
Allemanche-Launay-et-Soyer 51 35 De 57
Allemans 24 100 Ab 77
Allemans-du-Dropt 47 112 Ab 81
Allemant 02 18 Dc 52
Allemant 51 35 De 56
Allemond 38 108 Ga 78
Allenay 80 6 Bc 48
Allenc 48 117 Dd 81
Allenjoie 25 71 Gf 63
Allennes-les-Marais 59 8 Cf 45
Allenwiller 67 39 Hc 57
Allerey 21 68 Ec 64
Allerey 21 68 Ec 65
Allerey-sur-Saône 71 83 Ef 67
Allériot 71 82 Ef 68
Allery 80 7 Bf 49
Alles-sur-Dordogne 24 113 Af 79
Alleuds, Les 49 61 Zd 65
Alleuds, Les 79 88 Zf 72
Alleux, Les 08 20 Ee 52
Alleuze 15 116 Da 79
Allevard 38 108 Ga 76
Allèves 74 96 Ga 74
Allex 26 118 Ef 80
Alleyrac 43 117 Df 79
Alleyras 43 117 De 79
Alleyrat 19 103 Cb 75
Alleyrat 23 91 Ca 73
Allez-et-Cazeneuve 47 112 Ad 82
Alliancelles 51 36 Ef 56
Allibaudières 10 35 Ea 57
Allichamps 52 36 Ef 57
Allier 65 139 Aa 89
Allières 09 140 Bc 90
Alliés, Les 25 84 Gc 67
Alligny-Cosne 58 66 Da 64
Allineuc 22 43 Xa 59
Allinges 74 96 Gc 71
Allogny 18 65 Cb 65
Allondans 25 71 Ge 63
Allondaz 73 96 Gc 74
Allondrelle-la-Malmaison 54 21 Fd 51
Allonne 60 17 Ca 52
Allonne 79 75 Zd 69
Allonnes 28 49 Bd 59
Allonnes 49 62 Aa 65
Allonnes 72 47 Aa 61
Allons 04 134 Gd 85
Allons 47 124 Zf 83
Allonville 80 7 Cc 49
Allonzier-la-Caille 74 96 Ga 73
Allos 04 134 Gd 83
Allouagne 62 8 Cd 45
Alloue 16 88 Ad 72
Allouis 18 65 Cb 65
Allouville-Bellefosse 76 15 Ae 51
Allues, Les 73 109 Gd 76
Alluets-le-Roi, Les 78 32 Bf 55
Alluy 58 81 Dd 66
Alluyes 28 49 Bc 59
Ally 15 103 Cb 77
Ally 43 104 Db 78
Almayrac 81 127 Cb 84
Almenêches 61 30 Aa 56
Almon-les-Junies 12 115 Cb 81
Alos 09 152 Ba 91
Alos 81 127 Bf 84
Alos-Sibas-Abense 64 137 Za 90
Alouette, L' 33 111 Zb 80
Aloxe-Corton 21 82 Ef 66
Alpuech 12 115 Cf 80
Alquines 62 3 Bf 44
Alrance 12 128 Ce 84
Alsting 57 39 Ha 53
Altagène 2A 159 Ka 98
Altaghjè = Altagène 2A 159 Ka 98
Alteckendorf 67 40 Hd 56
Altenach 68 71 Ha 63
Altenbach, Goldbach- 68 56 Ha 61
Altenheim 67 40 Hc 56
Althen-des-Paludes 84 131 Ef 84
Altiani 2B 159 Kb 95
Altier 48 117 Df 82
Altillac 19 114 Bf 79
Altkirch 68 71 Hb 63
Altrippe 57 39 Ge 54
Altviller 57 39 Ge 54
Altwiller 67 39 Gf 55
Aluze 71 82 Ee 67
Alvignac 46 114 Be 80
Alvimare 76 15 Ad 51
Alzen 09 140 Bc 91
Alzi 2B 159 Kb 95
Alzing 57 22 Gd 53
Alzon 30 129 Dc 85
Alzonne 11 141 Cb 89
Amage 70 55 Gc 61
Amagne 08 20 Ed 51
Amagney 25 70 Ga 65
Amailloux 79 75 Ze 68
Amance 10 53 Ed 59
Amance 70 70 Ga 62
Amancey 25 84 Ga 66
Amancy 74 96 Gb 72
Amange 39 69 Fd 66
Amanlis 35 45 Yd 61
Amanty 55 54 Fd 57
Amanvillers 57 38 Ga 53
Amanzé 71 93 Eb 71
Amareins-Franceleins-Cesseins 01 94 Ee 72
Amarens 81 127 Bf 84
Amathay-Vésigneux 25 84 Gb 66
Amayé-sur-Orne 14 29 Zd 54
Amayé-sur-Seulles 14 29 Zb 54
Amazy 58 67 Dd 64
Ambacourt 88 55 Ga 58
Ambarès-et-Lagrave 33 111 Zd 79
Ambax 31 140 Af 88
Ambazac 87 90 Bc 73
Ambel 38 120 Ff 80
Ambenay 27 31 Ae 56
Ambérac 16 88 Aa 73
Ambérieu-en-Bugey 01 95 Fc 73
Ambérieux-en-Dombes 01 94 Ef 73
Ambernac 16 88 Ad 73
Amberre 86 76 Aa 68
Ambert 63 105 De 75
Ambès 33 99 Zc 78
Ambeyrac 12 114 Bf 81
Ambialet 81 128 Cc 85
Ambiegna 2A 158 Ie 96
Ambierle 42 93 Df 72
Ambiévillers 70 55 Ga 61
Ambillou 37 63 Ac 64
Ambillou-Château 49 61 Zd 65
Amblagnieu, Porcieu- 38 95 Fc 74
Amblainville 60 33 Ca 53
Amblans-et-Velotte 70 70 Gc 62
Ambleny 02 18 Db 52
Ambléon 01 95 Fd 74
Ambleteuse 62 2 Bd 44
Ambleville 16 99 Ze 75
Ambleville 95 32 Be 54
Amblie 14 13 Zd 53
Amblimont 08 20 Fa 51
Ambloy 41 63 Af 62
Ambly-Fleury 08 20 Ec 52
Ambly-sur-Meuse 55 37 Fc 54
Amboise 37 63 Af 64
Ambon 56 59 Xc 63
Ambonil 26 118 Ef 80
Ambonnay 51 35 Eb 54
Ambonville 52 53 Fa 59
Ambrault 36 78 Bf 68
Ambres 81 127 Be 86
Ambricourt 62 7 Cb 46
Ambrières 51 36 Ef 57
Ambrières-les-Vallées 53 46 Zc 58
Ambrines 62 7 Cc 47
Ambronay 01 95 Fc 73
Ambrugeat 19 103 Ca 75
Ambrumesnil 76 15 Af 49
Ambrus 47 125 Ab 83
Ambutrix 01 95 Fc 73
Amécourt 27 16 Be 52
Amelécourt 57 38 Gd 55
Amélie-les-Bains-Palalda 66 154 Ce 94
Amendeuix-Oneix 64 137 Yf 88
Amenoncourt 54 39 Ge 57
Amenucourt 95 32 Bd 54
Ames 62 7 Cc 45
Amettes 62 7 Cc 45
Ameugny 71 82 Ee 69
Ameuvelle 88 55 Ff 61
Amfréville 14 14 Ze 53
Amfreville 50 12 Yd 52
Amfreville-la-Campagne 27 15 Af 53
Amfreville-la-Mi-Voie 76 15 Ba 52
Amfreville-les-Champs 27 16 Bb 53
Amfreville-les-Champs 76 15 Ae 50
Amfreville-sous-les-Monts 27 16 Bb 53
Amfreville-sur-Iton 27 31 Ba 54
Amfroipret 59 9 De 47
Amiens 80 17 Cb 49
Amifontaine 02 19 Df 52
Amigny 50 12 Ye 54
Amigny-Rouy 02 18 Db 51
Amillis 77 34 Da 56
Amilly 28 49 Bc 58
Amilly 45 50 Ce 61
Amions 42 93 Ea 73
Amirat 06 134 Ge 85
Ammerschwihr 68 56 Hb 60
Ammerzwiller 68 71 Ha 62
Amné 72 47 Zf 60
Amnéville 57 22 Ga 53
Amoncourt 70 70 Ga 62
Amondans 25 84 Ga 66
Amorots-Succos 64 137 Yf 88
Amou 40 123 Zb 87
Ampilly-les-Bordes 21 68 Ed 63
Ampilly-le-Sec 21 68 Ed 62
Amplepuis 69 93 Eb 73
Amplier 62 7 Cc 48
Ampoigné 53 46 Zb 62
Amponville 77 50 Cd 59
Ampriani 2B 159 Kc 95
Ampuis 69 106 Ee 76
Ampus 83 147 Gc 87
Amuré 79 87 Zc 71
Amy 60 18 Ce 51
Anais 16 88 Ab 74
Anais 17 86 Za 71
Anan 31 140 Ae 88
Anast = Maure-de-Bretagne 35 44 Ya 61
Ance 64 137 Zb 90
Anceaumeville 76 15 Ba 51
Anceins 61 31 Ad 55
Ancelle 05 120 Gb 81
Ancemont 55 37 Fc 54
Ancenis 44 60 Ye 64
Ancerville 55 36 Fa 57
Ancerville 57 38 Gc 54
Ancerviller 54 39 Gf 57
Ancey 21 68 Ee 65
Anchamps 08 20 Ee 49
Anché 37 62 Ab 66
Anché 86 88 Ab 70
Anchenoncourt-et-Chazel 70 55 Ga 61
Ancienville 02 34 Db 53
Ancier 70 69 Fd 64
Ancinnes 72 47 Ab 58
Ancizan 65 150 Ac 91
Ancizes-Comps, Les 63 91 Ce 73
Ancône 26 118 Ee 81
Ancourt 76 6 Bb 49
Ancourteville-sur-Héricourt 76 15 Ad 50
Ancretteville-sur-Mer 76 15 Ad 50
Ancteville 50 28 Yd 54
Anctoville 14 29 Zb 54
Ancy 69 94 Ed 74
Ancy-le-Franc 89 67 Eb 62
Ancy-le-Libre 89 67 Ea 62
Ancy-sur-Moselle 57 38 Ga 54
Andainville 80 16 Be 49
Andance 07 106 Ee 77
Andancette 26 106 Ee 77
Andard 49 61 Zd 64
Andé 27 16 Bb 53
Andechy 80 17 Ce 50
Andel 22 27 Xc 58
Andelain 02 18 Dc 51
Andelaroche 03 93 De 71
Andelarre 70 70 Ga 63
Andelarrot 70 70 Ga 63
Andelat 15 104 Da 78
Andelot-Blancheville 52 54 Fb 59
Andelot-en-Montagne 39 84 Ff 67
Andelot-Morval 39 83 Fc 70
Andelu 78 32 Be 55
Andelys, Les 27 16 Bc 53
Andernay 55 36 Ef 56
Andernos-les-Bains 33 110 Yf 80
Anderny 54 21 Ff 52
Andert-et-Condon 01 95 Fd 74
Andeville 60 17 Ca 53
Andigné 49 61 Zb 63
Andillac 81 127 Bf 85
Andilly 17 86 Yf 71
Andilly 54 37 Ff 56
Andilly 74 96 Ga 72
Andilly 95 33 Cb 54
Andilly-en-Bassigny 52 54 Fd 61
Andiran 47 125 Ab 84
Andlau 67 56 Hc 58
Andoins 64 138 Ze 89
Andolsheim 68 57 Hc 60
Andon 06 134 Ge 86
Andonville 45 49 Ca 59
Andornay 70 71 Gd 63
Andorra La Vella (AND) 152 Bd 93
Andorre-la-Vieille = Andorra La Vella (AND) 152 Bd 93
Andouillé 53 46 Zb 59
Andouque 81 128 Cc 84
Andouville-Neuville 35 45 Yc 59
Andrein 64 137 Za 88
Andres 62 3 Bf 42
Andrest 65 138 Aa 89
Andrésy 78 33 Ca 55
Andrezé 49 61 Za 65
Andrezel 77 34 Ce 57
Andrézieux-Bouthéon 42 105 Eb 75
An Drinded-Porc'hoed = Trinité-Porhoët, La 56 44 Xc 60
Andryes 89 67 Dc 63
Anduze 30 130 Df 84
An Eleven = Elven 56 43 Xc 62
Anères 65 139 Ac 90
Anet 28 32 Bc 55
Anetz 44 60 Yf 64
Angaïs 64 138 Ze 89
Angé 41 64 Bb 65
Angeac-Champagne 16 99 Ze 75
Angeac-Charente 16 99 Zf 75
Angecourt 08 20 Ef 51
Angeduc 16 99 Zf 76
Angely 89 67 Ea 63
Angeot 90 71 Ha 62
Angers 49 61 Zc 64
Angerville 91 49 Bf 59
Angerville-Bailleul 76 15 Ac 50
Angerville-la-Campagne 27 31 Ba 55
Angerville-la-Martel 76 15 Ad 50
Angerville-l'Orcher 76 14 Ab 51
Angervilliers 91 33 Ca 57
Angeville 82 126 Ba 84
Angevillers 57 22 Ga 52
Angey 50 28 Yd 56
Angicourt 60 17 Cd 53
Angiens 76 15 Ae 49
Angirey 70 70 Fe 64
Angivillers 60 17 Cd 52
Anglade 33 99 Zc 77
Anglards-de-Saint-Flour 15 116 Da 79
Anglards-de-Salers 15 103 Cc 77
Anglars 12 115 Cc 81
Anglars 12 115 Ce 81
Anglars 12 115 Ce 82
Anglars 46 114 Bf 80
Anglars-Juillac 46 113 Bb 82
Anglars-Nozac 46 113 Bc 80
Anglars-Saint-Félix 12 115 Cb 82
Anglefort 01 95 Fe 73
Anglemont 88 56 Ge 58
Angles 04 134 Gd 85
Anglès 81 142 Cd 87
Angles 85 74 Yd 70
Angles, Les 65 138 Aa 90
Angles, les 66 153 Ca 93
Anglesqueville-la-Bras-Long 76 15 Ae 50
Anglesqueville-l'Esneval 76 14 Ab 51
Angles-sur-Corrèze, Les 19 102 Be 77
Angles-sur-l'Anglin 86 77 Af 68
Anglet 64 122 Yc 88
Angliers 17 86 Za 71
Angliers 86 76 Aa 67
Anglure 51 35 De 57
Anglure-sous-Dun 71 94 Ec 71
Angluzelles 51 35 Df 57
Angoisse 24 101 Ba 76
Angomont 54 39 Gf 57
Angos 65 139 Aa 89
Angoulême 16 100 Aa 75
Angoulins 17 86 Yf 72
Angoumé 40 123 Yf 86
Angous 64 137 Zb 89
Angoustrine-Villeneuve-des-Escaldes 66 153 Bf 94
Angoville 14 29 Zd 55
Angoville-au-Plain 50 12 Ye 52
Angoville-sur-Ay 50 12 Yc 53
Angresse 40 122 Yd 87
Angrie 49 61 Za 63
Anguerny 14 13 Zd 53
Anguilcourt-le-Sart 02 18 Dc 50
Angy 60 17 Cb 53
Anhiers 59 8 Da 46
Aniane 34 129 Dd 86
Aniche 59 9 Db 46
Anisy 14 13 Zd 53
Anizy-le-Château 02 18 Dc 51
Anjeux 70 55 Gb 61
Anjou 38 106 Ef 76
Anjouin 36 64 Be 65
Anjoutey 90 71 Gf 62
Anla 65 139 Ad 90
Anlezy 58 81 Dd 67
Anlhiac 24 101 Ba 77
Annay 58 66 Cf 63
Annay 62 8 Cf 46
Annay-la-Côte 89 67 Df 63
Annay-sur-Serein 89 67 Df 62
Annebault 14 14 Aa 53
Annecy 74 96 Ga 73
Annelles 08 20 Ec 52
Annemasse 74 96 Gb 71
Annéot 89 67 Df 63
Annepont 17 87 Zc 73
Annequin 62 8 Ce 45
Annesse-et-Beaulieu 24 100 Ad 78
Annet-sur-Marne 77 33 Ce 55
Anneux 59 8 Da 48
Anneville-Ambourville 76 15 Af 52
Annéville-la-Prairie 52 53 Fa 59
Anneville-sur-Mer 50 12 Yc 54
Anneville-sur-Scie 76 15 Ba 49
Anneyron 26 106 Ef 77
Annezay 17 87 Zb 72
Annezin 62 8 Cd 45
Annœulin 59 8 Cf 45
Annoire 39 83 Fb 67
Annois 02 18 Db 50
Annoisin-Chatelans 38 95 Fb 74
Annoix 18 79 Cd 67
Annonay 07 106 Ed 77
Annonville 52 54 Fb 58
Annot 04 134 Gd 85
Annouville-Vilmesnil 76 15 Ac 50
Annoux 89 67 Ea 63
Annoville 50 28 Yc 55
Anor 59 9 Ea 49
An Oriant = Lorient 56 42 Wd 62
Anos 64 138 Ze 88
Anost 65 139 Aa 88
Anost 71 81 Ea 66
Anould 88 56 Gf 59
Anoux 54 21 Ff 53
Anoye 64 138 Zf 88
Anquetierville 76 15 Ad 51
Anrosey 52 54 Fe 61
Ansacq 60 17 Cc 52
Ansac-sur-Vienne 16 88 Ad 73
Ansan 32 125 Ae 86
Ansauville 54 37 Fe 56
Ansauvillers 60 17 Cc 51
Anse 69 94 Ee 73
Anserville 60 17 Cb 53
Ansignan 66 153 Cd 92
Ansouis 84 132 Fc 86
Anstaing 59 8 Db 45
Antagnac 47 111 Aa 82
Anterrieux 15 116 Da 79
Anteuil 25 71 Gd 64
Antezant-la-Chapelle 17 87 Zd 73
Anthé 47 113 Af 82
Anthelupt 54 38 Gc 57
Anthenay 51 35 De 54
Antheny 08 19 Eb 49
Anthéor 83 148 Gf 88
Antheuil 21 68 Ee 65

162 (F) Aast — Antheuil

Antheuil-Portes 60 17 Ce 52
Anthien 58 67 De 65
Anthon 38 95 Fb 74
Antibes 06 134 Ha 87
Antichan 65 139 Ad 91
Antichan-de-Frontignes 31 139 Ae 91
Antignac 15 103 Cd 76
Antignac 17 99 Zc 75
Antignac 31 151 Ad 92
Antigny 85 75 Zb 69
Antigny 86 77 Af 69
Antilly 57 38 Gb 53
Antilly 60 34 Cf 54
Antin 65 139 Ab 89
Antisanti 2B 159 Kc 95
Antist 65 139 Aa 90
Antogny 37 77 Ad 67
Antoigné 49 62 Zf 66
Antoigny 61 29 Zd 57
Antoingt 63 104 Db 75
Antonaves 05 133 Fe 83
Antonne-et-Trigonant 24 101 Ae 77
Antony 92 33 Cb 56
Antorpe 25 70 Fe 65
Antraigues-sur-Volane 07 118 Ec 80
Antrain 35 28 Yd 58
Antran 86 77 Ad 67
Antras 09 151 Af 91
Antras 09 152 Bd 91
Antras 32 125 Ac 86
Antrenas 48 116 Db 81
Antugnac 11 153 Cb 91
Antully 71 82 Ec 67
An Uhelgoad = Huelgoat 29 25 Wb 58
Anvéville 76 15 Ae 50
Anville 16 87 Zf 74
Anvin 62 7 Cb 46
Any-Martin-Rieux 02 19 Eb 49
Anzat-le-Luguet 63 104 Da 77
Anzeling 57 22 Gc 53
Anzême 23 90 Bf 71
Anzex 47 112 Aa 83
Anzin 59 9 Dd 46
Anzin 62 8 Cd 47
Anzy-le-Duc 71 93 Ea 71
Aoste 38 107 Fd 75
Aougny 51 35 De 53
Aoury 57 38 Gc 54
Aouste 08 19 Eb 50
Aouste-sur-Sye 26 118 Fa 80
Aouze 88 54 Ff 58
Apach 57 22 Gc 52
Apchat 63 104 Da 76
Apchon 15 103 Ce 77
Appelle 81 141 Bf 87
Appenai-sous-Bellême 61 48 Ad 58
Appenans 25 71 Gd 64
Appenwihr 68 57 Hc 60
Appeville 50 12 Yd 53
Appeville-Annebault 27 15 Ad 53
Appietto 2A 158 Ie 96
Appiettu = Appietto 2A 158 Ie 96
Appilly 60 18 Da 51
Appoigny 89 51 Dd 61
Apprieu 38 107 Fd 76
Appy 09 153 Be 92
Apremont 01 95 Fe 71
Apremont 08 20 Ef 53
Apremont 60 17 Cd 53
Apremont 70 69 Fd 64
Apremont 85 74 Yb 68
Apremont-la-Forêt 55 37 Fd 55
Apremont-sur-Allier 18 80 Da 67
Aprey 52 69 Fb 62
Apt 84 132 Fc 85
Arabaux 09 141 Bd 91
Arâches 74 97 Gd 72
Aragnouet 65 150 Ab 92
Aragon 11 142 Cb 89
Aramits 64 137 Zb 90
Aramon 30 131 Ee 85
Aranc 01 95 Fd 73
Arandon 38 107 Fc 74
Araujuzon 64 137 Zb 88
Araules 43 105 Eb 78
Araux 64 137 Zb 88
Arbanats 33 111 Zd 80
Arbas 31 140 Af 91
Arbellara 2A 159 If 98
Arbent 01 95 Fe 71
Arbéost 65 138 Ze 91
Arbiddali = Arbellara 2A 159 Ka 98
Arbignieu 01 95 Fd 74
Arbigny-sous-Varennes 52 54 Fd 61
Arbin 73 108 Ga 75
Arbis 33 111 Ze 80
Arblade-le-Bas 32 124 Ze 86
Arblade-le-Haut 32 124 Zf 86
Arbois 39 84 Fe 67
Arbon 31 139 Ae 90
Arbonne 64 136 Yc 88
Arbonne-la-Forêt 77 50 Cd 58
Arboras 34 129 Dc 86
Arbori 2A 158 Ie 96
Arbot 52 53 Fa 61
Arboucave 40 124 Zd 87
Arbouet-Sussaute 64 137 Yf 88
Arbourse 58 66 Db 65
Arboussols 66 153 Cc 93
Arbresle, L' 69 94 Ed 74
Arbrissel 35 45 Ye 61
Arburi = Arbori 2B 158 Ie 96
Arbus 64 138 Zc 89
Arbusigny 74 96 Gb 72
Arcachon 33 110 Ye 81
Arçais 79 87 Zb 71
Arcambal 46 114 Bd 82
Arcangues 64 136 Yc 88
Arçay 18 79 Cc 67
Arçay 86 76 Aa 67
Arceau 21 69 Fb 64
Arcenant 21 68 Ef 66
Arc-en-Barrois 52 53 Fa 61
Arcens 07 118 Eb 79
Arces 17 98 Za 75
Arces-Dilo 89 52 Dd 60
Arc-et-Senans 25 84 Fe 66
Arcey 21 68 Ee 65
Arcey 25 71 Gd 63
Archail 04 133 Gc 84
Archamps 74 96 Ga 72
Ar C'hastell-Nevez = Châteauneuf-du-Faou 29 42 Wb 59
Archelange 39 69 Fd 66
Arches 15 103 Cb 77
Arches 88 55 Gd 60
Archettes 88 55 Gd 60
Archiac 17 99 Ze 75
Archignac 24 101 Bb 78
Archignat 03 91 Cc 70
Archigny 86 76 Ad 69
Archingeay 17 87 Zb 73
Archon 02 19 Ea 50
Arcins 33 99 Zb 78
Arcis-le-Ponsart 51 19 De 53
Arcis-sur-Aube 10 35 Ea 57
Arcizac-Adour 65 138 Aa 90
Arcizac-ez-Angles 65 138 Aa 90
Arcizans-Avant 65 138 Zf 91
Arcizans-Dessus 65 138 Zf 91
Arc-lès-Gray 70 69 Fd 64
Arcomps 18 79 Cc 68
Arçon 25 84 Gc 67
Arcon 42 93 Df 72
Arconcey 21 68 Ec 65
Arçonnay 72 47 Aa 58
Arconsat 63 93 De 73
Arconville 10 53 Ee 60
Arcs, Les 83 148 Gc 88
Arc-sous-Cicon 25 84 Gc 66
Arc-sous-Montenot 25 84 Ga 67
Arc-sur-Tille 21 69 Fb 64
Arcy-Sainte-Restitue 02 18 Dc 53
Arcy-sur-Cure 89 67 De 63
Ardelles 28 31 Bb 57
Ardelu 28 49 Bf 58
Ardenais 18 79 Cc 69
Ardenay-sur-Mérize 72 47 Ac 61
Ardentes 36 78 Be 68
Ardes 63 104 Da 76
Ardeuil-et-Montfauxelles 08 20 Ee 53
Ardiège 31 139 Ad 90
Ardilleux 79 88 Zf 72
Ardillières 17 86 Za 72
Ardin 79 75 Zc 70
Ardizas 32 126 Ba 86
Ardoix 07 106 Ee 77
Ardon 39 04 Ff 68
Ardon 45 64 Bf 62
Ardouval 76 16 Bb 50
Ardres 62 3 Bf 43
Aregno 2B 156 If 93
Aregnu = Aregno 2B 156 If 93
Areines 41 48 Ba 62
Aren 64 137 Zb 89
Arengosse 40 123 Zb 84
Arenthon 74 96 Gb 72
Arès 33 110 Yf 80
Aresches 39 84 Ff 67
Aressy 64 138 Ze 89
Arette 64 137 Zb 90
Arette-Pierre-Saint-Martin 64 137 Zb 91
Ar Faou = Faou, Le 29 24 Ve 59
Ar Faoued = Faouët, Le 56 42 Wd 60
Arfeuille-Châtain 23 91 Cc 72
Arfeuilles 03 92 De 72
Arfons 81 141 Cb 88
Argagnon 64 137 Zb 88
Arganchy 14 13 Zb 53
Argançon 10 53 Ed 59
Argancy 57 38 Gb 53
Argantred-ar-Genkiz = Argentré-du-Plessis 35 45 Yf 60
Argein 09 151 Af 91
Argelès 65 139 Ab 90
Argelès-Gazost 65 138 Zf 90
Argelès-sur-Mer 66 154 Da 93
Argeliers 11 142 Cf 89
Argelliers 34 130 De 86
Argelos 40 123 Zc 87
Argelos 64 138 Zd 88
Argelouse 40 111 Zc 82
Ar Gelveneg = Guilvinec 29 41 Ve 62
Argences 14 30 Zf 54
Argens-Minervois 11 142 Ce 89
Argentan 61 30 Zf 56
Argentat 19 102 Bf 78
Argentenay 89 67 Ea 62
Argenteuil 95 33 Cb 55
Argenteuil-sur-Armançon 89 67 Ea 62
Argentière-la-Bessée, L' 05 121 Gd 80
Argentières 77 34 Cf 57
Argentine 73 108 Gb 76
Argenton 47 112 Aa 82
Argenton-Château 79 75 Zd 67
Argenton-l'Église 79 76 Ze 66
Argenton-Notre-Dame 53 46 Zc 62
Argenton-sur-Creuse 36 78 Bd 69
Argentré 53 46 Zc 60
Argentré-du-Plessis 35 45 Yf 60
Argent-sur-Sauldre 18 65 Cc 63
Argenvières 18 66 Da 66
Argenvilliers 28 48 Af 59
Argers 51 36 Ef 54
Arget 64 124 Zc 87
Arghjusta Muricciu = Argiusta-Moriccio 2A 159 Ka 98
Argièsans 90 71 Ge 63
Argillières 70 69 Fd 62
Argilliers 30 131 Ec 85
Argilly 21 83 Fa 66
Argis 01 95 Fc 73
Argiusta-Moriccio 2A 159 Ka 98
Argœuves 80 7 Cb 49
Argol 29 24 Ve 59
Argonay 74 96 Ga 73
Argouges 50 28 Yd 57
Argoules 80 7 Be 46
Argueil 76 16 Bd 51
Arguel 25 70 Ga 65
Arguel 80 16 Be 49
Arguenos 31 139 Ae 91
Argut-Dessous 31 151 Ae 91
Argy 36 78 Bc 67
Arhansus 64 137 Yf 89
Ariès-Espénan 65 139 Ad 89
Arifat 81 128 Cc 86
Arignac 09 152 Bd 91
Arinthod 39 95 Fd 70
Arith 73 96 Ga 74
Arjuzanx 40 123 Za 84
Arlanc 63 105 De 76
Arlay 39 83 Fd 68
Arlebosc 07 106 Ed 78
Arles 13 131 Ed 86
Arles-sur-Tech 66 154 Cd 94
Arlet 43 104 Dc 78
Arleuf 58 81 Ea 66
Arleux 59 8 Da 47
Arleux-en-Gohelle 62 8 Cf 46
Arlos 31 151 Ae 91
Armaillé 49 60 Yf 62
Armancourt 80 17 Ce 50
Armaucourt 54 38 Gb 56
Armbouts-Cappel 59 3 Cc 43
Armeau 89 51 Db 60
Armendarits 64 137 Ye 89
Armentières 59 4 Cf 44
Armentières-en-Brie 77 34 Da 55
Armentières-sur-Avre 27 31 Ae 56
Armentières-sur-Ourcq 02 34 Dc 53
Armentieux 32 139 Aa 87
Armes 58 67 Dd 64
Armillac 47 112 Ac 81
Armissan 11 143 Da 89
Armix 01 95 Fd 73
Armous-et-Cau 32 125 Ab 87
Armoy 74 96 Gd 70
Arnac 15 103 Cb 78
Arnac-la-Poste 87 90 Bc 71
Arnac-Pompadour 19 101 Bc 76
Arnac-sur-Dourdou 12 129 Cf 86
Arnage 72 47 Ab 61
Arnancourt 52 53 Ef 58
Arnas 69 94 Ee 72
Arnas, Les 69 94 Ed 73
Arnaud-Guilhem 31 140 Af 90
Arnave 09 152 Bd 91
Arnaville 54 38 Ga 54
Arnay-le-Duc 21 67 Ec 66
Arnayon 26 119 Fb 82
Arnay-sous-Vitteaux 21 68 Ec 64
Arné 65 139 Ad 89
Arnéguy 64 137 Ye 90
Arnèke 59 3 Cc 43
Arnicourt 08 19 Ec 51
Arnières-sur-Iton 27 31 Ba 55
Arnos 64 138 Zc 89
Arnouville-lès-Gonesse 95 33 Cc 55
Arnouville-lès-Mantes 78 32 Be 55
Aroffe 88 55 Ff 58
Aromas 39 95 Fc 71
Aroz 70 70 Ga 63
Arpaillargues-et-Aureillac 30 131 Ec 84
Arpajon 91 33 Cb 57
Arpajon-sur-Cère 15 115 Cc 79
Arpavon 26 119 Fb 82
Arpenans 70 70 Gc 63
Arpheuilles 18 79 Cd 68
Arpheuilles 36 78 Bb 67
Arpheuilles-Saint-Priest 03 91 Ce 71
Arphy 30 129 Dd 84
Arquenay 53 46 Zc 61
Arques 11 153 Cc 91
Arques 12 115 Ce 83
Arques 62 3 Cb 44
Arques, les 46 113 Bb 81
Arques-la-Bataille 76 16 Ba 49
Arquettes-en-Val 11 142 Cd 90
Arquèves 80 7 Cc 48
Arquian 58 66 Cf 63
Arracourt 54 38 Gd 56
Arradon 56 58 Xb 63
Arraincourt 57 38 Gd 55
Arrancy-sur-Crusne 55 21 Fd 52
Arrans 21 68 Eb 62
Arras 62 8 Ce 47
Arras-en-Lavedan 65 138 Zf 91
Arras-sur-Rhône 07 106 Ee 78
Arrast-Larrebieu 64 137 Zb 89
Araute-Charritte 64 137 Yf 88
Array-et-Han 54 38 Gb 55
Arrayou-Lahitte 65 138 Aa 90
Arre 30 129 Dd 85
Arreau 65 150 Ac 91
Ar Releg-Kerhuon = Relecq-Kerhuon, Le 29 24 Vd 58
Arrelles 10 52 Eb 60
Arrembécourt 10 52 Ed 57
Arrènes 23 90 Bd 72
Arrens-Marsous 65 138 Ze 91
Arrentès-de-Corcieux 88 56 Gf 60
Arrentières 10 53 Ee 59
Arrest 80 6 Bd 48
Arreux 08 20 Ed 50
Arriance 57 38 Gd 54
Arricau-Bordes 64 138 Zf 88
Arrien 09 151 Ba 91
Arrigas 30 129 Dc 85
Arrigny 51 36 Ee 57
Arro 2A 158 Ie 96
Ar Roc'h-Bernez, Roche-Bernard, La 56 59 Xe 63
Ar Roc'h-Derrien = Roche-Derrien, La 22 26 We 56
Arrodets 65 139 Ab 90
Arrodets-ez-Angles 65 138 Aa 90
Arromanches-les-Bains 14 13 Zc 52
Arronnes 03 92 Dd 72
Arronville 95 33 Ca 53
Arros 64 137 Yf 89
Arros-de-Nay 64 138 Ze 89
Arrosès 64 124 Zf 87
Arrou 28 48 Ba 60
Arrouède 32 139 Ad 88
Arrout 09 151 Ba 91
Arru = Arro 2A 158 Ie 96
Arry 57 38 Ga 54
Arry 80 7 Be 47
Ars 16 87 Zd 75
Ars 23 90 Ca 72
Arsac 33 99 Zb 79
Arsac-en-Velay 43 117 Df 79
Arsague 40 123 Zb 87
Arsans 70 69 Fd 64
Ars-en-Ré 17 86 Yc 71
Ars-Laquenexy 57 38 Gb 54
Ars-les-Favets 63 91 Ce 71
Arsonval 10 53 Ed 59
Ars-sur-Formans 01 94 Ee 73
Ars-sur-Moselle 57 38 Ga 54
Arsure-Arsurette 39 84 Ga 68
Arsures, les 39 84 Fe 67
Arsy 60 17 Ce 52
Artagnan 65 138 Aa 88
Artaise-le-Vivier 08 20 Ef 51
Artaix 71 93 Ea 71
Artalens-Souin 65 138 Zf 91
Artannes-sur-Indre 37 63 Ad 65
Artannes-sur-Thouet 49 62 Zf 65
Artas 38 107 Fa 75
Artassenx 40 124 Zd 85
Artemare 01 95 Fe 73
Artemps 02 18 Db 50
Artenay 45 49 Bf 60
Arthaz-Pont-Notre-Dame 74 96 Gb 72
Arthel 58 66 Dc 65
Arthenac 17 99 Ze 75
Arthenas 39 83 Fd 69
Arthès 81 128 Cb 85
Arthez-d'Armagnac 40 124 Ze 85
Arthez-d'Asson 64 138 Ze 90
Arthez-de-Béarn 64 138 Zc 88
Arthezé 72 47 Zf 62
Arthies 95 32 Be 54
Arthon 36 78 Be 68
Arthon-en-Retz 44 59 Ya 66
Arthonnay 89 52 Eb 61
Arthun 42 93 Ea 74
Artigat 09 140 Bc 90
Artignosc-sur-Verdon 83 133 Ga 86
Artigue 31 151 Ad 92
Artigueloutan 64 138 Ze 89
Artiguelouve 64 138 Zd 89
Artiguemy 65 139 Ab 90
Artigues 09 153 Ca 92
Artigues 11 153 Cb 92
Artigues 47 125 Ac 84
Artigues 65 138 Aa 90
Artigues 83 147 Fe 87
Artigues-de-Lussac, les 33 99 Zf 79
Artigues-près-Bordeaux 33 111 Zd 79
Artins 41 63 Ae 62
Artix 09 141 Bd 90
Artix 64 138 Zc 88
Artolsheim 67 57 Hd 59
Artonges 02 34 Dd 55
Artres 59 9 Dd 47
Art-sur-Meurthe 54 38 Gb 57
Artzenheim 68 57 Hd 60
Arudy 64 138 Zd 90
Arue 40 124 Zd 84
Arvant 43 104 Db 76
Arvert 17 86 Yf 74
Arveyres 33 111 Ze 79
Arvieu 12 128 Cd 83
Arvieux 05 121 Ge 80
Arvigna 09 141 Be 90
Arvillard 73 108 Ga 76
Arville 41 48 Af 60
Arville 77 50 Cd 59
Arvillers 80 17 Cd 50
Arx 40 125 Aa 84
Arzacq-Arraziguet 64 124 Zd 87
Arzal 56 59 Xd 63
Arzano 29 42 Wd 61
Arzay 38 107 Fa 76
Arzembouy 58 66 Dc 65
Arzenc-d'Apcher 48 116 Da 79
Arzenc-de-Randon 48 117 Dd 81
Arzens 11 141 Cb 89
Arzillières-Neuville 51 52 Ed 57
Arzon 56 58 Xa 63
Arzviller 57 39 Ha 56
Asasp-Arros 64 137 Zc 90
Ascain 64 136 Yc 88
Ascarat 64 137 Ye 89
Aschères-le-Marché 45 49 Ca 60
Asco 2B 156 Ka 94
Ascou 09 153 Bf 92
Ascoux 45 50 Cb 60
Ascros 06 134 Ha 85
Ascu = Asco 2B 156 Ka 94
Asfeld 08 19 Ea 52
Aslonnes 86 76 Ac 70
Asnan 58 67 Dd 65
Asnans-Beauvoisin 39 83 Fc 67
Asnelles 14 13 Zc 52
Asnières 27 14 Ac 53
Asnières-en-Bessin 14 13 Za 52
Asnières-en-Montagne 21 68 Eb 62
Asnières-la-Giraud 17 87 Zc 73
Asnières-lès-Dijon 21 69 Fa 64
Asnières-sous-Bois 89 67 Dd 64
Asnières-sur-Blour 86 89 Ae 72
Asnières-sur-Nouère 16 88 Aa 74
Asnières-sur-Oise 95 33 Cc 54
Asnières-sur-Saône 01 94 Ef 70
Asnières-sur-Seine 92 33 Cb 55
Asnières-sur-Vègre 72 47 Ze 61
Asnois 58 67 Dd 64
Asnois 86 88 Ac 72
Aspach 57 39 Gf 57
Aspach 68 71 Hb 63
Aspach-le-Bas 68 71 Ha 62
Aspach-le-Haut 68 71 Ha 62
Aspères 30 130 Ea 86
Aspet 31 139 Ae 90
Aspin-Aure 65 139 Ac 91
Aspiran 34 143 Dc 87
Aspremont 05 119 Fe 82
Aspremont 06 135 Hb 86
Aspres, Les 61 31 Ad 56
Aspres-lès-Corps 05 120 Ff 80
Aspres-sur-Buech 05 119 Fe 81
Aspret-Sarrat 31 139 Ae 90
Asprières 12 114 Ca 81
Asque 65 139 Ab 90
Asques 33 99 Zd 79
Asques 82 126 Af 85
Asquins 89 67 De 64
Assac 81 128 Cc 85
Assainvillers 80 17 Cd 51
Assais-les-Jumeaux 79 76 Zf 68
Assas 34 130 Df 86
Assat 64 138 Ze 89
Assay 37 62 Ab 66
Assé-le-Bérenger 53 46 Ze 60
Assé-le-Boisne 72 47 Zf 59
Assé-le-Riboul 72 47 Aa 59
Assenay 10 52 Ea 59
Assencières 10 52 Eb 58
Assenoncourt 57 39 Ge 56
Assérac 44 59 Xd 64
Assevillers 80 18 Ce 49
Assier 46 114 Bf 80
Assieu 38 106 Ef 76
Assignan 34 142 Cf 88
Assigny 18 66 Ce 64
Assigny 76 6 Bb 49
Assis-sur-Serre 02 18 Dd 50
Asson 64 138 Ze 90
Asswiller 67 39 Hb 55
Astaffort 47 125 Ad 84
Astaillac 19 114 Be 79
Asté 65 139 Ab 90
Aste 65 150 Ze 91
Aste-Béon 64 138 Zd 90
Astillé 53 46 Za 61
Astis 64 138 Zd 88
Aston 09 152 Be 92
Astugue 65 138 Aa 90
Athée 21 69 Fc 65
Athée 53 46 Za 61
Athée-sur-Cher 37 63 Af 65
Athesans-Étroitefontaine 70 70 Gd 63
Athie 21 68 Eb 63
Athie 89 67 Df 63
Athienville 54 38 Gc 56
Athies 62 8 Cf 47
Athies 80 18 Cf 49
Athies-sous-Laon 02 19 De 51
Athis 51 35 Ea 54
Athis-de-l'Orne 61 29 Zd 56
Athis-Mons 91 33 Cc 56
Athos-Aspis 64 137 Za 88
Athose 25 84 Gb 66
Attainville 95 33 Cc 54
Attancourt 52 53 Ef 57
Attaques, Les 62 3 Bf 43
Attenschwiller 68 72 Hc 63
Attiches 59 8 Da 45
Attichy 60 18 Da 52
Attignat 01 95 Fa 71
Attignat-Oncin 73 107 Fe 75
Attignéville 88 54 Fe 58
Attigny 08 20 Ed 52
Attilloncourt 57 38 Gc 56
Attilly 02 18 Db 49
Attin 62 7 Be 46
Atton 54 38 Ga 55
Attray 45 50 Ca 60
Attricourt 70 69 Fc 64
Atur 24 101 Ae 78
Aubagnan 40 124 Zd 86
Aubagne 13 146 Fd 89
Aubaine 21 68 Ee 66
Aubais 30 130 Ea 86
Aubarède 65 139 Ab 89
Aubas 24 101 Bb 78
Aubazines 19 102 Be 77
Aube 57 38 Gc 54
Aube 61 31 Ad 56
Aubenas 07 118 Ec 81
Aubenas-les-Alpes 04 132 Fe 85
Aubencheul-au-Bac 59 8 Da 47
Aubencheul-aux-Bois 02 8 Db 48
Aubenton 02 19 Eb 49
Aubepierre-Ozouer-le-Repos 77 34 Cf 57
Aubepierre-sur-Aube 52 53 Ef 61
Aubépin, L' 39 83 Fc 70
Auberchicourt 59 8 Db 47
Aubercourt 80 17 Cd 50
Aubergenville 78 32 Bf 55
Aubérive 51 36 Ec 53
Auberive 52 69 Fa 62
Auberives-sur-Varèze 38 106 Ee 76
Aubermersnil-Beaumais 76 15 Ba 49
Aubers 59 8 Ce 45
Aubertin 64 138 Zd 89
Auberville 14 14 Zf 53
Auberville-la-Campagne 76 15 Ad 51
Auberville-la-Manuel 76 15 Ad 49
Auberville-la-Renault 76 14 Ac 50
Aubervilliers 93 33 Cc 55
Auberterre 10 52 Ea 58
Aubeterre-sur-Dronne 16 100 Ab 77
Aubeville 16 100 Zf 76
Aubevoye 27 32 Bb 53
Aubiac 33 111 Ze 82
Aubiac 47 125 Ad 84
Aubiat 63 91 Db 73
Aubie-et-Espessas 33 99 Zd 78
Aubière 63 92 Da 74
Aubiers, Les 79 75 Zc 67
Aubiet 32 125 Ae 87
Aubignan 84 131 Fa 84
Aubignas 07 118 Ed 81
Aubigné 35 45 Yc 59
Aubigné 49 61 Zd 65
Aubigné 79 87 Zf 72
Aubigné-Racan 72 62 Ab 62
Aubignosc 04 133 Ff 84
Aubigny 03 80 Db 68
Aubigny 14 30 Ze 55
Aubigny 79 76 Zf 68
Aubigny 80 17 Cc 49
Aubigny 85 74 Yd 69
Aubigny-au-Bac 59 8 Da 47
Aubigny-aux-Kaisnes 02 18 Da 50
Aubigny-en-Artois 62 8 Cd 46
Aubigny-en-Laonnais 02 19 De 52
Aubigny-en-Plaine 21 69 Fb 66
Aubigny-la-Ronce 21 82 Ed 67
Aubigny-les-Pothées 08 20 Ec 50
Aubigny-lès-Sombernon 21 68 Ed 65
Aubigny-sur-Nère 18 65 Cc 64
Aubilly 51 35 Df 53
Aubin 12 115 Cb 81
Aubin 64 138 Zd 88
Aubinges 18 65 Cd 65
Aubin-Saint-Vaast 62 7 Bf 46
Auboncourt-Vauzelles 08 20 Ec 51
Aubonne 25 84 Gc 66
Aubord 30 130 Eb 86
Auboué 54 38 Ff 53
Aubous 64 124 Zf 87
Aubréville 55 36 Fa 54
Aubrives 08 20 Ee 48
Aubrometz 62 7 Cb 47
Aubry-du-Hainaut 59 9 Dc 46
Aubry-le-Panthou 61 30 Ab 55
Aubure 68 56 Hb 59
Aubussargues 30 130 Eb 84
Aubusson 23 91 Cb 73
Aubusson 61 29 Zc 56
Aubvillers 80 17 Cc 50
Auby 59 8 Da 46
Aucaleuc 22 27 Xf 58
Aucamville 31 126 Bc 87
Aucamville 82 126 Bb 86
Aucazein 09 151 Af 91
Auccià = Ucciani 2A 159 If 96
Aucelon 26 119 Fc 81
Aucey-la-Plaine 50 28 Yd 57
Auch 32 125 Ad 87
Auchel 62 8 Cc 45
Auchonvillers 80 8 Cd 48
Auchy 59 8 Db 46
Auchy-au-Bois 62 7 Cc 45
Auchy-la-Montagne 60 17 Ca 51
Auchy-lès-Hesdin 62 7 Ca 46
Auchy-les-Mines 62 8 Ce 45
Aucun 65 138 Ze 91
Audaux 64 137 Zb 88
Auddè = Aullène 2A 159 Ka 98
Audelange 39 69 Fd 66
Audeloncourt 52 54 Fd 60
Audembert 62 3 Be 43
Auderville 50 12 Ya 50
Audes 03 79 Cd 70
Audeux 25 70 Ff 65
Audeville 45 50 Cb 59
Audierne 29 41 Vc 60
Audignicourt 02 18 Da 52
Audignon 40 124 Zc 86
Audigny 02 19 Dd 49
Audincourt 25 71 Gf 64
Audincthun 62 7 Ca 45
Audinghen 62 2 Bd 43
Audin-le-Tiche 57 22 Ff 52
Audon 40 123 Zb 86
Audouville-la-Hubert 50 12 Ye 52
Audrehem 62 3 Bf 44
Audressein 09 151 Ba 91
Audresselles 62 2 Bd 44
Audrieu 14 13 Zc 53
Audrix 24 113 Af 79
Audruicq 62 3 Ca 43
Audun-le-Roman 54 21 Ff 52
Auenheim 67 40 Ia 56
Auffargis 78 32 Bf 56
Auffay 76 15 Ba 50
Aufferville 77 50 Cd 59
Auffreville-Brasseuil 78 32 Be 55
Auflance 08 21 Fb 51
Auga 64 138 Zd 88
Auge 08 19 Eb 49
Augé 16 87 Zf 73
Auge 23 91 Cb 71
Augé 79 75 Ze 70
Augea 39 83 Fc 69
Augerans 39 83 Fd 66
Augères 23 90 Be 72
Augerolles 63 93 Dd 74
Auger-Saint-Vincent 60 34 Ce 53
Augers-en-Brie 77 34 Dc 56
Augerville-la-Rivière 45 50 Cc 59
Augicourt 70 70 Ff 62
Augignac 24 101 Ae 75
Augirein 09 151 Af 91
Augisey 39 83 Fd 69
Augnat 63 104 Db 76
Augnax 32 125 Ae 86
Augne 87 90 Be 74
Augny 57 38 Ga 54
Auguaise 61 31 Ad 56
Augy 02 18 Dd 52
Augy 89 67 Dd 62
Augy-sur-Aubois 18 80 Cf 68
Aujac 17 87 Zd 73
Aujac 30 117 Ea 82
Aujac 30 131 Ed 83
Aujan-Mournède 32 139 Ad 88
Aujargues 30 130 Ea 86
Aujeurres 52 69 Fb 62
Aujols 46 114 Bd 82
Aulas 30 129 Dd 85
Aulhat-Saint-Privat 63 104 Db 75
Aullène 2A 159 Ka 98
Aulnat 63 103 Cd 75
Aulnay 10 53 Ec 58
Aulnay 17 87 Zd 72
Aulnay 86 76 Aa 67
Aulnay-l'Aître 51 36 Ed 56
Aulnay-la-Rivière 45 50 Cc 59
Aulnay-sous-Bois 93 33 Cd 55
Aulnay-sur-Iton 27 31 Ba 55
Aulnay-sur-Marne 51 35 Eb 54
Aulnay-sur-Mauldre 78 32 Bf 55
Aulnois 88 54 Fe 59
Aulnois-en-Perthois 55 37 Fa 57
Aulnois-sous-Laon 02 19 Dd 51
Aulnois-sur-Seille 57 38 Gb 55
Aulnoy 77 34 Da 55
Aulnoye-Aymeries 59 9 Df 47
Aulnoy-lez-Valenciennes 59 9 Dd 46
Aulnoy-sur-Aube 52 53 Fa 61
Aulon 23 90 Be 72
Aulon 31 140 Ae 89
Aulon 65 150 Ab 91
Ault 80 6 Bc 48
Aulus-les-Bains 09 152 Bc 92
Aulx-lès-Cromary 70 70 Ga 64
Aumagne 17 87 Zd 73
Aumale 76 16 Be 50
Aumâtre 80 7 Be 49
Auménancourt 51 19 Ea 52
Aumerval 62 7 Cc 45
Aumes 34 143 Dc 88
Aumessas 30 129 Dd 85
Aumetz 57 22 Ff 52
Aumeville-Lestre 50 12 Ye 51
Aumont 39 83 Fd 67
Aumont 60 17 Cd 53
Aumont 80 16 Bf 49
Aumont-Aubrac 48 116 Db 80
Aumur 39 83 Fc 66
Aunac 16 88 Ab 73
Aunat 11 153 Ca 92
Aunay-en-Bazois 58 81 De 66
Aunay-les-Bois 61 31 Ab 57
Aunay-sous-Auneau 28 49 Be 58
Aunay-sous-Crécy 28 32 Bb 56
Aunay-sur-Odon 14 29 Zc 54
Auneau 28 32 Be 58
Auneuil 60 17 Bf 52
Aunou-le-Faucon 61 30 Aa 56
Auppegard 76 15 Ba 49
Aups 83 147 Gb 87
Auquainville 14 30 Ab 54
Auquemesnil 76 6 Bb 49
Auradé 32 140 Ba 87
Auradou 47 113 Ae 82
Auray 56 43 Xa 63
Aure 08 20 Ed 53
Aurec-sur-Loire 43 105 Eb 76
Aureil 87 90 Bc 74
Aureilhan 40 110 Ye 83
Aureilhan 65 138 Aa 89
Aureille 13 131 Ef 86
Aurel 26 119 Fb 80
Aurel 84 132 Fc 84
Aurelle-Verlac 12 116 Da 81
Aurensan 32 124 Ze 87
Aurensan 65 138 Aa 89
Aureville 31 140 Bc 88
Auriac 11 153 Cc 91
Auriac 19 103 Ca 77
Auriac 64 138 Ze 88
Auriac-du-Périgord 24 101 Ba 78
Auriac-Lagast 12 128 Cd 84
Auriac-l'Église 15 104 Da 77

Antheuil-Portes — Auriac-l'Église (F) 163

Auriac-sur-Dropt 47 112 Ab 81
Auriac-sur-Vendinelle 31 141 Be 87
Auribail 31 140 Bc 88
Auribeau 06 134 Gf 87
Auribeau 84 132 Fc 85
Aurice 40 124 Zc 86
Auriébat 65 138 Aa 88
Aurières 63 104 Cf 74
Aurignac 31 140 Af 89
Aurillac 15 115 Cc 79
Aurimont 32 126 Ae 87
Aurin 31 141 Be 87
Auriol 13 146 Fd 88
Auriolles 33 112 Aa 80
Aurions-Idernes 64 138 Zf 87
Auris 38 108 Ga 78
Aurons 13 132 Fa 86
Auros 33 111 Zf 82
Aurouër 03 80 Db 68
Auroux 48 117 De 80
Aussac 16 88 Ab 74
Aussac 81 127 Ca 85
Ausseing 31 140 Ba 90
Aussevielle 64 138 Zd 88
Aussillon 81 142 Cc 88
Aussois 73 109 Ge 77
Aussonce 08 19 Eb 52
Aussonne 31 126 Bb 86
Aussos 32 139 Ad 88
Aussurucq 64 137 Za 90
Autainville 41 49 Bc 61
Autechaux-Roide 25 70 Gc 64
Autechaux-Roide 25 71 Ge 64
Autels, Les 02 19 Eb 50
Autels-Villevillon, Les 28 48 Ba 59
Auterive 31 140 Bc 88
Auterive 82 126 Af 85
Auterrive 64 137 Yf 88
Autet 70 69 Fe 63
Auteuil 60 17 Ca 52
Auteuil 78 32 Be 55
Autevielle-Saint-Martin-Bideren 64 137 Za 88
Authe 08 20 Ef 52
Autheuil 28 49 Bb 61
Autheuil 61 31 Ae 57
Autheuil-Authouillet 27 32 Bb 54
Autheuil-en-Valois 60 34 Da 53
Autheux 80 7 Cb 48
Authevernes 27 16 Bd 53
Authezat 63 104 Db 75
Authie 80 8 Cb 48
Authieule 80 7 Cc 48
Authieux, Les 27 31 Af 54
Authieux, Les 27 32 Bb 55
Authieux, Les 76 15 Ba 52
Authieux-du-Puits, Les 61 30 Ab 56
Authieux-Papion, Les 14 30 Aa 54
Authieux-Ratiéville 76 15 Ba 51
Authieux-sur-Calonne, les 14 14 Ab 53
Authiou 58 66 Dc 65
Authoison 70 70 Ga 64
Authon 04 133 Ga 83
Authon 41 63 Af 63
Authon-du-Perche 28 48 Af 59
Authon-Ebéon 17 87 Zd 73
Authon-la-Plaine 91 49 Bf 58
Authou 27 15 Ae 53
Authuille 80 8 Ce 48
Authume 39 69 Fd 66
Authumes 71 83 Fb 67
Autichamp 26 118 Ef 80
Autignac 34 143 Db 88
Autigny 76 15 Af 50
Autigny-la-Tour 88 54 Fe 58
Autigny-le-Grand 52 54 Fa 58
Autigny-le-Petit 52 54 Fa 58
Autingues 62 3 Bf 42
Autoire 46 114 Be 79
Autoreille 70 70 Fe 64
Autouillet 78 32 Be 55
Autrac 43 104 Da 77
Autrans 38 107 Fd 77
Autrèche 37 63 Ba 63
Autrechêne 90 71 Gf 63
Autrêches 60 18 Da 52
Autrécourt-sur-Aire 55 37 Fa 54
Autremencourt 02 19 De 50
Autrepierre 54 39 Ge 57
Autreppes 02 19 Df 49
Autretot 76 15 Ae 51
Autreville 02 18 Db 51
Autreville 88 54 Ff 58
Autréville-Saint-Lambert 55 20 Fa 51
Autreville-sur-la-Renne 52 53 Ef 60
Autreville-sur-Moselle 54 38 Ga 56
Autrey 54 38 Ga 57
Autrey 88 56 Ge 59
Autrey-lès-Cerre 70 70 Gc 63
Autrey-lès-Gray 70 69 Fc 64
Autricourt 21 53 Ed 61
Autruche 08 20 Ef 52
Autruy-sur-Juine 45 50 Ca 59
Autry 08 20 Ef 53
Autry-Issards 03 80 Da 69
Autry-le-Châtel 45 65 Cd 63
Autun 71 82 Eb 67
Auty 82 126 Bc 83
Auvare 06 134 Gf 85
Auve 51 36 Ee 54
Auvernaux 91 33 Cc 57
Auvers 43 116 Dc 79
Auvers 50 12 Ye 53
Auverse 49 63 Aa 63
Auvers-le-Hamon 72 46 Zd 61
Auvers-Saint-Georges 91 50 Cb 58
Auvers-sous-Montfaucon 72 47 Zf 61
Auvers-sur-Oise 95 33 Ca 54
Auvet-et-la-Chapelotte 70 69 Fd 64
Auvillar 82 126 Af 84
Auvillars 14 14 Aa 53
Auvillars-sur-Saône 21 83 Fa 66
Auvillers-les-Forges 08 19 Ec 49
Auvilliers 76 16 Bd 50
Auvilliers-en-Gâtinais 45 50 Cc 61
Auxais 50 12 Ye 53
Auxange 39 69 Fd 65
Aux-Aussat 32 139 Ab 88
Auxelles-Bas 90 71 Ge 62
Auxelles-Haut 90 71 Ge 62
Auxerre 89 67 Dd 62
Auxey-Duresses 21 82 Ee 67
Auxi-le-Château 62 7 Ca 47
Auxon 10 52 Df 60
Auxon 70 70 Gb 62
Auxon-Dessous 25 70 Ff 65
Auxon-Dessus 25 70 Ff 65
Auxonne 21 69 Fc 65
Auxy 45 50 Cc 60
Auxy 71 82 Ec 67
Auzainvilliers 88 54 Ff 59
Auzances 23 91 Cd 72
Auzas 31 140 Af 89
Auzat 09 152 Bc 92
Auzat-sur-Allier 63 104 Db 76
Auzay 85 75 Za 70
Auzebosc 76 15 Ae 51
Auzelles 63 104 Dd 75
Auzérals, Les 81 127 Be 85
Auzers 15 103 Cc 77
Auzet 04 133 Gb 83
Auzeville-Tolosane 31 140 Bc 87
Auzielle 31 141 Bd 87
Auzits 12 115 Cb 81
Auzon 43 104 Dc 76
Auzouer-en-Touraine 37 63 Af 63
Auzouville-Auberbosc 76 15 Ad 51
Auzouville-sur-Ry 76 16 Bb 52
Auzouville-sur-Saâne 76 15 Af 50
Availles-en-Châtellerault 86 77 Ad 68
Availles-Limouzine 86 89 Ad 72
Availles-sur-Seiche 35 45 Ye 61
Availles-Thouarsais 79 76 Zf 67
Avajan 65 150 Ac 91
Avallon 89 67 Df 64
Avançon 05 120 Gb 81
Avançon 08 19 Eb 52
Avanne-Aveney 25 70 Ff 65
Avant-lès-Marcilly 10 52 Dd 58
Avant-lès-Ramerupt 10 52 Eb 58
Avanton 86 76 Ab 69
Avapessa 2B 156 If 93
Avaray 41 64 Bd 62
Avaux 08 19 Ea 52
Aveize 69 106 Ec 74
Aveizieux 42 106 Ec 75
Avelanges 21 69 Fa 63
Avelèsges 80 16 Bf 49
Avelin 59 8 Da 45
Aveluy 80 8 Cd 48
Avenas 69 94 Ed 71
Avenay 14 29 Zd 54
Avenay-Val-d'Or 51 35 Ea 54
Aveney, Avanne- 25 70 Ff 65
Avenières, Les 38 107 Fd 75
Avensac 32 126 Af 86
Avensan 33 98 Zb 78
Aventignan 65 139 Ad 90
Averan 65 138 Aa 90
Averdoingt 62 7 Cb 46
Averdon 41 64 Bb 62
Avermes 03 80 Db 69
Avernes 95 32 Bf 54
Avernes-Saint-Gourgon 61 30 Ab 55
Avernes-sous-Exmes 61 30 Ab 56
Avéron-Bergelle 32 124 Aa 86
Averton 53 47 Ze 59
Avesnelles 59 9 Df 48
Avesnes 62 7 Bf 45
Avesnes-Chaussoy 80 16 Bf 49
Avesnes-en-Bray 76 16 Be 52
Avesnes-en-Saosnois 72 47 Ac 59
Avesnes-en-Val 76 6 Bc 49
Avesnes-le-Comte 62 8 Cd 47
Avesnes-le-Sec 59 9 Dc 47
Avesnes-sur-Helpe 59 9 Df 48
Avessac 44 59 Ya 63
Avessé 72 47 Ze 61
Aveux 65 139 Ad 90
Avezac-Prat-Lahitte 65 139 Ac 90
Avezan 32 126 Ae 85
Avèze 30 129 Dd 85
Avèze 63 103 Cd 75
Avezé 72 48 Ae 59
Aviernoz 74 96 Gb 73
Avignon 84 131 Ee 85
Avignonet 38 119 Fe 79
Avignonet-Lauragais 31 141 Be 88
Avignon-lès-Saint-Claude 39 96 Ff 70
Avillers 54 21 Fe 53
Avillers 88 55 Gb 59
Avillers-Sainte-Croix 55 37 Fe 54
Avilley 25 70 Gb 64
Avilly-Saint-Léonard 60 33 Cd 53
Avion 62 8 Ce 46
Avioth 55 21 Fc 51
Aviré 49 61 Zb 62
Avirey-Lingey 10 52 Eb 60
Aviron 27 31 Ba 54
Avize 51 35 Ea 55
Avocourt 55 37 Fa 53
Avoine 37 62 Ab 65
Avoine 61 30 Zf 56
Avoise 72 47 Ze 61
Avolsheim 67 40 Hc 57
Avon 77 50 Ce 58
Avon 79 76 Zf 70
Avondance 62 7 Ca 46
Avon-la-Pèze 10 52 Dd 58
Avon-les-Roches 37 62 Ac 66
Avord 18 79 Cd 66
Avosnes 21 68 Ed 64
Avot 21 69 Fa 63
Avoudrey 25 70 Gc 66
Avrainville 54 38 Ff 56
Avrainville 88 55 Gb 58
Avrainville 91 33 Cb 57
Avranches 50 28 Yd 56
Avranville 88 54 Fd 58
Avrechy 60 17 Cc 52
Avrée 58 81 Df 68
Avremesnil 76 15 Af 49
Avressieux 73 107 Fe 75
Avreuil 10 52 Ea 60
Avricourt 54 39 Ge 57
Avricourt 57 39 Ge 57
Avricourt 60 18 Cf 51
Avrieux 73 109 Ge 77
Avrigney-Virey 70 70 Fe 65
Avril 54 22 Ff 53
Avrillé 49 61 Zc 64
Avrillé 85 74 Yc 70
Avrillé-les-Ponceaux 37 62 Ab 64
Avrilly 03 93 Df 70
Avrilly 27 31 Ba 55
Avrilly 61 29 Zc 57
Avril-sur-Loire 58 80 Dc 68
Avroult 62 3 Ca 44
Avy 17 99 Zc 75
Awoingt 59 9 Db 48
Axat 11 153 Cb 92
Axiat 09 153 Be 92
Ax-les-Thermes 09 153 Bf 92
Ay 51 35 Ea 54
Ayat-sur-Sioule 63 92 Cf 72
Aydat 63 104 Cf 75
Aydie 64 124 Zf 87
Aydius 64 138 Zc 90
Aydoilles 88 55 Gd 59
Ayen 19 101 Bb 77
Ayencourt 80 17 Cd 51
Ayette 62 8 Ce 47
Ayguatébia 66 153 Cb 93
Ayguemorte-les-Graves 33 111 Zd 80
Ayguesvives 31 141 Bd 88
Ayguetinte 32 125 Ac 85
Ayherre 64 137 Ye 88
Ayn 73 107 Fe 75
Aynac 46 114 Bf 80
Aynans, Les 70 70 Gc 63
Ayrens 15 115 Cb 79
Ayron 86 76 Aa 69
Ayros-Arbouix 65 138 Zf 90
Ayssènes 12 128 Ce 84
Ay-sur-Moselle 57 22 Gb 53
Aytré 17 86 Yf 72
Ayvelles, Les 08 20 Ee 50
Ayzac-Ost 65 138 Zf 90
Ayzieu 32 124 Zf 85
Azannes-et-Soumazannes 55 21 Fc 53
Azas 31 127 Be 86
Azat-Châtenet 23 90 Be 72
Azat-le-Ris 87 89 Ba 71
Azay-le-Brulé 79 75 Ze 70
Azay-le-Ferron 36 77 Ba 67
Azay-le-Rideau 37 63 Ac 65
Azay-sur-Cher 37 63 Af 64
Azay-sur-Indre 37 63 Af 65
Azay-sur-Thouet 79 75 Zd 69
Azé 41 48 Af 61
Azé 71 82 Ee 70
Azelot 54 38 Gb 57
Azerables 23 90 Bc 70
Azerailles 54 56 Gd 58
Azerat 24 101 Ba 78
Azérat 43 104 Dc 76
Azereix 65 138 Zf 89
Azet 65 150 Ac 92
Azeville 50 12 Ye 52
Azillanet 34 142 Ce 89
Azille 11 142 Cd 89
Azilone-Ampaza 2A 159 Ka 97
Azilonu Ampaza 2A 159 Ka 97
Azincourt 62 7 Ca 46
Azolette 69 94 Ec 71
Azoudange 57 39 Ge 56
Azur 40 123 Ye 86
Azy 18 65 Ce 65
Azy-le-Vif 58 80 Db 68
Azy-sur-Marne 02 34 Dc 54
Azzana 2A 158 If 96

B

Baâlon 55 21 Fb 52
Baâlons 08 20 Ed 51
Babeau-Bouldoux 34 142 Cf 88
Babœuf 60 18 Da 51
Baby 77 51 Dc 58
Baccarat 54 56 Ge 58
Baccon 45 49 Bd 61
Bach 46 114 Be 82
Bachant 59 9 Df 47
Bachas 31 140 Af 89
Bachellerie, La 24 101 Ba 78
Bachivillers 60 16 Bf 53
Bachos 31 151 Ad 91
Bachy 59 8 Db 45
Bacilly 50 28 Yd 56
Baconnes 51 35 Ec 54
Baconnière, La 53 46 Za 59
Bacouel 60 17 Cc 51
Bacouel-sur-Selle 80 17 Cb 49
Bacourt 57 38 Gc 55
Bacquepuis 27 31 Ba 54
Bacqueville 27 16 Bc 53
Bacqueville-en-Caux 76 15 Ba 50
Badailhac 15 115 Cd 79
Badaroux 48 116 Db 82
Badaroux 48 116 Dd 81
Badecon-le-Pin 36 78 Bd 69
Badefols-d'Ans 24 101 Bb 77
Badefols-sur-Dordogne 24 113 Ae 79
Baden 56 58 Xa 63
Badménil-aux-Bois 88 55 Gd 59
Badonviller 54 39 Gf 57
Badonvilliers-Gérauvilliers 55 37 Fd 57
Baen = Bain-de-Bretagne 35 45 Yb 61
Baerendorf 67 39 Ha 55
Baerenthal 57 40 Hd 55
Baffe, La 88 55 Gd 60
Baffie 63 105 De 76
Bagard 30 130 Ea 84
Bagas 33 111 Zf 81
Bagat-en-Quercy 46 113 Bb 82
Bâgé-la-Ville 01 94 Ef 71
Bâgé-le-Châtel 01 94 Ef 71
Bagert 09 140 Ba 90
Bages 11 143 Cf 90
Bages 66 154 Cf 93
Baghols 69 94 Ed 73
Bagnac-sur-Célé 46 114 Ca 80
Bagneaux 89 52 Dd 59
Bagneaux-sur-Loing 77 50 Ce 59
Bagnères-de-Bigorre 65 139 Aa 90
Bagnères-de-Luchon 31 151 Ad 92
Bagneux 02 18 Db 52
Bagneux 03 80 Db 69
Bagneux 36 64 Be 65
Bagneux 51 35 De 57
Bagneux 54 37 Ff 57
Bagneux 92 33 Cb 56
Bagneux-la-Fosse 10 52 Eb 61
Bagnizeau 17 87 Ze 73
Bagnoles 11 142 Cc 89
Bagnoles-de-l'Orne 61 29 Zd 57
Bagnols 63 103 Cd 76
Bagnols-en-Forêt 83 148 Ge 87
Bagnols-les-Bains 48 117 Dd 81
Bagnols-sur-Cèze 30 131 Ed 84
Bagnot 21 83 Fa 66
Baguer-Morvan 35 28 Yb 57
Baguer-Pican 35 28 Yb 57
Baho 66 154 Cf 92
Bahus 40 124 Zd 86
Baigneaux 28 49 Bd 58
Baigneaux 28 49 Be 60
Baigneaux 33 111 Ze 80
Baigneaux 41 64 Bb 62
Baignes 70 70 Ga 63
Baignes-Sainte-Radegonde 16 99 Ze 76
Baigneux-les-Juifs 21 68 Ed 63
Baignolet 28 49 Bd 59
Baigts 40 123 Zb 86
Baigts-de-Béarn 64 123 Za 87
Baillargues 34 130 Ea 87
Baillé 35 45 Yd 58
Bailleau-Armenonville 28 32 Bd 57
Bailleau-le-Pin 28 49 Bc 58
Bailleau-l'Evêque 28 49 Bc 58
Baillestavy 66 154 Cd 93
Baillet-en-France 95 33 Cb 54
Bailleul 59 4 Ce 44
Bailleul 61 30 Zf 56
Bailleul 80 7 Bf 48
Bailleul, Le 72 47 Zf 62
Bailleul-aux-Cornailles 62 7 Cc 46
Bailleul-la-Vallée 27 14 Ac 53
Bailleul-le-Soc 60 17 Cd 52
Bailleul-lès-Pernes 62 7 Cc 45
Bailleulmont 62 8 Cd 47
Bailleul-Neuville 76 16 Bc 50
Bailleul-Sir-Berthoult 62 8 Cf 46
Bailleul-sur-Thérain 60 17 Cb 52
Bailleval 60 17 Cc 52
Baillolet 76 16 Bc 50
Baillou 41 48 Af 61
Bailly 60 18 Cf 52
Bailly 78 33 Ca 55
Bailly-aux-Forges 52 53 Ef 58
Bailly-en-Rivière 76 6 Bb 49
Bailly-le-Franc 10 53 Ed 57
Bailly-Romainvilliers 77 34 Ce 55
Baincthun 62 3 Bd 44
Bain-de-Bretagne 35 45 Yb 61
Bainghen 62 3 Bf 44
Bains 43 117 De 78
Bains-de-Molitg, les 66 153 Cc 93
Bains-les-Bains 88 55 Gb 61
Bains-sur-Oust 35 44 Xf 62
Bainville-aux-Miroirs 54 55 Gb 58
Bainville-aux-Saules 88 55 Ga 59
Bainville-sur-Madon 54 38 Ga 57
Bairols 06 134 Ha 85
Bais 35 45 Ye 60
Bais 53 46 Zd 59
Baisieux 59 8 Db 45
Baives 59 10 Eb 48
Baix 07 118 Ee 80
Baixas 66 154 Ce 92
Baizieux 80 8 Cd 49
Baizil, Le 51 35 De 55
Bajonnette 32 125 Ae 86
Bajus 62 8 Cc 46
Balacet 09 151 Af 91
Baladou 46 114 Bd 79
Balagny-sur-Thérain 60 17 Cc 53
Balaguères 09 140 Ba 91
Balaguier-d'Olt 12 114 Bf 81
Balaguier-sur-Rance 12 128 Cd 85
Balaiseaux 39 83 Fc 67
Balaives-et-Butz 08 20 Ee 50
Balan 01 95 Fa 74
Balanod 39 83 Fc 70
Balansun 64 137 Zb 88
Balanzac 17 86 Za 74
Balaruc-les-Bains 34 143 De 88
Balaruc-le-Vieux 34 144 De 88
Balâtre 80 18 Cf 50
Balazé 35 45 Ye 59
Balazuc 07 118 Ec 81
Balbigny 42 93 Eb 74
Balbins 38 107 Fb 76
Balbronn 67 39 Hc 57
Baldenheim 67 57 Hd 59
Baldersheim 68 56 Hc 62
Baleine, La 50 28 Ye 55
Baleix 64 138 Zf 88
Balesmes-sur-Marne 52 69 Fc 62
Balesta 31 139 Ad 89
Baleyssagues 47 112 Aa 80
Balgau 68 57 Hd 61
Balgudè = Belgodere 2B 156 Ka 93
Balignac 82 126 Af 85
Balignicourt 10 53 Ec 57
Balines 27 31 Af 56
Balinghem 62 3 Bf 43
Baliracq-Maumusson 64 124 Ze 87
Baliros 64 138 Ze 89
Balizac 33 111 Zd 82
Ballainvilliers 91 33 Cb 56
Ballaison 74 96 Gb 71
Ballancourt-sur-Essonne 91 33 Cc 57
Ballan-Miré 37 63 Ad 65
Ballans 17 87 Ze 74
Ballay 08 20 Ee 52
Ballée 53 46 Zd 61
Balleroy 14 13 Zb 53
Ballersdorf 68 71 Ha 63
Ballon 17 86 Za 72
Ballon 72 47 Ab 59
Ballons 26 132 Fd 83
Ballore 71 82 Ec 69
Ballots 53 45 Yf 61
Balloy 77 51 Da 58
Balma 31 127 Bd 87
Balme, La 73 107 Fe 74
Balme-d'Epy, La 39 95 Fc 70
Balme-de-Sillingy, La 74 96 Ga 73
Balme-de-Thuy, La 74 96 Gb 73
Balme-les-Grottes, La 01 95 Fc 73
Balmont 74 96 Ga 74
Balnot-la-Grange 10 52 Eb 61
Balnot-sur-Laignes 10 53 Ec 60
Balogna 2A 158 Ie 95
Balot 21 68 Ec 62
Balsac 12 115 Cc 82
Balschwiller 68 71 Ha 62
Balsièges 48 116 Dc 82
Baltzenheim 68 57 Hd 60
Balzac 16 88 Aa 74
Bambecque 59 4 Cd 43
Bambiderstroff 57 38 Gd 54
Banaleg = Bannalec 29 42 Wb 61
Banassac 48 116 Db 82
Banca 64 136 Yd 90
Bancigny 02 19 Ea 50
Bancourt 62 8 Cf 48
Ban-de-Laveline 88 56 Ha 59
Ban-de-Sapt 88 56 Ha 58
Bandol 83 147 Fe 90
Baneins 01 94 Ef 72
Baneuil 24 112 Ae 79
Banios 65 139 Ab 90
Banize 23 90 Bf 73
Bannalec 29 42 Wb 61
Bannans 25 84 Gb 67
Bannay 18 66 Cf 64
Bannay 51 35 De 55
Bannay 57 38 Gc 54
Banne 07 117 Ea 82
Bannegon 18 79 Ce 68
Bannes 46 114 Bf 80
Bannes 51 35 Df 56
Bannes 52 54 Fc 61
Bannes 53 46 Zd 61
Banneville-la-Campagne 14 14 Ze 53
Banneville-sur-Ajon 14 29 Zc 54
Bannières 81 127 Be 87
Bannoncourt 55 37 Fd 55
Bannost-Villegagnon 77 34 Db 56
Banogne-Recouvrance 08 19 Ea 51
Banon 04 132 Fd 84
Banos 40 124 Zc 86
Bans 39 83 Fd 67
Ban-Saint-Martin, le 57 38 Ga 54
Bansat 63 104 Dc 76
Ban-sur-Meurthe 88 56 Gf 60
Bantanges 71 83 Fa 69
Banteux 59 8 Db 48
Banthelu 95 32 Be 54
Bantheville 55 20 Fa 52
Bantigny 59 8 Cb 47
Bantouzelle 59 8 Db 48
Bantzenheim 68 57 Hd 62
Banvillars 90 71 Ge 63
Banville 14 13 Zd 53
Banvou 61 29 Zc 57
Banyuls-dels-Aspres 66 154 Cf 93
Banyuls-sur-Mer 66 154 Da 94
Baon 89 52 Ea 61
Baons-le-Comte 76 15 Ae 51
Bapaume 62 8 Cf 48
Baracé 49 61 Zd 63
Baraigne 11 141 Be 89
Baraize 36 78 Bd 70
Baralle 62 8 Da 47
Baraqueville 12 128 Cc 83
Barastre 62 8 Cf 48
Baratier 05 121 Gc 81
Barbachen 65 139 Aa 88
Barbaggio 2B 157 Kc 92
Barbaghju = Barbaggio 2B 157 Kc 92
Barbaira 11 142 Cd 89
Barbas 54 39 Gf 57
Barbaste 47 125 Ab 83
Barbâtre 85 73 Xe 67
Barbazan 31 139 Ad 90
Barbazan-Debat 65 139 Aa 89
Barbazan-Dessus 65 139 Aa 90
Barbechat 44 60 Ye 65
Barbe-Chat 44 61 Yf 64
Barben, la 13 132 Fb 87
Barbentane 13 131 Ee 85
Barberey-Saint-Sulpice 10 52 Ea 58
Barberier 03 92 Db 71
Barbery 14 29 Zd 54
Barbery 60 33 Ce 53
Barbeville 14 13 Zb 52
Barbey 77 51 Da 58
Barbey-Seroux 88 56 Gf 60
Barbezières 16 87 Zf 73
Barbezieux-Saint-Hilaire 16 99 Zf 76
Barbières 26 119 Fb 79
Barbirey-sur-Ouche 21 68 Ee 65
Barbizon 77 50 Cd 58
Barbonne-Fayel 51 35 De 57
Barbonville 54 38 Gc 57
Barboux, Le 25 71 Ge 66
Barbuise 10 35 Dd 57
Barby 08 19 Eb 51
Barc 27 31 Ae 54
Barcarès, le 66 154 Da 92
Barcelonne 26 118 Fa 79
Barcelonne-du-Gers 32 124 Ze 86
Barcelonnette 04 121 Gd 82
Barchain 57 39 Gf 56
Barcillonnette 05 120 Ff 82
Barcugnan 32 139 Ac 88
Barcus 64 137 Zb 89
Barcy 77 34 Cf 54
Bard 42 105 Ea 75
Barde, La 17 99 Zf 78
Bardigues 82 126 Af 84
Bard-le-Régulier 21 68 Eb 66
Bard-lès-Epoisses 21 67 Eb 63
Bard-lès-Pesmes 70 69 Fd 65
Bardon, Le 45 49 Bd 61
Bardos 64 137 Ye 88
Bardou 24 112 Ae 80
Bardouville 76 15 Af 52
Barèges 65 150 Aa 91
Bareilles 65 150 Aa 92
Bareilles 65 151 Ac 91
Barembach 67 56 Hb 58
Baren 31 151 Ad 91
Barentin 76 15 Af 51
Barenton 50 29 Zb 57
Barenton-Bugny 02 19 Dd 51
Barenton-Cel 02 19 Dd 51
Barenton-sur-Serre 02 19 De 50
Barésia-sur-l'Ain 39 83 Fe 69
Barfleur 50 12 Ye 50
Bargème 83 134 Gd 86
Bargemon 83 134 Gd 87
Barges 21 69 Fa 65
Barges 43 117 Df 79
Barges 70 54 Ff 61
Bargny 60 34 Cf 53
Barie 33 111 Zf 81
Barils, Les 27 31 Ae 56
Barinque 64 138 Ze 88
Barisis 02 18 Dc 51
Barizey 71 82 Ee 68
Barjac 09 140 Ba 90
Barjac 30 131 Ec 83
Barjac 48 116 Dc 81
Barjols 83 147 Ga 87
Barjon 21 68 Ef 63
Barjouville 28 49 Bc 58
Bar-le-Duc 55 37 Fb 56
Barles 04 133 Gb 83
Bar-lès-Buzancy 08 20 Ef 52
Barlest 65 138 Zf 90
Barleux 80 18 Cf 49
Barlieu 18 65 Cd 64
Barlin 62 8 Cd 46
Barly 62 8 Cd 47
Barly 80 7 Cb 47
Barnay-Dessous 71 82 Ec 66
Barnaye 26 119 Fc 81
Barneville-Carteret 50 12 Yb 52
Barneville-la-Bertran 14 14 Ab 52
Barneville-sur-Seine 27 15 Af 52
Baroche-sous-Lucé, La 61 29 Zc 57
Baromesnil 76 6 Bc 49
Baron 30 130 Eb 84
Baron 33 111 Ze 80
Baron 60 33 Ce 53
Baron 71 82 Eb 70
Baron-sur-Odon 14 29 Zd 54
Baronville 57 38 Gd 55
Barou-en-Auge 14 30 Zf 55
Baroville 10 53 Ee 59
Barp, Le 33 110 Zb 81
Barquet 27 31 Af 54
Barr 67 57 Hc 58
Barrais-Bussolles 03 93 De 71
Barran 32 125 Ac 87
Barrancoueu 65 150 Ac 91
Barras 04 133 Ga 84
Barraute-Camu 64 137 Za 88
Barre 81 128 Ce 86
Barre, la 39 69 Fe 66
Barre, la 70 70 Gb 64
Barre, la 87 89 Ba 73
Barre-de-Monts, La 85 73 Xf 67
Barre-des-Cévennes 48 130 Dd 83
Barre-de-Semilly, La 50 29 Yf 54
Barre-en-Ouche, la 27 31 Ad 55
Barrême 04 133 Gc 85
Barret 16 99 Ze 76
Barretaine 39 83 Fe 68
Barret-le-Bas 05 132 Fe 83
Barrettali 2B 157 Kc 91
Barriac-les-Bosquets 15 103 Cb 78
Barro 16 88 Ab 73
Barrou 37 77 Ae 67
Barroux, Le 84 132 Fa 84
Barry-d'Islemade 82 126 Bb 84
Bars 24 101 Ba 78
Bars 32 139 Ab 87
Barsac 26 119 Fb 80
Barsac 33 111 Ze 81
Barst 57 39 Gf 54
Bar-sur-Aube 10 53 Ee 59
Bar-sur-Loup, Le 06 134 Gf 86
Bar-sur-Seine 10 53 Ec 60
Bart 25 71 Ge 64
Bartenheim 68 72 Hc 63
Bartenheim-la-Chaussée 68 72 Hd 63
Bartès 65 138 Zf 90
Barthe 65 139 Ac 89
Barthe-de-Neste, La 65 139 Ac 90
Bartherans 25 84 Ff 66
Barthes, Les 82 126 Ba 84
Barville 27 31 Ac 54
Barville 61 30 Ac 58
Barville 88 54 Fe 58
Barville, Cany- 76 15 Ad 50
Barville-en-Gâtinais 45 50 Cc 60
Barzan 17 98 Za 75
Barzun 64 138 Zf 89
Barzy-en-Thiérache 02 9 De 48
Barzy-sur-Marne 02 34 Dd 54
Bascons 40 124 Zd 86
Bascous 32 125 Aa 86
Bas-en-Basset 43 105 Ea 77
Bas-et-Lezat 63 92 Db 72
Baslieux 54 21 Fe 52
Baslieux-lès-Fismes 51 19 De 53
Baslieux-sous-Châtillon 51 35 De 54
Basly 14 13 Zd 53
Bassac 16 87 Zf 75
Bassan 34 143 Db 88
Bassanne 33 111 Zf 81
Bassée, La 59 8 Ce 45
Basse-Goulaine 44 60 Yd 65
Basse-Ham 57 22 Gb 52
Bassemberg 67 56 Hb 58
Basseneville 14 14 Zf 53
Bassens 33 111 Zc 79
Bassens 73 108 Ff 75
Bassercles 40 124 Zc 87
Basse-Rentgen 57 22 Gb 51
Basses 86 76 Aa 66
Basse-sur-le-Rupt 88 56 Ge 61
Basseux 62 8 Cd 47
Bassevelle 77 34 Db 55
Bassignac 15 103 Cc 77
Bassignac-le-Bas 19 102 Bf 78
Bassignac-le-Haut 19 102 Ca 77
Bassigney 70 55 Gb 62
Bassilac 24 101 Ae 77
Bassing 57 39 Ge 55
Bassoles-Aulers 02 18 Dc 51
Bassoncourt 52 54 Fd 60
Bassou 89 51 Dd 61
Bassoues 32 125 Ab 87
Bassu 51 36 Ee 56
Bassuet 51 36 Ee 56
Bassussarry 64 136 Yc 88
Bassy 74 96 Fe 73
Bastanès 64 137 Zb 88
Bastelica 2A 159 Ka 96
Bastelicaccia 2A 158 If 97
Bastennes 40 123 Zb 87
Bastia 2B 157 Kc 92
Bastide, La 66 154 Cd 93
Bastide, La 83 134 Gd 86
Bastide-Blanche, La 83 147 Fe 87
Bastide-Blanche, la 83 148 Gd 89
Bastide-de-Besplas, La 09 140 Bb 90
Bastide-de-Bousignac, La 09 141 Bf 90
Bastide-de-Lordat, La 09 141 Be 90
Bastide-d'Engras, La 30 131 Ec 84
Bastide-de-Sérou, La 09 140 Bc 90
Bastide-des-Jourdans, La 84 132 Fd 86
Bastide-du-Salat, La 09 140 Af 90
Bastide-l'Evêque, la 12 114 Ca 82

164 F Auriac-sur-Dropt — Bastide-l'Evêque, la

Bastide-Pradines, La **12** 129 Da 84
Bastide-Puylaurent, La **48** 117 Df 81
Bastide-Solages, La **12** 128 Cd 85
Bastide-sur-l'Hers, La **09** 153 Bf 91
Bastidonne, La **84** 132 Fd 86
Bastit, le **46** 114 Bd 79
Basville **23** 91 Cc 73
Bataille, La **79** 87 Zf 72
Bathelémont-lès-Bauzemont **54** 38 Gd 56
Bâthie, La **73** 108 Gc 75
Bâtie-des-Fonds, La **26** 119 Fd 81
Bâtie-Divisins, La **38** 107 Fd 75
Bâtie-Montgascon, La **38** 107 Fd 75
Bâtie-Montsaléon **05** 119 Fe 82
Bâtie-Neuve, la **05** 120 Gb 81
Bâtie-Rolland, la **26** 118 Ef 81
Bâtie-Vieille, La **05** 120 Ga 81
Batilly **54** 38 Ff 53
Batilly **61** 30 Ze 56
Batilly-en-Gâtinais **45** 50 Cc 60
Batilly-en-Puisaye **45** 66 Cf 63
Bats **40** 124 Zd 87
Batsère **65** 139 Ab 90
Battenans-les-Mines **25** 70 Gb 64
Battenans-Varin **25** 71 Ge 65
Battenheim **68** 56 Hc 62
Battexey **88** 55 Gb 58
Battigny **54** 55 Ff 58
Battrans **70** 69 Fd 64
Batzendorf **67** 40 He 56
Batz-sur-Mer **44** 59 Xd 65
Baubigny **21** 82 Ee 67
Bauche, La **73** 107 Fe 76
Baud **56** 43 Wf 61
Baudement **51** 35 De 57
Baudemont **71** 93 Eb 71
Baudignan **40** 125 Aa 84
Baudignécourt **55** 37 Fc 57
Baudinard-sur-Verdon **83** 133 Ga 86
Baudoncourt **70** 70 Gc 62
Baudonvilliers **55** 36 Fa 56
Baudre **50** 29 Yf 54
Baudrecourt **52** 53 Ef 58
Baudrecourt **57** 38 Gc 55
Baudreix **64** 138 Ze 89
Baudrémont **55** 37 Fc 55
Baudres **36** 78 Bc 66
Baudreville **28** 49 Bf 59
Baudreville **50** 12 Yc 53
Baudricourt **88** 55 Ga 59
Baudrières **71** 83 Fa 68
Bauduen **83** 133 Gb 86
Baugé **49** 62 Zf 63
Baugy **18** 79 Ce 66
Baugy **71** 93 Ea 71
Baulay **70** 70 Ga 62
Baule **45** 49 Bd 62
Baule-Escoublac, La **44** 59 Xd 65
Baulme-la-Roche **21** 68 Ee 64
Baulne-en-Brie **02** 35 Dd 55
Baulny-Chalpentry **55** 20 Fa 53
Baulon **35** 44 Yb 61
Baulou **09** 141 Bd 90
Baume, la **74** 97 Gd 71
Baume-Cornillane, La **26** 118 Fa 80
Baume-de-Transit, La **26** 118 Ef 82
Baume-d'Hostun, La **26** 107 Fb 78
Baume-les-Dames **25** 70 Gc 64
Baume-les-Messieurs **39** 83 Fd 68
Bauné **49** 61 Ze 64
Baupte **50** 12 Yd 53
Baurech **33** 111 Zd 80
Baussaine, La **35** 44 Ya 59
Bauvin **59** 8 Cf 45
Baux-de-Breteuil, Les **27** 31 Ae 55
Baux-de-Provence, Les **13** 131 Ee 86
Baux-Sainte-Croix, Les **27** 31 Ba 55
Bauzemont **54** 38 Gd 56
Bauzy **41** 64 Bd 63
Bavans **25** 71 Ge 64
Bavay **59** 9 De 47
Bavelincourt **80** 7 Cc 49
Bavent **14** 14 Ze 53
Baverans **39** 83 Fd 66
Bavilliers **90** 71 Ge 63
Bavinchove **59** 3 Cc 44
Bavincourt **62** 8 Cd 47
Bax **31** 140 Bb 89
Bay **70** 69 Fe 65
Bayac **24** 113 Ae 80
Bayard-sur-Marne **52** 53 Fa 57
Bayas **33** 99 Ze 78
Baye **29** 42 Wc 61
Baye **51** 35 De 55
Bayecourt **88** 55 Gc 59
Bayel **10** 53 Ee 59
Bayencourt **80** 8 Cd 48
Bayenghem-lès-Eperlecques **62** 3 Ca 44
Bayenghem-lès-Seninghem **62** 3 Ca 44
Bayers **16** 88 Ab 73
Bayet **03** 92 Db 71
Bayeux **14** 13 Zb 53
Bayon **54** 55 Gb 58
Bayonne **64** 136 Yd 88
Bayons **04** 120 Ga 82
Bayon-sur-Gironde **33** 99 Zc 78
Bayonville **08** 20 Fa 52
Bayonvillers **80** 17 Cd 49
Bayonville-sur-Mad **54** 38 Ff 54
Bay-sur-Aube **52** 69 Fa 62
Bazac **16** 100 Aa 77
Bazaiges **36** 78 Bd 70
Bazailles **54** 21 Fe 52
Bazainville **78** 32 Be 56
Bazancourt **51** 19 Eb 52
Bazarnes **89** 67 Dd 63
Bazas **33** 111 Ze 82
Bazauges **17** 87 Ze 73
Bazegney **88** 55 Gb 59
Bazeilles **08** 20 Ef 50
Bazeilles-sur-Othain **55** 21 Fc 52
Bazelat **23** 90 Bd 70
Bazemont **78** 32 Bf 55
Bazens **47** 112 Ac 83
Bazentin **80** 8 Ce 48
Bazenville **14** 13 Zc 53
Bazet **65** 138 Aa 89
Bazeuge, La **87** 89 Ba 71
Bazian **32** 125 Ab 86
Bazicourt **60** 17 Cd 52
Baziège **31** 141 Bd 88
Bazien **88** 56 Ge 58
Bazillac **65** 139 Aa 88
Bazincourt-sur-Epte **27** 16 Be 53
Bazincourt-sur-Saulx **55** 37 Fa 56
Bazinghen **62** 3 Bd 44
Bazinval **76** 6 Bd 49
Bazoche-en-Dunois **28** 49 Bd 60
Bazoche-Gouët, La **28** 48 Af 60
Bazoches **58** 67 De 64
Bazoches **78** 32 Bf 56
Bazoches-au-Houlme **61** 30 Ze 56
Bazoches-lès-Bray **77** 51 Db 58
Bazoches-les-Gallérandes **45** 50 Ca 60
Bazoches-les-Hautes **28** 49 Be 60
Bazoches-sur-Hoëne **61** 30 Ac 57
Bazoches-sur-le-Betz **45** 51 Cf 60
Bazoches-sur-Vesle **02** 19 Dd 53
Bazoge, La **50** 29 Yf 57
Bazoge, La **72** 47 Aa 60
Bazoge-des-Alleux, La **53** 46 Zc 59
Bazoge-Montpinçon, La **53** 46 Zc 59
Bazoges-en-Paillers **85** 74 Yf 67
Bazoges-en-Pareds **85** 75 Za 69
Bazoilles-et-Menil **88** 55 Ga 59
Bazoilles-sur-Meuse **88** 54 Fd 59
Bazolles **58** 67 Dd 66
Bazoncourt **57** 38 Gc 54
Bazoque, la **14** 13 Za 54
Bazoque, La **61** 29 Zc 56
Bazoques **27** 31 Ad 53
Bazordan **65** 139 Ad 89
Bazouge-de-Désert, La **35** 28 Yf 58
Bazougers **53** 46 Zc 60
Bazouges **53** 46 Zb 62
Bazouges-la-Pérouse **35** 28 Yc 58
Bazouges-sur-le-Loir **72** 62 Zf 62
Bazuel **59** 9 Dd 48
Bazugues **32** 139 Ac 88
Bazus **31** 127 Bd 86
Bazus-Aure **65** 150 Ac 91
Bazus-Neste **65** 139 Ac 90
Béage, Le **07** 117 Ea 79
Béalcourt **80** 7 Cb 47
Béalencourt **62** 7 Ca 46
Bear = Bégard **22** 26 We 57
Béard **58** 80 Db 67
Beaubec-la-Rosière **76** 16 Bd 51
Beaubery **71** 94 Ec 70
Beaubigny **50** 12 Yb 52
Beaubray **27** 31 Af 55
Beaucaire **30** 131 Ed 86
Beaucaire **32** 125 Ac 85
Beaucamps-le-Jeune **80** 16 Be 50
Beaucamps-le-Vieux **80** 16 Be 49
Beaucamps-Ligny **59** 8 Cf 45
Beaucé **35** 45 Yf 58
Beaucens **65** 138 Zf 91
Beaucet, le **84** 132 Fa 85
Beauchalot **31** 140 Af 90
Beauchamp **95** 33 Cb 54
Beauchamps **50** 28 Yd 56
Beauchamps **80** 6 Bd 48
Beauchamps-sur-Huillard **45** 50 Cc 61
Beauchastel **07** 118 Ee 80
Beauche **28** 31 Af 56
Beauchêne **41** 48 Af 61
Beauchêne **41** 64 Bc 64
Beauchêne **61** 29 Zb 56
Beauchery-Saint-Martin **77** 34 Dc 57
Beauclair **55** 20 Fa 52
Beaucoudray **50** 28 Yf 55
Beaucourt **90** 71 Gf 64
Beaucourt-en-Santerre **80** 17 Cd 50
Beaucourt-sur-l'Ancre **80** 8 Ce 48
Beaucourt-sur-l'Hallue **80** 7 Cc 49
Beaucouzé **49** 61 Zc 64
Beaucroissant **38** 107 Fc 76
Beaudéan **65** 139 Aa 90
Beaudéduit **60** 17 Ca 50
Beaudignies **59** 9 Dd 47
Beaudricourt **62** 7 Cc 47
Beaufai **61** 31 Ad 56
Beaufay **72** 47 Ac 60
Beauficel **50** 29 Za 56
Beauficel-en-Lyons **27** 16 Bd 52
Beaufin **38** 120 Ff 80
Beaufort **31** 140 Ba 88
Beaufort **34** 142 Ce 89
Beaufort **38** 107 Fa 77
Beaufort **39** 83 Fc 69
Beaufort **59** 9 Df 47
Beaufort **73** 97 Gd 74
Beaufort-Blavincourt **62** 8 Cd 47
Beaufort-en-Argonne **55** 20 Fa 52
Beaufort-en-Santerre **80** 17 Ce 50
Beaufort-en-Vallée **49** 62 Ze 64
Beaufort-sur-Gervanne **26** 119 Fa 80
Beaufou **85** 74 Yc 68
Beaufour-Druval **14** 14 Aa 53
Beaufremont **88** 54 Fe 59
Beaugas **47** 112 Ad 81
Beaugeay **17** 86 Za 73
Beaugency **45** 64 Bd 62
Beaugies-sous-Bois **60** 18 Da 51
Beaujeu **04** 120 Gc 83
Beaujeu **69** 94 Ed 72
Beaujeu-Saint-Vallier-Pierrejux-et-Quitteur **70** 69 Fe 64
Beaulandais **61** 29 Zc 57
Beaulencourt **62** 8 Cf 48
Beaulieu **07** 117 Eb 82
Beaulieu **14** 29 Zb 55
Beaulieu **15** 103 Cd 76
Beaulieu **21** 68 Ee 62
Beaulieu **34** 130 Ea 86
Beaulieu **36** 89 Bb 70
Beaulieu **38** 107 Fc 77
Beaulieu **43** 105 Df 78
Beaulieu **45** 66 Ce 63
Beaulieu **58** 67 Dd 65
Beaulieu **61** 31 Ae 56
Beaulieu **63** 104 Db 76
Beaulieu-en-Argonne **55** 36 Fa 54
Beaulieu-les-Fontaines **60** 18 Cf 51
Beaulieu-lès-Loches **37** 63 Ba 66
Beaulieu-sous-Bressuire **79** 75 Zc 67
Beaulieu-sous-la-Roche **85** 74 Yc 68
Beaulieu-sous-Parthenay **79** 76 Ze 69
Beaulieu-sur-Dordogne **19** 114 Bf 79
Beaulieu-sur-Layon **49** 61 Zc 65
Beaulieu-sur-Mer **06** 135 Hb 86
Beaulieu-sur-Oudon **53** 46 Za 61
Beaulieu-sur-Sonnette **16** 88 Ac 73
Beaulon **03** 81 De 69
Beaumais **14** 30 Zf 55
Beaumarchés **32** 125 Aa 87
Beaumat **46** 114 Bd 81
Beaumé **02** 19 Ea 49
Beaume, la **05** 119 Fd 81
Beauménil **88** 56 Ge 59
Beaumerie-Saint-Martin **62** 7 Be 46
Beaumes-de-Venise **84** 131 Fa 84
Beaumesnil **14** 29 Za 55
Beaumesnil **27** 31 Ae 54
Beaumettes **84** 132 Fb 85
Beaumetz **80** 7 Ca 48
Beaumetz-lès-Aire **62** 7 Cb 45
Beaumetz-lès-Cambrai **62** 8 Cf 48
Beaumetz-lès-Loges **62** 8 Cd 47
Beaumont **19** 102 Be 76
Beaumont **24** 113 Ae 80
Beaumont **32** 125 Ab 85
Beaumont **43** 104 Dc 77
Beaumont **54** 37 Fe 55
Beaumont **63** 92 Da 74
Beaumont **63** 92 Dc 73
Beaumont **74** 96 Ga 72
Beaumont **86** 76 Ac 68
Beaumont **89** 51 Dd 61
Beaumont-de-Lomagne **82** 126 Af 85
Beaumont-de-Pertuis **84** 132 Fe 86
Beaumont-du-Gâtinais **77** 50 Cc 60
Beaumont-du-Lac **87** 90 Be 74
Beaumont-du-Ventoux **84** 132 Fa 83
Beaumontel **27** 31 Ae 54
Beaumont-en-Argonne **08** 20 Fa 51
Beaumont-en-Auge **14** 14 Aa 53
Beaumont-en-Beine **02** 18 Da 50
Beaumont-en-Diois **26** 119 Fc 81
Beaumont-en-Véron **37** 62 Ab 65
Beaumont-Hague **50** 12 Ya 50
Beaumont-Hamel **80** 8 Cd 48
Beaumont-la-Ferrière **58** 66 Db 65
Beaumont-la-Ronce **37** 63 Ae 63
Beaumont-le-Hareng **76** 16 Bb 50
Beaumont-le-Roger **27** 31 Ae 54
Beaumont-les-Autels **28** 48 Af 59
Beaumont-les-Nonains **60** 17 Ca 53
Beaumont-lès-Valence **26** 118 Ef 79
Beaumont-Monteux **26** 118 Ef 78
Beaumont-Pied-de-Bœuf **53** 46 Zd 61
Beaumont-Pied-de-Bœuf **72** 62 Ac 62
Beaumont-Sardolles **58** 80 Dc 67
Beaumont-sur-Dême **72** 63 Ad 62
Beaumont-sur-Grosne **71** 82 Ef 69
Beaumont-sur-Lèze **31** 140 Bc 88
Beaumont-sur-Oise **95** 33 Cb 54
Beaumont-sur-Sarthe **72** 47 Aa 59
Beaumont-sur-Vesle **51** 35 Eb 53
Beaumont-sur-Vingeanne **21** 69 Fc 64
Beaumont-Village **37** 63 Bb 65
Beaumotte-Aubertrans **70** 70 Gb 64
Beaumotte-lès-Pin **70** 70 Ff 65
Beaunay **51** 35 Df 55
Beaune **21** 82 Ef 66
Beaune-d'Allier **03** 92 Cf 71
Beaune-la-Rolande **45** 50 Cc 60
Beaune-sur-Arzon **43** 105 De 77
Beaunotte **21** 68 Ee 62
Beaupont **01** 95 Fb 70
Beaupouyet **24** 100 Ab 79
Beaupréau **49** 61 Za 65
Beaupuy **31** 127 Bd 87
Beaupuy **32** 126 Ba 87
Beaupuy **47** 112 Aa 81
Beaupuy **82** 126 Ba 86
Beauquesne **80** 7 Cc 48
Beaurain **59** 9 Dd 47
Beaurains **62** 8 Cd 47
Beaurains-lès-Noyon **60** 18 Cf 51
Beaurainville **62** 7 Bf 46
Beaurecueil **13** 146 Fd 87
Beauregard **01** 94 Ee 73
Beauregard **46** 113 Bc 81
Beauregard **46** 114 Be 82
Beauregard-Baret **26** 119 Fb 79
Beauregard-de-Terrasson **24** 101 Bb 78
Beauregard-et-Bassac **24** 100 Ad 79
Beauregard-l'Evêque **63** 92 Dd 74
Beauregard-Vendon **63** 92 Da 73
Beaurepaire **38** 106 Fa 76
Beaurepaire **76** 14 Ab 50
Beaurepaire **85** 74 Yf 67
Beaurepaire-en-Bresse **71** 83 Fc 68
Beaurepaire-sur-Sambre **59** 9 De 48
Beaurevoir **02** 9 Db 49
Beaurières **26** 119 Fd 81
Beaurieux **02** 19 De 52
Beaurieux **59** 10 Ea 47
Beauronne **24** 100 Ac 78
Beausemblant **26** 106 Ee 77
Beausite **55** 37 Fb 55
Beausoleil **06** 135 Hc 86
Beaussac **24** 100 Ac 76
Beaussais **79** 87 Zf 71
Beaussault **76** 16 Bd 50
Beausse **49** 61 Za 65
Beausset, Le **83** 147 Fe 89
Beauteville **31** 141 Be 88
Beautheil **77** 34 Da 56
Beautiran **33** 111 Zd 80
Beautor **02** 18 Dc 51
Beautot **76** 15 Ba 51
Beauvain **61** 29 Ze 57
Beauvais **60** 17 Ca 52
Beauvais-sur-Matha **17** 87 Ze 73
Beauvais-sur-Tescou **81** 127 Bd 85
Beauval **80** 7 Cb 48
Beauvallon **26** 118 Ef 79
Beauvau **49** 62 Ze 63
Beauvène **07** 118 Ed 79
Beauvernois **71** 83 Fc 67
Beauvezer **04** 134 Gd 84
Beauville **31** 141 Be 88
Beauville **47** 113 Af 83
Beauvilliers **28** 49 Bd 59
Beauvilliers **41** 48 Bb 62
Beauvilliers **89** 67 Ea 64
Beauvoir **60** 17 Cb 51
Beauvoir **77** 34 Cf 57
Beauvoir **89** 66 Dc 62
Beauvoir-de-Marc **38** 107 Fa 75
Beauvoir-en-Lyons **76** 16 Bd 51
Beauvoir-en-Royans **38** 107 Fc 78
Beauvoir-sur-Mer **85** 73 Xf 67
Beauvoir-sur-Niort **79** 87 Zd 71
Beauvoir-Wavans **62** 7 Ca 47
Beauvois **62** 7 Cb 46
Beauvois-en-Cambrésis **59** 9 Dc 48
Beauvois-en-Vermandois **02** 18 Da 49
Beauvoisin **26** 132 Fb 83
Beauvoisin **30** 130 Eb 86
Beaux **43** 105 Ea 77
Beauzac **43** 105 Ea 77
Beauzelle **31** 126 Bc 87
Beauziac **47** 112 Aa 83
Bébing **57** 39 Gf 56
Beblenheim **68** 56 Ha 60
Beccas **32** 139 Aa 88
Bec-de-Mortagne **76** 15 Ac 50
Béceleuf **79** 75 Zc 70
Béchamps **54** 37 Fe 53
Bec-Hellouin, le **27** 15 Ae 53
Bécherel **35** 44 Ya 59
Bécheresse **16** 100 Aa 75
Béchy **57** 38 Gc 55
Bécordel **80** 8 Ce 49
Bécourt **62** 3 Bf 45
Becquigny **02** 9 Dc 48
Becquigny **80** 17 Cd 50
Bec-Thomas, Le **27** 15 Af 53
Bédarieux **34** 143 Da 87
Bédarrides **84** 131 Ef 84
Beddes **18** 79 Cb 69
Bédéchan **32** 126 Ae 87
Bédée **35** 44 Ya 59
Bédeilhac **09** 152 Bd 91
Bédeille **09** 140 Ba 90
Bédeille **64** 138 Zf 88
Bédenac **17** 99 Ze 78
Bédoin **84** 132 Fb 84
Bédouès **48** 116 Dd 82
Bedous **64** 137 Zc 91
Béduer **46** 114 Bf 81
Beffes **18** 80 Da 66
Beffia **39** 83 Fd 69
Beffu-et-le-Morthomme **08** 20 Ef 52
Bégaar **40** 123 Za 86
Bégadan **33** 98 Za 76
Béganne **56** 59 Xe 63
Bégard **22** 26 We 57
Begerel = Bécherel **35** 44 Ya 59
Bègles **33** 111 Zc 80
Begnécourt **88** 55 Ga 59
Bégole **65** 139 Ab 90
Bégude-de-Mazenac, le **26** 118 Ef 81
Bégues **03** 92 Da 72
Béguios **64** 137 Yf 88
Béhagnies **62** 8 Cf 48
Béhasque-Lapiste **64** 137 Yf 89
Béhen **80** 7 Be 48
Béhencourt **80** 7 Cc 49
Béhéricourt **60** 18 Da 51
Behonne **55** 37 Fb 56
Béhorléguy **64** 137 Yf 90
Béhoust **78** 32 Be 56
Behren-lès-Forbach **57** 39 Gf 53
Beignon **56** 44 Xe 61
Beillé **72** 48 Ad 60
Beine **89** 67 De 62
Beine-Nauroy **51** 19 Eb 53
Beinheim **67** 40 Ia 55
Beire-le-Châtel **21** 69 Fb 64
Beire-le-Fort **21** 69 Fa 65
Beissat **23** 91 Cb 74
Bélâbre **36** 77 Ba 69
Belan-sur-Ource **21** 53 Ed 61
Bélarga **34** 143 Dc 87
Bélaye **46** 113 Bb 82
Belberaud **31** 141 Bd 87
Belbèse **82** 126 Ba 85
Belbeuf **76** 15 Ba 52
Belbèze-de-Lauragais **31** 141 Bd 88
Belbèze-en-Comminges **31** 140 Ba 90
Belcaire **11** 153 Bf 92
Belcastel **12** 115 Cc 82
Belcastel **81** 127 Be 87
Belcastel-et-Buc **11** 142 Cc 90
Belcodène **13** 146 Fd 88
Bélesta **09** 153 Bf 91
Bélesta **66** 154 Cd 92
Beleymas **24** 100 Ad 79
Belfahy **70** 71 Ge 62
Belfays **25** 71 Gf 65
Belflou **11** 141 Be 89
Belfonds **61** 30 Aa 57
Belfort **90** 71 Gf 63
Belfort-sur-Rebenty **11** 153 Ca 92
Belgeard **53** 46 Zc 59
Belgentier **83** 147 Ga 89
Belgodere **2B** 156 Ka 93
Belhade **40** 111 Zb 82
Belhomert-Guéhouville **28** 31 Ba 57
Belieu, le **25** 71 Gd 66
Béligneux **01** 95 Fa 73
Belin-Béliet **33** 110 Zb 82
Bélis **40** 124 Zd 84
Bellac **87** 89 Ba 72
Bellaffaire **04** 120 Gb 82
Bellaing **59** 9 Dc 46
Bellancourt **80** 7 Bf 48
Bellange **57** 38 Gd 55
Bellavilliers **61** 48 Ad 58
Bellay-en-Vexin, le **95** 32 Bf 54
Belleau **02** 34 Db 54
Belleau **54** 38 Gb 55
Bellebat **33** 111 Ze 80
Bellebrune **62** 3 Be 44
Bellechassagne **19** 103 Cb 75
Bellechaume **89** 52 Dd 60
Belle-Église **60** 33 Cb 53
Belle-et-Houllefort **62** 3 Be 44
Bellefond **21** 69 Fa 64
Bellefond **33** 111 Ze 80
Bellefonds **86** 76 Ad 69
Bellefontaine **39** 84 Ga 69
Bellefontaine **50** 29 Za 56
Bellefontaine **88** 55 Gc 60
Bellefontaine **95** 33 Cc 54
Bellegarde **30** 131 Ed 86
Bellegarde **32** 139 Ad 88
Bellegarde **45** 50 Cc 61
Bellegarde **81** 128 Cb 85
Bellegarde **81** 128 Cc 86
Bellegarde-du-Razès **11** 141 Ca 90
Bellegarde-en Diois **26** 119 Fc 81
Bellegarde-en-Forez **42** 105 Eb 75
Bellegarde-en-Marche **23** 91 Cb 73
Bellegarde-Poussieu **38** 106 Ef 76
Bellegarde-Sainte Marie **31** 126 Ba 86
Bellegarde-sur-Valserine **01** 95 Fe 72
Belleherbe **25** 71 Gd 65
Belle-Isle-en-Terre **22** 26 Wd 57
Bellême **61** 48 Ad 58
Bellenaves **03** 92 Da 71
Bellencombre **76** 16 Bb 50
Belleneuve **21** 69 Fb 64
Bellenglise **02** 18 Db 49
Bellengreville **14** 30 Ze 54
Bellengreville **76** 6 Bb 49
Bellenod-sur-Seine **21** 68 Ed 62
Bellenot-sous-Pouilly **21** 68 Ed 65
Belleray **55** 37 Fc 54
Bellerive-sur-Allier **03** 92 Dc 72
Belleserre **81** 141 Ca 88
Bellesserre **31** 126 Ba 86
Belleu **02** 18 Dc 52
Belleuse **80** 17 Ca 50
Bellevaux **74** 96 Gd 71
Bellevesvre **71** 83 Fc 67
Belleville **54** 38 Ga 56
Belleville **69** 94 Ee 72
Belleville **79** 87 Zc 72
Belleville-en-Caux **76** 15 Af 50
Belleville-et-Châtillon-sur-Bar **08** 20 Ee 52
Belleville-sur-Loire **18** 66 Cf 63
Belleville-sur-Mer **76** 6 Bb 49
Belleville-sur-Meuse **55** 37 Fc 53
Belleville-sur-Vie **85** 74 Yd 68
Bellevue-la-Montagne **43** 105 De 77
Belley **01** 95 Fe 74
Belleydoux **01** 95 Fe 71
Bellicourt **02** 8 Db 49
Bellière, La **61** 30 Zf 57
Bellière, La **76** 16 Bd 51
Bellignat **01** 95 Fd 71
Belligné **44** 61 Yf 64
Bellignies **59** 9 De 46
Belliole, La **89** 51 Da 60
Belloc **09** 140 Ba 90
Belloc **09** 141 Bf 90
Bellocq **64** 123 Za 87
Bellocq **64** 138 Zf 88
Bellon **16** 100 Aa 77
Bellonne **62** 8 Da 47
Bellot **77** 34 Db 55
Bellou **14** 30 Ab 55
Bellou-en-Houlme **61** 29 Zd 56
Bellou-le-Trichard **61** 48 Ad 59
Bellou-sur-Huisne **61** 48 Ae 58
Belloy **60** 17 Cd 51
Belloy-en-France **95** 33 Cc 54
Belloy-en-Santerre **80** 18 Cf 49
Belloy-Saint-Leonard **80** 16 Bf 49
Belloy-sur-Somme **80** 7 Ca 49
Belluire **17** 99 Zc 75
Belmont **25** 70 Gc 65
Belmont **38** 107 Fc 76
Belmont **39** 83 Fd 66
Belmont **52** 69 Fd 62
Belmont **70** 70 Gc 62
Belmont-Bretenoux **46** 114 Bf 79
Belmont-de-la-Loire **69** 94 Ec 72
Belmontet **46** 113 Ba 82
Belmont-lès-Darney **88** 55 Ga 60
Belmont-Luthézieu **01** 95 Fd 73
Belmont-Sainte-Foi **46** 127 Bd 83
Belmont-sur-Buttant **88** 56 Ge 59
Belmont-sur-Rance **12** 128 Ce 86
Belmont-sur-Vair **88** 55 Ff 59
Belonchamp **70** 71 Gd 62
Belpech **11** 141 Be 89
Belrupt **88** 55 Ga 60
Belrupt-en-Verdunois **55** 37 Fc 54
Bélus **40** 123 Yf 87
Belval **08** 20 Ed 50
Belval **50** 28 Yd 54
Belval **88** 56 Ha 58
Belval-en-Argonne **51** 36 Fa 55
Belval-sous-Châtillon **51** 35 Df 54
Belvédère **06** 135 Hb 84
Belvédère-Campomoro **2A** 158 If 99
Belverne **70** 71 Gd 63
Belvès **24** 113 Ba 80
Belvès-de-Castillon **33** 111 Zf 79
Belvèze **82** 113 Ba 83
Belvèze-du-Razès **11** 141 Ca 90
Belvézet **30** 131 Ec 84
Belvianes-et-Cavirac **11** 153 Cb 91
Belvidè-U Campu Moru = Bèlvedère-Campomoro **2A** 158 If 99
Belvis **11** 153 Ca 91
Belvoir **25** 71 Gd 65
Belz **56** 43 We 62
Bémécourt **27** 31 Af 55
Benac **09** 152 Bd 91
Bénac **65** 138 Aa 90
Benac'h = Belle-Isle-en-Terre **22** 26 Wd 57
Benagues **09** 141 Bd 90
Benais **37** 62 Ab 65
Bénaix **09** 153 Bf 91
Bénaménil **54** 39 Ge 57
Bénarville **76** 15 Ad 50
Benassay **86** 76 Aa 69
Benâte, La **17** 87 Zc 72
Benay **02** 18 Db 50
Benayes **19** 102 Bc 75
Bendejun **06** 135 Hb 85
Bendorf **68** 71 Hb 64
Bénéjacq **64** 138 Ze 89
Bénerville-sur-Mer **14** 14 Aa 52
Bénesse-lès-Dax **40** 123 Yf 87
Bénesse-Maremne **40** 122 Yd 87
Benest **16** 88 Ac 72
Bénestroff **57** 39 Ge 55
Bénesville **76** 15 Ae 50
Benet **85** 75 Zc 70
Beneuvre **21** 68 Ef 62
Bénévent-et-Charbillac **05** 120 Ga 80
Bénévent-l'Abbaye **23** 90 Bd 72
Beney-en-Woëvre **55** 37 Fe 55
Benfeld **67** 57 Hd 58
Bengy-sur-Craon **18** 80 Ce 66
Béning-lès-Saint-Avold **57** 39 Gf 54
Bénisson-Dieu, La **42** 93 Ea 72
Bennecourt **78** 32 Bd 54
Bennetot **76** 15 Ad 50
Benney **54** 38 Gb 57
Bennwihr **68** 56 Hb 60
Bénodet **29** 41 Vf 61
Benoisey **21** 68 Ec 63
Benoîtville **50** 12 Yb 51
Benon **17** 87 Zb 71
Bénonces **01** 95 Fc 74
Bénouville **76** 14 Ab 50
Benque **31** 140 Af 89
Benque **31** 140 Ba 89
Benque **65** 139 Ab 90
Benque-Dessous-et-Dessus **31** 151 Ad 92
Bentayou-Sérée **64** 138 Zf 88
Bény **01** 95 Fb 71
Béon **01** 95 Fe 73
Béon **89** 51 Db 61
Béost **64** 138 Zd 91
Bérat **31** 140 Bb 88
Berbérust **65** 138 Zf 90
Berbezit **43** 104 Dd 77
Berbiguières **24** 113 Ba 79
Bercenay-en-Othe **10** 52 Df 59
Bercenay-le-Hayer **10** 52 Dd 58
Berchères-les-Pierres **28** 49 Bd 58
Berchères-Saint-Germain **28** 32 Bc 57
Berchères-sur-Vesgre **28** 32 Bd 55
Berck **62** 6 Bd 46
Bercloux **17** 87 Zd 73
Berd'huis **61** 48 Ae 58
Berdoues-Ponsampère **32** 139 Ac 88
Bérelles **59** 10 Ea 47
Berentzwiller **68** 72 Hc 63
Bérenx **64** 137 Za 88
Béréziat **01** 94 Fa 70
Berfay **72** 48 Ae 61
Berg **57** 22 Gb 52
Berg **67** 39 Ha 55
Berganty **46** 114 Bd 82
Bergbieten **67** 40 Hc 57
Bergerac **24** 112 Ac 79
Bergères **10** 53 Ed 59
Bergères-lès-Vertus **51** 35 Ea 55
Bergères-sous-Montmirail **51** 35 Dd 55
Bergesserin **71** 94 Ed 70
Bergheim **68** 56 Hc 59
Bergholtz **68** 56 Hb 61
Bergicourt **80** 17 Ca 50
Bergnicourt **08** 19 Eb 52
Bergonne **63** 104 Db 75
Bergouey **40** 123 Zb 86
Bergouey-Viellenare **64** 137 Yf 88
Bergueneuse **62** 7 Cb 46
Bergues **02** 9 De 48
Bergues **59** 3 Cc 43
Berguette **62** 8 Cc 45
Berhet **22** 26 We 56
Bérigny **50** 13 Za 54
Bérig-Vintrage **57** 39 Ge 55
Berjou **61** 29 Zd 55
Berlaimont **59** 9 De 47
Berlancourt **02** 19 De 50
Berlancourt **60** 18 Da 50
Berlats **81** 128 Cd 86
Berlencourt-le-Cauroy **62** 8 Cc 47
Berles-au-Bois **62** 8 Cd 47
Berlière, La **08** 20 Ef 51
Berling **57** 39 Hb 56
Berlise **02** 19 Ea 50
Berlou **34** 143 Cf 88
Bermerain **59** 9 Dd 47
Berméricourt **51** 19 Df 52
Bermeries **59** 9 De 47
Bermering **57** 39 Ge 55
Bermesnil **80** 16 Be 49
Bermicourt **62** 7 Cb 46
Bermonville **76** 15 Ad 51
Bernac **16** 88 Aa 72
Bernac **81** 127 Ca 85
Bernac-Debat **65** 139 Aa 90
Bernac-Dessus **65** 139 Aa 90
Bernadets **64** 138 Ze 88
Bernadets-Debat **65** 139 Ab 88
Bernadets-Dessus **65** 139 Ab 89
Bernard, Le **85** 74 Yd 70
Bernardière, La **85** 60 Ye 66
Bernardswiller **67** 57 Hc 58
Bernardvillé **67** 56 Hc 58
Bernâtre **80** 7 Ca 47
Bernaville **80** 7 Ca 48
Bernay **27** 31 Ad 54
Bernay **72** 47 Zf 60
Bernay-en-Ponthieu **80** 7 Be 47
Bernay-Saint-Martin **17** 87 Zc 72
Bernay-Vilbert **77** 34 Cf 56
Berné **56** 42 Wd 61
Bernécourt **54** 37 Ff 55
Bernède **32** 124 Ze 86
Bernerie-en-Retz, La **44** 59 Xf 66
Bernes **80** 18 Da 49
Bernesq **14** 13 Za 53
Bernes-sur-Oise **95** 33 Cb 54
Berneuil **16** 99 Zf 76
Berneuil **80** 7 Cb 48
Berneuil **87** 89 Ba 72
Berneuil-en-Bray **60** 17 Ca 52
Berneuil-sur-Aisne **60** 18 Da 52
Berneval-le-Grand **76** 6 Bb 49
Berneville **62** 8 Ce 47
Bernex **74** 97 Ge 70
Bernienville **27** 31 Ba 54
Bernières **76** 15 Ac 51
Bernières-d'Ailly **14** 30 Zf 55
Bernières-sur-Mer **14** 13 Zd 52
Bernières-sur-Seine **27** 16 Bc 53
Bernieulles **62** 7 Be 45

Bastide-Pradines, La — Bernieulles (F) 165

Bernin 38 108 Ef 77
Bernis 30 130 Eb 86
Bernolsheim 67 40 He 56
Bernon 10 52 Df 61
Bernos-Beaulac 33 111 Ze 82
Bernot 02 18 Dd 49
Bernouil 89 52 Df 61
Bernouville 27 16 Be 53
Bernwiller 68 71 Hb 62
Berny-en-Santerre 62 8 Cf 49
Berny-Rivière 02 18 Da 52
Bérou-la-Mulotière 28 31 Ba 56
Berrac 32 125 Ad 84
Berre-des-Alpes 06 135 Hb 85
Berre-l'Étang 13 146 Fa 88
Berrias 07 117 Eb 82
Berric 56 59 Xc 63
Berrie 86 62 Zf 66
Berrien 29 25 Wb 58
Berrieux 02 19 Df 52
Berrogain-Laruns 64 137 Za 89
Berru 51 19 Ea 53
Berrwiller 68 56 Hb 61
Berry-au-Bac 02 19 Df 52
Berry-Bouy 18 79 Cb 66
Bersac, le 05 119 Fe 82
Bersac-sur-Rivalier 87 90 Bc 72
Bersaillin 39 83 Fd 67
Bersée 59 8 Da 46
Bersillies 59 9 Ea 47
Berstett 67 40 Hd 56
Berstheim 67 40 He 56
Bert 03 93 De 71
Bertangles 80 7 Cb 49
Bertaucourt-Épourdon 02
18 Dc 51
Berteaucourt 80 17 Cc 50
Berteaucourt-lès-Dames 80
7 Ca 48
Bertheauville 76 15 Ad 50
Berthecourt 60 17 Cb 52
Berthegon 86 76 Ab 67
Berthelange 25 70 Fe 65
Bertheléville, Dainville- 55
54 Fd 58
Berthelming 57 39 Ha 56
Berthen 59 4 Ce 44
Berthenay 37 63 Ad 64
Berthenicourt 02 18 Dc 50
Berthenonville 27 32 Bd 53
Berthenoux, La 36 79 Ca 69
Berthez 33 111 Zf 82
Bertholène 12 115 Ce 82
Berthouville 27 31 Ad 53
Bertignat 63 105 De 75
Bertignolles 10 53 Ed 60
Bertincourt 62 8 Cf 48
Bertoncourt 08 20 Ec 51
Bertrambois 54 39 Gf 57
Bertrancourt 80 8 Cd 48
Bertrange 57 22 Gb 53
Bertre 81 141 Bf 87
Bertren 65 139 Ad 91
Bertreville-Saint-Ouen 76
15 Ba 50
Bertric-Burée 24 100 Ac 77
Bertrichamps 54 56 Ge 58
Bertricourt 02 19 Ea 52
Bertrimont 76 15 Ba 50
Bertrimoutier 88 56 Ha 59
Bertry 59 9 Dc 48
Béru 89 67 Df 62
Bérulle 10 52 De 59
Bérus 72 47 Aa 58
Bérus 72 47 Ab 58
Berville 76 15 Ae 50
Berville 95 33 Ca 53
Berville-en-Roumois 27 15 Ae 53
Berville-la-Campagne 27 31 Af 54
Berviller-en-Moselle 57 22 Gd 53
Berville-sur-Mer 27 14 Ac 52
Berville-sur-Seine 76 15 Af 52
Berzé-la-Ville 71 94 Ee 70
Berzé-le-Châtel 71 94 Ee 70
Berzème 07 118 Ed 81
Berzieux 51 36 Ee 54
Berzy-le-Sec 02 18 Db 52
Besace, La 08 19 Ec 50
Besace, La 08 20 Ef 51
Besain 39 84 Fe 68
Besançon 25 70 Ga 65
Bésayes 26 119 Fa 79
Bescat 64 138 Zd 90
Bésingrand 64 138 Zc 89
Besion 50 28 Yf 55
Besmé 02 18 Db 51
Besmont 02 19 Ea 49
Besnans 70 70 Gb 64
Besné 44 59 Xf 64
Besneville 50 12 Yc 52
Besny-et-Loizy 02 19 Dd 51
Bessac 16 100 Zf 76
Bessais-le-Fromental 18 80 Ce 68
Bessamorel 43 105 Ea 78
Bessan 34 143 Dc 88
Bessancourt 95 33 Cb 54
Bessans 73 109 Gf 77
Bessas 07 117 Eb 82
Bessat, Le 42 106 Ed 76
Bessay 85 74 Yf 69
Bessay-sur-Allier 03 80 Dc 70
Besse 15 103 Cc 78
Bessé 16 88 Aa 73
Besse 24 113 Ba 80
Besse 38 108 Gb 78
Bessède-de-Sault 11 153 Ca 92
Besse-et-Saint-Anastaise 63
104 Cf 75
Bessèges 30 130 Ea 83
Bessenay 69 94 Ed 74
Bessens 82 126 Bb 85
Bessé-sur-Braye 72 48 Ae 62
Besse-sur-Issole 83 147 Gb 88
Besset 09 141 Bf 90
Bessey 42 106 Ee 76
Bessey-en-Chaume 21 82 Ee 66
Bessey-la-Cour 21 82 Ed 66
Bessey-lès-Cîteaux 21 69 Fa 66
Besseyre-Saint-Mary, La 43
116 Dc 79
Bessières 31 127 Bd 86
Bessines 79 87 Zc 71
Bessines-sur-Gartempe 87
89 Bc 72
Bessins 38 107 Fb 77
Besson 03 80 Db 70
Bessoncourt 90 71 Gf 63
Bessonies 46 114 Ca 80
Bessons, Les 48 116 Db 80
Bessuéjouls 12 115 Ce 81
Bessy-sur-Cure 89 67 De 63
Bestiac 09 153 Be 92
Bétaille 46 114 Be 79
Betaucourt 70 55 Ff 61
Betbèze 65 139 Ad 89
Betbezer-d'Armagnac 40
124 Ze 85
Betcave-Aguin 32 139 Ae 88
Betchat 09 140 Ba 90
Bétête 23 90 Ca 70
Béthancourt-en-Valois 60
18 Cf 53
Béthancourt-en-Vaux 02 18 Da 51
Béthelainville 55 37 Fb 53
Béthemont-la-Forêt 95 33 Cb 54
Béthencourt 59 9 Dc 48
Béthencourt-sur-Mer 80 6 Bd 48
Béthencourt-sur-Somme 80
18 Cf 50
Bétheniville 51 20 Ec 53
Bétheny 51 19 Ea 53
Béthincourt 55 21 Fb 53
Béthines 86 77 Af 69
Béthisy-Saint-Martin 60 18 Ce 53
Béthisy-Saint-Pierre 60 18 Ce 53
Bethmale 09 151 Ba 91
Béthon 51 35 Dd 57
Béthon 72 47 Aa 58
Béthoncourt 25 71 Ge 63
Béthonsart 62 8 Cd 46
Béthonvilliers 28 48 Af 59
Bethonvilliers 90 71 Gf 62
Béthune 62 8 Cd 45
Bétignicourt 10 53 Ec 58
Béton-Bazoches 77 34 Db 56
Betoncourt-les-Ménétries 70
70 Fe 62
Betoncourt-Saint-Pancras 70
55 Gb 61
Betoncourt-sur-Mance 70
54 Fe 61
Bétous 32 124 Aa 86
Betpouey 65 150 Aa 91
Betpouy 65 139 Ac 89
Bétracq 64 138 Zf 87
Betschdorf 67 40 Hf 55
Bettainvillers 54 21 Ff 53
Bettancourt-la-Ferrée 52 36 Ef 57
Bettancourt-la-Longue 51
36 Ef 56
Bettange 57 22 Gc 53
Bettant 01 95 Fc 73
Bettborn 57 39 Ha 56
Bettegney-Saint-Brice 88
55 Gb 59
Bettelainville 57 22 Gb 53
Bettembos 80 16 Bf 50
Bettencourt-Rivière 80 7 Bf 48
Bettencourt-Saint-Ouen 80
7 Ca 48
Bettendorf 68 71 Hb 63
Bettes 65 139 Ab 90
Betteville 76 15 Ae 51
Bettignies 59 9 Df 46
Betting-lès-Saint-Avold 57
39 Ge 54
Bettlach 68 72 Hc 63
Betton 35 45 Yc 59
Betton-Bettonet 73 108 Gb 75
Bettoncourt 88 55 Ga 58
Bettrechies 59 9 De 47
Bettwiller 67 39 Hb 55
Betz 60 34 Cf 54
Betz-le-Château 37 77 Af 67
Beugnâtre 62 8 Cf 48
Beugneux 02 18 Dc 53
Beugnies 59 9 Ea 47
Beugnon 89 52 De 60
Beugnon, Le 79 75 Zc 69
Beugnon, Le 79 75 Ze 69
Beugny 62 8 Cf 48
Beuil 06 134 Gf 84
Beulay, Le 88 56 Ha 59
Beulotte-Saint-Laurent 70
56 Ge 61
Beure 25 70 Ga 65
Beurey 10 53 Ec 59
Beurey-Bauguay 21 68 Ec 65
Beurey-sur-Saulx 55 36 Fa 56
Beurières 63 105 De 76
Beurizot 21 68 Ec 64
Beurlay 17 86 Zb 73
Beurville 52 53 Ef 59
Beussent 62 7 Be 45
Beutin 62 7 Be 46
Beuvardes 02 34 Dc 54
Beuvezin 54 55 Ff 58
Beuvigny 50 29 Za 55
Beuvillers 14 30 Ab 54
Beuvillers 54 21 Ff 52
Beuvraignes 80 17 Ce 51
Beuvrequen 62 3 Bd 44
Beuvron 58 67 Dc 64
Beuvron-en-Auge 14 14 Zf 53
Beuvry 62 8 Ce 45
Beuvry-la-Forêt 59 9 Db 46
Beux 57 38 Gb 54
Beuxes 86 62 Ab 66
Beuzec-Cap-Sizun 29 41 Vc 60
Beuzeville 27 14 Ac 52
Beuzeville-au-Plain 50 12 Ye 52
Beuzeville-la-Bastille 50 12 Yd 52
Beuzeville-la-Grenier 76 15 Ac 51
Beuzeville-la-Guérard 76
15 Ad 50
Beuzevillette 76 15 Ad 51
Beveuge 70 70 Gc 63
Béville-le-Comte 28 32 Be 58
Bévillers 59 9 Dc 48
Bevons 04 133 Ef 83
Bévy 21 68 Ef 65
Bey 01 94 Ef 71
Bey 71 82 Ef 68
Beychac-et-Caillau 33 111 Zd 79
Beylongue 40 123 Zb 85
Beynac 87 89 Bb 74
Beynac-et-Cazenac 24 113 Ba 79
Beynat 19 102 Ca 75
Beynes 04 133 Gb 84
Beynes 78 32 Bf 55
Beynost 01 94 Ef 73
Beyrède-Jumet 65 139 Ac 91
Beyren-lès-Sierck 57 22 Gb 52
Beyrie-en-Béarn 64 138 Zd 88
Beyries 40 123 Zc 87
Beyrie-sur-Joyeuse 64 137 Yf 89
Beyssac 19 101 Bc 76
Beyssac 19 102 Bf 76
Beyssenac 19 101 Bb 76
Bey-sur-Seille 54 38 Gc 56
Bez, Le 81 142 Cc 87
Bézac 09 141 Bd 90
Bezalles 77 34 Db 56
Bézancourt 76 16 Bd 52
Bezange-la-Petite 57 38 Gd 56
Bezannes 51 35 Df 53
Bézaudun-les-Alpes 06 134 Ha 86
Bézaudun-sur-Bine 26 119 Fb 81
Bezaumont 54 38 Ga 55
Bèze 21 69 Fb 64
Bézenac 24 113 Ba 79
Bézenet 03 91 Cf 70
Bézéril 32 140 Af 87
Bez-et-Esparon 30 129 Dd 85
Béziers 34 143 Db 88
Bezinghem 62 7 Be 45
Bezins-Garraux 31 139 Ae 91
Bezole, La 11 141 Ca 90
Bezolles 32 125 Ac 86
Bezons 95 33 Cb 55
Bezouce 30 132 Ec 85
Bézouotte 21 69 Fc 64
Bézues-Bajon 32 139 Ad 88
Bézu-le-Guéry 02 34 Db 54
Bézu-Saint-Eloi 27 16 Be 53
Bézu-Saint-Germain 02 34 Dc 54
Biaches 80 18 Cf 49
Biache-Saint-Vaast 62 8 Cf 47
Bians-les-Usiers 25 84 Gb 67
Biard 86 76 Ab 69
Biarne 39 69 Fc 66
Biarre 80 18 Cf 50
Biarritz 64 136 Yc 88
Biarrotte 40 122 Ye 87
Biars-sur-Cère 46 114 Bf 79
Bias 40 123 Ye 84
Bias 47 112 Ae 82
Biaudos 40 123 Ye 87
Bibiche 57 22 Gc 52
Biblisheim 67 40 He 55
Bibost 69 94 Ed 74
Bichancourt 02 18 Db 51
Biches 58 81 Dd 66
Bickenholtz 57 39 Ha 56
Bicqueley 54 38 Ff 57
Bidache 64 137 Yf 88
Bidarray 64 136 Yd 89
Bidart 64 136 Yc 88
Bidestroff 57 39 Ge 55
Biding 57 39 Ge 54
Bidon 07 118 Ed 82
Biécourt 88 55 Ff 59
Biederthal 68 72 Hc 64
Bief-des-Maisons 39 84 Ga 68
Bief-du-Fourg 39 84 Ga 68
Biefmorin 39 83 Fd 67
Biefvillers-lès-Bapaume 62
8 Ce 48
Bielle 64 138 Zd 90
Biencourt 80 7 Be 49
Biencourt-sur-Orge 55 37 Fc 57
Bienville 60 18 Cf 52
Bienville-la-Petite 54 38 Gd 57
Bienvillers-au-Bois 62 8 Cd 47
Biermes 08 20 Ec 52
Biermont 60 17 Ce 51
Bierné 53 46 Zc 62
Bierne 59 3 Cc 43
Bierre-lès-Semur 21 68 Eb 64
Bierry-les-Belles-Fontaines 89
67 Eb 63
Biert 09 152 Bb 91
Bierville 76 16 Bb 51
Biesheim 68 57 Hd 60
Biesles 52 54 Fb 60
Bietlenheim 67 40 He 56
Bieujac 33 111 Zf 81
Bieuxy 02 18 Db 52
Biéville 50 29 Za 54
Biéville-Beuville 14 14 Ze 53
Biéville-Quétiéville 14 30 Zf 54
Bièvres 02 19 De 52
Bièvres 08 21 Fb 51
Bièvres 91 33 Cb 56
Biffontaine 88 56 Ge 59
Biganos 33 110 Za 81
Bignac 16 88 Aa 74
Bignan 56 43 Xb 61
Bignay 17 87 Zb 73
Bigne, La 14 29 Zb 54
Bignicourt-sur-Marne 51 36 Ed 56
Bignicourt-sur-Saulx 51 36 Ee 56
Bignon, Le 44 60 Yd 66
Bignon-du-Maine, Le 53 46 Zc 61
Bignon-Mirabeau, Le 45 51 Cf 60
Bignoux 86 76 Ac 69
Bignycourt 08 20 Ec 52
Bigorno 2B 157 Kb 93
Bigornu = Bigorno 2B 157 Kb 93
Bigottière, La 53 46 Zb 59
Biguglia 2B 157 Kc 93
Bihorel 76 15 Ba 52
Bihucourt 62 8 Ce 48
Bilhères 64 138 Zd 90
Bilia 2A 158 If 99
Billac 19 114 Be 79
Billancelles 28 48 Bb 58
Billancourt 80 18 Cf 50
Billaux, Les 33 99 Ze 79
Billé 35 45 Ye 59
Billecul 39 84 Ga 68
Billère 64 138 Zd 89
Billey 21 69 Fc 66
Billezois 03 92 Dd 71
Billiat 01 95 Fe 72
Billième 73 96 Fe 74
Billiers 56 59 Xd 63
Billio 56 43 Xc 61
Billom 63 92 Dc 74
Billy 03 92 Dc 71
Billy 14 30 Ze 54
Billy 41 64 Bd 65
Billy-Berclau 62 8 Cf 45
Billy-Chevannes 58 80 Dc 66
Billy-le-Grand 51 35 Eb 54
Billy-lès-Chanceaux 21 68 Ee 63
Billy-Montigny 62 8 Cf 46
Billy-sous-Mangiennes 55
21 Fd 52
Billy-sur-Oisy 58 66 Dc 64
Billy-sur-Ourcq 02 34 Db 53
Bilwisheim 67 40 Hd 56
Bilzheim 68 56 Hc 61
Bimont 62 7 Bf 45
Binarville 51 20 Ef 53
Binas 41 49 Bc 61
Bindernheim 67 57 Hd 59
Binges 21 69 Fb 65
Binic 22 26 Xb 57
Bining 57 39 Hb 54
Biniville 50 12 Yd 52
Binos 31 151 Ad 91
Binson-et-Orquigny 51 35 De 54
Bio 46 114 Be 80
Biol 38 107 Fc 76
Biolle, La 73 96 Ff 74
Biollet 63 91 Ce 73
Bion 50 29 Za 57
Bioncourt 57 38 Gc 56
Bionville-sur-Nied 57 38 Gc 54
Biot 06 134 Hf 87
Biot, le 74 97 Gd 71
Bioule 82 127 Bd 84
Bioussac 16 88 Ab 72
Biozat 03 92 Db 72
Birac 16 99 Zf 75
Birac 33 111 Zf 82
Birac-sur-Trec 47 112 Ab 82
Biran 32 125 Ac 86
Biras 24 100 Ad 77
Biriatou 64 136 Yb 88
Birkenwald 67 39 Hc 56
Biron 17 99 Zd 75
Biron 24 113 Af 81
Biron 64 137 Zb 88
Biscarrosse 40 110 Yf 82
Bischheim 67 40 He 57
Bischholtz 67 40 Hd 55
Bischoffsheim 67 40 Hc 58
Bischwihr 68 57 Hc 60
Bischwiller 67 40 Hf 56
Bisel 68 71 Hb 63
Bisinchi 2B 157 Kc 94
Bislée 55 37 Fc 56
Bisping 57 39 Gf 56
Bissert 67 39 Ha 55
Bisseuil 51 35 Ea 54
Bissey-la-Côte 21 53 Ee 61
Bissey-la-Pierre 21 53 Ec 61
Bissey-sous-Cruchaud 71
82 Ee 68
Bissezeele 59 3 Cc 43
Bissières 14 30 Zf 54
Bissy-la-Mâconnaise 71 82 Ee 70
Bissy-sous-Uxelles 71 82 Ee 69
Bissy-sur-Fley 71 82 Ed 69
Bisten-en-Lorraine 57 38 Gd 53
Bistroff 57 39 Ge 54
Bitche 57 39 Hc 54
Bitry 58 66 Da 64
Bitry 60 18 Da 52
Bitschhoffen 67 40 Hd 55
Bitschwiller-lès-Thann 68 56 Ha 62
Bivès 32 126 Ae 85
Biviers 38 108 Fe 77
Biville 50 12 Yb 51
Biville-la-Baignarde 76 15 Ba 50
Biville-la-Rivière 76 15 Af 50
Biville-sur-Mer 76 6 Bb 49
Bivilliers 61 31 Ad 57
Bizanet 11 142 Cf 90
Bizanos 64 138 Zd 89
Bize 52 54 Fd 61
Bize 65 139 Ac 90
Bize-Minervois 11 142 Cf 89
Bizeneuille 03 91 Ce 70
Biziat 01 94 Ef 71
Bizonnes 38 107 Fc 76
Bizot, Le 25 71 Ge 66
Bizots, les 71 82 Ec 68
Bizou 61 31 Ae 58
Bizous 65 139 Ac 90
Blacé 69 94 Ed 72
Blaceret 69 94 Ed 72
Blaceret 69 94 Ee 72
Blacourt 60 16 Bf 52
Blacqueville 76 15 Af 51
Blacy 51 36 Ed 56
Blacy 89 67 Ea 63
Blaesheim 67 40 Hd 57
Blagnac 31 126 Bc 87
Blagny-sur-Vingeanne 21
69 Fc 64
Blaignac 33 111 Zf 81
Blaignan 33 98 Za 77
Blain 44 60 Yb 64
Blaincourt 60 17 Cc 53
Blaincourt-sur-Aube 10 53 Ec 58
Blainville-Crevon 76 16 Bb 51
Blainville-sur-l'Eau 54 38 Gc 57
Blainville-sur-Mer 50 28 Yc 54
Blainville-sur-Orne 14 14 Ze 53
Blairville 62 8 Ce 47
Blaiserives 52 53 Ef 58
Blaise-sous-Arzillières 51
36 Ed 56
Blaison-Gohier 49 61 Zd 64
Blaisy 52 53 Fa 59
Blaisy-Bas 21 68 Ee 64
Blaisy-Haut 21 68 Ee 64
Blajan 31 139 Ad 89
Blamont 25 71 Gf 64
Blâmont 54 39 Gf 57
Blan 81 141 Ca 87
Blanc, Le 36 77 Ba 69
Blancafort 18 65 Cd 63
Blancey 21 68 Ec 65
Blancfossé 60 17 Cb 51
Blanchefosse-et-Bay 08 19 Eb 50
Blancherupt 67 56 Hb 58
Blanc-Mesnil, Le 93 33 Cc 55
Blandainville 28 49 Bb 59
Blandas 30 129 Dd 85
Blandin 38 107 Fc 76
Blandouet 53 46 Ze 60
Blandy 77 33 Ce 57
Blandy 91 50 Cb 59
Blangerval-Blangermont 62
7 Cb 47
Blangy-le-Château 14 14 Ab 53
Blangy-sous-Poix 80 17 Ca 50
Blangy-sur-Bresle 76 16 Bd 49
Blangy-sur-Ternoise 62 7 Cb 46
Blangy-Tronville 80 17 Cc 49
Blannay 89 67 De 63
Blanot 21 68 Eb 65
Blanot 71 82 Ee 70
Blanquefort 32 126 Ae 86
Blanquefort 32 140 Ba 87
Blanquefort 33 111 Zc 79
Blanquefort-sur-Briolance 47
113 Af 81
Blanzac 43 105 Df 78
Blanzac 87 89 Ba 72
Blanzac-Porcheresse 16
100 Aa 76
Blanzaguet-Saint-Cybard 16
100 Ab 76
Blanzat 63 92 Da 74
Blanzay 86 88 Ab 71
Blanzay-sur-Boutonne 17
87 Zd 72
Blanzée 55 37 Fd 54
Blanzy 71 82 Ec 68
Blanzy-la-Salonnaise 08 19 Eb 52
Blanzy-lès-Fismes 02 19 De 52
Blargies 60 16 Be 50
Blarians 25 70 Gb 64
Blaringhem 59 3 Cc 44
Blars 46 114 Be 81
Blasimon 33 111 Zf 80
Blaslay 86 76 Ab 68
Blassac 43 104 Dc 77
Blaudeix 23 90 Ca 71
Blausasc 06 135 Hc 86
Blauvac 84 132 Fb 84
Blauzac 30 131 Ec 85
Blavignac 48 116 Db 79
Blavozy 43 105 Df 78
Blay 14 13 Zb 53
Blaye 33 99 Zc 78
Blaye-les-Mines 81 127 Ca 84
Blaymont 47 113 Af 83
Blaziert 32 125 Ac 85
Blécourt 52 53 Fa 58
Blécourt 59 8 Db 47
Bleigny-le-Carreau 89 52 De 61
Blémerey 54 39 Ge 57
Blémerey 88 55 Ga 58
Blendecques 62 3 Cb 44
Bléneau 89 66 Cf 62
Blennes 77 51 Da 59
Blénod-lès-Pont-à-Mousson 54
38 Ga 55
Blénod-lès-Toul 54 37 Fe 57
Bléquin 62 3 Bf 44
Blérancourt 02 18 Da 51
Bléré 37 63 Af 65
Bléruais 35 44 Xf 60
Blésignac 33 111 Ze 80
Blesle 43 104 Db 77
Blesme 51 36 Ee 56
Blesmes 02 34 Dc 54
Blessac 23 91 Ca 73
Blessey 21 68 Ee 64
Blessonville 52 53 Fa 60
Blessy 62 7 Cb 45
Blet 18 79 Ce 67
Bletterans 39 83 Fc 68
Bleurville 88 55 Ff 60
Bleury 28 32 Be 57
Blévaincourt 88 54 Fe 60
Blèves 72 47 Ac 58
Bleymard, Le 48 117 De 82
Blicourt 60 17 Ca 51
Blienschwiller 67 56 Hc 58
Bliesbruck 57 39 Hb 54
Blies-Guersviller 57 39 Ha 54
Blieux 04 133 Gc 85
Blignicourt 10 53 Ed 58
Bligny 10 53 Ed 59
Bligny 51 35 Df 53
Bligny-lès-Beaume 21 82 Ee 67
Bligny-le-Sec 21 68 Ee 64
Bligny-sur-Ouche 21 82 Ee 66
Blincourt 60 17 Cd 52
Blingel 62 7 Ca 46
Blis-et-Born 24 101 Af 77
Blismes 58 67 De 66
Blodelsheim 68 57 Hd 61
Blois 41 64 Bb 63
Blois-sur-Seille 39 83 Fe 68
Blomac 11 142 Cd 89
Blomard 03 92 Cf 71
Blombay-Morency 08 20 Ec 50
Blond 87 89 Ba 72
Blondefontaine 70 55 Ff 61
Blonville-sur-Mer 14 14 Aa 52
Blosseville 76 15 Ae 49
Blosville 50 12 Ye 52
Blot-l'Église 63 92 Cf 72
Blotzheim 68 72 Hc 63
Blou 49 62 Zf 64
Blousson-Sérian 32 139 Ab 88
Bloutière, La 50 28 Ye 55
Bloye 74 96 Ff 74
Bluffy 74 96 Gb 73
Blumeray 52 53 Ef 58
Blussans 25 71 Gd 64
Blye 39 83 Fe 69
Blyes 01 95 Fb 73
Bô, Le 14 29 Zd 55
Bobigny 93 33 Cc 55
Bobital 22 27 Xf 58
Bocasse, Le 76 15 Ba 51
Bocé 49 62 Zf 63
Bocognano 2A 159 Ka 96
Bocquegney 88 55 Gb 59
Bocquence 61 31 Ac 56
Bodéo, La 22 43 Xa 59
Bodilis 29 25 Vf 57
Boé 47 125 Ad 84
Boëcé 61 30 Ac 57
Boëge 74 96 Gc 71
Boeil-Bezing 64 138 Ze 89
Boën 42 93 Ea 74
Bœrsch 67 56 Hc 58
Boeschepe 59 4 Ce 44
Boëseghem 59 3 Cc 44
Bœsenbiesen 67 57 Hd 59
Boësse 45 50 Cc 60
Boësse 79 75 Zd 67
Boëssé-le-Sec 72 48 Ad 60
Boffles 62 7 Cb 47
Boffres 07 118 Ee 79
Bogève 74 96 Gc 71
Bogny-sur-Meuse 08 20 Ee 49
Bogy 07 106 Ee 77
Bohain-en-Vermandois 02
9 Dc 49
Bohal 56 44 Xd 62
Bohalle, La 49 61 Zd 64
Bohars 29 24 Vc 58
Bohas-Meyriat-Rignat 01 95 Fc 72
Boigneville 91 50 Cc 58
Boigny-sur-Bionne 45 49 Ca 61
Boinville-en-Mantois 78 32 Be 55
Boinville-en-Woëvre 55 37 Fe 53
Boinville-le-Gaillard 78 49 Bf 58
Boinvilliers 78 32 Bd 55
Boiry-Becquerelle 62 8 Ce 47
Boiry-Notre-Dame 62 8 Cf 47
Boiry-Saint-Martin 62 8 Ce 47
Bois 17 99 Zc 76
Bois-Anzeray 27 31 Ae 55
Bois-Arnault 27 31 Ae 56
Boisbergues 80 7 Cb 48
Bois-Bernard 62 8 Cf 46
Boisbreteau 16 99 Zf 77
Boiscommun 45 50 Cc 60
Bois-d'Amont 39 84 Ga 69
Bois-d'Arcy 78 33 Ca 56
Bois-d'Arcy 89 67 De 63
Bois-de-Céné 85 73 Ya 67
Bois-de-Champ 88 56 Ge 59
Bois-de-la-Pierre 31 140 Ba 88
Bois-d'Ennebourg 76 16 Bb 52
Boisdinghem 62 3 Ca 44
Bois-d'Oingt, Le 69 94 Ed 73
Boisdon 77 34 Db 56
Boisemont 27 16 Bc 53
Boisemont 95 32 Bf 54
Boisgasson 28 48 Ba 60
Boisgervilly 35 44 Xf 60
Bois-Grenier 59 4 Ce 45
Bois-Guilbert 76 16 Bc 51
Bois-Guillaume 76 15 Ba 52
Bois-Héroult 76 16 Bc 51
Bois-Herpin 91 50 Cb 58
Bois-Himont 76 15 Ae 51
Boisjean 62 7 Be 46
Bois-Jérôme-Saint-Ouen 27
32 Bd 54
Boisle, Le 80 7 Bf 47
Bois-le-Roi 27 32 Bc 55
Bois-le-Roi 77 50 Ce 58
Bois-lès-Pargny 02 19 Dd 50
Boisleux-au-Mont 62 8 Ce 47
Boisleux-Saint-Marc 62 8 Ce 47
Boismé 79 75 Zd 68
Boismont 54 21 Fe 52
Boismont 80 7 Be 48
Boismorand 45 66 Ce 62
Boisney 27 31 Ad 54
Bois-Normand-près-Lyre 27
31 Ae 55
Bois-Plage-en-Ré, Le 17 86 Yd 71
Boisredon 17 99 Zc 77
Bois-Robert, Les 76 15 Ba 49
Boisroger 50 28 Yc 54
Bois-Sainte-Marie 71 94 Ec 71
Boissay 76 16 Bc 51
Boisse 24 112 Ad 80
Boisse, La 01 94 Fa 73
Boisseau 41 64 Bb 62
Boisseaux 45 49 Bf 59
Boissède 31 140 Ae 88
Boissei-la-Lande 61 30 Aa 56
Boisse-Penchot 12 115 Cb 81
Boisserolles 79 87 Zd 72
Boisseron 34 130 Ea 86
Boisset 15 115 Cb 80
Boisset 30 131 Ec 85
Boisset 34 142 Ce 88
Boisset 43 105 Df 77
Boisset-lès-Montrond 42
105 Eb 75
Boisset-les-Prévanches 27
32 Bb 55
Boissets 78 32 Bd 55
Boisset-Saint-Priest 42 105 Ea 75
Boissettes 77 50 Cd 57
Boisseuil 87 89 Bb 74
Boisseuilh 24 101 Bb 77
Boissey 01 94 Fa 70
Boissey 14 30 Aa 54
Boissezon 81 142 Cc 87
Boissezon-de-Masviel 81
128 Cf 86
Boissière, la 14 30 Aa 54
Boissière, La 27 32 Bc 55
Boissière, La 34 130 Cd 87
Boissière, La 53 46 Za 62
Boissière-d'Ans, La 24 101 Af 77
Boissière-de-Montaigu, La 85
74 Ye 67
Boissière-des-Landes, La 85
74 Yd 69
Boissière-du-Doré, La 44
60 Ye 65
Boissière-École, La 78 32 Bd 56
Boissière-en-Gâtine, La 79
75 Zd 69
Boissières 30 130 Eb 86
Boissières 46 113 Bc 81
Boissière-sur-Èvre, La 49 60 Yf 65
Boissise-la-Bertrand 77 33 Cd 57
Boissise-le-Roi 77 33 Cd 57
Boissy-aux-Cailles 77 50 Cd 59
Boissy-en-Drouais 28 32 Bb 56
Boissy-Fresnoy 60 34 Cf 53
Boissy-l'Aillerie 95 33 Ca 54
Boissy-Lamberville 27 31 Ad 54
Boissy-la-Rivière 91 50 Ca 58
Boissy-le-Bois 60 16 Bf 53
Boissy-le-Châtel 27 15 Ae 53
Boissy-le-Châtel 77 34 Da 56
Boissy-le-Cutte 91 50 Cb 58
Boissy-le-Repos 51 35 Dd 55
Boissy-le-Sec 91 50 Ca 58
Boissy-lès-Perche 28 31 Af 56
Boissy-Maugis 61 48 Ae 58
Boissy-Mauvoisin 78 32 Bd 55
Boissy-Saint-Léger 94 33 Cd 56
Boissy-sans-Avoir 78 32 Be 56
Boissy-sous-Saint-Yon 91
33 Cb 57
Boistrudan 35 45 Yd 61
Boisville-la-Saint-Père 28 49 Be 59
Boisyvon 50 28 Yf 56
Boitron 61 30 Ab 57
Boitron 77 34 Db 55
Bolandoz 25 84 Ga 66
Bolazec 29 25 Wc 58
Bolbec 76 15 Ac 51
Bollène 84 131 Ee 83
Bollène-Vésubie, la 06 135 Hb 84
Bolleville 50 12 Yc 53
Bolleville 76 15 Ad 51
Bollezeele 59 3 Cb 43
Bollwiller 68 56 Hb 61
Bologne 52 54 Fa 59
Bolozon 01 95 Fc 71
Bolquère 66 153 Ca 93
Bolsenheim 67 57 Hd 58
Bombon 77 34 Cf 57
Bommes 33 111 Zd 81
Bommiers 36 78 Bf 68
Bompas 09 152 Bd 91
Bompas 66 154 Cf 92
Bomy 62 7 Cb 45
Bona 58 80 Dc 66
Bonac-Irazein 09 151 Af 91
Bonboillon 70 69 Fe 64
Boncé 28 49 Bd 59
Bonchamp-lès-Laval 53 46 Zb 60
Boncour 02 19 Df 51
Boncourt 27 32 Bb 54
Boncourt 54 37 Fe 53
Boncourt-le-Bois 21 69 Ef 66
Boncourt-sur-Meuse 55 37 Fd 56
Bondaroy 45 50 Cb 59
Bondeval 25 71 Gf 64
Bondigoux 31 127 Bd 85
Bondons, Les 48 117 Dd 82
Bondoufle 91 33 Cc 57
Bondues 59 4 Da 44

166 (F) Bernin — Bondues

Bondy **93** 33 Cc 55
Bon-Encontre **47** 125 Ad 83
Bongheat **63** 92 Dc 74
Bonhomme, Le **68** 56 Ha 59
Bonifacio **2A** 160 Kb 100
Bonin **58** 67 Df 65
Bonlier **60** 17 Ca 52
Bonlieu **39** 84 Ff 69
Bonlieu-sur-Roubion **26** 118 Ef 81
Bonloc **64** 137 Ye 88
Bonnac **15** 104 Da 77
Bonnac-la-Côte **87** 89 Bb 73
Bonnard **89** 51 Dd 61
Bonnat **23** 90 Bf 71
Bonnaud **39** 83 Fc 69
Bonnay **25** 70 Ga 65
Bonnay **71** 82 Ed 69
Bonnay **80** 8 Cc 49
Bonne **74** 96 Gc 72
Bonnebosq **14** 14 Aa 53
Bonnecourt **52** 54 Fc 61
Bonnée **45** 65 Cc 62
Bonnefamille **38** 107 Fa 75
Bonnefoi **61** 31 Ad 56
Bonnefond **19** 102 Bf 75
Bonnefont **65** 139 Ac 89
Bonnefontaine **39** 84 Fe 68
Bonnegarde **40** 123 Zb 87
Bonneil **02** 34 Dc 54
Bonnelles **78** 33 Ca 56
Bonnemain **35** 28 Yb 58
Bonnemaison **14** 29 Zc 54
Bonnemazon **65** 139 Ab 90
Bonnencontre **21** 83 Fa 66
Bonneœil **14** 29 Zd 55
Bonnes **16** 100 Aa 77
Bonnes **86** 77 Ad 69
Bonnesvalyn **02** 34 Db 54
Bonnet **55** 37 Fc 57
Bonnétable **72** 47 Ac 59
Bonnétage **25** 71 Ge 65
Bonnetan **33** 111 Zd 80
Bonneuil **16** 99 Zf 75
Bonneuil **36** 89 Bb 70
Bonneuil-en-Valois **60** 18 Cf 53
Bonneuil-les-eaux **60** 17 Cb 51
Bonneuil-Matours **86** 77 Ad 68
Bonneuil-sur-Marne **94** 33 Cd 56
Bonneval **28** 49 Bc 59
Bonneval **43** 105 De 77
Bonneval-sur-Arc **73** 109 Ha 76
Bonnevaux **25** 84 Gb 68
Bonnevaux **30** 117 Ea 82
Bonnevaux **74** 97 Ge 71
Bonnevaux-le-Prieuré **25** 70 Gb 66
Bonneveau **41** 48 Ae 62
Bonnevent-Velloreille **70** 70 Ff 64
Bonneville **16** 88 Zf 73
Bonneville **74** 96 Gc 72
Bonneville **80** 7 Cb 48
Bonneville, La **50** 12 Yd 52
Bonneville-Aptot **27** 15 Ae 53
Bonneville-et-Saint-Avit-de-Fumadières **24** 112 Aa 79
Bonneville-la-Louvet **14** 14 Ac 53
Bonneville-sur-Iton, la **27** 31 Ba 55
Bonnières **60** 18 Bf 51
Bonnières **62** 7 Cb 47
Bonnières-sur-Seine **78** 32 Bd 54
Bonnieux **84** 132 Fb 86
Bonnœuvre **44** 60 Ye 63
Bonny-sur-Loire **45** 66 Cf 63
Bono **56** 43 Xa 63
Bonrepos **65** 139 Ac 89
Bonrepos-Riquet **31** 127 Bd 86
Bonrepos-sur-Aussonnelle **31** 140 Ba 87
Bonsecours **76** 15 Ba 52
Bons-en-Chablais **74** 96 Gc 71
Bonsmoulins **61** 31 Ad 57
Bonson **42** 105 Eb 75
Bonsons **06** 135 Hb 85
Bons-Tassilly **14** 30 Ze 55
Bonvillard **73** 108 Gb 75
Bonville **54** 38 Gc 57
Bonviller **54** 38 Gc 57
Bonvillers **60** 17 Cb 53
Bonvillers **60** 17 Cb 51
Bonvillet **88** 55 Ga 60
Bony **02** 8 Db 49
Bonzac **33** 99 Ze 79
Bonzée-en-Woëvre **55** 37 Fd 54
Boofzheim **67** 57 He 58
Boos **76** 15 Bb 52
Bootzheim **67** 57 Hd 59
Boqueho **22** 26 Xa 58
Boran-sur-Oise **60** 17 Cc 53
Borce **64** 137 Zc 91
Bordeaux **33** 111 Zc 79
Bordeaux-en-Gâtinais **45** 50 Cf 60
Bordeaux-Saint-Clair **76** 14 Ab 50
Bordères **64** 138 Ze 89
Bordères-et-Lamensans **40** 124 Zd 86
Bordères-Louron **65** 150 Ac 91
Bordères-sur-l'Echez **65** 138 Aa 89
Bordes **64** 138 Zd 89
Bordes **65** 139 Ab 89
Bordes, Les **36** 78 Bf 67
Bordes, Les **45** 65 Cc 62
Bordes, Les **71** 83 Fa 67
Bordes, Les **89** 51 Dc 60
Bordes-Aumont, Les **10** 52 Ea 59
Bordes-de-Rivière **31** 139 Ad 90
Bordes-du-Ba **64** 123 Yf 87
Bordes-sur-Arize, Les **09** 140 Bc 90
Bordes-sur-Lez, les **09** 151 Ba 91
Bordezac **30** 130 Ea 83
Bords **17** 87 Zb 74
Borée **07** 117 Eb 79
Boresse-et-Marton **17** 99 Zf 77
Borest **60** 33 Cd 53
Borey **70** 70 Gc 63
Borgu, U = Borgo **2B** 157 Kd 93
Bormes-les-Mimosas **83** 147 Gc 90
Born, le **31** 127 Bd 85
Born, le **48** 116 Dd 81
Bornambusc **76** 14 Ac 51
Bornay **39** 83 Fd 69
Borne **43** 105 De 78

Bornel **60** 33 Cb 53
Boron **90** 71 Ha 63
Borre **59** 4 Cd 44
Borrèze **24** 113 Bc 79
Bors-de-Baignes **16** 99 Ze 77
Bors-de-Montmoreau **16** 100 Ab 76
Bort-l'Étang **63** 92 Dc 74
Bort-les-Orgues **19** 103 Cc 76
Borville **54** 55 Gc 58
Bosc, le **09** 152 Bc 91
Bosc, Le **34** 129 Dc 86
Boscamnant **17** 99 Zf 77
Bosc-Bénard-Commin **27** 15 Af 53
Bosc-Bénard-Crescy **27** 15 Ae 53
Bosc-Bénard-Bérenger **76** 16 Bb 51
Bosc-Bordel **76** 16 Bc 51
Bosc-Edeline **76** 16 Bc 51
Bosc-Guérard-Saint-Adrien **76** 15 Ba 51
Bosc-Hyons **76** 16 Bd 52
Bosc-le-Hard **76** 15 Bb 51
Bosc-Mesnil **76** 16 Bc 50
Bosc-Renoult, Le **61** 30 Ab 55
Bosc-Renoult-en-Ouche **27** 31 Ae 55
Bosc-Renoult-en-Roumois **27** 15 Af 53
Bosc-Roger-en-Roumois, Le **27** 15 Af 53
Bosc-Roger-sur-Buchy **76** 16 Bc 51
Bosdarros **64** 138 Zd 89
Bosgouet **27** 15 Af 52
Bosguérard-de-Marcouville **27** 15 Af 53
Bosjean **71** 83 Fc 68
Bosmie-sur-Serre **02** 19 Df 50
Bosmont-sur-Serre **02** 19 Df 50
Bosmoreau-les-Mines **23** 90 Bd 72
Bosnormand **27** 15 Af 53
Bosquel **80** 17 Cb 50
Bosquentin **27** 16 Bd 52
Bosrobert **27** 15 Ae 53
Bosroger **23** 91 Cb 73
Bossay-sur-Claise **37** 77 Af 68
Bosse, La **25** 71 Gd 66
Bosse, la **72** 47 Ad 60
Bosse-de-Bretagne, La **35** 45 Yc 61
Bossée **37** 63 Ae 66
Bossendorf **67** 40 Hd 56
Bosset **24** 112 Ac 79
Bosseval-et-Briancourt **08** 20 Ef 51
Bossey **74** 95 Ga 72
Bossieu **38** 107 Fa 76
Bossugan **33** 111 Zf 80
Bossus-lès-Rumigny **08** 19 Eb 49
Bost **03** 92 Cf 70
Bost **03** 92 Df 71
Bostens **40** 124 Zd 85
Bosville **76** 15 Ae 50
Botans **90** 71 Gf 63
Botmeur **29** 25 Wa 58
Botsorhel **29** 25 Wc 57
Botz-en-Mauges **49** 61 Za 65
Bou **45** 49 Ca 61
Bouafle **78** 32 Bf 55
Bouafles **27** 16 Bc 52
Bouan **09** 152 Bd 92
Bouaye **44** 60 Yb 66
Boubers-lès-Hesmond **62** 7 Be 46
Boubers-sur-Canche **62** 7 Cb 47
Boubiers **60** 16 Bf 53
Boucagnères **32** 139 Ad 87
Boucau **64** 122 Yd 87
Bouc-Bel-Air **13** 146 Fc 88
Boucé **03** 92 Cf 71
Boucé **61** 30 Zf 57
Bouchage **38** 107 Fd 74
Bouchage, Le **16** 88 Ac 72
Bouchain **59** 9 Db 47
Bouchamps-lès-Craon **53** 46 Za 62
Bouchaud, Le **03** 93 Df 71
Bouchavesnes-Bergen **80** 8 Cf 49
Bouchemaine **49** 61 Zc 64
Boucheporn **57** 38 Gd 54
Bouchet, le **74** 96 Gc 74
Bouchet, Le **86** 76 Aa 67
Bouchet, Le **86** 76 Ab 68
Bouchet-Saint-Nicolas, Le **43** 117 De 79
Bouchevilliers **27** 16 Be 52
Bouchoir **80** 17 Ce 50
Bouchon **80** 7 Ca 49
Bouchon-sur-Saulx, Le **55** 37 Fc 57
Bouchoux, les **39** 96 Fe 71
Bouchy-Saint-Genest **51** 34 Dd 57
Boucieux-le-Roi **07** 106 Ee 78
Bouclans **25** 70 Gb 65
Boucoiran **30** 130 Eb 84
Bouconville **08** 20 Ee 50
Bouconvillers **60** 32 Bf 53
Bouconville-sur-Madt **55** 37 Fe 55
Bouconville-Vauclair **02** 19 De 52
Boudes **63** 103 Db 76
Boudeville **76** 15 Af 50
Boudou **82** 126 Ba 84
Boudrac **31** 139 Ad 89
Boudreville **21** 53 Ee 61
Boudy-de-Beauregard **47** 112 Ae 81
Bouée **44** 59 Ya 65
Boueilh-Boueilho-Lasque **64** 124 Ze 87
Bouelles **76** 16 Bc 50
Bouër **72** 48 Ad 60
Bouère **53** 46 Zd 61
Bouessay **53** 46 Zd 61
Bouesse **36** 78 Be 69
Bouëx **16** 100 Ab 76
Bouëxière, La **35** 45 Yd 59
Bouffémont **95** 33 Cc 54
Boufféré **85** 74 Yd 67
Bouffignereux **02** 19 Df 52
Boufflers **80** 7 Ca 47
Bougainville **80** 17 Ca 49
Bougarber **64** 138 Zd 88
Bougé-Chambalud **38** 106 Ef 77
Bouges-le-Château **36** 78 Be 66
Bougey **70** 70 Ff 62
Bouglainval **28** 32 Bd 57
Bougligny **77** 50 Cd 60
Bouglon **47** 112 Aa 82
Bougneau **17** 99 Zc 75
Bougnon **70** 70 Ga 62
Bougon **79** 76 Zf 70
Bougue **40** 124 Zd 85

Bouguenais **44** 60 Yc 65
Bougy **14** 29 Zc 54
Bougy-lez-Neuville **45** 49 Ca 60
Bouhans **71** 83 Fc 67
Bouhans-et-Feurg **70** 69 Fd 64
Bouhans-lès-Lure **70** 70 Gc 62
Bouhans-lès-Montbozon **70** 70 Gb 64
Bouhet **17** 86 Za 72
Bouhey **21** 68 Ee 65
Bouhy **58** 66 Da 64
Bouilh-Devant **65** 139 Ab 89
Bouilh-Péreuilh **65** 139 Ab 89
Bouillac **12** 114 Ca 81
Bouillac **24** 113 Af 80
Bouillac **82** 126 Ba 85
Bouilladisse, La **13** 146 Fd 88
Bouillancourt-en-Séry **80** 6 Bd 49
Bouillancourt-la-Bataille **80** 17 Cd 50
Bouillancy **60** 34 Cf 54
Bouilland **21** 68 Ee 66
Bouillargues **30** 131 Ec 86
Bouille, la **76** 15 Af 52
Bouillé-Courdault **85** 75 Zb 70
Bouillé-Loretz **79** 62 Ze 66
Bouillé-Ménard **49** 46 Za 62
Bouillé-Saint-Paul **79** 75 Zd 66
Bouillie, La **22** 27 Xd 57
Bouillon **64** 138 Zc 88
Bouillonville **54** 37 Ff 55
Bouilly **10** 52 Df 59
Bouilly **51** 35 Df 53
Bouilly-en-Gâtinais **45** 50 Cb 60
Bouin **79** 87 Zf 72
Bouin **85** 59 Xf 67
Bouin-Plumoison **62** 7 Bf 46
Bouisse **11** 142 Cc 91
Bouix **21** 53 Ec 61
Boujailles **25** 84 Gb 67
Boujan-sur-Libron **34** 143 Db 88
Boulages **10** 35 De 57
Boulaincourt **88** 55 Ga 58
Boulancourt **77** 50 Cc 59
Boulange **57** 21 Fe 52
Boulaur **32** 140 Ae 88
Boulay, La **71** 81 Ea 68
Boulay-les-Barres **45** 49 Be 61
Boulay-les-Ifs **53** 47 Zf 59
Boulay-Morin, Le **27** 31 Bb 54
Boulay-Moselle **57** 38 Gc 53
Boulazac **24** 101 Ae 77
Boulbon **13** 131 Ee 85
Boule-d'Amont **66** 154 Cd 93
Bouleternère **66** 154 Cd 93
Bouleurs **77** 34 Cf 55
Bouleuse **51** 35 De 53
Bouliac **33** 111 Zc 80
Boulieu-lès-Annonay **07** 106 Ed 77
Bouligneux **01** 94 Ef 72
Bouligney **70** 55 Gb 61
Bouligny **55** 21 Fe 53
Boulin **65** 139 Aa 89
Boullarre **60** 34 Da 54
Boullay-les-Deux-Églises **28** 32 Bb 57
Boullay-les-Troux **91** 33 Ca 56
Boullay-Mivoye, Le **28** 32 Bb 56
Boullay-Thierry, Le **28** 32 Bc 57
Boulleret **18** 66 Cf 63
Boulleville **27** 14 Ac 52
Bouloc **31** 126 Bc 86
Bouloc **82** 113 Ba 83
Boulogne **85** 74 Yd 68
Boulogne-Billancourt **92** 33 Cb 55
Boulogne-la-Grasse **60** 17 Ce 51
Boulogne-sur-Gesse **31** 139 Ad 89
Bouloire **72** 48 Ad 61
Boulon **14** 29 Zd 54
Boulot **70** 70 Ff 64
Boult **70** 70 Ff 64
Boult-au-Bois **08** 20 Ef 52
Boult-sur-Suippe **51** 19 Ea 52
Boulvé, Le **46** 113 Ba 82
Boulvriag = Bourbriac **22** 26 We 58
Boulzicourt **08** 20 Ee 50
Boumourt **64** 138 Zc 89
Bouniagues **24** 112 Ad 80
Boupère, Le **85** 75 Za 68
Bouquehault **62** 3 Bf 43
Bouquelon **27** 15 Ac 52
Bouquemaison **80** 7 Cc 47
Bouquet **30** 130 Eb 84
Bouquetot **27** 15 Ae 52
Bouqueval **95** 33 Cc 54
Bouranton **10** 52 Ea 59
Bouray-sur-Juine **91** 50 Cb 57
Bourbach-le-Bas **68** 71 Ha 62
Bourbach-le-Haut **68** 56 Ha 62
Bourberain **21** 69 Fd 64
Bourbévelle **70** 55 Ff 61
Bourbon-Lancy **71** 81 Dd 69
Bourbon-l'Archambault **03** 80 Da 69
Bourbonne-les-Bains **52** 54 Fe 61
Bourboule, La **63** 103 Ce 75
Bourbourg **59** 3 Cb 43
Bourbriac **22** 26 We 58
Bourcefranc-le-Chapus **17** 86 Yf 73
Bourcia **39** 95 Fc 70
Bourcq **08** 20 Ee 52
Bourdainville **76** 15 Af 50
Bourdalat **40** 124 Ze 85
Bourdeau **73** 108 Ff 74
Bourdeaux **26** 119 Fa 81
Bourdeilles **24** 100 Ad 77
Bourdeix, Le **24** 100 Ad 75
Bourdelles **33** 111 Aa 81
Bourdenay **10** 51 De 58
Bourdic **30** 131 Eb 85
Bourdinière-Saint-Loup, La **28** 49 Bc 59
Bourdon **80** 7 Ca 49
Bourdonnay **57** 39 Ge 56
Bourdonné **78** 32 Bd 56
Bourdons-sur-Rognon **52** 54 Fc 60
Bourecq **62** 7 Cc 45
Bouresches **02** 34 Db 54
Bouresse **86** 88 Ad 70
Bouret-sur-Canche **62** 7 Cb 47
Boureuilles **55** 36 Fa 53

Bourg **33** 99 Zc 78
Bourg **52** 69 Fb 62
Bourg, Le **46** 114 Bf 80
Bourg-Achard **27** 15 Ae 52
Bourganeuf **23** 90 Be 73
Bourg-Archambault **86** 89 Ba 70
Bourg-Argental **42** 106 Ed 77
Bourgbarré **35** 45 Yc 61
Bourg-Beaudouin **27** 16 Bb 52
Bourg-Blanc **29** 24 Vb 57
Bourg-Bruche **67** 56 Ha 58
Bourg-Charente **16** 87 Ze 74
Bourg-de-Bigorre **65** 139 Ab 90
Bourg-de-Péage **26** 107 Fa 78
Bourg-des-Comptes **35** 45 Yb 61
Bourg-des-Maisons **24** 100 Ac 76
Bourg-de-Sirod **39** 84 Ff 68
Bourg-de-Thizy **69** 93 Eb 72
Bourg-de-Visa **82** 126 Af 83
Bourg-d'Hem, Le **23** 90 Be 71
Bourg-d'Iré, Le **49** 61 Za 62
Bourg-d'Oisans, Le **38** 108 Ga 78
Bourg-d'Oueil **31** 151 Ac 91
Bourg-du-Bost **24** 100 Ab 77
Bourg-Dun **76** 15 Af 49
Bourgeauville **14** 14 Aa 53
Bourges **18** 79 Cc 66
Bourg-et-Comin **02** 19 De 52
Bourget-du-Lac, Le **73** 108 Ff 75
Bourget-en-Huile **73** 108 Gb 76
Bourg-Fidèle **08** 20 Ed 49
Bourgheim **67** 57 Hc 58
Bourghelles **59** 8 Db 45
Bourg-Lastic **63** 103 Cd 75
Bourg-le-Comte **71** 93 Df 71
Bourg-le-Roi **72** 47 Aa 58
Bourg-lès-Valence **26** 118 Ef 79
Bourg-l'Évêque **49** 45 Yf 62
Bourg-Madame **66** 153 Bf 94
Bourgneuf **17** 86 Yf 72
Bourgneuf **73** 108 Gb 75
Bourgneuf-en-Mauges **49** 61 Za 65
Bourgneuf-en-Retz **44** 59 Ya 66
Bourgnouf la Forêt, Le **53** 46 Za 60
Bourgogne **51** 19 Ea 52
Bourgoin-Jallieu **38** 107 Fb 75
Bourgon **53** 45 Yf 60
Bourgonce, La **88** 56 Ge 59
Bourgougnague **47** 112 Ac 81
Bourg-Saint-Andéol **07** 118 Ed 82
Bourg-Saint-Bernard **31** 127 Bd 86
Bourg-Saint-Christophe **01** 95 Fa 73
Bourg-Sainte-Marie **52** 54 Fd 60
Bourg-Saint-Léonard, Le **61** 30 Aa 56
Bourg-Saint-Maurice **73** 109 Ge 75
Bourgtheroulde-Infreville **27** 14 Af 53
Bourguébus **14** 30 Ze 54
Bourgueil **37** 62 Aa 65
Bourguenolles **50** 28 Ye 56
Bourguet, Le **83** 134 Gd 86
Bourguignon **25** 71 Ge 64
Bourguignon-lès-Conflans **70** 70 Ga 62
Bourguignon-lès-la-Charité **70** 70 Ff 64
Bourguignon-lès-Morey **70** 69 Fe 62
Bourguignons **10** 53 Ec 60
Bourgvilain **71** 94 Ed 70
Bourideys **33** 111 Zd 83
Bourigeole **11** 141 Ca 91
Bourisp **65** 150 Ac 92
Bourlens **47** 113 Af 82
Bourlon **62** 8 Da 47
Bourmont **52** 54 Fd 59
Bournainville-Faverolles **27** 31 Ac 54
Bournan **37** 77 Ae 66
Bournand **86** 76 Aa 66
Bournazel **12** 115 Cb 82
Bournazel **81** 127 Bf 84
Bourneau **85** 75 Zb 69
Bournel **47** 112 Ae 81
Bourneville **27** 15 Ad 52
Bournezeau **85** 74 Ye 69
Bourniquel **24** 113 Ae 80
Bournois **25** 70 Gc 64
Bournoncle-Saint-Pierre **43** 104 Dc 76
Bournonville **62** 3 Bf 44
Bournos **64** 138 Zd 88
Bourogne **90** 71 Gf 63
Bourran **47** 112 Ac 82
Bourré **41** 64 Ba 64
Bourréac **65** 138 Aa 90
Bourret **82** 126 Ba 85
Bourriot-Bergonce **40** 124 Ze 84
Bourron-Marlotte **77** 50 Ce 58
Bourrou **24** 100 Ad 78
Bourrouillan **32** 124 Zf 86
Bours **62** 7 Cb 46
Bours **65** 138 Aa 89
Boursault **51** 35 Df 54
Boursay **41** 48 Af 60
Bourscheid **57** 39 Hb 56
Bourseul **22** 27 Xe 58
Bourseville **80** 6 Bd 48
Boursières **70** 70 Ga 63
Boursies **59** 8 Da 48
Boursin **62** 3 Be 44
Boursonne **60** 34 Da 53
Bourth **27** 31 Ae 56
Bourthes **62** 7 Bf 45
Boury-en-Vexin **60** 16 Be 53
Bousbach **57** 39 Gf 54
Bousbecque **59** 4 Da 44
Bouscat, le **33** 111 Zc 79
Bousies **59** 9 Dd 48
Bousignies **59** 9 Dc 47
Bousignies-sur-Roc **59** 10 Eb 47
Bousquet, Le **11** 153 Ca 92
Bousquet-d'Orb, Le **34** 129 Da 86
Boussac **12** 128 Cf 85
Boussac **23** 91 Cb 70
Boussac **46** 114 Bf 81
Boussac **23** 90 Ce 70
Boussac, La **35** 28 Yc 58
Boussac-Bourg **23** 91 Cb 70
Boussagues **34** 129 Da 87
Boussan **31** 140 Af 89

Bourg **33** 99 Zc 78
Boussay **37** 77 Af 67
Boussay **44** 60 Ye 66
Bousse **57** 22 Gb 53
Bousse **72** 47 Ab 62
Bousselange **21** 83 Fb 67
Boussenac **09** 152 Bc 91
Boussenois **21** 69 Fb 63
Boussens **31** 140 Af 90
Bousseraucourt **70** 55 Ff 61
Boussès **47** 125 Aa 84
Bousseviller **57** 39 Hc 54
Boussicourt **80** 17 Cd 50
Boussières **25** 70 Ff 66
Boussières-en-Cambrésis **59** 9 Dc 47
Boussois **59** 9 Ea 47
Boussoulet **43** 105 Ea 78
Boussy **74** 96 Ff 73
Boussy-Saint-Antoine **91** 33 Cd 56
Boust **57** 22 Gb 52
Boustroff **57** 38 Gd 54
Boutancourt **08** 20 Ee 50
Boutavent **60** 16 Be 51
Bouteille, La **02** 19 Df 49
Bouteilles-Saint-Sébastien **24** 100 Ac 76
Boutenac **11** 142 Ce 90
Boutenac-Touvent **17** 99 Zb 76
Boutencourt **60** 16 Bf 53
Boutervilliers **91** 50 Ca 58
Bouteville **16** 99 Zf 75
Boutiers-Saint-Trojan **16** 87 Ze 74
Boutigny **77** 34 Cf 55
Boutigny-Prouais **28** 32 Bd 56
Boutigny-sur-Essonne **91** 50 Cc 58
Bouttencourt **80** 6 Bd 49
Boutteville **50** 12 Ye 52
Boutx **31** 151 Ae 91
Bouvaincourt-sur-Bresle **80** 6 Bc 48
Bouvancourt **51** 19 Df 52
Bouvante(-le-Bas) **26** 119 Fb 79
Bouvelinghem **08** 20 Fd 51
Bouverans **25** 84 Gb 67
Bouvesse-Quirieu **38** 95 Fc 74
Bouvières **26** 119 Fb 81
Bouvignies **59** 8 Db 46
Bouvigny **62** 8 Ce 46
Bouville **28** 49 Be 60
Bouville **76** 15 Ba 51
Bouville **91** 50 Cb 58
Bouvincourt-en-Vermandois **80** 18 Da 49
Bouvines **59** 8 Db 45
Bouvresse **60** 16 Be 51
Bouvron **44** 59 Ya 64
Bouvron **54** 37 Ff 56
Bouxières-aux-Bois **88** 55 Gb 59
Bouxières-aux-Chênes **54** 38 Gb 56
Bouxières-aux-Dames **54** 38 Gb 56
Bouxières-sous-Froidmont **54** 38 Ga 55
Bouxurulles **88** 55 Ga 58
Bouxwiller **67** 40 Hc 55
Bouxwiller **68** 72 Hb 63
Bouy **51** 35 Ec 54
Bouy-Luxembourg **10** 52 Eb 58
Bouysson, Le **46** 114 Bf 80
Bouy-sur-Orvin **10** 51 Dc 58
Bouzais **18** 79 Cc 68
Bouzancourt **52** 53 Ef 59
Bouzanville **54** 55 Ga 58
Bouze-lès-Beaume **21** 82 Ee 66
Bouzemont **88** 55 Gb 59
Bouzic **24** 113 Bb 80
Bouziès **34** 144 Dd 88
Bouzigues **34** 144 Dd 88
Bouzillé **49** 60 Yf 65
Bouzin **31** 140 Af 89
Bouzincourt **80** 8 Cd 48
Bouzon-Gellenave **32** 124 Aa 86
Bouzonville **57** 22 Gd 53
Bouzonville-aux-Bois **45** 50 Cb 60
Bouzy **51** 35 Ea 54
Bouzy-la-Forêt **45** 50 Cc 61
Bovée-sur-Barboure **55** 37 Fd 57
Bovel **35** 44 Ya 60
Bovelles **80** 17 Ca 49
Boves **80** 17 Cc 49
Boviolles **55** 37 Fc 57
Boyardville **17** 86 Ye 73
Boyaval **62** 7 Cb 46
Boyelles **62** 8 Ce 47
Boyer **42** 93 Eb 72
Boyer **71** 82 Ef 69
Boyeux-Saint-Jérôme **01** 95 Fc 72
Boynes **45** 50 Cc 60
Boyon **06** 134 Ha 85
Boz **01** 94 Ef 70
Bozel **73** 109 Gd 76
Bozouls **12** 115 Ce 82
Brabant-le-Roi **55** 36 Fa 55
Brabant-sur-Meuse **55** 21 Fb 53
Brach **33** 98 Za 78
Brachay **52** 53 Fa 58
Brachy **76** 15 Af 50
Bracieux **41** 64 Bd 63
Bracon **39** 84 Ff 67
Bracquemont **76** 6 Ba 49
Bracquetuit **76** 15 Ba 50
Bradiancourt **76** 16 Bc 51
Braffais **50** 28 Ye 56
Bragassargues **30** 130 Ea 85
Bragayrac **31** 140 Ba 88
Bragelogne-Beauvoir **10** 52 Eb 61
Bragny-sur-Saône **71** 83 Fa 67
Brahic **07** 130 Df 83
Braillans **25** 70 Ga 65
Brailly-Cornehotte **80** 7 Bf 47
Brain **21** 68 Ed 64
Brainans **39** 83 Fd 67
Braine **02** 18 Dd 52
Brains **44** 60 Yb 66
Brains-sur-Gée **72** 47 Aa 61
Brains-sur-les-Marches **53** 45 Yc 61
Brain-sur-Allonnes **49** 62 Aa 65
Brain-sur-l'Authion **49** 61 Zc 64
Brain-sur-Longuenée **49** 61 Zb 63
Brain-sur-Vilaine **35** 44 Ya 62
Brainville **50** 28 Yd 54
Brainville **54** 37 Fe 54
Brainville-sur-Meuse **52** 54 Fd 59

Braize **03** 79 Cd 69
Bralleville **54** 55 Gb 58
Bram **11** 141 Ca 89
Bramans **73** 109 Ge 77
Brametot **76** 15 Af 50
Bramevaque **65** 139 Ad 91
Bran **17** 99 Ze 76
Branceilles **19** 102 Be 78
Branches **89** 51 Dc 61
Brancourt-en-Laonnois **02** 18 Dc 51
Brancourt-le-Grand **02** 9 Dc 49
Brandérion **56** 43 We 62
Brandeville **55** 21 Fb 52
Brando **2B** 157 Kc 92
Brandonnet **12** 114 Ca 82
Brandonvillers **51** 52 Ed 57
Brandu = Brando **2B** 157 Kc 92
Branges **51** 35 Df 54
Branges **38** 107 Fd 74
Brannay **89** 51 Da 59
Branne **25** 70 Gc 64
Branne **33** 111 Ze 80
Brannens **33** 111 Zf 81
Branoux-les-Taillades **30** 130 Df 83
Brans **39** 69 Fd 65
Bransat **03** 92 Db 71
Branscourt **51** 19 De 53
Bransles **77** 51 Ce 59
Brantes **84** 132 Fb 83
Brantigny **88** 55 Gb 58
Brantôme **24** 100 Ad 76
Branville **14** 14 Aa 53
Branville-Hague **50** 12 Yb 51
Bras **83** 147 Ff 88
Brasc **12** 128 Cf 85
Bras-d'Asse **04** 133 Ga 85
Brasles **02** 34 Dc 54
Braslou **37** 76 Ac 67
Brasparts **29** 25 Wa 59
Brassac **09** 152 Bd 91
Brassac **81** 128 Cd 87
Brassac **82** 126 Af 83
Brassac-les-Mines **63** 104 Dc 76
Brassempouy **40** 123 Zb 87
Brasseuse **60** 17 Cc 53
Bras-sur-Meuse **55** 37 Fc 53
Brassy **58** 67 Df 65
Brassy **80** 17 Ca 50
Bratte **54** 38 Gb 56
Braud-et-Saint-Louis **33** 99 Zc 77
Brauvilliers **55** 37 Fb 57
Braux **04** 134 Ge 85
Braux **10** 53 Ec 58
Braux **21** 68 Ed 64
Braux-le-Châtel **52** 53 Ef 60
Braux-Saint-Rémy **51** 36 Ef 54
Brax **31** 126 Bb 87
Brax **47** 125 Ad 83
Bray **27** 31 Af 54
Bray **71** 82 Ee 69
Bray-Dunes **59** 4 Cd 42
Braye **02** 18 Dd 52
Braye-en-Laonnois **02** 19 Dd 52
Braye-en-Thiérache **02** 19 Df 50
Braye-en-Val **45** 50 Cc 62
Braye-sous-Faye **37** 76 Ac 67
Braye-sur-Maulne **37** 62 Ab 63
Braye-et-Lû **95** 32 Bd 54
Bray-lès-Mareuil **80** 7 Bf 48
Bray-sur-Seine **77** 51 Db 58
Bray-sur-Somme **80** 8 Ce 49
Brazey-en-Morvan **21** 68 Eb 65
Brazey-en-Plaine **21** 69 Fb 66
Bréal-sous-Montfort **35** 44 Ya 60
Bréal-sous-Vitré **35** 45 Yf 60
Bréancon **95** 33 Ca 54
Bréau **77** 51 Cf 57
Bréau-et-Salagosse **30** 129 Dd 85
Bréauté **76** 14 Ac 51
Brebières **62** 8 Da 46
Brebotte **90** 71 Gf 63
Brécé **35** 45 Yd 60
Brecé **53** 46 Za 60
Brécey **50** 28 Yf 56
Brech **56** 43 Xa 62
Bréchamps **28** 32 Bd 56
Bréchaumont **68** 71 Ha 62
Brectouville **50** 29 Yf 54
Brécy **02** 34 Dc 54
Brécy **18** 65 Cd 66
Brécy-Brières **08** 20 Ee 53
Brède, La **33** 111 Zc 80
Brée **53** 46 Zc 60
Bréel **61** 29 Zd 56
Brée-les-Bains, la **17** 86 Yd 72
Brégnier-Cordon **01** 107 Fc 75
Brégy **60** 34 Da 54
Bréhain **57** 38 Gd 55
Bréhain-la-Ville **54** 21 Ff 52
Bréhal **50** 28 Yc 55
Bréhand **22** 27 Xc 58
Bréhéville **55** 21 Fb 52
Breidenbach **57** 39 Hc 54
Breil **49** 62 Aa 64
Breille-les-Pins, La **49** 62 Aa 64
Breil-sur-Mérize, Le **72** 47 Ac 61
Breil-sur-Roya **06** 135 Hd 86
Breistroff-la-Grande **57** 22 Gb 52
Breitenau **67** 56 Hb 58
Breitenbach **67** 56 Hb 58
Breitenbach-Haut-Rhin **68** 56 Ha 60
Brélidy **22** 26 We 57
Brémail **54** 39 Gf 57
Brémoncourt **54** 55 Gc 58
Bremondans **25** 70 Gc 65
Brémontier-Merval **76** 16 Bd 51
Brémoy **14** 29 Zb 54
Brem-sur-Mer **85** 73 Yb 69
Brémur-et-Vaurois **21** 68 Ed 62
Bren **26** 106 Ef 78
Brenac **11** 153 Ca 91
Brenas **34** 129 Db 87
Brenat **63** 104 Db 75
Brénod **01** 95 Fc 73
Brenon **83** 134 Gd 86
Brenouille **60** 17 Cd 53
Brenoux **48** 116 Dd 82
Brens **01** 95 Fe 74
Brens **81** 127 Bf 85
Brenthonne **74** 96 Gc 71
Breny **02** 34 Dc 53

Bréole, La 04 120 Gb 82
Brères 25 84 Ff 66
Bréry 39 83 Fd 68
Bresdon 17 87 Zf 73
Bréseux, Les 25 71 Ge 65
Bresilley 70 69 Fd 65
Bresle 80 8 Cd 49
Bresles 60 17 Cb 52
Bresnay 03 80 Db 70
Bresolettes 61 31 Ad 57
Bresse, La 88 56 Gf 60
Bresse-sur-Grosne 71 82 Ee 69
Bressey-sur-Tille 21 69 Fb 65
Bressolles 01 95 Fa 73
Bressolles 03 80 Db 69
Bressols 82 126 Bc 85
Bresson 38 107 Fe 78
Bressuire 79 75 Zd 67
Brest 29 24 Vd 58
Brestot 27 15 Ae 52
Bretagne 36 78 Be 67
Bretagne 90 71 Gf 63
Bretagne-d'Armagnac 32 125 Aa 85
Bretagne-de-Marsan 40 124 Zd 85
Bretagnolles 27 32 Bc 55
Breteau 45 66 Cf 62
Bréteil 35 44 Ya 60
Bretenière 21 69 Fa 65
Bretenière, la 25 70 Gb 64
Bretenière, la 39 69 Fe 66
Bretenières 39 83 Fd 67
Bretenoux 46 114 Bf 79
Breteuil 27 31 Af 56
Breteuil 60 17 Cb 51
Bréthel 61 31 Ad 56
Brethenay 52 54 Fa 60
Bretigney-Notre-Dame 25 70 Gb 65
Bretignolles 79 75 Zc 67
Brétignolles-sur-Mer 85 73 Ya 69
Brétigny 21 69 Fa 64
Brétigny 27 15 Ae 53
Brétigny 60 18 Da 51
Brétigny-sur-Orge 91 33 Cb 57
Bretoncelles 61 48 Af 58
Bretonnière, La 85 74 Ye 70
Bretonvillers 25 71 Gd 65
Brette-les-Pins 72 47 Ac 61
Bretten 68 71 Ha 62
Brettes 16 88 Aa 72
Bretteville 50 12 Yc 51
Bretteville-du-Grand-Caux 76 14 Ac 50
Bretteville-l'Orgueilleuse 14 13 Zc 53
Bretteville-Saint-Laurent 76 15 Af 50
Bretteville-sur-Ay 50 12 Yc 53
Bretteville-sur-Dives 14 30 Zf 54
Bretteville-sur-Laize 14 30 Ze 54
Bretteville-sur-Odon 14 13 Zd 53
Brettnach 57 22 Gd 53
Bretx 31 126 Bb 86
Breuches 70 70 Gb 62
Breugnon 58 66 Dc 64
Breuil 51 19 De 53
Breuil 80 18 Cf 50
Breuil, Le 03 93 Dd 71
Breuil, Le 51 35 Dd 55
Breuil, Le 69 94 Ed 73
Breuil, Le 71 82 Ec 68
Breuilaufa 87 89 Ba 72
Breuil-Barret 85 75 Zb 69
Breuil-Bernard, Le 79 75 Zc 68
Breuil-Bois-Robert 78 32 Be 55
Breuil-Coiffaud, Le 79 88 Aa 72
Breuil-en-Auge, Le 14 14 Ab 53
Breuil-en-Bessin, Le 14 13 Za 53
Breuilh 24 101 Ae 78
Breuil-la-Réorte 17 87 Zb 72
Breuil-le-Sec 60 17 Cc 52
Breuillet 17 86 Yf 74
Breuillet 91 33 Cb 57
Breuil-le-Vert 60 17 Cc 52
Breuil-Magné 17 86 Za 73
Breuilpont 27 32 Bc 55
Breuil-sous-Argenton, Le 79 75 Zd 67
Breuil-sur-Couze, le 63 103 Db 76
Breurey-lès-Faverney 70 70 Ga 62
Breuschwickersheim 67 40 Hd 57
Breuvannes-en-Bassigny 52 54 Fd 60
Breuvery-sur-Coole 51 35 Eb 55
Breuville 50 12 Yb 51
Breux 55 21 Fc 51
Breux-Jouy 91 33 Cb 57
Breux-sur-Avre 27 31 Ba 56
Brévainville 41 49 Bb 61
Bréval 78 32 Bd 55
Brévands 50 12 Ye 53
Brevans 39 83 Fd 66
Brévedent, Le 14 14 Ab 53
Bréviaires, Les 78 32 Be 56
Brévière, La 14 30 Ab 55
Bréville 14 14 Ze 53
Bréville 16 87 Ze 74
Brévillers 62 7 Ca 46
Brévillers 80 7 Cc 47
Bréville-sur-Mer 50 28 Yc 55
Brevilliers 70 71 Ge 63
Brévilly 08 20 Fa 51
Bréxent-Enocq 62 7 Be 45
Brey-et-Maison-du-Bois 25 84 Gb 68
Brézé 49 62 Zf 65
Brézilhac 11 141 Ca 90
Brézins 38 107 Fb 76
Brézolles 28 31 Ba 56
Brezons 15 115 Ce 79
Briançon 05 121 Gd 79
Briançonnet 06 134 Ge 85
Brianny 21 68 Ec 64
Briant 71 93 Ea 71
Briare 45 66 Ce 63
Briarres-sur-Essonne 45 50 Cc 59
Briastre 59 9 Dc 47
Briatexte 81 127 Bf 86
Briaucourt 52 54 Fb 59
Briaucourt 70 55 Gb 62
Bricon 52 53 Ef 60
Bricquebec 50 12 Yc 52
Bricqueboscq 50 12 Yb 51
Bricqueville-sur-Mer 50 28 Yc 55
Bricy 45 49 Be 61
Brides-les-Bains 73 109 Gd 76
Bridoire, la 73 107 Fe 75
Bridoré 37 77 Ba 66
Brie 02 18 Dc 51
Brie 09 141 Bd 89
Brie 16 88 Ab 74
Brie 35 45 Yc 61
Brie 79 76 Zf 67
Brie 80 18 Cf 49
Briec 29 42 Vf 60
Brie-Comte-Robert 77 33 Cd 56
Brie-et-Angonnes 38 108 Fe 78
Brielles 35 45 Yf 60
Briel-sur-Barse 10 53 Ec 59
Brienne 71 83 Fa 69
Brienne-la-Vieille 10 53 Ed 58
Brienne-le-Château 10 53 Ed 58
Brienne-sur-Aisne 08 19 Ea 52
Briennon 42 93 Ea 72
Brienon-sur-Armançon 89 52 Dd 61
Brières-les-Scellés 91 50 Ca 58
Brie-sous-Archiac 17 99 Ze 76
Brie-sous-Barbezieux 16 100 Zf 76
Brie-sous-Matha 17 87 Ze 74
Brie-sous-Mortagne 17 99 Zb 76
Brieuil 79 88 Zf 71
Brieulles-sur-Bar 08 20 Ef 52
Brieulles-sur-Meuse 55 21 Fb 52
Brieux 61 30 Zf 55
Brieves-Charensac 43 105 Df 78
Briey 54 22 Ff 53
Briffons 63 103 Cd 74
Brignac 34 129 Dc 87
Brignac 56 44 Xd 60
Brignac-la-Plaine 19 101 Bc 77
Brignais 69 106 Ee 75
Brignancourt 95 32 Bf 54
Brigné 49 61 Zd 65
Brignemont 31 126 Af 86
Brignogan-Plage 29 24 Ve 56
Brignoles 83 147 Ga 88
Brignon, Le 43 117 Df 79
Brigue, La 06 135 Hd 84
Brigueil-le-Chantre 86 77 Ba 70
Brigueuil 16 89 Af 73
Briis-sous-Forges 91 33 Ca 57
Brillac 16 89 Ae 72
Brillanne, La 04 133 Ff 85
Brillecourt 10 53 Ec 58
Brillevast 50 12 Yd 51
Brillon 59 9 Db 46
Brillon-en-Barrois 55 36 Fa 56
Brimeux 62 7 Be 46
Brimont 51 19 Ea 52
Brinay 18 65 Ca 65
Brinay 58 81 De 66
Brinckheim 68 72 Hc 63
Brindas 69 94 Ee 74
Bringolo 22 26 Xa 57
Brinon-sur-Beuvron 58 67 Dc 65
Brinon-sur-Sauldre 18 65 Cb 63
Brin-sur-Seille 54 38 Gc 56
Briod 39 83 Fd 69
Briollay 49 61 Zc 63
Brion 01 95 Fd 72
Brion 36 78 Be 67
Brion 38 107 Fb 77
Brion 48 116 Da 80
Brion 49 62 Zf 64
Brion 63 104 Cf 76
Brion 71 81 Eb 67
Brion 86 88 Ac 70
Brion 89 51 Dc 61
Brionne 27 15 Ae 53
Brionne, la 23 90 Be 72
Brion-près-Thouet 79 76 Ze 66
Brion-sur-Ource 21 53 Ed 61
Briord 01 95 Fc 74
Briosne-lès-Sables 72 47 Ac 59
Briot 60 16 Bf 51
Briou 41 49 Bc 62
Brioude 43 104 Dc 77
Brioux-sur-Boutonne 79 87 Ze 72
Briouze 61 29 Zd 56
Briquemesnil-Floxicourt 80 17 Ca 49
Briquenay 08 20 Ef 52
Briscous 64 136 Yd 88
Brison-Saint-Innocent 73 96 Ff 74
Brissac 34 130 De 85
Brissac-Quincé 49 61 Zd 64
Brissarthe 49 61 Zd 62
Brissay-Choigny 02 18 Dc 50
Brissy-Hamégicourt 02 18 Dc 50
Brive-la-Gaillarde 19 102 Bd 78
Brives 36 78 Bf 67
Brives 72 48 Ad 62
Brives-sur-Charente 17 87 Zd 74
Brix 50 12 Yc 51
Brixey-aux-Chanoines 55 54 Fe 58
Brizambourg 17 87 Zd 74
Brizay 37 62 Ac 66
Brizeaux 55 36 Fa 54
Brizon 74 96 Gc 72
Broc 49 62 Ab 63
Broc, Le 06 134 Ha 86
Broc, Le 63 104 Db 75
Brocas 40 123 Zb 86
Brocas 40 124 Zc 84
Brochon 21 68 Ef 65
Brocourt 80 16 Be 49
Broglie 27 31 Ad 54
Brognard 25 71 Gf 63
Brognon 08 19 Eb 49
Brognon 21 69 Fb 64
Broin 21 83 Fa 66
Broindon 21 69 Fa 65
Broissanc 07 106 Ee 77
Broissia 39 95 Fc 70
Brombos 60 16 Bf 51
Bromeilles 45 50 Cc 59
Brommat 12 115 Ce 80
Bromont-Lamothe 63 91 Ce 73
Bron 69 94 Ef 74
Bronn = Brons 22 44 Xe 59
Bronvaux 57 38 Ga 53
Broons 22 44 Xe 59
Broque, la 67 56 Hb 58
Broquiers 60 16 Be 50
Broquiès 12 128 Ce 84
Brossac 16 99 Zf 77
Brossay 49 62 Ze 66
Brosse-Montceaux, La 77 51 Da 58
Brosses 89 67 De 63
Brosville 27 31 Ba 54
Brotte-lès-Luxeuil 70 70 Gc 62
Brotte-lès-Ray 70 69 Fe 63
Brou 28 48 Bb 59
Brouains 50 29 Za 56
Brouay 14 13 Zc 53
Brouchaud 24 101 Af 77
Brouchy 80 18 Da 50
Brouck 57 38 Gd 54
Brouckerque 59 3 Cb 43
Brouderdorff 57 39 Ha 56
Broué 28 32 Bd 56
Brouennes 55 21 Fb 51
Brouilh-Monbert, Le 32 125 Ac 86
Brouilla 66 154 Cf 93
Brouillet 51 35 De 53
Brouqueyran 33 111 Ze 82
Brousse 23 91 Cc 73
Brousse 63 104 Dc 75
Brousse 81 127 Ca 86
Brousse, La 17 87 Zd 73
Brousse, La 63 92 Da 73
Brousse-le-Château 12 128 Cd 85
Brousses-et-Villaret 11 142 Cb 88
Broussey-en-Blois 55 37 Fd 57
Broussey-en-Woëvre 55 37 Fe 56
Broussy-le-Grand 51 35 Df 56
Broussy-le-Petit 51 35 De 56
Brou-sur-Chantereine 77 33 Cd 55
Broût-Vernet 03 92 Db 71
Brouvelieures 88 56 Ge 59
Brouville 54 56 Ge 57
Brouviller 57 39 Ha 56
Brouy 91 50 Cb 59
Brouzet-lès-Alès 30 130 Eb 84
Brouzet-lès-Quissac 30 130 Df 85
Brouzils, Les 85 74 Ye 67
Broxeele 59 3 Cb 43
Broye 71 82 Eb 67
Broye-Aubigney-Montseugny 70 69 Fd 65
Broye-les-Loups-et-Verfontaine 70 69 Fc 64
Broyes 51 35 De 56
Broyes 60 17 Cc 51
Brû 88 56 Ge 58
Bruailles 71 83 Fb 69
Bruay-la-Buissière 62 8 Cd 46
Bruay-sur-l'Escaut 59 9 Dd 46
Brucamps 80 7 Ca 48
Bruch 47 125 Ac 83
Brucheville 50 12 Ye 52
Brucourt 14 14 Zf 53
Bruc-sur-Aff 35 44 Xf 62
Brue-Auriac 83 147 Ff 87
Bruebach 68 72 Hc 62
Brueil-en-Vexin 78 32 Be 54
Bruère-Allichamps 18 79 Cc 68
Bruère-sur-Loir, La 72 62 Ac 63
Bruffière, La 85 60 Ye 66
Brugairolles 11 141 Ca 90
Brugeron, le 63 105 De 74
Bruges-Capbis-Mifaget 64 138 Ze 90
Brugheas 03 92 Dc 72
Brugnac 47 112 Ac 82
Brugny-Vaudancourt 51 35 Df 55
Bruguière, La 30 129 Dc 85
Bruguière, La 30 131 Ec 84
Bruguières 31 126 Bc 86
Bruille-lez-Marchiennes 59 8 Db 46
Bruille-Saint-Amand 59 9 Dd 46
Bruis 05 119 Fd 82
Brûlain 79 87 Ze 71
Brulais, Les 35 44 Xf 61
Brulange 57 38 Gd 55
Brûlatte-Saint-Isle, La 53 46 Za 60
Bruley 54 37 Ff 56
Brullemail 61 31 Ab 57
Brullioles 69 94 Ec 74
Brûlon 72 47 Ze 61
Brumath 67 40 He 56
Brumetz 02 34 Da 54
Brunehamel 02 19 Eb 50
Brunelles 28 48 Af 59
Brunembert 62 3 Bf 44
Brunémont 59 8 Da 47
Brunet 04 133 Ga 85
Bruniquel 82 127 Bd 84
Brunoy 91 33 Cc 56
Brunstatt 68 72 Hb 62
Brunville 76 6 Bb 49
Brunvillers-la-Motte 60 17 Cc 51
Brusc, le 83 147 Fe 90
Brusque 12 129 Cf 86
Brusquet, Le 04 133 Gb 83
Brussey 70 70 Fe 65
Brussieu 69 94 Ed 74
Brusson 51 36 Ee 56
Brusvily 22 27 Xf 58
Brutelles 80 6 Bd 48
Bruville 54 37 Ff 54
Brux 86 88 Ab 71
Bruxières-sous-les-Côtes 55 37 Fe 55
Bruyères 88 56 Ge 59
Bruyères-et-Montberault 02 19 De 51
Bruyères-le-Châtel 91 33 Cb 57
Bruyères-sur-Fère 02 34 Dc 53
Bruyères-sur-Oise 95 33 Cb 54
Bruz 35 45 Yb 60
Bry 59 9 De 47
Bryas 62 7 Cb 46
Bû 28 32 Bc 56
Buais 50 29 Za 57
Buanes 40 124 Zd 86
Bubertré 61 31 Ad 57
Bubry 56 43 We 61
Buc 78 33 Ca 56
Buc 90 71 Ge 63
Bucamps 60 17 Cb 51
Bucey-en-Othe 10 52 Df 59
Bucey-lès-Gy 70 70 Ff 64
Bucey-les-Traves 70 70 Ff 63
Buchelay 78 32 Bd 55
Buchères 10 52 Ea 59
Buchy 57 38 Gb 55
Buchy 76 16 Bc 51
Bucilly 02 19 Ea 49
Bucquoy 62 8 Ce 48
Bucugnà = Bocognano 2A 159 Ka 96
Bucy-le-Long 02 18 Dc 52
Bucy-le-Roy 45 49 Bf 60
Bucy-lès-Cerny 02 18 Dd 51
Bucy-lès-Pierrepont 02 19 Df 51
Bucy-Saint-Liphard 45 49 Be 61
Budelière 23 91 Cc 71
Buding 57 22 Gb 52
Budos 33 111 Zd 81
Bué 18 66 Ce 65
Bueil 27 32 Bc 55
Bueil-en-Touraine 37 63 Ad 63
Buellas 01 95 Fa 71
Buethwiller 68 71 Ha 63
Buffard 25 84 Fe 66
Buffières 71 94 Ed 70
Buffignécourt 70 70 Ga 62
Buffon 21 68 Eb 63
Bugarach 11 153 Cc 91
Bugard 65 139 Ab 89
Bugeat 19 102 Bf 75
Bugnein 64 137 Zb 88
Bugnicourt 59 8 Db 47
Bugnières 52 53 Fa 61
Bugny 25 84 Gc 66
Bugue, Le 24 113 Af 79
Buhl 67 40 Hf 55
Buhl 68 56 Hb 61
Buhl-Lorraine 57 39 Ha 56
Buhy 95 32 Be 53
Buicourt 60 16 Be 51
Buigny-l'Abbé 80 7 Bf 48
Buigny-lès-Gamaches 80 6 Bd 48
Buigny-Saint-Maclou 80 7 Be 48
Buire 02 19 Ea 49
Buire-au-Bois 62 7 Ca 47
Buire-Courcelles 80 18 Da 49
Buire-le-Sec 62 7 Be 46
Buire-sur-l'Ancre 80 8 Cd 49
Buironfosse 02 9 Df 49
Buis, Le 87 89 Bb 72
Buis-les-Baronnies 26 132 Fb 83
Buissard 05 120 Ga 81
Buisse, La 38 107 Fd 77
Buisson 84 131 Fa 83
Buisson, Le 48 116 Db 81
Buisson, Le 51 36 Ee 56
Buisson, Le 84 118 Ee 83
Buissoncourt 54 38 Gc 56
Buisson-de-Cadouin, Le 24 113 Af 79
Buis-sur-Damville 27 31 Ba 56
Buissy 62 8 Da 47
Bujaleuf 87 90 Bd 74
Bulainville 28 49 Bd 59
Bulan 65 139 Ab 90
Bulat-Pestivien 22 26 We 58
Bulcy 58 66 Da 65
Buléon 56 43 Xb 61
Bulgnéville 88 54 Ff 59
Bulhon 63 92 Dc 73
Bulle 25 84 Gb 67
Bullecourt 62 8 Cf 47
Bulles 60 17 Cb 52
Bulligny 54 37 Ff 57
Bullion 78 32 Bf 57
Bullou 28 48 Bb 59
Bully 42 93 Ea 73
Bully 76 16 Bc 50
Bully-les-Mines 62 8 Ce 46
Bulson 08 20 Ef 51
Bult 88 55 Gd 59
Bun 65 138 Zf 91
Buncey 21 68 Ed 62
Buneville 62 7 Cc 47
Bunifaziu = Bonifacio 2A 160 Kb 100
Buno-Bonnevaux 91 50 Cc 58
Bunus 64 137 Yf 89
Bunzac 16 88 Ac 74
Buoux 84 132 Fc 85
Burbach 67 39 Ha 55
Burbanche, La 01 95 Fd 73
Burbure 62 8 Cc 45
Burcy 14 29 Zb 55
Burcy 77 50 Cd 59
Burdignes 42 106 Ed 77
Burdignin 74 96 Gc 71
Bure 55 51 Ab 57
Buré 61 30 Ac 57
Bure-les-Templiers 21 68 Ef 62
Burelles 02 19 Df 50
Bures 54 38 Gd 56
Bures 61 30 Ac 57
Bures-en-Bray 76 16 Bb 50
Bures-sur-Yvette 91 33 Ca 56
Buret, le 53 46 Zc 61
Burey 27 31 Af 55
Burey-en-Vaux 55 37 Fe 57
Burey-la-Côte 55 54 Fe 57
Burg 65 139 Ab 89
Burgalays 31 151 Ad 91
Burgaronne 64 137 Za 88
Burgaud, Le 31 126 Ba 86
Burgille 25 70 Fe 65
Burgnac 87 89 Ba 74
Burgy 71 82 Ee 70
Burie 17 87 Zd 74
Buriville 54 39 Ge 57
Burlats 81 128 Cb 87
Burlioncourt 57 38 Gd 55
Burnand 71 82 Ed 69
Burnevillers 25 71 Ha 65
Burnhaupt-le-Bas 68 71 Ha 62
Burnhaupt-le-Haut 68 71 Ha 62
Buros 64 138 Ze 88
Burosse-Mendousse 64 138 Ze 87
Burret 09 152 Bc 91
Bursard 61 30 Ab 57
Burthecourt-aux-Chênes 54 38 Gb 57
Burtoncourt 57 22 Gc 53
Bury 60 17 Cc 53
Burzet 07 117 Eb 80
Burzy 71 82 Ed 69
Bus 62 8 Cf 48
Buschwiller 68 72 Hd 63
Busigny 59 9 Dc 48
Bus-la-Mésière 80 17 Ce 51
Bus-lès-Artois 80 8 Cd 48
Busloup 41 48 Ba 61
Busnes 62 8 Cd 45
Busque 81 127 Bf 86
Bussac 24 100 Ad 77
Bussac-Forêt 17 99 Zd 77
Bussac-sur-Charente 17 87 Zc 74
Bus-Saint-Rémy 27 32 Bd 54
Bussang 88 56 Gf 61
Busseau, Le 79 75 Zc 69
Busseaut 21 68 Ed 62
Busséol 63 104 Db 74
Busserotte-et-Montenaille 21 68 Ef 63
Busset 03 92 Dd 72
Bussiares 02 34 Db 54
Bussière, La 23 91 Cd 72
Bussière, La 45 66 Ce 62
Bussière, La 86 77 Ae 69
Bussière-Badil 24 100 Ad 75
Bussière-Boffy 87 89 Af 72
Bussière-Dunoise 23 90 Be 71
Bussière-Galant 87 101 Ba 75
Bussière-Poitevine 87 89 Af 71
Bussières 21 68 Ef 63
Bussières 42 93 Eb 74
Bussières 63 91 Cd 72
Bussières 70 70 Ff 64
Bussières 71 94 Ee 71
Bussières 77 34 Db 55
Bussières 89 67 Ea 64
Bussière-Saint-Georges 23 91 Ca 70
Bussières-et-Pruns 63 92 Db 72
Bussière-sur-Ouche, La 21 68 Ee 65
Busson 52 54 Fc 59
Bussu 80 8 Cf 49
Bussunarits-Sarrasquette 64 137 Ye 90
Bussus-Bussuel 80 7 Bf 48
Bussy 18 79 Cd 67
Bussy 60 18 Cf 51
Bussy-Albieux 42 93 Ea 74
Bussy-en-Othe 89 51 Dd 60
Bussy-la-Pesle 21 68 Ee 64
Bussy-la-Pesle 58 66 Dc 65
Bussy-le-Château 51 36 Ed 54
Bussy-le-Grand 21 68 Ed 63
Bussy-le-Repos 51 36 Ee 55
Bussy-le-Repos 89 51 Db 60
Bussy-lès-Daours 80 17 Cc 49
Bussy-lès-Poix 80 17 Ca 50
Bussy-Lettrée 51 35 Eb 56
Bussy-Saint-Georges 77 33 Ce 55
Bust 67 39 Hb 55
Bustanico 2B 159 Kb 95
Bustanicu = Bustanico 2B 159 Kb 95
Bustince-Iriberry 64 137 Ye 89
Bû-sur-Rouvres, Le 14 30 Ze 54
Buswiller 67 40 Hd 56
Busy 25 70 Ff 65
Butgnéville 55 37 Fe 54
Buthiers 70 70 Ga 64
Buthiers 77 50 Cc 59
Butot 76 15 Ba 51
Butot-Vénesville 76 15 Ad 50
Butry-sur-Oise 95 33 Cb 54
Butteaux 89 52 De 61
Butten 67 39 Hb 55
Buverchy 80 18 Cf 50
Buvilly 39 83 Fe 67
Buvin 38 107 Fd 75
Buxerette, La 36 78 Be 70
Buxerolles 21 68 Ef 62
Buxerolles 86 76 Ac 69
Buxeuil 10 53 Ec 60
Buxeuil 36 64 Be 66
Buxeuil 86 77 Ae 67
Buxières-d'Aillac 36 78 Be 69
Buxières-lès-Clefmont 52 54 Fc 60
Buxières-les-Mines 03 80 Cf 70
Buxières-lès-Villiers 52 53 Fa 60
Buxières-sous-Montaigut 63 91 Cf 71
Buxières-sur-Arce 10 53 Ec 60
Buxy 71 82 Ee 68
Buysscheure 59 3 Cc 44
Buzan 09 151 Af 91
Buzançais 36 78 Bc 67
Buzancy 02 18 Dc 53
Buzancy 08 20 Ef 52
Buzeins 12 116 Cf 82
Buzet-sur-Baïse 47 112 Ab 83
Buzet-sur-Tarn 31 127 Bd 86
Buziet 64 138 Zd 90
Buzignargues 34 130 Ea 86
Buzon 65 139 Aa 88
Buzy 55 37 Fe 53
Buzy 64 138 Zd 90
By 25 84 Ff 66
Byans-sur-Doubs 25 70 Ff 66

C

Cabanac 65 139 Ab 89
Cabanac-et-Villagrains 33 111 Zc 81
Cabanac-Séguenville 31 126 Ba 86
Cabanès 12 128 Cb 83
Cabanès 81 127 Bf 86
Cabanes-de-Fleury, Les 11 143 Db 89
Cabanial, Le 31 141 Bf 87
Cabannes 13 131 Ef 85
Cabannes 81 128 Ce 86
Cabannes, les 09 152 Be 92
Cabannes, les 81 127 Bf 84
Cabara 33 111 Zf 80
Cabariot 17 86 Za 73
Cabas-Loumasses 32 139 Ad 88
Cabasse 83 147 Gb 88
Cabestany 66 154 Cf 92
Cabidos 64 124 Zd 87
Cabourg 14 14 Zf 53
Cabrerets 46 114 Bd 81
Cabrerolles 34 143 Da 87
Cabrespine 11 142 Cc 88
Cabrières 30 130 Ec 85
Cabrières 34 143 Dc 87
Cabrières 84 132 Fa 85
Cabrières-d'Aigues 84 132 Fc 86
Cabriès 13 146 Fc 88
Cabris 06 134 Gf 86
Cachan 94 33 Cb 56
Cachen 40 124 Zd 84
Cachy 80 17 Cc 49
Cadalen 81 127 Bf 85
Cadarcet 09 140 Bd 90
Cadarsac 33 111 Ze 79
Cadaujac 33 111 Zc 80
Cadéac 65 150 Ac 91
Cadeilhan 32 125 Ae 86
Cadeillan 32 140 Af 88
Caden 56 59 Xe 63
Cadenet 84 132 Fc 86
Caderousse 84 131 Ee 84
Cadière, La 30 130 De 85
Cadière-d'Azur, La 83 147 Fe 89
Cadillac 33 111 Ze 81
Cadillac-en-Fronsadais 33 99 Zd 79
Cadillon 64 138 Zf 87
Cadix 81 128 Cc 85
Cadix 81 141 Bf 87
Cadolive 13 146 Fd 88
Cadours 31 126 Ba 86
Cadrieu 46 114 Bf 82
Caen 14 13 Zd 53
Caëstre 59 4 Cd 44
Caffiers 62 3 Be 43
Cagnac-les-Mines 81 127 Ca 85
Cagnano 2B 157 Kc 91
Cagnanu = Cagnano 2B 157 Kc 91
Cagnes-sur-Mer 06 134 Ha 86
Cagnicourt 62 8 Cf 47
Cagnoncles 59 9 Db 47
Cagnotte 40 123 Yf 87
Cagny 14 30 Ze 54
Cagny 80 17 Cc 49
Cahagnes 14 29 Zb 54
Cahagnolles 14 13 Zb 54
Cahaignes 27 32 Bd 53
Cahan 61 29 Zd 55
Caharet 65 139 Ab 90
Cahon 80 7 Be 48
Cahors 46 113 Bc 82
Cahus 46 114 Bf 79
Cahuzac 11 141 Bf 89
Cahuzac 47 112 Ad 81
Cahuzac 81 141 Ca 88
Cahuzac-sur-Adour 32 124 Zf 87
Cahuzac-sur-Vère 81 127 Bf 85
Caignac 31 141 Be 89
Cailhau 11 141 Ca 90
Cailhavel 11 141 Ca 90
Caillac 46 113 Bc 82
Caillavet 32 125 Ac 86
Caille 06 134 Ge 86
Caillère-Saint-Hilaire, La 85 75 Za 69
Cailleville 76 15 Ae 49
Caillouël 02 18 Da 51
Caillouet-Orgeville 27 32 Bb 54
Cailly 76 16 Bb 51
Cailly-sur-Eure 27 31 Bb 54
Cairanne 84 118 Ee 83
Cairon 14 13 Zd 53
Caisargues 30 131 Ec 86
Caisnes 60 18 Da 51
Caix 80 17 Cd 50
Caixas 66 154 Ce 93
Caixon 65 138 Aa 88
Cajarc 46 114 Bf 82
Calacuccia 2B 159 Ka 94
Calais 62 3 Bf 43
Calamane 46 115 Bc 81
Calan 56 42 We 61
Calanhel 22 25 Wd 58
Calavanté 65 139 Ab 89
Calcatoggio 2A 158 Ie 96
Calcatoghju = Calcatoggio 2A 158 Ie 96
Calce 66 154 Ce 92
Calenzana 2B 156 If 93
Calès 46 114 Bd 80
Calignac 47 125 Ac 84
Caligny 61 29 Zc 56
Calinzana = Calenzana 2B 156 If 93
Callac 22 25 Wd 58
Callas 83 134 Gd 87
Callen 40 111 Zd 83
Callengeville 76 16 Bd 49
Calleville 27 15 Ae 53
Calleville-les-Deux-Eglises 76 15 Ba 50
Callian 32 125 Ab 87
Callian 83 134 Ge 87
Calmeilles 66 154 Ce 93
Calmels-et-le-Viala 12 128 Ce 85
Calmette, La 30 130 Eb 85
Calmont 12 128 Cd 83
Calmont 31 141 Bd 89
Calmoutier 70 70 Gb 63
Caloire 42 105 Eb 76
Calonges 47 112 Ab 82
Calonne-Ricouart 62 8 Cd 46
Calonne-sur-la-Lys 62 8 Cd 45
Calorguen 22 27 Xf 58
Calotterie, La 62 7 Be 46
Caluire-et-Cuire 69 94 Ef 74
Calvi 2B 156 Ie 93
Calviac 46 114 Ca 79
Calviac-en-Périgord 24 113 Bb 79
Calvignac 46 114 Be 82
Calvinet 15 115 Cc 80
Calvisson 30 130 Eb 86
Calzan 09 141 Be 90
Camalès 65 138 Aa 88
Camarade 09 140 Bb 90
Camaret-sur-Aigues 84 118 Ee 83
Camaret-sur-Mer 29 24 Vc 59
Camarsac 3 111 Zd 80
Cambayrac 46 113 Bb 82
Cambe, la 14 13 Yf 52
Cambernard 31 140 Bb 88
Cambernon 50 28 Yd 54
Cambes 33 111 Zd 80
Cambes 46 114 Bf 81
Cambes 47 112 Ab 81
Cambes-en-Plaine 14 13 Zd 53
Cambia 2B 157 Kb 94
Cambiac 31 141 Be 88
Cambieure 11 141 Ca 90
Camblain-Châtelain 62 7 Cc 46
Camblain-l'Abbé 62 8 Cd 46
Cambligneul 62 8 Cd 46
Cambo-les-Bains 64 136 Yd 88
Cambon 81 128 Cb 85
Cambon-du-Temple 81 128 Cc 85
Cambon-lès-Lavaur 81 141 Bf 87
Camboulazet 12 128 Cc 83
Camboulit 46 114 Bf 81
Cambounès 81 142 Cc 87
Cambounet-sur-le-Sor 81 141 Ca 87
Cambout, Le 22 43 Xc 60
Cambrai 59 8 Db 47
Cambremer 14 30 Aa 54
Cambrin 62 8 Ce 45
Cambron 80 7 Be 48
Cambronne-lès-Clermont 60 17 Cc 52
Cambronne-lès-Ribécourt 60 18 Cf 51
Camburat 46 114 Bf 81
Came 64 137 Yf 88
Camelas 66 154 Ce 93
Camelin 02 18 Da 51
Camembert 61 30 Ab 55
Cametours 50 28 Ye 54
Camiac-et-Saint-Denis 33 111 Ze 80
Camiers 62 6 Bd 45
Camiran 33 111 Zf 81
Camlez 22 26 We 56
Cammazes, Les 81 141 Ca 88
Camoël 56 59 Xd 64
Camon 09 141 Bf 90

168 F Bréole, La — Camon

Camon **80** 17 Cc 49
Camors **56** 43 Xa 61
Camou-Cihigue **64** 137 Za 90
Camou-Mixe-Suhast **64** 137 Yf 88
Camous **65** 139 Ac 91
Campagnac **12** 116 Da 82
Campagnac-lès-Quercy **24** 113 Bb 80
Campagnan **34** 143 Dc 87
Campagne **24** 113 Af 79
Campagne **34** 130 Ea 86
Campagne **60** 18 Cf 51
Campagne-de-Sault **11** 153 Ca 92
Campagne-lès-Boulonnais **62** 7 Bf 45
Campagne-lès-Guînes **62** 3 Bf 43
Campagne-lès-Hesdin **62** 7 Bf 46
Campagne-sur-Arize **09** 140 Bc 90
Campagne-sur-Aude **11** 153 Cb 91
Campagnolles **14** 29 Za 55
Campan **65** 139 Ab 90
Campana **2B** 157 Kc 94
Campandré-Valcongrain **14** 29 Zc 55
Camparan **65** 150 Ac 91
Campeaux **14** 29 Za 55
Campeaux **60** 16 Be 51
Campénéac **56** 44 Xe 61
Campestre-et-Luc **30** 129 Dc 85
Campet-et-Lamolère **40** 124 Zc 85
Camphin-en-Carembault **59** 8 Cf 45
Camphin-en-Pévèle **59** 8 Db 45
Campi **2B** 159 Kc 95
Campigneulles-les-Grandes **62** 7 Be 46
Campigneulles-les-Petites **62** 7 Be 46
Campigny **27** 15 Ad 53
Campile **2B** 157 Kc 94
Campistrous **65** 139 Ac 90
Campitello **2B** 157 Kb 93
Campitellu, U = Campitello **2B** 157 Kb 93
Camplong **34** 129 Da 86
Camplong-d'Aude **11** 142 Cd 90
Campneuseville **76** 16 Bd 49
Campo **2A** 159 Ka 97
Campôme **66** 153 Cc 93
Campouriez **12** 115 Cd 80
Campoussy **66** 153 Cc 92
Camprémy **60** 17 Cb 51
Camprond **50** 28 Yd 54
Campsas **82** 126 Bb 85
Campsegret **24** 112 Ad 79
Camps-en-Amiénois **80** 16 Bf 49
Camps-la-Source **83** 147 Ga 88
Camps-sur-l'Agly **11** 153 Cc 91
Camps-sur-l'Isle **33** 99 Zf 79
Campu, U = Campo **2A** 159 Ka 97
Campuac **12** 115 Cd 81
Campugnan **33** 99 Zc 77
Campuzan **65** 139 Ac 89
Camurac **11** 153 Bf 92
Canale-di-Verde **2B** 159 Kc 95
Canals **82** 126 Bb 85
Canaples **80** 7 Cb 48
Canappeville **27** 31 Ba 54
Canapville **14** 14 Aa 53
Canapville **61** 30 Ab 55
Canari **2B** 157 Kc 91
Canaules-et-Argentières **30** 130 Ea 85
Canavaggia **2B** 157 Kb 93
Canavaghja, U = Canavaggia **2B** 157 Kb 93
Canaveilles **66** 153 Cb 93
Cancale **35** 28 Ya 56
Canchy **14** 13 Za 53
Canchy **80** 7 Bf 47
Cancon **47** 112 Ad 81
Candas **80** 7 Cb 48
Candé **49** 61 Yf 63
Candes-Saint-Martin **37** 62 Aa 65
Candé-sur-Beuvron **41** 64 Bb 64
Candillargues **34** 144 Ea 87
Candor **60** 18 Cf 51
Candresse **40** 123 Za 86
Canehan **76** 6 Bc 49
Canéjean **33** 111 Zc 80
Canens **31** 140 Bc 89
Canenx-et-Réaut **40** 124 Zd 84
Canet **11** 142 Cf 89
Canet **34** 143 Dc 87
Canet-de-Salars **12** 128 Ce 83
Canet-en-Roussillon **66** 154 Da 92
Canet-Plage **66** 154 Da 92
Canettemont **62** 7 Cc 47
Cangey **37** 63 Ba 64
Caniac-du-Causse **46** 114 Bd 81
Canihuel **22** 26 Wf 58
Canilhac **48** 116 Db 82
Canillo **(AND)** 152 Bd 93
Canisy **50** 28 Yf 54
Canlers **62** 7 Ca 46
Canly **60** 17 Ce 52
Cannectancourt **60** 18 Cf 51
Cannelle **2A** 158 Ie 96
Cannelle, E = Cannelle **2B** 158 Ie 96
Cannes **06** 148 Ha 87
Cannes-Ecluse **77** 51 Cf 58
Cannes-et-Clairan **30** 130 Ea 85
Cannessières **80** 7 Be 49
Cannet **32** 124 Zf 87
Cannet, Le **06** 148 Ha 87
Cannet-des-Maures, le **83** 147 Gc 88
Canny-sur-Matz **60** 18 Ce 51
Canny-sur-Thérain **60** 16 Be 51
Canohès **66** 154 Ce 93
Canon, Le **33** 110 Ye 80
Canon, Mézidon- **14** 30 Zf 54
Canourgue, La **48** 116 Db 82
Canouville **76** 15 Ad 50
Cantaing-sur-Escaut **59** 8 Da 48
Cantaous **65** 139 Ac 90
Cantaron **06** 135 Hb 86
Canté **09** 141 Bd 89
Canteleu **76** 15 Ba 52
Canteleux **62** 7 Cb 47
Canteloup **14** 30 Zf 54
Canteloup **50** 12 Yd 51
Cantenac **33** 99 Zc 78
Cantenay-Epinard **49** 61 Zc 63
Cantiers **27** 16 Bd 53
Cantigny **80** 17 Cc 50
Cantillac **24** 100 Ad 76
Cantin **59** 8 Da 47
Cantoin **12** 115 Ce 79
Cantois **33** 111 Ze 80
Canville-la-Rocque **50** 12 Yc 52
Canville-les-Deux-Eglises **76** 15 Af 50
Cany-Barville **76** 15 Ad 50
Caorches-Saint-Nicolas **27** 31 Ad 54
Caouënnec-Lanvézéac **22** 26 Wd 56
Caours **80** 7 Bf 48
Capbreton **40** 122 Yd 87
Cap-d'Ail **06** 135 Hc 86
Capdenac **46** 114 Ca 81
Capdenac-Gare **12** 114 Ca 81
Capdrot **24** 113 Af 80
Capelle **59** 9 Dd 47
Capelle, La **02** 9 Df 49
Capelle-Balaguier, La **12** 114 Bf 82
Capelle-Banance, La **12** 116 Da 82
Capelle-Bleys, La **12** 128 Cb 83
Capelle-Fermont **62** 8 Cd 46
Capelle-lès-Boulogne, La **62** 3 Be 44
Capelle-les-Grands **27** 31 Ac 54
Capelle-lès-Hesdin **62** 7 Be 46
Capendu **11** 142 Cd 89
Capens **31** 140 Bb 89
Capestang **34** 143 Da 89
Cap-Ferret **33** 110 Ye 81
Capian **33** 111 Zd 80
Caplong **33** 112 Aa 80
Capoulet **09** 152 Bd 92
Cappel **57** 39 Gf 54
Cappelle-Brouck **59** 3 Cb 43
Cappelle-en-Pévèle **59** 8 Db 45
Cappelle-la-Grande **59** 3 Cc 43
Cappy **80** 17 Ce 49
Captieux **33** 111 Ze 83
Capvern **65** 139 Ab 90
Caragoudes **31** 141 Be 88
Caraman **31** 141 Be 87
Caramany **66** 154 Cd 92
Carantec **29** 25 Wa 56
Carantilly **50** 28 Ye 54
Carayac **46** 114 Bf 81
Carbay **49** 45 Ye 62
Carbini **2A** 160 Ka 98
Carbon-Blanc **33** 111 Zc 79
Carbonne **31** 140 Bb 89
Carbuccia **2A** 159 If 96
Carcagny **14** 13 Zc 53
Carcanières **09** 153 Ca 92
Carcans **33** 98 Yf 78
Carcarès-Sainte-Croix **40** 123 Zb 85
Carcassonne **11** 142 Cc 89
Carcen-Ponson **40** 123 Zb 85
Carces **83** 147 Gb 88
Carcheto-Brustico **2B** 157 Kc 94
Carchetu Brusticu = Carcheto-Brustico **2B** 157 Kc 94
Cardaillac **46** 114 Bf 80
Cardan **33** 111 Zd 80
Cardeilhac **31** 139 Ae 89
Cardesse **64** 138 Zc 89
Cardet **30** 130 Ea 84
Cardonette **80** 7 Cc 49
Cardonnet **47** 125 Ad 83
Cardonnois, Le **80** 17 Cc 51
Cardo-Torgia **2A** 159 If 97
Cardroc **35** 44 Ya 59
Cardu Torgia = Cardo-Torgia **2A** 159 If 97
Carelles **53** 46 Za 58
Carency **62** 8 Ce 46
Carennac **46** 114 Be 79
Carentan **50** 12 Ye 53
Carentoir **56** 44 Xf 62
Cargèse **2A** 158 Id 96
Carghjese = Cargèse **2A** 158 Id 96
Carhaix-Plouguer **29** 42 Wc 59
Carignan **08** 21 Fb 51
Carignan-de-Bordeaux **33** 111 Zd 80
Carisey **89** 52 Df 61
Carla-Bayle **09** 140 Bc 90
Carla-de-Roquefort **09** 141 Be 91
Carlat **15** 115 Cd 79
Carlencas-et-Levas **34** 129 Db 87
Carlepont **60** 18 Da 51
Carling **57** 39 Ge 53
Carlipa **11** 141 Ca 89
Carlucet **46** 114 Bd 80
Carlus **81** 127 Ca 85
Carlux **24** 113 Bc 79
Carly **62** 3 Be 45
Carmaux **81** 128 Cb 84
Carnac **56** 58 Wf 63
Carnac-Rouffiac **46** 113 Bb 82
Carnas **30** 130 Df 86
Carneille, la **61** 29 Zd 56
Carnet **50** 28 Yd 57
Carneville **50** 12 Yd 50
Carnières **59** 9 Dc 47
Carnin **59** 8 Cf 45
Carnoët **22** 25 Wc 58
Carnoules **83** 147 Gb 89
Carnoux-en-Provence **13** 146 Fd 89
Carnoy **80** 8 Ce 49
Caro **56** 44 Xe 61
Caro **64** 137 Ye 90
Carolles **50** 28 Yc 56
Caromb **84** 132 Fa 84
Carpentras **84** 132 Fa 84
Carpineto **2B** 157 Kc 94
Carpinetu = Carpineto **2B** 157 Kc 94
Carpiquet **14** 13 Zd 53
Carquebut **50** 12 Ye 52
Carquefou **44** 60 Yd 65
Carqueiranne **83** 147 Ga 90
Carrépuis **80** 18 Ce 50
Carrère **64** 138 Ze 88
Carrières-sous-Poissy **78** 33 Ca 55
Carros **06** 135 Hb 86
Carrouges **61** 30 Zf 57
Carry-le-Rouet **13** 146 Fa 88
Cars **33** 99 Zc 78
Cars, Les **87** 101 Ba 74
Carsac-Aillac **24** 113 Bb 79
Carsac-de-Gurson **24** 112 Aa 79
Carsan **30** 131 Ed 83
Carsix **27** 31 Ae 54
Carspach **68** 71 Hb 63
Cartelègue **33** 99 Zc 77
Carteret, Barneville- **50** 12 Yb 52
Carticasi **2B** 157 Kb 94
Cartignies **59** 9 Df 48
Cartigny **80** 18 Da 49
Cartigny-l'Epinay **14** 13 Yf 53
Carves **24** 113 Ba 80
Carville-la-Folletière **76** 15 Ae 51
Carville-Pot-de-Fer **76** 15 Ae 50
Carvin **62** 8 Cf 46
Casabianca **2B** 157 Kc 94
Casa Bianca, A = Casabianca **2B** 157 Kc 94
Casagliò = Casaglione **2A** 158 Ie 96
Casaglione **2A** 158 Ie 96
Casalabriva **2A** 158 If 98
Casalta **2B** 157 Kc 94
Casamaccioli **2B** 159 Ka 95
Casanova **2B** 159 Kb 95
Casa Nova, A = Casanova **2B** 159 Kb 95
Cascastel-des-Corbières **11** 154 Ce 91
Casefabre **66** 154 Cd 93
Caseneuve **84** 132 Fc 85
Cases-de-Pène **66** 154 Ce 92
Casevecchie **2B** 159 Kc 96
Case Vecchje, E = Casevecchie **2B** 159 Kc 96
Cassagnabère-Tournas **31** 139 Ae 89
Cassagnas **48** 130 De 83
Cassagne **31** 140 Af 90
Cassagne, la **24** 101 Bb 78
Cassagnes **46** 113 Ba 81
Cassagnes **66** 154 Cd 92
Cassagnes-Bégonhès **12** 128 Cd 84
Cassagnoles **30** 130 Ea 84
Cassagnoles **34** 142 Cd 88
Cassaigne **32** 125 Ac 85
Cassaigne, La **11** 141 Bf 89
Cassaignes **11** 153 Cb 91
Cassaniouze **15** 115 Cc 80
Cassel **59** 4 Cç 44
Cassen **40** 123 Za 86
Casseneuil **47** 112 Ad 82
Casseuil **33** 111 Zf 81
Cassis **13** 146 Fd 89
Casson **44** 60 Yc 64
Casseuéjouls **12** 115 Ce 80
Cast **29** 41 Vf 60
Castagnac **31** 140 Bc 89
Castagnède **31** 140 Af 90
Castagnède **64** 137 Za 89
Castagniers **06** 135 Hb 86
Castaignos-Souslens **40** 123 Zc 87
Castandet **40** 124 Zd 86
Castanet **12** 128 Cb 83
Castanet **81** 127 Ca 85
Castanet **82** 127 Bf 83
Castanet-le-Bas **34** 129 Da 87
Castanet-le-Haut **34** 129 Cf 87
Castanet-Tolosan **31** 141 Bd 87
Castans **11** 142 Cc 88
Casteide-Cami **64** 138 Zc 89
Casteide-Candau **64** 138 Zc 87
Casteide-Doat **64** 138 Zf 88
Casteil **66** 153 Cc 93
Castelbajac **65** 139 Ac 89
Castelbiague **31** 140 Af 90
Castelculier **47** 125 Ae 83
Castelferrus **82** 126 Ba 84
Castelfranc **46** 113 Bb 81
Castelgaillard **31** 140 Af 88
Castelginest **31** 126 Bc 86
Casteljaloux **47** 112 Aa 83
Casteljau **07** 117 Eb 82
Castella **47** 112 Ae 83
Castellane **04** 134 Gd 85
Castellar **06** 135 Hc 86
Castellare di Casinca **2B** 157 Kc 94
Castellare-di-Mercurio **2B** 159 Kb 95
Castellare di Mercuriu = Castellare-di-Mercurio **2B** 159 Kb 95
Castellet **84** 132 Fc 85
Castellet, Le **04** 133 Ff 85
Castellet, Le **83** 147 Fe 89
Castello-di-Rostino **2B** 157 Kb 94
Castellu di Rustinu = Castello-di-Rostino **2B** 157 Kb 94
Castelmary **12** 128 Cb 83
Castelmaurou **31** 127 Bd 86
Castelmayran **82** 126 Ba 84
Castelmoron-d'Albret **33** 111 Zf 80
Castelmoron-sur-Lot **47** 112 Ac 82
Castelnau-Barbarens **32** 125 Ae 87
Castelnau-Chalosse **40** 123 Za 87
Castelnau-d'Anglès **32** 125 Ab 87
Castelnau-d'Arbieu **32** 125 Ae 85
Castelnaudary **11** 141 Bf 89
Castelnau-d'Aude **11** 142 Ce 89
Castelnau-d'Auzan **32** 125 Aa 85
Castelnaud-de-Gratecambe **47** 112 Ae 82
Castelnau-de-Brassac **81** 128 Cd 87
Castelnau-de-Guers **34** 143 Dc 88
Castelnau-de-Lévis **81** 127 Ca 85
Castelnau-de-Mandailles **12** 115 Cf 81
Castelnau-de-Médoc **33** 98 Zb 78
Castelnau-de-Montmiral **81** 127 Be 85
Castelnau-d'Estrétefonds **31** 126 Bc 86
Castelnaud-la-Chapelle **24** 113 Ba 80
Castelnau-Durban **09** 140 Bc 90
Castelnau-le-Lez **34** 130 Df 87
Castelnau-Magnoac **65** 139 Ad 89
Castelnau-Montratier **46** 126 Bc 83
Castelnau-Pégayrols **12** 129 Cf 84
Castelnau-Picampeau **31** 140 Ba 89
Castelnau-Rivière-Basse **65** 124 Zf 87
Castelnau-sur-Gupie **47** 112 Aa 81
Castelnau-sur-l'Auvignon **32** 125 Ac 85
Castelnau-Tursan **40** 124 Zd 87
Castelnau-Valence **30** 130 Eb 84
Castelnavet **32** 125 Aa 86
Castelner **40** 124 Zc 87
Castelnou **66** 154 Ce 93
Castelreng **11** 141 Ca 90
Castels **24** 113 Ba 79
Castelsagrat **82** 126 Af 83
Castelsarrasin **82** 126 Ba 84
Castel-Sarrazin **40** 123 Zb 87
Castelvieilh **65** 139 Ab 89
Castelviel **33** 111 Zf 80
Castéra, Le **31** 126 Ba 86
Castéra-Bouzet **82** 126 Af 84
Castéra-Lectourois **32** 125 Ad 85
Castéra-Lou **65** 139 Aa 89
Castéra-Loubix **64** 138 Zf 88
Castéras **09** 140 Bc 90
Castéra-Verduzan **32** 125 Ac 86
Castéra-Vignoles **31** 139 Ae 89
Casterets **65** 139 Ad 89
Castéron **32** 126 Af 85
Castet **64** 137 Zc 89
Castet **64** 138 Zd 90
Castet-Arrouy **32** 125 Ae 85
Castetbon **64** 137 Zb 88
Castétis **64** 137 Zb 88
Castetnau-Camblong **64** 137 Zb 89
Castetpugon **64** 124 Ze 87
Castets **40** 123 Ye 87
Castets **40** 123 Yf 85
Castets-en-Dorthe **33** 111 Zf 81
Castex **09** 140 Bb 90
Castex **32** 139 Ab 88
Castex-d'Armagnac **32** 124 Zf 85
Casties-Labrande **31** 140 Ba 89
Castifao **2B** 157 Ka 93
Castifau = Castifao **2B** 157 Ka 93
Castiglione **2B** 157 Ka 94
Castillon **06** 135 Hc 85
Castillon **64** 138 Zc 89
Castillon **64** 138 Zf 88
Castillon **65** 139 Ab 90
Castillon-Debats **32** 125 Ab 86
Castillon-de-Castets **33** 111 Zf 81
Castillon-de-Larboust **31** 151 Ad 92
Castillon-du-Gard **30** 131 Ed 85
Castillon-en-Auge **14** 30 Aa 54
Castillon-en-Couserans **09** 151 Ba 91
Castillon-la-Bataille **33** 111 Zf 79
Castillon-Massas **32** 125 Ad 86
Castillonnès **47** 112 Ad 81
Castillon-Savès **32** 140 Af 87
Castilly **14** 13 Yf 53
Castin **32** 125 Ad 86
Castineta **2B** 157 Kb 94
Castirla **2B** 157 Ka 94
Castres **02** 18 Db 50
Castres **81** 128 Cb 87
Castres-Gironde **33** 111 Zd 80
Castries **34** 143 Df 86
Cateau-Cambrésis, Le **59** 9 Dd 48
Catelet, le **02** 8 Db 48
Catelier, Le **76** 15 Ba 50
Catenay **76** 16 Bb 51
Catenoy **60** 17 Cd 52
Cateri **2B** 156 If 93
Cateri, I = Cateri **2B** 156 If 93
Cathervielle **31** 151 Ad 92
Catheux **60** 17 Ca 51
Catigny **60** 18 Cf 51
Catillon-Fumechon **60** 17 Cc 51
Catillon-sur-Sambre **59** 9 Dd 48
Catllar **66** 153 Cc 93
Cattenières **59** 9 Db 48
Cattenom **57** 22 Gb 52
Catteville **50** 12 Yc 52
Cattonvielle **32** 126 Af 87
Catus **46** 116 Bb 81
Catz **50** 12 Ye 53
Caubeyres **47** 112 Ab 83
Caubiac **31** 126 Ba 86
Caubios-Loos **64** 138 Zd 88
Caubon-Saint-Sauveur **47** 112 Ab 81
Caucalières **81** 142 Cb 87
Cauchie **62** 3 Cb 44
Cauchie, La **62** 8 Cd 47
Cauchy-à-la-Tour **62** 7 Cc 45
Caucourt **62** 8 Cd 46
Caudan **56** 42 Wd 62
Caudebec-en-Caux **76** 15 Ae 51
Caudebec-lès-Elbeuf **76** 15 Ba 53
Caudebronde **11** 142 Cb 88
Caudecoste **47** 125 Ae 84
Caudeval **11** 141 Bf 90
Caudies-de-Confent **66** 153 Ca 93
Caudiès-de-Fenouillèdes **66** 153 Cc 92
Caudrot **33** 111 Zf 81
Caudry **59** 9 Dc 48
Cauffry **60** 17 Cc 53
Caugé **27** 31 Ba 54
Caujac **31** 140 Bc 89
Caulaincourt **02** 18 Da 49
Caule-Sainte-Beuve, Le **76** 16 Bd 50
Caulières **80** 16 Bf 50
Caullery **59** 9 Dc 48
Caulnes **22** 44 Xf 59
Caumont **02** 18 Db 51
Caumont **09** 140 Ba 90
Caumont **27** 15 Af 52
Caumont **32** 124 Zf 86
Caumont **33** 111 Zf 80
Caumont **62** 7 Ca 47
Caumont **82** 126 Ba 84
Caumont-l'Eventé **14** 29 Zb 54
Caumont-sur-Durance **84** 131 Ef 85
Caumont-sur-Garonne **47** 112 Ab 82
Caumont-sur-Orne **14** 29 Zd 55
Cauna **40** 123 Zc 86
Caunay **79** 88 Aa 71
Caunes-Minervois **11** 142 Cd 89
Caunette **34** 142 Ce 88
Caunettes-en-Val **11** 142 Cd 90
Caunette-sur-Lauquet **11** 142 Cc 90
Caupenne **40** 123 Zb 86
Caupenne-d'Armagnac **32** 124 Zf 86
Caure, La **51** 35 De 55
Caurel **22** 43 Wf 59
Cauro **2A** 158 If 97
Cauroir **59** 9 Db 47
Cauroy **08** 20 Ec 52
Cauroy-lès-Hermonville **51** 19 Df 52
Causé, Le **82** 126 Af 86
Cause-de-Clérans **24** 112 Ae 79
Caussade **82** 127 Bd 84
Caussade-Rivière **65** 138 Aa 87
Causse-Bégon **30** 129 Dc 84
Causse-de-la-Selle **34** 130 Dd 86
Causse-de-Saujac **12** 114 Bf 82
Caussens **32** 125 Ac 85
Causses-et-Veyron **34** 143 Da 88
Caussols **06** 134 Gf 86
Caussou **09** 152 Be 92
Cauterets **65** 150 Zf 91
Cauverville-en-Roumois **27** 15 Ad 52
Cauvicourt **14** 30 Ze 54
Cauvignac **33** 111 Zf 82
Cauvigny **60** 17 Cb 53
Cauville **14** 29 Zc 55
Cauville **76** 14 Aa 51
Caux **34** 143 Dc 87
Caux-et-Sauzens **11** 142 Cb 89
Cauzac **47** 113 Af 83
Cavagnac **46** 102 Bd 78
Cavaillon **84** 132 Fa 85
Cavalaire-sur-Mer **83** 148 Gd 89
Cavalerie, La **12** 129 Da 84
Cavan **22** 26 Wd 56
Cavanac **11** 142 Cb 90
Cavarc **47** 112 Ad 80
Caveirac **30** 130 Eb 86
Caves **11** 154 Cf 91
Cavignac **33** 99 Zd 78
Cavigny **50** 13 Yf 53
Cavillargues **30** 131 Ed 84
Cavillon **80** 17 Ca 49
Cavron-Saint-Martin **62** 7 Bf 46
Cavru = Cauro **2A** 158 If 97
Caychax **09** 153 Be 92
Cayeux-en-Santerre **80** 17 Cd 50
Cayeux-sur-Mer **80** 6 Bc 47
Caylar, Le **34** 129 Db 85
Caylus **82** 127 Be 83
Cayrac **82** 126 Bc 84
Cayres **43** 117 De 79
Cayriech **82** 127 Bd 83
Cayrol, Le **12** 115 Ce 81
Cayrols **15** 115 Cb 80
Cazac **31** 140 Af 88
Cazalis **33** 111 Zd 82
Cazalis **40** 123 Zc 87
Cazalrenoux **11** 141 Bf 89
Cazals **46** 113 Bb 81
Cazals **82** 127 Be 84
Cazals-des-Baylès **09** 141 Bf 90
Cazarilh **65** 139 Ad 91
Cazaril-Laspènes **31** 151 Ad 92
Cazaril-Tambourès **31** 139 Ad 89
Cazats **33** 111 Ze 82
Cazaubon **32** 124 Zf 85
Cazaugitat **33** 112 Aa 80
Cazaunous **31** 139 Ae 91
Cazaux **09** 141 Bd 90
Cazaux-d'Anglès **32** 125 Ab 87
Cazaux-Debat **65** 150 Ac 91
Cazaux-Fréchet-Anéran-Camors **65** 150 Ac 91
Cazaux-Layrisse **31** 151 Ad 91
Cazaux-Savès **32** 140 Af 87
Cazaux-Villecomtal **32** 139 Ab 88
Cazavet **09** 140 Ba 90
Cazenave **09** 152 Be 91
Cazeneuve **32** 125 Aa 85
Cazeneuve-Montaut **31** 140 Af 89
Cazères **31** 140 Ba 89
Cazères-sur-l'Adour **40** 124 Ze 86
Cazes-Mondenard **82** 126 Bb 83
Cazevieille **34** 130 De 86
Cazideroque **47** 113 Af 82
Cazilhac **11** 142 Cc 89
Cazilhac **34** 142 Ce 88
Cazillac **46** 114 Bd 79
Cazoulès **24** 113 Bc 79
Cazouls-d'Hérault **34** 143 Dc 87
Cazouls-lès-Béziers **34** 143 Da 88
Ceaucé **61** 29 Zc 58
Ceaulmont **36** 78 Bd 69
Céaux **50** 28 Yd 57
Céaux-d'Allègre **43** 105 De 77
Ceaux-en-Couhé **86** 88 Ab 71
Ceaux-en-Loudun **86** 76 Ab 66
Cébazan **34** 143 Cf 88
Cébazat **63** 92 Da 74
Ceffonds **52** 53 Ee 58
Ceilhes-et-Rocozels **34** 129 Da 86
Ceillac **05** 121 Ge 80
Ceilloux **63** 104 Dd 75
Ceintrey **54** 38 Gb 57
Celette, La **18** 79 Cd 69
Cellé **41** 48 Ae 62
Celle, La **03** 91 Ce 71
Celle, La **18** 79 Cc 68
Celle, La **63** 91 Cc 73
Celle-Condé, La **18** 79 Cb 68
Celle-Dunoise, La **23** 90 Be 71
Celle-en-Morvan, La **71** 81 Eb 66
Cellefrouin **16** 88 Ac 73
Celle-Guenand, La **37** 77 Af 67
Celle-les-Bordes, La **78** 32 Bf 57
Celle-Lévescault **86** 76 Ab 70
Celles **09** 152 Be 91
Celles **17** 99 Zd 75
Celles **24** 100 Ac 77
Celles **34** 129 Dc 87
Celle-Saint-Avant, La **37** 77 Ad 66
Celle-Saint-Cloud, La **78** 33 Ca 55
Celle-Saint-Cyr, La **89** 51 Db 61
Celles-en-Bassigny **52** 54 Fd 61
Celles-lès-Condé **02** 34 Dd 54
Celle-sous-Chantemerle, La **51** 35 De 57
Celle-sous-Gouzon, La **23** 91 Cb 71
Celle-sous-Montmirail, La **02** 34 Dc 55
Celles-sur-Aisne **02** 18 Dc 52
Celles-sur-Belle **79** 87 Ze 71
Celles-sur-Durolle **63** 93 Dd 73
Celles-sur-Ource **10** 53 Ec 60
Celles-sur-Plaine **88** 56 Gf 58
Celle-sur-Loire, La **58** 66 Cf 64
Celle-sur-Nièvre, La **58** 66 Db 65
Cellette, La **23** 90 Ca 70
Cellette, La **63** 91 Ce 72
Cellettes **16** 88 Aa 73
Cellettes **41** 64 Bc 63
Cellier, Le **44** 60 Yd 65
Cellier-du-Luc **07** 117 Df 81
Cellieu **42** 106 Ed 75
Celloville **76** 15 Ba 52
Cellule **63** 92 Da 73
Celon **36** 78 Bc 69
Celoux **15** 104 Db 78
Celsoy **52** 54 Fc 61
Cély **77** 50 Cd 58
Cemboing **70** 54 Ff 61
Cempuis **60** 17 Ca 50
Cénac **33** 111 Zd 80
Cenans **70** 70 Gb 64
Cendre, Le **63** 104 Db 74
Cendrecourt **70** 55 Ff 61
Cendrey **25** 70 Gb 64
Cendrieux **24** 101 Ae 79
Cénevières **46** 114 Be 82
Cenne-Monestiès **11** 141 Ca 89
Cenon **33** 111 Zc 79
Cenon-sur-Vienne **86** 77 Ad 68
Censerey **21** 68 Ec 65
Censy **89** 67 Ea 62
Cent-Acres, Les **76** 15 Ba 50
Centrès **12** 128 Cc 84
Centuri **2B** 157 Kc 91
Cenves **69** 94 Ed 71
Cépet **31** 126 Bc 86
Cépie **11** 142 Cb 90
Cepoy **45** 50 Ce 60
Céran **32** 125 Ae 86
Cérans-Foulletourte **72** 47 Ab 62
Cerbère **66** 154 Da 94
Cerbois **18** 79 Ca 66
Cercier **74** 96 Ga 72
Cerclé **69** 94 Ee 72
Cercles **24** 100 Ac 76
Cercottes **45** 49 Bf 61
Cercoux **17** 99 Ze 78
Cercueil, Le **61** 30 Aa 57
Cercy-la-Tour **58** 81 Dd 67
Cerdon **01** 95 Fc 72
Cerdon **45** 65 Cc 63
Cere **40** 124 Zc 85
Céré-la-Ronde **37** 63 Bb 65
Cérelles **37** 63 Ae 64
Cérences **50** 28 Yd 55
Céreste **04** 132 Fd 85
Céret **66** 154 Ce 94
Cerfontaine **59** 9 Ea 47
Cergne, La **42** 93 Eb 72
Cergy **95** 33 Ca 54
Cergy-Pontoise (ville nouvelle) **95** 33 Ca 54
Cérilly **03** 80 Ce 69
Cérilly **21** 53 Ec 61
Cérilly **89** 52 Dd 59
Cerisé **61** 47 Aa 58
Cerisières **52** 53 Fa 59
Cerisiers **89** 51 Dc 60
Cerisy **80** 17 Cd 49
Cerisy-Belle-Etoile **61** 29 Zc 56
Cérisy-Buleux **80** 7 Be 49
Cerisy-la-Forêt **50** 13 Za 53
Cerisy-la-Salle **50** 28 Ye 54
Cerizay **79** 75 Zc 68
Cérizols **09** 140 Ba 90
Cerizy **02** 18 Db 50
Cerlangue, La **76** 14 Ac 51
Cernay **14** 30 Ab 54
Cernay **28** 48 Bb 58
Cernay **68** 56 Hb 62
Cernay **86** 76 Ab 68
Cernay-en-Dormois **51** 36 Ee 53
Cernay-la-Ville **78** 32 Bf 56
Cernay-l'Eglise **25** 71 Gf 65
Cernay-lès-Reims **51** 19 Ea 53
Cerneux **77** 34 Dc 56
Cernex **74** 96 Ga 72
Cerniébaud **39** 84 Ga 68
Cernion **08** 20 Ec 50
Cernon **39** 95 Fd 70
Cernon **51** 35 Ec 55
Cernoy **60** 17 Cd 52
Cernoy-en-Berry **45** 65 Cd 63
Cernusson **49** 61 Zd 65
Cerny **91** 50 Cb 58
Cerny-en-Laonnois **02** 19 De 52
Cerny-lès-Bucy **02** 18 Dd 51
Céron **71** 93 Df 71
Cérons **33** 111 Zd 81
Cerqueux-de-Maulevrier, Les **49** 75 Zc 65
Cerqueux-sous-Passavant **49** 61 Zd 66
Cerre-lès-Nordy **70** 70 Gb 63
Cers **34** 143 Db 89
Cersay **79** 75 Zd 66
Cerseuil **02** 18 Dd 53
Cersot **71** 82 Ed 68
Certilleux **88** 54 Fe 59
Certines **01** 95 Fb 72
Cervens **74** 96 Gc 71
Cervières **05** 120 Ge 79
Cervières **42** 93 De 73
Cerville **54** 38 Gb 56
Cervione **2B** 159 Kc 95
Cervioni = Cervione **2B** 159 Kc 95
Cervon **58** 67 De 65
Cerzat **43** 104 Dc 78
Césarches **73** 108 Gc 74
Césarville-Dossainville **45** 50 Cb 59
Cescau **09** 151 Ba 91
Cescau **64** 138 Zc 88
Cesny-aux-Vignes-Ouezy **14** 30 Zf 54
Cesny-Bois-Halbout **14** 29 Zd 55
Cessac **33** 111 Ze 80
Cessales **31** 141 Be 88
Cesse **55** 21 Fa 51
Cessenon-sur-Orb **34** 143 Da 88
Cessens **73** 96 Ff 74
Cesseras **34** 142 Ce 89
Cesset **03** 92 Db 71
Cesseville **27** 31 Af 53
Cessey **25** 84 Ff 66
Cessey-sur-Tille **21** 69 Fb 65
Cessières **02** 18 Dd 51
Cessieu **38** 107 Fc 75
Cesson **22** 26 Xb 57
Cesson **77** 33 Cd 57
Cesson-Sévigné **35** 45 Yc 60
Cessoy-en-Montois **77** 51 Da 57
Cessy **01** 96 Ga 71
Cessy-les-Bois **58** 66 Db 65
Cestas **33** 111 Zb 80
Cestayrols **81** 127 Bf 85
Ceton **61** 48 Ae 59
Cette-Eygun **64** 137 Zc 91
Cevins **73** 108 Gc 75
Ceyras **34** 129 Dc 87
Ceyrat **63** 92 Da 74
Ceyreste **13** 146 Fd 89
Ceyroux **23** 90 Bd 72
Ceyssat **63** 92 Cf 74

Camon — Ceyssat (F) **169**

Charbonnières-les-Vieilles 63 92 Da 73
Charbonnier-les-Mines 63 104 Db 76
Charbuy 89 66 Dc 62
Charcenne 70 70 Fe 64
Charcé-Saint-Ellier-sur-Aubance 49 61 Zd 64
Charchigné 53 46 Zd 58
Charchilla 39 83 Fe 70
Charcier 39 84 Fe 69
Chard 23 91 Cc 73
Chardeny 08 20 Ed 52
Chardogne 55 36 Fa 56
Chardonnay 71 82 Ef 69
Chareil 03 92 Db 71
Charencey 21 68 Ee 64
Charency 39 84 Ga 68
Charens 26 119 Fd 81
Charensat 63 91 Cd 73
Charentay 69 94 Ee 72
Charentenay 89 67 Dd 63
Charentilly 37 63 Ad 64
Charenton-du-Cher 18 79 Cd 68
Charenton-le-Pont 94 33 Cc 56
Charentonnay 18 66 Cf 66
Charette 38 95 Fc 74
Charette 71 83 Fb 67
Charey 54 37 Ff 54
Charézier 39 84 Fe 69
Chargé 37 63 Ba 64
Chargey-lès-Grey 70 69 Fd 64
Chargey-lès-Port 70 70 Ga 62
Chariez 70 70 Ga 63
Charigny 21 68 Ec 64
Charité-sur-Loire, La 58 66 Da 65
Charix 01 95 Fe 71
Charlas 31 139 Ae 89
Charleval 13 132 Fb 86
Charleval 27 18 Bc 52
Charleville 51 35 De 56
Charleville-Mézières 08 20 Ee 50
Charleville-sous-Bois 57 38 Gc 53
Charlieu 42 93 Ea 72
Charly 02 34 Db 55
Charly 18 80 Ce 67
Charly 69 106 Ee 75
Charmant 16 100 Ab 76
Charmauvillers 25 71 Gf 65
Charmé 16 88 Aa 73
Charme, La 39 83 Fd 67
Charmeil 03 92 Dc 72
Charmel, Le 02 34 Dd 54
Charmensac 15 104 Da 77
Charmentray 77 33 Ce 55
Charmes 02 18 Dc 51
Charmes 03 92 Db 72
Charmes 21 69 Fc 64
Charmes 52 54 Fc 61
Charmes 88 55 Gb 58
Charmes-en-l'Angle 52 53 Fa 58
Charmes-la-Côte 54 37 Fe 57
Charmes-la-Grande 52 53 Ef 58
Charmes-Saint-Valbert 70 69 Fe 62
Charmes-sur-l'Herbasse 26 106 Fa 78
Charmes-sur-Rhône 07 118 Ef 79
Charmoille 25 71 Ge 65
Charmoille 70 70 Ga 63
Charmois 54 38 Gc 57
Charmois 90 71 Gf 63
Charmois-devant-Bruyères 88 55 Gd 59
Charmois-l'Orgueilleux 88 55 Gb 60
Charmont 51 36 Ef 55
Charmont 95 32 Be 54
Charmont-en-Beauce 45 50 Ca 59
Charmontois, Les 51 36 Fa 55
Charmont-sous-Barbuise 10 52 Eb 58
Charmoy 10 52 Dd 58
Charmoy 71 82 Eb 68
Charmoy 89 51 Dc 61
Charnas 07 106 Ee 77
Charnat 63 92 Dc 73
Charnay 25 70 Ff 66
Charnay 69 94 Ed 73
Charnay-lès-Chalon 71 83 Fa 67
Charnay-lès-Mâcon 71 94 Ee 71
Charnècles 38 107 Fd 76
Charnizay 37 77 Af 67
Charnod 39 95 Fb 71
Charnoz 01 95 Fb 73
Charny 21 68 Ec 65
Charny 77 33 Ce 55
Charny 89 51 Da 61
Charny-le-Bachot 10 35 Df 57
Charny-sur-Meuse 55 37 Fc 53
Charolles 71 82 Eb 70
Charols 26 118 Ef 81
Charonville 28 49 Bb 59
Chârost 18 79 Ca 67
Charpey 26 119 Fa 79
Charpont 28 32 Bc 56
Charquemont 25 71 Ge 65
Charrais 86 76 Ab 68
Charraix 43 116 Dd 78
Charras 16 100 Ac 75
Charray 28 49 Bb 61
Charre 64 137 Zb 89
Charrecey 71 82 Ee 67
Charrey-sur-Saône 21 83 Fb 66
Charrey-sur-Seine 21 53 Ed 61
Charrin 58 81 Dd 68
Charritte-de-Bas 64 137 Zb 89
Charron 17 86 Yf 71
Charron 23 91 Cd 72
Charroux 03 92 Da 71
Charroux 86 88 Ac 72
Chars 95 32 Bf 54
Charsonville 45 49 Bd 61
Chartainvilliers 28 32 Bd 57
Chartèves 02 34 Dd 54
Chartrené 49 62 Zf 64
Chartres 28 49 Bc 58
Chartres-de-Bretagne 35 45 Yb 60
Chartre-sur-le-Loir, La 72 63 Ad 62
Chartrettes 77 50 Ce 58
Chartrier-Ferrière 19 102 Bc 78
Chartronges 77 34 Db 56
Chartuzac 17 99 Zd 76
Charvieu-Chavagneur 38 95 Fa 74
Charvonnex 74 96 Ga 73
Chas 63 92 Db 74
Chasnais 85 74 Ye 70
Chasnans 25 84 Gb 66
Chasnay 58 66 Db 65
Chasné-sur-Illet 35 45 Yc 59
Chaspinhac 43 105 Df 78
Chaspuzac 43 105 De 78
Chassagne 63 104 Da 76
Chassagne, La 39 83 Fc 67
Chassagne-Montrachet 21 82 Ee 67
Chassagnes 07 117 Eb 82
Chassagnes 43 104 Dd 77
Chassagne-Saint-Denis 25 84 Ga 66
Chassagny 69 106 Ee 75
Chassaignes 24 100 Ab 77
Chassal 39 95 Fe 70
Chasseguey 50 29 Yf 57
Chasselas 71 94 Ee 71
Chasselay 38 107 Fb 77
Chasselay 69 94 Ee 73
Chassemy 02 18 Dd 52
Chassenard 03 81 Df 70
Chasseneuil 36 78 Bc 69
Chasseneuil-du-Poitou 86 76 Ac 69
Chasseneuil-sur-Bonnieure 16 88 Ac 74
Chassenon 16 89 Ae 73
Chasseradès 48 117 De 81
Chasse-sur-Rhône 38 106 Ee 75
Chassey 21 68 Ec 64
Chassey-Beaupré 55 54 Fc 58
Chassey-le-Camp 71 82 Ee 67
Chassey-lès-Moutbozon 70 70 Gc 63
Chassey-lès-Scey 70 70 Ff 63
Chassiecq 16 88 Ac 73
Chassiers 07 117 Eb 81
Chassieu 69 94 Ef 74
Chassignelles 89 67 Eb 62
Chassignieu 38 107 Fc 76
Chassignolles 36 78 Bf 69
Chassignolles 43 104 Dc 76
Chassigny-Aisey 52 69 Fc 62
Chassigny-sous-Dun 71 93 Eb 71
Chassillé 72 47 Zf 60
Chassy 18 80 Cf 66
Chassy 71 81 Ea 69
Chassy 89 51 Dc 61
Chastang, Le 19 102 Be 78
Chastanier 48 117 De 80
Chasteaux 19 102 Bc 78
Chastel 43 104 Db 78
Chastel-Arnaud 26 119 Fb 81
Chastellet-lès-Sausses 04 134 Ge 84
Chastellux-sur-Cure 89 67 Df 64
Chastel-Merlhac 15 103 Cd 77
Chastel-Nouvel 48 116 Dc 81
Chastreix 63 103 Ce 75
Châtaigneraie, La 85 75 Zb 69
Chatain 86 88 Ac 72
Châtaincourt 28 31 Bb 56
Châtas 88 56 Ha 58
Château 71 94 Ed 70
Châteaubernard 16 87 Ze 74
Château-Bernard 38 119 Fd 79
Châteaubleau 77 34 Da 57
Châteaubourg 07 118 Ee 78
Châteaubourg 35 45 Yd 60
Château-Bréhain 57 38 Gd 55
Châteaubriant 44 45 Yd 62
Château-Chalon 39 83 Fd 68
Château-Chervix 87 101 Bc 75
Château-Chinon 58 81 Df 66
Château-d'Almenêches, Le 61 30 Aa 56
Château-des-Prés 39 84 Ff 69
Château-d'Oléron, Le 17 86 Ye 73
Château-d'Olonne 85 73 Yb 69
Châteaudouble 26 119 Fa 79
Châteaudouble 83 148 Gc 87
Château-du-Loir 72 62 Ac 62
Châteaudun 28 49 Bc 60
Châteaufort 04 133 Ga 83
Châteaufort 78 33 Ca 56
Château-Gaillard 01 95 Fb 73
Château-Garnier 86 88 Ac 71
Châteaugay 63 92 Da 73
Châteaugiron 35 45 Yc 60
Château-Gontier 53 46 Zb 62
Château-Guibert 85 74 Ye 69
Château-l'Abbaye 59 9 Dc 46
Château-Landon 77 50 Ce 60
Château-Larcher 86 76 Ab 70
Château-la-Vallière 37 62 Ab 63
Château-l'Evêque 24 100 Ae 77
Château-l'Hermitage 72 47 Ab 62
Châteaulin 29 42 Vf 59
Château-Malo 35 27 Ya 57
Châteaumeillant 18 79 Cb 69
Châteauneuf 21 68 Ed 65
Châteauneuf 71 93 Eb 71
Châteauneuf 73 108 Gb 75
Châteauneuf 85 73 Ya 67
Châteauneuf-de-Bordette 26 119 Fa 82
Châteauneuf-de-Contes 06 135 Hb 86
Châteauneuf-de-Gadagne 84 131 Ef 85
Châteauneuf-de-Galaure 26 106 Ef 77
Châteauneuf-d'Entraunes 06 134 Ge 84
Châteauneuf-de-Vernoux 07 118 Ed 79
Châteauneuf-d'Ille-et-Vilaine 35 27 Ya 57
Châteauneuf-d'Oze 05 120 Ff 81
Châteauneuf-du-Faou 29 42 Wb 59
Châteauneuf-du-Pape 84 131 Ee 84
Châteauneuf-en-Thymerais 28 31 Bb 57
Châteauneuf-Grasse 06 134 Gf 86
Châteauneuf-la-Forêt 87 90 Bd 74
Châteauneuf-le-Rouge 13 146 Fd 87
Châteauneuf-les-Bains 63 92 Cf 72
Châteauneuf-les-Martigues 13 146 Fa 88
Châteauneuf-Miravail 04 132 Fe 84
Châteauneuf-sur-Charente 16 100 Zf 75
Châteauneuf-sur-Cher 18 79 Cb 67
Châteauneuf-sur-Isère 26 118 Ef 78
Châteauneuf-sur-Loire 45 50 Cb 61
Châteauneuf-sur-Sarthe 49 61 Zd 62
Châteauneuf-Val-de-Bargis 58 66 Db 65
Châteauneuf-Val-Saint-Donnat 04 133 Ff 84
Châteauponsac 87 89 Bb 72
Château-Porcien 08 19 Eb 51
Châteauredon 04 133 Gb 84
Châteaurenard 13 131 Ef 85
Châteaurenard 45 51 Cf 61
Château-Renault 37 63 Af 63
Château-Rouge 57 22 Gd 53
Châteauroux 05 121 Gd 81
Châteauroux 36 78 Be 68
Château-Salins 57 38 Gd 56
Château-sur-Allier 03 80 Da 68
Château-sur-Cher 63 91 Cd 72
Château-sur-Epte 27 32 Bd 53
Châteauthébaud 44 60 Yd 66
Château-Thierry 02 34 Dc 54
Château-Verdun 09 152 Be 92
Châteauvert 83 147 Ga 87
Châteauvieux 41 64 Bc 65
Châteauvieux 83 134 Gd 86
Châteauvilain 38 107 Fb 75
Châteauvillain 52 53 Ef 60
Château-Voué 57 38 Gd 55
Châtel, Le 73 108 Gc 77
Châtelaillon-Plage 17 86 Yf 72
Châtelain 53 46 Zc 62
Châtelaine, La 39 84 Fe 67
Châtelais 49 46 Za 62
Châtelans, Annoisin- 38 95 Fb 74
Châtelard 23 91 Cc 73
Châtelard, Le 73 108 Ga 74
Châtelaudren 22 26 Xa 57
Châtelblanc 25 84 Ga 68
Châtel-Censoir 89 67 Dd 63
Châtel-Chéhéry 08 20 Ef 53
Châtel-de-Joux 39 84 Fe 69
Châtel-de-Neuvre 03 92 Db 70
Châteldon 63 92 Dd 73
Châtelet, Le 18 79 Ch 69
Châtelet, Le 58 66 Db 65
Châtelet-en-Brie, Le 77 50 Ce 57
Châtelets, Les 28 31 Ba 57
Châtelets, Les 28 48 Bb 58
Châtelet-sur-Meuse 52 54 Fd 61
Châtelet-sur-Retourne, Le 08 19 Eb 52
Châtelet-sur-Sormonne, Le 08 20 Ed 49
Châtel-Gérard 89 67 Ea 63
Châtelguyon 63 92 Da 73
Châtelier, Le 35 45 Ye 58
Châtelier, Le 51 36 Ef 55
Châtelier, Le 61 29 Zc 56
Châteliers-Notre-Dame, Les 28 48 Bb 58
Châtellenot 21 68 Ec 65
Châtellerault 86 77 Ad 68
Châtelliers-Châteaumur, Les 85 75 Zb 67
Châtel-Montagne 03 93 De 72
Châtel-Moron 71 82 Ed 68
Châtelneuf 39 84 Ff 68
Châtelneuf 42 105 Df 75
Châtelperron 03 93 Dd 70
Châtelraould-Saint-Louvent 51 36 Ed 56
Châtel-Saint-Germain 57 38 Ga 54
Châtel-sur-Moselle 88 55 Gc 59
Châtelus 03 93 De 71
Châtelus 23 90 Be 70
Châtelus 42 105 Ea 76
Châtelus-Malvaleix 23 90 Ca 71
Châtenay 01 95 Fb 72
Châtenay 28 49 Bf 58
Châtenay 38 107 Fb 77
Châtenay 71 94 Ec 71
Châtenay-Mâcheron 52 54 Fc 61
Châtenay-sur-Seine 77 51 Da 58
Châtenay-Vaudin 52 54 Fc 61
Chatenet 17 99 Ze 77
Châtenet 87 89 Bc 71
Châtenet, Le 87 90 Bd 74
Châtenois 39 69 Fd 66
Châtenois 67 56 Hc 59
Châtenois 70 70 Gb 62
Châtenois 88 54 Ff 59
Châtenois-les-Forges 90 71 Gf 63
Châtenoy 45 50 Cc 61
Châtenoy 77 50 Cd 59
Châtenoy-en-Bresse 71 82 Ef 68
Châtignac 16 100 Zf 76
Châtillon 39 84 Fe 69
Châtillon 69 94 Ed 73
Châtillon-Coligny 45 66 Cf 62
Châtillon-de-Michaille 01 95 Fe 72
Châtillon-en-Bazois 58 81 Dd 66
Châtillon-en-Diois 26 119 Fc 80
Châtillon-en-Dunois 28 48 Bb 60
Châtillon-en-Vendelais 35 45 Ye 59
Châtillon-Guyotte 25 70 Gb 65
Châtillon-la-Borde 77 51 Ce 47
Châtillon-la-Palud 01 95 Fb 73
Châtillon-le-Duc 25 70 Ga 65
Châtillon-le-Roi 45 50 Ca 60
Châtillon-lès-Sons 02 19 De 50
Châtillon-Saint-Jean 26 107 Fa 78
Châtillon-sous-les-Côtes 55 37 Fd 54
Châtillon-sur-Broué 51 36 Ee 57
Châtillon-sur-Chalaronne 01 94 Ef 72
Châtillon-sur-Cher 41 64 Bc 65
Châtillon-sur-Colmont 53 46 Zb 58
Châtillon-sur-Indre 36 77 Bb 67
Châtillon-sur-Lison 25 84 Ff 66
Châtillon-sur-Loire 45 66 Ce 63
Châtillon-sur-Marne 51 35 De 54
Châtillon-sur-Morin 51 35 Dd 56
Châtillon-sur-Oise 02 18 Dc 50
Châtillon-sur-Saône 88 55 Ff 61
Châtillon-sur-Seiche 35 45 Yb 60
Châtillon-sur-Seine 21 53 Ed 61
Châtillon-sur-Thouet 79 76 Ze 69
Châtin 58 81 Df 66
Châtonnay 38 107 Fb 76
Chatonrupt-Sommermont 52 54 Fa 58
Chatou 78 33 Ca 55
Châtre, La 36 78 Bf 69
Châtre-Langlin, La 36 78 Bc 70
Châtres 10 52 Df 57
Châtres 24 101 Bb 77
Châtres 77 34 Ce 56
Châtres-la-Forêt 53 46 Zd 60
Châtres-sur-Cher 41 64 Bf 65
Châtrices 51 36 Ef 54
Chattancourt 55 37 Fb 53
Chaucenne 25 70 Ff 65
Chauchailles 48 116 Da 80
Chauché 85 74 Ye 68
Chauchet, Le 23 91 Cc 72
Chauchigny 10 52 Df 58
Chauconin-Neufmontiers 77 34 Cf 55
Chaudardes 02 19 De 52
Chaudebonne 26 119 Fb 82
Chaudefonds-sur-Layon 49 61 Zb 65
Chaudefontaine 25 70 Ga 64
Chaudenay 52 54 Fd 62
Chaudenay 71 82 Ee 67
Chaudenay-le-Château 21 68 Ed 65
Chaudenay-sur-Moselle 54 38 Ff 57
Chaudes-Aigues 15 116 Da 79
Chaudeyrac 48 117 De 81
Chaudeyrolles 43 117 Eb 79
Chaudière, La 26 119 Fb 81
Chaudon 28 32 Bd 56
Chaudon-Norante 04 133 Gb 85
Chaudrey 10 52 Eb 57
Chaudron-en-Mauges 49 61 Za 65
Chaudun 02 18 Db 53
Chauffailles 71 94 Ec 71
Chauffayer 05 120 Ga 80
Chauffecourt 88 55 Ga 58
Chauffour 16 88 Ab 72
Chauffour-lès-Bailly 10 52 Eb 59
Chauffour-lès-Étréchy 91 50 Cb 57
Chauffours 28 49 Bc 58
Chauffour-sur-Vell 19 102 Bd 78
Chauffourt 52 54 Fc 61
Chauffry 77 34 Db 56
Chaufour lès Bonnières 70 32 Bc 54
Chaufour-Notre-Dame 72 47 Aa 60
Chaugey 21 68 Ef 62
Chaugey 21 83 Fb 66
Chaulgnes 58 66 Da 66
Chaulhac 48 116 Db 79
Chaulme, La 63 105 Df 76
Chaulnes 80 18 Ce 50
Chaum 31 151 Ad 91
Chaumard 58 67 Df 66
Chaume, La 21 53 Ef 61
Chaume-et-Courchamp 21 69 Fc 63
Chaumeil 19 102 Bf 75
Chaumeil 19 102 Bf 76
Chaume-les-Baigneux 21 68 Ec 63
Chaumercenne 70 69 Fd 65
Chaumeré 35 45 Yd 60
Chaumergy 39 83 Fc 67
Chaumes-en-Brie 77 34 Cf 56
Chaumesnil 10 53 Ed 58
Chaumont 18 80 Ce 67
Chaumont 52 53 Fa 60
Chaumont 61 30 Ab 56
Chaumont 74 96 Ff 72
Chaumont 89 51 Da 59
Chaumont-d'Anjou 49 62 Ze 63
Chaumont-devant-Damvillers 55 21 Fc 53
Chaumontel 95 33 Cc 54
Chaumont-en-Vexin 60 16 Bf 53
Chaumont-la-Ville 52 54 Fd 60
Chaumont-le-Bois 21 53 Ed 61
Chaumont-le-Bourg 63 105 De 76
Chaumont-Porcien 08 19 Eb 51
Chaumont-sur-Aire 55 37 Fb 55
Chaumont-sur-Loire 41 63 Bb 64
Chaumont-sur-Tharonne 41 64 Bf 63
Chaumot 58 67 Dd 65
Chaumot 89 51 Db 60
Chaumousey 88 55 Gc 59
Chaumoux-Marcilly 18 66 Ce 66
Chaumussay 37 77 Af 67
Chaumusse, La 39 84 Ff 69
Chaunac 17 99 Zd 76
Chaunay 86 88 Aa 71
Chauny 02 18 Db 51
Chauriat 63 92 Db 74
Chaussade, La 23 91 Cb 73
Chaussaire, La 49 60 Yf 65
Chaussée, La 76 15 Ba 49
Chaussée, La 86 76 Aa 67
Chaussée-d'Ivry, La 28 32 Bc 55
Chaussée-Saint-Victor, La 41 64 Bc 63
Chaussée-sur-Marne, La 51 36 Ed 55
Chaussée-Tirancourt, La 80 7 Ca 49
Chaussenac 15 103 Cb 77
Chaussenans 39 84 Fe 68
Chausseterre 42 93 De 73
Chaussin 39 83 Fc 67
Chausson 69 106 Ed 75
Chaussoy-Epagny 80 17 Cb 50
Chaussy 45 49 Bf 60
Chaussy 95 32 Be 54
Chauvac 26 119 Fd 83
Chauvé 44 59 Ya 66
Chauvency-Saint-Hubert 55 21 Fb 51
Chauvigné 35 45 Yd 58
Chauvigny 86 77 Ad 69
Chauvigny-du-Perche 41 48 Ba 61
Chauvincourt-Provemont 27 16 Bd 53
Chauvirey-le-Châtel 70 69 Fe 62
Chauvirey-le-Vieil 70 69 Fe 62
Chauvoncourt 55 37 Fd 55
Chauvry 95 33 Cb 54
Chaux 21 68 Ef 66
Chaux 70 70 Ff 64
Chaux 90 71 Ge 62
Chaux, La 25 84 Gc 66
Chaux, La 25 84 Gc 67
Chaux, la 61 30 Ze 57
Chaux, La 71 83 Fb 68
Chaux-Champagny 39 84 Ff 67
Chaux-de-Prés 39 84 Ff 69
Chaux-des-Crotenay 39 84 Ff 69
Chaux-du-Dombief, La 39 84 Ff 69
Chaux-en-Bresse, La 39 83 Fc 68
Chaux-lès-Clerval 25 71 Gd 64
Chaux-lès-Passavant 25 70 Gc 65
Chaux-lès-Port 70 70 Ga 62
Chaux-Neuve 25 84 Ga 68
Chauzon 07 118 Ec 82
Chavagnac 15 104 Cf 78
Chavagnac 24 101 Bc 78
Chavagne 35 45 Yb 60
Chavagnes 49 61 Zd 65
Chavagnes-en-Paillers 85 74 Ye 67
Chavagnes-les-Redoux 85 75 Za 68
Chavaignes 49 63 Aa 63
Chavanac 19 102 Ca 75
Chavanat 23 90 Bf 73
Chavanatte 90 71 Ha 63
Chavanay 42 106 Ee 76
Chavanges 10 53 Ed 57
Chavaniac-Lafayette 43 104 Dd 78
Chavannas 26 106 Ef 78
Chavannaz 74 96 Ga 72
Chavanne 70 71 Gd 63
Chavanne, Les 70 55 Gc 61
Chavannes 18 79 Cc 67
Chavannes-en-Maurienne, Les 73 108 Gb 76
Chavannes-les-Grandes 90 71 Ha 63
Chavannes-sur-l'Étang 68 71 Ha 63
Chavannes-sur-Reyssouze 01 83 Ee 70
Chavannes-sur-Suran 01 95 Fc 71
Chavanod 74 96 Ga 73
Chavaroux 63 92 Db 73
Chavatte, La 80 17 Ce 50
Chaveignes 37 76 Ac 66
Chavelot 88 55 Gc 59
Chavenat 16 100 Ab 76
Chavenay 78 32 Bf 55
Chavençon 60 32 Bf 53
Chavenon 03 92 Cf 70
Chaventon 36 78 Bc 67
Chavéria 39 83 Fd 69
Chaveroche 19 103 Cb 75
Chaveyriat 01 94 Fa 71
Chavignol 18 66 Ce 65
Chavignon 02 18 Dd 52
Chavigny 02 18 Db 52
Chavigny 54 38 Ga 57
Chavigny-Bailleul 27 31 Bb 55
Chavin 36 78 Bd 69
Chavonne 02 19 Dd 52
Chavornay 01 95 Fe 73
Chavot-Courcourt 51 35 Df 55
Chavoy 50 28 Ye 56
Chavroches 03 93 Dd 70
Chay 25 84 Ff 66
Chay, La 17 86 Za 75
Chazay-d'Azergues 69 94 Ee 73
Chazeaux 07 117 Eb 81
Chaze-de-Peyre, La 48 116 Db 80
Chazé-Henry 49 45 Yf 62
Chazelet 36 78 Bc 69
Chazelles 15 104 Dc 78
Chazelles 16 100 Ac 75
Chazelles 39 95 Fc 70
Chazelles 42 93 Df 74
Chazelles 43 105 Eb 78
Chazelles-sur-Albe 54 39 Ge 57
Chazelles-sur-Lyon 42 106 Ec 75
Chazemais 03 79 Cd 70
Chazé-sur-Argos 49 61 Za 63
Chazeuil 21 69 Fb 63
Chazeuil 58 66 Dc 65
Chazey-Bons 01 95 Fe 74
Chazey-sur-Ain 01 95 Fb 73
Chazilly 21 68 Ed 65
Chazot 25 71 Gd 65
Chécy 45 49 Ca 61
Chef-Boutonne 79 88 Zf 72
Chef-du-Pont 50 12 Yd 52
Cheffes 49 61 Zc 63
Cheffois 85 75 Zb 69
Chef-Haut 88 55 Ga 58
Chefresne, Le 50 28 Yf 55
Chéhéry 08 20 Ef 51
Cheignieu-la-Balme 01 95 Fd 74
Cheillé 37 62 Ac 65
Cheilly-lès-Maranges 71 82 Ee 67
Chein-Dessus 31 140 Af 90
Cheissoux 87 90 Bd 74
Cheix, Le 63 91 Cd 74
Cheix, Le 63 91 Cc 72
Cheix, Le 63 92 Db 73
Cheix, Le 63 104 Da 76
Cheix-en-Retz 44 59 Yb 65
Chelers 62 8 Cc 46
Chélieu 38 107 Fc 76
Chelle-Debat 65 139 Ab 89
Chelles 60 18 Da 52
Chelles 77 33 Cd 55
Chelle-Spou 65 139 Ab 90
Chelun 35 45 Ye 61
Chemaudin 25 70 Ff 65
Chemazé 53 46 Zb 62
Chemellier 49 61 Zd 64
Chemenot 39 83 Fd 67
Chéméré 44 59 Ya 66
Chémeré-le-Roi 53 46 Zd 61
Chémery 41 64 Bc 64
Chémery-les-Deux 57 22 Gc 53
Chémery-sur-Bar 08 20 Ef 51
Chemilla 39 95 Fd 70
Chemillé 49 61 Zb 65
Chemillé-sur-Dême 37 63 Ad 63
Chemillé-sur-Indrois 37 63 Bb 66
Chemilli 61 47 Ac 58
Chemilly 03 80 Db 70
Chemilly 70 70 Ga 63
Chemilly-sur-Serein 89 67 Df 62
Chemilly-sur-Yonne 89 51 Dd 61
Chemin 39 83 Fb 67
Chemin, Le 51 36 Ef 54
Cheminas 07 106 Ee 78
Chemin-d'Aisey 21 68 Ed 62
Cheminon 51 36 Ef 56
Cheminot 57 38 Ga 55
Chemiré-en-Charnie 72 47 Ze 60
Chemiré-le-Gaudin 72 47 Zf 61
Chemiré-sur-Sarthe 49 46 Zd 62
Chemy 59 8 Cf 45
Chenac-Saint-Seurin-d'Uzet 17 98 Zb 75
Chenailler-Mascheix 19 102 Bf 78
Chenalotte, La 25 71 Ge 66
Chénas 69 94 Ee 71
Chenaud 24 100 Aa 77
Chenay 51 19 Df 53
Chenay 72 47 Aa 58
Chenay 79 88 Zf 71
Chenay-le-Châtel 71 93 Df 71
Chêne, Le 10 35 Eb 57
Chêne-Arnoult 89 51 Da 61
Chêne-Bernard 39 83 Fc 67
Chenebier 70 71 Ge 63
Chenecey-Buillon 25 70 Ff 66
Cheneché 86 76 Ab 68
Chêne-Chenu 28 32 Bb 57
Chênedouit 61 29 Zd 56
Chêne-en-Semine 74 96 Ff 72
Chênehutte-Trèves-Cunault 49 62 Zf 65
Chénelette 69 94 Ec 72
Chénérailles 23 91 Cb 72
Chenereilles 42 105 Ea 76
Chenereilles 42 105 Eb 76
Chenereilles 43 105 Eb 78
Chêne-Sec 39 83 Fc 67
Chenevelles 86 77 Ad 68
Chenevières 54 38 Gd 57
Chenevrey-et-Morogne 70 69 Fe 65
Chênex 74 96 Ff 72
Cheney 89 52 Df 61
Chenicourt 54 38 Gb 55
Chenières 54 21 Fe 52
Chéniers 23 90 Be 70
Cheniers 51 35 Eb 55
Chenillé-Changé 49 61 Zc 62
Cheniménil 88 55 Gd 60
Chennebrun 27 31 Ae 56
Chennegy 10 52 Df 59
Chennevières-lès-Louvres 95 33 Cd 54
Chennevières-sur-Marne 94 33 Cd 56
Chenois 57 38 Gd 55
Chenoise 77 34 Db 57
Chenommet 16 88 Ab 73
Chenon 16 88 Ab 73
Chenonceaux 37 63 Ba 65
Chenou 77 50 Cd 60
Chenôve 21 69 Fa 65
Chenôves 71 82 Ee 68
Chens-sur-Léman 74 96 Gb 71
Chenu 72 62 Ac 63
Cheny 89 51 Dd 61
Chepniers 17 99 Ze 77
Chepoix 60 17 Cc 51
Cheppe, La 51 36 Ec 54
Cheppes-la-Prairie 51 36 Ec 56
Cheppy 55 20 Fa 53
Cheptainville 91 33 Cb 57
Chepy 51 36 Ec 55
Chépy 80 6 Bd 48
Chéraute 64 137 Za 89
Cherbonnières 17 87 Zd 73
Cherbourg 50 12 Yc 51
Chérence 95 32 Be 54
Chérence-le-Héron 50 28 Ye 56
Chérences-le-Roussel 50 29 Yf 56
Chéreng 59 8 Db 45
Chères, Les 69 94 Ee 73
Chérêt 02 19 De 51
Chériennes 62 7 Ca 47
Cherier 42 93 Df 73
Chérigné 79 87 Ze 72
Chéris, Les 50 28 Ye 57
Chérisay 72 47 Aa 58
Chérisy 28 32 Bc 56
Chérisy 62 8 Cf 47
Chérizet 71 82 Ed 69
Chermignac 17 87 Zb 74
Chermisey 88 54 Fd 58
Chermizy-Ailles 02 19 De 52
Chéronnac 87 89 Ae 74
Chéronvilliers 27 31 Ae 56
Chéroy 89 51 Da 59
Cherré 49 61 Zc 62
Cherré 72 48 Ad 60
Cherreau 72 48 Ae 59
Cherval 24 100 Ac 76
Cherveix-Cubas 24 101 Ba 77
Chervers-Châtelars 16 88 Ad 74
Cherves 86 76 Aa 68
Cherves-Richemont 16 87 Zd 74
Chervettes 17 87 Zb 72
Cherveux 79 75 Zd 70
Cherville 51 35 Eb 54
Chéry 18 65 Ca 66
Chéry-Chartreuve 02 19 Dd 53
Chéry-lès-Pouilly 02 19 Dd 51
Chéry-lès-Rozoy 02 19 Ea 50
Chesley 10 52 Ea 61
Chesnay, Le 78 33 Ca 56
Chesne, Le 08 20 Ee 51
Chesne, le 27 31 Af 55
Chesnois-Auboncourt 08 20 Ed 51
Chesny 57 38 Gb 54
Chessenaz 74 96 Ff 72
Chessy 69 94 Ed 73
Chessy 77 33 Ce 55
Chéu 89 52 De 61
Cheuge 21 69 Fc 64
Cheux 14 13 Zc 54
Chevagnes 03 81 Dd 69
Chevagny-les-Chevrières 71 94 Ee 71
Chevagny-sur-Guye 71 82 Ed 69
Chevaigné 35 45 Yc 59
Chevaigné-du-Maine 53 46 Zd 58
Chevain, Le 72 47 Aa 58
Cheval-Blanc 84 132 Fa 86
Chevaline 74 96 Gb 74
Chevallerais, La 44 60 Yb 64
Chevanceaux 17 99 Ze 77
Chevannay 21 68 Ed 64
Chevannes 45 51 Cf 60
Chevannes 89 67 Dc 62
Chevannes 91 33 Cc 57
Chevannes-Changy 58 66 Dc 65
Chevennes 02 19 De 50
Chevennes 21 68 Ef 66
Chevenon 58 80 Db 67
Chevenoz 74 96 Gd 71
Cheverny 41 64 Bc 64
Cheveuges-Saint-Aignan 08 20 Ef 50
Chevières 08 20 Ef 52
Chevigney 25 70 Gc 66
Chevigney 70 69 Fd 65
Chevigney-sur-l'Ognon 25 70 Ff 65
Chevigny 21 69 Fa 65

Charbonnières-les-Vieilles — Chevigny (F) 171

Chevigny 39 69 Fc 65
Chevigny-en-Valière 21 82 Ef 67
Chevigny-Saint-Sauveur 21
69 Fa 65
Chevillard 01 95 Fd 72
Chevillé 72 47 Ze 61
Chevillon 52 37 Fa 57
Chevillon 89 51 Db 61
Chevillon-sur-Huillard 45
50 Cd 61
Chevilly 45 49 Be 60
Chevinay 69 94 Ed 74
Chevincourt 60 18 Cf 51
Cheviré-le-Rouge 49 62 Ze 63
Chevrainvilliers 77 50 Cd 59
Chevreaux 39 83 Fc 69
Chevregny 02 19 Dd 52
Chèvremont 90 71 Gf 63
Chèvrerie, La 16 88 Aa 72
Chevresis-Monceau 02 19 Dd 50
Chevreuse 78 33 Ca 56
Chèvreville 50 29 Yf 57
Chèvreville 60 34 Ce 54
Chevrier 74 96 Ff 72
Chevrières 38 107 Fb 77
Chevrières 42 106 Ec 75
Chevrières 60 17 Ce 52
Chevroches 58 67 Dd 64
Chevrolière, La 44 60 Yc 66
Chevrotaine 39 84 Ff 69
Chevroux 01 94 Ee 70
Chevroz 25 70 Ga 65
Chevru 77 34 Db 56
Chevry 01 96 Ga 71
Chevry 50 28 Yf 55
Chevry-Cossigny 77 33 Cd 56
Chevry-en-Sereine 77 51 Cf 59
Chevry-sous-le-Bignon 45
51 Cf 60
Chey 79 88 Zf 71
Cheylade 15 103 Ce 77
Cheylard, Le 07 118 Ec 79
Cheylard-l'Évêque 48 117 De 81
Cheyssieu 38 106 Ef 76
Chezal-Benoît 18 79 Ca 68
Chèze 65 150 Zf 91
Chèze, La 22 43 Xc 60
Chèzeaux 52 54 Fd 61
Chezelle 03 92 Da 71
Chezelle 03 92 Db 72
Chezelles 36 78 Bd 67
Chézelles 37 76 Ac 66
Chézeneuve 38 107 Fb 75
Chézery-Forens 01 96 Ff 71
Chézy 03 80 Dc 69
Chézy-en-Orxois 02 34 Db 54
Chézy-sur-Marne 02 34 Dc 55
Chiatra 2B 159 Kc 95
Chiché 79 75 Zd 68
Chicheboville 14 30 Ze 54
Chichée 89 67 Df 62
Chichery 89 51 Dd 61
Chichey 51 35 De 56
Chichilianne 38 119 Fd 80
Chicourt 57 38 Gd 55
Chiddes 58 81 Df 67
Chiddes 71 82 Ed 70
Chidrac 63 104 Da 75
Chierry 02 34 Dc 54
Chieulles 57 38 Gb 54
Chigné 49 63 Aa 63
Chigny 02 19 De 49
Chigny-les-Roses 51 35 Ea 54
Chigy 89 51 Dc 59
Chilhac 43 104 Dc 78
Chillac 16 99 Zf 76
Chille 39 83 Fd 68
Chilleurs-aux-Bois 45 50 Ca 60
Chillou, Le 79 76 Zf 68
Chilly 08 20 Ec 49
Chilly 74 96 Ff 73
Chilly 80 17 Ce 50
Chilly-le-Vignoble 39 83 Fd 69
Chilly-Mazarin 91 33 Cb 56
Chilly-sur-Salins 39 84 Ff 67
Chimilin 38 107 Fd 75
Chindrieux 73 96 Ff 74
Chinon 37 62 Ab 66
Chipilly 80 17 Cd 49
Chirac 16 89 Ad 73
Chirac 48 116 Db 81
Chirac-Bellevue 19 103 Cd 76
Chirassimont 42 93 Eb 73
Chirat-l'Église 03 92 Da 71
Chiré-en-Montreuil 86 76 Aa 69
Chirens 38 107 Fd 76
Chirmont 80 17 Cc 50
Chirols 07 117 Eb 80
Chiroubles 69 94 Ed 71
Chiry-Ourscamps 60 18 Cf 51
Chis 65 139 Aa 89
Chisa 2B 159 Kb 97
Chisà = Chisa 2A 159 Kb 97
Chissay-en-Touraine 41 63 Ba 64
Chisseaux 37 63 Ba 65
Chisséria 39 95 Fd 70
Chissey-en-Morvan 71 81 Eb 66
Chissey-lès-Mâcon 71 82 Ee 69
Chissey-sur-Loue 39 83 Fe 66
Chitenay 41 64 Bc 64
Chitray 36 78 Bc 69
Chitry 89 67 De 62
Chitry-les-Mines 58 67 Dd 65
Chivres 21 83 Fa 67
Chivres-en-Laonnais 02 19 Df 51
Chivres-Val 02 18 Dc 52
Chivy-lès-Étouvelles 02 19 Dd 51
Chizé 79 87 Zd 72
Chjatra = Chiatra 2B 159 Kc 95
Choauain 14 13 Zc 53
Chocques 62 8 Cd 45
Choilley-Dardenay 52 69 Fc 63
Choisel 78 33 Ca 56
Choiseul 52 54 Fd 60
Choisey 39 83 Fc 66
Choisies 59 9 Ea 47
Choisy 74 96 Ga 73
Choisy-au-Bac 60 18 Cf 52
Choisy-en-Brie 77 34 Db 56
Choisy-la-Victoire 60 17 Cd 52
Choisy-le-Roi 94 33 Cc 56
Cholet 49 61 Za 66
Cholonge 38 120 Fe 78
Choloy-Ménillot 54 37 Fe 57
Chomelix 43 105 De 77
Chomérac 07 118 Ed 80
Chomette, La 43 104 Dc 77
Chonas-l'Amballan 38 106 Ee 76
Chooz 08 10 Ee 48
Choqueuse-les-Bénards 60
17 Ca 51
Choranche 38 107 Fc 78
Chorey 21 82 Ef 66
Chorges 05 120 Gb 81
Chouday 36 79 Ca 67
Chougny 58 81 De 66
Chouilly 51 35 Ea 54
Chouppes 86 76 Aa 68
Chourgnac 24 101 Ba 77
Choussy 41 64 Bc 64
Chouvigny 03 92 Da 72
Choux 39 95 Fe 71
Choux, Les 45 65 Ce 62
Chouy 02 34 Db 53
Chouzé-sur-Loire 37 62 Aa 65
Chouzy-sur-Cisse 41 64 Bb 63
Choye 70 70 Fe 64
Chuelles 45 51 Cf 60
Chuffilly-Roche 08 20 Ed 52
Chuignes 80 17 Ce 49
Chuignolles 80 17 Ce 49
Chuisnes 28 48 Bb 58
Chusclan 30 131 Ee 84
Chuzelles 38 106 Ef 75
Ciadoux 31 139 Ae 89
Ciamannacce 2A 159 Ka 97
Ciboure 64 136 Yb 88
Cideville 76 15 Af 51
Ciel 71 83 Fa 67
Cier-de-Luchon 31 151 Ad 91
Cier-de-Rivière 31 139 Ad 90
Cierges 02 35 Dd 53
Cierges-sous-Montfaucon 55
20 Fa 53
Cierp-Gaud 31 151 Ad 91
Cierrey 27 32 Bb 54
Cierzac 17 99 Ze 75
Cieurac 46 114 Bc 79
Cieurac 46 114 Bd 82
Cieutat 65 139 Ab 90
Cieux 87 89 Ba 73
Ciez 58 66 Da 64
Cigogné 37 63 Af 65
Cilly 02 19 Df 50
Cinais 37 62 Ab 66
Cindré 03 92 Dd 71
Cinq-Mars-la-Pile 37 63 Ac 64
Cinqueux 60 17 Cd 53
Cintegabelle 31 141 Bd 89
Cintheaux 14 30 Ze 54
Cintray 27 31 Af 56
Cintray 28 49 Bc 58
Cintré 35 44 Ya 60
Cintrey 70 69 Fe 62
Ciotat, La 13 146 Fd 89
Cipières 06 134 Gf 86
Ciral 61 30 Zf 58
Ciran 37 77 Af 66
Circourt 88 55 Gb 59
Circourt-sur-Mouzon 88 54 Fe 59
Cirès 31 151 Ad 91
Cires-lès-Mello 60 17 Cc 53
Cirey 70 70 Ga 64
Cirey-lès-Mareilles 52 54 Fb 59
Cirey-lès-Pontailler 21 69 Fb 65
Cirey-sur-Blaise 52 53 Ef 58
Cirey-sur-Vezouze 54 39 Gf 57
Cirfontaines-en-Azois 52 53 Ef 60
Cirfontaines-en-Ornois 52
54 Fc 58
Ciron 36 77 Bb 69
Ciry-le-Noble 71 82 Eb 69
Ciry-Salsogne 02 18 Dc 52
Cisai-Saint-Aubin 61 30 Ac 56
Cisery 89 67 Ea 63
Cissac-Médoc 33 98 Zb 77
Cissé 86 76 Ab 69
Cisternes-la-Forêt 63 91 Ce 74
Cistrières 43 105 Dd 77
Citerne 80 7 Be 49
Citers 70 70 Gc 62
Citey 70 70 Fe 64
Citou 11 142 Cd 88
Citry 77 34 Db 55
Civaux 86 77 Ad 70
Civens 42 93 Eb 73
Civières 27 32 Bd 53
Civrac-de-Blaye 33 99 Zd 78
Civrac-de-Dordogne 33 111 Zf 80
Civrac-en-Médoc 33 98 Za 76
Civray 18 79 Cb 67
Civray 86 88 Ab 72
Civray-de-Touraine 37 63 Ba 65
Civray-sur-Esves 37 77 Ae 66
Civrenne 36 79 Ca 68
Civrieux 01 94 Ef 73
Civrieux-d'Azergues 69 94 Ee 73
Civry 28 49 Bc 60
Civry-en-Montagne 21 68 Ed 65
Civry-la-Forêt 78 32 Bd 55
Cizancourt 80 8 Cf 49
Cizay-la-Madeleine 49 62 Ze 65
Cize 01 95 Fc 71
Cize 39 84 Ff 64
Cizely 58 81 Dc 67
Cizos 65 139 Ac 89
Clacy-et-Thierret 02 19 Dd 51
Cladech 24 113 Af 81
Cladech 24 113 Ba 80
Claira 66 154 Cf 92
Clairac 47 112 Ac 82
Clairefontaine-en-Yvelines 78
32 Bf 57
Clairefougère 61 29 Zb 56
Clairegoutte 70 71 Gd 63
Clairfayts 59 10 Ea 48
Clairfontaine 02 9 Df 49
Clairmarais 62 3 Cb 44
Clairoix 60 18 Cf 52
Clairvaux-d'Aveyron 12 115 Cc 82
Clairvaux-les-Lacs 39 84 Fe 69
Clairy-Saulchoix 80 17 Cb 49
Clais 76 16 Bc 50
Claix 16 100 Aa 75
Claix 38 107 Fe 78
Clam 17 99 Zd 76
Clamanges 51 35 Ea 56
Clamart 92 33 Cb 56
Clamecy 02 18 Dc 52
Clamecy 58 67 Dd 64
Clamensane 04 120 Ga 83
Clamerey 21 68 Ec 64
Clamour 58 80 Da 66
Clans 06 134 Ha 84
Clans 70 70 Ga 63
Clansayes 26 118 Ee 82
Claon, Le 55 36 Ef 54
Claouey 33 110 Ye 80
Clapier, Le 12 129 Db 86
Clapiers 34 130 Cf 87
Clara 66 153 Cc 93
Clarac 31 139 Ad 90
Clarac 65 139 Ab 89
Claracq 64 138 Ze 87
Clarafond 74 96 Ff 72
Clarbec 14 14 Aa 53
Clarens 65 139 Ac 90
Clarensac 30 130 Eb 86
Claret 04 120 Ff 82
Claret 34 130 Df 85
Clarques 62 3 Cb 45
Clary 59 9 Dc 48
Classun 40 124 Zd 86
Clastres 02 18 Db 50
Clasville 76 15 Ad 50
Clat, Le 11 153 Cb 92
Claudon 88 55 Ga 60
Claunay 86 76 Ab 67
Claux, Le 15 103 Ce 78
Clavans-en-Haut-Oisans 38
108 Ga 78
Claveisolles 69 94 Ec 72
Claveyson 26 106 Ef 77
Clavière 36 78 Be 68
Clavières 15 116 Db 79
Claviers 83 134 Gd 87
Claville 27 31 Ba 54
Claville-Motteville 76 15 Bb 51
Clavy-Warby 08 20 Ed 50
Claye, La 85 74 Ye 70
Clayes 35 44 Ya 59
Claye-Souilly 77 33 Ce 55
Clayes-sous-Bois, Les 78 32 Bf 56
Clayette, La 71 93 Eb 71
Clayeures 54 55 Gc 58
Clécy 14 29 Zd 55
Cléden-Cap-Sizun 29 41 Vc 60
Cléden-Poher 29 42 Wb 59
Cléder 29 25 Vf 57
Clèdes 40 124 Zd 87
Cleebourg 67 40 Hf 54
Clefcy 88 56 Gf 59
Clefmont 52 54 Fd 60
Clefs 49 62 Zf 63
Clefs, Les 74 96 Gb 73
Cléguer 56 42 Wd 61
Cléguérec 56 43 Wf 60
Clelles-en-Trièves 38 119 Fd 80
Clémencey 21 68 Ef 65
Clémensat 63 92 Da 74
Clémensat 63 104 Da 75
Clémery 54 38 Gb 55
Clémont 18 65 Cb 63
Clénay 21 69 Fa 64
Clenleu 62 7 Bf 45
Cléon 76 15 Ba 53
Cleon-d'Andran 26 118 Ef 81
Cleppé 42 93 Eb 74
Clérac 17 99 Ze 77
Cléré-du-Bois 36 77 Ba 67
Cléré-les-Pins 37 62 Ac 64
Clères 76 15 Ba 51
Cléré-sur-Layon 49 61 Zd 66
Clérey 10 52 Eb 59
Clérey-la-Côte 88 54 Fe 58
Clérey-sur-Brénon 54 55 Ga 57
Clergoux 19 102 Bf 77
Clérieux 26 106 Ef 78
Clérimois, Les 89 51 Dc 59
Clerjus, Le 88 55 Gb 61
Clerlande 63 92 Db 73
Clermain 71 94 Ed 70
Clermont 09 140 Bb 90
Clermont 40 123 Za 87
Clermont 60 17 Cc 52
Clermont 74 96 Ff 73
Clermont-Créans 72 62 Zf 62
Clermont-de-Beauregard 24
112 Ad 79
Clermont-d'Excideuil 24
101 Ba 76
Clermont-en-Argonne 55
36 Fa 54
Clermont-Ferrand 63 92 Da 74
Clermont-le-Fort 31 140 Bc 88
Clermont-lès-Fermes 02 19 Df 50
Clermont-l'Hérault 34 129 Dc 87
Clermont-Pouyguillès 32
139 Ad 88
Clermont-Savès 32 126 Ba 87
Clermont-Soubiran 47 126 Ae 84
Clermont-sur-Lauquet 11
142 Cc 90
Cléron 25 84 Ga 66
Clerques 62 3 Bf 43
Clerval 25 70 Gc 64
Cléry 21 69 Fd 65
Cléry 73 108 Gb 75
Cléry-en-Vexin 95 32 Bf 54
Cléry-Grand 55 21 Fa 52
Cléry-Petit 55 21 Fb 52
Cléry-Saint-André 45 49 Be 62
Cléry-sur-Somme 80 8 Cf 49
Clesles 51 35 De 57
Clessé 79 75 Zd 68
Clessy 71 81 Ea 69
Cléty 62 3 Cb 45
Cleurie 88 56 Ge 60
Cleuville 76 15 Ad 50
Cléville 14 30 Zf 54
Cléville 76 15 Ad 51
Clévilliers 28 32 Bc 57
Cleyrac 33 111 Zf 80
Cleyzieu 01 95 Fc 73
Clézentaine 88 55 Gd 58
Clichy 92 33 Cb 55
Climbach 67 40 Hf 54
Clinchamp 52 54 Fc 59
Clinchamps-sur-Orne 14 29 Zd 54
Clion 17 99 Zc 76
Clion 36 77 Bb 67
Cliousclat 26 118 Ef 80
Cliponville 76 15 Ad 50
Clisse, La 17 87 Zb 74
Clisson 44 60 Ye 66
Clitourps 50 12 Yd 51
Clohars-Carnoët 29 42 Wc 62
Clohars-Fouesnant 29 42 Vf 61
Cloître-Pleyben, Le 29 42 Wa 59
Cloître-Saint-Thégonnec 29
25 Wb 58
Clomot 21 68 Ec 65
Clonaz-sur-Varèze 38 106 Ee 76
Clos-Fontaine 77 34 Da 57
Clouange 57 22 Ga 53
Cloué 86 76 Aa 70
Clouzeaux, Les 85 74 Yc 69
Cloyes-sur-le-Loir 28 48 Bb 61
Cloyes-sur-Marne 51 52 Ed 57
Clucy 39 84 Ff 67
Clugnat 23 91 Ca 71
Cluis 36 78 Be 69
Clumanc 04 133 Gc 84
Cluny 71 82 Ed 70
Clusaz, La 74 96 Gc 73
Cluse, La 05 120 Ff 81
Cluse-et-Mijoux, la 25 84 Gc 67
Cluses 74 97 Gd 72
Clussais 79 88 Aa 71
Clux 71 83 Fb 67
Coadut 22 26 We 57
Coarraze 06 135 Hb 85
Coarraze 64 138 Ze 89
Coatascorn 22 26 We 56
Coat-Méal 29 24 Vc 57
Coatréven 22 26 We 56
Cobonne 26 119 Fa 80
Cobrieux 59 8 Db 45
Cochère, La 61 30 Aa 56
Cocherel 77 34 Da 54
Cocheren 57 39 Gf 54
Coclois 10 52 Ec 58
Cocquerel 80 7 Bf 48
Cocumont 47 112 Aa 82
Cocurès 48 117 Dd 82
Codognan 30 130 Eb 86
Codolet 30 131 Ee 84
Coëtlogon 22 44 Xc 60
Coëtmieux 22 27 Xd 58
Cœuvres-et-Valsery 02 18 Da 52
Coëx 85 73 Yb 68
Coffery 77 34 Db 56
Coggia 2A 158 Ie 96
Coglès 35 28 Yd 58
Cogna 39 84 Fe 69
Cognac 16 87 Ze 74
Cognac-la-Forêt 87 89 Ba 73
Cognat-Lyonne 03 92 Db 72
Cogners 72 48 Ad 61
Cognet 38 119 Fe 79
Cognières 70 70 Gb 64
Cognin-les-Gorges 38 107 Fc 77
Cognocoli-Monticchi 2A 158 If 98
Cogny 18 79 Cd 67
Cogny 69 94 Ed 73
Cogolin 83 148 Gd 89
Cohade 43 104 Dc 76
Cohiniac 22 26 Xa 58
Cohons 52 69 Fc 62
Coiffy-le-Bas 52 54 Fe 61
Coiffy-le-Haut 52 54 Fe 61
Coigneux 80 8 Cd 48
Coignières 78 32 Bf 56
Coigny 50 12 Yd 53
Coimères 33 111 Ze 82
Coinces 45 49 Be 60
Coinches 88 56 Ha 59
Coincourt 54 38 Gd 56
Coincy 02 34 Dc 54
Coincy 57 38 Gb 54
Coings 36 78 Be 67
Coingt 02 19 Ea 50
Coin-lès-Cuvry 57 38 Ga 54
Coin-sur-Seille 57 38 Ga 54
Coirac 33 111 Ze 80
Coise 69 106 Ec 75
Coiserette 39 96 Ff 70
Coisevaux 70 71 Ge 63
Coisia 39 95 Fd 71
Coisy 80 7 Cb 49
Coivert 17 87 Zd 72
Coivrel 60 17 Cd 51
Coizard-Joches 51 35 Df 56
Colayrac-Saint-Cirq 47 125 Ad 83
Colembert 62 3 Be 44
Coligny 01 95 Fc 70
Colincamps 80 8 Cd 48
Collan 89 52 Df 61
Collancelle, La 58 67 Dd 65
Collandres 15 103 Cd 77
Collandres-Quincarnon 27
31 Af 55
Collanges 63 104 Db 76
Collat 43 105 Dd 77
Collégien 77 33 Ce 55
Collemiers 89 51 Db 60
Collenges-au-Mont-d'Or 69
94 Ee 74
Colleret 59 10 Ea 47
Collet-de-Dèze, Le 48 130 Df 83
Colletot 27 15 Ad 52
Colleville 76 15 Ac 50
Colleville-Montgomery 14
14 Ze 53
Colleville-sur-Mer 14 13 Za 52
Collias 30 131 Ec 85
Colligny 57 38 Gb 54
Colline-Beaumont 62 7 Be 46
Collinée 22 44 Xc 59
Collioure 66 154 Da 93
Collobrières 83 147 Gb 89
Collonge-en-Charollais 71
82 Ed 69
Collonge-la-Madeleine 71
82 Ed 67
Collonges 01 96 Ff 72
Collonges-la-Rouge 19 102 Bd 78
Collonges-lès-Bevy 21 68 Ef 65
Collonges-lès-Premières 21
69 Fa 65
Collonges-sous-Salève 74
95 Ga 72
Collongues 06 134 Gf 85
Collongues 65 139 Aa 89
Collorec 29 25 Wa 59
Collorgues 30 130 Eb 84
Colmar 68 56 Hc 60
Colmars 04 134 Gd 83
Colmen 57 22 Gd 52
Colmesnil-Manneville 76 15 Ba 49
Colmey 54 21 Fd 52
Colmier-le-Bas 52 68 Ef 62
Colmier-le-Haut 52 68 Ef 62
Colognac 30 130 De 84
Cologne 32 126 Af 86
Colombe 38 107 Fc 76
Colombe, La 41 49 Bc 61
Colombe, La 50 28 Ye 55
Colombé-la-Fosse 10 53 Ee 59
Colombé-le-Sec 10 53 Ee 59
Colombe-lès-Vesoul 70 70 Gb 63
Colombelles 14 14 Ze 53
Colombes 92 33 Cb 55
Colombey-lès-Choiseul 52
54 Fd 60
Colombey-les-Deux-Églises 52
53 Ef 59
Colombier 03 91 Ce 71
Colombier 21 68 Ee 65
Colombier 24 112 Ad 80
Colombier 42 106 Ed 77
Colombier, Le 18 79 Cd 67
Colombier-en-Brionnais 71
94 Eb 70
Colombières-sur-Orb 34
143 Da 87
Colombier-Fontaine 25 71 Ge 64
Colombier-le-Cardinal 07
106 Ee 77
Colombier-le-Jeune 07 118 Ee 78
Colombier-le-Vieux 07 106 Ee 78
Colombiers 17 87 Zc 75
Colombiers 34 143 Da 89
Colombiers 61 30 Aa 58
Colombiers 86 76 Ab 68
Colombier-Saugnieu 69
107 Fa 74
Colombiers-du-Plessis 53
46 Za 58
Colombiers-sur-Seulles 14
13 Zc 53
Colombiès 12 115 Cc 82
Colomby 50 12 Yd 52
Colomby-sur-Thaon 14 13 Zd 53
Colomiers 31 126 Bc 87
Colomieu 01 95 Fd 74
Colonard-Corubert 61 48 Ad 58
Colondannes 23 90 Bd 71
Colonne 39 83 Fd 67
Colonzelle 26 118 Ef 82
Colpo 56 43 Xa 62
Colroy-la-Grande 88 56 Ha 59
Colroy-la-Roche 67 56 Hb 58
Coltainville 28 49 Bd 58
Coltines 15 104 Cf 78
Coly 24 101 Bb 78
Combaillaux 34 130 De 86
Combas 30 130 Ea 85
Combeaufontaine 70 70 Ff 62
Combefa 81 127 Ca 84
Comberanche-et-Epeluche 24
100 Ab 77
Comberjon 70 70 Gb 63
Comberouger 82 126 Ba 85
Combertault 21 82 Ef 67
Combes 34 143 Da 87
Combiers 16 100 Ac 76
Comblanchien 21 82 Ef 66
Combles 80 8 Cf 48
Combles-en-Barrois 55 36 Fa 56
Comblessac 35 44 Xf 61
Combleux 45 49 Bf 61
Comblot 61 48 Ad 58
Combloux 74 97 Gd 73
Combon 27 31 Af 54
Combourg 35 28 Yb 58
Combourtillé 35 45 Ye 59
Combovin 26 119 Fa 79
Combrailles 63 91 Cd 73
Combrand 79 75 Zb 67
Combray 14 29 Zd 55
Combray, Illiers- 28 48 Bb 59
Combre 42 93 Eb 72
Combrée 49 61 Yf 62
Combres 28 48 Ba 59
Combressol 19 103 Cb 76
Combres-sous-les-Côtes 55
37 Fd 54
Combret 12 128 Ce 85
Combreux 45 50 Cb 61
Combrimont 88 56 Ha 59
Combrit 29 41 Vf 61
Combronde 63 92 Da 73
Combs-la-Ville 77 33 Cd 57
Comelle, La 71 81 Ea 67
Comiac 46 114 Bf 79
Comigne 11 142 Cd 90
Comines 59 4 Da 44
Commana 29 25 Wa 58
Commarin 21 68 Ed 65
Commeaux 61 30 Zf 56
Commelle 42 93 Ea 73
Commenailles 39 83 Fc 68
Commenchon 02 18 Db 51
Commensacq 40 123 Zb 83
Commentry 03 91 Ce 71
Commeny 95 32 Bf 54
Commequiers 85 73 Ya 68
Commer 53 46 Zc 59
Commercy 55 37 Fd 56
Commerveil 72 47 Ac 59
Commes 14 13 Zb 52
Communailles-en-Montagne 39
84 Ga 68
Communay 69 106 Ef 75
Compains 63 104 Cf 76
Compainville 76 16 Bd 50
Compans 77 33 Ce 55
Compas, Le 23 91 Cc 73
Compertrix 51 36 Ec 55
Compeyre 12 129 Da 84
Compiègne 60 18 Ce 52
Compigny 89 51 Db 58
Compolibat 12 115 Cb 82
Compôte, La 73 108 Ga 74
Comprégnac 12 129 Cf 84
Compreignac 87 89 Bb 73
Comps 26 119 Fa 81
Comps 30 131 Ed 85
Comps 33 99 Zc 78
Comps-la-Grand-Ville 12
128 Cd 83
Comps-sur-Artuby 83 134 Gd 86
Comté, La 62 8 Cd 46
Comus 11 153 Bf 92
Conan 41 64 Bb 62
Conand 01 95 Fc 73
Conat 66 153 Cc 93
Conca 2A 159 Kc 98
Concarneau 29 42 Wa 61
Concevreux 02 19 De 52
Concèze 19 101 Bc 76
Conches 77 33 Ce 55
Conches-en-Ouche 27 31 Af 55
Conchez-de-Béarn 64 124 Ze 87
Conchil-le-Temple 62 6 Bd 46
Conchy-les-Pots 60 17 Ce 51
Conchy-sur-Canche 62 7 Cb 47
Concorès 46 113 Bc 81
Concots 46 114 Bd 82
Concoules 30 117 Df 82
Concourson-sur-Layon 49
61 Zd 65
Concremiers 36 77 Ba 69
Concressault 18 65 Cd 64
Concriers 41 64 Bc 62
Condac 16 88 Ab 72
Condamine 01 95 Fd 72
Condamine 39 83 Fc 69
Condamine-Châtelard, La 04
121 Ge 82
Condat 15 103 Ce 76
Condat 46 114 Bd 79
Condat-en-Combraille 63
91 Cd 73
Condat-lès-Montboissier 63
104 Dd 75
Condat-sur-Ganaveix 19
102 Bd 76
Condat-sur-Trincou 24 101 Ae 76
Condat-sur-Vézère 24 101 Bb 78
Condat-sur-Vienne 87 89 Bb 74
Condeau 61 48 Af 58
Condécourt 95 32 Bf 54
Condé-Folie 80 7 Ca 48
Condeissiat 01 94 Fa 72
Condé-lès-Autry 08 20 Ef 53
Condé-lès-Herpy 08 19 Eb 51
Condé-Northen 57 38 Gc 54
Condéon 16 99 Zf 76
Condes 39 95 Fd 70
Condes 52 54 Fa 60
Condé-Sainte-Libiaire 77 34 Cf 55
Condé-sur-Aisne 02 18 Dc 52
Condé-sur-Huisne 61 48 Af 58
Condé-sur-Ifs 14 30 Zf 54
Condé-sur-Iton 27 31 Af 56
Condé-sur-l'Escaut 59 9 Dd 46
Condé-sur-Marne 51 35 Eb 54
Condé-sur-Noireau 14 29 Zc 55
Condé-sur-Risle 27 15 Ad 53
Condé-sur-Sarthe 61 47 Aa 58
Condé-sur-Suippe 02 19 Df 52
Condé-sur-Vesgre 78 32 Bd 56
Condé-sur-Vire 50 29 Yf 54
Condette 62 2 Bd 45
Condezaygues 47 113 Af 82
Condom 32 125 Ac 85
Condom-d'Aubrac 12 115 Cf 81
Condorcet 26 119 Fb 82
Condren 02 18 Db 51
Condrieu 69 106 Ee 76
Conflandey 70 70 Ga 62
Conflans-en-Jarny 54 37 Ff 54
Conflans-Sainte-Honorine 78
33 Ca 54
Conflans-sur-Anille 72 48 Ae 61
Conflans-sur-Lanterne 70
55 Gb 62
Conflans-sur-Loing 45 50 Ce 61
Conflans-sur-Seine 51 35 De 57
Confolens 16 89 Ae 72
Confolent-Port-Dieu 19 103 Cc 75
Confracourt 70 70 Ff 62
Confrançon 01 94 Fa 71
Congénies 30 130 Ea 86
Congerville-Thionville 91 49 Bf 58
Congé-sur-Orne 72 47 Ab 59
Congis-sur-Thérouanne 77
34 Cf 54
Congrier 53 45 Yf 62
Congy 51 35 De 55
Conie-Molitard 28 49 Bc 60
Conilhac-Corbières 11 142 Ce 89
Conilhac-de-la-Montagne 11
141 Cb 91
Conjoux 73 96 Fe 74
Conlie 72 47 Zf 60
Conliège 39 83 Fd 69
Connac 12 128 Cd 84
Connangles 43 105 Dd 77
Connantray-Vaurefroy 51
35 Ea 56
Connantre 51 35 Df 56
Connaux 30 131 Ed 84
Conne-de-Labarde 24 112 Ad 80
Connelles 27 16 Bb 53
Connerré 72 47 Ad 60
Connezac 24 100 Ad 75
Connigis 02 34 Dd 54
Conquereuil 44 60 Yb 63
Conques 12 115 Cc 81
Conques-sur-Orbiel 11 142 Cc 89
Conquet, Le 29 24 Vb 58
Consac 17 99 Zc 76
Conségudes 06 134 Ha 85
Consenvoye 55 21 Fb 53
Consigny 52 54 Fc 60
Cons-la-Grandville 54 21 Fe 52
Cons-Sainte-Colombe 74
96 Gb 74
Contalmaison 80 8 Ce 48
Contamine-Sarzin 74 96 Ff 72
Contamines-Montjoie, les 74
97 Ge 74
Contamine-sur-Arve 74 96 Gc 72
Contault 51 36 Ee 55
Contay 80 8 Cc 48
Conte 39 84 Ga 68
Contes 06 135 Hb 86
Contes 62 7 Bf 46
Contest 53 46 Zc 59
Conteville 14 30 Ze 54
Conteville 27 14 Ac 52
Conteville 60 17 Ca 51
Conteville 62 7 Cb 46
Conteville 76 16 Bd 50
Conteville 80 7 Ca 47
Conteville-lès-Boulogne 62
3 Be 44
Conthil 57 38 Ge 55
Contigné 49 61 Zc 62
Contigny 03 92 Db 70
Continvoir 37 62 Ab 64
Contoire 80 17 Cd 50
Contrazy 09 140 Bb 90
Contré 17 87 Ze 72
Contre 80 17 Ca 50
Contréglise 70 55 Ga 62
Contremoulins 76 15 Ac 50
Contres 18 79 Cd 67
Contres 41 64 Bc 64
Contreuve 08 20 Ed 52
Contrevoz 01 95 Fd 74
Contrexéville 88 55 Ff 59
Contrières 50 28 Yd 55
Contrisson 55 36 Ef 56
Conty 80 17 Ca 50
Contz-les-Bains 57 22 Gc 52
Conzieu 01 95 Fd 74
Coole 51 36 Ec 56
Coolus 51 36 Ec 55
Copechagnière, La 85 74 Yd 67
Copponex 74 96 Ga 72
Coquainvilliers 14 14 Ab 53
Coquelles 62 3 Be 43
Coquille, La 24 101 Af 75
Corancez 28 49 Bd 58
Corancy 58 81 Df 66
Coray 29 42 Wb 60
Corbara 2B 156 If 93
Corbarieu 82 126 Bc 85
Corbas 69 106 Ef 75
Corbehem 62 8 Da 46
Corbeil 51 36 Ec 57
Corbeil-Cerf 60 17 Ca 53

172 (F) Chevigny — Corbeil-Cerf

Croix-Comtesse, La **17** 87 Zd 72
Croixdalle **76** 16 Bc 50
Croix-de-Vie, Saint-Gilles- **85** 73 Ya 68
Croix-du-Perche, La **28** 48 Ba 59
Croix-en-Brie, La **77** 34 Da 57
Croix-en-Champagne, La **51** 36 Ed 54
Croix-en-Ternois **62** 7 Cb 46
Croix-en-Touraine, La **37** 63 Af 64
Croix-Fonsommes **02** 18 Dc 49
Croix-Hélléan, La **56** 44 Xd 61
Croixille, La **53** 45 Yf 59
Croix-Mare **76** 15 Af 51
Croix-Moligneaux **80** 18 Da 50
Croixrault **80** 17 Bf 50
Croix-Saint-Leufroy, la **27** 32 Bb 54
Croix-sur-Gartempe, la **87** 89 Af 72
Croix-sur-Ourcq, la **02** 34 Dc 53
Croix-sur-Roudoule, La **06** 134 Gf 84
Croix-Valmer, La **83** 148 Gd 89
Croizet-sur-Gand **42** 93 Eb 73
Crollon **50** 28 Yd 57
Cromac **87** 89 Bb 70
Cromary **70** 70 Ga 64
Cronat **71** 81 De 68
Cronce **43** 104 Dc 78
Cropte, La **53** 46 Zd 61
Cropus **76** 15 Ba 50
Cros **30** 130 De 85
Cros **63** 103 Cd 76
Cros, le **30** 129 Dd 85
Cros, le **34** 129 Dc 85
Cros, le **63** 103 Ce 75
Cros, le **63** 105 De 76
Cros-de-Montvert **15** 103 Ca 78
Cros-de-Ronesque **15** 115 Cd 79
Crosey-le-Grand **25** 71 Gd 64
Crosey-le-Petit **25** 70 Gc 64
Crosmières **72** 62 Zf 62
Crosne **91** 33 Cc 56
Crossac **44** 59 Xe 64
Crosses **18** 79 Cd 66
Crosville-la-Vieille **27** 31 Af 54
Crosville-sur-Douve **50** 12 Yd 52
Crosville-sur-Scie **76** 15 Ba 50
Crotelles **37** 63 Af 63
Crotenay **39** 83 Fe 68
Croth **27** 32 Bc 55
Crotoy, Le **80** 6 Bd 47
Crots **05** 120 Gc 81
Crottes-en-Pithiverais **45** 50 Ca 60
Crottet **01** 94 Ef 71
Crouay **14** 13 Zb 53
Crouseilles **64** 138 Zf 87
Croutelle **86** 76 Ab 69
Croûtes, Les **10** 52 Df 61
Croutoy **60** 18 Da 52
Crouttes **61** 30 Aa 55
Crouttes-sur-Marne **02** 34 Db 55
Crouy **02** 18 Dc 52
Crouy-en-Thelle **60** 33 Cb 53
Crouy-Saint-Pierre **80** 7 Ca 49
Crouy-sur-Cosson **41** 64 Bd 63
Crouy-sur-Ourcq **77** 34 Da 54
Crouzet, Le **25** 84 Ga 68
Crouzet-Migette **25** 84 Ga 67
Crouzille, La **63** 91 Ce 71
Crouzilles **37** 62 Ac 66
Crozant **23** 90 Bd 70
Croze **23** 92 Cb 74
Crozes-Hermitage **26** 106 Ef 78
Crozet **01** 96 Ga 71
Crozet **01** 107 Fd 74
Crozet, le **01** 95 Fb 70
Crozets, Les **39** 84 Fe 70
Crozon **29** 24 Vd 59
Crozon-sur-Vauvre **36** 78 Bf 70
Cruas **07** 118 Ee 81
Crucey **28** 31 Ba 56
Crucheray **41** 63 Ba 62
Cruet **73** 108 Ga 75
Crugey **21** 68 Ee 65
Crugny **51** 19 De 53
Cruguel **56** 43 Xc 61
Cruis **04** 133 Ff 84
Crulai **61** 31 Ae 56
Crupies **26** 119 Fb 81
Crupilly **02** 19 De 49
Cruscades **11** 142 Ce 89
Cruseilles **74** 96 Ga 72
Crusnes **54** 21 Ff 52
Cruviers-Lascours **30** 130 Eb 84
Crux-la-Ville **58** 67 Dd 66
Cruzille **71** 82 Ee 69
Cruzilles-lès-Mépillat **01** 94 Ef 71
Cruzy **34** 143 Cf 88
Cruzy-le-Châtel **89** 52 Eb 61
Cry **89** 68 Eb 62
Cubelles **43** 116 Dd 78
Cubières **48** 117 De 82
Cubières-sur-Cinable **11** 153 Cc 91
Cubiérettes **48** 117 De 82
Cubjac **24** 101 Af 77
Cublac **19** 101 Bb 78
Cublize **69** 94 Ec 72
Cubnezais **33** 99 Zd 78
Cubrial **25** 70 Gc 64
Cubry **25** 70 Gc 64
Cubry-lès-Faverney **70** 55 Ga 62
Cubzac-les-Ponts **33** 99 Zd 79
Cucharmoy **77** 34 Db 57
Cuchery **51** 35 De 54
Cucq **62** 6 Bd 46
Cucugnan **11** 154 Cd 91
Cucuron **84** 132 Fc 86
Cudos **33** 111 Ze 82
Cudot **89** 51 Db 61
Cuébris **06** 134 Ha 85
Cuélas **32** 139 Ac 88
Cuers **83** 147 Ga 89
Cuffies **02** 18 Db 52
Cuffy **18** 80 Da 67
Cugand **85** 60 Ye 66
Cuges-les-Pins **13** 146 Fe 89
Cugnaux **31** 140 Bc 87
Cugney **70** 69 Fe 64
Cugnoculu Muntichji = Cognocoli-Monticchi **2A** 158 If 98
Cugny **02** 18 Da 50
Cuguen **35** 28 Yc 58
Cuguron **31** 139 Ad 90
Cuhon **86** 76 Aa 68
Cuignères **60** 17 Cc 52
Cuigy-en-Bray **60** 16 Be 52
Cuillé **53** 45 Yf 61
Cuinchy **62** 8 Ce 45
Cuincy **59** 8 Da 46
Cuing, Le **31** 139 Ad 90
Cuinzier **42** 93 Eb 72
Cuire, Caluire-et-, **69** 94 Ef 74
Cuirieux **02** 19 De 50
Cuiry-Housse **02** 18 Dc 53
Cuiry-lès-Chaudardes **02** 19 De 52
Cuiry-lès-Iviers **02** 19 Ea 50
Cuis **51** 35 Df 55
Cuiseaux **71** 83 Fc 70
Cuise-la-Motte **60** 18 Da 52
Cuiserey **21** 69 Fb 64
Cuisery **71** 83 Fa 69
Cuisia **39** 83 Fc 69
Cuissai **61** 30 Aa 58
Cuisy **55** 21 Fb 53
Cuisy **77** 33 Ce 54
Cuisy-en-Almont **02** 18 Db 52
Culan **18** 79 Cc 69
Culey-le-Patry **14** 29 Zc 55
Culhat **63** 92 Dc 73
Culin **38** 107 Fb 75
Culles-les-Roches **71** 82 Ed 69
Cully **14** 13 Zc 53
Culmont **52** 54 Fc 62
Culoz **01** 95 Fe 73
Cult **70** 69 Fe 65
Cultures **48** 116 Dc 82
Cumières **51** 35 Df 54
Cumières-le-Mort-Homme **55** 21 Fb 53
Cumiès **11** 141 Bf 89
Cumont **82** 126 Af 85
Cunac **81** 128 Cb 85
Cuncy-lès-Varzy **58** 66 Dc 64
Cunèges **24** 112 Ac 80
Cunel **55** 20 Fa 52
Cunelières **90** 71 Gf 63
Cunfin **10** 53 Ee 60
Cunlhat **63** 104 Dd 75
Cuon **49** 62 Zf 64
Cuperly **51** 36 Ec 54
Cuq **47** 125 Ae 84
Cuq-Toulza **81** 141 Bf 87
Cuqueron **64** 138 Zc 89
Curac **16** 100 Aa 77
Curan **12** 128 Cf 83
Curbans **04** 120 Ga 82
Curbara = Corbara **2B** 156 If 93
Curbigny **71** 93 Eb 71
Curçay-sur-Dive **86** 76 Zf 66
Curchy **80** 18 Cf 50
Curciat-Dongalon **01** 83 Fa 70
Curdin **71** 81 Ea 69
Curel **04** 132 Fd 83
Curel-Autigny **52** 54 Fa 58
Curemonte **19** 114 Be 79
Cures **72** 47 Aa 60
Curey **50** 28 Yd 57
Curgies **59** 9 Dd 46
Curgy **71** 82 Ec 67
Curienne **73** 108 Ga 75
Curières **12** 115 Cf 81
Curley **21** 68 Ef 65
Curlu **80** 8 Ce 49
Curmont **52** 53 Ef 59
Curtafond **01** 95 Fa 71
Curtil-Saint-Seine **21** 68 Ef 64
Curtil-sous-Buffières **71** 94 Ed 70
Curtil-sous-Burnand **71** 82 Ed 69
Curtil-Vergy **21** 68 Ef 65
Curvalle **81** 128 Cd 85
Curverville **27** 16 Bc 53
Curzay-sur-Vonne **86** 76 Aa 70
Curzon **85** 74 Ye 70
Cusance **25** 70 Gc 65
Cuse-et-Adrisans **25** 70 Gc 64
Cusey **52** 69 Fc 63
Cussac **15** 116 Cf 79
Cussac **33** 99 Zb 78
Cussac **87** 89 Af 74
Cussac-sur-Loire **43** 117 Df 79
Cussangy **10** 52 Ea 60
Cussay **37** 77 Ae 66
Cusset **03** 92 Dc 72
Cussey-les-Forges **21** 69 Fa 63
Cussey-sur-Lison **25** 84 Ff 66
Cussey-sur-l'Ognon **25** 70 Ff 64
Cussy-en-Morvan **71** 81 Ea 66
Cussy-la-Colonne **21** 82 Ed 66
Cussy-le-Châtel **21** 68 Ed 65
Cussy-les-Forges **89** 67 Ea 64
Custines **54** 38 Ga 56
Cutry **02** 18 Db 52
Cutry **54** 21 Fe 52
Cuts **60** 18 Da 51
Cutting **57** 39 Gf 55
Cuttoli-Corticchiato **2A** 158 If 97
Cuttuli Curtichjatu = Cuttoli-Corticchiato **2A** 158 If 97
Cuttura **39** 84 Fe 70
Cuve **70** 55 Gb 61
Cuvergnon **60** 34 Cf 53
Cuverville **14** 14 Ze 53
Cuverville **27** 16 Bc 53
Cuverville **76** 14 Ab 50
Cuverville-sur-Yères **76** 6 Bc 49
Cuves **50** 28 Yf 56
Cuves **52** 54 Fc 60
Cuvier **39** 84 Ga 68
Cuvillers **59** 8 Cb 47
Cuvilly **60** 17 Ce 51
Cuvry **57** 38 Ga 54
Cuxac-Cabardès **11** 142 Cb 88
Cuxac-d'Aude **11** 143 Cf 89
Cuy **60** 18 Cf 51
Cuy **89** 51 Db 59
Cuy-Saint-Fiacre **76** 16 Be 51
Cuzac **46** 114 Ca 81
Cuzance **46** 114 Bd 79
Cuzieu **01** 95 Fe 74
Cuzieu **42** 105 Eb 75
Cuzion **36** 78 Bd 70
Cuzorn **47** 113 Af 81
Cuzy **71** 81 Ea 68
Cuzzà = Cozzano **2A** 159 Ka 97
Cys-la-Commune **02** 19 Dd 52
Cysoing **59** 8 Db 45

D

Dabo **57** 39 Hb 57
Dachstein **67** 40 Hd 57
Daglan **24** 113 Bb 80
Dagny **77** 34 Db 56
Dagny-Lambercy **02** 19 Ea 50
Dagonville **55** 37 Fc 56
Daguenière, La **49** 61 Zd 64
Dahlenheim **67** 40 Hd 57
Daignac **33** 111 Ze 80
Daigny **08** 20 Ef 50
Daillancourt **52** 53 Ef 59
Daillecourt **52** 54 Fd 60
Dainville **62** 8 Cd 47
Dainville-Bertheléville **55** 54 Fd 58
Daix **21** 69 Ef 64
Dalem **57** 22 Gd 53
Dalhain **57** 38 Gd 55
Dalhunden **67** 40 Hf 56
Dallon **02** 18 Db 50
Dalou **09** 141 Bd 90
Dalstein **57** 22 Gc 53
Daluis **06** 134 Ge 84
Damas-aux-Bois **88** 55 Gc 58
Damas-et-Bettegney **88** 55 Gb 59
Damazan **47** 112 Ab 83
Dambach **67** 40 Hd 54
Dambach-la-Ville **67** 56 Hc 59
Dambelin **25** 71 Ge 64
Dambenoît-lès-Colombe **70** 70 Gc 62
Damblain **88** 54 Fd 60
Damblainville **14** 30 Zf 55
Dambron **28** 49 Bf 60
Damelevières **54** 38 Gc 57
Dame-Marie **27** 31 Ba 56
Dame-Marie **61** 48 Ad 58
Dame-Marie-les-Bois **37** 63 Ba 63
Daméraucourt **60** 16 Bf 50
Damerey **71** 83 Ef 67
Damery **51** 35 Df 54
Damery **80** 17 Ce 50
Damgan **56** 59 Xc 63
Damigni **61** 47 Aa 58
Damloup **55** 37 Fc 53
Dammard **02** 34 Db 54
Dammarie **28** 49 Bc 58
Dammarie-en-Puisaye **45** 66 Cf 63
Dammarie-les-Lys **77** 50 Cd 57
Dammarie-sur-Loing **45** 66 Cf 62
Dammarie-sur-Saulx **55** 37 Fb 57
Dammartin-en-Goële **77** 33 Ce 54
Dammartin-en-Serve **78** 32 Bd 55
Dammartin-les-Templiers **25** 70 Gb 65
Dammartin-Marpain **39** 69 Fd 65
Dammartin-sur-Meuse **52** 54 Fd 61
Dammartin-sur-Tigeaux **77** 34 Cf 56
Damousies **59** 9 Ea 47
Damouzy **08** 20 Ee 50
Dampierre **10** 36 Ec 57
Dampierre **14** 29 Za 54
Dampierre **52** 54 Fc 61
Dampierre-au-Temple **51** 36 Ec 54
Dampierre-en-Bray **76** 16 Bd 51
Dampierre-en-Bresse **71** 83 Fb 68
Dampierre-en-Burly **45** 65 Cd 62
Dampierre-en-Crot **18** 65 Cd 64
Dampierre-en-Graçay **18** 64 Bf 65
Dampierre-en-Montagne **21** 68 Ed 64
Dampierre-en-Yvelines **78** 32 Bf 56
Dampierre-et-Flée **21** 69 Fc 64
Dampierre-le-Château **51** 36 Ee 54
Dampierre-les-Bois **25** 71 Gf 63
Dampierre-lès-Conflans **70** 55 Gb 61
Dampierre-Saint-Nicolas **76** 16 Bb 49
Dampierre-sous-Bouhy **58** 66 Da 64
Dampierre-sous-Brou **28** 48 Ba 59
Dampierre-sur-Avre **28** 31 Ba 56
Dampierre-sur-Boutonne **17** 87 Zd 72
Dampierre-sur-Linotte **70** 70 Gb 64
Dampierre-sur-Moivre **51** 36 Ed 55
Dampierre-sur-Salon **70** 69 Fe 63
Dampjoux **25** 71 Ge 64
Dampleux **02** 18 Da 53
Dampmart **77** 33 Ce 55
Dampniat **19** 102 Bd 78
Damprichard **25** 71 Gf 65
Damps, Les **27** 15 Bb 53
Dampsmesnil **27** 32 Bd 53
Dampvalley-lès-Colombe **70** 70 Gb 63
Dampvalley-Saint-Pancras **70** 55 Gb 61
Dampvitoux **54** 37 Ff 54
Damrécourt **52** 54 Fd 61
Damville **27** 31 Ba 55
Damvillers **55** 21 Fc 52
Damvix **85** 87 Zb 71
Dancé **42** 93 Ea 73
Dancé **61** 48 Ae 58
Dancevoir **52** 53 Ef 61
Dancourt **76** 16 Bd 49
Dancourt-Popincourt **80** 17 Ce 50
Dancy **28** 49 Bc 60
Danestal **14** 14 Aa 53
Dangeau **28** 49 Bb 59
Dangers **28** 32 Bc 57
Dangé-Saint-Romain **86** 77 Ad 67
Dangeul **72** 47 Ab 59
Dangolsheim **67** 40 Hc 57
Dangu **27** 16 Be 53
Dangy **50** 28 Ye 54
Danizy **02** 18 Dc 50
Danjoutin **90** 71 Gf 63
Danne-et-Quatre-Vents **57** 39 Hb 56
Dannelbourg **57** 39 Hb 56
Dannemarie **25** 71 Gf 64
Dannemarie **68** 71 Ha 63
Dannemarie **78** 32 Bd 56
Dannemarie-sur-Crète **25** 70 Ff 65
Dannemoine **89** 52 Df 61
Dannemois **91** 50 Cc 58
Dannes **62** 6 Bd 45
Dannevoux **55** 21 Fb 53
Danvou-la-Ferrière **14** 29 Zb 55
Danzé **41** 48 Ba 61
Daon **53** 46 Zc 62
Daoulas **29** 24 Ve 58
Daours **80** 17 Cc 49
Darazac **19** 102 Ca 77
Darbonnay **39** 83 Fd 68
Darbres **07** 118 Ed 81
Darcey **21** 68 Ed 63
Dardenac **33** 111 Ze 80
Dardez **27** 31 Bb 54
Dardilly **69** 94 Ee 74
Dareizé **69** 94 Ec 73
Dargies **60** 17 Bf 50
Dargnies **80** 6 Bd 48
Dargoire **42** 106 Ed 75
Darmannes **52** 54 Fb 59
Darmont **55** 37 Fe 53
Darnac **87** 89 Af 71
Darnétal **76** 15 Ba 52
Darnets **19** 102 Ca 76
Darney **88** 55 Ga 60
Darney-aux-Chênes **88** 54 Fe 59
Darnieulles **88** 55 Gc 59
Darois **21** 68 Ef 64
Darvault **77** 50 Ce 59
Darvoy **45** 50 Ca 61
Dasle **25** 71 Gf 64
Daubensand **67** 57 He 58
Daubeuf-la-Campagne **27** 31 Ba 53
Daubeuf-près-Vatteville **27** 16 Bb 53
Daubeuf-Serville **76** 15 Ac 50
Daubèze **33** 111 Zf 80
Dauendorf **67** 40 Hd 55
Daufage **48** 117 De 81
Daumazan-sur-Arize **09** 140 Bb 90
Daumeray **49** 61 Zd 62
Dauphin **04** 133 Fe 85
Dausse **47** 113 Af 82
Daux **31** 126 Bb 86
Dauzat-sur-Vodable **63** 104 Da 76
Davayat **63** 92 Da 73
Davayé **71** 94 Ee 71
Davejean **11** 154 Cd 91
Davenescourt **80** 17 Cd 50
Davézieux **07** 106 Ee 77
Davignac **19** 102 Ca 76
Davrey **10** 52 Df 60
Davron **78** 32 Bf 55
Dax **40** 123 Yf 86
Deauville **14** 14 Aa 52
Deaux **30** 130 Ea 84
Débats-Rivière-d'Orpra **42** 93 Df 74
Decazeville **12** 115 Cb 81
Déchy **59** 8 Da 46
Décines-Charpieu **69** 94 Ef 74
Decize **58** 80 Dc 68
Dégagnac **46** 113 Bb 80
Degré **72** 47 Aa 60
Dehault **72** 48 Ad 59
Dehlingen **67** 39 Hb 55
Deinvillers **88** 55 Gd 58
Déjointes **18** 80 Cf 66
Delain **70** 69 Fd 63
Delettes **62** 7 Cb 45
Delincourt **60** 16 Be 53
Delle **90** 71 Gf 63
Delme **57** 38 Gc 55
Delouze-Rosières **55** 37 Fd 57
Déluge, Le **60** 17 Ca 53
Delut **55** 21 Fd 52
Deluz **25** 70 Gb 65
Demandolx **04** 134 Gd 85
Demange-aux-Eaux **55** 37 Fc 57
Demangevelle **70** 55 Ga 61
Demie, La **70** 70 Gb 63
Demigny **71** 82 Ef 67
Démouville **14** 14 Ze 53
Dému **32** 125 Ab 86
Démuin **80** 17 Cd 50
Denain **59** 9 Dc 46
Dénat **81** 128 Cb 85
Denazé **53** 46 Za 61
Deneé **49** 61 Zc 64
Dénestanville **76** 15 Ba 50
Deneuille-lès-Chantelle **03** 92 Da 71
Deneuille-les-Mines **03** 91 Ce 70
Deneuvre **54** 56 Ge 58
Denèvre **70** 25 Fd 63
Dénezé-sous-Doué **49** 62 Ze 65
Dénezé-sous-le-Lude **49** 63 Aa 63
Denezières **39** 84 Fe 69
Denguin **64** 138 Zc 89
Denice **69** 94 Ed 73
Denier **62** 8 Cc 46
Denipaire **88** 56 Gf 58
Dennebrœucq **62** 7 Ca 45
Denneville **50** 12 Yc 53
Dennevy **71** 82 Ed 67
Denney **90** 71 Gf 63
Denonville **28** 49 Be 58
Denting **57** 38 Gd 53
Déols **36** 78 Be 67
Derbamont **88** 55 Gb 59
Dercé **86** 76 Ab 67
Dercy **02** 19 De 50
Dernacueillette **11** 154 Cd 91
Dernancourt **80** 8 Cd 49
Derval **44** 60 Yb 63
Désaignes **07** 118 Ed 79
Désandans **25** 71 Ge 63
Descartes **37** 77 Ae 67
Deschaux, Le **39** 83 Fd 67
Désert, Le **14** 29 Zb 55
Désertines **03** 91 Cd 70
Désertines **53** 29 Za 58
Déserts, Les **73** 108 Ga 75
Déservillers **25** 84 Ga 66
Desges **43** 116 Dc 78
Designy **74** 96 Ff 73
Desmonts **45** 50 Cd 59
Desnes **39** 83 Fc 68
Dessenheim **68** 57 Hc 61
Dessia **39** 95 Fd 70
Destord **88** 55 Gd 59
Destrousse, La **13** 146 Fd 88
Destry **57** 38 Gd 55
Desvres **62** 3 Be 44
Détain-et-Bruant **21** 68 Ee 65
Détrier **73** 108 Ga 76
Détroit, Le **14** 29 Zd 55
Dettey **71** 81 Eb 68
Dettwiller **67** 40 Hc 56
Deuillet **02** 18 Dc 51
Deûlémont **59** 4 Cf 44
Deux-Chaises **03** 92 Da 70
Deux-Evailles **53** 46 Zc 59
Deux-Fays, Les **39** 83 Fc 67
Deux-Jumeaux **14** 13 Za 52
Deuxville **54** 38 Gc 57
Deux-Villes-Basse, Les **08** 21 Fb 51
Deux-Villes-Haute, Les **08** 21 Fb 51
Devay **58** 81 Dd 68
Devecey **25** 70 Ga 65
Devesset **07** 106 Ec 78
Devèze **65** 139 Ad 89
Deviat **16** 100 Aa 76
Dévillac **47** 113 Ae 81
Deville **08** 20 Ee 49
Déville-lès-Rouen **76** 15 Ba 52
Devise **80** 18 Da 49
Devrouze **71** 83 Fa 68
Deycimont **88** 55 Gd 59
Deyme **31** 141 Bd 88
Deyvillers **88** 55 Gd 59
Dézert, Le **50** 12 Yf 53
Dezize-lès-Maranges **71** 82 Ed 67
D'Huison-Longueville **91** 50 Cb 58
Dhuisy **77** 34 Da 54
Dhuizel **02** 19 Dd 52
Dhuizon **41** 64 Bd 63
Diancey **21** 68 Ec 65
Diane-Capelle **57** 39 Gf 56
Diant **77** 51 Cf 59
Diarville **54** 55 Ga 58
Diconne **71** 83 Fa 68
Dicy **89** 51 Da 61
Didenheim **68** 72 Hb 62
Die **26** 119 Fc 80
Diebling **57** 39 Gf 54
Diebolsheim **67** 57 Hd 59
Diedendorf **67** 39 Ha 55
Diedling **57** 39 Ha 54
Dieffenbach-au-Val **67** 56 Hb 59
Dieffenbach-lès-Wœrth **67** 40 He 55
Dieffenthal **67** 56 Hc 59
Diefmatten **68** 71 Ha 62
Dième **69** 94 Ec 73
Diemeringen **67** 39 Hb 55
Diémoz **38** 107 Fa 75
Diénay **21** 69 Fa 63
Dienne **15** 103 Ce 78
Dienné **86** 77 Ad 70
Diennes-Aubigny **58** 81 Dd 67
Dienville **10** 53 Ed 58
Dieppe **76** 6 Ba 49
Dierre **37** 63 Af 64
Dierrey-Saint-Julien **10** 52 De 59
Dierrey-Saint-Pierre **10** 52 De 59
Diesen **57** 38 Ge 53
Dietwiller **68** 72 Hc 63
Dieudonné **60** 17 Cb 53
Dieue-sur-Meuse **55** 37 Fc 54
Dieulefit **26** 119 Fa 81
Dieulivol **33** 112 Aa 80
Dieulouard **54** 38 Ga 55
Dieupentale **82** 126 Bb 85
Dieuze **57** 39 Ge 56
Diéval **62** 7 Cb 46
Diffembach-lès-Hellimer **57** 39 Gf 54
Diges **89** 66 Dc 62
Digna **39** 83 Fc 69
Dignac **16** 100 Ab 75
Digne-d'Aval, La **11** 141 Cb 90
Digne-les-Bains **04** 133 Gb 84
Dignonville **88** 55 Gd 59
Digny **28** 31 Ba 57
Digny-Saint-Clair **74** 96 Gb 73
Digoin **71** 81 Df 70
Digosville **50** 12 Yc 51
Digulleville **50** 12 Ya 50
Dijon **21** 69 Fa 65
Dimbsthal **67** 39 Hc 56
Dimechaux **59** 9 Ea 47
Dimont **59** 9 Ea 47
Dinan **22** 27 Xf 58
Dinard **35** 27 Xf 57
Dinarzh = Dinard **35** 27 Xf 57
Dinéault **29** 41 Vf 59
Dingé **35** 45 Yb 58
Dingsheim **67** 40 Hd 57
Dinozé **88** 55 Gc 60
Dinsac **87** 89 Ba 71
Dinsheim **67** 39 Hc 57
Dinteville **52** 53 Ee 60
Dio **34** 129 Db 87
Dionay **38** 107 Fb 77
Dions **30** 130 Eb 85
Diors **36** 78 Be 68
Diou **03** 81 De 69
Diou **36** 79 Ca 66
Dirac **16** 100 Ab 75
Dirinon **29** 24 Ve 58
Dirol **58** 67 Dd 65
Dissangis **89** 67 Df 63
Dissay **86** 76 Ac 68
Dissay-sous-Courcillon **72** 63 Ac 63
Dissé-sous-Ballon **72** 47 Ab 59
Dissé-sous-le-Lude **72** 63 Aa 63
Distré **49** 62 Zf 65
Distroff **57** 22 Gb 52
Diusse **64** 124 Ze 87
Divajeu **26** 118 Fa 80
Dives **60** 18 Cf 51
Dives-sur-Mer **14** 14 Zf 53
Divion **62** 8 Cd 46
Divonne-les-Bains **01** 96 Ga 70
Dixmont **89** 51 Dc 60
Dizimieu **38** 107 Fb 74
Dizy **51** 35 Df 54
Dizy-le-Gros **02** 19 Ea 51
Doazit **40** 123 Zc 86
Doazon **64** 138 Zc 89
Docelles **88** 55 Gd 60
Dodenom **57** 22 Gb 52
Dœuil-sur-le-Mignon **17** 87 Zc 72
Dognen **64** 137 Zb 89
Dogneville **88** 55 Gc 59
Dohem **62** 3 Cb 45
Dohis **02** 19 Ea 50
Doignies **59** 8 Da 48
Doingt **80** 18 Cf 49
Doissat **24** 113 Ba 80
Doissin **38** 107 Fc 76
Doix **85** 75 Zb 70
Doizieux **42** 106 Ed 76
Dol = Dol-de-Bretagne **35** 28 Yb 57
Dolaincourt **88** 54 Fe 58
Dolancourt **10** 53 Ed 59
Dolcourt **54** 55 Ff 58
Dol-de-Bretagne **35** 28 Yb 57
Dole **39** 83 Fd 66
Dolignon **02** 19 Ea 50
Dolleren **68** 56 Gf 62
Dollon **72** 48 Ad 60
Dollot **89** 51 Da 59
Dolmayrac **47** 112 Ad 82
Dolo **22** 27 Xe 58
Dolomieu **38** 107 Fc 75
Dolus-d'Oléron **17** 86 Ye 73
Dolus-le-Sec **37** 63 Af 66
Dolus-le-sec **37** 63 Af 66
Dolving **57** 39 Ha 56
Domagné **35** 45 Yd 60
Domaize **63** 104 Dd 74
Domalain **35** 45 Ye 61
Domancy **74** 97 Gd 73
Domarin **38** 107 Fb 75
Domart-en-Ponthieu **80** 7 Ca 48
Domart-sur-la-Luce **80** 17 Cc 50
Domats **89** 51 Da 60
Domazan **30** 131 Ed 85
Dombasle-devant-Darney **88** 55 Ga 60
Dombasle-en-Argonne **55** 37 Fb 54
Dombasle-en-Xaintois **88** 55 Ff 59
Dombasle-sur-Meurthe **54** 38 Gc 57
Domblain **52** 53 Ef 58
Domblans **39** 83 Fd 68
Dombras **55** 21 Fc 52
Dombrot-le-Sec **88** 55 Ff 60
Dombrot-sur-Vair **88** 55 Ff 59
Domecy-sur-Cure **89** 67 De 64
Doméliers **60** 17 Ca 51
Domène **38** 108 Ff 77
Domérat **03** 91 Cd 70
Domesargues **30** 130 Eb 84
Domesmont **80** 7 Ca 48
Domessin **73** 107 Fe 75
Domèvre-sous-Montfort **88** 55 Ga 59
Domèvre-sur-Avière **88** 55 Gc 59
Domèvre-sur-Durbion **88** 55 Gc 59
Domeyrat **43** 104 Dd 77
Domeyrot **23** 91 Ca 71
Domezain-Berraute **64** 137 Zb 89
Domfaing **88** 56 Ge 59
Domfessel **67** 39 Ha 55
Domfront **60** 17 Cd 51
Domfront **61** 29 Zc 57
Domfront-en-Champagne **72** 47 Aa 60
Domgermain **54** 37 Fe 57
Dominelais, La **35** 45 Yb 62
Dominois **80** 7 Bf 46
Domjean **50** 29 Yf 55
Domjevin **54** 39 Ge 57
Domjulien **88** 55 Ff 59
Domléger-Longvillers **80** 7 Ca 48
Dom-le-Mesnil **08** 20 Ee 50
Domloup **35** 45 Yc 60
Dommarie-Eulmont **54** 55 Ga 58
Dommartemont **54** 38 Gb 56
Dommartin **01** 94 Ef 70
Dommartin **25** 84 Gb 67
Dommartin **58** 81 Df 66
Dommartin **69** 94 Ee 74
Dommartin **80** 17 Cc 50
Dommartin-aux-Bois **88** 55 Gb 60
Dommartin-Dampierre **51** 36 Ee 54
Dommartin-la-Chaussée **54** 37 Ff 54
Dommartin-la-Montagne **55** 37 Fd 54
Dommartin-le-Coq **10** 53 Ec 57
Dommartin-le-Franc **52** 53 Ef 58
Dommartin-le-Saint-Père **52** 53 Ef 58
Dommartin-lès-Remiremont **88** 56 Gd 61
Dommartin-lès-Toul **54** 38 Ff 56
Dommartin-lès-Vallois **88** 55 Ga 60
Dommartin-Lettrée **51** 35 Eb 56
Dommartin-sous-Amance **54** 38 Gb 56
Dommartin-sous-Hans **51** 36 Ee 54
Dommartin-sur-Vraine **88** 55 Ff 58
Dommartin-Varimont **51** 36 Ee 55
Dommary-Baroncourt **55** 21 Fe 53
Domme **24** 113 Bb 80
Dommery **08** 20 Ec 50
Dommiers **02** 18 Db 52
Domnon-lès-Dieuze **57** 39 Ge 55
Domont **95** 33 Cb 54
Dompaire **88** 55 Gb 59
Dompcevrin **55** 37 Fc 55
Dompierre **59** 9 Df 48
Dompierre **60** 17 Cd 51
Dompierre **61** 29 Zc 57
Dompierre **88** 55 Gd 59
Dompierre-aux-Bois **55** 37 Fd 55
Dompierre-Becquincourt **80** 18 Ce 49
Dompierre-du-Chemin **35** 45 Yf 59
Dompierre-en-Morvan **21** 67 Eb 64
Dompierre-les-Églises **87** 89 Bb 71
Dompierre-les-Ormes **71** 94 Ec 70
Dompierre-les-Tilleuls **25** 84 Gb 67
Dompierre-sous-Sanvignes **71** 81 Eb 69
Dompierre-sur-Authie **80** 7 Bf 47
Dompierre-sur-Besbre **03** 81 De 69
Dompierre-sur-Chalaronne **01** 94 Ef 72
Dompierre-sur-Charente **17** 87 Zd 74
Dompierre-sur-Héry **58** 67 Dd 65
Dompierre-sur-Mer **17** 86 Yf 71
Dompierre-sur-Mont **39** 83 Fd 69
Dompierre-sur-Nièvre **58** 66 Db 65
Dompierre-sur-Veyle **01** 95 Fb 72
Dompierre-sur-Yon **85** 74 Yd 68
Dompnac **07** 117 Ea 81
Domprel **25** 70 Gc 65
Dompremy **51** 36 Ee 56
Domprix **54** 21 Fe 53
Domps **87** 102 Be 75
Domptail **88** 55 Gd 58
Domptail-en-l'Air **54** 38 Gb 57
Domptin **02** 34 Db 54
Domqueur **80** 7 Ca 48
Domrémy-aux-Bois **55** 37 Fc 56
Domremy-Landéville **52** 54 Fb 58
Domrémy-la-Pucelle **88** 54 Fe 58
Domsure **01** 83 Fb 70
Domvallier **88** 55 Ga 59
Domvast **80** 7 Bf 47

174 (F) Croix-Comtesse, La — Domvast

Don 59 8 Cf 45
Donazac 11 141 Ca 90
Donchery 08 20 Ef 50
Doncières 88 55 Gd 58
Doncourt-aux-Templiers 55
37 Fe 54
Doncourt-lès-Conflans 54
38 Ff 54
Doncourt-sur-Meuse 52 54 Fd 60
Dondas 47 126 Af 83
Donges 49 59 Xf 65
Donjeux 52 54 Fa 58
Donjeux 57 38 Gc 55
Donjon, Le 03 93 De 70
Donnay 14 29 Zd 55
Donnazac 81 127 Bf 84
Donnelay 57 39 Ge 56
Donnemain-Saint-Mamès 28
49 Bc 60
Donnemarie-Dontilly 77 51 Da 58
Donnement 10 53 Ec 57
Donnenheim 67 40 Hd 56
Donnery 45 50 Ca 61
Donneville 31 141 Bd 88
Donneville-les-Bains 50 28 Yc 55
Donnezac 33 99 Zd 77
Dontreix 23 91 Cd 73
Dontrien 51 20 Ec 53
Donzac 33 111 Ze 81
Donzac 82 126 Ae 84
Donzacq 40 123 Zb 87
Donzeil 23 90 Bf 72
Donzenac 19 102 Bd 77
Donzère 26 118 Ee 82
Donzy 58 66 Da 64
Donzy-le-National 71 82 Ed 70
Donzy-le-Pertuis 71 82 Ed 70
Doranges 63 105 Dd 76
Dorans 90 71 Ge 63
Dorat 83 92 Dc 73
Dorat, Le 87 89 Ba 71
Dorceau 61 48 Ae 58
Dordives 45 50 Ce 60
Dorée, La 53 29 Za 58
Dore-l'Église 63 105 De 76
Dorengt 02 9 De 49
Dorlisheim 67 40 Hc 57
Dormans 51 35 Dd 54
Dormelles 77 51 Cf 59
Dornac, La 24 101 Bc 78
Dornas 07 118 Ec 79
Dornecy 58 67 Dd 64
Dornes 58 80 Dc 68
Dornot 57 38 Ga 54
Dorres 66 153 Bf 94
Dorst 57 39 Hc 53
Dortan 01 95 Fd 71
Dosches 10 52 Eb 59
Dosnon 10 35 Eb 57
Dossenheim-Kochersberg 67
40 Hd 57
Dossenheim-sur-Zinsel 67
39 Hc 56
Douadic 36 77 Ba 68
Douai 59 8 Da 46
Douains 27 32 Bc 54
Douarnenez 29 41 Vd 60
Douaumont 55 37 Fc 53
Doubs 25 84 Gc 67
Doucelles 72 47 Ab 59
Douchapt 24 100 Ac 77
Douchy 02 18 Da 50
Douchy 45 51 Cd 60
Douchy-lès-Ayette 62 8 Ce 47
Douchy-les-Mines 59 9 Dc 47
Doucier 39 84 Fe 69
Doucy-en-Bauges 73 108 Gb 74
Doudeauville 62 7 Be 45
Doudeauville 76 16 Be 51
Doudeauville-en-Vexin 27
16 Bd 53
Doudelainville 80 7 Be 48
Doudeville 76 15 Ae 50
Doudrac 47 112 Ae 81
Doue 77 34 Da 55
Doué-la-Fontaine 49 62 Ze 65
Douelle 46 113 Bc 82
Douhet, Le 17 87 Zc 74
Douillet 72 47 Zf 59
Douilly 80 18 Da 50
Doulaincourt-Saucourt 52
54 Fb 59
Doulcon 55 21 Fa 52
Doulevant-le-Château 52 53 Ef 58
Doulevant-le-Petit 52 53 Ef 58
Doulieu, Le 59 4 Ce 44
Doullens 80 7 Cc 48
Doumely-Bégny 08 19 Eb 51
Doumy 64 138 Zd 88
Dounoux 88 55 Gc 60
Dourbies 30 129 Dc 84
Dourdain 35 45 Yd 59
Dourdan 91 32 Ca 57
Dourges 62 8 Cf 46
Dourgne 81 141 Ca 88
Douriez 62 7 Be 46
Dourlers 59 9 Df 47
Dourn, Le 81 128 Cc 84
Dournazac 87 101 Af 75
Dournon 39 84 Ff 67
Dours 65 139 Aa 89
Doussard 74 96 Gb 74
Doussay 86 76 Ab 67
Douvaine 74 96 Gb 71
Douville 24 100 Ad 79
Douville-en-Auge 14 14 Zf 53
Douvrend 76 16 Bb 49
Douvres 01 95 Fc 73
Douvres-la-Délivrande 14
13 Zd 53
Douvrin 62 8 Ce 45
Doux 08 20 Ec 51
Doux 79 76 Aa 68
Douy 28 48 Bb 60
Douy-la-Ramée 77 34 Cf 54
Douzat 16 88 Aa 74
Douzains 47 112 Ad 81
Douzens 11 142 Cd 89
Douzillac 24 100 Ac 78
Douzy 08 20 Fa 50
Doye 39 84 Ga 68
Doyet 03 91 Ce 70
Dozulé 14 14 Zf 53
Dracé 69 94 Ee 72
Draché 37 77 Ad 66
Dracy 89 66 Db 62

Dracy-le-Fort 71 82 Ee 68
Dracy-lès-Couches 71 82 Ed 68
Dracy-Saint-Loup 71 82 Ec 66
Dragey-Ronthon 50 28 Yd 56
Draguignan 83 148 Gc 87
Drain 49 60 Ye 65
Draix 04 133 Gc 84
Draize 08 19 Ec 51
Drambon 21 69 Fc 65
Dramelay 39 95 Fd 70
Drancy 93 33 Cc 55
Drap 06 135 Hb 86
Dravegny 02 35 Dd 53
Draveil 91 33 Cc 56
Drée 21 68 Ee 65
Drefféac 44 59 Xf 64
Drennec, Le 29 24 Vd 57
Dreuil-lès-Amiens 80 17 Cb 49
Dreux 28 32 Bc 56
Drevant 18 79 Cd 68
Dricourt 08 20 Ed 52
Driencourt 80 8 Da 49
Drincham 59 3 Cb 43
Drocourt 62 8 Cf 46
Drocourt 78 32 Be 54
Droisy 27 31 Ba 56
Droisy 74 96 Ff 73
Droiturier 03 93 De 71
Droizy 02 18 Dc 53
Drom 01 95 Fc 71
Dromesnil 80 16 Bf 49
Drosay 76 15 Ae 50
Drosnay 51 52 Ed 57
Droué 41 48 Ba 60
Droue-sur-Drouette 28 32 Be 57
Drouges 35 45 Ye 61
Drouilly 51 36 Ed 56
Droupt-Saint-Basle 10 52 Df 58
Droupt-Sainte-Marie 10 52 Df 58
Drouville 54 38 Gc 56
Droux 87 89 Ba 72
Droyes 52 53 Ee 57
Drubec 14 14 Aa 53
Drucat 80 7 Bf 48
Drucourt 27 31 Ac 54
Drudas 31 126 Ba 86
Druelle 12 115 Cd 82
Drugeac 15 103 Cc 77
Druillat 01 95 Fb 72
Drulhe 12 114 Ca 82
Drulingen 67 39 Hb 55
Drumettaz-Clarafond 73 108 Ff 75
Drusenheim 67 40 Hf 56
Druyé 37 63 Ad 65
Druyes-les-Belles-Fontaines 89
66 Dc 63
Druy-Parigny 58 80 Dc 67
Dry 45 64 Be 62
Duault 22 25 Wd 58
Ducey 50 28 Ye 57
Duclair 76 15 Af 52
Ducy-Sainte-Marguerite 14
13 Zc 53
Duerne 69 106 Ed 74
Duesme 21 68 Ee 63
Duffort 32 139 Ac 88
Dugny 93 33 Cc 55
Dugny-sur-Meuse 55 37 Fc 54
Duhort-Bachen 40 124 Zc 86
Duilhac-sous-Peyrepertuse 11
154 Cd 91
Duingt 74 96 Gb 74
Duisans 62 8 Cf 47
Dullin 73 107 Fe 75
Dumes 40 124 Zc 86
Dun 09 141 Be 90
Duneau 72 48 Ad 60
Dunes 82 126 Ae 84
Dunières 43 106 Ec 77
Dunière-sur-Eyrieux 07 118 Ed 80
Dunkerque 59 3 Cc 42
Dun-le-Palestel 23 90 Bd 71
Dun-le-Poëlier 36 64 Bc 65
Dun-les-Places 58 67 Ea 65
Dun-sur-Auron 18 79 Cd 67
Dun-sur-Grandry 58 81 Dc 66
Dun-sur-Meuse 55 21 Fb 52
Duntzenheim 67 40 Hd 56
Duppigheim 67 40 Hd 57
Duran 32 125 Ad 86
Durance 47 125 Aa 84
Duranus 06 135 Hb 85
Duranville 27 31 Ad 54
Duras 47 112 Ab 80
Durban 32 139 Ad 88
Durban-Corbières 11 142 Ce 91
Durban-sur-Arize 09 140 Bc 90
Durcet 61 29 Zd 56
Durdat-Larequille 03 91 Ce 71
Dureil 72 47 Zf 61
Durenque 12 128 Cd 84
Durfort 09 140 Bc 89
Durfort 81 141 Ca 88
Durfort-et-Saint-Martin-de-Sossenac
30 130 Df 85
Durfort-Lacapelette 82 126 Ba 83
Durlinsdorf 68 71 Hb 64
Durmenach 68 72 Hb 63
Durmignat 63 92 Cf 71
Durnes 25 70 Gb 66
Durningen 67 40 Hd 56
Durrenbach 67 40 Hf 55
Durrenentzen 68 57 Hc 60
Durstel 67 39 Hb 55
Durtal 49 62 Ze 62
Durtol 63 92 Da 74
Dury 02 18 Da 50
Dury 62 8 Da 47
Dury 80 17 Cb 49
Dussac 24 101 Ba 76
Duttlenheim 67 40 Hd 57
Duvy 60 18 Cf 53
Duzey 55 21 Fd 52
Dyé 89 52 Df 61
Dyo 71 93 Eb 70

E

Eancé 35 45 Yé 62
Eaucourt-sur-Somme 80 7 Bf 48
Eaunes 31 140 Bc 88
Eaux-Bonnes 64 138 Zd 91
Eaux-Puiseaux 10 52 Df 60
Eauze 32 125 Aa 85
Ebaty 21 82 Ee 67
Ebblinghem 59 3 Cc 44
Éblange 57 38 Gc 53
Ebersheim 67 57 Hc 59

Ebersmunster 67 57 Hd 59
Ebersviller 57 22 Gc 53
Éblange 57 22 Gc 53
Ébouleau 02 19 Df 50
Ébréon 16 88 Aa 73
Écaille, L' 08 19 Eb 52
Écaillon 59 8 Db 46
Écalles-Alix 76 15 Ae 51
Ecaquelon 27 15 Ae 53
Ecardenville-la-Campagne 27
31 Af 54
Ecardenville-sur-Eure 27 32 Bb 54
Écausseville 50 12 Yd 52
Ecauville 27 31 Af 54
Eccica-Suarella 2A 158 If 97
Eccles 59 10 Ea 47
Échalas 69 106 Ee 75
Échallat 16 88 Zf 74
Échallon 01 95 Fe 71
Échalot 21 68 Ed 63
Échalou 61 29 Zd 56
Échandelys 63 104 Dd 75
Échannay 21 68 Ee 65
Échassières 03 92 Cf 71
Échauffour 61 30 Ac 56
Échay 25 84 Ff 66
Échebrune 17 99 Zd 75
Échelle, L' 08 20 Ec 50
Échelle, L' 80 17 Ce 50
Échelles, Les 73 107 Fe 76
Échemines 10 52 Df 58
Échemiré 49 62 Ze 63
Échenans 25 71 Gd 64
Échenans-sous-Mont-Vaudois 70
71 Ge 63
Echenay 52 54 Fb 58
Échenevex 01 96 Ga 71
Echenon 21 83 Fb 66
Echenoz-la-Méline 70 70 Ga 63
Échery 68 56 Ha 59
Echevannes 21 69 Fb 65
Echevannes 25 84 Gb 66
Echevronne 21 82 Ef 66
Échigey 21 69 Fa 65
Échillais 17 86 Za 73
Echilleuses 45 50 Cc 60
Echinghen 62 2 Bd 44
Échiré 79 76 Zf 70
Échirolles 38 107 Fe 78
Échouboulains 77 51 Cf 58
Échourgnac 24 100 Ab 78
Éclaires 51 36 Fa 54
Éclance 10 53 Ed 59
Éclans-Nenon 39 69 Fd 66
Éclaron-Braucourt-Sainte-Livière 52
36 Ef 57
Eclassan 07 106 Ee 78
Écleux 39 84 Fe 66
Eclimeux 62 7 Cb 46
Éclose 38 107 Fb 76
Écluzelles 28 32 Bc 56
Écly 08 19 Eb 51
Écoche 42 93 Eb 72
Écoivres 62 7 Cb 47
Ecole-Valentin 25 70 Ff 65
Écollemont 51 36 Ee 57
Ecommoy 72 47 Ab 61
Écoquenéauville 50 12 Ye 52
Écorcei 61 31 Ad 56
Écorches 61 30 Aa 55
Écordal 08 20 Ed 51
Écorpain 72 48 Ad 61
Ecos 27 32 Bd 54
Écot 25 71 Gd 64
Ecotay-l'Olme 42 105 Ea 75
Écot-la-Combe 52 54 Fc 59
Écouché 61 30 Zf 56
Écouen 95 33 Cc 54
Écouflant 49 61 Zc 63
Écouis 27 16 Bc 53
Écourt-Saint-Quentin 62 8 Da 47
Écoust-Saint-Mein 62 8 Cf 47
Écouviez 55 21 Fc 51
Écouvotte, L' 25 70 Gb 64
Écoyeux 17 87 Zc 74
Ecquedecques 62 7 Cc 45
Ecques 62 3 Cb 44
Ecquetot 27 31 Ba 53
Ecquevilly 78 32 Bf 55
Écrainville 76 14 Ac 51
Écrammeville 14 13 Za 53
Écrennes, les 77 51 Cf 57
Écretteville-lès-Baons 76 15 Ae 51
Écretteville-sur-Mer 76 15 Ac 50
Ecrille 39 83 Fd 69
Écromagny 70 71 Gd 61
Écrosnes 28 32 Be 57
Écrouves 54 37 Ff 56
Ectot-l'Auber 76 15 Af 51
Ectot-lès-Baons 76 15 Ae 51
Écublé 28 32 Bb 57
Écueil 51 35 Df 53
Écueillé 36 78 Bc 66
Écuélin 59 9 Df 47
Écuelle 70 25 Fd 63
Écuelles 71 83 Fa 67
Écuelles 77 51 Ce 58
Écuillé 49 61 Zc 63
Écuires 62 7 Be 46
Écuisses 71 82 Ed 68
Éculleville 50 12 Yb 50
Écully 69 94 Ee 74
Écuras 16 88 Ad 74
Écurat 17 87 Zb 74
Écurcey 25 71 Ge 64
Écurey-en-Verdunois 55 21 Fc 52
Écurie 62 8 Cf 47
Écury-le-Repos 51 35 Ea 56
Écury-sur-Coole 51 36 Ec 55
Écutigny 21 82 Ed 66
Écuvilly 60 18 Cf 51
Edern 29 42 Wa 60
Edon 16 100 Ac 76
Eduts, Les 17 87 Zc 73
Eecke 59 4 Cc 44
Effiat 63 92 Db 72
Effincourt 52 54 Fa 57
Effry 02 19 Df 49
Egat 66 153 Ca 93
Egleny 89 66 Db 62
Egletons 19 102 Ca 76
Égligny 77 51 Da 57
Églingen 68 71 Hb 63
Église-aux-Bois, l' 19 102 Be 75
Égliseneuve-d'Entraigues 63
103 Ce 76
Égliseneuve-des-Liards 63
104 Dc 75

Église-Neuve-de-Vergt 24
101 Ae 78
Église-Neuve-d'Issac 24
100 Ac 79
Égliseneuve-près-Billom 63
104 Dc 74
Églises-d'Argenteuil, Les 17
87 Zd 73
Églisolles 63 105 Df 76
Églisottes-et-Chalaures, Les 33
99 Zf 78
Égly 91 33 Cb 57
Égreville 77 51 Cf 59
Égriselles-le-Bocage 89 51 Db 60
Égry 45 50 Cc 60
Eguelshardt 57 40 Hc 54
Éguille, L' 17 86 Za 74
Eguilly 21 68 Ec 65
Eguisheim 68 56 Hb 60
Eguzon-Chantôme 36 78 Bd 70
Éhuns 70 70 Gb 62
Eichhoffen 67 57 Hc 58
Eincheville 57 38 Gd 55
Einvaux 54 55 Gc 57
Einville-au-Jard 54 38 Gc 57
Eix 53 77 Fc 53
Élan 08 20 Ee 51
Élancourt 78 32 Bf 56
Elbach 68 71 Ha 63
Elbeuf 76 15 Af 53
Elbeuf-en-Bray 76 16 Bd 52
Elbeuf-sur-Andelle 76 16 Bc 52
Elencourt 60 16 Bf 50
Elesmes 59 9 Ea 47
Eletot 76 15 Ac 50
Éleu-dit-Leauwette 62 8 Ce 46
Élincourt 59 8 Db 48
Élincourt-Sainte-Marguerite 60
18 Ce 51
Elise-Daucourt 51 36 Ef 54
Ellecourt 76 16 Be 50
Elliant 29 42 Wa 61
Ellon 14 13 Zb 53
Elne 66 154 Cf 93
Elnes 62 3 Ca 44
Éloie 90 71 Gf 62
Éloise 74 96 Ff 72
Éloyes 88 55 Gd 60
Elsenheim 67 57 Hc 60
Elvange 57 38 Gd 54
Elven 56 43 Xc 62
Elzange 57 22 Gb 52
Émagny 25 70 Ff 65
Emalleville 27 31 Ba 54
Émancé 78 32 Bd 57
Emanville 27 31 Af 54
Emanville 76 15 Af 51
Embarthe 32 126 Ae 85
Emberménil 54 39 Ge 56
Embres-et-Castelmaure 11
154 Ce 91
Embreville 80 6 Bd 48
Embrun 05 121 Gc 81
Embry 62 7 Be 46
Émerainville 77 33 Cd 56
Émerchicourt 59 8 Db 47
Emeringes 69 94 Ed 71
Émeville 60 18 Da 53
Emiéville 14 30 Ze 54
Emlingen 68 72 Hb 63
Emmerin 59 8 Cf 45
Emondeville 50 12 Yd 52
Empeaux 31 140 Ba 87
Empurany 07 106 Ed 78
Empuré 16 88 Aa 72
Empury 58 67 De 64
Encausse 32 126 Ba 86
Encausse-les-Thermes 31
139 Ae 90
Enchenberg 57 39 Hc 54
Endoufielle 32 140 Ba 87
Énencourt-Léage 60 16 Bf 53
Énencourt-le-Sec 60 16 Bf 53
Enfonvelle 52 54 Ff 61
Engayrac 47 126 Af 83
Engente 10 53 Ee 59
Enghien, Wangenbourg- 67
39 Hb 57
Engenville 45 50 Cb 59
Engins 38 107 Fd 77
Englancourt 02 19 De 49
Englebelmer 80 8 Cd 48
Englefontaine 59 9 Dd 47
Englesqueville-la-Percée 14
13 Za 52
Englesqueville-en-Auge 14
14 Aa 53
Engomer 09 151 Ba 91
Enguinegatte 62 7 Cb 45
Engwiller 67 40 Hd 55
Ennemain 80 8 Cf 49
Ennery 57 22 Gb 53
Ennery 95 33 Ca 54
Ennetières-en-Weppes 59 8 Cf 45
Ennevelin 59 8 Da 45
Ennezat 63 92 Db 73
Ennordres 18 65 Cc 64
Enquin-les-Mines 62 7 Cb 45
Enquin-sur-Baillons 62 7 Be 45
Ensigné 79 87 Zf 72
Ensisheim 68 56 Hc 61
Ensuès-la-Redonne 13 146 Fb 88
Entrages 04 133 Gb 84
Entraigues 38 120 Ff 79
Entraigues 63 92 Db 73
Entraigues 84 131 Ef 84
Entrains-sur-Nohain 58 66 Db 64
Entrammes 53 46 Zb 61
Entraunes 06 134 Ge 83
Entraven = Antrain 35 28 Yd 58
Entraygues-sur-Truyère 12
115 Cd 81
Entrecasteaux 83 147 Gb 87
Entre-deux-Eaux 88 56 Gf 59
Entre-deux-Monts 39 84 Ff 69
Entremont 74 96 Gb 73
Entremont-le-Vieux 73 108 Ff 76
Entrepierres 04 133 Ff 83
Entrevaux 04 134 Gd 85
Entrevennes 04 133 Ga 85
Entrevernes 74 96 Gb 74
Entzheim 67 40 Hd 57
Enval 63 92 Da 73
Envellg 66 153 Bf 94
Enverniu 76 16 Bb 49
Eourres 05 132 Fe 83
Eoux 31 140 Af 89
Épagne 10 53 Ec 58
Épagne-Épagnette 80 7 Bf 48

Épagny 02 18 Db 52
Épagny 21 69 Fa 64
Épagny 74 96 Ga 73
Épaignes 27 15 Ac 53
Épaney 14 30 Zf 55
Épannes 79 87 Zc 71
Éparcy 02 19 Ea 49
Épannes, Les 55 37 Fd 54
Épargnes 17 98 Zb 75
Éparres, Les 38 107 Fb 75
Épaumesnil 80 16 Bf 49
Épaux-Bézu 02 34 Dc 54
Épeautrolles 28 49 Bb 59
Épeaux, Les 17 87 Zb 75
Épécamps 80 7 Ca 48
Épégard 27 31 Af 53
Épehy 80 8 Da 48
Épeigné-les-Bois 37 63 Ba 65
Épeigné-sur-Dême 37 63 Ad 63
Épénancourt 80 18 Cf 50
Épenède 16 88 Ad 72
Épenouse 25 70 Gb 66
Épenoy 25 70 Gc 66
Épense 51 36 Ef 55
Éperlecques 62 3 Ca 44
Épernay 51 35 Df 54
Épernay-sous-Gevrey 21 69 Fa 65
Épernon 28 32 Be 56
Éperrais 61 48 Ad 58
Épersy 73 96 Ff 74
Épertully 71 82 Ed 67
Épervans 71 82 Ef 68
Épesses, Les 85 75 Za 67
Épeugney 25 70 Ga 66
Epfig 67 57 Hc 58
Épiais 41 48 Bb 62
Épiais-lès-Louvres 95 33 Cd 54
Épiais-Rhus 95 33 Ca 54
Épieds 02 34 Dc 54
Épieds 27 32 Bc 55
Épieds 49 62 Zf 66
Épieds-en-Beauce 45 49 Bd 61
Épierre 73 108 Gb 76
Épiez-sur-Chiers 54 21 Fd 52
Épiez-sur-Meuse 55 37 Fd 57
Épinac 71 81 Ed 66
Épinal 88 55 Gc 59
Épinay, L' 27 32 Bc 53
Épinay-le-Comte, L' 61 29 Zb 58
Épinay-sous-Sénart 91 33 Cd 56
Épinay-sur-Odon 14 29 Zc 54
Épinay-sur-Orge 91 33 Cb 56
Épinay-sur-Seine 93 33 Cb 55
Épine, L' 05 119 Fd 82
Épine, L' 51 36 Ec 55
Épine, L' 85 59 Xc 67
Épineau-les-Voves 89 51 Dc 61
Épine-aux-Bois, L' 02 34 Dc 55
Épineuil 89 52 Df 61
Épineuil-le-Fleuriel 18 79 Cd 69
Épineu-le-Chevreuil 72 47 Zf 60
Épineuse 60 17 Cd 52
Épineux-le-Seguin 53 46 Zd 61
Épiniac 35 28 Yd 57
Épinonville 55 21 Fb 52
Épinouze 26 106 Ef 77
Épinoy 62 8 Da 47
Épiry 58 67 De 65
Épisy 77 50 Ce 58
Épizon 52 54 Fb 58
Éplessier 80 16 Bf 50
Éply 54 38 Gb 55
Époisses 21 67 Eb 64
Épône 78 32 Be 55
Épothémont 10 53 Ed 58
Épouville 76 14 Ab 51
Époye 51 19 Eb 53
Eppes 02 19 Df 51
Eppe-Sauvage 59 10 Eb 48
Eppeville 80 18 Da 50
Epping 57 39 Hb 54
Épretot 76 14 Ab 51
Épreville 76 15 Ac 50
Épreville-en-Roumois 27 15 Ae 53
Épreville-près-le-Neubourg 27
31 Af 54
Épron 14 13 Zd 53
Eps 62 7 Cb 46
Épuisay 41 48 Ba 61
Équancourt 80 8 Da 48
Équemauville 14 14 Ab 52
Équennes-Éramécourt 80
16 Bf 50
Équeurdreville-Hainneville 50
12 Yc 51
Équevilley 70 70 Gb 62
Équevillon 39 84 Ff 67
Équihen-Plage 62 2 Bd 44
Équilly 50 28 Ye 56
Équirre 62 7 Cb 46
Éragny 95 33 Ca 54
Éragny-sur-Epte 60 16 Be 53
Éraines 14 30 Zf 55
Éraville 16 88 Aa 74
Erbajolo 2B 159 Kb 95
Erbéviller-sur-Amezule 54
38 Gc 56
Erbray 44 60 Yd 63
Erbrée 35 45 Yf 60
Ercé 09 151 Bb 91
Ercé-en-Lamée 35 45 Yc 62
Ercé-près-Liffré 35 45 Yc 59
Erceville 45 ca 59
Erches 80 17 Ce 50
Ercheu 80 18 Cf 50
Erchin 59 8 Db 47
Erching 57 39 Hb 54
Erckartswiller 67 39 Hc 55
Ercourt 80 7 Be 48
Ercuis 60 17 Cc 53
Erdeven 56 43 Wf 63
Éréac 22 44 Xd 59
Ergersheim 67 40 Hd 57
Ergnies 80 7 Bf 48
Ergny 62 7 Bf 45
Ergué-Gabéric 29 42 Vf 61
Érin 62 7 Cb 46
Éringes 21 68 Ec 63
Eringhem 59 3 Cc 43
Érize-la-Brûlée 55 37 Fb 55
Érize-la-Petite 55 37 Fb 55
Érize-Saint-Dizier 55 37 Fb 56
Erlon 02 19 Df 51
Erloy 02 19 Df 49
Ermenonville 60 33 Ce 54
Ermenonville-la-Grande 28
49 Bc 58

Ermenonville-la-Petite 28
49 Bc 59
Ermenouville 76 15 Ae 50
Ermont 95 33 Cb 55
Ernée 53 46 Za 59
Ernemont-Boutavent 60 16 Be 51
Ernemont-la-Villette 76 16 Bd 52
Ernemont-sur-Buchy 76 16 Bc 51
Ernes 14 30 Zf 55
Ernestviller 57 39 Gf 54
Erneville-aux-Bois 55 37 Fc 56
Ernolsheim 67 40 Hd 57
Ernolsheim-lès-Saverne 67
39 Hc 56
Erny-Saint-Julien 62 7 Cb 45
Erôme 26 106 Ee 78
Érondelle 80 7 Bf 48
Erone 2B 157 Kb 94
Éroudeville-10 12 Yd 52
Erp 09 152 Bb 91
Erquery 60 17 Cd 52
Erquinghem-le-Sec 59 8 Cf 45
Erquinghem-Lys 59 4 Cf 44
Erquinvillers 60 17 Cc 52
Err 66 153 Ca 94
Erre 59 9 Db 46
Errouville 54 21 Ff 52
Erstein 67 57 Hd 58
Erstroff 57 39 Ge 55
Ervauville 45 51 Cf 60
Ervillers 62 8 Ce 48
Ervy-le-Châtel 10 52 Df 60
Esbareich 65 139 Ad 91
Esbarres 21 83 Fb 66
Esbly 77 34 Ce 55
Esboz-Brest 70 55 Gc 62
Escanges 34 142 Cf 87
Escala 65 139 Ad 90
Escalans 40 124 Aa 85
Escaldes, Les (AND) 152 Bd 93
Escale, L' 04 133 Ga 84
Escales 11 142 Ce 89
Escalles 62 2 Bd 43
Escalquens 31 141 Bd 87
Escames 60 16 Be 51
Escamps 89 66 Dc 62
Escamps 46 114 Bd 82
Escardes 51 34 Dd 56
Escarène, le 06 135 Hc 85
Escaro 66 153 Cb 93
Escassefort 47 112 Ab 81
Escatalens 82 126 Bb 85
Escaudain 59 9 Dc 46
Escaudes 33 111 Ze 83
Escaudœuvres 59 8 Db 47
Escauloube 11 153 Ca 92
Escaunets 65 138 Zf 89
Escautpont 59 9 Dd 46
Escazeaux 82 126 Ba 85
Eschau 67 40 Hd 57
Eschbach 67 40 Hf 55
Eschbach-au-Val 68 56 Ha 60
Eschbourg 67 39 Hb 56
Eschentzwiller 68 72 Hc 62
Escherange 57 22 Ga 52
Esches 60 33 Cb 53
Eschwiller 67 39 Ha 55
Esclainvillers 80 17 Cc 50
Esclanèdes 48 116 Dc 82
Esclassan-Labastide 32
139 Ad 88
Esclauzels 46 114 Bd 82
Esclavelles 76 16 Bc 51
Esclavolles-Lurey 51 35 Dd 57
Escles 88 55 Gb 60
Escles-Saint-Pierre 60 16 Be 50
Esclottes 47 112 Aa 80
Escobecques 59 8 Cf 45
Escœuilles 62 3 Bf 44
Escoire 24 101 Af 77
Escolives-Sainte-Camille 89
67 Dd 62
Escombres-et-le-Chesnois 08
20 Fa 50
Escondeaux 65 139 Aa 88
Esconnets 65 139 Ab 90
Escorailles 15 103 Cb 77
Escornebœuf 32 126 Af 87
Escorpain 28 31 Bb 56
Escos 64 137 Yf 88
Escosse 09 141 Bd 90
Escots 65 139 Ab 90
Escou 64 138 Zc 89
Escoubès 65 138 Zf 89
Escoubès-Pouts 65 138 Aa 90
Escource 40 123 Yf 84
Escoussans 33 111 Ze 80
Escoussens 81 142 Cb 88
Escout 64 138 Zc 89
Escoutoux 63 92 Dd 74
Escoville 14 14 Ze 53
Escragnolles 06 134 Ge 86
Escrennes 45 50 Cb 60
Escrignelles 45 66 Ce 62
Escroux 81 128 Cd 86
Escueillens-et-Saint-Just-de-
Bélengard 11 141 Ca 90
Escurolles 03 92 Db 72
Eslettes 76 15 Ba 51
Esley 88 55 Ga 59
Eslourenties-Daban 64 138 Zf 89
Esmans 77 51 Cf 58
Esmery-Hallon 80 18 Da 50
Esmoulières 70 55 Gd 61
Esmoulins 70 69 Fd 64
Esnandes 17 86 Yf 71
Esnans 25 70 Gb 65
Esnes 59 9 Dc 48
Esnes-en-Argonne 55 37 Fb 53
Esnon 89 51 De 61
Esnouveaux 52 54 Fc 59
Espagnac 19 102 Bf 77
Espagnac-Sainte-Eulalie 46
114 Bf 81
Espalais 82 126 Af 84
Espalem 43 104 Db 77
Espalion 12 115 Ce 81
Espanès 31 140 Bc 88
Espaon 32 140 Af 88
Esparron 05 120 Ff 82
Esparron 83 147 Ga 88
Esparron 31 139 Ae 89
Esparron-de-Verdon 04 133 Ff 86
Esparros 05 139 Ab 90
Esparsac 82 126 Af 85
Espartignac 19 102 Bd 76
Espas 32 124 Aa 86
Espaubourg 60 16 Bf 52

Espèche 65 139 Ab 90
Espèchède 64 138 Ze 89
Espédaillac 46 114 Be 81
Espelette 64 136 Yd 88
Espeluche 26 118 Ee 81
Espenel 26 119 Fb 80
Espérausses 81 128 Cd 86
Espéraza 11 153 Cb 91
Esperce 31 140 Bc 89
Espère 46 113 Bc 81
Espès-Undurein 64 137 Zb 89
Espeyrac 12 115 Cd 81
Espeyroux 46 114 Bf 80
Espezel 11 153 Ca 92
Espieilh 65 139 Ab 90
Espiens 47 125 Ac 83
Espinas 82 127 Be 83
Espinasse 15 116 Cf 79
Espinasse 63 104 Cf 75
Espinasses 05 120 Gb 82
Espinasse-Vozelle 03 92 Db 72
Espinchal 63 104 Cf 76
Espins 14 29 Zd 55
Espira-de-Conflent 66 153 Cc 93
Espira-de-l'Agly 66 154 Ce 92
Espirat 63 92 Dc 74
Esplantas 43 116 Dd 79
Esplas 09 140 Bc 89
Esplas-de-Sérou 09 140 Bc 91
Espoey 64 138 Zf 89
Espondeilhan 34 143 Db 88
Esprels 70 70 Gc 63
Espuite 64 137 Za 88
Esquay-Notre-Dame 14 29 Zd 54
Esquéhéries 02 9 De 49
Esquelbecq 59 3 Cc 43
Esquennoy 60 17 Cb 51
Esquerdes 62 3 Cb 44
Esquibien 29 41 Vc 60
Esquiule 64 137 Zb 89
Essards, Les 16 100 Aa 77
Essards, Les 17 87 Zb 74
Essards, Les 37 62 Ab 64
Essards-Taignevaux, Les 39 83 Fc 67
Essarois 21 68 Ee 62
Essars 62 8 Cd 45
Essarts 62 8 Ce 48
Essarts, les 27 31 Af 55
Essarts, les 41 63 Ae 62
Essarts, Les 85 74 Ye 68
Essarts-le-Roi, Les 78 32 Bf 56
Essarts-lès-Sézanne, Les 51 35 Dd 56
Essarts-le-Vicomte, Les 51 34 Dd 57
Essay 61 30 Ab 57
Essay-et-Maizerais 54 37 Fe 55
Esse 16 89 Ae 72
Essé 35 45 Ye 61
Essegney 88 55 Gb 58
Esseintes, Les 33 111 Zf 81
Essert 90 71 Ge 63
Essertaux 80 17 Cb 50
Essertenne 71 82 Ed 68
Essertenne-et-Cecey 70 69 Fc 64
Essertines-en-Châtelneuf 42 105 Df 75
Essertines-en-Donzy 42 94 Ec 74
Essert-Romand 74 97 Ge 71
Esserts-Blay 73 108 Gc 75
Esserval-Combe 39 84 Ga 68
Essey 21 68 Ed 65
Essey-la-Côte 54 55 Gc 58
Essey-les-Eaux 52 54 Fc 60
Essey-lès-Nancy 54 38 Gb 56
Essia 39 83 Fd 69
Essigny-le-Grand 02 18 Db 50
Essigny-le-Petit 02 18 Dc 49
Essises 02 34 Dc 55
Essômes-sur-Marne 02 34 Dc 54
Esson 14 29 Zd 55
Essonnes, Corbeil- 91 33 Gc 57
Essoyes 10 53 Ed 60
Essuiles 60 17 Cb 52
Estables 43 105 De 77
Estables 48 116 Dc 81
Estables, Les 43 117 Ea 79
Establet 26 119 Fc 81
Estagel 66 154 Ce 92
Estaing 12 115 Ce 81
Estaing 65 138 Ze 91
Estaires 59 4 Ce 45
Estal 46 114 Bf 79
Estal 46 114 Ca 80
Estampes 32 139 Ab 88
Estampures 65 139 Ab 88
Estancarbon 31 139 Ae 90
Estandeuil 63 104 Dc 74
Estang 32 124 Zf 85
Estantens 31 140 Bb 88
Estarvielle 65 151 Ac 92
Estavar 66 153 Bf 94
Esteil 63 104 Dc 76
Esténos 31 139 Ad 91
Estensan 65 150 Ac 92
Estérençuby 64 137 Ye 90
Esternay 51 34 Dd 56
Estevelles 62 8 Cf 46
Esteville 76 16 Bb 51
Estézargues 30 131 Ed 85
Estialescq 64 138 Zc 89
Estibeaux 40 123 Za 87
Estigarde 40 124 Zf 84
Estillac 47 125 Ad 84
Estipouy 32 139 Ac 87
Estirac 65 138 Aa 88
Estissac 10 52 De 59
Estivals 19 102 Bc 78
Estivareilles 03 79 Cd 70
Estivareilles 42 105 Ea 76
Estivaux 19 102 Bc 77
Estoher 66 153 Cc 93
Estos 64 137 Zc 89
Estoublon 04 133 Gb 85
Estouches 91 50 Ca 59
Estourmel 59 9 Db 48
Estouteville-Ecalles 76 16 Bb 51
Estouy 45 50 Cb 59
Estrablin 38 106 Ef 75
Estramiac 32 126 Af 85
Estrebay 08 19 Ec 49
Estrébœuf 80 6 Bd 48
Estréchure, L' 30 130 De 84
Estrée 62 7 Be 45
Estrée-Blanche 62 7 Cb 45
Estrée-Cauchy 62 8 Cd 46
Estréelles 62 7 Be 45
Estrées 02 9 Db 49
Estrées 59 8 Da 47
Estrées 80 18 Ce 49
Estrées-la-Campagne 14 30 Ze 54
Estrées-lès-Crécy 80 7 Bf 47
Estrées-Saint-Denis 60 17 Cd 52
Estrées-sur-Noye 80 17 Cb 50
Estrée-Wamin 62 7 Cc 47
Estrennes 88 55 Ga 59
Estreux 59 9 Dd 46
Estry 14 29 Zb 55
Esves-le-Moutier 37 77 Af 66
Esvres 37 63 Ae 65
Eswars 59 8 Cb 47
Etable 73 108 Ga 76
Etables 07 106 Ee 78
Etables-sur-Mer 22 26 Xb 57
Etagnac 16 89 Ae 73
Etaimpuis 76 15 Ba 51
Etain 55 37 Fd 53
Etaing 62 8 Cf 47
Etainhus 76 14 Ab 51
Etais 21 68 Ec 62
Etais-la-Sauvin 89 66 Dc 64
Etalans 25 70 Gb 66
Etalante 21 68 Ec 63
Etalle 08 20 Ec 49
Etalleville 76 15 Ae 50
Etalon 80 18 Cf 50
Etalondes 76 6 Bc 48
Étampes 91 50 Cb 58
Etampes-sur-Marne 02 34 Dc 54
Étang-Bertrand, l' 50 12 Yc 52
Étangs, Les 57 38 Gc 54
Étang-sur-Arroux 71 81 Eb 67
Étang-Vergy, L' 21 68 Ef 65
Étaples 62 6 Bd 45
Etaule 89 67 Df 63
Étaules 17 86 Yf 74
Étaules 21 68 Ef 64
Etauliers 33 99 Zc 77
Etaves-et-Bocquiaux 02 18 Dc 49
Etavigny 60 34 Cf 54
Etcharry 64 137 Zb 89
Etchebar 64 137 Za 90
Eteignières 08 20 Ec 49
Eteimbes 68 71 Ha 62
Étel 56 43 We 63
Etelfay 80 17 Cd 51
Eternoz 25 84 Ga 66
Éterpigny 62 8 Cf 47
Eterpigny 80 18 Cf 49
Eterville 14 29 Zd 54
Etevaux 21 69 Fb 65
Eth 59 9 De 47
Etienville 50 12 Yd 52
Etigny 89 51 Db 60
Etilleux, Les 28 48 Ae 59
Etinehem 80 17 Ce 49
Etiolles 91 33 Cc 57
Etival 39 84 Fe 69
Etival-Clairefontaine 88 56 Gf 58
Etival-lès-le-Mans 72 47 Aa 61
Etivey 89 67 Ea 62
Etobon 70 71 Gd 63
Étoges 51 35 Df 55
Étoile, L' 39 83 Fd 68
Étoile, L' 80 7 Ca 48
Etoile-Saint-Cyrice 05 119 Fd 83
Étoile-sur-Rhône 26 118 Ef 79
Eton 55 21 Fe 53
Etormay 21 68 Ed 63
Étourvy 10 52 Ea 61
Etouteville 76 15 Ae 50
Etouvans 25 71 Ge 64
Etouvelles 02 19 Dd 51
Etouvy 14 29 Za 55
Etouy 60 17 Cc 52
Etrabonne 25 69 Fe 65
Étrat, L' 42 105 Eb 76
Etray 25 70 Gc 66
Etraye-Wavrille 55 21 Fb 53
Etréaupont 02 19 Df 49
Etrechet 36 78 Be 68
Etréchy 18 65 Ce 66
Etréchy 51 35 Df 55
Etréchy 91 50 Cb 58
Etréham 14 13 Zb 53
Etreillers 02 18 Db 49
Etréjust 80 16 Bf 49
Étrelles 35 45 Ye 60
Etrelleset-la-Mombleuse 70 70 Ff 64
Étrelle-sur-Aube 10 35 Df 57
Etrépagny 27 16 Bd 53
Etrepigney 39 69 Fe 66
Etrépigny 08 20 Ee 50
Etrépilly 02 34 Dc 54
Étrépilly 77 34 Cf 54
Etrepy 51 36 Ee 56
Étretat 76 14 Ab 50
Étreux 02 9 Dd 49
Étreval 54 55 Ga 58
Étréville 27 15 Ad 52
Etrez 01 95 Fb 71
Etriac 16 100 Zf 75
Etriché 49 61 Zd 63
Étricourt-Manancourt 80 8 Cf 48
Étrigny 71 82 Ee 69
Etrochey 21 53 Ed 61
Etrœungt 59 9 Df 48
Étroussat 03 92 Db 71
Étrun 59 9 Db 47
Etsaut 64 138 Zc 91
Ettendorf 67 40 Hd 56
Etting 57 39 Hb 54
Etueffont 90 71 Gf 62
Étueffont 90 71 Gf 62
Etupes 25 71 Gf 63
Eturqueraye 27 15 Ae 52
Etusson 79 75 Zc 65
Etuz 70 70 Ff 64
Eu 76 6 Bc 48
Euffigneix 52 53 Fa 60
Eugénie-les-Bains 40 124 Zd 86
Euilly-et-Lombut 08 20 Fa 51
Eulmont 54 38 Gb 56
Eup 31 151 Ae 91
Eurre 26 118 Ef 80
Eurville-Bienville 52 36 Fa 57
Eus 66 153 Cc 93
Euvezin 54 37 Ff 55
Euville 55 37 Fd 56
Euvy 51 35 Ea 56
Euzet 30 130 Eb 84
Evaillé 72 48 Ad 61
Evans 39 70 Fe 65
Evaux-et-Ménil 88 55 Gb 59
Evaux-les-Bains 23 91 Cc 71
Eve 60 33 Ce 54
Evergnicourt 02 19 Ea 52
Éverly 77 51 Db 58
Évette-Salbert 90 71 Ge 62
Eveux 69 94 Ed 74
Évian-les-Bains 74 97 Gd 70
Evigny 08 20 Ee 50
Evillers 25 84 Gb 66
Evin-Malmaison 62 8 Da 46
Evisa 2A 158 Ie 95
Evosges 01 95 Fc 73
Evran 22 44 Ya 58
Evrange 57 22 Gb 51
Evrecy 14 29 Zd 54
Evres 55 36 Fa 55
Évreux 27 31 Ba 54
Evricourt 60 18 Cf 51
Evriguet 56 44 Xd 60
Evron 53 46 Zd 60
Évry 91 33 Cc 57
Évry-Grégy-sur-Yerres 77 33 Cd 57
Excenevex 74 96 Gc 70
Excideuil 24 101 Ba 76
Exermont 08 20 Fa 53
Exideuil 16 89 Ae 73
Exincourt 25 71 Gf 64
Exireuil 79 76 Ze 70
Exmes 61 30 Ab 56
Exoudun 79 88 Zf 70
Expiremont 17 99 Zd 77
Eybens 38 107 Fe 78
Eybouleuf 87 90 Bc 74
Eyburie 19 102 Bd 76
Eycheil 09 140 Ba 91
Eydoche 38 107 Fb 76
Eygalayes 26 132 Fd 83
Eygalières 13 131 Ef 86
Eygaliers 26 132 Fb 83
Eygliers 05 121 Gd 80
Eygluy-Escoulin 26 119 Fb 80
Eyguians 05 120 Fe 82
Eyguières 13 131 Fa 86
Eygurande 19 103 Cc 75
Eygurande-Gardedeuil 24 100 Aa 78
Eyjeaux 87 89 Bc 74
Eyliac 24 101 Af 78
Eymet 24 112 Ac 80
Eymeux 26 107 Fb 78
Eymoutiers 87 90 Be 74
Eyne 66 153 Ca 94
Eyne 2600 66 153 Ca 94
Eynesse 33 112 Aa 80
Eyragues 13 131 Ef 85
Eyrans 33 111 Zc 77
Eyrein 19 102 Bf 76
Eyres-Moncube 40 124 Zc 86
Eysines 33 111 Zb 79
Eysson 25 70 Gc 65
Eysus 64 137 Zc 90
Eyvirat 24 101 Ae 77
Eywiller 67 39 Hb 55
Eyzerac 24 101 Af 76
Eyzies-de-Tayac-Sireuil, Les 24 113 Ba 79
Eyzin-Pinet 38 106 Ef 76
Ezahaut 26 118 Fa 81
Ezanville 95 33 Cc 54
Eze 06 135 Hc 86
Ezy 38 107 Fd 77
Ezy-sur-Eure 27 32 Bc 55

F

Fa 11 153 Cb 91
Fabas 09 140 Ba 90
Fabas 31 140 Af 89
Fabas 82 126 Bc 85
Fabras 07 117 Eb 81
Fabrègues 34 144 De 87
Fabrezan 11 142 Ce 90
Faches-Thumesnil 59 8 Da 45
Fâchin 58 81 Df 66
Fage, La 48 117 Dd 81
Fage-Montivernoux, La 48 116 Da 80
Faget, Le 31 141 Be 87
Faget-Abbatial 32 139 Ae 87
Fagnières 51 35 Eb 55
Fagnon 08 20 Ed 50
Fahy-lès-Autrey 70 25 Fc 64
Failly 57 38 Gb 54
Faimbe 25 71 Gd 64
Fain-lès-Montbard 21 68 Ec 63
Fain-lès-Moutiers 21 67 Eb 63
Fains 27 32 Bc 55
Fains-la-Folie 28 49 Bd 59
Fains-Véel 55 36 Fa 56
Faissault 08 20 Ed 51
Fajac-en-Val 11 142 Cc 90
Fajac-la-Ralenque 11 141 Be 89
Fajoles 46 113 Bc 80
Fajolle, la 11 153 Bf 92
Fajolles 82 126 Ba 85
Falaise 08 20 Ee 52
Falaise 14 30 Ze 55
Falaise, la 78 32 Be 55
Falck 57 22 Gd 53
Faleyras 33 111 Ze 80
Falga 31 141 Bf 88
Falgoux, Le 15 103 Cd 78
Falicon 06 135 Hb 86
Falkwiller 68 71 Ha 62
Fallavier, Saint-Quentin- 38 107 Fa 70
Fallencourt 76 16 Be 49
Fallerans 25 70 Gb 66
Falleron 85 74 Yb 67
Falletans 39 83 Fd 66
Fallon 70 70 Gc 63
Faloise, La 80 17 Cc 50
Fals 47 125 Ae 84
Falvy 80 18 Cf 50
Famars 59 9 Dd 47
Famechon 62 7 Cc 48
Famechon 80 17 Ca 50
Fameck 57 22 Ga 53
Familly 14 30 Ac 55
Fampoux 62 8 Cf 47
Fanjeaux 11 141 Ca 89
Faou, Le 29 24 Ve 59
Faouët, Le 22 26 Wf 56
Faouët, Le 56 42 Wd 60
Faramans 38 107 Fa 76
Farancourt 52 69 Fe 62
Farbus 62 8 Ce 46
Farceaux 27 16 Bd 53
Farébersviller 57 39 Gf 54
Fareins 01 94 Ee 72
Fare-les-Oliviers, La 13 146 Fb 87
Faremoutiers 77 34 Da 56
Farges 01 96 Ff 72
Farges, les 24 101 Bb 78
Farges-Allichamps 18 79 Cc 68
Farges-en-Septaine 18 79 Cd 66
Farges-lès-Chalon 71 82 Ee 67
Farges-lès-Mâcon 71 82 Ef 69
Fargues 33 111 Ze 81
Fargues 40 124 Zd 86
Fargues 46 113 Bb 82
Fargues-Saint-Hilaire 33 111 Zd 80
Fargues-sur-Ourbise 47 125 Aa 83
Farinole 2B 157 Kc 92
Farlède, La 83 147 Ga 89
Farnay 42 106 Ed 76
Farschviller 57 39 Gf 54
Fatines 72 47 Ab 70
Fatouville-Grestain 27 14 Ac 52
Fau, Le 15 103 Cd 78
Fauch 81 128 Cb 86
Faucogney-et-la-Mer 70 55 Gd 61
Faucompierre 88 56 Ge 60
Faucon 04 120 Ga 82
Faucon 04 121 Ge 82
Faucon 84 132 Fa 83
Fauconcourt 88 55 Gd 58
Faucoucourt 02 18 Dc 51
Fau-de-Peyre 48 116 Db 80
Faudoas 82 126 Af 86
Fauga, Le 31 140 Bb 88
Faugères 07 117 Ea 82
Faugères 34 143 Db 87
Fauguernon 14 14 Ab 53
Fauguerolles 47 112 Ab 82
Faulq, Le 14 14 Ab 53
Faulquemont 57 38 Gd 54
Faulx 54 38 Gb 56
Faumont 59 8 Da 46
Fauquembergues 62 7 Ca 45
Faurie, La 05 119 Fe 81
Fauroux 82 126 Ba 83
Faussergues 81 128 Cc 84
Faute-sur-Mer, la 85 74 Ye 71
Fauverney 21 69 Fa 65
Fauville-en-Caux 76 15 Ad 51
Faux 08 20 Ec 51
Faux 24 112 Ad 80
Faux, le 23 91 Cc 71
Faux-Fresnay 51 35 Df 57
Faux-la-Montagne 23 90 Bf 75
Faux-Vésigneul 51 36 Ec 56
Faux-Villecerf 10 52 De 58
Favalello 2B 159 Kb 95
Favars 19 102 Bc 78
Faverave-Mâchelles 49 61 Zc 65
Faverdines 18 79 Cc 69
Faverelles 45 66 Cf 63
Faverges 74 96 Gb 74
Faverges-de-la-Tour 38 107 Fd 75
Faverney 70 70 Ga 62
Faverois 90 71 Ha 63
Faverolles 02 34 Db 53
Faverolles 15 116 Da 79
Faverolles 28 32 Bd 56
Faverolles 36 64 Bc 65
Faverolles 52 54 Fb 61
Faverolles 61 30 Ze 57
Faverolles 80 17 Cd 51
Faverolles-et-Coëmy 51 19 De 53
Faverolles-la-Campagne 27 31 Af 54
Faverolles-lès-Lucey 21 53 Ef 61
Faverolles-sur-Cher 41 63 Bb 65
Favière, La 39 84 Ga 68
Favières 28 31 Bb 57
Favières 77 33 Ce 56
Favières 80 7 Be 47
Faverolles 54 55 Ff 57
Favresse 51 36 Ee 56
Favreuil 62 8 Cf 48
Favrieux 78 32 Bd 55
Favril, Le 27 31 Ad 53
Favril, Le 28 48 Ba 58
Favril, Le 28 49 Bb 59
Favril, Le 59 9 De 48
Fay 61 31 Ac 57
Fay 72 47 Aa 61
Fay 80 18 Ce 49
Fay, la 71 83 Fa 69
Fay, le 80 7 Be 49
Fay-aux-Loges 45 50 Ca 61
Faycelles 46 114 Bf 81
Fay-de-Bretagne 44 60 Yb 64
Faye 41 48 Bb 62
Faye, La 16 88 Aa 72
Faye-d'Anjou 49 61 Zc 65
Fayel 60 17 Cb 53
Faye-l'Abbesse 79 75 Zd 68
Faye-la-Vineuse 37 76 Ac 67
Fayence 83 134 Ge 87
Fay-en-Montagne 39 84 Fe 68
Faye-sur-Ardin 79 75 Zc 70
Fayet 02 18 Db 49
Fayet 12 129 Cf 86
Fayet, Le 74 97 Ge 73
Fayet-le-Château 63 104 Dc 74
Fayet-Ronaye 63 104 Dd 76
Fay-le-Clos 26 106 Ef 77
Fay-les-Etangs 60 16 Bf 53
Fay-lès-Marcilly 10 52 Dd 58
Fay-lès-Nemours 77 50 Ce 59
Fayl-la-Forêt 52 69 Fd 62
Faymoreau 85 75 Zc 69
Fay-Saint-Quentin, le 60 17 Cb 52
Fays-la-Chapelle 10 52 Ea 60
Fayssac 81 127 Bf 85
Fay-sur-Lignon 43 117 Eb 79
Féas 64 137 Zb 90
Febvin-Palfart 62 7 Cb 45
Fécamp 76 14 Ac 50
Féchain 59 8 Db 47
Fèche-l'Eglise 90 71 Gf 63
Fécocourt 54 55 Ga 58
Fédry 70 70 Ff 63
Fegersheim 67 40 He 57
Fégréac 44 59 Xf 63
Feigères 74 96 Ga 72
Feigneux 60 18 Cf 53
Feignies 59 9 Df 47
Feillens 01 94 Ef 71
Feings 41 64 Bc 64
Feings 61 31 Ad 57
Feins 35 45 Yc 59
Feins-en-Gâtinais 45 66 Cf 62
Feissons-sur-Isère 73 108 Gc 75
Feissons-sur-Salins 73 109 Gd 76
Fel 61 30 Aa 56
Felce 2B 157 Kc 94
Feldbach 68 71 Hb 63
Feldkirch 68 56 Hb 61
Felger = Fougères 35 45 Ye 58
Felgerieg-Veur = Grand-Fougeray 35 45 Yb 62
Feliceto 2B 156 If 93
Felicetu = Feliceto 2B 156 If 93
Félines 07 106 Ee 77
Félines 26 119 Fa 81
Félines 43 105 De 77
Félines-Minervois 34 142 Cd 89
Félines-Termenès 11 142 Cd 91
Felleries 59 9 Ea 48
Fellering 68 56 Gf 61
Felletin 23 91 Ca 73
Felluns 66 153 Cc 92
Felon 90 71 Gf 62
Felzins 46 114 Ca 81
Fenain 59 9 Db 46
Fénay 21 69 Ef 65
Fendeille 11 141 Bf 89
Fénery 79 75 Zd 68
Fénétrange 57 39 Ha 55
Feneu 49 61 Zc 63
Féneyrols 82 127 Be 84
Féniers 23 90 Ca 75
Fenioux 17 87 Zc 73
Fenioux 79 75 Zd 69
Fénols 81 127 Ca 85
Fenouiller, Le 85 73 Ya 68
Fenouillet 31 126 Bc 86
Fenouillet 66 153 Cc 92
Fenouillet-du-Razès 11 141 Ca 90
Fépin 08 10 Ee 48
Fercé 44 45 Yd 62
Fercé-sur-Sarthe 72 47 Zf 61
Ferdrupt 88 56 Ge 61
Fère, la 02 18 Dc 51
Fèrebrianges 51 35 Df 55
Fère-Champenoise 51 35 Df 56
Férée, La 08 19 Eb 50
Fère-en-Tardenois 02 34 Dd 53
Férel 56 59 Xd 64
Ferfay 62 7 Cc 45
Féricy 77 51 Ce 58
Fermanville 50 12 Yd 50
Fermeté, La 58 80 Dc 67
Ferney-Voltaire 01 96 Ga 71
Fernoël 63 91 Cc 74
Férolles 45 50 Ca 62
Férolles-Attilly 77 33 Cd 56
Ferques 62 3 Be 43
Ferrals-les-Corbières 11 142 Ce 90
Ferrals-les-Montagnes 34 142 Cd 88
Ferran 11 141 Ca 90
Ferrassières 26 132 Fc 84
Ferré, Le 35 28 Ye 58
Ferrensac 47 112 Ad 81
Ferrère 65 139 Ad 91
Ferres, Les 06 134 Ha 85
Ferrette 68 72 Hb 63
Ferreux-Quincey 10 52 Dd 58
Ferrière, La 22 43 Xc 60
Ferrière, La 38 108 Ga 77
Ferrière, La 85 74 Ye 68
Ferrière-Airoux, La 86 88 Ac 71
Ferrière-au-Doyen, La 61 31 Ad 57
Ferrière-aux-Etangs, La 61 29 Zc 57
Ferrière-Béchet, La 61 30 Aa 57
Ferrière-Bochard, La 61 47 Zf 58
Ferrière-de-Flée, La 49 46 Za 62
Ferrière-en-Parthenay, La 79 76 Zf 69
Ferrière-et-Lafolie 52 53 Fa 58
Ferrière-Harang, la 14 29 Za 55
Ferrière-la-Grande 59 9 Df 47
Ferrière-la-Petite 59 9 Ea 47
Ferrière-Larçon 37 77 Af 67
Ferrières 17 86 Za 71
Ferrières 45 50 Ce 60
Ferrières 50 29 Za 57
Ferrières 54 38 Gb 57
Ferrières 60 17 Cd 51
Ferrières 65 138 Ze 90
Ferrières 74 96 Ga 73
Ferrières 77 33 Ce 56
Ferrières 80 17 Cb 49
Ferrières 81 128 Cc 87
Ferrières-en-Bray 76 16 Be 52
Ferrières-Haut-Clocher 27 31 Af 54
Ferrières-la-Verrerie 61 31 Ac 57
Ferrières-le-Lac 25 71 Gf 65
Ferrières-les-Bois 25 70 Fe 65
Ferrières-lès-Ray 70 70 Fe 63
Ferrières-lès-Scey 70 70 Ga 63
Ferrières-les-Verreries 34 130 De 85
Ferrières-Poussarou 34 142 Cf 88
Ferrières-Saint-Hilaire 27 31 Ad 54
Ferrières-Saint-Mary 15 104 Da 77
Ferrières-sur-Sichon 03 93 Dd 72
Ferrière-sur-Beaulieu 37 63 Ba 66
Ferrière-sur-Risle, la 27 31 Ae 55
Ferrussac 43 104 Dc 78
Fertans 25 84 Ga 66
Ferté, La 39 83 Fd 67
Ferté-Alais, La 91 50 Cc 58
Ferté-Beauharnais, La 41 64 Bf 63
Ferté-Bernard, La 72 48 Ad 59
Ferté-Chevresis, La 02 18 Dd 50
Ferté-Frênel, La 61 31 Ad 55
Ferté-Gaucher, La 77 34 Db 56
Ferté-Hauterive, La 03 92 Dc 70
Ferté-Imbault, La 41 64 Bf 64
Ferté-Loupière, La 89 51 Db 61
Ferté-Macé, La 61 29 Zd 57
Ferté-Milon, La 02 34 Da 53
Ferté-Saint-Aubin, La 45 64 Bf 62
Ferté-Saint-Cyr, La 41 64 Be 63
Ferté-Saint-Samson, la 76 16 Bd 51
Ferté-sous-Jouarre, La 77 34 Da 55
Ferté-sur-Chiers, La 08 21 Fb 51
Ferté-Vidame, La 28 31 Af 57
Ferté-Villeneuil, La 28 49 Bc 61
Fertrève 58 81 Dd 67
Fervaches 50 29 Yf 55
Fervaques 14 30 Ab 54
Fescamps 80 17 Ce 51
Fesches-le-Châtel 25 71 Gf 63
Fesmy-le-Sart 02 9 De 48
Fessanvilliers-Mattanvilliers 28 31 Ba 56
Fessenheim 68 57 Hd 61
Fessenheim-le-Bas 67 40 Hd 57
Fessevillers 25 71 Gf 65
Fessy 74 96 Gc 71
Festalemps 24 100 Ab 77
Festes 11 141 Ca 91
Festieux 02 19 De 51
Festigny 51 35 De 54
Festigny 89 67 Dd 63
Festubert 62 8 Ce 45
Fétigny 39 83 Fd 70
Feucherolles 78 32 Bf 55
Feuchy 62 8 Cf 47
Feugarolles 47 125 Ac 83
Feugères 50 12 Ye 54
Feugerolles, Le Chambon- 42 105 Eb 76
Feuges 10 52 Ea 58
Feuguerolles 27 31 Ba 54
Feuguerolles-Bully 14 29 Zd 54
Feuilla 11 154 Cf 91
Feuillade 16 100 Ac 75
Feuillée, la 29 25 Wa 58
Feuillères 80 8 Cf 49
Feuillie, La 50 12 Yd 53
Feuillie, La 76 16 Bd 52
Feuquières 60 16 Bf 51
Feuquières-en-Vimeu 80 6 Bd 48
Feurs 42 93 Eb 74
Feusines 36 79 Ca 69
Feux 18 66 Cf 65
Fèves 57 38 Ga 53
Féy 57 38 Ga 54
Fey-en-Haye 54 38 Ff 55
Feyt 19 103 Cc 74
Feyt, Le 19 102 Bf 77
Feytiat 87 89 Bb 74
Feyzin 69 106 Ef 75
Fiac 81 127 Bf 86
Ficaghja = Ficaja 2A 157 Kc 94
Ficaja 2B 157 Kc 94
Ficheux 62 8 Ce 47
Fichous-Riumayou 64 138 Zd 88
Fidelaire, Le 27 31 Ae 55
Fied, Le 39 83 Fe 68
Fieffes-Montrelet 80 7 Cb 48
Fiefs 62 7 Cb 45
Fief-Sauvin, Le 49 61 Yf 65
Fiennes 62 3 Be 43
Fienvillers 80 7 Cb 48
Fierville-Bray 14 30 Ze 54
Fierville-les-Mines 50 12 Yc 52
Fierville-les-Parcs 14 14 Ab 53
Fieu, Le 33 99 Zf 78
Fieulaine 02 18 Dc 49
Fieux 47 125 Ac 84
Figanières 83 148 Gc 87
Figari 2A 160 Ka 100
Figarol 31 140 Af 90
Figeac 46 114 Ca 81
Fignévelle 88 55 Ff 61
Fignières 80 17 Cd 50
Filain 02 18 Dd 52
Filain 70 70 Gb 63
Fillé 72 47 Aa 61
Fillières 54 21 Ff 52
Fillièvres 62 7 Ca 47
Fillinges 74 96 Gc 72
Fillols 66 153 Cc 93
Filstroff 57 22 Gd 53
Fiménil 88 56 Ge 59
Finestret 66 153 Cc 94
Finhan 82 126 Bb 85
Fins 80 8 Da 48
Fins, les 25 85 Gd 66
Fiquefleur-Equainville 27 14 Ab 52
Firbeix 24 101 Af 75
Firfol 14 30 Ab 54
Firmi 12 115 Cb 81
Firminy 42 105 Eb 76
Fislis 68 72 Hc 63
Fismes 51 19 De 53
Fitilieu 38 107 Fd 75
Fitou 11 154 Cf 91
Fitz-James 60 17 Cc 52
Fixem 57 22 Gb 52
Fixin 21 68 Ef 65
Fix-Saint-Geneys 43 105 De 78
Flacey 21 69 Fa 64
Flacey 28 49 Bc 60
Flacey-en-Bresse 71 83 Fc 69
Flachères 38 107 Fb 76
Flacourt 78 32 Bd 55
Flacy 89 52 Dd 59
Flagey 25 84 Ga 66
Flagey 52 69 Fb 62
Flagey-Echézeaux 21 68 Ef 66
Flagey-lès-Auxonne 21 69 Fc 66
Flagnac 12 115 Cb 81
Flagney-Rigney 25 70 Gb 64
Flagy 70 70 Gb 62
Flagy 77 51 Cf 59
Flaignes-Havys 08 20 Ec 50
Flainval 54 38 Gc 57
Flamanville 50 12 Ya 51
Flamanville 76 15 Af 51
Flamengrie, La 02 9 Df 48
Flamengrie, La 59 9 De 47
Flamets-Frétils 76 16 Bd 50
Flammerans 21 69 Fc 65
Flammerécourt 52 53 Fa 58
Flancourt-Catelon 27 15 Ae 52
Flangebouche 25 70 Gc 66
Flassan 84 132 Fb 84
Flassans-sur-Issole 83 147 Gb 88
Flassigny 55 21 Fd 52
Flastroff 57 22 Gd 52
Flat 63 104 Db 75
Flaucourt 80 18 Cf 49
Flaugeac 24 112 Ac 80
Flaugnac 46 126 Bc 83
Flaujac-Poujols 46 114 Bc 82
Flaujagues 33 112 Aa 80
Flaumont-Waudrechies 59 9 Df 48
Flaux 30 131 Ed 84
Flavacourt 60 16 Be 52
Flaviac 07 118 Ee 80
Flavières 54 55 Ff 58
Flavignac 87 89 Ba 74
Flavignerot 21 68 Ef 65
Flavigny 18 80 Ce 67
Flavigny 51 35 Ea 55
Flavigny-le-Grand-et-Beaurain 02 19 Dd 49
Flavigny-sur-Moselle 54 38 Gb 57
Flavigny-sur-Ozerain 21 68 Ed 63
Flavin 12 128 Cd 83
Flavy-le-Martel 02 18 Db 50
Flavy-le-Meldeux 60 18 Da 50
Flaxieu 01 95 Fe 74
Flaxlanden 68 72 Hb 62
Flayat 23 91 Cc 74
Flayosc 83 147 Gc 87
Fléac 16 88 Aa 75

176 (F) Espèche — Fléac

Fléac-sur-Seugne 17 99 Zc 75
Flèche, La 72 62 Zf 62
Fléchin 62 7 Cb 45
Fléchy 60 17 Cb 51
Flee 21 68 Eb 64
Flée 72 63 Ac 62
Fleigneux 08 20 Ef 50
Fleisheim 57 39 Ha 56
Fleix 86 77 Ae 69
Fleix, le 24 112 Ab 79
Fléré-la-Rivière 36 77 Ba 66
Flers 61 29 Zc 56
Flers 62 7 Cb 47
Flers 80 8 Ce 48
Flers-sur-Noye 80 17 Cb 50
Flesquières 59 8 Da 48
Flesselles 80 7 Cb 48
Flétrange 57 38 Gd 54
Flêtre 59 4 Cd 44
Fléty 58 81 Df 68
Fleurac 16 87 Zf 74
Fleurac 24 101 Ba 78
Fleurance 32 125 Ad 85
Fleurat 23 90 Be 71
Fleurbaix 62 4 Cf 45
Fleuré 61 30 Zf 56
Fleuré 86 77 Ad 70
Fleurey-lès-Faverney 70 70 Ga 62
Fleurey-lès-Lavoncourt 70 70 Fe 63
Fleurey-lès-Saint-Loup 70 55 Gb 61
Fleurey-sur-Ouche 21 68 Ef 65
Fleurie 69 94 Ee 71
Fleuriel 03 92 Db 71
Fleurieux-sur-l'Arbresle 69 94 Ed 74
Fleurtigné 35 45 Yf 58
Fleurville 71 82 Ee 70
Fleury 02 18 Da 53
Fleury 11 143 Da 89
Fleury 50 28 Ye 55
Fleury 57 38 Gb 54
Fleury 60 16 Bf 53
Fleury 62 7 Cb 46
Fleury 80 17 Ca 50
Fleury-en-Bière 77 50 Cd 58
Fleury-la-Forêt 27 16 Bd 52
Fleury-la-Montagne 71 93 Ea 71
Fleury-la-Rivière 51 35 Df 54
Fleury-la-Vallée 89 51 Dc 61
Fleury-les-Aubrais 45 49 Bf 61
Fleury-Mérogis 91 33 Cc 57
Fleury-sur-Andelle 27 16 Bc 52
Fleury-sur-Loire 58 80 Db 68
Fleury-sur-Orne 14 29 Zd 54
Fléville 08 20 Ef 53
Fléville-devant-Nancy 54 38 Gb 57
Fléville-Lixières 54 21 Fe 53
Flévy 57 22 Gb 53
Flexanville 78 32 Be 55
Flexbourg 67 39 Hc 57
Fley 71 82 Ed 68
Fleys 89 67 Df 62
Flez 58 67 Dd 64
Flez-Cuzy 58 67 Dd 64
Fligny 08 19 Eb 49
Flin 54 55 Gd 57
Flines-lez-Raches 59 8 Db 46
Flins-Neuve-Église 78 32 Bd 55
Flins-sur-Seine 78 32 Bf 55
Flipou 27 16 Bb 53
Flirey 54 37 Ff 55
Flixecourt 80 7 Ca 48
Flize 08 20 Ee 50
Flocellière, La 85 73 Yb 67
Flocellière, La 85 75 Za 68
Flocourt 57 38 Gc 55
Flocques 76 6 Bc 48
Flogny-la-Chapelle 89 52 Df 61
Floing 08 20 Ef 50
Floirac 17 99 Zb 76
Floirac 33 111 Zc 79
Floirac 46 114 Bd 79
Florac 48 116 Dd 83
Florac 48 117 De 80
Florange 57 22 Ga 53
Florémont 88 55 Gb 58
Florensac 34 143 Dc 88
Florent-en-Argonne 51 36 Ef 54
Florentia 39 95 Fc 70
Florentin 81 127 Ca 85
Florentin-la-Capelle 12 115 Cd 81
Floressas 46 113 Ba 82
Florimont 90 71 Ha 63
Florimont-Gaumier 24 113 Bb 80
Flotte, La 17 86 Ye 71
Flottemanville 50 12 Yd 52
Flottemanville-Hague 50 12 Yb 51
Floudès 33 111 Zf 81
Floure 11 142 Cc 89
Floursies 59 9 Df 47
Floyon 59 9 Df 48
Flumet 73 96 Gd 74
Fluquières 02 18 Da 50
Fluy 80 17 Ca 49
Foce 2A 160 Ka 99
Focicchia 2B 159 Kb 95
Foisches 08 10 Ee 48
Foissac 12 114 Bf 81
Foissiat 01 95 Fb 70
Foissy-lès-Vézelay 89 67 De 64
Foissy-sur-Vanne 89 51 Dd 59
Foix 09 141 Bd 91
Folcarde 31 141 Be 88
Folembray 02 18 Db 51
Folgensbourg 68 72 Hc 63
Folgoët, Le 29 24 Ve 57
Folie, La 14 13 Za 53
Folies 80 17 Ce 50
Folking 57 39 Gf 54
Follainville-Dennemont 78 32 Be 54
Folles 87 90 Bc 72
Folletière, La 76 15 Ae 51
Folletière-Abenon, La 14 30 Ac 55
Folleville 27 31 Ad 54
Folleville 27 31 Af 54
Folleville 80 17 Cc 50
Folligny 50 28 Yd 56
Folschviller 57 38 Ge 54
Fomerey 88 55 Gc 59
Fomperron 79 76 Zf 70
Fonbeauzard 31 126 Bc 86
Foncegrive 21 69 Fa 63
Fonches 80 18 Ce 50
Foncine-le-Bas 39 84 Gb 69
Foncine-le-Haut 39 84 Gb 69
Foncquevillers 62 8 Cd 48
Fondet 33 110 Zf 81
Fondettes 37 63 Ad 64
Fondremand 70 70 Ga 64
Fongrave 47 112 Ad 82
Fongueusemare 76 14 Ab 50
Fonroque 24 112 Ac 80
Fons 07 118 Ec 81
Fons 30 130 Eb 85
Fons 46 114 Bf 81
Fonsorbes 31 140 Bb 87
Fons-sur-Lussan 30 131 Eb 83
Fontain 25 70 Ga 65
Fontaine 10 53 Ee 59
Fontaine 27 32 Bb 56
Fontaine 38 107 Fd 77
Fontaine 90 71 Gf 63
Fontaine-au-Bois 59 9 Dd 48
Fontaine-au-Pire 59 9 Dc 48
Fontaine-Bellenger 27 32 Bb 53
Fontainebleau 77 50 Ce 58
Fontaine-Bonneleau 60 17 Ca 50
Fontainebrux 39 83 Fc 68
Fontaine-Châalis 60 33 Ce 53
Fontaine-Chalendray 17 87 Ze 73
Fontaine-Couverte 53 45 Yf 61
Fontaine-Denis-Nuisy 51 35 De 57
Fontaine-de-Vaucluse 84 132 Fa 85
Fontaine-en-Bray 76 16 Bc 50
Fontaine-en-Dormois 51 20 Ee 53
Fontaine-Fourches 77 51 Dc 58
Fontaine-Française 21 69 Fc 63
Fontaine-Guérin 49 62 Ze 64
Fontaine-Henry 14 13 Zd 53
Fontaine-Heudebourg 27 31 Bb 54
Fontaine-l'Abbé 27 31 Ae 54
Fontaine-la-Gaillarde 89 51 Dc 59
Fontaine-la-Guyon 28 49 Bb 58
Fontaine-la-Louvet 27 31 Ac 54
Fontaine-la-Mallet 76 14 Aa 51
Fontaine-la-Soret 27 31 Ae 54
Fontaine-Lavaganne 60 16 Bf 51
Fontaine-le-Bourg 76 15 Ba 51
Fontaine-le-Comte 86 76 Ab 69
Fontaine-le-Dun 76 15 Af 50
Fontaine-le-Pin 14 30 Ze 55
Fontaine-le-Port 77 50 Ce 58
Fontaine-le-Puits 73 108 Gc 76
Fontaine-lès-Bassets 61 30 Aa 55
Fontaine-lès-Boulans 62 7 Cb 45
Fontaine-lès-Cappy 80 18 Ce 49
Fontaine-lès-Clercs 02 18 Db 50
Fontaine-lès-Clerval 25 70 Gc 64
Fontaine-lès-Côteaux 41 48 Ae 62
Fontaine-lès-Croisilles 62 8 Cf 47
Fontaine-lès-Dijon 21 69 Fa 64
Fontaine-le-Sec 80 7 Be 49
Fontaine-lès-Grès 10 52 Df 58
Fontaine-lès-Hermans 62 7 Cc 45
Fontaine-lès-Luxeuil 70 55 Gb 61
Fontaine-les-Ribouts 28 32 Bb 57
Fontaine-lès-Vervins 02 19 Df 49
Fontaine-l'Etalon 62 7 Ca 47
Fontaine-Mâcon 10 51 Dd 58
Fontaine-Milon 49 62 Ze 64
Fontaine-Notre-Dame 02 18 Dc 49
Fontaine-Notre-Dame 59 8 Da 47
Fontaine-Raoul 41 48 Ba 61
Fontaines 71 82 Ee 67
Fontaines 85 75 Zb 70
Fontaines 89 51 Da 59
Fontaines 89 66 Db 62
Fontaine-Saint-Lucien 60 17 Ca 51
Fontaine-Saint-Martin, La 72 47 Ab 62
Fontaines-en-Duesmois 21 68 Ed 63
Fontaines-en-Sologne 41 64 Bd 63
Fontaine-Simon 28 31 Ba 57
Fontaines-les-Sèches 21 68 Ec 62
Fontaine-sous-Jouy 27 32 Bb 54
Fontaine-sous-Montdidier 80 17 Cd 51
Fontaine-sous-Préaux 76 15 Ba 52
Fontaines-Saint-Clair 55 21 Fb 52
Fontaines-Saint-Martin 69 94 Ef 73
Fontaines-sur-Marne 52 36 Fa 57
Fontaines-sur-Saône 69 94 Ef 74
Fontaine-sur-Ay 51 35 Ea 54
Fontaine-sur-Maye 80 7 Bf 47
Fontaine-Uterte 02 18 Dc 49
Fontains 77 34 Da 57
Fontan 06 135 Hd 84
Fontanès 30 130 Ea 86
Fontanès 34 130 Df 86
Fontanes 42 106 Ec 75
Fontanes 46 114 Bc 83
Fontanes 48 117 De 80
Fontanès-de-Sault 11 153 Ca 92
Fontanes-du-Causse 46 114 Bd 81
Fontanges 15 103 Cd 78
Fontangy 21 68 Ec 64
Fontanières 23 91 Cd 72
Fontanil-Cornillon 38 107 Fe 77
Fontannes 43 104 Dc 77
Fontannes 43 105 De 77
Fontannes 43 105 De 78
Fontans 48 116 Dc 80
Fontarèches 30 131 Ec 84
Fontclaireau 16 88 Ab 73
Fontcouverte 11 142 Ce 90
Fontcouverte 17 87 Zc 74
Fontcouverte 73 108 Gb 77
Fontelaye, La 76 15 Af 50
Fontenai-les-Louvets 61 30 Aa 57
Fontenailles 77 34 Cf 57
Fontenailles 89 66 Dc 63
Fontenai-sur-Orne 61 30 Zf 56
Fontenay 27 32 Bd 53
Fontenay 36 78 Be 66
Fontenay 50 29 Yf 57
Fontenay 71 82 Eb 70
Fontenay 76 14 Ab 51
Fontenay 88 55 Gd 59
Fontenay-de-Bossery 10 51 Dc 58
Fontenay-en-Parisis 95 33 Cc 54
Fontenay-le-Comte 85 75 Zb 70
Fontenay-le-Marmion 14 29 Zd 54
Fontenay-le-Pesnel 14 13 Zc 53
Fontenay-lès-Briis 91 33 Ca 57
Fontenay-le-Vicomte 91 33 Cc 57
Fontenay-Mauvoisin 78 32 Bd 55
Fontenay-près-Chablis 89 52 De 61
Fontenay-près-Vézelay 89 67 De 64
Fontenay-Saint-Père 78 32 Be 54
Fontenay-sous-Fouronnes 89 67 Dd 63
Fontenay-sur-Conie 28 49 Bd 60
Fontenay-sur-Eure 28 49 Bc 58
Fontenay-sur-Loing 45 50 Ce 60
Fontenay-sur-Mer 50 12 Ye 51
Fontenay-sur-Vègre 72 47 Ze 61
Fontenay-Torcy 60 16 Be 51
Fontenay-Trésigny 77 34 Cf 56
Fontenelle 02 9 Df 48
Fontenelle 21 69 Fc 63
Fontenelle 90 71 Gf 63
Fontenelle, La 35 28 Yd 58
Fontenelle, La 41 48 Ba 60
Fontenelle-en-Brie 02 34 Dc 55
Fontenelle-Monby 25 70 Gc 64
Fontenelles, Les 25 71 Ge 65
Fontenet 17 87 Zd 73
Fontenille 16 88 Aa 73
Fontenille 79 87 Zf 72
Fontenilles 31 140 Bb 87
Fontenois-la-Ville 70 55 Ga 61
Fontenois-lès-Montbozon 70 70 Gb 64
Fontenottes, Les 25 85 Gd 66
Fontenouilles 89 51 Da 61
Fontenoy 02 18 Db 52
Fontenoy 89 66 Db 63
Fontenoy-la-Joûte 54 55 Gd 58
Fontenoy-le-Château 88 55 Gb 61
Fontenoy-sur-Moselle 54 38 Ff 56
Fontenu 39 84 Fe 68
Fonteny 57 38 Gc 55
Fontès 34 143 Dc 87
Fontette 10 53 Ed 60
Fontevraud-l'Abbaye 49 62 Aa 65
Fontgombault 36 77 Af 68
Fontguenand 36 64 Bd 65
Fontienne 04 133 Fe 84
Fontiers-Cabardès 11 142 Cb 88
Fontjoncouse 11 142 Ce 90
Fontoy 57 22 Ff 52
Fontpédrouse 66 153 Cb 93
Fontrabiouse 66 153 Ca 93
Fontrailles 65 139 Ac 88
Font-Romeu 66 153 Ca 93
Fontvannes 10 52 Df 59
Fontvieille 13 131 Ee 86
Forbach 57 39 Gf 53
Forcalqueiret 83 147 Ga 88
Forcalquier 04 133 Fe 85
Forcé 53 46 Zb 60
Force, La 11 141 Ca 89
Force, la 24 112 Ac 79
Forcelles-Saint-Gorgon 54 55 Ga 58
Forcelles-sous-Gugney 54 55 Ga 58
Forceville 80 8 Cd 48
Forceville-en-Vimeu 80 7 Be 49
Forcey 52 54 Fc 60
Forciolo 2A 159 Ka 97
Forciolu = Forciolo 2A 159 Ka 97
Forclaz, La 74 97 Gd 71
Foreste 02 18 Da 50
Forest-en-Cambrésis 59 9 Dd 48
Forestière, La 51 35 Dd 57
Forest-l'Abbaye 80 7 Be 47
Forest-Landerneau, La 29 24 Ve 58
Forest-Montiers 80 7 Be 47
Forest-Saint-Julien 05 120 Ga 81
Forest-sur-Marque 59 8 Db 45
Forêt, La 33 100 Aa 78
Forêt-Auvray, La 61 29 Zd 56
Forêt-de-Tessé, La 16 88 Aa 72
Forêt-du-Parc, La 27 32 Bb 55
Forêt-du-Temple, La 23 78 Bf 70
Forêt-Fouesnant, La 29 42 Wa 61
Forêt-la-Folie 27 16 Bd 53
Forêt-le-Roi, La 91 50 Ca 58
Forêt-Sainte-Croix, La 91 50 Cb 58
Forêt-sur-Sèvre, La 79 75 Zc 68
Forfry 77 34 Cf 54
Forge, la 88 56 Ge 60
Forges 17 86 Za 72
Forgès 19 102 Bf 78
Forges 49 62 Ze 65
Forges, les 49 61 Za 63
Forges, les 56 43 Xd 60
Forges, les 79 76 Zf 69
Forges, Les 88 55 Gc 59
Forges-la-Forêt 35 45 Ye 61
Forges-les-Bains 91 33 Ca 57
Forges-les-Eaux 76 16 Bd 51
Forges-sur-Meuse 55 21 Fb 53
Forie, La 63 105 De 75
Forléans 21 67 Eb 64
Formentin 14 14 Aa 53
Formerie 60 16 Be 51
Formigny 14 13 Za 52
Formiguères 66 153 Ca 93
Fors 79 87 Zd 71
Forstfeld 67 40 Ia 55
Forstheim 67 40 Hf 55
Fortan 41 48 Af 61
Fort-du-Plasne 39 84 Ff 69
Fortel-en-Artois 62 7 Cb 47
Forteresse, la 38 107 Fc 77
Fort-Louis 67 40 Ia 56
Fort-Mahon-Plage 80 6 Bd 46
Fort-Mardyck 59 3 Cb 42
Fort-Moville 27 14 Ac 53
Fortschwihr 68 57 Hc 60
Fos 31 151 Ae 91
Fos 34 143 Db 87
Fossat, Le 09 140 Bc 89
Fossé 41 64 Bb 63
Fosse 66 153 Cc 92
Fossé, Le 76 16 Bd 51
Fosse-Corduan, La 10 52 Dd 58
Fosse-de-Tigné, La 49 61 Zd 65
Fossemagne 24 101 Af 78
Fossemanant 80 17 Cb 50
Fosses 95 33 Cd 54
Fosses, Les 79 87 Zd 72
Fossès-et-Baleyssac 33 112 Aa 81
Fosseuse 60 33 Cb 53
Fosseux 62 8 Cd 47
Fossieux 57 38 Gb 55
Fossoy 02 34 Dc 54
Fos-sur-Mer 13 145 Ef 88
Foucarmont 76 16 Bd 49
Foucart 76 15 Ad 51
Foucarville 50 12 Ye 52
Foucaucourt-en-Santerre 80 18 Ce 49
Foucaucourt-Hors-Nesle 80 7 Be 49
Foucaucourt-sur-Thabas 55 36 Fa 54
Fouchécourt 88 54 Ff 60
Foucherans 25 70 Ga 66
Foucherans 39 83 Fc 66
Fouchères 10 52 Eb 60
Fouchères 89 51 Da 59
Fouchères-aux-Bois 55 37 Fb 57
Foucherolles 45 51 Da 60
Fouchy 67 56 Hb 59
Foucrainville 27 32 Bb 55
Fouenant = Fouesnant 29 42 Vf 61
Fouencamps 80 17 Cc 49
Fouesnant 29 42 Vf 61
Foufflin-Ricametz 62 7 Cc 46
Foug 54 37 Fe 56
Fougaron 31 140 Af 91
Fougax-et-Barrineuf 09 153 Bf 91
Fougeré 49 62 Zf 63
Fougeré 85 74 Ye 69
Fougères 35 45 Ye 58
Fougères-sur-Bièvres 41 64 Bc 64
Fougerêts, Les 56 44 Xe 62
Fougerolles 36 78 Bf 69
Fougerolles 70 55 Gc 61
Fougerolles-du-Plessis 53 29 Yf 58
Fougueyrolles 24 112 Ab 79
Fouillade, La 12 127 Ca 83
Fouilleuse 60 17 Cd 52
Fouillouse 05 120 Ga 82
Fouillouse, La 42 105 Eb 76
Fouilloux, Le 17 99 Zf 77
Fouilloy 60 16 Be 50
Fouilloy 80 17 Cd 49
Fouju 77 33 Ce 57
Foulain 52 54 Fb 60
Foulanges 60 17 Cb 53
Foulayronnes 47 125 Ad 83
Foulbec 27 15 Ac 52
Foulcrey 57 39 Gf 57
Fouleix 24 100 Ae 79
Foulenay 39 83 Fc 67
Fouligny 57 38 Gd 54
Foulognes 14 13 Zb 54
Fouquebrune 16 100 Ab 75
Fouquereuil 62 8 Cd 45
Fouquerolles 60 17 Cb 52
Fouquescourt 80 17 Ce 50
Fouqueure 16 88 Aa 73
Fouqueville 27 15 Af 53
Fouquières-lès-Béthune 62 8 Cd 45
Fouquières-lès-Lens 62 8 Cf 46
Four 38 107 Fb 75
Fourane, La 31 140 Bc 89
Fouras 17 86 Yf 73
Fourchambault 58 80 Da 66
Fourches 14 30 Zf 55
Fourcigny 80 16 Be 50
Fourdrain 02 18 Dc 51
Fourdrinoy 80 17 Ca 49
Fourès 32 126 Ba 87
Fourg 25 84 Fe 66
Fourges 27 32 Bd 54
Fourgs, Les 25 84 Gc 67
Fourilles 03 92 Db 71
Fourmagnac 46 114 Bf 81
Fourmetot 27 15 Ad 52
Fourmies 59 9 Ea 48
Fournaudin 89 52 Dd 60
Fourneaux 42 93 Eb 73
Fourneaux 50 29 Yf 55
Fourneaux 73 109 Gd 77
Fourneaux-le-Val 14 30 Ze 55
Fournels 48 116 Da 80
Fournes-Cabardès 11 142 Cc 88
Fournes-en-Weppes 59 8 Cf 45
Fournet-Blancheroche 25 71 Ge 65
Fournets-Luisans 25 71 Gd 66
Fournival 60 17 Cc 52
Fournols 63 104 Dd 75
Fournoulès 15 115 Cb 80
Fouronnes 89 67 Dd 63
Fourques 30 131 Ed 86
Fourques 66 154 Ce 93
Fourques-sur-Garonne 47 112 Aa 82
Fourqueux 78 33 Ca 55
Fourquevaux 31 141 Bd 87
Fours 33 99 Zc 77
Fours 58 81 De 68
Fours-en-Vexin 27 32 Bd 53
Fourtou 11 153 Cc 91
Foussais-Payré 85 75 Zb 69
Foussemagne 90 71 Gf 63
Fousseret, Le 31 140 Ba 89
Foussignac 16 87 Zf 74
Fouzilhon 34 143 Db 88
Fox-Amphoux 83 147 Ga 87
Foye-Monjault, La 79 87 Zc 71
Fozières 34 129 Dc 86
Fozzano 2A 159 Ka 98
Fragnes 71 82 Ef 67
Fragny-en-Bresse 71 83 Fc 68
Frahier-et-Chatebier 70 71 Ge 63
Fraignot-et-Vesvrotte 21 68 Ef 63
Fraillicourt 08 19 Eb 50
Fraimbois 54 38 Gd 57
Frain 88 55 Ff 60
Frais 90 71 Gf 63
Fraisnes-en-Saintois 54 55 Ga 58
Fraisse 24 112 Ab 79
Fraisse-Cabardès 11 142 Cb 89
Fraissé-des-Corbières 11 154 Cf 91
Fraisse-sur-Agout 34 142 Ce 87
Fraissinet-de-Fourques 48 129 Dd 83
Fraissinet-de-Lozère 48 117 De 82
Fraize 88 56 Gf 59
Fralignes 10 53 Ec 60
Framboisière, La 28 31 Ba 57
Frambouhans 25 71 Ge 65
Framecourt 62 7 Cb 46
Framerville-Rainecourt 80 17 Ce 49
Framicourt 80 6 Be 49
Frampas 52 53 Ee 57
Francaltroff 57 39 Ge 55
Francarville 31 141 Be 87
Francastel 60 17 Ca 51
Françay 41 63 Ba 63
Francazal 31 140 Ba 90
Francazal 31 140 Bc 87
Francescas 47 125 Ac 84
Franchesse 03 80 Da 69
Francheval 08 20 Fa 50
Franchevelle 70 70 Gc 62
Francheville 21 68 Ef 64
Francheville 27 31 Af 56
Francheville 27 31 Bb 55
Francheville 39 83 Fd 67
Francheville 51 36 Ed 55
Francheville 54 38 Ff 56
Francheville 61 30 Zf 57
Francheville 69 94 Ee 74
Francheville, La 08 20 Ee 50
Franciens 74 96 Ff 72
Francières 60 17 Ce 52
Francières 80 7 Bf 48
Francillon 36 78 Bd 67
Francillon-sur-Roubion 26 119 Fa 81
Francilly-Selency 02 18 Db 49
Francin 73 108 Ga 76
Francon 31 140 Af 89
Franconville 54 55 Gc 57
Franconville 95 33 Cb 55
Francoulès 46 114 Bc 81
Francourt 70 69 Fe 63
Francourville 28 49 Bd 58
Francs 33 112 Zf 79
Francueil 37 63 Ba 65
Franey 25 70 Fe 65
Frangy 74 96 Ff 72
Franken 68 72 Hc 63
Franleu 80 6 Bd 48
Franois 25 70 Ff 65
Franquevielle 31 139 Ad 90
Franqueville 02 19 De 50
Franqueville 27 31 Ae 53
Franqueville 80 7 Ca 48
Franqueville-Saint-Pierre 76 15 Ba 52
Frans 01 94 Ee 73
Fransart 80 18 Ce 50
Fransèches 23 90 Ca 72
Fransu 80 7 Ca 48
Fransures 80 17 Cb 50
Franvillers 80 8 Cd 49
Franxault 21 83 Fb 66
Frapelle 88 56 Ha 59
Fraquelfing 57 39 Gf 57
Fraroz 39 84 Ga 68
Frasnay-Reugny 58 81 Dd 67
Frasne 25 84 Gb 67
Frasne 39 69 Fd 65
Frasnée, La 39 84 Fe 69
Frasne-le-Château 70 70 Ff 64
Frasnois, Le 39 84 Ff 69
Frasnoy 59 9 De 47
Frasseto 2A 159 Ka 97
Frassetu, U = Frasseto 2A 159 Ka 97
Frausseilles 81 127 Bf 84
Fravaux 10 53 Ed 59
Fraysse, Le 81 128 Cc 85
Frayssinet 46 114 Bc 81
Frayssinet-le-Gélat 46 113 Ba 81
Frayssinhes 46 114 Bf 79
Frazé 28 48 Ba 59
Fréauville 76 16 Bc 49
Frebécourt 88 54 Fe 58
Frébuans 39 83 Fc 69
Frêche, Le 40 124 Ze 85
Fréchède 65 139 Ab 88
Fréchencourt 80 7 Cc 49
Fréchendets 65 139 Ab 90
Fréchet, Le 31 140 Af 89
Fréchou 47 125 Ab 84
Fréchou-Fréchet 65 139 Aa 89
Frécourt 52 54 Fc 61
Frédille 36 78 Bb 67
Frégimont 47 112 Ac 83
Frégouville 32 126 Af 87
Fréhel 22 27 Xd 57
Freigné 49 60 Yf 63
Freissinières 05 121 Gd 80
Freissinouse, La 05 120 Ga 81
Freistroff 57 22 Gc 53
Freix-Anglards 15 103 Cc 78
Fréjairolles 81 128 Cb 85
Fréjeville 81 127 Ca 87
Fréjus 83 148 Ge 88
Fréland 68 56 Hb 60
Frelinghien 59 4 Cf 44
Frémainville 95 32 Bf 54
Frémécourt 95 32 Bf 54
Fréménil 54 39 Ge 57
Frémery 57 38 Gc 55
Frémestroff 57 39 Ge 54
Frémicourt 62 8 Cf 48
Fremifontaine 88 43 Ge 59
Frémontiers 80 17 Ca 50
Frémonville 54 39 Gf 57
Frénaye, La 76 15 Ad 51
Frencq 62 7 Be 45
Frenelle-la-Grande 88 55 Ga 58
Frenelle-la-Petite 88 55 Ga 58
Frênes 61 29 Zb 56
Freneuse 76 15 Ba 53
Freneuse 78 32 Bd 54
Freneuse-sur-Risle 27 15 Ae 53
Freney, Le 73 109 Gd 77
Freney-d'Oisans, Le 38 108 Ga 78
Fréniches 60 18 Da 50
Frénois 21 68 Ef 63
Frénouville 14 30 Ze 54
Frépillon 95 33 Cb 54
Fresles 76 16 Bc 50
Fresnaie-Fayel, La 61 30 Ab 56
Fresnais, La 35 28 Ya 57
Fresnay 10 53 Ee 59
Fresnaye-au-Sauvage, La 61 30 Ze 56
Fresnay-en-Retz 44 59 Ya 66
Fresnaye-sur-Chédouet, La 72 47 Ab 58
Fresnay-le-Comte 28 49 Bc 59
Fresnay-le-Gilmert 28 32 Bc 57
Fresnay-le-Long 76 15 Ba 51
Fresnay-le-Samson 61 30 Ab 55
Fresnay-l'Evêque 28 49 Be 59
Fresnay-sur-Sarthe 72 47 Aa 59
Fresne, Le 27 31 Af 55
Fresne, Le 51 36 Ed 55
Fresneaux-Montchevreuil 60 17 Ca 53
Fresne-Cauverville 27 15 Ac 53
Fresne-l'Archevêque 27 16 Bc 52
Fresne-Léguillon 60 16 Bf 53
Fresne-le-Plan 76 16 Bb 52
Fresne-Poret, Le 50 29 Zb 56
Fresnes 02 18 Dc 51
Fresnes 21 68 Ec 63
Fresnes 41 64 Bc 64
Fresnes 89 67 Df 62
Fresnes 94 33 Cb 56
Fresne-Saint-Mamès 70 70 Ff 63
Fresnes-au-Mont 55 37 Fc 55
Fresnes-en-Saulnois 57 38 Gc 55
Fresnes-en-Tardenois 02 34 Dd 54
Fresnes-en-Woëvre 55 37 Fd 54
Fresnes-lès-Montauban 62 8 Cf 46
Fresnes-lès-Reims 51 19 Ea 52
Fresnes-Mazancourt 80 18 Cf 49
Fresnes-sur-Apance 52 54 Ff 61
Fresnes-sur-Escaut 59 9 Dd 46
Fresnes-Tilloloy 80 7 Be 49
Fresneville 80 16 Be 49
Fresney 27 32 Bb 55
Fresney-le-Puceux 14 29 Zd 54
Fresney-le-Vieux 14 29 Zd 54
Fresnicourt 62 8 Cd 46
Fresnières 60 18 Ce 51
Fresnois-la-Montagne 54 21 Fd 52
Fresnoy 62 7 Ca 46
Fresnoy 80 16 Be 49
Fresnoy-au-Val 80 17 Ca 49
Fresnoy-en-Chaussée 80 17 Cd 50
Fresnoy-en-Gohelle 62 8 Cf 46
Fresnoy-en-Thelle 60 33 Cb 53
Fresnoy-Folny 76 16 Bc 49
Fresnoy-le-Château 10 52 Eb 59
Fresnoy-le-Grand 02 9 Dc 49
Fresnoy-le-Luat 60 33 Ce 53
Fresnoy-lès-Roye 80 17 Ce 50
Frespech 47 113 Ae 83
Fresquiennes 76 15 Ba 51
Fressac 30 130 Df 85
Fressain 59 8 Db 47
Fressancourt 02 18 Dc 51
Fresse 70 71 Gd 61
Fresselines 23 90 Be 70
Fressenneville 80 6 Bd 48
Fresse-sur-Moselle 88 56 Ge 61
Fressies 59 8 Db 47
Fressin 62 7 Ca 46
Fressines 79 87 Ze 71
Frestoy, Le 60 17 Cd 51
Fresville 50 12 Yd 52
Fréterive 73 108 Gb 75
Fréteval 41 48 Bb 61
Fréthun 62 3 Be 43
Frétigney-et-Velloreille 70 70 Ff 64
Frétigny 28 48 Af 58
Fretin 59 8 Cf 45
Frétoy 77 34 Db 56
Frétoy-le-Château 60 18 Cf 51
Frette, La 71 83 Fa 69
Frettecuisse 80 7 Be 49
Frettemeule 80 6 Bd 48
Fretterans 71 83 Fb 67
Frette-sur-Seine, La 95 33 Cb 55
Fréty, Le 08 19 Eb 50
Freulleville 76 16 Bb 49
Frévent 62 7 Cb 47
Fréville 76 15 Ae 51
Fréville-du-Gâtinais 45 50 Cc 60
Frévillers 62 8 Cd 46
Freybouse 57 39 Ge 54
Freycenet-la-Cuche 43 117 Ea 79
Freycenet-la-Tour 43 117 Ea 79
Freychenet 09 152 Be 91
Freyming-Merlebach 57 39 Ge 54
Freyssenet 07 117 Eb 80
Freyssenet 07 118 Ed 80
Friaize 28 48 Ba 58
Friardel 14 30 Ac 55
Friaucourt 80 6 Bc 48
Fribourg 57 39 Gf 56
Fricamps 80 17 Bf 50
Frichemesnil 76 15 Ba 51
Fricourt 80 8 Ce 49
Fridefont 15 116 Da 79
Friedolsheim 67 40 Hc 56
Frières-Faillouël 02 18 Db 50
Friesen 68 71 Ha 63
Friesenheim 67 57 Hd 59
Frignicourt 51 36 Ed 56
Frise 80 8 Ce 49
Friville-Escarbotin 80 6 Bd 48
Frizon 88 55 Gc 59
Froberville 76 14 Ab 50
Frocourt 60 17 Ca 52
Frœningen 68 71 Hb 62
Frœschwiller 67 40 Hf 55
Froges 38 108 Ef 77
Frohen-le-Grand 80 7 Cb 47
Frohen-le-Petit 80 7 Cb 47
Frohmuhl 67 39 Hb 55
Froideconche 70 55 Gc 62
Froidefontaine 90 71 Gf 63
Froidestrées 02 9 Df 49
Froideterre 70 71 Gd 61
Froidevaux 25 71 Ge 65
Froideville 39 83 Fc 68
Froidfond 85 74 Yb 67
Froidmont-Cohartille 02 19 De 50
Froidos 55 36 Fa 54
Froissy 60 17 Cb 51
Frôlois 21 68 Ed 63
Frolois 54 38 Ga 57
Fromelennes 08 10 Ee 48
Fromelles 59 8 Cf 45
Fromental 87 90 Bc 72
Fromentières 51 35 De 55
Fromeréville-les-Vallons 55 37 Fb 54
Fromont 77 50 Cd 59
Fromy 08 21 Fb 51
Froncles 52 54 Fa 59
Fronsac 31 139 Ad 91
Fronsac 33 111 Ze 79
Frontenac 33 111 Zf 80
Frontenard 71 83 Fa 67
Frontenas 69 94 Ed 73
Frontenay-Rohan-Rohan 79 87 Zc 71
Frontenex 73 108 Gb 75
Frontignan 34 144 De 88
Frontignan-de-Comminges 31 139 Ad 91
Frontignan-Savès 31 140 Af 88
Fronton 31 126 Bc 85
Frontonas 38 107 Fb 75
Fronville 52 54 Fa 58
Frossay 44 59 Ya 65
Frotey-lès-Lure 70 71 Gd 63
Frotey-lès-Vesoul 70 70 Gb 63
Frouard 54 38 Ga 56

Fléac-sur-Seugne — Frouard (F) 177

Goux-sous-Landet 25 84 Ff 66
Gouy 02 8 Db 48
Gouy 76 15 Ba 52
Gouy-en-Artois 62 8 Cd 47
Gouy-en-Ternois 62 7 Cc 47
Gouy-les-Groseillers 60 17 Cb 51
Gouy-Saint-André 62 7 Bf 46
Gouy-Servins 62 8 Cd 46
Gouy-sous-Bellonne 62 8 Da 47
Gouzangrez 95 32 Bf 54
Gouzeaucourt 59 8 Da 48
Gouzens 31 140 Bb 89
Gouzon 23 91 Cb 71
Goven 35 44 Ya 60
Goviller 54 55 Ga 57
Goxwiller 67 57 Hc 58
Goyencourt 80 17 Ce 50
Goyrans 31 140 Bc 88
Grabels 34 144 De 87
Graçay 18 64 Bf 66
Grâces 22 26 We 57
Grâce-Uzel 22 43 Xb 59
Gradignan 33 111 Zc 80
Graffigny-Chemin 52 54 Fd 59
Gragnague 31 127 Bd 86
Graignes 50 12 Ye 53
Grailhen 65 150 Ac 91
Graimbouville 76 14 Ab 51
Graincourt-lès-Havrincourt 62 8 Da 48
Grainville 27 16 Bc 52
Grainville-Langannerie 14 30 Ze 54
Grainville-la-Teinturière 76 15 Ad 50
Grainville-sur-Odon 14 29 Zc 54
Grainville-sur-Ry 76 16 Bb 52
Grainville-Ymauville 76 15 Ac 51
Grais, Le 61 29 Ze 57
Graissac 12 115 Ce 80
Graissessac 34 129 Da 86
Graix 42 106 Ed 76
Gramat 46 114 Be 80
Gramazie 11 141 Ca 90
Grambois 84 132 Fd 86
Grammond 42 106 Ec 75
Grammont 70 71 Gd 63
Gramond 12 128 Cc 83
Gramont 82 126 Ae 85
Granaccia = Granace 2A 160 Ka 99
Granace 2A 160 Ka 99
Grancey-le-Château-Neuvelle 21 69 Fa 62
Grancey-sur-Durce 21 53 Ed 60
Grand-Abergement, Le 01 95 Fe 72
Grand-Auverné 44 60 Ye 63
Grand-Bord, Le 18 79 Cc 69
Grand-Bornand, le 74 96 Gc 73
Grand-Bourg, Le 23 90 Bd 72
Grand-Brassac 24 101 Ac 77
Grand-Camp 27 31 Ad 54
Grand-Camp 76 15 Ad 51
Grandcamp-Maisy 14 13 Yf 52
Grand-Celland 50 28 Ye 56
Grandchain 27 31 Ad 54
Grandchamp 08 20 Ec 51
Grand-Champ 56 43 Xa 62
Grandchamp 72 47 Ab 59
Grandchamp 89 66 Da 62
Grandchamp-le-Château 14 30 Aa 54
Grandchamps-des-Fontaines 44 60 Yc 64
Grand-Charmont 25 71 Ge 63
Grand-Combe, La 30 116 Ea 83
Grand'Combe-Châteleu 25 85 Gd 66
Grand'Combe-des-Bois 25 71 Ge 66
Grand-Corent 01 95 Fc 71
Grand-Couronne 76 15 Ba 52
Grandcourt 80 8 Ce 48
Grand-Croix, La 42 106 Ed 76
Grandecourt 70 70 Ff 63
Grande-Fosse, La 88 55 Gb 60
Grande-Fosse, La 88 56 Ha 58
Grande-Motte, La 34 144 Ea 87
Grande-Paroisse, La 77 51 Cf 58
Grande-Résie, La 70 69 Fd 65
Grandes-Armoises, Les 08 20 Ef 51
Grandes-Chapelles, Les 10 52 Ea 58
Grandes-Loges, Les 51 35 Eb 54
Grandes-Ventes, Les 76 16 Bb 50
Grande-Synthe 59 3 Cb 42
Grande-Verrière, La 71 81 Ea 67
Grandeyrolles 63 104 Da 75
Grand-Failly 54 21 Fd 52
Grandfontaine 25 70 Ff 65
Grandfontaine 67 39 Ha 57
Grandfontaine-sur-Creuse 25 70 Gc 65
Grand-Fougeray 35 45 Yb 62
Grandfresnoy 60 17 Cd 52
Grandham 08 20 Ef 53
Grandjean 17 87 Zc 73
Grand'Landes 85 74 Yc 68
Grand-Laviers 80 7 Be 48
Grand-Lemps, le 38 107 Fc 76
Grand-Lucé, Le 72 47 Ac 61
Grandlup-et-Fay 02 19 De 51
Grand-Madieu, Le 16 88 Ac 73
Grandmesnil 14 30 Aa 55
Grand-Piquey, Le 33 110 Ye 80
Grandpré 08 20 Ef 52
Grand-Pressigny, Le 37 77 Ae 67
Grandpuits-Bailly-Carrois 77 34 Cf 57
Grand-Quevilly, Le 76 15 Ba 52
Grandrieu 48 117 Dd 80
Grandrieux 02 19 Eb 50
Grandrif 63 105 De 75
Grandris 69 94 Ec 72
Grand-Rozoy 02 18 Dc 53
Grandrû 60 18 Da 51
Grand-Rullecourt 62 8 Cc 47
Grandrupt 88 56 Ha 58
Grandrupt-de-Bains 88 55 Gb 60
Grandsaigne 19 102 Bf 76
Grands-Chézeaux, Les 87 90 Bc 70
Grand-Serre, Le 26 107 Fa 77
Grand-Vabre 12 115 Cc 81
Grandval 63 105 Dd 75
Grandvals 48 116 Da 80
Grandvaux 71 82 Eb 69
Grandvelle-et-le-Perrenot 70 70 Ff 63
Grand-Verly 02 9 Dd 49
Grand-Village-Plage, Le 17 86 Ye 73
Grandville 10 35 Eb 57
Grandville, La 08 20 Ee 50
Grandvillers 88 56 Ge 59
Grandvilliers 27 31 Ba 56
Grandvilliers 60 16 Bf 50
Grâne 26 118 Ef 80
Granès 11 153 Cb 91
Grange, La 25 71 Ge 65
Grange-de-Vaivre 39 84 Ff 66
Grange-l'Evêque 10 52 Df 59
Grangermont 45 50 Cc 59
Granges 71 82 Ee 68
Granges-d'Ans 24 101 Ba 77
Granges-Gontardes, Les 26 118 Ee 82
Granges-la-Ville 70 71 Gd 63
Granges-le-Bourg 70 71 Gd 63
Granges-le-Roi, Les 91 49 Ca 57
Granges-les-Beaumont 26 106 Ef 78
Granges-Narboz 25 84 Gb 67
Granges-sur-Aube 51 35 Df 57
Granges-sur-Lot 47 112 Ac 82
Granges-sur-Vologne 88 56 Ge 60
Grangettes, Les 25 84 Gb 68
Grangues 14 14 Zf 53
Granier 73 109 Gd 75
Granieu 38 107 Fd 75
Grans 13 146 Fa 87
Granville 50 28 Yc 55
Granzay-Gript 79 87 Zd 71
Gras 07 118 Ed 82
Gras, Les 25 85 Gd 66
Grassac 16 100 Ac 75
Grasse 06 134 Gf 86
Grassendorf 67 40 Hd 56
Grateloup 47 112 Ac 82
Gratens 31 140 Ba 89
Gratentour 31 126 Bc 86
Gratibus 80 17 Cd 50
Gratot 50 28 Yd 54
Gratreuil 51 20 Fe 53
Grattepanche 80 17 Cb 50
Gratteris, le 25 70 Ga 65
Grattery 70 70 Ga 62
Grau-du-Roi, Le 30 144 Ea 87
Graulges, les 24 100 Ac 76
Graulhet 81 127 Bf 86
Grauves 51 35 Df 55
Graval 76 16 Bd 50
Grave, La 05 108 Gb 78
Gravelines 59 3 Ca 43
Gravelle, La 53 46 Yf 60
Gravelotte 57 38 Ga 54
Graverie, La 14 29 Za 55
Graveron-Sémerville 27 31 Af 54
Graves 16 87 Zf 75
Graveson 13 131 Ee 85
Gravières 07 117 Ea 82
Gravigny 27 31 Ba 54
Gravon 77 51 Da 58
Gray 70 69 Fd 64
Grayan-et-l'Hôpital 33 98 Yf 76
Graye-et-Charnay 39 83 Fc 70
Graye-sur-Mer 14 13 Zd 53
Gray-la-Ville 70 70 Fe 64
Grayssas 47 126 Af 84
Grazac 31 140 Bc 89
Grazac 43 105 Eb 77
Grazac 81 127 Bd 85
Grazay 53 46 Zd 59
Gréalou 46 114 Bf 81
Gréasque 13 146 Fd 88
Grebault-Mesnil 80 7 Be 48
Grécourt 80 18 Cf 50
Gredisans 39 69 Fd 66
Grée-Saint-Laurent, Le 56 44 Xd 61
Gréez-sur-Roc 72 48 Ae 60
Greffeil 11 142 Cc 90
Gregam = Grand-Champ 56 43 Xa 62
Grèges 76 6 Ba 49
Grémecey 57 38 Gc 56
Grémevillers 60 16 Bf 51
Gremilly 55 21 Fc 53
Grémonville 76 15 Ae 50
Grenade 31 126 Bb 86
Grenade-sur-l'Adour 40 124 Zd 86
Grenand-lès-Sombernon 21 68 Ee 65
Grenant 52 69 Fd 62
Grenay 38 107 Fa 75
Grenay 62 8 Ce 46
Grendelbruch 67 39 Hb 57
Greneville-en-Beauce 45 50 Ca 59
Grenier-Montgon 43 104 Db 77
Gréning 57 39 Gf 55
Grenoble 38 107 Fe 77
Grenois 58 67 Dd 65
Grentheville 14 30 Ze 54
Grentzingen 68 72 Hb 63
Greny 76 6 Bb 49
Gréolières 06 134 Gf 86
Gréoux-les-Bains 04 133 Ff 86
Grépiac 31 140 Bc 88
Grès, Le 31 126 Ba 86
Grésigny-Sainte-Reine 21 68 Ed 63
Gresin 73 107 Fe 75
Gresse-en-Vercors 38 119 Fd 79
Gressey 78 32 Bd 56
Gresswiller 67 39 Hc 57
Gressy 77 33 Ce 55
Grésy-sur-Aix 73 96 Ff 74
Grésy-sur-Isère 73 108 Gb 75
Gretz-Armainvilliers 77 33 Ce 56
Greucourt 70 70 Ff 63
Greuville 76 15 Af 50
Greux 88 54 Fe 58
Grève-sur-Mignon, La 17 87 Zb 71
Gréville-Hague 50 12 Yb 50
Grévillers 62 8 Ce 48
Grevilly 71 82 Ee 69
Grez 60 16 Bf 51
Grez, Le 72 47 Zf 59
Grézac 17 98 Za 75
Grézels 46 113 Ba 82
Grez-en-Bouère 53 46 Zc 61
Grèzes 24 101 Bc 78
Grèzes 43 116 Dc 79
Grèzes 46 114 Be 81
Grèzes 48 116 Dc 81
Grèzes, les 46 113 Bb 82
Grézet-Cavagnan 47 112 Aa 82
Grézian 65 150 Ac 91
Grézieu-le-Marché 69 106 Ec 75
Grézieux-le-Fromental 42 105 Ea 75
Grézillac 33 111 Ze 80
Grézillé 49 61 Zd 65
Grez-Neuville 49 61 Zb 63
Grézolles 42 93 Df 73
Grez-sur-Loing 77 50 Ce 59
Gricourt 02 18 Db 49
Grièges 01 94 Ef 71
Gries 67 40 He 56
Griesbach-au-Val 68 56 Hb 60
Griesheim-près-Molsheim 67 40 Hd 57
Griesheim-sur-Souffel 67 40 Hd 57
Grignan 26 117 Ef 82
Grigneuseville 76 15 Bb 51
Grignols 24 100 Ad 78
Grignols 33 111 Zf 82
Grignon 21 68 Ec 63
Grignon 73 108 Gc 75
Grignoncourt 88 55 Ff 61
Grigny 62 7 Bf 45
Grigny 62 7 Ca 46
Grigny 69 106 Ee 75
Grigny 91 33 Cc 57
Grigonnais, La 44 60 Yb 63
Grillon 84 118 Ef 82
Grilly 01 96 Ga 71
Grimaucourt-en-Woëvre 55 37 Fd 53
Grimaucourt-près-Sampigny 55 37 Fc 56
Grimaud 83 148 Gd 89
Grimaudière, La 86 76 Aa 68
Grimault 89 67 Df 63
Grimbosq 14 29 Zd 54
Grimesnil 50 28 Yd 55
Grimonviller 54 55 Ga 58
Grincourt-lès-Pas 62 8 Cd 47
Grindorff 57 22 Gd 52
Gripperie-Saint-Symphorien, La 17 86 Za 74
Gripport 54 55 Gb 58
Griscourt 54 38 Ga 55
Griselles 21 53 Ec 61
Griselles 45 51 Ce 60
Grisolles 02 34 Dc 54
Grisolles 82 126 Bb 86
Grisy-les-Plâtres 95 33 Ca 54
Grisy-Suisnes 77 33 Ce 56
Grisy-sur-Seine 77 51 Db 58
Grives 24 113 Ba 80
Grivesnes 80 17 Cc 50
Grivillers 80 17 Ce 51
Grivy-Loisy 08 20 Ed 52
Groffliers 62 6 Bd 46
Groise, la 59 9 De 48
Groises 18 66 Ce 65
Groissiat 01 95 Fd 71
Groisy 74 96 Gb 72
Groix 56 42 Wd 63
Groléjac 24 113 Bb 80
Gron 89 51 Db 60
Gronard 02 19 Df 50
Grosbliederstroff 57 39 Ha 53
Grosbois-en-Montagne 21 68 Ed 65
Grosbois-lès-Tichey 21 83 Fb 66
Grosbreuil 85 74 Yc 69
Gros-Chastang 19 102 Bf 77
Groseillers, Les 79 75 Zd 69
Groslay 95 33 Cc 55
Groslée 01 95 Fd 74
Grosley-sur-Risle 27 31 Ae 54
Grosmagny 90 71 Gf 62
Grosne 90 71 Gf 63
Grospierres 07 117 Eb 82
Grosrouvre 78 32 Be 56
Grosrouvres 54 37 Ff 55
Grossa 2A 158 If 99
Grosseto-Prugna 2A 159 If 97
Grossœuvre 27 31 Bb 55
Grossouvre 18 80 Cf 67
Grostenquin 57 39 Ge 55
Gros-Theil, Le 27 15 Af 53
Grosville 50 12 Yb 51
Grouches-Luchuel 80 7 Cc 47
Grougis 02 9 Dd 49
Groutte, La 18 79 Cd 68
Grozon 39 83 Fe 67
Gruchet 76 15 Af 50
Gruchet-le-Valasse 76 15 Ac 51
Gruchet-Saint-Siméon 76 15 Af 50
Grues 85 74 Ye 70
Gruey-lès-Surance 88 55 Gb 60
Gruffy 74 96 Ga 74
Grugé-l'Hôpital 49 45 Yf 62
Grugies 02 18 Db 50
Grugny 76 15 Ba 51
Gruissan 11 143 Da 90
Grumesnil 76 16 Be 51
Grun 24 100 Ad 78
Grundviller 57 39 Gf 54
Gruny 80 18 Ce 50
Grury 71 81 Df 68
Gruson 59 8 Db 45
Grusse 39 83 Fd 69
Grussenheim 68 57 Hc 60
Grussetu Prugna = Grosseto-Prugna 2A 159 If 97
Gruyères 08 20 Ed 50
Gua, Le 17 86 Za 74
Gua, Le 38 107 Fd 78
Guagno 2A 159 If 95
Guagnu = Guagno 2A 158 If 95
Guainville 28 32 Bc 55
Guargualé 2A 158 If 97
Guchen 65 150 Ac 91
Gudas 09 141 Be 90
Gudmont-Villiers 52 54 Fa 58
Guebenhouse 57 39 Gf 54
Gueberschwihr 68 56 Hb 60
Guébestroff 57 39 Ge 55
Guéblange-lès-Dieuze 57 39 Ge 56
Guébling 57 39 Ge 55
Guebwiller 68 56 Hb 61
Guécélard 72 47 Aa 61
Gué-d'Alleré, Le 17 86 Za 71
Gué-de-la-Chaîne, le 61 48 Ad 58
Gué-de-Longroi, le 28 49 Be 57
Guédéniau, Le 49 62 Zf 64
Gué-de-Velluire, Le 85 75 Zb 70
Gué-d'Hossus 08 10 Ed 49
Guégon 56 43 Xc 61
Guéhébert 50 28 Yd 55
Guéhenno 56 43 Xc 61
Gueltas 56 43 Wf 60
Gueltas 56 43 Xb 60
Guémappe 62 8 Cf 47
Guémar 68 56 Hc 59
Guémené-Penfao 44 60 Yb 63
Guémené-sur-Scorff 56 43 We 60
Guemps 62 3 Bf 43
Guénange 57 22 Gb 53
Guengat 29 41 Ve 60
Guenroc 22 44 Xf 59
Guenrouet 44 59 Ya 63
Guenviller 57 39 Ge 54
Guêprei 61 30 Zf 56
Guer 56 44 Xf 61
Guérande 44 59 Xd 65
Guérard 77 34 Cf 56
Guerbigny 80 17 Ce 50
Guerche, la 37 77 Ae 67
Guerche-de-Bretagne, La 35 45 Ye 61
Guerche-sur-l'Aubois, la 18 80 Cf 67
Guercheville 77 50 Cd 59
Guerchy 89 51 Dc 61
Guéreins 01 94 Ef 72
Guéret 23 90 Bf 72
Guerfand 71 83 Fa 68
Guérigny 58 80 Db 66
Guérin 47 112 Aa 82
Guerinière, La 85 59 Xe 67
Guerlesquin 29 25 Wc 57
Guermange 57 39 Ge 56
Guermantes 77 33 Ce 55
Guern 56 43 Wf 60
Guernanville 27 31 Af 55
Guerno, Le 56 59 Xd 63
Guerny 27 16 Be 53
Guéroulde, La 27 31 Af 56
Guerpont 55 37 Fb 56
Guerquesalles 61 30 Ab 55
Guerreaux, Les 71 81 Df 69
Guerting 57 38 Gd 53
Guerville 76 6 Bd 49
Guerville 78 32 Be 55
Gueschart 80 7 Bf 47
Guesnain 59 8 Da 46
Guesnes 86 76 Aa 67
Guessling-Hémering 57 38 Ge 54
Guéthary 64 136 Yc 88
Gueudecourt 80 8 Cf 48
Gueugnon 71 81 Ea 69
Gueures 76 15 Af 49
Gueutteville 76 15 Ba 51
Gueutteville-les-Grès 76 15 Ae 49
Gueux 51 19 Df 53
Guevenatten 68 71 Ha 62
Guewenheim 68 71 Ha 62
Gueytes-et-Labastide 11 141 Ca 90
Gugnécourt 88 55 Gd 59
Gugney 54 55 Ga 58
Gugney-aux-Aulx 88 55 Gb 59
Guiberville 50 29 Za 55
Guichainville 27 31 Bb 55
Guiche, La 71 82 Ec 69
Guichen 35 44 Yb 61
Guiclan 29 25 Wa 57
Guidel 56 42 Wd 62
Guierche, la 72 47 Ab 60
Guignecourt 60 17 Ca 52
Guignemicourt 80 17 Cb 49
Guignen 35 44 Ya 61
Guignes 77 34 Ce 57
Guigneville 45 50 Cb 59
Guigneville-sur-Essonne 91 50 Cc 58
Guignicourt 02 19 Df 52
Guignicourt-sur-Vence 08 20 Ed 50
Guigny 62 7 Bf 46
Guilers 29 24 Vc 58
Guiler-sur-Goyen 29 41 Vd 60
Guilherand 07 118 Ef 79
Guillac 33 111 Ze 80
Guillaucourt 80 17 Cd 49
Guillaumes 06 134 Gf 84
Guillemont 80 8 Ce 48
Guillermie, La 03 93 Dd 73
Guillerval 91 50 Ca 58
Guillestre 05 121 Gd 81
Guilleville 28 49 Be 59
Guilliers 56 44 Xd 60
Guilligomarc'h 29 42 Wd 61
Guillon 89 67 Ea 63
Guillon-les-Bains 25 70 Gc 65
Guillonville 28 49 Bd 60
Guillos 33 111 Zc 81
Guilly 36 78 Be 66
Guilly 45 65 Cb 62
Guilmécourt 76 6 Bb 49
Guilvinec, Le 29 41 Ve 62
Guimaëc 29 25 Wb 56
Guimiliau 29 25 Wa 58
Guimps 16 99 Ze 76
Guinarthe-Parentis 64 137 Za 88
Guincaggio 2B 159 Kc 95
Guincourt 08 20 Ed 51
Guindrecourt-aux-Ormes 52 53 Fa 58
Guindrecourt-sur-Blaise 52 53 Ef 59
Guinecourt 62 7 Cb 46
Guînes 62 3 Bf 43
Guingamp 22 26 Wf 57
Guinglange 57 38 Gd 54
Guinkirchen 57 22 Gc 53
Guinzeling 57 39 Gf 55
Guipavas 29 24 Vd 58
Guipel 35 45 Yb 59
Guipronvel 29 24 Vc 57
Guipry 35 44 Ya 62
Guipy 58 67 Dd 65
Guiry-en-Vexin 95 32 Bf 54
Guiscard 60 18 Da 51
Guiscriff 56 42 Wc 60
Guise 02 19 Dd 49
Guiseniers 27 16 Bc 53
Guissény 29 24 Vd 57
Guisy 62 7 Bf 46
Guitalens 81 127 Ca 87
Guitera-les-Bains 2A 159 Ka 97
Guitinières 17 99 Zc 76
Guîtres 33 99 Ze 78
Guitry 27 16 Bd 53
Guitté 22 44 Xf 59
Guivry 02 18 Da 51
Guizancourt 80 17 Bf 50
Guizancourt 80 18 Da 50
Guizerix 65 139 Ac 89
Gujan-Mestras 33 110 Yf 81
Gumbrechtshoffen 67 40 Hd 55
Gumery 10 51 Dc 58
Gumiane-Haut 26 119 Fb 81
Gumières 42 105 Df 75
Gumond 19 101 Bc 78
Gumond 19 102 Bf 77
Gundershoffen 67 40 Hd 55
Gundolsheim 68 56 Hb 61
Gungwiller 67 39 Ha 55
Gunsbach 68 56 Hb 60
Gunstett 67 40 He 55
Guntzviller 57 39 Ha 56
Guny 02 18 Db 51
Guran 31 151 Ad 91
Gurcy-le-Châtel 77 51 Da 58
Gurgy 89 51 Dd 61
Gurgy-la-Ville 21 53 Ef 61
Gurgy-le-Château 21 68 Ef 62
Gurs 64 137 Zb 89
Gurunhuel 22 26 We 57
Gury 60 18 Ce 51
Gussainville 55 37 Fe 53
Gussignies 59 9 De 46
Guyancourt 78 33 Ca 56
Guyans-Durnes 25 70 Gb 66
Guyans-Vennes 25 71 Gd 66
Guyencourt 02 19 Df 52
Guyencourt-Saulcourt 80 8 Da 49
Guyencourt-sur-Noye 80 17 Cc 50
Guyonnière, La 85 74 Yd 67
Guyonnière, la 85 74 Ye 67
Guyonvelle 52 54 Fe 61
Guzargues 34 130 Df 86
Gwareg = Gouarec 22 43 We 59
Gwened = Vannes 56 43 Xb 63
Gwengamp = Guingamp 22 26 Wf 57
Gwen-Porc'hoed = Guer 35 44 Xf 61
Gwerc'h-Breizh = Guerche-de-Bretagne, la 35 45 Ye 61
Gwipavaz = Guipavas 29 24 Vd 58
Gwitalmeze = Ploudalmézeau 29 24 Vc 57
Gwitreg = Vitré 35 45 Ye 60
Gwizien = Guichen 35 44 Yb 61
Gy 70 70 Fe 64
Gye 54 37 Ff 57
Gy-en-Sologne 41 64 Bd 64
Gyé-sur-Seine 10 53 Ec 60
Gy-les-Nonains 45 51 Cf 61
Gy-l'Évêque 89 67 Dd 62

H

Habarcq 62 8 Cd 47
Habas 40 123 Za 87
Habère-Lullin 74 96 Gc 71
Habère-Poche 74 96 Gc 71
Habit, l' 27 32 Bc 55
Hablainville 54 39 Ge 57
Habloville 61 30 Ze 56
Haboudange 57 38 Gd 55
Habsheim 68 72 Hc 62
Hachan 65 139 Ac 89
Hâcourt 52 54 Fd 60
Hacqueville 27 16 Bd 53
Hadancourt-le-Haut-Clocher 60 32 Bf 53
Hadigny-lès-Verrières 88 55 Gc 59
Hadol 88 55 Gc 60
Hadonville-lès-Lachaussée 55 37 Fe 54
Haegen 67 39 Hc 56
Hagécourt 88 55 Ga 59
Hagedet 65 138 Zf 87
Hagen 57 22 Gb 51
Hagenbach 68 71 Ha 63
Hagenthal-le-Bas 68 72 Hc 63
Hagenthal-le-Haut 68 72 Hc 63
Haget 32 139 Aa 88
Hagetaubin 64 123 Zc 87
Hagetmau 40 124 Zc 87
Hagéville 54 37 Ff 54
Hagnéville-et-Roncourt 88 54 Fe 59
Hagnicourt 08 20 Ed 51
Hagondange 57 22 Gb 53
Haguenau 67 40 He 56
Haie-Fouassière, La 44 60 Yd 66
Haies, Les 69 106 Ee 76
Haigneville 54 55 Gc 58
Haillainville 88 55 Gc 58
Haillan, le 33 111 Zb 79
Hailles 80 17 Cc 50
Haillicourt 62 8 Cd 46
Haimps 17 87 Ze 73
Haims 86 77 Af 69
Hainvillers 60 17 Ce 51
Haironville 55 36 Fa 56
Haisnes 62 8 Ce 45
Haleine 61 29 Zd 57
Hale-Menneresse, La 59 9 Dd 48
Halinghen 62 7 Be 45
Hallencourt 80 7 Bf 48
Hallennes-lez-Haubourdin 59 8 Cf 45
Hallering 57 38 Gd 54
Halles-sous-les-Côtes 55 20 Fa 52
Hallignicourt 52 36 Ef 57
Hallines 62 3 Cb 44
Hallivillers 80 16 Bf 49
Hallivillers 80 17 Cb 50
Hallotière, La 76 16 Bc 51
Halloville 54 39 Gf 57
Halloy 60 16 Bf 51
Halloy 62 7 Cc 48
Halloy-lès-Pernois 80 7 Cb 48
Hallu 80 18 Ce 50
Halluin 59 4 Da 44
Halsou 64 136 Yd 88
Halstroff 57 22 Gc 52
Ham 08 10 Ee 48
Ham 80 18 Da 50
Ham, le 50 12 Yd 52
Ham, le 53 46 Zd 58
Hamars 14 29 Zc 55
Hambach 57 39 Ha 54
Hambers 53 46 Zd 59
Hamblain-les-Prés 62 8 Cf 47
Hambye 50 28 Ye 55
Hamel 59 8 Da 47
Hamel, Le 60 17 Bf 51
Hamel, Le 80 17 Cd 49
Hamelet 80 17 Cd 49
Hamelet, Le 80 7 Be 47
Hamelin 50 28 Ye 57
Hamelincourt 62 8 Ce 47
Ham-en-Artois 62 7 Cc 45
Hames-Boucres 62 3 Be 43
Ham-lès-Moines 08 20 Ed 50
Hammeville 54 55 Ga 57
Hamonville 54 37 Fe 56
Hampigny 10 53 Ed 58
Hampont 57 38 Gd 55
Ham-sous-Varsberg 57 38 Gd 53
Hanc 79 88 Zf 72
Hanches 28 32 Bd 57
Hancourt 80 18 Da 49
Han-devant-Pierrepont 55 21 Fe 52
Handschuheim 67 40 Hd 57
Hangard 80 17 Cd 50
Hangenbieten 67 40 Hd 57
Hangest-en-Santerre 80 17 Cd 50
Hangest-sur-Somme 80 7 Ca 49
Hangviller 57 39 Hb 56
Han-lès-Juvigny 55 21 Fb 52
Hannaches 60 16 Be 51
Hannapes 02 9 Dd 49
Hannappes 08 19 Eb 50
Hannescamps 62 8 Cd 47
Hannocourt 57 38 Gc 55
Hannogne-Saint-Martin 08 20 Ee 50
Hannogne-Saint-Rémy 08 19 Ea 51
Hannonville-sous-les-Côtes 55 37 Fd 54
Hannonville-Suzémont 54 37 Ff 54
Hanouard, Le 76 15 Ad 50
Hans 51 36 Ee 54
Han-sur-Meuse 55 37 Fd 55
Han-sur-Nied 57 38 Gc 55
Hantay 59 8 Cf 45
Hanvec 29 24 Vf 58
Hanviller 57 39 Hc 54
Hanvoile 60 16 Bf 51
Haplincourt 62 8 Cf 48
Happencourt-Bray 02 18 Db 50
Happonvilliers 28 48 Ba 59
Haramont 02 18 Da 53
Haraucourt 08 20 Ef 51
Haraucourt 54 38 Gc 56
Haraucourt-sur-Seille 57 38 Gd 56
Haravesnes 62 7 Ca 47
Haravilliers 95 33 Ca 53
Harbonnières 80 17 Ce 49
Harbouey 54 39 Gf 57
Harcanville 76 15 Ae 50
Harchéchamp 88 54 Fe 58
Harcigny 02 19 Df 50
Harcourt 27 31 Ae 53
Harcy 08 20 Ed 49
Hardancourt 88 55 Gd 58
Hardanges 53 46 Ze 58
Hardecourt-aux-Bois 80 8 Ce 49
Hardencourt-Cocherel 27 32 Bb 54
Hardifort 59 4 Cc 44
Hardinghen 62 3 Be 44
Hardinvast 50 12 Yc 51
Hardivillers 60 17 Cb 51
Hardivillers-en-Vexin 60 16 Bf 53
Hardoye, la 08 19 Eb 50
Hardricourt 78 32 Bf 54
Harengère, La 27 15 Ba 53
Haréville 88 55 Ga 59
Harfleur 76 14 Ab 51
Hargarten-aux-Mines 57 22 Gd 53
Hargeville 78 32 Be 55
Hargicourt 02 8 Db 49
Hargicourt 80 17 Cd 50
Hargnies 08 10 Ee 48
Hargnies 59 9 Df 47
Harly 02 18 Dc 49
Harmonville 88 54 Ff 58
Harmoye, La 22 26 Xa 58
Harnes 62 8 Cf 46
Harol 88 55 Gb 60
Haroué 54 55 Gb 58
Harpich 57 38 Gd 55
Harponville 80 8 Cd 48
Harquency 27 16 Bc 53
Harreberg 57 39 Hb 56
Harréville-lès-Chanteurs 52 54 Fd 59
Harricourt 08 20 Ef 52
Harricourt 52 53 Ef 59
Harsault 88 55 Gb 60
Harskirchen 67 39 Ha 55
Hartennes-et-Taux 02 18 Dc 53
Hartmannswiller 68 56 Hb 61
Hartzviller 57 39 Ha 56
Harville 55 37 Fe 54
Hary 02 19 Df 50
Haselbourg 57 39 Hb 56
Hasnon 59 9 Dc 46
Hasparren 64 137 Ye 88
Haspelschiedt 57 40 Hc 54
Haspres 59 9 Dc 47
Hastingues 40 123 Yf 87
Hatrize 54 37 Ff 53
Hatten 67 40 Hf 55
Hattencourt 80 18 Ce 50
Hattenville 76 15 Ad 51
Hattigny 57 39 Gf 57
Hattmatt 67 39 Hc 56
Hattstatt 68 56 Hb 60
Hauban 65 139 Aa 90
Haubourdin 59 8 Cf 45
Hauconcourt 57 22 Gb 53
Haucourt 60 16 Bf 51
Haucourt 62 8 Cf 47
Haucourt 76 16 Bd 51
Haucourt, Le 02 18 Db 49
Haucourt-Moulaine 54 21 Fe 52
Haudainville 55 37 Fc 54
Haudiomont 55 37 Fd 54
Haudivillers 60 17 Cb 52
Haudonville 54 55 Gc 57
Haudrecy 08 20 Ed 50
Haudricourt 76 16 Be 50
Haulchin 59 9 Dc 47
Haulies 32 139 Ae 87
Haulmé 08 20 Ee 49
Hauriet 40 123 Zc 86
Hausgauen 68 72 Hb 63
Haussez 76 16 Bd 51
Haussignémont 51 36 Ee 56
Haussimont 51 35 Eb 56
Haussonville 54 38 Gb 57
Haussy 59 9 Dc 47
Hautaget 65 139 Ac 90
Hautbos 60 16 Bf 51
Haut-Clocher 57 39 Ha 56

Goux-sous-Landet — Haut-Clocher (F) 179

Haut-Corlay, Le 22 26 Wf 59
Haut-de-Bosdarros 64 138 Zd 89
Haut-du-Them-Château-Lambert, Le 70 56 Ge 61
Haute-Amance 52 54 Fd 61
Haute-Avesnes 62 8 Cd 47
Haute-Beaume, La 05 119 Fd 81
Haute-Chapelle, La 61 29 Zb 57
Hautecloque 62 7 Cb 46
Hautecour 39 84 Fe 69
Hautecour 73 109 Gd 76
Hautecourt-Romanèche 01 95 Fc 72
Haute-Duyes 04 133 Ga 83
Haute-Épine 60 17 Ca 51
Hautefage 19 102 Bf 78
Hautefage-la-Tour 47 113 Ae 83
Hautefaye 24 100 Ac 75
Hautefond 71 81 Eb 70
Hautefontaine 60 18 Da 52
Hautefort 24 101 Ba 77
Haute-Goulaine 44 60 Yd 65
Haute-Isle 95 32 Bd 54
Haute-Kontz 57 22 Gb 52
Hauteluce 73 97 Gd 74
Haute-Maison, La 77 34 Da 55
Hautepierre-le-Châtelet 25 84 Gb 66
Hauterive 03 92 Dc 72
Hauterive 61 30 Ab 58
Hauterive 89 52 Dd 61
Hauterive-la-Flesse 25 84 Gc 67
Hauterives 26 106 Fa 77
Haute-Rivoire 69 106 Ec 74
Hauteroche 21 68 Ed 64
Hautes-Rivière, Les 08 20 Ef 49
Hautesvignes 47 112 Ac 82
Hautevelle 70 55 Gb 61
Hautevesnes 02 34 Db 54
Hauteville 02 18 Dd 49
Hauteville 08 19 Eb 51
Hauteville 51 36 Ee 57
Hauteville 62 8 Cd 47
Hauteville, La 78 32 Bd 56
Hauteville-la-Guichard 50 12 Ye 54
Hauteville-lès-Dijon 21 69 Ef 64
Hauteville-Lompnes 01 95 Fd 73
Hauteville-sur-Fier 74 96 Ff 73
Hauteville-sur-Mer 50 28 Yc 55
Haution 02 19 Df 49
Haut-Mauco 40 124 Zc 86
Hautmont 59 9 Df 47
Hautmougey 88 55 Gb 60
Hautot-l'Auvray 76 15 Ae 50
Hautot-le-Vatois 76 15 Ae 51
Hautot-Saint-Sulpice 76 15 Ae 50
Hautot-sur-Mer 76 15 Ba 49
Hautot-sur-Seine 76 15 Af 52
Hauts-de-Chée, Les 55 37 Fa 55
Hauts-de-Vingeanne, les 52 69 Fb 62
Hauts-Vals-sous-Nauroy 52 69 Fc 62
Hautteville-Bocage 50 12 Yd 52
Hautvillers 51 35 Df 54
Hautvillers-Ouville 80 7 Be 47
Hauville 27 15 Ae 52
Hauviné 08 20 Ec 53
Haux 33 111 Zd 80
Haux 64 137 Za 90
Havange 57 22 Ff 52
Havelu 28 32 Bd 56
Haveluy 59 9 Dc 46
Havernas 80 7 Cb 48
Haverskerque 59 4 Cd 45
Havre, Le 76 14 Aa 51
Havrincourt 62 8 Da 48
Hayange 57 22 Ga 53
Haybes 08 20 Ee 48
Haye, La 76 16 Bc 52
Haye, La 88 55 Gb 60
Haye-Aubrée, La 27 15 Ae 52
Haye-Bellefond, La 50 28 Ye 55
Haye-de-Calleville, La 27 31 Ae 53
Haye-d'Ectot, La 50 12 Yb 52
Haye-de-Routot, la 27 15 Ae 52
Haye-du-Puits, La 50 12 Yc 53
Haye-du-Theil, la 27 15 Af 53
Haye-le-Comte, la 27 31 Ba 53
Haye-Malherbe, la 27 15 Ba 53
Haye-Pesnel, la 50 28 Yd 56
Hayes 57 38 Gc 53
Hayes, les 41 63 Ae 62
Haye-Saint-Sylvestre, la 27 31 Ad 55
Hay-les-Roses, L' 94 33 Cb 56
Haynecourt 59 8 Da 47
Hays, Les 39 83 Fc 67
Hazebrouck 59 4 Cd 44
Hazembourg 57 39 Gf 55
Hazhoù = Hédé 35 45 Yb 59
Heaulme, le 95 32 Bf 54
Héauville 50 12 Yb 51
Hébécourt 27 16 Be 52
Hébécourt 80 17 Cb 50
Hébécrevon 50 12 Yf 54
Héberville 76 15 Ae 50
Hébuterne 62 8 Cd 48
Hèches 65 139 Ac 90
Hecken 68 71 Ha 62
Hecmanville 27 31 Ad 53
Hécourt 27 32 Bc 55
Hécourt 60 16 Be 51
Hecq 59 9 Dd 47
Hectomare 27 31 Af 53
Hédauville 80 8 Cd 48
Hédé 35 45 Yb 59
Hédouville 95 33 Cb 54
Hegeney 67 40 Hf 55
Hégenheim 68 72 Hd 63
Heidolsheim 67 57 Hd 59
Heidwiller 68 71 Hb 63
Heiligenberg 67 39 Hc 57
Heiligenstein 67 57 Hc 58
Heillecourt 54 38 Gb 57
Heilles 60 17 Cb 52
Heilly 80 8 Cc 49
Heilly 80 8 Cd 49
Heiltz-le-Houtier 51 36 Ee 56
Heiltz-le-Maurupt 51 36 Ee 56
Heiltz-l'Evêque 51 35 Ee 56
Heimersdorf 68 71 Hb 63
Heimsbrunn 68 71 Hb 62
Heippes 55 37 Fb 55
Heiteren 68 57 Hd 61
Heiwiller 68 72 Hb 63
Hélesmes 59 9 Dc 46
Hélette 64 137 Ye 89
Helfaut 62 3 Cb 44
Helfrantzkirch 68 72 Hc 63
Helléan 56 44 Xd 61
Hellemmes 59 8 Da 45
Hellenvilliers 27 31 Ba 56
Hellering-lès-Fénétrange 57 39 Ha 56
Helleville 50 12 Yb 51
Hellimer 57 39 Ge 54
Héloup 61 47 Aa 58
Helstroff 57 38 Gc 54
Hem 59 4 Db 45
Hémevez 50 12 Yd 52
Hémévillers 60 17 Ce 52
Hem-Hardinval 80 7 Cb 48
Hémilly 57 38 Gd 54
Heming 57 39 Gf 56
Hem-Lenglet 59 8 Db 47
Hémonstoir 22 43 Xb 60
Hénaménil 54 38 Gd 56
Hénansal 22 27 Xd 57
Henbont = Hennebont 56 43 We 62
Hendaye 64 136 Yb 88
Hendecourt-lès-Cagnicourt 62 8 Cf 47
Hendecourt-lès-Ransart 62 8 Ce 47
Hénencourt 80 8 Cd 48
Henflingen 68 72 Hb 63
Hengoat 22 26 We 56
Hengwiller 67 39 Hb 56
Hénin-Beaumont 62 8 Cf 46
Héninel 62 8 Cf 47
Hénin-sur-Cojeul 62 8 Cf 47
Hennebont 56 43 We 62
Hennecourt 88 55 Gb 59
Hennemont 55 37 Fd 54
Henneveux 62 3 Bf 44
Hennezel 88 55 Ga 60
Hennezis 27 32 Bc 53
Hénon 22 26 Xb 58
Hénonville 60 33 Ca 53
Hénouville 76 15 Af 52
Henrichemont 18 65 Cd 65
Henridorff 57 39 Hb 56
Henriville 57 39 Gf 54
Hénu 62 8 Cd 48
Henvic 29 25 Wa 57
Hérange 57 39 Hb 56
Herbault 41 63 Ba 63
Herbécourt 80 18 Cf 49
Herbelles 62 3 Cb 45
Herbergement,L' 85 74 Yd 67
Herbeuval 08 21 Fc 51
Herbeuville 55 37 Fd 54
Herbeville 78 32 Bf 55
Herbéviller 54 39 Ge 57
Herbeys 38 108 Fe 78
Herbiers, Les 85 74 Yf 67
Herbignac 44 59 Xe 64
Herbignies 59 9 De 47
Herbinghen 62 3 Bf 43
Herbitzheim 67 39 Ha 54
Herblay 95 33 Ca 55
Herbsheim 67 57 Hd 58
Hercé 53 46 Za 58
Herchies 60 17 Ca 52
Hérelle, La 60 17 Cc 51
Hérenguerville 50 28 Yd 55
Hérépian 34 143 Da 87
Hères 65 124 Aa 87
Hergnies 59 9 Dd 46
Hergugney 88 55 Gb 58
Héric 44 60 Yc 64
Héricourt 62 7 Cb 46
Héricourt 70 71 Ge 63
Héricourt-en-Caux 76 15 Ae 50
Héricourt-sur-Thérain 60 16 Be 51
Héricy 77 50 Ce 58
Hérie, Le 02 19 Ea 49
Hérie-La-Viéville, La 02 19 Dd 50
Hériménil 54 38 Gd 57
Hérimoncourt 25 71 Gf 64
Hérin 59 9 Dc 46
Hérissart 80 7 Cc 48
Hérisson 03 79 Ce 69
Herlevillers 80 17 Ce 49
Herlière, la 62 8 Cd 47
Herlies 59 8 Cf 45
Herlincourt 62 7 Cb 46
Herlin-le-Sec 62 7 Cb 46
Herly 62 7 Bf 45
Herly 80 18 Cf 50
Herm, L' 09 141 Be 91
Herm, L' 40 123 Yf 86
Hermanville 76 15 Af 50
Hermanville-sur-Mer 14 14 Ze 53
Hermaux, Les 48 116 Da 81
Hermaville 62 8 Cd 47
Hermé 77 51 Dc 58
Hermelange 57 39 Ha 56
Hermenault,L' 85 75 Za 69
Herment 63 91 Cd 74
Hermeray 78 32 Be 57
Hermes 60 17 Cb 52
Hermeville 76 14 Ab 51
Hermies 62 8 Da 48
Hermillon 73 108 Gc 77
Hermin 62 8 Cd 46
Hermitage, L' 35 44 Yb 60
Hermitage-Lorge, L' 22 43 Xb 59
Hermites, Les 37 63 Ae 63
Hermival-les-Vaux 14 30 Ab 54
Hermonville 51 19 Df 52
Hernicourt 62 7 Cb 46
Herny 57 38 Gd 54
Héron, Le 76 16 Bc 52
Héronchelles 76 16 Bc 51
Hérouville 95 33 Ca 54
Hérouville-Saint-Clair 14 14 Zd 53
Hérouvillette 14 14 Ze 53
Herpelmont 88 56 Ge 59
Herpont 51 36 Ee 55
Herpy-l'Arlésienne 08 19 Eb 51
Herqueville 27 16 Bb 53
Herqueville 50 12 Ya 50
Herran 31 140 Af 91
Herré 40 124 Zf 84
Herrère 64 138 Zc 90
Herrin 59 8 Cf 45
Herrlisheim 67 40 Hf 56
Herrlisheim-près-Colmar 68 56 Hb 60
Herry 18 66 Cf 65
Herserange 54 21 Fe 51
Hersin-Coupigny 62 8 Cd 46
Hertzing 57 39 Gf 56
Hervelinghen 62 3 Be 43
Hervilly 80 18 Da 49
Héry 58 67 Dd 65
Héry 89 52 Dd 61
Héry-sur-Alby 74 96 Ga 74
Herzeele 59 4 Cd 43
Hesbécourt 80 8 Da 49
Hescamps 80 16 Bf 50
Hesdigneul 62 8 Cd 45
Hesdigneul-lès-Boulogne 62 3 Bd 44
Hesdin 62 7 Ca 46
Hesdin-l'Abbé 62 3 Bd 44
Hésingue 68 72 Hd 63
Hesmond 62 7 Be 46
Hesse 57 39 Ha 56
Hessenheim 67 57 Hd 59
Hestroff 57 22 Gc 53
Hestrud 59 10 Ea 47
Hestrus 62 7 Cb 46
Hétomesnil 60 17 Ca 51
Hettange-Grande 57 22 Ga 52
Hettenschlag 68 57 Hc 60
Heubécourt-Haricourt 27 32 Bd 54
Heuchin 62 7 Cb 46
Heucourt-Croquoison 80 7 Bf 49
Heudebouville 27 32 Bb 53
Heudicourt 27 16 Bd 52
Heudicourt 80 8 Da 48
Heudicourt-sous-les-Côtes 55 37 Fe 55
Heudreville-en-Lieuvin 27 15 Ad 53
Heudreville-sur-Eure 27 31 Bb 54
Heugas 40 123 Yf 87
Heugleville-sur-Scie 76 15 Ba 50
Heugnes 36 78 Bc 66
Heugon 61 30 Ac 55
Heugueville-sur-Sienne 50 28 Yc 54
Heuilley-Cotton 52 69 Fc 62
Heuilley-sur-Saône 21 69 Fc 65
Heuland 14 14 Aa 53
Heume-l'Eglise 63 91 Ce 74
Heunière, La 27 32 Bc 54
Heuqueville 27 16 Bc 53
Heuqueville 76 14 Aa 51
Heuringhem 62 3 Cb 44
Heurtevent 14 30 Aa 55
Heussé 50 29 Za 57
Heutrégiville 51 19 Eb 53
Heuzecourt 80 7 Ca 47
Hévilliers 55 37 Fb 57
Heyrieux 38 106 Fa 75
Hézecques 62 7 Cb 45
Hézo, Le 56 58 Xb 63
Hibarette 65 138 Aa 90
Hières-sur-Amby 38 95 Fb 74
Hiermont 80 7 Ca 47
Hiersac 16 88 Aa 74
Hiers-Brouage 17 86 Yf 73
Hiesse 16 88 Ad 72
Hiesville 50 12 Ye 52
Higuères-Souye 64 138 Ze 88
Hilbesheim 57 39 Ha 56
Hillion 22 26 Xc 57
Hils 65 138 Aa 90
Hilsenheim 67 57 Hd 59
Hilsprich 57 39 Gf 54
Hinacourt 02 18 Db 50
Hinckange 57 38 Gc 53
Hindisheim 67 57 Hd 58
Hindlingen 68 71 Ha 63
Hinges 62 8 Cd 45
Hinglé, Le 22 27 Xf 58
Hinsbourg 67 39 Hb 55
Hinsingen 67 39 Ha 55
Hinx 40 123 Za 86
Hipsheim 67 57 He 58
Hirschland 67 39 Ha 55
Hirsingue 68 71 Hb 63
Hirson 02 19 Ea 49
Hirtzbach 68 71 Hb 63
Hirtzfelden 68 57 Hc 61
His 31 140 Af 90
Hitte 65 139 Aa 90
Hochfelden 67 40 Hd 56
Hochstatt 68 71 Hb 62
Hochstett 67 40 He 56
Hocquigny 50 28 Yd 56
Hocquinghen 62 3 Bf 44
Hodenc-en-Bray 60 16 Bf 52
Hodenc-l'Evêque 60 17 Ca 52
Hodeng-au-Bosc 76 16 Be 49
Hodeng-Hodenger 76 16 Bd 51
Hodent 95 32 Be 54
Hœdic 56 58 Xa 65
Hœnheim 67 40 He 57
Hœrdt 67 40 He 56
Hoéville 54 38 Gc 56
Hoffen 67 40 Hf 55
Hogues, Les 27 16 Bc 52
Hoguette, La 14 30 Zf 55
Hohatzenheim 67 40 Hd 56
Hohfrankenheim 67 40 Hd 56
Hohrod 68 56 Ha 60
Hohwald, le 67 56 Hb 58
Holacourt 57 38 Gd 55
Holling 57 22 Gc 53
Holnon 02 18 Db 49
Holque 59 3 Cb 43
Holtzheim 67 40 Hd 57
Holtzwihr 68 57 Hc 60
Holving 57 39 Gf 54
Hombleux 80 18 Cf 50
Homblières 02 18 Dc 49
Hombourg 68 72 Hc 62
Hombourg-Budange 57 22 Gc 53
Hombourg-Haut 57 39 Ge 54
Hôme-Chamondot, L' 61 31 Ae 57
Homécourt 54 22 Ff 53
Hommarting 57 39 Ha 56
Hommert 57 39 Hb 56
Hommes 37 62 Ab 64
Hommet-d'Arthenay, Le 50 12 Ye 53
Homps 11 142 Ce 89
Homps 32 126 Af 86
Hondeghem 59 4 Cd 44
Hondevilliers 77 34 Db 55
Hondouville 27 31 Ba 54
Hondschoote 59 4 Cd 43
Honfleur 14 14 Ab 52
Honguemare-Guenouville 27 15 Ae 52
Hon-Hergies 59 9 De 46
Honnechy 59 9 Dc 48
Honnecourt-sur-Escaut 59 8 Db 48
Honor-de-Cos, l' 82 126 Bc 84
Honskirch 57 39 Gf 55
Hontanx 40 124 Ze 86
Hôpital, L' 57 39 Ge 53
Hôpital-Camfrout 29 24 Ve 58
Hôpital-d'Orion, L' 64 137 Za 88
Hôpital-du-Grosbois, l' 25 70 Gb 65
Hôpital-le-Grand, L' 42 105 Eb 75
Hôpital-le-Mercier, L' 71 93 Ea 70
Hôpital-Saint-Blaise, L' 64 137 Zb 89
Hôpital-Saint-Lieffroy, L' 25 70 Gc 64
Hôpital-sous-Rochefort, L' 42 93 Df 74
Hôpitaux-Neufs, les 25 84 Gc 68
Hôpitaux-Vieux, les 25 84 Gc 68
Horbourg-Wihr 68 56 Hc 60
Hordain 59 9 Db 47
Horgne, La 08 20 Ed 51
Horgues 65 138 Aa 89
Horme 42 106 Ed 76
Hornaing 59 9 Dc 46
Hornoy-le-Bourg 80 16 Bf 49
Horps, Le 53 46 Zd 58
Horsarrieu 40 124 Zc 86
Hosmes, L' 27 31 Ba 56
Hospitalet, L' 04 132 Fe 84
Hospitalet-du-Larzac, L' 12 129 Db 85
Hospitalet-près-l'Andorre, l' 09 152 Be 93
Hossegor, Soorts- 40 122 Yd 86
Hosta 64 137 Yf 90
Hoste 57 39 Gf 54
Hostens 33 111 Zc 82
Hostias 01 95 Fd 73
Hostun 26 107 Fb 78
Hôtellerie, L' 14 30 Ac 54
Hôtellerie-de-Flée, L' 49 46 Za 62
Hotonnes 01 95 Fe 73
Hotot-en-Auge 14 30 Zf 54
Hottviller 57 39 Hc 54
Hoube, La 57 39 Hb 57
Houblonnière, La 14 30 Aa 54
Houches, Les 74 97 Ge 73
Houchin 62 8 Cd 46
Houdain 59 9 De 47
Houdain 62 8 Cd 46
Houdan 78 32 Bd 56
Houdancourt 60 17 Cd 52
Houdelaincourt 55 37 Fc 57
Houdelmont 54 38 Ga 57
Houdemont 54 38 Gb 57
Houdetot 76 15 Ae 50
Houdilcourt 08 19 Ea 52
Houdreville 54 55 Ga 57
Houécourt 88 55 Ff 59
Houeillès 47 124 Aa 83
Houesville 50 12 Ye 52
Houetteville 27 31 Ba 54
Houéville 88 54 Fe 58
Houeydets 65 139 Ac 90
Houga, Le 32 124 Ze 86
Houilles 78 33 Cb 55
Houlbec-Cocherel 27 32 Bc 54
Houlbec-près-le-Gros-Theil 27 15 Ae 53
Houldizy 08 20 Ee 50
Houlette 16 87 Ze 74
Houlgate 14 14 Zf 53
Houlle 62 3 Cb 44
Houlme, Le 76 15 Ba 51
Houmeau, L' 17 86 Ye 71
Hounoux 11 141 Ca 90
Houplin 59 8 Da 45
Houplines 59 4 Cf 44
Houppeville 76 15 Ba 51
Houquetot 76 14 Ac 51
Hourc 65 139 Ab 89
Hourges 51 19 De 53
Hours 64 138 Ze 89
Hourtin 33 98 Yf 77
Houry 02 19 Df 50
Hous 31 139 Ad 90
Houssay 41 63 Af 62
Houssay 53 46 Zb 61
Houssaye, La 27 31 Ae 55
Houssaye, La 27 32 Bc 55
Houssaye-Béranger, La 76 15 Ba 51
Houssaye-en-Brie, La 77 34 Cf 56
Housseau-Bretignolles, Le 53 29 Zc 58
Houssen 68 56 Hc 60
Housseras 88 56 Ge 59
Housset 02 19 De 50
Housséville 54 55 Ga 58
Houssière, La 88 55 Gc 60
Houssière, La 88 56 Gf 59
Houssoye, La 60 16 Bf 52
Houtaud 25 84 Gb 67
Houtkerque 59 4 Cd 43
Houtteville 50 12 Yd 52
Houville-en-Vexin 27 16 Bc 53
Houville-la-Branche 28 49 Bd 58
Houvin-Houvigneul 62 8 Cc 46
Houx 28 32 Bd 57
Hoymille 59 4 Cc 43
Huanne-Montmartin 25 70 Gc 64
Hubersent 62 7 Be 45
Hubert-Folie 14 30 Ze 54
Huberville 50 12 Yd 51
Huby-Saint-Leu 62 7 Ca 46
Hucaloup 12 128 Cd 86
Huchenneville 80 7 Be 48
Huclier 62 7 Cb 46
Hucqueliers 62 7 Bf 45
Hudimesnil 50 28 Yd 55
Hudiviller 54 38 Gc 57
Huelgoat 29 25 Wb 58
Huest 27 31 Bb 54
Huêtre 45 49 Be 60
Hugier 70 69 Fe 65
Hugleville-en-Caux 76 15 Af 51
Huillé 49 62 Ze 63
Huilliécourt 52 54 Fd 60
Huilly-sur-Seille 71 83 Fa 69
Huiron 51 36 Ed 56
Huismes 37 62 Ab 65
Huisnes-sur-Mer 50 28 Yd 57
Huisseau-en-Beauce 41 63 Ba 62
Huisseau-sur-Cosson 41 64 Bc 63
Huisseau-sur-Mauves 45 49 Be 61
Huisserie, L' 53 46 Zb 60
Hulluch 62 8 Ce 46
Hultehouse 57 39 Hb 56
Humbauville 51 36 Ec 57
Humbécourt 52 36 Ef 57
Humbercamps 62 8 Cd 47
Humbercourt 80 7 Cc 47
Humbert 62 7 Bf 45
Humberville 52 54 Fc 59
Humbligny 18 65 Cd 65
Humerœuille 62 7 Cb 46
Humes-Jorquenay 52 54 Fb 61
Humières 62 7 Cb 46
Hunawihr 68 56 Hb 59
Hundling 57 39 Gf 54
Hundsbach 68 72 Hb 63
Huningue 68 72 Hd 63
Hunspach 67 40 Hf 55
Hunting 57 22 Gc 52
Huppain, Port-en-Bessin- 14 13 Zb 52
Huppy 80 7 Be 48
Hurbache 88 56 Gf 58
Hure 33 111 Zf 81
Hurecourt 70 55 Ga 61
Hures-la-Parade 48 129 Dc 83
Huriel 03 91 Cc 70
Hurigny 71 94 Ee 70
Hurtigheim 67 40 Hd 57
Husseau 37 63 Af 64
Husseren-les-Châteaux 68 56 Hb 60
Husseren-Wesserling 68 56 Gf 61
Hussigny-Godbrange 54 21 Ff 52
Husson 50 29 Za 57
Huttendorf 67 40 Hd 56
Huttenheim 67 57 Hd 58
Hyds 03 91 Cf 71
Hyémondans 25 71 Gd 64
Hyencourt-le-Grand 80 18 Cf 50
Hyenville 50 28 Yd 55
Hyères 83 147 Ga 90
Hyet 70 70 Ga 64
Hyèvre-Paroisse 25 70 Gc 64
Hymont 88 55 Ga 59

I

Ibarrolle 64 137 Yf 89
Ibigny 57 39 Gf 57
Ibos 65 138 Aa 89
Ichtratzheim 67 57 He 58
Ichy 77 50 Cd 59
Idaux-Mendy 64 137 Za 89
Idrac-Respaillès 32 139 Ac 87
Idron-Lée-Ousse-Sendets 64 138 Ze 89
Ids-Saint-Roch 18 79 Cb 68
Iffendic 35 44 Xf 60
Iffs, les 35 44 Ya 59
Ifs 14 29 Zd 54
Ifs-sur-Laizon 14 30 Zf 54
Igé 61 48 Ad 59
Igé 71 94 Ee 70
Ignaucourt 80 17 Cd 50
Ignaux 09 153 Bf 92
Igney 54 39 Ge 57
Igney 88 55 Gc 59
Ignol 18 80 Cf 67
Igny 70 70 Fe 64
Igny 91 33 Cb 56
Igny-Comblizy 51 35 De 54
Igon 64 138 Ze 90
Igoville 27 15 Ba 53
Iguerande 71 93 Ea 71
Iholdy 64 137 Ye 89
Île-Bouchard, L' 37 62 Ac 66
Île-d'Aix 17 86 Ye 72
Ile-de-Batz 29 25 Vf 56
Île-d'Elle, l' 85 75 Za 71
Île-de-Sein 29 41 Va 60
Île-d'Olonne, l' 85 73 Yb 69
Île-d'Yeu, L' 85 73 Xd 68
Ile-Molène 29 24 Va 58
Île-Rousse, L' 2B 156 If 93
Ilharre 64 137 Yf 88
Ilhes, Les 11 142 Cc 88
Ilhet 65 139 Ac 91
Ilheu 65 139 Ad 91
Illange 57 22 Gb 53
Illat 09 152 Be 91
Illats 33 111 Zd 81
Ille-sur-Têt 66 154 Cd 92
Illeville-sur-Montfort 27 15 Ae 53
Illfurth 68 71 Hb 62
Illhaeusern 68 57 Hc 59
Illiat 01 94 Ef 71
Illier-et-Laramade 09 152 Bd 92
Illiers-Combray 28 48 Bb 59
Illiers-l'Evêque 27 32 Bb 56
Illies 59 8 Ce 45
Illifaut 22 44 Xd 60
Illkirch-Graffenstaden 67 40 He 57
Illois 76 16 Bd 50
Illoud 52 54 Fd 59
Illy 08 20 Ef 50
Illzach 68 56 Hc 62
Ilonse 06 134 Ha 84
Imling 57 39 Ha 56
Immaculée, L' 44 59 Xe 65
Imphy 58 80 Db 67
Inaumont 08 19 Eb 51
Incarville 27 15 Bb 53
Inchy 59 9 Dc 48
Inchy-en-Artois 62 8 Da 47
Incourt 62 7 Ca 46
Indevillers 25 71 Gf 65
Ineuil 18 79 Cb 68
Infournas, les 05 120 Ga 80
Ingenheim 67 40 Hd 56
Ingersheim 68 56 Hb 60
Inghem 62 3 Cb 44
Inglange 57 22 Gb 52
Ingolsheim 67 40 Hf 55
Ingouville 76 15 Ae 49
Ingrandes 36 77 Af 69
Ingrandes 49 61 Za 64
Ingrandes 86 77 Ad 67
Ingrandes-de-Touraine 37 62 Ab 65
Ingrannes 45 50 Cb 61
Ingré 45 49 Be 61
Inguiniel 56 43 We 61
Ingwiller 67 40 Hc 55
Injoux-Génissiat 01 95 Fe 72
Innenheim 67 40 Hd 57
Innimond 01 95 Fd 74
Inor 55 21 Fa 51
Insming 57 39 Gf 55
Insviller 57 39 Gf 55
Intraville 76 6 Bb 49
Intres 07 118 Ec 79
Intréville 28 49 Bf 59
Intville-la-Guétard 45 50 Cb 59
Inval-Boiron 80 16 Be 49
Inxent 62 7 Be 45
Inzinzac-Lochrist 56 43 We 61
Ippécourt 55 37 Fb 54
Ippling 57 39 Ha 54
Irai 61 31 Ae 56
Irais 79 76 Zf 67
Irancy 89 67 De 62
Iré-le-Sec 55 21 Fd 52
Irigny 69 106 Ee 75
Irissarry 64 137 Ye 89
Irles 80 8 Ce 48
Irmstett, Scharrachbergheim- 67 40 Hc 57
Irodouër 35 44 Ya 59
Iron 02 9 Dd 49
Irouléguy 64 136 Ye 89
Irreville 27 31 Bb 54
Irvillac 29 24 Ve 58
Isbergues 62 8 Cc 45
Isches 88 54 Ff 60
Isdes 45 65 Cb 62
Isenay 58 81 De 67
Is-en-Bassigny 52 54 Fc 60
Isigny-le-Buat 50 28 Yf 57
Isigny-sur-Mer 14 13 Yf 53
Island 89 67 Df 64
Isle 87 89 Bb 74
Isle-Adam, L' 95 33 Cb 54
Isle-Arné, L' 32 125 Ae 87
Isle-Aubigny 10 52 Eb 57
Isle-Aumont 10 52 Ea 59
Isle-Bouzon, L' 32 125 Ae 85
Isle-d'Abeau, L' 38 107 Fb 75
Isle-de-Noé, L' 32 125 Ac 87
Isle-en-Dodon, L' 31 140 Af 88
Isle-et-Bardais 03 80 Ce 68
Isle-Jourdain, L' 32 126 Ba 87
Isle-Jourdain, L' 86 89 Ae 71
Isle-Saint-Georges 33 111 Zd 80
Isles-Bardel, les 14 29 Ze 55
Isles-les-Meldeuses 77 34 Da 54
Isles-sur-Suippe 51 19 Eb 52
Isle-sur-la-Sorgue, L' 84 132 Fa 85
Isle-sur-le-Doubs, l' 25 71 Gd 64
Isle-sur-Serein, L' 89 67 Ea 63
Islettes, Les 55 36 Fa 54
Isneauville 76 15 Ba 51
Isola 06 134 Ha 83
Isolaccio-di-Fiumorbo 2B 159 Kb 96
Isômes 52 69 Fb 63
Ispagnac 48 116 Dd 82
Isques 62 2 Bd 44
Issac 24 100 Ac 78
Issancourt-et-Rumel 08 20 Ee 50
Issards, Les 09 141 Be 90
Issé 44 60 Yd 63
Issel 11 141 Bf 88
Issendolus 46 114 Be 80
Issenhausen 67 40 Hd 56
Issenheim 68 56 Hb 61
Issepts 46 114 Bf 81
Isserpent 03 93 Dd 72
Isserteaux 63 104 Dc 75
Issirac 30 131 Ec 83
Issoire 63 104 Db 75
Issor 64 137 Zb 90
Issou 78 32 Be 55
Issoudun 36 79 Bf 67
Issoudun-Letrieix 23 91 Ca 72
Is-sur-Tille 21 69 Fa 63
Issus 31 141 Bd 88
Issy-les-Moulineaux 92 33 Cb 56
Issy-l'Evêque 71 81 Df 68
Istres 13 145 Ef 87
Istres-et-Bury, Les 51 35 Ea 55
Isturits 64 137 Ye 88
Isula, L' = Île-Rousse, L' 2B 156 If 93
Itancourt 02 18 Dc 50
Iteuil 86 76 Ab 70
Ittenheim 67 40 Hd 57
Itterswiller 67 56 Hc 58
Itteville 91 50 Cc 57
Itxassou 64 136 Yd 89
Itzac 81 127 Bf 84
Ivergny 62 7 Cc 47
Iverny 77 33 Ce 54
Iviers 02 19 Ea 50
Iville 27 31 Af 53
Ivors 60 34 Da 53
Ivory 39 84 Ff 67
Ivoy-le-Pré 18 65 Cc 64
Ivrey 39 84 Ff 67
Ivry-en-Montagne 21 82 Ed 66
Ivry-la-Bataille 27 32 Bc 55
Ivry-le-Temple 60 17 Ca 53
Ivry-sur-Seine 94 33 Cc 56
Iwuy 59 9 Db 47
Izaourt 65 139 Ad 90
Izaut-de-l'Hôtel 31 139 Ae 90
Izaux 65 139 Ac 90
Izé 53 46 Zf 56
Izeaux 38 107 Fc 77
Izel-lès-Équerchin 62 8 Cf 46
Izel-les-Hameaux 62 8 Cd 47
Izenave 01 95 Fd 72
Izernore 01 95 Fd 71
Izeron 38 107 Fc 78
Izeste 64 138 Zd 90
Izeure 21 69 Fa 65
Izier 21 69 Fa 65
Izieu 01 107 Fd 75
Izon 33 111 Zd 79
Izotges 32 124 Zf 87

J

Jablines 77 33 Ce 55
Jabreilles-les-Bordes 87 90 Bd 72
Jabrun 15 116 Cf 80
Jacou 34 130 Cf 87
Jagny-sous-Bois 95 33 Cc 54
Jaignes 77 34 Da 55
Jaillans 26 107 Fb 78
Jailleu, Bourgoin- 38 107 Fb 75
Jaille-Yvon, La 49 61 Zb 62
Jaillon 54 38 Ff 56
Jailly 58 67 Dd 66
Jailly-les-Moulins 21 68 Ed 64
Jainvillotte 88 54 Fe 59
Jalesches 23 90 Ca 71
Jaligny-sur-Besbre 03 93 Dd 70
Jallais 49 61 Za 65
Jallanges 21 83 Fa 67
Jallans 28 49 Bc 60
Jallaucourt 57 38 Gc 55
Jallerange 25 69 Fe 65
Jalognes 18 66 Ce 65
Jalogny 71 94 Ed 70
Jâlons 51 35 Eb 54
Jambles 71 82 Ee 68

180 (F) Haut-Corlay, Le — Jambles

Lamillarié **81** 127 Ca 85
Lammerville **76** 15 Af 50
Lamnay **72** 48 Ae 60
Lamongerie **19** 102 Bd 75
Lamontélarié **81** 128 Cd 87
Lamontgie **63** 104 Dc 76
Lamontjoie **47** 125 Ad 84
Lamonzie-Montastruc **24** 112 Ad 79
Lamonzie-Saint-Martin **24** 112 Ac 79
Lamorlaye **60** 33 Cc 54
Lamorville **55** 37 Fd 55
Lamothe **40** 123 Zc 86
Lamothe **43** 104 Dc 77
Lamothe-Capdeville **82** 126 Bc 84
Lamothe-Cassel **46** 114 Bd 81
Lamothe-Cumont **82** 126 Af 85
Lamothe-en-Blaisy **52** 53 Ef 59
Lamothe-Fénelon **46** 113 Bc 79
Lamothe-Goas **32** 125 Ad 85
Lamothe-Landerron **33** 112 Aa 81
Lamothe-Montravel **24** 112 Aa 79
Lamotte-Beuvron **41** 65 Ca 63
Lamotte-Brebière **80** 17 Cc 49
Lamotte-Buleux **80** 7 Bf 47
Lamotte-Warfusée **80** 17 Cd 49
Lamouilly **55** 21 Fb 51
Lamoura **39** 96 Ff 70
Lampaul-Guimiliau **29** 25 Vf 58
Lampaul-Plouarzel **29** 24 Vb 58
Lampaul-Ploudalmézeau **29** 24 Vc 57
Lampertheim **67** 40 He 57
Lampertsloch **67** 40 He 55
Lamure-sur-Azergues **69** 94 Ec 72
Lanans **25** 70 Gc 65
Lanarvilly **29** 24 Vd 57
Lanas **07** 118 Ec 81
Lancé **41** 63 Ba 62
Lanchères **80** 6 Bd 48
Lanches **80** 7 Ca 48
Lanchy **02** 18 Da 50
Lancié **69** 94 Ee 72
Lancieux **22** 27 Xf 57
Lancôme **41** 63 Ba 63
Lançon **08** 20 Ef 53
Lancon **65** 150 Ac 91
Lançon-Provence **13** 146 Fa 87
Landange **57** 39 Gf 56
Landaul **56** 43 Wf 62
Landaville-le-Bas **88** 54 Fe 59
Landaville-le-Haut **88** 54 Fe 59
Landavran **35** 45 Ye 60
Landéan **35** 45 Yf 58
Landebaëron **22** 26 We 57
Landébia **22** 27 Xe 57
Landec, La **22** 27 Xe 58
Lande Chasles, La **49** 62 Zf 64
Landécourt **54** 55 Gc 57
Landéda **29** 24 Vc 57
Lande-d'Airou, La **50** 28 Ye 56
Lande-de-Fronsac, La **33** 99 Zd 79
Lande-de-Goult, La **61** 30 Zf 57
Lande-de-Lougé, La **61** 30 Ze 56
Landéhen **22** 27 Xc 58
Landeleau **29** 42 Wb 59
Landelles **28** 48 Bb 58
Landelles-et-Coupigny **14** 29 Za 55
Landemont **49** 60 Ye 65
Lande-Patry, La **61** 29 Zc 56
Landepereuse **27** 31 Ad 54
Landerne = Landernau **29** 24 Ve 58
Landerneau **29** 24 Ve 58
Landeronde **85** 74 Yc 69
Landerrouat **33** 112 Aa 80
Landerrouet-sur-Ségur **33** 111 Zf 81
Landersheim **67** 40 Hc 56
Landes **17** 87 Zb 73
Landes-Saint-Léger, La **27** 14 Ac 53
Lande-Saint-Siméon, La **61** 29 Zd 56
Landes-Genusson, Les **85** 74 Yf 67
Landes-les-Gaulois **41** 63 Bb 63
Landes-sur-Ajon **14** 29 Zc 54
Lande-sur-Drôme, La **14** 29 Za 54
Lande-sur-Eure, La **61** 31 Af 57
Landes-Vieilles-et-Neuves **76** 16 Bd 50
Landévant **56** 43 Wf 62
Landévennec **29** 24 Ve 59
Landevieille **85** 73 Yb 69
Landeyrat **15** 103 Cf 77
Landifay-et-Bertaignemant **02** 19 Dd 50
Landigou **61** 29 Zd 56
Landin, Le **27** 15 Ae 52
Landiras **33** 111 Zd 81
Landisacq **61** 29 Zc 56
Landivisiau **29** 25 Vf 57
Landivizio = Landivisiau **29** 25 Vf 57
Landivy **53** 29 Yf 58
Landogne **63** 91 Cd 73
Landorthe **31** 139 Ae 90
Landos **43** 117 De 79
Landouzy-la-Cour **02** 19 Df 49
Landouzy-la-Ville **02** 19 Ea 49
Landrais **17** 86 Za 72
Landreau, Le **44** 24 Ye 65
Landreau, Le **44** 59 Xf 65
Landrecies **59** 9 De 48
Landrecourt-Lempire **55** 37 Fb 54
Landreger = Tréguier **22** 26 We 56
Landremont **54** 38 Ga 55
Landres **54** 21 Fe 53
Landres-et-Saint-Georges **08** 20 Fa 52
Landresse **25** 70 Gc 65
Landrethun-le-Nord **62** 3 Be 43
Landrethun-lès-Ardres **62** 3 Bf 43
Landrévarzec **29** 42 Vf 60
Landreville **10** 53 Ec 60
Landrichamps **08** 10 Ee 48
Landricourt **02** 18 Dc 51
Landricourt **51** 36 Ee 57
Landroff **57** 38 Gd 55
Landry **73** 109 Ge 75
Landser **68** 72 Hc 63
Landudal **29** 42 Wa 60
Landudec **29** 41 Ve 60
Landujan **35** 44 Ya 59
Landunvez **29** 24 Vb 57
Lanespède **65** 139 Ab 90
Lanester **56** 42 Wd 62
Lanet **11** 153 Cc 91
Laneuvelle **52** 54 Fe 61
Laneuvelotte **54** 38 Gb 56
Laneuveville-aux-Bois **54** 38 Gd 57
Laneuveville-derrière-Foug **54** 37 Fe 56
Laneuveville-devant-Bayon **54** 55 Gb 58
Laneuveville-devant-Nancy **54** 38 Gb 57
Laneuveville-en-Saulnois **57** 38 Gc 55
Laneuveville-lès-Lorquin **57** 39 Ha 57
Laneuville **57** 38 Gc 53
Laneuville-au-Pont **52** 36 Ef 57
Laneuville-au-Rupt **55** 37 Fd 56
Laneuvilleroy **60** 17 Cd 52
Laneuville-sur-Meuse **55** 21 Fa 52
Lanfains **22** 26 Xa 58
Lanfroicourt **54** 38 Gc 56
Langaeg = Langueux **22** 26 Xb 58
Langan **35** 44 Ya 59
Langast **22** 43 Xc 59
Langatte **57** 39 Gf 56
Langé **36** 78 Bc 66
Langeac **43** 104 Dc 78
Langeais **37** 62 Ac 65
Langennerie **37** 63 Ae 64
Langensoultzbach **67** 40 Hf 55
Langeron **58** 80 Da 68
Langesse **45** 65 Cd 62
Langey **28** 48 Bb 60
Langlade **30** 130 Eb 86
Langoat **22** 26 We 56
Langogne **48** 117 Df 80
Langoiran **33** 111 Zd 80
Langolen **29** 42 Wa 60
Langon **33** 111 Ze 81
Langon **35** 44 Ya 62
Langon **41** 64 Be 65
Langon, Le **85** 75 Za 70
Langonnet **56** 42 Wd 60
Langouet **35** 44 Yb 59
Langourla **22** 44 Xd 59
Langres **52** 54 Fc 61
Langrolay-sur-Rance **22** 27 Ya 57
Langrune-sur-Mer **14** 13 Zd 53
Languédias **22** 27 Xe 58
Languénan **22** 27 Xf 57
Langueux **22** 26 Xb 58
Languevoisin-Quiquery **80** 18 Cf 50
Languidic **56** 43 Wf 62
Languimberg **57** 39 Gf 56
Langy **03** 92 Dc 71
Lanhélin **35** 28 Yb 58
Lanhères **55** 37 Fe 53
Lanhouarneau **29** 24 Ve 57
Lanildut **29** 24 Vb 58
Laning **57** 39 Ge 54
Laniscat **22** 43 Wf 59
Laniscourt **02** 18 Dd 51
Lanleff **22** 26 Wf 56
Lanloup **22** 26 Xa 56
Lanmérin **22** 26 Wd 56
Lanmeur **29** 25 Wb 57
Lanmodez **22** 26 Wf 55
Lannastêr = Lanester **56** 42 Wd 62
Lanne **65** 138 Aa 90
Lannéanou **29** 25 Wc 58
Lannebert **22** 26 Xa 57
Lannecaube **64** 138 Ze 88
Lannédern **29** 25 Wa 59
Lanne-en-Barétous **64** 137 Zb 90
Lannemaignan **32** 124 Ze 85
Lannemezan **65** 139 Ac 90
Lannepax **32** 125 Ab 86
Lanneplaà **64** 137 Zb 88
Lanneray **28** 48 Bb 60
Lannes **47** 125 Ab 84
Lanne-Soubiran **32** 124 Zf 86
Lanneuffret **29** 24 Ve 57
Lanneur = Lanmeur **29** 25 Wb 57
Lannilis **29** 24 Vc 57
Lanniliz = Lannilis **29** 24 Vc 57
Lannion **22** 25 Wd 56
Lannolon = Lannvollon **22** 26 Xa 57
Lannoy **59** 4 Db 45
Lannoy-Cuillère **60** 16 Be 50
Lannuon = Lannion **22** 25 Wd 56
Lannux **32** 124 Ze 87
Lano **2B** 157 Kb 94
Lanobre **15** 103 Cd 76
Lanouaille **24** 101 Ba 76
Lanouée **56** 43 Xc 61
Lanoux **09** 140 Bc 90
Lanques-sur-Rognon **52** 54 Fc 60
Lanquetot **76** 15 Ad 51
Lanrelas **22** 44 Xe 59
Lanrivain **22** 26 We 58
Lanrivoaré **29** 24 Vc 58
Lanrodec **22** 26 Wf 57
Lans **71** 82 Ef 68
Lansac **33** 99 Zc 78
Lansac **66** 154 Cd 92
Lansargues **34** 130 Ea 87
Lans-en-Vercors **38** 107 Fd 78
Lanslebourg-Mont-Cenis **73** 109 Gf 77
Lanslevillard **73** 109 Gf 77
Lanta **31** 141 Bd 87
Lantabat **64** 137 Yf 89
Lantages **10** 52 Eb 60
Lantan **18** 79 Ce 67
Lantéfontaine **54** 21 Ff 53
Lantenay **01** 95 Fd 72
Lantenay **21** 68 Ef 64
Lantenne-Vertière **25** 70 Fe 65
Lantenot **70** 70 Gc 62
Lanterne-et-les-Armonts, La **70** 70 Gd 62
Lanteuil **19** 102 Bd 78
Lanthenay, Romorantin- **41** 64 Be 64
Lanthes **21** 83 Fb 67
Lantheuil **14** 13 Zc 53
Lantic **22** 26 Xa 57
Lantignié **69** 94 Ed 72
Lantillac **56** 43 Xc 61
Lantilly **21** 68 Ec 63
Lanton **33** 110 Yf 80
Lantosque **06** 135 Hb 85
Lantriac **43** 117 Ea 79
Lanty **58** 81 Df 68
Lanty-sur-Aube **52** 53 Ee 60
Lanu = Lano **2B** 157 Kb 94
Lanuéjols **30** 129 Dc 84
Lanuéjols **48** 116 Dd 82
Lanuéjouls **12** 115 Cb 82
Lanvallay **22** 27 Xf 58
Lanvaudan **56** 43 We 61
Lanvellec **22** 25 Wc 57
Lanvénégen **56** 42 Wc 61
Lanvéoc **29** 24 Vd 59
Lanvollon **22** 26 Xa 57
Lanyugon = Jugon-les-Lacs **22** 27 Xe 58
Lanzac **46** 114 Bc 79
Laon **02** 19 Dd 51
Laons **28** 31 Bb 56
Lapalisse **03** 93 Dd 71
Lapalud **84** 131 Ee 83
Lapan **18** 79 Cb 67
Lapanouse-de-Cernon **12** 129 Da 85
Laparade **47** 112 Ac 82
Laparrouquial **81** 127 Ca 84
Lapège **09** 152 Bd 92
Lapenche **82** 127 Bd 83
Lapenne **09** 141 Be 90
Lapenty **50** 29 Yf 57
Laperrière-sur-Saône **21** 83 Fc 66
Lapesche **47** 112 Ac 81
Lapeyrade **40** 124 Zf 84
Lapeyre **65** 139 Ac 89
Lapeyrère **31** 140 Bb 89
Lapeyrouse **01** 94 Ef 73
Lapeyrouse **26** 106 Ef 77
Lapeyrouse **63** 92 Cf 71
Lapeyrouse-Fossat **31** 127 Bd 86
Lapeyrugue **15** 115 Cd 80
Lapleau **19** 103 Ca 77
Laplume **47** 125 Ad 84
Lapoutroie **68** 56 Ha 60
Lapouyade **33** 99 Ze 78
Lappion **02** 19 Df 51
Laprade **11** 142 Cb 88
Laprade **16** 100 Ab 77
Laprugne **03** 93 De 73
Laps **63** 104 Db 74
Lapte **43** 105 Eb 77
Lapugnoy **62** 8 Cd 45
Laquenexy **57** 38 Gb 54
Laqueuille **63** 103 Ce 75
Laragne-Montéglin **05** 120 Fe 83
Larajasse **69** 106 Ec 75
Laramière **46** 114 Bf 82
Laran **31** 126 Bb 87
Laran **65** 139 Ac 89
Larbey **40** 123 Zb 86
Larbroye **60** 18 Cf 51
Larcat **09** 152 Bd 92
Larçay **37** 63 Ae 64
Larceveau-Arros-Cibits **64** 137 Yf 89
Larchamp **53** 46 Yf 58
Larchamp **61** 29 Zb 56
Larchant **77** 50 Cd 59
Larche **04** 121 Gf 82
Larche **19** 101 Bc 78
Larderet, Le **39** 84 Ff 68
Lardier-et-Valença **05** 120 Ff 82
Lardiers **04** 132 Fe 84
Lardin-Saint-Lazare, Le **24** 101 Bb 78
Laredorte **11** 142 Cd 89
Larée **32** 124 Zf 85
Laréole **31** 126 Ba 86
Largeasse **79** 75 Zd 68
Largentière **07** 117 Eb 81
Largillay-Marsonnay **39** 83 Fe 69
Largitzen **68** 71 Hb 63
Largny-sur-Automne **02** 18 Da 53
Larians-et-Munans **70** 70 Gb 64
Larivière **90** 71 Gf 62
Larivière-Arnoncourt **52** 54 Fe 60
Larmor-Baden **56** 58 Xa 63
Larmor-Plage **56** 42 Wd 62
Larnage **26** 106 Ef 78
Larnagol **46** 114 Be 82
Larnas **07** 118 Ed 82
Larnat **09** 152 Bd 92
Larnaud **39** 83 Fc 68
Larnod **25** 70 Ff 65
Larochemillay **58** 81 Ea 67
Laroche-près-Feyt **19** 103 Cd 74
Laroche-Saint-Cydroine **89** 51 Dc 61
Larodde **63** 103 Cd 75
Laroin **64** 138 Zd 89
Laronxe **54** 38 Gd 57
Laroque **33** 111 Ze 81
Laroque **34** 130 De 85
Laroquebrou **15** 115 Cb 79
Laroque-de-Fa **11** 154 Cd 91
Laroque-des-Albères **66** 154 Cf 93
Laroque-des-Arcs **46** 114 Bc 82
Laroque-d'Olmes **09** 141 Bf 91
Laroque-Timbaut **47** 113 Ae 83
Laroquevieille **15** 103 Cd 78
Larouillies **59** 9 Df 48
Larrau **64** 137 Za 90
Larrazet **82** 126 Ba 85
Larré **56** 44 Xc 62
Larré **61** 30 Aa 58
Larressingle **32** 125 Ab 85
Larressore **64** 136 Yd 88
Larret **70** 69 Fd 63
Larreule **64** 138 Zd 88
Larreule **65** 138 Aa 88
Larrey **21** 53 Ec 61
Larribar-Sorhapuru **64** 137 Yf 89
Larringes **74** 97 Gd 70
Larrivière **40** 124 Zd 86
Larrogue **65** 139 Ac 89
Larroque **31** 139 Ad 89
Larroque **81** 127 Be 84
Larroque-Engalin **32** 125 Ad 85
Larroque-Saint-Sernin **32** 125 Ac 86
Larroque-sur-l'Osse **32** 125 Ab 85
Larroque-Toirac **46** 114 Bf 81
Lartigue **32** 124 Aa 86
Lartigue **32** 139 Ae 87
Lartigue **33** 111 Zf 83
Laruns **64** 138 Zd 91
Laruscade **33** 99 Zd 78
Larzac **24** 113 Ba 80
Larzalier **48** 117 De 81
Larzicourt **51** 36 Ee 57
Las, Le **33** 110 Za 80
Lasalle **30** 130 Df 84
Lasbordes **11** 141 Ca 89
Lascabanes **46** 113 Bb 82
Lascaux **19** 101 Bc 76
Lasclaveries **64** 138 Ze 88
Lasfaillades **81** 142 Cd 87
Lasgraisses **81** 127 Ca 86
Laslades **65** 139 Ab 89
Lassales **65** 139 Ac 89
Lassay-les-Châteaux **53** 46 Zd 58
Lassay-sur-Croisne **41** 64 Bd 64
Lasse **49** 62 Aa 63
Lasse **64** 137 Ye 90
Lasséran **32** 125 Ad 87
Lassere **09** 140 Bb 90
Lasserre **47** 125 Aa 84
Lasserre **47** 125 Ac 84
Lasserre **64** 138 Zf 87
Lasserre-de-Prouille **11** 141 Ca 89
Lasseube **64** 138 Zc 89
Lasseube-Propre **32** 125 Ad 87
Lasseubetat **64** 138 Zd 89
Lassicourt **10** 53 Ec 58
Lassigny **60** 18 Cf 51
Lasson **14** 13 Zd 53
Lasson **89** 52 De 60
Lassouts **12** 115 Cf 82
Lassur **09** 152 Be 92
Lassy **14** 29 Zb 55
Lassy **35** 44 Ya 61
Lastic **15** 104 Db 78
Lastic **63** 91 Cd 74
Lastours **11** 142 Cc 89
Lastours **11** 142 Cf 90
Lataule **60** 17 Ce 51
Latet, Le **39** 84 Ff 68
Latette, la **39** 84 Ga 68
Lathuile **74** 96 Gb 74
Lathus-Saint-Rémy **86** 89 Af 70
Latillé **86** 76 Aa 69
Latilly **02** 34 Db 54
Latoue **31** 139 Ae 89
Latouille-Lentillac **46** 114 Bf 79
Latour **31** 140 Bb 89
Latour-Bas-Elne **66** 154 Cf 93
Latour-de-Carol **66** 153 Bf 94
Latour-de-France **66** 154 Cd 92
Latour-en-Woëvre **55** 37 Fe 54
Latrecey-Ormoy **52** 53 Ef 61
Latresne **33** 111 Zc 80
Latrille **40** 124 Ze 87
Latronche **19** 103 Cb 77
Latronquière **46** 114 Ca 80
Lattainville **60** 16 Be 53
Lattes **34** 144 Df 87
Lattre-Saint-Quentin **62** 8 Cd 47
Laubach **67** 40 Hf 55
Laubert **48** 117 Dd 81
Laubies, Les **48** 116 Dc 80
Laubressel **10** 52 Eb 59
Laubrières **53** 45 Yf 61
Laucourt **80** 17 Ce 50
Laudon **30** 131 Ed 84
Laudrefang **57** 38 Gd 54
Laugnac **47** 112 Ad 83
Laujuzan **32** 124 Zf 86
Laulne **50** 12 Yd 53
Laumesfeld **57** 22 Gc 52
Launac **31** 126 Bb 86
Launaguet **31** 126 Bc 86
Launay-Villiers **53** 46 Yf 60
Launois-sur-Vence **08** 20 Ed 51
Launoy **02** 18 Dc 53
Launstroff **57** 22 Gd 52
Laupie, La **26** 118 Ef 81
Laurabuc-et-Mireval **11** 141 Bf 89
Laurac **11** 141 Bf 89
Laurac-en-Vivarais **07** 117 Eb 81
Lauraët **32** 125 Ab 85
Lauraguel **11** 141 Cb 90
Laurède **40** 123 Zb 86
Laure-Minervois **11** 142 Cd 89
Laurens **34** 143 Db 87
Lauresses **46** 114 Ca 80
Lauret **34** 130 Df 86
Lauret **40** 124 Zd 87
Laurie **15** 104 Da 77
Laurier, Le **59** 7 Cb 43
Laurière **87** 90 Bc 72
Lauris **84** 132 Fb 86
Lauroux **34** 129 Db 86
Laussonne **43** 117 Ea 79
Laussou **47** 113 Ae 81
Lautenbach **68** 56 Ha 61
Lautenbachzell **68** 56 Ha 61
Lauterbourg **67** 40 Ib 55
Lauthiers **86** 77 Ae 69
Lautignac **31** 140 Ba 88
Lautrec **81** 127 Ca 86
Lauw **68** 71 Ha 62
Lauwin **59** 8 Da 46
Laux-Montaux **26** 119 Fd 83
Lauzach **56** 59 Xc 63
Lauzerte **82** 126 Ba 83
Lauzerville **31** 141 Bd 87
Lauzès **46** 114 Bd 81
Lauzet-Ubaye, le **04** 120 Gc 82
Lauzun **47** 112 Ac 81
Lavacquerie **60** 17 Ca 50
Laval **38** 108 Ef 77
Laval **53** 46 Zb 60
Lavalade **24** 113 Af 80
Laval-Atger **48** 117 De 80
Laval-d'Aix **26** 119 Fc 80
Laval-d'Aurelle **07** 117 Df 81
Lavaldens **38** 120 Ff 79
Laval-du-Tarn **48** 116 Dc 82
Laval-en-Brie **77** 51 Da 58
Laval-en-Laonnais **02** 19 Dd 51
Lavalette **11** 142 Cb 89
Lavalette **31** 127 Bd 87
Lavalette **34** 129 Db 86
Lavallée **55** 37 Fc 56
Laval-Morency **08** 20 Ec 49
Laval-Roquecezière **12** 128 Cd 86
Laval-Saint-Roman **30** 131 Ed 83
Laval-sur-Doulon **43** 104 Dd 76
Laval-sur-Luzège **19** 103 Cb 77
Laval-sur-Tourbe **51** 36 Ee 54
Laval-sur-Vologne **88** 56 Ge 59
Lavancia-Epercy **39** 95 Fe 71
Lavandou, Le **83** 147 Gc 90
Lavangeot **39** 69 Fd 66
Lavannes **51** 19 Eb 53
Lavans-lès-Dole **39** 69 Fd 66
Lavans-lès-Saint-Claude **39** 95 Fe 70
Lavans-Quingey **25** 84 Ff 66
Lavans-sur-Valouse **39** 95 Fd 71
Lavans-Vuillafans **25** 84 Gb 66
Lavaqueresse **02** 9 De 49
Lavardac **47** 125 Ab 83
Lavardens **32** 125 Ad 86
Lavardin **41** 63 Af 62
Lavardin **72** 47 Aa 60
Lavaré **72** 48 Ad 60
Lavars **38** 119 Fe 79
Lavastrie **15** 116 Da 79
Lavatoggio **2B** 156 If 93
Lavatoghju, U = Lavatoggio **2B** 156 If 93
Lavau **10** 52 Ea 59
Lavau **89** 66 Cf 63
Lavaufranche **23** 91 Cb 71
Lavault-de-Frétoy **58** 81 Ea 66
Lavault-Sainte Anne **03** 91 Cd 71
Lavaur **24** 113 Ba 81
Lavaur **81** 127 Be 86
Lavaurette **82** 127 Be 83
Lavausseau **86** 76 Aa 69
Lavau-sur-Loire **44** 59 Ya 65
Lavaveix-les-Mines **23** 90 Ca 72
Lavazan **33** 111 Zf 82
Laveissenet **15** 104 Cf 78
Laveissière **15** 103 Ce 78
Lavelanet **09** 153 Bf 91
Lavelanet-de-Comminges **31** 140 Ba 89
Laveline-devant-Bruyères **88** 56 Ge 59
Laveline-du-Houx **88** 56 Ge 60
Laventie **62** 8 Ce 45
Laveraët **32** 139 Ab 87
Lavercantière **46** 113 Bb 81
Laverdines **18** 80 Ce 66
Lavergne **46** 114 Be 80
Lavergne **47** 112 Ac 81
Lavernat **72** 62 Ac 62
Lavernay **25** 70 Fe 65
Lavernhe **12** 129 Da 83
Lavernose-Lacasse **31** 140 Bb 88
Lavernoy **52** 54 Fd 61
Laverrière **60** 17 Ca 50
Laversine **02** 18 Db 52
Laversines **60** 17 Cb 52
Lavérune **34** 144 De 87
Laveyron **26** 106 Ee 77
Laveyssière **24** 112 Ac 79
Lavieu **42** 105 Ea 75
Laviéville **80** 8 Cd 49
Lavigerie **15** 103 Ce 78
Lavignac **87** 89 Ba 74
Lavigney **70** 70 Fe 62
Lavigny **39** 83 Fd 68
Laville-aux-Bois **52** 54 Fb 60
Lavilledieu **07** 118 Ec 81
Lavilleneuve **52** 54 Fd 60
Lavilletertre **60** 32 Bf 53
Lavincourt **55** 37 Fa 57
Laviolle **07** 118 Eb 80
Laviron **25** 71 Gd 65
Lavit **82** 126 Af 85
Lavoine **03** 93 De 73
Lavoncourt **70** 70 Fe 63
Lavours **01** 95 Fe 74
Lavoûte-Chilhac **43** 104 Dc 78
Lavoûte-sur-Loire **43** 105 Df 78
Lavoux **86** 77 Ad 69
Lavoye **55** 37 Fa 54
Lawarde-Mauger-l'Hortoy **80** 17 Cb 50
Laxou **54** 38 Ga 56
Lay **42** 93 Eb 73
Lay-Lamidou **64** 137 Zb 89
Laymont **32** 140 Af 88
Layrac **47** 125 Ad 84
Layrac-sur-Tarn **31** 127 Bd 86
Layrisse **65** 138 Aa 90
Lay-Saint-Christophe **54** 38 Gb 56
Lay-Saint-Rémy **54** 37 Fe 56
Lays-sur-le-Doubs **71** 83 Fb 67
Laz **29** 42 Wa 60
Lazenay **18** 79 Ca 66
Léalvillers **80** 8 Cd 48
Léaupartie **14** 14 Aa 53
Léaz **01** 96 Ff 72
Lebetain **90** 71 Gf 64
Lebeuville **54** 55 Gb 58
Lebiez **62** 7 Bf 46
Leboulin **32** 125 Ae 86
Lebreil **46** 113 Bb 83
Lebucquière **62** 8 Cf 48
Lécaude **14** 30 Aa 54
Lecci **2A** 160 Kb 98
Lecci, i = Lecci **2A** 160 Kb 98
Lecelles **59** 9 Dc 46
Lecey **52** 54 Fc 61
Lechâtelet **21** 83 Fa 66
Léchelle **62** 8 Cf 48
Léchelle **77** 34 Dc 57
Lèches, Les **24** 100 Ac 79
Lécluse **59** 8 Da 47
Lécousse **35** 45 Ye 58
Lecques **30** 130 Ea 86
Lect **39** 95 Fe 70
Lectoure **32** 125 Ad 85
Lecumberry **64** 137 Yf 90
Lécussan **31** 139 Ad 90
Lédas-et-Penthiès **81** 128 Cc 84
Lédat **47** 112 Ae 82
Lederzeele **59** 3 Cb 44
Ledeuix **64** 137 Zc 89
Lédignan **30** 130 Ea 85
Ledinghem **62** 3 Bf 45
Ledringhem **59** 3 Cc 43
Leers **59** 4 Db 44
Lées-Athas **64** 137 Zc 91
Lefaux **62** 7 Bd 45
Leffard **14** 30 Ze 55
Leffincourt **08** 20 Ed 52
Leffonds **52** 54 Fb 61
Leffrinckoucke **59** 4 Cc 42
Leforest **62** 8 Da 46
Lège **31** 151 Ad 91
Legé **44** 74 Yc 67
Lège-Cap-Ferret **33** 110 Yf 80
Légéville-et-Bonfays **88** 55 Ga 59
Léglantiers **60** 17 Cd 51
Légna **39** 83 Fd 70
Légny **69** 94 Ed 73
Léguevin **31** 126 Bb 87
Léguillac-de-Cercles **24** 100 Ad 76
Léguillac-de-l'Auche **24** 100 Ad 77
Le Havre **76** 14 Aa 51
Léhon **22** 27 Xf 58
Leigné-les-Bois **86** 77 Ae 68
Leignes-sur-Fontaine **86** 77 Ae 69
Leigné-sur-Usseau **86** 76 Ac 67
Leigneux **42** 93 Df 74
Leimbach **68** 56 Hb 62
Leintrey **54** 39 Ge 57
Lelin-Lapujolle **32** 124 Zf 86
Lelling **57** 39 Ge 54
Lemainville **54** 55 Gb 57
Le Mans **72** 47 Ab 61
Lembach **67** 40 He 54
Lemberg **57** 39 Hc 54
Lembeye **64** 138 Zf 88
Lembras **24** 112 Ad 79
Lemé **02** 19 De 49
Lème **64** 138 Zd 88
Leménil-Mitry **54** 55 Gb 58
Lémeré **37** 62 Ac 66
Lemmecourt **88** 54 Fe 59
Lemmes **55** 37 Fb 54
Lemoncourt **57** 38 Gc 55
Lempaut **81** 141 Ca 87
Lempdes **43** 104 Db 76
Lempdes **63** 92 Db 74
Lempire **02** 8 Db 49
Lemps **07** 106 Ee 78
Lemps **26** 119 Fc 82
Lempty **63** 92 Dc 74
Lempzours **24** 101 Ae 76
Lemud **57** 38 Gc 54
Lemuy **39** 84 Ff 67
Lénault **14** 29 Zc 55
Lenax **03** 93 De 71
Lencloître **86** 76 Ab 68
Lencouacq **40** 124 Zd 84
Lengelsheim **57** 39 Hc 54
Lengronne **50** 28 Yd 55
Lenharrée **51** 35 Ea 56
Léning **57** 39 Ge 55
Lennon **29** 42 Wa 59
Lenoncourt **54** 38 Gb 56
Lens **62** 8 Ce 46
Lens-Lestang **26** 106 Fa 77
Lent **01** 95 Fb 72
Lentigny **42** 93 Df 73
Lentillac-Lauzès **46** 114 Bd 81
Lentillac-Saint-Blaise **46** 114 Ca 81
Lentillères **07** 117 Eb 81
Lentilles **10** 53 Ed 58
Lentilly **69** 94 Ed 74
Lentiol **38** 107 Fa 77
Lento **2B** 157 Kb 93
Lentu = Lento **2B** 157 Kb 93
Léobard **46** 113 Bb 80
Léogeats **33** 111 Zd 81
Léognan **33** 111 Zc 80
Léojac **82** 126 Bc 84
Léon **40** 123 Ye 85
Léoncel **26** 119 Fb 79
Léotoing **43** 104 Db 76
Léouville **45** 50 Ca 59
Léoville **17** 99 Zd 76
Lépanges-sur-Vologne **88** 56 Ge 59
Lépaud **23** 91 Cc 71
Lépinas **23** 90 Bf 72
Lépine **10** 52 Ea 59
Lépine **62** 7 Be 46
Lépin-le-Lac **73** 107 Fe 75
Lépron-les-Vallées **08** 20 Ec 50
Lepuix-Gy **90** 71 Ge 62
Lepuix-Neuf **90** 71 Ha 63
Léran **09** 141 Bf 91
Lercoul **09** 152 Bd 92
Léré **18** 66 Cf 64
Léren **64** 123 Yf 87
Lérigneux **42** 105 Df 75
Lerm-et-Musset **33** 111 Zf 83
Lerné **37** 62 Aa 66
Lérouville **55** 37 Fd 56
Lerrain **88** 55 Ga 60
Léry **21** 68 Ef 63
Léry **27** 15 Bb 53
Lerzy **02** 9 Df 49
Lesbœufs **80** 8 Cf 48
Lesbois **53** 29 Zb 58
Lescar **64** 138 Zd 89
Leschaux **74** 96 Ga 74
Lesche-en-Diois **26** 119 Fd 81
Leschelles **02** 9 De 49
Lescheraines **73** 96 Ga 74
Leschères **39** 96 Ff 70
Leschères-sur-le-Blaiseron **52** 53 Fa 58
Lescherolles **77** 34 Dc 56
Lescheroux **01** 95 Fa 70
Lesches **77** 33 Ce 55
Lescouët-Gouarec **22** 43 We 60
Lescousse **09** 140 Bd 90
Lescout **81** 141 Ca 87
Lescun **64** 137 Zc 91
Lescuns **31** 140 Ba 89
Lescure **09** 140 Bb 90
Lescure-d'Albigeois **81** 127 Cb 85
Lescure-Jaoul **12** 127 Ca 83
Lescurry **65** 139 Aa 88
Lesdain **59** 8 Db 48
Lesdins **02** 18 Db 49
Lesges **02** 18 Dd 53
Lesgor **40** 123 Za 85
Lésignac **16** 89 Ae 73
Lésigny **77** 33 Cd 56
Lésigny **86** 77 Ae 67
Leslay, Le **22** 26 Xa 58
Lesme **71** 81 De 69
Lesménils **54** 38 Ga 55
Lesmont **10** 53 Ec 58
Lesneven **29** 24 Ve 57
Lesparre-Médoc **33** 98 Za 77
Lesparrou **09** 153 Bf 91
Lesperon **40** 123 Yf 85
Lespesses **62** 7 Cc 45
Lespielle **64** 138 Zf 88
Lespignan **34** 143 Db 89
Lespinassière **11** 142 Cd 88
Lespinoy **62** 7 Bf 46
Lespiteau **31** 139 Ae 90
Lespourcy **64** 138 Zf 88
Lespugue **31** 139 Ae 89
Lesquerde **66** 154 Cd 92
Lesquielles-Saint-Germain **02** 19 Dd 49
Lesquin **59** 8 Da 45
Lessac **16** 89 Ae 72
Lessard-en-Bresse **71** 83 Fa 68
Lessard-et-le-Chêne **14** 30 Aa 54
Lessard-le-National **71** 82 Ef 67
Lessay **50** 12 Yc 53
Lesse **57** 38 Gd 55
Lessy **57** 38 Ga 54
Lestanville **76** 15 Af 50
Lestards **19** 102 Bf 75
Lestelle-Bétharram **64** 138 Ze 90
Lestelle-de-Saint-Martory **31** 140 Af 90
Lesterps **16** 89 Ae 72
Lestiac **33** 111 Zd 80

182 (F) Lamillarié — Lestiac

Lestiou 41 64 Bd 62
Lestrade-et-Thouels 12 128 Cd 84
Lestre 50 12 Ye 51
Lestrem 62 8 Ce 45
Létanne 08 20 Fa 51
Lételon 03 79 Cd 69
Lethuin 28 49 Bf 58
Letia 2A 158 If 95
Létra 69 94 Ed 73
Létricourt 54 38 Gb 55
Letteguives 27 16 Bb 52
Leubringhen 62 3 Be 43
Leuc 11 142 Cb 90
Leucamp 15 115 Cd 80
Leucate 11 154 Da 91
Leuchey 52 69 Fb 62
Leudeville 91 33 Cb 57
Leudon-en-Brie 77 34 Db 56
Leuglay 21 68 Ee 62
Leugny 86 76 Aa 68
Leugny 86 77 Ae 67
Leugny 89 66 Dc 62
Leuhan 29 42 Wb 60
Leuilly-sous-Coucy 02 18 Dc 52
Leulinghem 62 3 Ca 44
Leulinghen 62 3 Be 43
Leurville 52 54 Fc 59
Leury 02 18 Dc 52
Leutenheim 67 40 Ia 55
Leuville-sur-Orge 91 33 Cb 57
Leuvrigny 51 35 De 54
Leuy, Le 40 123 Zc 86
Leuze 02 19 Ea 49
Levainville 28 49 Be 58
Leval 59 9 Df 47
Levaré 53 46 Za 58
Levécourt 52 54 Fd 60
Levens 06 135 Hb 85
Levergies 02 18 Db 49
Levernois 21 82 Ef 66
Lèves 28 49 Bc 58
Lèves-et-Thoumeyragues, Les 33 112 Ab 80
Levesville-la-Chenard 28 49 Be 59
Levet 18 79 Cc 67
Levie 2A 159 Ka 98
Levier 25 84 Ga 67
Lévignac 31 126 Bb 86
Lévignac-de-Guyenne 47 112 Ab 81
Lévignacq 40 123 Ye 84
Lévignen 60 34 Cf 53
Lévigny 10 53 Ee 59
Levis 89 66 Db 63
Lévis-Saint-Nom 78 32 Bf 56
Levoncourt 55 37 Fc 56
Levoncourt 68 71 Hb 64
Levroux 36 78 Bd 67
Lewarde 59 8 Db 46
Lexy 54 21 Fe 52
Ley 57 38 Gd 56
Leychert 09 152 Be 91
Leyme 46 114 Bf 80
Leymen 68 72 Hc 63
Leyment 01 95 Fb 73
Leynes 71 94 Ee 71
Leynhac 15 115 Cb 80
Leyr 54 38 Gb 56
Leyrat 23 91 Cb 70
Leyrieu 38 95 Fb 74
Leyritz-Moncassin 47 112 Ab 82
Leyvaux 15 104 Da 77
Leyviller 57 39 Gf 54
Lez 31 151 Ae 91
Lézan 30 130 Ea 84
Lézardrieux 22 26 Wf 56
Lézat-sur-Lèze 09 140 Bc 89
Lezay 79 88 Zf 71
Lezennes 59 8 Da 45
Lezéville 52 54 Fc 58
Lezey 57 38 Gd 56
Lez-Fontaine 59 10 Ea 47
Lézignac-Durand 16 88 Ad 74
Lézignan 65 138 Zf 90
Lézignan-Corbières 11 142 Ce 89
Lézignan-la-Cèbe 34 143 Dc 88
Lézigné 49 62 Ze 63
Lézigneux 42 105 Ea 75
Lézinnes 89 67 Ea 62
Lezoux 63 92 Dc 74
Lhéraule 60 16 Bf 52
Lherm 31 140 Bb 88
Lherm 46 113 Bb 81
Lhéry 51 35 De 53
Lhommaizé 86 77 Ad 70
Lhomme 72 63 Ad 62
Lhôpital 01 95 Fe 72
Lhor 57 39 Gf 55
Lhospitalet 46 113 Bc 82
Lhoumois 79 76 Zf 68
Lhuis 01 95 Fd 74
Lhuître 10 35 Eb 57
Lhuys 02 18 Dd 53
Liac 65 138 Aa 88
Liancourt 60 17 Cc 52
Liancourt-Fosse 80 18 Ce 50
Liancourt-Saint-Pierre 60 16 Bf 53
Liart 08 19 Ec 50
Lias 32 140 Ba 87
Lias-d'Armagnac 32 124 Zf 85
Liausson 34 129 Dc 87
Libaros 65 139 Ac 89
Libercourt 62 8 Cf 46
Libermont 60 18 Cf 50
Libos, Monsempron- 47 113 Af 82
Libourne 33 111 Ze 79
Licey-sur-Vingeanne 21 69 Fc 64
Lichans-Sunhars 64 137 Za 90
Lichères 16 88 Ab 73
Lichères-près-Aigremont 89 67 Df 62
Lichères-sur-Yonne 89 67 Dd 63
Lichos 64 137 Zb 89
Lichtenberg 67 40 Hc 55
Licourt 80 18 Cf 50
Licq-Athérey 64 137 Za 90
Licques 62 3 Bf 43
Licy-Clignon 02 34 Db 54
Lidrezing 57 39 Ge 55
Liebenswiller 68 72 Hc 63
Liebsdorf 68 71 Hb 64
Liederschiedt 57 40 Hc 54
Lieffrans 70 70 Ff 63
Liège, Le 37 63 Ba 65
Liéhon 57 38 Gb 54
Liencourt 62 7 Cc 47
Liépvre 68 56 Hb 59
Liéramont 80 8 Da 49
Liercourt 80 7 Bf 48
Lières 62 7 Cc 45
Liergues 69 94 Ed 73
Liernais 21 68 Eb 65
Liernolles 03 93 De 70
Lierval 02 19 Dd 52
Lierville 60 32 Bf 53
Lies 65 139 Ab 90
Liesle 25 84 Fe 66
Liesse-Notre-Dame 02 19 De 51
Liessies 59 10 Ea 48
Liesville-sur-Douve 50 12 Ye 52
Liettres 62 7 Cc 45
Lieuche 06 134 Ha 84
Lieucourt 70 69 Fd 64
Lieurac 09 141 Be 91
Lieuran-Cabrières 34 143 Dc 87
Lieuran-lès-Béziers 34 143 Db 88
Lieurey 27 15 Ad 53
Lieuron 35 44 Ya 61
Lieusaint 50 12 Yd 52
Lieusaint 77 33 Cd 57
Lieu-Saint-Amand 59 9 Dc 47
Lieutadès 15 116 Cf 79
Lieuvillers 60 17 Cd 52
Liévans 70 70 Gc 63
Liévin 62 8 Ce 46
Liez 02 18 Db 50
Liez 85 75 Zb 70
Liézey 88 56 Ge 60
Liffol-le-Grand 88 54 Fd 59
Liffol-le-Petit 52 54 Fd 59
Liffré 35 45 Yd 59
Ligescourt 80 7 Bf 47
Liginiac 19 103 Cb 76
Liglet 86 77 Ba 69
Lignac 36 77 Bb 70
Lignairolles 11 141 Bf 90
Lignan 34 143 Db 88
Lignan-de-Bazas 33 111 Ze 82
Lignan-de-Bordeaux 33 111 Zd 80
Ligné 16 88 Aa 73
Ligné 44 60 Yd 64
Lignères 61 30 Ab 56
Lignères-Orgères 53 30 Ze 57
Lignereuil 62 8 Cd 47
Lignerolles 03 91 Cd 71
Lignerolles 21 53 Ef 61
Lignerolles 27 32 Bb 55
Lignerolles 36 79 Ca 70
Lignerolles 61 31 Ad 57
Lignéville 88 55 Ff 59
Ligneyrac 19 102 Bd 78
Lignières 10 52 Df 61
Lignières 18 79 Cb 68
Lignières 41 48 Bb 61
Lignières 80 17 Cd 50
Lignières-Châtelain 80 16 Bf 50
Lignières-de-Touraine 37 62 Ac 65
Lignières-en-Vimeu 80 16 Bd 49
Lignières-Sonneville 16 99 Ze 75
Lignières-sur-Aire 55 37 Fc 56
Lignol 56 43 We 60
Lignol-le-Château 10 53 Ee 59
Lignon 51 52 Ed 57
Lignorelles 89 52 De 61
Lignou 61 29 Zd 56
Ligny-en-Barrois 55 37 Fb 56
Ligny-en-Brionnais 71 93 Eb 71
Ligny-Haucourt 59 9 Dc 48
Ligny-le-Châtel 89 52 De 61
Ligny-le-Ribault 45 64 Be 62
Ligny-lès-Aire 62 7 Cc 45
Ligny-Saint-Flochel 62 7 Cc 46
Ligny-sur-Canche 62 7 Cb 47
Ligny-Thilloy 62 8 Ce 48
Ligré 37 62 Ab 66
Ligron 72 47 Aa 62
Ligsdorf 68 72 Hb 64
Ligueil 37 77 Ae 66
Ligueux 33 112 Ab 80
Ligugé 86 76 Ab 69
Lihons 80 17 Ce 50
Lihus 60 17 Ca 51
Lilhac 31 140 Ae 89
Lille 59 8 Da 45
Lillebonne 76 15 Ad 51
Lillemer 35 27 Ya 57
Lillers 62 8 Cc 45
Lilly 27 16 Bd 52
Limans 04 132 Fe 85
Limanton 58 81 De 67
Limas 69 94 Ee 73
Limbrassac 09 141 Bf 90
Limé 02 18 Dd 53
Limendous 64 138 Ze 89
Limeray 37 63 Ba 64
Limersheim 67 57 Hd 58
Limerzel 56 59 Xd 63
Limésy 76 15 Af 51
Limetz-Villez 78 32 Bd 54
Limeuil 24 113 Af 79
Limeux 18 79 Ca 66
Limeux 80 7 Be 48
Limeyrat 24 101 Af 78
Limey-Remenauville 54 37 Ff 55
Limoges 87 89 Bb 74
Limoges-Fourches 77 33 Ce 57
Limogne-en-Quercy 46 114 Be 82
Limoise 03 80 Da 68
Limon 58 80 Dc 67
Limonest 69 94 Ee 74
Limons 63 92 Dc 73
Limont-Fontaine 59 9 Df 47
Limony 07 106 Ee 76
Limours 91 33 Ca 57
Limousis 11 142 Cc 89
Limoux 11 142 Cb 90
Limouzinière, La 44 74 Yc 67
Limpiville 76 15 Ad 50
Linac 46 114 Ca 81
Linard 23 90 Bf 70
Linards 87 90 Bd 74
Linars 16 88 Aa 75
Linas 91 33 Cb 57
Linay 08 21 Fb 51
Linazay 86 88 Ab 71
Lindebeuf 76 15 Af 50
Lindois, Le 16 88 Ad 74
Lindre-Basse 57 39 Ge 56
Lindre-Haute 57 39 Ge 56
Lindry 89 66 Dc 62
Lingé 36 77 Ba 68
Lingeard 50 29 Yf 56
Lingèvres 14 13 Zb 53
Linghem 62 7 Cc 45
Lingolsheim 67 40 He 57
Lingreville 50 28 Yc 55
Linguizzetta 2B 159 Kc 95
Linières-Bouton 49 62 Aa 64
Liniers 86 77 Ad 69
Liniez 36 78 Be 66
Linsdorf 68 72 Hc 63
Linselles 59 4 Da 44
Linthal 68 56 Ha 61
Linthelles 51 35 De 56
Linthes 51 35 Df 56
Lintot 76 15 Ad 51
Lintot-les-Bois 76 15 Ba 50
Linxe 40 123 Ye 85
Liny-devant-Dun 55 21 Fb 52
Linzeux 62 7 Cb 46
Liocourt 57 38 Gc 55
Liomer 80 16 Be 49
Lion-d'Angers, Le 49 61 Zb 63
Lion-devant-Dun 55 21 Fb 52
Lion-en-Beauce 45 49 Bf 60
Lion-en-Sullias 45 65 Cc 62
Lion-sur-Mer 14 14 Ze 53
Liorac-sur-Louyre 24 112 Ad 79
Liouc 30 130 Df 85
Liourdres 19 114 Be 79
Lioux 84 132 Fb 85
Lioux-les-Monges 23 91 Cc 73
Liposthey 40 110 Za 83
Lipsheim 67 40 Hd 57
Lirac 30 131 Ee 84
Liré 49 60 Yf 65
Lironcourt 88 55 Ff 61
Lironville 54 37 Ff 55
Liry 08 20 Ed 53
Lisbourg 62 7 Cb 45
Lisieux 14 30 Ab 54
Lisle 24 100 Ad 77
Lisle 41 48 Ba 61
Lisle-en-Barrois 55 36 Fa 55
Lisle-en-Rigault 55 36 Fa 56
Lisle-sur-Tarn 81 127 Be 85
Lislet 02 19 Ea 50
Lison 14 13 Yf 53
Lisores 14 30 Ab 55
Lisors 27 16 Bc 52
Lissac 09 141 Bd 89
Lissac 19 102 Ca 75
Lissac 43 105 De 78
Lissac-et-Mouret 46 114 Bf 81
Lissac-sur-Couze 19 102 Bc 78
Lissay-Lochy 18 79 Cc 67
Lisse-en-Champagne 51 36 Ed 56
Lisses 91 33 Cc 57
Lisseuil 63 92 Cf 72
Lissey 55 21 Fc 52
Lissieu 69 94 Ee 73
Lissy 77 33 Ce 57
Listrac-de-Durèze 33 112 Aa 80
Listrac-Médoc 33 98 Zb 78
Lit-et-Mixe 40 123 Ye 84
Lithaire 50 12 Yd 53
Litteau 14 13 Za 54
Littenheim 67 40 Hc 56
Litz 60 17 Cb 52
Livaie 61 30 Zf 57
Livarot 14 30 Aa 54
Liverdun 54 38 Ga 56
Liverdy-en-Brie 77 33 Ce 56
Liverieg = Liffré 35 45 Yd 59
Livernon 46 114 Bf 81
Livese = Olivese 2A 159 Ka 97
Livet 53 46 Zd 60
Livet-en-Saosnois 72 47 Ab 58
Livet-et-Gavet 38 108 Ff 78
Livet-sur-Authou 27 15 Ad 53
Livia = Levie 2A 159 Ka 98
Livilliers 95 33 Ca 54
Livinhac-le-Haut 12 115 Cb 81
Livinière, La 34 142 Cd 89
Livré 53 47 Za 61
Livré-sur-Changeon 35 45 Yd 59
Livron 64 138 Zf 89
Livron-sur-Drôme 26 118 Ef 80
Livry 14 29 Zb 54
Livry 58 80 Da 68
Livry-Gargan 93 33 Cd 55
Livry-Louvercy 51 35 Eb 54
Livry-sur-Seine 77 50 Ce 57
Lixhausen 67 40 Hd 56
Lixheim 57 39 Ha 56
Lixing-lès-Rouhling 57 39 Ha 54
Lixing-lès-Saint-Avold 57 39 Ge 54
Lixy 89 51 Da 59
Lizac 82 126 Bb 84
Lizant 86 88 Ab 72
Lizeray 36 78 Bf 67
Lizières 23 90 Bd 71
Lizine 25 84 Ga 66
Lizines 77 51 Db 57
Lizio 56 44 Xc 61
Lizos 65 139 Aa 89
Lizy 02 18 Dc 51
Lizy-sur-Ourcq 77 34 Da 54
Llagonne, la 66 153 Ca 93
Llauro 66 154 Ce 93
Llo 66 153 Ca 94
Llupia 66 154 Ce 93
Lobsann 67 40 Hf 55
Locarn 22 25 Wd 59
Loc-Brévalaire 29 24 Vd 57
Loc-Eguiner 29 25 Vf 58
Loc-Eguiner-Saint-Thégonnec 29 25 Wa 58
Loc-Envel 22 26 We 57
Loc-Guénolé 29 42 Wa 59
Loches 37 77 Af 66
Loches-sur-Durce 10 53 Ed 60
Loché-sur-Indrois 37 77 Bb 66
Locheur, Le 14 29 Zc 54
Lochwiller 67 39 Hc 56
Locmalo 56 43 We 60
Locmaria 56 43 Wf 63
Locmaria-Berrien 29 25 Wb 58
Locmaria-Grand-Champ 56 43 Xb 62
Locmaria-Plouzané 29 24 Vc 58
Locmariaquer 56 58 Xa 63
Locmélar 29 24 Ve 57
Locmélar 29 25 Vf 58
Locminé 56 43 Xa 61
Locmiquelic 56 42 Wd 62
Locoal-Mendon 56 43 Wf 62
Locon 62 8 Cd 45
Loconville 60 16 Bf 53
Locqueltas 56 43 Xa 62
Locquénolé 29 25 Wa 57
Locquignol 59 9 De 47
Locquirec 29 25 Wc 56
Locronan 29 41 Ve 60
Loctudy 29 41 Ve 61
Locunolé 29 42 Wd 61
Loddes 03 93 De 71
Lodes 31 139 Ae 89
Lodève 34 129 Db 86
Lods 25 84 Gb 66
Loechle 68 72 Hc 63
Lœuilley 70 69 Fc 64
Lœuilly 80 17 Cb 50
Loge, La 62 7 Ca 46
Loge-aux-Chèvres, La 10 53 Ec 59
Loge-Fougereuse 85 75 Zb 69
Logelheim 68 57 Hc 60
Loge-Pomblin, La 10 52 Ea 60
Loges, les 14 29 Zb 54
Loges, Les 52 69 Fd 62
Loges, les 76 14 Ab 50
Loges-en-Josas, Les 78 33 Ca 56
Loges-Marchis, Les 50 28 Yf 57
Loges-Margueron, Les 10 52 Ea 60
Loges-Saulces, Les 14 30 Ze 55
Loges-sur-Brécey, Les 50 28 Yf 56
Logny-Bogny 08 20 Ec 50
Logny-lès-Aubenton 02 19 Eb 50
Logrian-Florian 30 130 Ea 85
Logron 28 48 Bb 60
Loguivy 22 26 Wf 56
Loguivy-Plougras 22 25 Wd 57
Logunec'h = Locminé 56 43 Xa 61
Lohéac 35 44 Ya 61
Lohitzun-Oyhercq 64 137 Za 89
Lohr 67 39 Hb 55
Lohuec 22 25 Wc 58
Loigné-sur-Mayenne 53 46 Zb 61
Loigny-la-Bataille 28 49 Be 60
Loiré 17 86 Za 71
Loire-les-Marais 17 86 Za 73
Loiré-sur-Nie 17 87 Ze 73
Loire-sur-Rhône 69 106 Ee 75
Loiron 53 46 Za 60
Loisail 61 31 Ad 57
Loisey-Culey 55 37 Fb 56
Loisia 39 83 Fc 70
Loisieux 73 107 Fe 75
Loisin 74 96 Gb 71
Loison-sur-Créquoise 62 7 Be 46
Loisy 54 38 Ga 55
Loisy 71 83 Fa 69
Loisy-en-Brie 51 35 Df 55
Loisy-sur-Marne 51 36 Ed 56
Loivre 51 19 Df 52
Loix 17 86 Yd 71
Lokournan = Saint-Renan 29 24 Vc 58
Lolif 50 28 Yd 56
Lolme 24 113 Af 80
Lombard 25 84 Ff 66
Lombard 39 83 Fd 68
Lombers 81 127 Ca 86
Lombez 32 140 Af 88
Lombia 64 138 Zf 89
Lombrès 65 139 Ad 90
Lombreuil 45 50 Cd 61
Lombron 72 47 Ac 60
Lomme 59 4 Cf 45
Lommerange 57 22 Ff 53
Lommoye 78 32 Bd 55
Lomné 65 139 Ab 90
Lomont 70 71 Gd 63
Lomont-sur-Crête 25 70 Gc 64
Lompnas 01 95 Fd 74
Lompnieu 01 95 Fd 73
Lompret 59 4 Cf 44
Lonçon 64 138 Zd 88
Londe, La 76 15 Af 53
Londe-les-Maures, La 83 147 Gb 90
Londigny 16 88 Aa 72
Long 80 7 Bf 48
Longages 31 140 Bb 88
Longaulnay 35 45 Ya 59
Longavesnes 80 8 Da 49
Longchamp 21 69 Fb 65
Longchamp 52 54 Fc 60
Longchamp 88 55 Gd 59
Longchamps 27 16 Bd 52
Longchamps-sur-Aire 55 37 Fb 55
Longchamp-sur-Aujon 10 53 Ef 60
Longchaumois 39 84 Ff 70
Longcochon 39 84 Ga 68
Longeault 21 69 Fa 65
Longeau-Percey 52 69 Fb 62
Longeaux 55 37 Fc 57
Longechaux 25 70 Gc 65
Longechenal 38 107 Fc 76
Longecombe 01 95 Fd 73
Longecourt-en-Plaine 21 69 Fa 65
Longepierre 71 83 Fb 67
Longeron, Le 49 74 Yf 66
Longes 69 106 Ee 76
Longessaigne 69 94 Ec 74
Longevelle 70 70 Gc 63
Longevelle-lès-Russey 25 71 Gd 65
Longevelle-sur-Doubs 25 71 Gd 64
Longèves 17 86 Za 71
Longèves 85 75 Za 70
Longeville 25 84 Gb 66
Longeville-en-Barrois 55 37 Fb 56
Longeville-lès-Metz 57 38 Ga 54
Longeville-lès-Saint-Avold 57 38 Gd 54
Longevilles-Hautes 25 84 Gc 68
Longevilles-Mont-d'Or 25 84 Gb 68
Longeville-sur-la-Laines 52 53 Ee 58
Longeville-sur-Mer 85 74 Yd 70
Longeville-sur-Mogne 10 52 Ea 60
Longfossé 62 3 Be 45
Longine, la 70 55 Gd 61
Longjumeau 91 33 Cb 56
Longlaville 54 21 Fe 51
Longmesnil 76 16 Bd 51
Longnes 72 47 Zf 60
Longnes 78 32 Bd 55
Longny-au-Perche 61 31 Ae 57
Longpont 02 18 Db 53
Longpont-sur-Orge 91 33 Cb 57
Longpré-les-Corps-Saints 80 7 Bf 48
Longpré-le-Sec 10 53 Ed 59
Longraye 14 13 Zb 54
Longré 16 88 Zf 72
Longroy 76 6 Bd 49
Longsols 10 52 Eb 58
Longueau 80 17 Cc 49
Longuefuye 53 46 Zc 61
Longueil 76 15 Af 49
Longueil-Annel 60 18 Cf 52
Longueil-Sainte-Marie 60 17 Ce 52
Longué-Jumelles 49 62 Zf 64
Longuenesse 62 3 Cb 44
Longuenoë 61 30 Zf 57
Longuerue 76 16 Bb 51
Longuesse 95 32 Bf 54
Longues-sur-Mer 14 13 Zb 52
Longueval 80 8 Ce 48
Longueval-Barbonval 02 19 Dd 52
Longueville 47 112 Ab 82
Longueville 50 28 Yc 55
Longueville 62 3 Bf 44
Longueville 77 34 Db 57
Longueville, La 59 9 Df 47
Longueville-sur-Aube 10 35 Df 57
Longueville-sur-Scie 76 15 Ba 50
Longuevillette 80 7 Cb 48
Longuyon 54 21 Fd 52
Longvic 21 69 Fa 65
Longvillers 14 29 Zc 54
Longvillers 62 7 Be 45
Longvilliers 78 32 Bf 57
Longwé 08 20 Ee 52
Longwy 54 21 Fe 51
Longwy-sur-le-Doubs 39 83 Fc 67
Lonlay-l'Abbaye 61 29 Zb 57
Lonlay-le-Tesson 61 29 Zd 57
Lonnes 16 88 Aa 73
Lonny 08 20 Ed 50
Lonrai 61 47 Aa 58
Lons 64 138 Zd 89
Lons-le-Saunier 39 83 Fd 68
Lonzac 17 99 Zd 75
Looberghe 59 3 Cb 43
Loon-Plage 59 3 Cb 42
Loos 59 8 Da 45
Loos-en-Gohelle 62 8 Ce 46
Looze 89 51 Dc 61
Lopérec 29 25 Vf 59
Lopigna 2A 158 If 96
Loqueffret 29 25 Wa 59
Lor 02 19 Ea 51
Loray 25 71 Gd 66
Lorcières 15 116 Db 79
Lorcy 45 50 Cd 60
Lordat 09 153 Be 92
Loré 61 29 Zc 58
Lorentzen 67 39 Hb 55
Loreto-di-Casinca 2B 157 Kc 94
Loreto-di-Tallano 2A 159 Ka 98
Lorette 42 106 Ed 75
Loretu di Casinca = Loreto-di-Casinca 2B 157 Kc 94
Loretu di Tadda = Loreto-di-Tallano 2A 159 Ka 98
Loreur, Le 50 28 Yd 55
Loreux 41 64 Be 64
Lorey 54 55 Gb 57
Lorey, Le 50 28 Ye 54
Lorges 41 49 Bc 62
Lorgies 62 8 Ce 45
Lorgues 83 147 Gc 87
Lorient 33 111 Zd 80
Lorient 56 42 Wd 62
Loriges 03 92 Dc 71
Lorignac 17 99 Zb 76
Lorigné 79 88 Aa 72
Loriol-du-Comtat 84 131 Fa 84
Loriol-sur-Drôme 26 118 Ee 80
Lorlanges 43 104 Db 77
Lorleau 27 16 Bd 52
Lormaison 60 17 Ca 53
Lormaye 28 32 Bd 57
Lormes 58 67 De 65
Lormont 33 111 Zc 79
Lornay 74 96 Ff 73
Loromontzey 54 55 Gc 58
Loroux, Le 35 45 Yf 58
Loroux-Bottereau, Le 44 60 Yd 65
Lorp-Sentaraille 09 140 Ba 90
Lorquin 57 39 Gf 56
Lorrez-le-Bocage 77 51 Cf 59
Lorris 45 50 Cd 61
Lorry-lès-Metz 57 38 Ga 54
Lorry-Mardigny 57 38 Ga 55
Lortet 65 139 Ac 90
Loscouët-sur-Meu 22 44 Xe 59
Losne 21 83 Fb 66
Losse 40 124 Zf 84
Lostanges 19 102 Be 78
Lostroff 57 39 Gf 55
Lothey 29 42 Vf 59
Lottinghen 62 3 Bf 44
Louailles 72 46 Ze 62
Louannec 22 26 Wd 56
Louans 37 63 Ae 65
Louan-Villegruis-Fontaine 77 34 Dc 57
Louargat 22 26 Wd 57
Louâtre 02 18 Db 53
Loubajac 65 138 Zf 90
Loubaresse 15 116 Db 79
Loubaut 09 140 Bb 89
Loubédat 32 124 Aa 86
Loubejac 24 113 Ba 81
Loubens 09 141 Bd 90
Loubens 33 111 Zf 81
Loubens-Lauragais 31 141 Be 87
Loubers 81 127 Bf 84
Loubès-Bernac 47 112 Ab 80
Loubeyrat 63 92 Da 73
Loubière, La 12 115 Ce 82
Loubières 09 141 Bd 90
Loubigné 79 88 Zf 72
Loubillé 79 88 Zf 72
Loubressac 46 114 Be 79
Loucé 61 30 Zf 56
Loucelles 14 13 Zc 53
Louchats 33 111 Zc 81
Louches 62 3 Ca 43
Louchy-Montfand 03 92 Db 71
Loucrup 65 138 Aa 90
Loudéac 22 43 Xb 59
Loudenvielle 65 150 Ac 92
Loudes 43 105 De 78
Loudet 31 139 Ad 90
Loudieg = Loudéac 22 43 Xb 59
Loudrefing 57 39 Gf 55
Lou-du-Lac, Le 35 44 Ya 59
Loudun 86 76 Aa 66
Loué 72 47 Zf 61
Louer 40 123 Za 86
Louesme 21 53 Ee 61
Louestault 37 63 Ad 63
Loueuse 60 16 Be 51
Louey 65 138 Aa 89
Lougé-sur-Maire 61 30 Ze 56
Lougratte 47 112 Ad 81
Lougres 25 71 Ge 64
Louhans 71 82 Fb 69
Louhossoa 64 136 Yd 89
Louignac 19 101 Bb 77
Louin 79 76 Ze 68
Louisfert 44 60 Yd 62
Louit 65 139 Aa 89
Loulans-Verchamp 70 70 Gb 64
Loulay 17 87 Zc 72
Loulle 39 84 Ff 68
Loupe, La 28 48 Ba 58
Loupeigne 02 18 Dd 53
Loupershouse 57 39 Gf 54
Loupes 33 111 Zd 80
Loupfougères 53 46 Zd 58
Loupia 11 141 Ca 90
Loupiac 33 111 Ze 81
Loupiac 46 113 Ba 81
Loupiac 46 114 Bc 80
Loupiac 46 114 Bf 82
Loupiac 81 127 Be 86
Loupiac-de-la-Réole 33 111 Zf 81
Loupian 34 143 Dd 88
Louplande 72 47 Aa 61
Loupmont 55 37 Fe 55
Louppy-le-Château 55 36 Fa 55
Louppy-sur-Chée 55 37 Fa 55
Louppy-sur-Loison 55 21 Fd 52
Louptière-Thénard, La 10 51 Dc 58
Lourches 59 9 Dc 47
Lourde 31 139 Ad 91
Lourdes 65 138 Zf 90
Lourdios-Ichere 64 137 Zb 90
Lourdoueix-Saint-Michel 36 78 Be 70
Lourdoueix-Saint-Pierre 23 78 Be 70
Lourenties 64 138 Zf 89
Loures-Barousse 65 139 Ad 90
Louresse-Rochemenier 49 61 Ze 65
Lourmais 35 28 Yb 58
Lourmarin 84 132 Fc 86
Lournand 71 82 Ed 70
Lourouer-Saint-Laurent 36 79 Ca 69
Louroux, Le 37 63 Ae 66
Louroux-Béconnais, Le 49 61 Za 63
Louroux-Bourbonnais 03 80 Cf 69
Louroux-de-Beaune 03 92 Cf 71
Louroux-de-Bouble 03 92 Cf 71
Louroux-Hodement 03 79 Ce 70
Lourquen 40 123 Zb 86
Lourties-Monbrun 32 139 Ad 88
Loury 45 50 Ca 61
Louslitges 32 125 Aa 87
Loussous-Débat 32 124 Aa 87
Loutehel 35 44 Xf 61
Loutzviller 57 39 Hc 54
Louvagny 14 30 Zf 55
Louvaines 49 61 Zb 62
Louvatange 39 69 Fe 65
Louveciennes 78 33 Ca 55
Louvemont 52 36 Ef 57
Louvencourt 80 8 Cd 48
Louvenne 39 83 Fc 70
Louvergny 08 20 Ee 51
Louverné 53 46 Zb 60
Louverot, Le 39 83 Fd 68
Louversey 27 31 Af 55
Louvetot 76 15 Ae 51
Louvie-Juzon 64 138 Zd 90
Louvières 14 13 Za 52
Louvières 52 54 Fb 60
Louvières-en-Auge 61 30 Aa 55
Louviers 27 15 Ba 53
Louvie-Soubiron 64 138 Zd 90
Louvigné 53 46 Zc 60
Louvigné-de-Bais 35 45 Ye 60
Louvigné-du-Désert 35 28 Yf 58
Louvigneg-an-Dezerzh = Louvigné-du-Désert 35 28 Yf 58
Louvignies 59 9 Dd 47
Louvigny 14 13 Zd 54
Louvigny 57 38 Gb 55
Louvigny 64 138 Zd 87
Louvigny 72 47 Ab 58
Louvil 59 8 Db 45
Louville-la-Chenard 28 49 Be 59
Louvilliers-en-Drouais 28 32 Bb 56
Louvilliers-lès-Perche 28 31 Ba 57
Louvois 51 35 Ea 54
Louvrechy 80 17 Cc 50
Louvres 95 33 Cd 54
Louvroil 59 9 Df 47
Louye 27 32 Bb 56
Louzac-Saint-André 16 87 Zd 74
Louze 52 53 Ee 58
Louzignac 17 87 Ze 73
Louzy 79 76 Ze 66
Lovagny 74 96 Ga 73
Loyat 56 44 Xd 61
Loye, La 39 83 Fd 66
Loye-sur-Arnon 18 79 Cc 69
Loyettes 01 95 Fb 74
Lozay 17 87 Zc 72
Loze 82 127 Be 83
Lozinghem 62 8 Cd 45
Lozon 50 12 Ye 54
Lozzi 2B 156 Ka 94
Luant 36 78 Bd 68
Luart, Le 72 48 Ad 60
Lubbon 40 124 Zf 84
Lubécourt 57 38 Gd 55
Lubersac 19 101 Bc 76
Lubey 54 21 Ff 53
Lubilhac 43 104 Db 77
Lubine 88 56 Ha 59
Lublé 37 62 Ab 63
Lubret-Saint Luc 65 139 Ab 89
Luby-Betmont 65 139 Ab 89
Luc 12 115 Cd 83
Luc 48 117 Df 81
Luc 65 139 Ab 90
Luc, Le 83 147 Gb 88
Luc-Armau 64 138 Zf 88
Lucarré 64 138 Zf 88
Luçay-le-Libre 36 78 Bf 66
Luçay-le-Mâle 36 64 Bc 66
Lucbardez-et-Bargues 40 124 Zd 85
Lucciana 2B 157 Kc 93
Lucé 28 49 Bc 58
Lucé 42 93 Df 73
Lucé 61 29 Zc 57
Luceau 72 62 Ac 62
Lucenay 69 94 Ee 73

Lestiou — Lucenay (F) 183

Margny 08 21 Fc 51
Margny 51 35 Dd 55
Margny-aux-Cerises 60 18 Cf 50
Margny-lès-Compiègne 60 18 Ce 52
Margny-sur-Matz 60 18 Ce 51
Margon 28 48 Ae 58
Margouët-Meymes 32 125 Aa 86
Margueray 50 28 Yf 55
Marguerittes 30 131 Ec 85
Margueron 33 112 Ab 80
Marguestau 32 124 Zf 85
Margut 08 21 Fb 51
Mariac 07 118 Ec 79
Maricourt 80 8 Ce 49
Marie 06 134 Ha 84
Marieulles 57 38 Ga 54
Marieux 80 7 Cc 48
Marignac 17 99 Zd 75
Marignac 31 151 Ad 91
Marignac 82 126 Af 85
Marignac-en-Diois 26 119 Fc 80
Marignac-Lasclares 31 140 Ba 89
Marignac-Laspeyres 31 140 Af 89
Marignana 2A 158 Ie 95
Marignane 13 146 Fb 88
Marigna-sur-Valouse 39 83 Fd 70
Marigné 49 61 Za 65
Marigné 49 61 Zc 62
Marigné-Laillé 72 47 Ac 62
Marigné-Peuton 53 46 Zb 61
Marignier 74 96 Gd 72
Marignieu 01 95 Fe 74
Marigny 03 80 Db 69
Marigny 39 84 Fe 68
Marigny 50 28 Ye 54
Marigny 51 35 Df 57
Marigny 71 82 Ec 68
Marigny 79 87 Zd 71
Marigny-Brizay 86 76 Ab 68
Marigny-Chémereau 86 76 Ab 70
Marigny-en-Orxois 02 34 Db 54
Marigny-le-Cahouët 21 68 Ec 64
Marigny-le-Châtel 10 52 De 58
Marigny-l'Eglise 58 67 Df 64
Marigny-lès-Reullée 21 82 Ef 66
Marigny-les-Usages 45 49 Ca 61
Marigny-Marmande 37 77 Ac 67
Marigny-Saint-Marcel 74 96 Ff 74
Marigny-sur-Yonne 58 67 Dd 65
Marillac-le-Franc 16 88 Ac 74
Marillais, le 49 61 Yf 64
Marillet 85 75 Zc 69
Marimbault 33 111 Ze 82
Marimont-lès-Bénestroff 57 39 Ge 55
Marines 95 32 Bf 54
Maringes 42 106 Ec 75
Maringues 63 92 Db 73
Mariol 03 92 Dc 72
Marions 33 111 Zf 82
Marizy 71 82 Ec 69
Marizy-Sainte-Geneviève 02 34 Db 53
Marizy-Saint-Mard 02 34 Db 53
Marle 02 19 De 50
Marlemont 08 20 Ec 50
Marlenheim 67 40 Hc 57
Marlens 74 96 Gc 74
Marlers 80 16 Bf 50
Marles-en-Brie 77 34 Cf 56
Marles-sur-Canche 62 7 Be 46
Marlhes 42 106 Ec 77
Marliac 31 140 Bc 89
Marliens 21 69 Fa 65
Marlieux 01 94 Fa 72
Marlioz 74 96 Ga 72
Marlotte, Bourron- 77 50 Ce 58
Marly 57 36 Ga 54
Marly 59 9 Dd 46
Marly-Gomont 02 19 De 49
Marly-la-Ville 95 33 Cd 54
Marly-le-Roi 78 33 Ca 55
Marly-sous-Issy 71 81 Df 68
Marly-sur-Arroux 71 81 Ea 69
Marmagne 18 79 Cb 66
Marmagne 21 68 Ec 63
Marmagne 71 82 Ec 67
Marmande 47 112 Aa 81
Marmanhac 15 115 Cc 78
Marmeaux 89 67 Ea 63
Marminiac 46 113 Bb 81
Marmont-Pachas 47 125 Ad 84
Marmouillé 61 30 Ab 56
Marmoutier 67 39 Hc 56
Marnac 24 113 Ba 79
Marnand 69 93 Eb 72
Marnans 38 107 Fb 77
Marnaves 81 127 Bf 84
Marnay 70 70 Fe 65
Marnay 71 82 Ef 68
Marnay 86 76 Ac 70
Marnay-sur-Marne 52 54 Fb 60
Marnay-sur-Seine 10 34 Dd 57
Marnaz 74 96 Gd 72
Marne, la 44 60 Yb 67
Marnefer 61 31 Ad 55
Marnes 79 76 Zf 67
Marnézia 39 83 Fd 69
Marnhagues-et-Latour 12 129 Da 85
Marnoz 39 84 Ff 67
Marœuil 62 8 Ce 47
Maroilles 59 9 De 48
Marolle-en-Sologne, La 41 64 Be 63
Marolles 14 30 Ac 54
Marolles 41 64 Bb 63
Marolles 51 36 Ed 56
Marolles 60 34 Da 53
Marolles-en-Beauce 91 50 Cb 58
Marolles-en-Brie 77 34 Da 56
Marolles-en-Brie 94 33 Cd 56
Marolles-en-Hurepoix 91 33 Cb 57
Marolles-lès-Bailly 10 53 Ec 59
Marolles-les-Braults 72 47 Ab 59
Marolles-les-Buis 28 48 Af 58
Marolles-lès-Saint-Calais 72 48 Ae 61
Marolles-sous-Lignières 10 52 Df 61
Marolles-sur-Seine 77 51 Da 58
Marollette 72 47 Ac 58
Marols 42 105 Ea 76
Maromme 76 15 Ba 52
Mâron 36 78 Bf 68
Maron 54 38 Ga 57
Maroncourt 88 55 Ga 59
Marpaps 40 123 Zb 87
Marpent 59 10 Ea 47
Marpiré 35 45 Yd 60
Marquaix 80 8 Da 49
Marquay 24 113 Ba 79
Marquefave 31 140 Bb 89
Marquéglise 60 17 Ce 51
Marquein 11 141 Be 89
Marquerie 65 139 Ab 89
Marques 76 16 Be 50
Marquette-en-Ostrevent 59 8 Db 47
Marquigny 08 20 Ee 51
Marquillies 59 8 Cf 45
Marquion 62 8 Da 47
Marquise 62 3 Be 44
Marquivillers 80 17 Ce 50
Marquixanes 66 153 Cc 93
Marray 37 63 Ae 63
Marre 55 37 Fb 53
Marre, La 39 83 Fe 68
Mars 07 117 Eb 78
Mars 30 129 Dd 85
Mars 42 93 Eb 72
Mars, Les 23 91 Cc 73
Marsa 11 153 Ca 92
Marsac 23 90 Bd 72
Marsac 65 138 Aa 89
Marsac 82 126 Ae 85
Marsac-en-Livradois 63 105 De 76
Marsac-sur-Don 44 60 Yb 63
Marsac-sur-l'Isle 24 100 Ad 77
Marsainvilliers 45 50 Cb 59
Marsais 17 87 Zc 72
Marsais-Sainte-Radégonde 85 75 Za 69
Marsal 57 38 Gd 56
Marsal 81 128 Cb 85
Marsalès 24 113 Af 80
Marsan 32 125 Ae 87
Marsaneix 24 101 Ae 78
Marsangis 51 35 Df 57
Marsangy 89 51 Db 60
Marsannay-la-Côte 21 68 Ef 65
Marsannay-le-Bois 21 69 Fa 64
Marsanne 26 118 Ef 81
Marsas 33 99 Zd 78
Marsas 65 139 Ab 90
Marsat 63 92 Da 73
Marsaz 26 106 Ef 78
Marseillan 32 139 Ab 88
Marseillan 34 143 Dd 88
Marseillan 65 139 Ab 89
Marseille 13 146 Fc 89
Marseille-en-Beauvaisis 60 16 Bf 51
Marseilles-lès-Aubigny 18 80 Da 66
Marseillette 11 142 Cd 89
Marsillargues 34 130 Ea 87
Marsilly 17 86 Yf 71
Marsilly 57 38 Gb 54
Mars-la-Tour 54 37 Ff 54
Marsolan 32 125 Ad 85
Marson 51 36 Ed 55
Marsonnas 01 94 Fa 70
Marson-sur-Barboure 55 37 Fc 57
Marspich 57 22 Ga 52
Marssac-sur-Tarn 81 127 Ca 85
Mars-sous-Bourcq 08 20 Ed 52
Mars-sur-Allier 58 80 Da 67
Martagny 27 16 Bd 52
Martailly-lès-Brancion 71 82 Ee 69
Martainneville 80 6 Bc 48
Martainneville 80 7 Be 48
Martainville 14 29 Zd 55
Martainville 27 14 Ac 53
Martainville-Epreville 76 16 Bb 52
Martaizé 86 76 Aa 67
Martel 46 114 Bd 79
Marthemont 54 38 Ga 57
Marthille 57 38 Gd 55
Marthomis 34 142 Ce 88
Marthon 16 100 Ac 75
Martiel 12 114 Bf 82
Martigargues 30 130 Eb 84
Martigna 39 95 Fe 70
Martignas-sur-Jalle 33 110 Zb 79
Martignat 01 95 Fd 71
Martigné-Briand 49 61 Zd 65
Martigné-Ferchaud 35 45 Ye 62
Martigné-sur-Mayenne 53 46 Zc 59
Martigny 02 19 Ea 49
Martigny 50 28 Yf 57
Martigny 76 15 Ba 49
Martigny-Courpierre 02 19 De 52
Martigny-le-Comte 71 82 Eb 69
Martigny-les-Bains 88 54 Fe 60
Martigny-lès-Gerbonvaux 88 54 Fe 58
Martigny-sur-l'Ante 14 30 Ze 55
Martigues 13 146 Fa 88
Martillac 33 111 Zc 80
Martincamp 76 16 Bc 50
Martincourt 54 38 Ff 55
Martincourt 60 16 Bf 51
Martincourt-sur-Meuse 55 21 Fb 51
Martin-Église 76 16 Ba 49
Martinet 85 74 Yb 68
Martinet, Le 30 130 Ea 83
Martinet, Le 85 75 Zb 68
Martinpuich 62 8 Ce 48
Martinvast 50 12 Yc 51
Martinvelle 88 55 Ga 61
Martizay 36 77 Ba 68
Martot 27 15 Ba 53
Martragny 14 13 Zc 53
Martre, La 83 134 Gd 86
Martres 33 111 Ze 80
Martres-de-Rivière 31 139 Ad 90
Martres-sur-Morge 63 92 Db 73
Martres-Tolosane 31 140 Ba 89
Martrin 12 128 Cd 85
Martrois 21 68 Ed 65
Martyre, La 29 25 Vf 58
Martys, Les 11 142 Cb 88
Maruéjols-lès-Gardon 30 130 Ea 84
Marval 87 101 Ae 75
Marvaux-Vieux 08 20 Ee 53
Marvejols 48 116 Db 81
Marvelise 25 71 Gd 63
Marville 55 21 Fd 52
Marville-Moutiers-Brûlé 28 32 Bc 56
Mary 71 82 Ec 69
Mary-sur-Marne 77 34 Da 54
Marzan 56 59 Xe 63
Marzens 81 127 Bf 87
Marzhinieg = Martigné-Ferchaud 35 45 Ye 62
Marzy 58 80 Da 67
Mas, Le 06 134 Gf 85
Mas, Le 48 117 Df 81
Mas-Blanc-des-Alpilles 13 131 Ee 86
Mas-Cabardès 11 142 Cc 88
Mascaraàs-Haron 64 124 Ze 87
Mascaras 32 139 Ab 87
Mascaras 65 139 Ab 89
Mascarville 31 141 Be 87
Masclat 46 113 Bc 79
Mas-d'Artige, Le 23 91 Cb 74
Mas-d'Auvignon 32 125 Ad 85
Mas-d'Azil, Le 09 140 Bc 90
Mas-de-Cours 11 142 Cc 90
Mas-de-Londres 34 130 De 86
Mas-de-Tence, Le 43 106 Ec 78
Masevaux 68 71 Gf 62
Mas-Grenier 82 126 Bb 85
Maslacq 64 137 Zb 88
Masléon 87 90 Bd 74
Maslives 41 64 Bc 63
Masnau-Massuguiès, Le 81 128 Cd 86
Masnières 59 8 Db 48
Masny 59 8 Db 46
Masos, Los 66 153 Cc 93
Masparraute 64 137 Yf 88
Maspie-Lalonquère-Iuillacq 64 138 Zf 88
Masquières 47 113 Ba 82
Massac 11 154 Cd 91
Massac 17 87 Ze 73
Massac-Séran 81 127 Bf 87
Massaguel 81 141 Ca 88
Mas-Saint-Chély 48 129 Dc 83
Mas-Saintes-Puelles 11 141 Bf 89
Massais 79 75 Zd 66
Massals 81 128 Cd 85
Massanes 30 130 Ea 84
Massangis 89 67 Df 63
Massat 09 152 Bc 91
Massay 18 65 Bf 66
Massegros, Le 48 129 Db 83
Masseilles 33 111 Zf 82
Massels 47 113 Af 83
Massérac 44 59 Ya 62
Masseret 19 102 Bd 75
Massiac 15 104 Db 77
Massieu 38 107 Fd 76
Massieux 01 94 Ee 73
Massiges 51 36 Ee 53
Massignac 16 88 Ad 74
Massignieu-de-Rives 01 95 Fe 74
Massigny 74 96 Ff 74
Massigny-lès-Semur 21 68 Ec 63
Massigny-lès-Vitteaux 21 68 Ed 64
Massillargues 30 130 Ea 84
Massilly 71 82 Ee 70
Massingy 21 53 Ed 61
Massognes 86 76 Aa 68
Massoins 06 134 Ha 85
Massoulès 47 113 Af 82
Massugas 33 112 Aa 80
Massy 71 82 Ed 70
Massy 76 16 Bc 50
Massy 91 33 Cb 56
Mastaing 59 9 Db 47
Matafelon-Granges 01 95 Fd 71
Matelles, Les 34 130 De 86
Matemale 66 153 Ca 93
Matha 17 87 Ze 73
Mathaux 10 53 Ec 58
Mathay 25 71 Ge 64
Mathenay 39 83 Fe 67
Mathes, Les 17 86 Yf 74
Mathey 25 71 Ge 64
Mathieu 14 13 Zd 53
Mathons 52 53 Fa 58
Mathonville 76 16 Bb 50
Matignicourt-Goncourt 51 36 Ee 56
Matignon 22 27 Xe 57
Matigny 80 18 Da 50
Matougues 51 35 Eb 55
Matour 71 94 Ec 71
Matra 2B 159 Kc 95
Matringhem 62 7 Ca 45
Mattaincourt 88 55 Ga 59
Mattexey 54 55 Gd 58
Matton-et-Clémency 08 21 Fb 51
Matzenheim 67 57 Hd 58
Maubec 82 126 Af 86
Maubec 84 132 Fa 85
Maubert-Fontaine 08 20 Ec 49
Maubeuge 59 9 Df 47
Maubourguet 65 138 Aa 88
Mauchamps 91 33 Cb 57
Maucomble 76 16 Bb 50
Maucor 64 138 Ze 88
Maucourt 80 17 Ce 50
Maucourt-sur-Orne 55 21 Fd 53
Maudétour-en-Vexin 95 32 Be 54
Mauguio 34 144 Ea 87
Maulan 55 37 Fb 56
Maulay 86 76 Ab 67
Maulde 59 9 Dc 45
Maule 78 32 Bf 55
Mauléon 79 75 Zb 67
Mauléon-Barousse 65 139 Ad 91
Mauléon-d'Armagnac 32 124 Zf 85
Mauléon-Licharre 64 137 Za 89
Maulers 60 17 Ca 51
Maulette 78 32 Bd 56
Maulévrier 49 75 Zb 66
Maulévrier-Sainte-Gertrude 76 15 Ae 51
Maulichères 32 124 Zf 86
Maumusson 44 60 Yf 64
Maumusson 82 126 Af 85
Maumusson-Laguian 32 126 Zf 87
Maupas 10 52 Ea 60
Maupas 32 124 Zf 85
Mauperthuis 77 34 Da 56
Maupertuis 50 28 Ye 55
Maupertus-sur-Mer 50 12 Yd 50
Mauprévoir 86 88 Ad 71
Mauquenchy 76 16 Bc 51
Mauran 31 140 Ba 89
Maurecourt 78 33 Ca 55
Maure-de-Bretagne 35 44 Ya 61
Mauregard 77 33 Cd 54
Mauregny-en-Haye 02 19 De 51
Maureilhan 34 143 Da 88
Maureillas-las-Illas 66 154 Ce 94
Mauremont 31 141 Be 88
Maurens 24 112 Ac 79
Maurens 31 141 Be 88
Maurens 32 126 Af 87
Maurepas 78 32 Bf 56
Maurepas 80 8 Cf 49
Mauressac 31 140 Bc 89
Mauressargues 30 130 Ea 85
Maureville 31 141 Be 87
Mauriac 15 103 Cc 77
Mauriac 33 111 Zf 80
Mauries 40 124 Ze 87
Maurines 15 116 Da 79
Maurois 59 9 Dc 48
Mauron 56 44 Xe 60
Mauroux 32 126 Ae 85
Mauroux 46 113 Ba 82
Maurrin 40 124 Zd 86
Maurs 15 115 Cb 80
Maurupt-le-Montois 51 36 Ef 56
Maury 66 154 Cd 92
Mausoléo 2B 156 Ka 93
Maussac 19 103 Ca 76
Maussane-les-Alpilles 13 131 Ee 86
Maussans 70 70 Gb 64
Mauvages 55 37 Fd 57
Mauvaisin 31 141 Bd 88
Mauves 07 106 Ee 78
Mauves-sur-Huisne 61 48 Ad 58
Mauves-sur-Loire 44 60 Yd 65
Mauvezin 31 140 Af 88
Mauvezin 32 126 Af 86
Mauvezin 65 139 Ab 90
Mauvezin-d'Armagnac 40 124 Zf 85
Mauvezin-de-Prat 09 140 Af 90
Mauvezin-de-Sainte-Croix 09 140 Bb 90
Mauvières 36 77 Ba 69
Mauvilly 21 68 Ee 62
Maux 58 81 De 66
Mauzac 31 140 Bb 88
Mauzac-et-Grand-Castang 24 113 Ae 79
Mauzens-et-Miremont 24 101 Af 79
Mauzé-sur-le-Mignon 79 87 Zb 71
Mauzé-Thouarsais 79 75 Ze 67
Mauzun 63 104 Dc 74
Maves 41 64 Bc 62
Mavilly-Mandelot 21 82 Ee 66
Maxe, La 57 38 Gb 53
Maxent 35 44 Xf 61
Maxéville 54 38 Ga 56
Maxey-sur-Meuse 88 54 Fe 58
Maxey-sur-Vaise 55 37 Fe 57
Maxilly-Petite-Rive 74 97 Gd 70
Maxilly-sur-Lac 74 97 Gd 70
Maxilly-sur-Saône 21 69 Fc 65
Maxou 46 113 Bc 81
Maxstadt 57 39 Ge 54
Mayac 24 101 Af 77
May-en-Multien 77 34 Da 54
Mayenne 53 46 Zc 59
Mayet 72 62 Ab 62
Mayet-d'Ecole, Le 03 92 Db 72
Mayet-de-Montagne, Le 03 92 De 72
Maylis 40 123 Zb 86
Maynal 39 83 Fc 69
Mayons, Les 83 147 Gc 89
Mayot 02 18 Dc 50
Mayran 12 115 Cc 82
Mayrègne 31 151 Ad 91
Mayres 07 118 Ee 79
Mayres 63 105 De 76
Mayres-Savel 38 119 Fe 79
Mayreville 11 141 Bf 89
Mayrinhac-Lentour 46 114 Be 80
Mayronnes 11 142 Cd 90
May-sur-Evre, Le 49 61 Za 66
May-sur-Orne 14 29 Zd 54
Mazamet 81 142 Cc 88
Mazan 84 132 Fa 84
Mazangé 41 48 Af 62
Mazaugues 83 147 Ff 88
Mazaye 63 91 Cf 74
Mazé 49 62 Ze 64
Mazeau, Le 85 75 Zb 70
Mazeirat 23 90 Bf 72
Mazeley 88 55 Gc 59
Mazères 09 141 Be 89
Mazères 33 111 Ze 82
Mazères 47 113 Ba 82
Mazères 65 124 Zf 87
Mazères-de-Neste 65 139 Ad 90
Mazères-Lezons 64 138 Zd 89
Mazères-sur-Salat 31 140 Af 90
Mazerier 03 92 Db 72
Mazerny 08 20 Ed 51
Mazerolles 16 88 Ad 74
Mazerolles 17 99 Zc 75
Mazerolles 40 124 Zd 85
Mazerolles 64 138 Zd 88
Mazerolles 65 139 Ab 88
Mazerolles 86 77 Ae 70
Mazerolles-du-Razès 11 141 Ca 90
Mazerolles-le-Salin 25 70 Ff 65
Mazerulles 54 38 Gc 56
Mazet-Saint-Voy 43 105 Eb 78
Mazeuil 86 76 Aa 68
Mazeyrat-Aurouze 43 104 Dd 77
Mazeyrolles 24 113 Ba 80
Mazière-aux-Bons-Hommes, La 23 91 Cc 73
Mazières 16 88 Ad 73
Mazières-de-Touraine 37 62 Ac 64
Mazières-en-Gâtine 79 75 Ze 69
Mazières-en-Mauges 49 61 Zb 66
Mazille 71 94 Ed 70
Mazingarbe 62 8 Ce 46
Mazinghem 62 7 Cc 45
Mazinghien 59 9 Dd 48
Mazion 33 99 Zc 78
Mazirat 03 91 Cd 71
Mazirot 88 55 Ga 59
Mazis, Le 80 16 Be 49
Mazoires 63 104 Da 76
Mazouau 65 139 Ac 90
Mazuby 11 153 Ca 92
Mazures, Les 08 20 Ed 49
Mazzola 2B 159 Kb 95
Méasnes 23 78 Be 70
Meaucé 28 48 Ba 58
Méaudre 38 107 Fd 78
Méaugon, La 22 26 Xb 57
Meaulne 03 79 Cd 69
Méaulte 80 8 Cd 49
Méautis 50 12 Ye 53
Meaux 77 34 Cf 55
Meaux-la-Montagne 69 94 Ec 72
Meauzac 82 126 Bb 84
Mecé 35 45 Ye 59
Mechmont 46 113 Bc 81
Mécleuves 57 38 Gb 54
Mecquignies 59 9 De 47
Mécrin 55 37 Fd 56
Médan 78 32 Bf 55
Medavy 61 30 Aa 56
Medeyrolles 63 105 De 76
Médière 25 71 Gd 64
Médillac 16 100 Aa 77
Médis 17 86 Za 75
Médonville 88 54 Fe 59
Médréac 35 44 Xf 59
Medrigneg = Medrignac 22 44 Xd 59
Mée 53 46 Za 62
Mée, le 28 49 Bc 61
Mée-sur-Seine, le 77 33 Cd 57
Mégange 57 22 Gc 53
Megève 74 97 Gd 73
Mégevette 74 96 Gd 71
Megrit 22 27 Xe 58
Méharicourt 80 17 Ce 50
Méharin 64 137 Yf 89
Méhers 41 64 Bc 65
Méhoncourt 54 38 Gc 57
Méhoudin 61 29 Zd 57
Mehun-sur-Yèvre 18 79 Cb 66
Meignanne, La 49 61 Zc 63
Meigné 49 62 Ze 65
Meigné-le-Vicomte 49 62 Ab 63
Meigneux 77 51 Da 57
Meigneux 80 16 Bf 50
Meilars 29 41 Vd 60
Meilhac 87 89 Ba 74
Meilhan 32 139 Ae 88
Meilhan-sur-Garonne 47 112 Aa 81
Meilhards 19 102 Bd 75
Meilhaud 63 104 Da 75
Meillac 35 28 Yb 58
Meillant 18 79 Cd 68
Meillard 03 92 Db 70
Meillard, Le 80 7 Cb 47
Meilleraie-Tillay, La 85 75 Za 68
Meilleray 77 34 Dc 56
Meilleraye-de-Bretagne, La 44 60 Yd 63
Meillers 03 80 Da 69
Meillon 64 138 Ze 89
Meillonas 01 95 Fc 71
Meilly-sur-Rouvres 21 68 Ed 65
Meisenthal 57 39 Hc 55
Meistratzheim 67 57 Hd 58
Meix, Le 21 68 Ef 63
Meix, Le 21 83 Fb 66
Meix-Saint-Epoing, Le 51 35 Dd 56
Meix-Tiercelin, Le 51 36 Ec 57
Méjanel, le 12 116 Cf 83
Méjannes-le-Clap 30 131 Ec 83
Méjannes-lès-Alès 30 130 Ea 84
Mela 2A 159 Ka 98
Mela 2A 160 Kb 99
Mélamare 76 15 Ac 51
Melay 49 61 Zb 65
Melay 52 54 Fe 61
Melay 71 93 Ea 71
Mélecey 70 70 Gc 63
Melesse 35 45 Yb 59
Mêle-sur-Sarthe, Le 61 30 Ac 57
Melgven 29 42 Wa 61
Mélicocq 60 18 Cf 52
Mélicourt 27 31 Ad 55
Méligny-le-Grand 55 37 Fc 56
Méligny-le-Petit 55 37 Fc 57
Melin 70 70 Fe 62
Melincourt 70 55 Ga 61
Mélisey 70 71 Gd 62
Mélisey 89 52 Ea 61
Meljac 12 128 Cc 84
Mellac 29 42 Wc 61
Mellé 35 28 Ye 58
Melle 79 87 Zf 71
Mellecey 71 82 Ee 68
Melleran 79 88 Zf 72
Melleray 72 48 Ae 60
Melleroy 45 51 Cf 61
Melles 31 151 Ae 91
Melleville 76 6 Bc 49
Mellionnec 22 43 We 59
Mello 60 17 Cc 53
Meloisey 21 82 Ee 66
Melrand 56 43 Wf 61
Melsheim 67 40 Hd 56
Melun 77 33 Cd 57
Membrey 70 69 Fe 63
Membrolles 41 49 Bc 61
Membrolle-sur-Choisille, La 37 63 Ad 64
Membrolle-sur-Longuenée, La 49 61 Zb 63
Méménil 88 55 Gd 59
Memmelshoffen 67 40 Hf 55
Mémont, le 25 71 Ge 66
Menades 89 67 De 64
Ménarmont 88 55 Gd 58
Ménars 41 64 Bc 63
Menat 63 92 Cf 72
Menaucourt 55 37 Fc 57
Mencas 62 7 Ca 45
Menchhoffen 67 40 Hc 55
Mende 48 116 Dd 81
Mendionde 64 137 Ye 88
Menditte 64 137 Za 90
Mendive 64 137 Yf 90
Ménéac 56 44 Xd 60
Ménébres 84 132 Fb 85
Ménerval 76 16 Bd 51
Menesble 21 68 Ef 62
Ménéslies 80 6 Bd 48
Ménesplet 24 100 Aa 78
Menesqueville 27 16 Bc 52
Ménestérol, Momtpon- 24 100 Aa 78
Menestreau 58 66 Db 64
Ménestreau-en-Villette 45 65 Ca 62
Menet 15 103 Cd 77
Menetou-Couture 18 80 Cf 66
Menetou-Râtel 18 66 Ce 64
Menetou-Salon 18 65 Cc 65
Menetou-sur-Nahon 36 64 Bd 65
Ménétréol-sous-Sancerre 18 66 Cf 65
Ménétréols-sous-Vatan 36 78 Bf 66
Ménétréol-sur-Sauldre 18 65 Cb 64
Ménetreuil 71 83 Fa 69
Ménétreux-le-Pitois 21 68 Ec 63
Ménétrol 63 92 Da 73
Ménétru-le-Vignoble 39 83 Fd 68
Ménétrux-en-Joux 39 84 Ff 69
Ménévillers 60 17 Cd 51
Menglon 26 119 Fc 81
Ménière, La 61 30 Ac 57
Ménigoute 79 76 Zf 70
Ménil 53 46 Zb 62
Ménil, le 88 55 Gb 60
Ménil, le 88 55 Gc 60
Ménil, Le 88 56 Ge 61
Ménil, le 88 56 Gf 58
Ménil-Annelles 08 20 Ec 52
Ménil-aux-Bois 55 37 Fc 56
Ménil-Bérard, Le 61 31 Ad 56
Ménil-Broût, Le 61 30 Ab 58
Ménil-Ciboult, Le 61 29 Zb 56
Ménil-de-Briouze, Le 61 29 Zd 56
Ménil-de-Senones 88 56 Gf 58
Ménil-en-Xaintois 88 55 Ff 59
Ménil-Erreux 61 30 Ab 57
Ménil-Froger 61 30 Ab 56
Ménil-Gondouin 61 30 Ze 56
Ménil-Guyon, Le 61 31 Ab 57
Ménil-Hermei 61 30 Ze 56
Ménil-Hubert-en-Exmes 61 30 Ab 56
Ménil-Hubert-sur-Orne 61 29 Zd 55
Ménil-Jean 61 30 Ze 56
Ménil-la-Horgne 55 37 Fd 56
Ménil-la-Tour 54 37 Ff 56
Ménil-Lépinois 08 19 Eb 52
Menilles 27 32 Bc 54
Ménil-Scelleur, Le 61 30 Zf 57
Ménil-sur-Belvitte 88 56 Ge 58
Ménil-sur-Saulx 55 37 Fb 57
Ménil-Vicomte, Le 61 30 Ab 56
Ménil-Vin 61 30 Ze 55
Ménitré, La 49 62 Ze 64
Mennecy 91 33 Cc 57
Mennessis 02 18 Db 50
Mennetou-sur-Cher 41 64 Bf 65
Menneval 27 31 Ad 54
Menneville 02 19 Ea 52
Menneville 62 3 Bf 44
Mennevret 02 9 Dd 49
Mennouveaux 52 54 Fc 60
Ménoire 19 102 Be 78
Menomblet 85 75 Zb 68
Menoncourt 90 71 Gf 62
Ménonval 76 16 Bc 50
Menotey 39 69 Fd 66
Menou 58 66 Db 64
Ménouville 95 33 Ca 54
Menoux 70 70 Ga 62
Menoux, Le 36 78 Bd 69
Mensignac 24 100 Ad 77
Menskirch 57 22 Gc 53
Mentheville 76 15 Ac 50
Menthonnex-en-Bornes 74 96 Gb 72
Menthonnex-sous-Clermont 74 96 Ff 73
Menthon-Saint-Bernard 74 96 Gb 73
Mentières 15 104 Da 78
Menton 06 135 Hc 86
Mentque 62 3 Ca 44
Menucourt 95 32 Bf 54
Menus, les 61 31 Af 57
Menville 31 126 Bb 86
Menzealban = Montauban-de-Bretagne 35 44 Xf 59
Méobecq 36 78 Bc 68
Méon 49 62 Aa 64
Méounes-lès-Montrieux 83 147 Ff 89
Mépieu 38 95 Fc 74
Mer 41 64 Bd 62
Méracq 64 138 Zd 87
Méral 53 46 Za 61
Méras 09 140 Bb 89
Mercatel 62 8 Ce 47
Mercenac 09 140 Ba 90
Merceuil 21 82 Ef 67
Mercey 27 32 Bc 54
Mercey-le-Grand 25 69 Fe 65
Mercey-sur-Saône 70 69 Fe 63
Mercin-et-Vaux 02 18 Db 52
Merckeghem 59 3 Cb 43
Merck-Saint-Liévin 62 7 Ca 45
Mercœur 19 102 Bf 78
Mercœur 43 104 Db 77
Mercuer 07 118 Ec 81
Mercués 46 114 Bc 82
Mercurey 71 82 Ee 67
Mercurol 26 106 Ef 78
Mercury 73 108 Gc 74
Mercus-Garrabet 09 152 Bd 91
Mercy 03 81 Dd 70
Mercy 89 52 Dd 61
Mercy-le-Bas 54 21 Fe 52
Mercy-le-Haut 54 21 Fe 52
Merdrignac 22 44 Xd 59
Méré 78 32 Be 56
Méré 89 52 De 61
Méreau 18 65 Ca 66
Méréaucourt 80 16 Bf 50
Méréglise 28 48 Bb 59
Mérélessart 80 7 Bf 49
Mérens 32 125 Ad 86
Mérens-les-Vals 09 153 Bf 93
Mérenvielle 31 126 Ba 87
Mereuil 05 119 Fe 82
Méréville 54 38 Ga 57
Méréville 91 50 Ca 59
Merey 27 31 Bc 55
Mérey-sous-Montrond 25 70 Ga 66
Merey-Vieilley 25 70 Ga 65
Merfy 51 19 Df 53
Mergey 10 52 Ea 58
Meria 2B 157 Kc 91
Mérial 11 153 Bf 92
Méricourt 62 8 Cf 46
Méricourt 78 32 Bd 54
Méricourt-en-Vimeu 80 16 Bf 49
Méricourt-l'Abbé 80 8 Cd 49
Méricourt-sur-Somme 80 17 Ce 49
Mériel 95 33 Cb 54
Mérifons 34 129 Db 87
Mérignac 16 87 Zf 74
Mérignac 17 99 Ze 77
Mérignac 33 111 Zc 80
Mérignas 33 111 Zf 80
Mérignat 01 95 Fc 72
Mérignies 59 8 Da 45

Margny — Mérignies (F) 185

Mérigny **36** 77 Af 69
Mérilheu **65** 139 Ab 90
Mérillac **22** 44 Xd 59
Mérinchal **23** 91 Cc 73
Mérindol **84** 132 Fb 86
Mérindol-les-Oliviers **26** 132 Fa 83
Mérinville **45** 51 Cf 60
Méritein **64** 137 Zb 89
Merkwiller-Pechelbronn **67** 40 He 55
Merlatière, La **85** 74 Ye 68
Merlaut **51** 36 Ee 56
Merle **42** 105 Ea 76
Merléac **22** 43 Xa 59
Merlebach, Freyming- **57** 39 Ge 54
Merlerault, Le **61** 30 Ab 56
Merles **82** 126 Af 84
Merles-sur-Loison **55** 21 Fc 52
Merlevenez **56** 43 We 62
Merlieux-et-Fouquerolles **02** 18 Dd 51
Merlimont **62** 6 Bd 46
Merlines **19** 103 Cc 75
Mernel **35** 44 Ya 61
Mérobert **91** 49 Ca 58
Mérona **39** 83 Fd 69
Mérouville **28** 49 Bf 59
Meroux-Moval **90** 71 Gf 63
Merpins **16** 87 Zd 74
Merrey **52** 54 Fd 60
Merrey-sur-Arce **10** 53 Ec 60
Merri **61** 30 Zf 55
Merris **59** 4 Cd 44
Merry-la-Vallée **89** 66 Db 62
Merry-Sec **89** 67 Dc 63
Merry-sur-Yonne **89** 67 Dd 63
Merschweiller **57** 22 Gc 52
Mers-les-Bains **80** 6 Bc 48
Mers-sur-Indre **36** 78 Bf 69
Mersuay **70** 70 Ga 62
Merten **57** 22 Ge 53
Mertrud **52** 53 Ef 58
Mertzen **68** 71 Ha 63
Mertzwiller **67** 40 He 55
Méru **60** 17 Ca 53
Merusaglia = Morosaglia **2B** 157 Kb 94
Merval **02** 19 De 52
Mervans **71** 83 Fb 68
Mervent **85** 75 Zb 69
Mervilla **31** 140 Bc 87
Merville **31** 126 Bb 86
Merville **59** 4 Cd 45
Merville-Franceville-Plage **14** 14 Ze 53
Merviller **54** 56 Ge 58
Mervilliers, Allaines- **28** 49 Be 59
Merxheim **68** 56 Hb 61
Méry **73** 108 Ff 75
Méry-Corbon **14** 30 Zf 54
Méry-ès-Bois **18** 65 Cc 65
Méry-la-Bataille **60** 17 Cd 51
Méry-Premecy **51** 35 Df 53
Méry-sur-Cher **18** 65 Bf 65
Méry-sur-Oise **95** 33 Cb 54
Méry-sur-Seine **10** 52 Df 57
Merzer, Le **22** 26 Wf 57
Mésandans **25** 70 Gc 64
Mésanger **44** 60 Ye 64
Mésangueville **76** 16 Bd 51
Mesbrecourt-Richecourt **02** 18 Dd 50
Meschers-sur-Gironde **17** 98 Za 75
Mescoules **24** 112 Ac 80
Mesge, Le **80** 7 Ca 49
Mesgrigny **10** 52 Df 58
Mésigny **74** 96 Ga 73
Meslan **56** 42 Wd 61
Mesland **41** 63 Ba 63
Meslay **14** 29 Zd 55
Meslay **41** 48 Ba 62
Meslay-du-Maine **53** 46 Zc 61
Meslay-le-Grenet **28** 49 Bc 58
Meslay-le-Vidame **28** 49 Bc 59
Meslières **25** 71 Gf 64
Meslin **22** 27 Xc 58
Mesmay **25** 84 Ff 66
Mesmont **08** 20 Ec 51
Mesmont **21** 68 Ee 65
Mesnac **16** 87 Zd 74
Mesnard-la-Barotière **85** 74 Yf 67
Mesnay **39** 84 Fe 67
Mesneux, Les **51** 35 Df 53
Mesnières-en-Bray **76** 16 Bc 50
Mesnil **80** 8 Cd 48
Mesnil, Le **50** 12 Yb 52
Mesnil-Adelée, Le **50** 29 Yf 56
Mesnil-Amand, Le **50** 28 Yd 55
Mesnil-Amelot, Le **77** 33 Cd 54
Mesnil-Amey, Le **50** 28 Ye 54
Mesnil-Angot, Le **50** 12 Ye 53
Mesnil-Aubert, Le **50** 28 Yd 55
Mesnil-Aubry, Le **95** 33 Cc 54
Mesnil-au-Grain, Le **14** 29 Zc 54
Mesnil-au-Val, Le **50** 12 Yc 51
Mesnil-Auzouf, Le **14** 29 Zb 55
Mesnil-Benoist, Le **14** 29 Za 55
Mesnil-Bœufs, Le **50** 28 Yf 57
Mesnil-Bruntel **80** 18 Cf 49
Mesnil-Caussois, Le **14** 29 Yf 55
Mesnil-Clinchamps **14** 29 Za 55
Mesnil-Conteville, Le **60** 17 Ca 50
Mesnil-Domqueur **80** 7 Ca 48
Mesnil-Durand, le **14** 30 Aa 54
Mesnil-Durdent, Le **76** 15 Ae 50
Mesnil-en-Arrouaise **80** 8 Cf 48
Mesnil-en-Thelle, Le **60** 33 Cb 53
Mesnil-en-Vallée, Le **49** 61 Za 64
Mesnil-Esnard, Le **76** 15 Ba 52
Mesnil-Eudes, Le **14** 30 Ab 54
Mesnil-Eury, Le **50** 12 Ye 54
Mesnil-Follemprise **76** 16 Bb 50
Mesnil-Fuguet, Le **27** 31 Ba 54
Mesnil-Garnier, Le **50** 28 Ye 55
Mesnil-Germain, Le **14** 30 Ab 54
Mesnil-Gilbert, Le **50** 29 Yf 56
Mesnil-Guillaume, Le **14** 30 Ab 54
Mesnil-Hardray, Le **27** 31 Af 55
Mesnil-Hermann, Le **50** 28 Yf 54
Mesnil-Jourdain, Les **27** 31 Ba 53
Mesnil-la-Comtesse **10** 52 Eb 57
Mesnillard, Le **50** 29 Yf 57
Mesnil-le-Petit **80** 18 Cf 50
Mesnil-le-Roi, Le **78** 33 Ca 55
Mesnil-Lettre **10** 52 Eb 58
Mesnil-Lieubray, Le **76** 16 Bd 51
Mesnil-Mauger **76** 16 Bd 50
Mesnil-Mauger, le **14** 30 Aa 54
Mesnil-Opac, Le **50** 29 Yf 54
Mesnil-Ozenne, Le **50** 28 Ye 57
Mesnil-Panneville **76** 15 Af 51
Mesnil-Patry, Le **14** 13 Zc 53
Mesnil-Rainfray, Le **50** 29 Yf 56
Mesnil-Raoul **76** 16 Bb 52
Mesnil-Raoult, Le **50** 29 Yf 54
Mesnil-Réaume, le **76** 6 Bc 49
Mesnil-Robert, Le **14** 29 Za 55
Mesnil-Rogues **50** 28 Yd 55
Mesnil-Rousset **27** 31 Ad 55
Mesnil-Rouxelin, Le **50** 13 Yf 54
Mesnil-Saint-Denis, Le **78** 32 Bf 56
Mesnil-Saint-Firmin, Le **60** 17 Cc 51
Mesnil-Saint-Georges **80** 17 Cd 51
Mesnil-Saint-Laurent **02** 18 Dc 50
Mesnil-Saint-Loup **10** 52 De 59
Mesnil-Sellières **10** 52 Eb 58
Mesnil-Simon, Le **14** 30 Aa 54
Mesnil-Simon, Le **28** 32 Bd 55
Mesnil-sous-Jumièges, Les **76** 15 Af 52
Mesnil-sous-Vienne **27** 16 Bd 52
Mesnils-sur-Madon **54** 55 Gb 58
Mesnil-sur-Blangy, Le **14** 14 Ab 53
Mesnil-sur-Bulles, Le **60** 17 Cc 52
Mesnil-sur-l'Estrée **27** 32 Bb 56
Mesnil-sur-Oger, Le **51** 35 Ea 55
Mesnil-Thébault, Le **50** 28 Ye 57
Mesnil-Theribus, Le **60** 16 Bf 53
Mesnil-Thomas, Le **28** 31 Ba 57
Mesnil-Tôve, Le **50** 29 Yf 56
Mesnil-Véneron, Le **50** 12 Yf 53
Mesnil-Verclives **27** 16 Bc 53
Mesnil-Vigot, Le **50** 12 Ye 54
Mesnil-Villeman, Le **50** 28 Ye 55
Mesnil-Villement, Le **14** 29 Zd 55
Mesnois **39** 83 Fe 69
Mesnuls, Les **78** 32 Bf 56
Mespaul **29** 25 Vf 57
Mesplede **64** 137 Zc 88
Mesples **03** 79 Cc 70
Mespuits **91** 50 Cb 58
Mesquer **44** 59 Xd 64
Messac **17** 99 Ze 76
Messac **35** 44 Yb 62
Messanges **21** 68 Ef 66
Messanges **40** 122 Yd 86
Messas **45** 49 Bd 62
Messé **79** 88 Aa 71
Messei **61** 29 Zc 56
Messein **54** 38 Ga 57
Messeix **63** 103 Cd 75
Messemé **86** 76 Ab 66
Messery **74** 96 Gb 70
Messey-sur-Grosne **71** 82 Ee 69
Messia-sur-Sorne **39** 83 Fd 69
Messigny-et-Vantoux **21** 69 Fa 64
Messimy **69** 94 Ee 74
Messimy-sur-Saône **01** 94 Ee 72
Messincourt **08** 20 Fa 50
Messon **10** 52 Df 59
Messy **77** 33 Ce 55
Mesterrieux **33** 111 Zf 81
Mestes **19** 103 Cb 75
Mesves-sur-Loire **58** 66 Cf 65
Mesvres **71** 82 Eb 67
Métabief **25** 84 Gc 68
Métairies, Les **16** 87 Zf 74
Météren **59** 4 Ce 44
Méthamis **84** 132 Fb 84
Métigny **80** 7 Bf 49
Metting **57** 39 Hb 56
Mettray **37** 63 Ad 64
Metz **57** 38 Gb 54
Metz-en-Couture **62** 8 Da 48
Metzeral **68** 56 Ha 60
Metzeresche **57** 22 Gb 53
Metzervisse **57** 22 Gb 53
Metzing **57** 39 Gf 54
Metz-le-Comte **58** 67 Dd 64
Metz-Robert **10** 52 Ea 60
Metz-Tessy **74** 96 Ga 73
Meucon **56** 43 Xb 62
Meudon **92** 33 Cb 56
Meuilley **21** 68 Ef 66
Meulan **78** 32 Bf 54
Meulers **76** 16 Bb 49
Meulles **14** 30 Ac 55
Meulson **21** 68 Ee 62
Meunet-Planches **36** 78 Bf 67
Meunet-sur-Vatan **36** 78 Bf 66
Meung-sur-Loire **45** 49 Be 62
Meurcé **72** 47 Ab 59
Meurchin **62** 8 Cf 45
Meurcourt **70** 70 Gb 62
Meurdraquière, La **50** 28 Yd 55
Meures **52** 53 Fa 59
Meurival **02** 19 De 52
Meursanges **21** 82 Ef 67
Meursault **21** 82 Ee 67
Meurville **10** 53 Ed 59
Meusnes **41** 64 Bd 65
Meussia **39** 84 Fe 70
Meuvaines **14** 13 Zc 53
Meux **17** 99 Zd 76
Meux, Le **60** 17 Ce 52
Meuzac **87** 102 Bc 75
Mévoisins **28** 32 Bd 57
Mévouillon **26** 132 Fc 83
Meximieux **01** 95 Fb 73
Mexy **54** 21 Fe 52
Mey **57** 38 Gb 54
Meyenheim **68** 56 Hc 61
Meylan **38** 107 Fe 77
Meymac **19** 103 Ca 75
Meynes **30** 131 Ed 85
Meyrargues **13** 146 Fd 87
Meyrals **24** 113 Ba 79
Meyrannes **30** 130 Eb 83
Meyras **07** 117 Eb 80
Meyreuil **13** 146 Fc 87
Meyrié **38** 107 Fb 75
Meyrieu-les-Étangs **38** 107 Fb 75
Meyrieux-Trouet **73** 107 Fe 75
Meyrignac-l'Eglise **19** 102 Bf 76
Meyronne **46** 114 Bd 79
Meyronnes **04** 121 Ge 82
Meyrueis **48** 129 Dc 83
Meys **69** 106 Ec 74
Meyssac **19** 102 Be 78
Meyssiès **38** 106 Fa 76
Meyze, La **87** 101 Bb 75
Meyzieu **69** 94 Fa 74
Mézangers **53** 46 Zd 59
Mèze **34** 143 Dd 88
Mézel **04** 133 Gb 84
Mezel **63** 92 Db 74
Mézens **81** 127 Bd 86
Mézeray **72** 47 Zf 62
Mézères **43** 105 Ea 78
Mézériat **01** 94 Fa 71
Mézerolles **80** 7 Cb 47
Mézerville **11** 141 Be 89
Mézidon-Canon **14** 30 Zf 54
Mézière, La **35** 45 Yb 59
Mézières **45** 49 Bf 60
Mézières **72** 47 Ab 59
Mézières, Charleville- **08** 20 Ee 50
Mézières-au-Perche **28** 49 Bb 59
Mézières-en-Brenne **36** 77 Bb 68
Mézières-en-Drouais **28** 32 Bc 56
Mézières-en-Santerre **80** 17 Cd 50
Mézières-en-Vexin **27** 32 Bd 53
Mézières-lez-Cléry **45** 49 Be 62
Mézières-sous-Lavardin **72** 47 Aa 60
Mézières-sur-Couesnon **35** 45 Yd 59
Mézières-sur-Issoire **87** 89 Af 72
Mézières-sur-Oise **02** 18 Dc 50
Mézières-sur-Seine **78** 32 Be 55
Mézilhac **07** 118 Ec 80
Mézilles **89** 66 Db 62
Méziré **90** 71 Gf 63
Mézos **40** 123 Ye 84
Mézy **02** 34 Dd 54
Mézy-sur-Seine **78** 32 Bf 54
Mhère **58** 67 Df 65
Mialet **24** 101 Af 75
Mialet **30** 130 Df 84
Mialos **64** 138 Zd 88
Miannay **80** 7 Be 48
Michaugues **58** 67 Dd 65
Michelbach **68** 71 Ha 62
Michelbach-le-Bas **68** 72 Hc 63
Michelbach-le-Haut **68** 72 Hc 63
Michery **89** 51 Db 59
Midrevaux **88** 54 Fd 58
Mièges **39** 84 Ga 68
Miélan **32** 139 Ab 88
Miellin **70** 56 Ge 62
Miermaigne **28** 48 Af 59
Miers **46** 114 Be 79
Miéry **39** 83 Fe 68
Mietesheim **67** 40 Hd 55
Mieussy **74** 96 Gd 72
Mieuxcé **61** 47 Aa 58
Migé **89** 67 Dd 62
Migennes **89** 51 Dd 61
Miginiac **19** 102 Bf 77
Miglos **09** 152 Bd 92
Mignafans, Sénargent- **70** 71 Gd 63
Mignaloux-Beauvoir **86** 76 Ac 69
Mignavillers **70** 71 Gd 63
Migné **36** 78 Bb 68
Migné-Auxances **86** 76 Ab 69
Mignères **45** 50 Cd 60
Mignerette **45** 50 Cd 60
Mignéville **54** 39 Ge 57
Mignières **28** 49 Bc 58
Mignovillard **39** 84 Ga 68
Migny **36** 79 Ca 66
Migré **17** 87 Zc 72
Migron **17** 87 Zd 74
Mijanès **09** 153 Ca 92
Milesse, La **72** 47 Aa 60
Milhac **46** 113 Bc 80
Milhac-d'Auberoche **24** 101 Af 78
Milhac-de-Nontron **24** 101 Ae 76
Milhars **81** 127 Bf 84
Milhas **31** 139 Ae 91
Milhaud **30** 130 Eb 86
Milhavet **81** 127 Ca 84
Milizac **29** 24 Vc 58
Millac **86** 89 Ae 71
Millam **59** 3 Cb 43
Millançay **41** 64 Be 64
Millas **66** 154 Ce 92
Millau **12** 129 Da 84
Millay **58** 81 Ea 67
Millebosc **76** 6 Bc 49
Millemont **78** 32 Be 56
Millencourt **80** 8 Cd 48
Millencourt-en-Ponthieu **80** 7 Bf 48
Millery **21** 68 Eb 63
Millery **54** 38 Ga 56
Millery **69** 106 Ee 75
Millevaches **19** 102 Ca 75
Millières **50** 12 Yd 53
Millières **52** 54 Fc 60
Milly **50** 29 Yf 57
Milly-la-Forêt **91** 50 Cc 58
Milly-Lamartine **71** 94 Ee 70
Milly-sur-Bradon **55** 21 Fb 52
Milly-sur-Thérain **60** 17 Bf 51
Milon-la-Chapelle **78** 33 Ca 56
Mimbaste **40** 123 Za 87
Mimet **13** 146 Fd 88
Mimeure **21** 68 Ec 66
Mimizan **40** 110 Ye 83
Minaucourt-le-Mesnil-lès-Hurlus **51** 36 Ee 53
Minerve **34** 142 Ce 88
Mingot **65** 139 Ab 88
Mingoval **62** 8 Cd 46
Miniac-Morvan **35** 27 Ya 57
Miniac-sous-Bécherel **35** 44 Ya 59
Minihic-sur-Rance, Le **35** 27 Xf 57
Minihy-Tréguier **22** 26 We 56
Minorville **54** 37 Ff 56
Minot **21** 68 Ef 62
Minversheim **67** 40 Hd 56
Minzac **24** 100 Aa 79
Minzier **74** 96 Ff 72
Miolles **81** 128 Cd 85
Mionnay **01** 94 Ef 73
Mions **69** 106 Ef 75
Mios **33** 110 Za 81
Miossens-Lanusse **64** 138 Ze 88
Mirabeau **04** 133 Ga 84
Mirabeau **84** 132 Fd 86
Mirabel **07** 118 Ec 81
Mirabel **82** 126 Bc 84
Mirabel-aux-Baronnies **26** 132 Fa 83
Mirabel-et-Blacons **26** 119 Fa 80
Miradoux **32** 125 Ae 85
Miramas **13** 145 Fa 87
Mirambeau **17** 99 Zc 76
Mirambeau **31** 140 Af 88
Miramont-d'Astarac **32** 139 Ac 87
Miramont-de-Comminges **31** 139 Ae 90
Miramont-de-Guyenne **47** 112 Ac 81
Miramont-de-Quercy **82** 126 Ba 83
Miramont-Latour **32** 125 Ae 86
Miramont-Sensacq **40** 124 Ze 87
Mirande **32** 139 Ac 87
Mirandol-Bourgnounac **81** 127 Ca 84
Mirannes **32** 125 Ac 87
Miraumont **80** 8 Ce 48
Miraval-Cabardès **11** 142 Cc 88
Mirbel **52** 53 Fa 59
Miré **49** 46 Zd 62
Mirebeau **21** 69 Fb 64
Mirebeau **86** 76 Ab 68
Mirebel **39** 84 Fe 68
Mirecourt **88** 55 Ga 59
Mirefleurs **63** 104 Db 74
Miremont **31** 140 Bc 88
Miremont **63** 91 Ce 73
Mirepeisset **11** 142 Cf 89
Mirepeix **64** 138 Ze 89
Mirepoix **09** 141 Bf 90
Mirepoix **32** 125 Ae 86
Mirepoix-sur-Tarn **31** 127 Bd 86
Mireval **34** 144 De 87
Miribel **01** 94 Ef 74
Miribel **26** 107 Fa 77
Miribel-Lanchâtre **38** 119 Fd 79
Miribel-les-Echelles **38** 107 Fe 76
Mirmande **26** 118 Ef 80
Miroir, Le **71** 83 Fc 69
Mirvaux **80** 7 Cc 48
Mirville **76** 15 Ac 51
Miscon **26** 119 Fd 81
Miserey **27** 32 Bb 54
Miserey-Salines **25** 70 Ff 65
Misérieux **01** 94 Ee 73
Misery **80** 18 Cf 49
Missé **79** 76 Ze 67
Missècle **81** 127 Bf 86
Missègre **11** 142 Cc 91
Missery **21** 68 Ec 65
Missillac **44** 59 Xf 64
Missiriac **56** 44 Xd 61
Misson **40** 123 Za 87
Missy **14** 29 Zc 54
Missy-aux-Bois **02** 18 Db 52
Missy-lès-Pierrepont **02** 19 De 51
Missy-sur-Aisne **02** 18 Dc 52
Misy-sur-Yonne **77** 51 Da 58
Mitry-Mory **77** 33 Cd 55
Mittainville **78** 32 Bd 56
Mittainvilliers **28** 49 Bb 58
Mittelbergheim **67** 57 Hc 58
Mittelbronn **57** 39 Hb 56
Mittelhausbergen **67** 40 He 57
Mittelhausen **67** 40 Hd 56
Mittelschaeffolsheim **67** 40 Hd 56
Mittelwihr **68** 56 Hb 60
Mittersheim **57** 39 Gf 55
Mittlach **68** 56 Ha 61
Mittois **14** 30 Aa 54
Mitzach **68** 56 Ha 61
Mizérieux **42** 93 Eb 74
Mizoën **38** 108 Ga 78
Mobecq **50** 12 Yc 53
Moca-Croce **2A** 159 Ka 98
Moca Croci = Maca-Croce **2A** 159 Ka 98
Modane **73** 109 Gd 77
Modène **84** 132 Fa 84
Moëlan-sur-Mer **29** 42 Wc 62
Moëres, Les **59** 4 Cd 42
Mœrnach **68** 71 Hb 63
Moëslains **52** 36 Ef 57
Mœurs-Verdey **51** 35 De 56
Mœuvres **59** 8 Da 48
Moëze **17** 86 Yf 73
Moffans-et-Vacheresse **70** 71 Gd 63
Mogeville **55** 21 Fd 53
Mogneneins **01** 94 Ee 72
Mognéville **55** 36 Fa 56
Mogneville **60** 17 Cc 53
Mogues **08** 21 Fb 51
Mohon **56** 44 Xc 60
Moidieu-Détourbe **38** 106 Fa 75
Moigné **35** 45 Yb 60
Moigny-sur-École **91** 50 Cc 58
Moimay **70** 70 Gc 63
Moineville **54** 38 Ff 53
Moings **17** 99 Zd 76
Moinville-la-Jeulin **28** 49 Be 58
Moirans **38** 107 Fd 77
Moirans-en-Montagne **39** 84 Fe 70
Moirax **47** 112 Ac 81
Moirax **47** 125 Ad 84
Moiremont **51** 36 Ef 54
Moirey-Flabas-Crépion **55** 21 Fc 53
Moiron **39** 83 Fd 69
Moiry **08** 21 Fb 51
Moisdon-la-Rivière **44** 60 Yd 63
Moisenay **77** 33 Ce 57
Moislains **80** 8 Cf 49
Moissac **82** 126 Ba 84
Moissac-Bellevue **83** 147 Ga 87
Moissac-Vallée-Française **48** 130 De 84
Moissat **63** 92 Dc 74
Moisselles **95** 33 Cc 54
Moissey **39** 69 Fd 65
Moissieu-sur-Dolon **38** 106 Ef 76
Moisson **78** 32 Bd 54
Moissy-Cramayel **77** 33 Cd 57
Moissy-Moulinot **58** 67 De 65
Moisville **27** 31 Ba 55
Moisy **41** 49 Bb 61
Moïta **2B** 159 Kc 95
Moiters-d'Allonne, Les **50** 12 Yb 52
Moitiers-en-Bauptois **50** 12 Yd 52
Moitron **21** 68 Ee 62
Moitron-sur-Sarthe **72** 47 Aa 59
Moivre **51** 36 Ed 55
Molac **56** 44 Xd 62
Molagnies **76** 16 Be 51
Molain **02** 9 Dd 48
Molain **39** 84 Fe 68
Molamboz **39** 83 Fe 67
Molandier **11** 141 Be 89
Molas **31** 139 Ae 88
Molay **39** 83 Fc 66
Molay **70** 69 Fe 62
Môlay **89** 67 Df 62
Molay-Littry, Le **14** 13 Za 53
Môle, La **83** 148 Gc 89
Moléans **28** 49 Bc 60
Molèdes **15** 104 Da 77
Molère **65** 139 Ab 90
Molesmes **21** 53 Ec 61
Molesmes **89** 66 Dc 63
Molezon **48** 130 De 83
Moliens **60** 16 Be 50
Molières **24** 113 Ae 80
Molières **46** 114 Bf 80
Molières **82** 126 Bc 83
Molières, Les **91** 33 Ca 56
Molières-sur-Ceze **30** 130 Ea 83
Moliets-et-Maa **40** 122 Yd 85
Molinchart **02** 18 Dd 51
Molinet **03** 81 Df 70
Molineuf **41** 64 Bb 63
Molinges **39** 95 Fe 70
Molinghem **62** 7 Cc 45
Molinons **89** 51 Dd 59
Molinot **21** 82 Ed 66
Molins-sur-Aube **10** 53 Ec 58
Mollans **70** 70 Gc 63
Mollans-sur-Ouvèze **26** 132 Fb 83
Mollau **68** 56 Gf 61
Mollegès **13** 131 Ef 86
Molles **03** 92 Dd 72
Molleville **11** 141 Bf 89
Molliens-au-Bois **80** 7 Cc 49
Molliens-Dreuil **80** 17 Ca 49
Mollkirch **67** 39 Hc 57
Molompize **15** 104 Da 77
Molosmes **89** 52 Ea 61
Moloy **21** 68 Ef 63
Molphey **21** 67 Eb 64
Molpré **39** 84 Ga 68
Molring **57** 39 Ge 55
Molsheim **67** 40 Hc 57
Moltifao **2B** 157 Ka 94
Moltifau = Moltifao **2B** 157 Ka 94
Molunes, Les **39** 96 Ff 70
Momas **64** 138 Zd 88
Mombrier **33** 99 Zc 78
Momères **65** 138 Aa 89
Momerstroff **57** 38 Gd 53
Mommenheim **67** 40 Hd 56
Momuy **40** 123 Zc 87
Momy **64** 138 Zf 88
Monacia-d'Aullène **2A** 160 Ka 99
Monacia-d'Orezza **2B** 157 Kc 94
Monaco **(MC)** 135 Hc 86
Monampteuil **02** 19 Dd 52
Monassut-Audiracq **64** 138 Ze 88
Monastère, Le **12** 115 Cd 82
Monastier-Pins-Moriès, Le **48** 116 Db 81
Monastier-sur-Gazeille, Le **43** 117 Df 79
Monay **39** 83 Fd 67
Monbahus **47** 112 Ad 81
Monbalen **47** 112 Ae 83
Monbardon **32** 139 Ae 88
Monbazillac **24** 112 Ac 80
Monbéqui **82** 126 Bb 85
Monblanc **32** 140 Af 88
Monbrun **32** 126 Ba 87
Moncale **2B** 156 If 93
Moncassin **32** 139 Ac 88
Moncaup **31** 139 Ae 91
Moncaup **64** 138 Zf 88
Moncaut **47** 125 Ac 84
Moncayolle-Larrory-Mendibieu **64** 137 Za 89
Monceau-le-Neuf **02** 19 Dd 50
Monceau-lès-Leups **02** 18 Dc 50
Monceau-le-Waast **02** 19 De 51
Monceau-Saint-Waast **59** 9 Df 47
Monceau-sur-Oise **02** 19 De 49
Monceaux **19** 102 Bf 75
Monceaux **60** 17 Cd 52
Monceaux **61** 31 Ae 58
Monceaux, les **14** 30 Aa 54
Monceaux-en-Bessin **14** 13 Zb 53
Monceaux-l'Abbaye **60** 16 Be 51
Monceaux-le-Comte **58** 67 Dd 65
Monceaux-sur-Dordogne **19** 102 Bf 78
Moncé-en-Belin **72** 47 Ab 61
Moncé-en-Saosnois **72** 47 Ac 59
Moncelle, La **08** 20 Ef 50
Moncel-lès-Lunéville **54** 38 Gd 57
Moncel-sur-Seille **54** 38 Gc 56
Moncel-sur-Vair **88** 54 Fe 58
Moncetz-l'Abbaye **51** 52 Ed 57
Moncetz-Longevas **51** 36 Ec 55
Moncey **25** 70 Ga 64
Monchaux-Soreng **76** 6 Bd 49
Monchaux-sur-Écaillon **59** 9 Dc 47
Moncheaux **59** 8 Da 46
Moncheaux-lès-Frévent **62** 7 Cc 47
Monchecourt **59** 8 Db 47
Monchel-sur-Canche **62** 7 Cb 47
Moncheux **57** 38 Gc 55
Monchiet **62** 8 Cd 47
Monchy-au-Bois **62** 8 Cd 47
Monchy-Breton **62** 7 Cb 46
Monchy-Cayeux **62** 7 Cb 46
Monchy-Humières **60** 17 Ce 52
Monchy-le-Preux **62** 8 Cf 47
Monchy-Saint-Eloy **60** 17 Cc 53
Monchy-sur-Eu **76** 6 Bc 48
Moncla **64** 124 Ze 87
Monclar **32** 124 Zf 85
Monclar **47** 112 Ad 82
Monclar-de-Quercy **82** 127 Bd 85
Monclar-sur-Losse **32** 139 Ab 87
Moncley **25** 70 Ff 65
Moncontour **22** 26 Xc 58
Moncontour **86** 76 Zf 67
Moncourt **57** 38 Gd 56
Moncoutant **79** 75 Zc 68
Moncrabeau **47** 125 Ac 84
Moncy **61** 29 Zb 56
Mondavezan **31** 140 Ba 89
Mondelange **57** 22 Gb 53
Mondement-Montgivroux **51** 35 De 56
Mondescourt **60** 18 Da 51
Mondevert **35** 45 Yf 60
Mondeville **14** 14 Ze 53
Mondeville **91** 50 Cc 58
Mondicourt **62** 7 Cc 47
Mondigny **08** 20 Ed 50
Mondilhan **31** 139 Ae 89
Mondion **86** 76 Ac 67
Mondon **25** 70 Gb 64
Mondonville **31** 126 Bb 86
Mondonville-Saint-Jean **28** 49 Be 58
Mondoubleau **41** 48 Af 61
Mondouzil **31** 127 Bd 87
Mondragon **84** 131 Ee 83
Mondrainville **14** 29 Zc 54
Mondrepuis **02** 9 Ea 49
Mondreville **77** 50 Cd 60
Mondreville **78** 32 Bd 55
Monein **64** 138 Zc 89
Monès **31** 140 Ba 88
Monesple **09** 140 Bc 90
Monestier **03** 92 Da 71
Monestier **07** 106 Ed 77
Monestier **24** 112 Ab 80
Monestier, Le **63** 105 De 75
Monestier-d'Ambel **38** 120 Ff 80
Monestier-de-Clermont **38** 119 Fd 79
Monestier-du-Percy, Le **38** 119 Fd 80
Monestier-Merlines **19** 103 Cc 75
Monestier-Port-Dieu **19** 103 Cc 76
Monestiés **81** 127 Ca 84
Monestrol **31** 141 Be 89
Monétay-sur-Allier **03** 92 Db 70
Monétay-sur-Loire **03** 81 De 70
Monéteau **89** 51 Dd 61
Monêtier-les-Bains, Le **05** 120 Gd 79
Monfaucon **24** 100 Ad 78
Monfaucon **24** 112 Ab 79
Monfaucon **65** 139 Aa 88
Monferran-Plavès **32** 139 Ad 88
Monferran-Savès **32** 126 Af 87
Monflanquin **47** 113 Ae 81
Monfort **32** 126 Ae 86
Moñforzh = Monfort **35** 44 Ya 60
Mongaillard **47** 125 Ab 83
Mongausy **32** 140 Ae 87
Monget **40** 124 Zc 87
Monguilhem **32** 124 Ze 85
Monheurt **47** 112 Ab 82
Monhoudou **72** 47 Ab 59
Monistrol-d'Allier **43** 117 Dd 79
Monistrol-sur-Loire **43** 105 Eb 77
Monkontour = Moncontour **22** 26 Xc 58
Monlaur-Bernet **32** 139 Ad 88
Monléon-Magnoac **65** 139 Ad 89
Monlet **43** 105 De 77
Monlezun **32** 139 Ab 87
Monlezun-d'Armagnac **32** 124 Zf 86
Monmadalès **24** 112 Ad 80
Monmarvès **24** 112 Ad 80
Monnai **61** 30 Ac 55
Monnaie **37** 63 Ae 64
Monneren **57** 22 Gc 52
Monnerie-le-Montel, La **63** 93 Dd 73
Monnerville **91** 50 Ca 58
Monnes **02** 34 Db 54
Monnetay **39** 83 Fd 70
Monnetier-Mornex **74** 96 Gb 72
Monnet-la-Ville **39** 84 Fe 68
Monneville **60** 32 Bf 53
Monnières **39** 83 Fc 66
Monnières **44** 60 Yd 66
Monoblet **30** 130 Df 85
Monpardiac **32** 139 Ab 88
Monpazier **24** 113 Af 80
Monpezat **64** 138 Zf 87
Monprimblanc **33** 111 Ze 81
Mons **16** 88 Zf 73
Mons **17** 87 Zd 74
Mons **30** 130 Eb 84
Mons **31** 127 Bd 87
Mons **34** 143 Cf 87
Mons **63** 92 Dc 72
Mons **83** 134 Ge 86
Mons, Le **63** 105 De 75
Monsac **24** 112 Ae 80
Monsaguel **24** 112 Ad 80
Mons-Boubert **80** 7 Be 48
Monsec **24** 100 Ad 76
Monségur **33** 112 Aa 81
Monségur **40** 124 Zc 87
Monségur **47** 113 Af 82
Monségur **64** 138 Zf 88
Monselie, Le **15** 103 Cd 77
Monsempron-Libos **47** 113 Af 82
Mons-en-Barœul **59** 4 Da 45
Mons-en-Laonnais **02** 18 Dd 51
Mons-en-Montois **77** 51 Da 58
Mons-en-Pévèle **59** 8 Da 46
Monsireigne **85** 75 Za 68
Monsols **69** 94 Ed 71
Monsteroux-Milieu **38** 106 Ef 76
Monsures **80** 17 Cb 50
Monswiller **67** 39 Hc 56
Mont **64** 137 Zc 88
Mont, le **63** 104 Cf 75
Mont, le **70** 71 Ge 62
Mont, le **88** 56 Ha 58
Montabard **61** 30 Zf 56
Montabon **72** 62 Ac 62
Montabots **50** 28 Yf 55
Montacher-Villegardin **89** 51 Da 59
Montadet **32** 140 Af 88
Montady **34** 143 Da 89
Montagagne **09** 140 Bc 91
Montagnac **04** 133 Ga 86
Montagnac **30** 130 Ea 85
Montagnac **34** 143 Dc 88
Montagnac-d'Auberoche **24** 101 Af 77
Montagnac-la-Crempse **24** 100 Ad 79
Montagnac-sur-Auvignon **47** 125 Ac 84
Montagnac-sur-Lède **47** 113 Af 81
Montagna-le-Reconduit **39** 83 Fc 70
Montagna-le-Templier **39** 95 Fc 70
Montagnat **01** 95 Fb 72
Montagne **33** 111 Zf 79
Montagne **38** 107 Fb 78
Montagne, La **44** 60 Yb 65
Montagne-Fayel **80** 17 Bf 49
Montagney **70** 69 Fe 65
Montagnieu **01** 95 Fc 74
Montagnieu **38** 107 Fc 75
Montagnol **12** 129 Da 85
Montagnole **73** 108 Ff 75
Montagny **42** 93 Eb 72
Montagny **69** 106 Ee 75
Montagny **73** 109 Gd 76
Montagny-en-Vexin **60** 32 Be 53
Montagny-lès-Beaume **21** 82 Ef 67
Montagny-lès-Buxy **71** 82 Ee 68

186 (F) Mérigny — Montagny-lès-Buxy

Montagny-lès-Seurre 21 83 Fb 66
Montagny-près-Louhans 71 83 Fb 69
Montagny-Sainte-Félicité 60 33 Ce 54
Montagny-sur-Grosne 71 94 Ed 70
Montagrier 24 100 Ac 77
Montagudet 82 126 Ba 83
Montagut 64 124 Zc 87
Montaignac-Saint-Hippolyte 19 102 Ca 76
Montaigou-la-Brisette 50 12 Yd 51
Montaigu 02 19 Df 51
Montaigu 39 83 Fd 69
Montaigu 85 74 Ye 67
Montaigu-de-Quercy 82 113 Ba 82
Montaiguët-en-Forez 03 93 De 71
Montaigu-le-Blin 03 92 Dd 71
Montaigu-les-Bois 50 28 Ye 55
Montaigut 03 91 Ce 71
Montaigut-le-Blanc 23 90 Be 72
Montaigut-le-Blanc 63 104 Da 75
Montaigut-sur-Save 31 126 Bb 86
Montaillé 72 48 Ae 61
Montailleur 73 108 Gb 75
Montaillou 09 153 Bf 92
Montaimont 73 108 Gc 76
Montain 39 83 Fd 68
Montain 82 126 Ba 85
Montainville 28 49 Bd 59
Montainville 78 32 Bf 55
Montalba-le-Château 66 154 Cd 92
Montalembert 79 88 Aa 72
Montalet-le-Bois 78 32 Be 54
Montalieu-Vercieu 38 95 Fc 74
Montalzat 82 127 Bc 83
Montambert 58 81 De 68
Montamel 46 113 Bc 81
Montamisé 86 76 Ac 69
Montamy 14 29 Zb 55
Montanay 69 94 Ef 73
Montancy 25 71 Ha 64
Montandon 25 71 Gf 65
Montanel 50 28 Yd 58
Montaner 64 138 Zf 88
Montans 81 127 Bf 85
Montapas 58 81 Dd 66
Montardit 09 140 Bb 90
Montardon 64 138 Zd 88
Montaren-et-Saint-Médiers 30 131 Ec 84
Montargis 45 50 Ce 61
Montarlot 77 51 Cf 58
Montarlot-lès-Rioz 70 70 Ga 64
Montarnaud 34 144 De 87
Montaron 58 81 De 67
Montastruc 47 112 Ad 82
Montastruc 65 139 Ac 89
Montastruc 82 126 Bb 84
Montastruc-la-Conseillère 31 127 Bd 86
Montat, Le 46 113 Bc 82
Montataire 60 17 Cc 53
Montauban 26 132 Fd 83
Montauban 82 126 Bc 84
Montauban-de-Bretagne 35 44 Xf 59
Montauban-de-Picardie 80 8 Ce 48
Montaud 34 130 Df 86
Montaud 38 107 Fd 77
Montaudin 53 46 Yf 58
Montaulieu 26 119 Fb 82
Montaulin 10 52 Eb 59
Montaure 27 15 Ba 53
Montauriol 11 141 Bf 89
Montauriol 47 112 Ad 81
Montauriol 66 154 Ce 93
Montauroux 83 134 Ge 87
Montaut 09 140 Ba 90
Montaut 24 112 Ad 80
Montaut 31 140 Bb 90
Montaut 32 139 Ac 88
Montaut 40 123 Zc 86
Montaut 47 112 Ae 81
Montaut 64 138 Ze 90
Montaut-les-Créneaux 32 125 Ad 86
Montautour 35 45 Yf 59
Montauville 54 38 Ga 55
Montay 59 9 Dd 48
Montayral 47 113 Af 82
Montazeau 24 112 Aa 79
Montazels 11 153 Cb 91
Montbard 21 68 Ec 63
Montbarla 82 126 Ba 83
Montbarrey 39 83 Fd 66
Montbarrois 45 50 Cc 60
Montbartier 82 126 Bb 85
Montbazens 12 115 Cb 82
Montbazin 34 144 De 87
Montbazon 37 63 Ae 65
Montbel 09 141 Bf 91
Montbel 48 117 De 81
Montbéliard 25 71 Ge 63
Montbéliardot 25 71 Gd 65
Montbellet 71 82 Ee 70
Montbenoît 25 84 Gc 67
Mont-Bernanchon 62 8 Cd 45
Montbernard 31 139 Ae 89
Montberon 31 126 Bc 86
Montbert 44 60 Yd 66
Montberthault 21 67 Ea 64
Mont-Bertrand 14 29 Za 55
Montbeton 82 126 Bb 84
Montbeugny 03 81 Dc 69
Montbizot 72 47 Ab 60
Montblainville 55 20 Fa 53
Montblanc 34 143 Dc 88
Montboillon 70 70 Ff 64
Montboissier 28 49 Bc 59
Montbolo 66 154 Cd 94
Mont-Bonvillers 54 21 Ff 53
Montboucher-sur-Jabron 26 118 Ee 81
Montboudif 15 103 Ce 76
Montbouton 90 71 Gf 64
Montbouy 45 51 Ce 61
Montboyer 16 100 Aa 77
Montbozon 70 70 Gb 64
Montbrand 05 119 Fe 81
Montbras 55 37 Fe 57
Montbray 50 29 Yf 55
Montbré 51 35 Ea 53
Montbrehain 02 9 Dc 49
Montbrisan 26 118 Fa 82
Montbrison 42 105 Ea 75
Montbron 16 100 Ad 75
Montbronn 57 39 Hb 54
Montbrun 46 114 Bf 81
Montbrun 48 116 Dd 83
Montbrun-Bocage 31 140 Bb 90
Montbrun-des-Corbières 11 142 Ce 89
Montbrun-Lauragais 31 141 Bd 88
Montbrun-les-Bains 26 132 Fc 83
Montcabrier 46 113 Ba 81
Montcabrier 81 127 Be 87
Montcaret 24 112 Aa 79
Montcarra 38 107 Fc 75
Mont-Cauvaire 76 15 Ba 51
Montcavrel 62 7 Be 45
Montceau 38 107 Fc 75
Montceau-et-Echarnant 21 82 Ed 66
Montceau-les-Mines 71 82 Ec 68
Montceaux 01 94 Ee 72
Montceaux 77 34 Cf 55
Montceaux-lès-Provins 77 34 Dc 56
Montceaux-lès-Vaudes 10 52 Ea 60
Montceaux-l'Etoile 71 93 Ea 70
Montceaux-Ragny 71 82 Ef 69
Montcel 63 92 Da 72
Montcel 73 96 Ff 74
Montcenis 71 82 Ec 68
Montcet 01 95 Fa 71
Montcey 70 70 Gb 63
Montchaboud 38 107 Fe 78
Montchâlons 02 19 De 51
Montchamp 14 29 Zb 55
Montchamp 15 104 Db 78
Montchanin 71 82 Ec 68
Montcharvot 52 54 Fe 61
Montchaton 50 28 Yd 54
Montchaude 16 99 Ze 76
Montchauvet 14 29 Zb 55
Montchauvet 78 32 Bd 55
Montchenu 26 106 Fa 77
Montcheutin 08 20 Ee 53
Montchevrel 61 30 Ac 57
Montchevrier 36 78 Be 70
Montclar 11 142 Cb 90
Montclar 12 128 Cd 85
Montclard 43 104 Dd 77
Montclar-de-Comminges 31 140 Ba 89
Montclar-Lauragais 31 141 Be 88
Montclar-sur-Gervanne 26 119 Fa 80
Montcléra 46 113 Bb 81
Montclus 05 119 Fe 82
Montclus 30 131 Ec 83
Montcombroux-les-Mines 03 93 De 70
Montcony 71 83 Fb 68
Montcorbon 45 51 Da 61
Montcornet 02 19 Ea 50
Montcornet 08 20 Ed 49
Montcourt 70 55 Ff 61
Montcoy 71 83 Fa 68
Montcresson 45 50 Ce 61
Montcuit 50 12 Yd 54
Montcuq 46 113 Bb 82
Montcusel 39 95 Fd 70
Montcy-Notre-Dame 08 20 Ee 50
Montdardier 30 129 Dd 85
Mont-d'Astarac 32 139 Ad 89
Mont-Dauphin 05 121 Gd 80
Montdauphin 77 34 Dc 55
Mont-de-Laval 25 71 Gd 65
Mont-de-Marrast 32 139 Ac 88
Mont-de-Marsan 40 124 Zd 85
Mont-devant-Sassey 55 21 Fa 52
Montdidier 57 39 Ge 55
Montdidier 80 17 Cd 51
Mont-Disse 64 124 Zf 87
Mont-Dol 35 28 Yb 57
Mont-Dore 63 103 Ce 75
Montdoré 70 55 Ga 61
Mont-d'Origny 68 18 Dd 49
Montdoumerc 46 127 Bd 83
Montdragon 81 127 Ca 86
Monte 2B 157 Kc 94
Monteaux 41 63 Ba 64
Montebourg 50 12 Yd 52
Monte-Carlo (MC) 135 Hc 86
Montech 82 126 Bb 85
Montécheroux 25 71 Ge 64
Montéglin, Laragne- 05 120 Fe 38
Montegrosso 2B 156 If 93
Montégut 40 124 Ze 85
Montégut-Arros 32 139 Ab 88
Montégut-Bourjac 31 140 Ba 89
Montégut-en-Couserans 09 140 Ba 91
Montégut-Lauragais 31 141 Bf 88
Montégut-Plantaurel 09 140 Bd 90
Montégut-Savès 32 140 Af 88
Monteignet-sur-l'Andelot 03 92 Db 72
Monteil 15 103 Cc 78
Monteil, Le 15 103 Cc 77
Monteil, Le 43 104 Db 77
Monteil, Le 43 105 Df 78
Monteil, Le 43 117 De 79
Monteil-au-Vicomte, la 23 90 Bf 73
Monteille 14 30 Aa 54
Monteils 12 127 Bf 83
Monteils 12 128 Cc 83
Monteils 12 128 Cd 85
Monteils 30 130 Eb 84
Monteils 30 131 Ec 83
Monteils 82 127 Bc 83
Montel-de-Gelat 63 91 Cd 73
Montéléger 26 118 Ef 79
Montélier 26 118 Fa 79
Montélimar 26 118 Ee 81
Montellier, Le 01 95 Fa 73
Montels 09 140 Bc 90
Montels 34 143 Da 89
Montels 81 127 Bf 85
Montembœuf 16 88 Ad 74
Montenach 57 22 Gc 52
Montenay 53 46 Za 59
Montendre 17 99 Zd 77
Montendry 73 108 Gb 75
Montenescourt 62 8 Cd 47
Monteneuf 56 44 Xe 61
Montenils 77 34 Dc 55
Montenois 25 71 Ge 64
Montenoison 58 67 Dc 65
Montenoy 54 38 Gb 56
Montépilloy 60 33 Ce 53
Montépreux 51 35 Ea 56
Monterblanc 56 43 Xb 62
Montereau 45 50 Cd 61
Montereau-Fault-Yonne 77 51 Cf 58
Montereau-sur-le-Jard 77 33 Ce 57
Monterfil 35 44 Ya 60
Montérolier 76 16 Bc 51
Monterrein 56 44 Xd 61
Montertelot 56 44 Xd 61
Montescot 66 154 Cf 93
Montescourt-Lizerolles 02 18 Db 50
Montespan 31 140 Af 90
Montesquieu 47 125 Ac 83
Montesquieu 66 154 Cf 93
Montesquieu 82 126 Ba 83
Montesquieu-Avantès 09 140 Bb 90
Montesquieu-Lauragais 31 141 Bd 88
Montesquieu-Volvestre 31 140 Bb 89
Montesquiou 32 125 Ab 87
Montessaux 70 71 Gd 62
Montestruc-sur-Gers 32 125 Ad 86
Montet, Le 03 92 Da 70
Mont-et-Marré 58 81 Dd 66
Monteton 47 112 Ab 81
Monteux 84 131 Ef 84
Montévrain 77 33 Ce 55
Monteynard 38 119 Fe 79
Montfa 09 140 Bb 90
Montfalcon 38 107 Fb 77
Montfarville 50 12 Ye 51
Montfaucon 25 70 Ga 65
Montfaucon 30 131 Ee 84
Montfaucon 46 114 Bd 80
Montfaucon 49 60 Yf 66
Montfaucon 55 20 Fa 53
Montfaucon-en-Velay 43 105 Eb 77
Montfermeil 93 33 Cd 55
Montfermier 82 126 Bc 83
Montfermy 63 91 Ce 73
Montferrand 11 141 Be 88
Montferrand du Périgord 24 113 Af 80
Montferrand-la-Fare 26 119 Fc 82
Montferrand-le-Château 25 70 Ff 65
Montferrat 38 107 Fd 76
Montferrat 83 148 Gc 87
Montferrer 66 154 Cd 94
Montferrier 09 152 Be 91
Montferrier 34 130 Cf 87
Montfey 10 52 Df 60
Montfiquet 14 13 Za 53
Montfleur 39 95 Fc 71
Montflours 53 46 Zb 60
Montflovin 25 84 Gc 67
Montfort 04 133 Ff 84
Montfort 25 84 Ff 66
Montfort 35 44 Ya 60
Montfort 49 62 Ze 65
Montfort 64 137 Za 88
Montfort 73 108 Ff 75
Montfort-l'Amaury 78 32 Be 56
Montfort-le-Gesnois 72 47 Ac 60
Montfort-sur-Argens 83 147 Ga 88
Montfort-sur-Boulzane 11 153 Cb 92
Montfort-sur-Risle 27 15 Ad 53
Montfranc 12 128 Cd 85
Montfrin 30 131 Ed 85
Montfroc 26 132 Fd 83
Montfuron 04 132 Fe 85
Montgaillard 09 152 Bd 91
Montgaillard 11 154 Cd 91
Montgaillard 65 138 Aa 90
Montgaillard 81 127 Bd 85
Montgaillard 82 126 Af 85
Montgaillard-de-Salies 31 140 Af 90
Montgaillard-Lauragais 31 141 Be 88
Montgaillard-sur-Save 31 139 Ae 89
Montgardin 05 120 Gb 81
Montgardon 50 12 Yc 53
Montgaroult 61 30 Zf 56
Montgauch 09 140 Ba 90
Montgaudry 61 47 Ac 58
Montgazin 31 140 Bb 89
Montgeard 31 141 Bd 89
Montgé-en-Goële 77 33 Ce 54
Montgellafrey 73 108 Gb 76
Montgenèvre 05 120 Ge 79
Montgenost 51 35 Dd 57
Montgérain 60 17 Cd 51
Montgermont 35 45 Yb 60
Montgeron 91 33 Cc 56
Montgeroult 95 33 Ca 54
Montgesoye 25 84 Gb 66
Montgesty 46 113 Bb 81
Montgey 81 141 Bf 87
Montgibaud 19 102 Bc 75
Montgilbert 73 108 Gb 75
Montgirod 73 109 Gd 75
Montgiscard 31 141 Bd 88
Montgivray 36 78 Bf 69
Montgobert 02 18 Da 53
Montgon 08 20 Ee 51
Montgothier 50 28 Ye 57
Montgradail 11 141 Ca 90
Montgras 31 140 Ba 88
Montgreleix 15 103 Cf 76
Montguers 26 132 Fc 83
Montgueux 10 52 Df 59
Montguillon 49 61 Zb 62
Montguyon 17 99 Ze 77
Monthairons, Les 55 37 Fc 54
Montharville 28 49 Bb 59
Monthault 35 28 Ye 57
Monthaut 11 141 Ca 90
Monthelie 21 82 Ee 67
Monthelon 51 35 Df 55
Monthelon 71 81 Eb 67
Monthenault 02 19 De 52
Montheries 52 53 Ef 59
Montherlant 60 17 Ca 53
Monthermé 08 20 Ee 49
Monthiers 02 34 Db 54
Monthieux 01 94 Ef 73
Monthion 73 108 Gc 75
Monthodon 37 63 Af 63
Monthoiron 86 77 Ad 68
Monthois 08 20 Ee 53
Montholier 39 83 Fd 67
Monthou-sur-Bièvre 41 64 Bb 64
Monthou-sur-Cher 41 64 Bb 64
Monthuchon 50 28 Yd 54
Monthurel 02 34 Dd 54
Monthureux-le-Sec 88 55 Ga 59
Monthureux-sur-Saône 88 55 Ff 60
Monthyon 77 34 Cf 54
Montiargues 30 130 Eb 85
Monticello 2B 156 If 93
Montièramey 10 52 Eb 59
Montierchaume 36 78 Be 67
Montier-en-Der 52 53 Ee 58
Montier-en-l'Isle 10 53 Ed 59
Montiers 60 17 Cd 51
Montiers-sur-Saulx 55 37 Fb 57
Monties 32 139 Ae 88
Montignac 24 101 Ba 78
Montignac 33 111 Ze 80
Montignac 65 139 Aa 89
Montignac-Charente 16 88 Aa 74
Montignac-de-Lauzun 47 112 Ac 81
Montignac-le-Coq 16 100 Ab 76
Montignac-Toupinerie 47 112 Ac 81
Montigné 16 88 Zf 74
Montigné-le-Brillant 53 46 Zb 61
Montigné-lès-Rairies 49 62 Ze 63
Montigné-sur-Moine 49 60 Yf 66
Montigny 14 29 Zc 54
Montigny 18 65 Ce 65
Montigny 45 50 Ca 60
Montigny 50 28 Yf 57
Montigny 54 39 Ge 57
Montigny 76 15 Af 52
Montigny-aux-Amognes 58 80 Db 66
Montigny-devant-Sassey 55 21 Fa 52
Montigny-en-Arrouaise 02 18 Dc 49
Montigny-en-Cambrésis 59 9 Dc 48
Montigny-en-Gohelle 62 8 Cf 46
Montigny-en-Morvan 58 67 Df 66
Montigny-en-Ostrevent 59 8 Db 46
Montigny-l'Allier 02 34 Da 54
Montigny-la-Resle 89 52 De 61
Montigny-le-Bretonneux 78 33 Ca 56
Montigny-le-Chartif 28 48 Ba 59
Montigny-le-Franc 02 19 Df 50
Montigny-le-Gannelon 28 48 Bb 60
Montigny-le-Guesdier 77 51 Db 58
Montigny-Lencoup 77 51 Da 58
Montigny-Lengrain 02 18 Da 52
Montigny-lès-Arsures 39 84 Fe 67
Montigny-lès-Cherlieu 70 70 Fe 62
Montigny-lès-Condé 02 34 Dd 55
Montigny-lès-Cormeilles 95 33 Cb 55
Montigny-les-Jongleurs 80 7 Ca 47
Montigny-lès-Metz 57 38 Ga 54
Montigny-lès-Monts 10 52 Df 60
Montigny-lès-Vaucouleurs 55 37 Fd 57
Montigny-lès-Vesoul 70 70 Ga 63
Montigny-Montfort 21 68 Ec 63
Montigny-Mornay-Villeneuve-sur-Vingeanne 21 69 Fc 63
Montigny-Saint-Barthélemy 21 68 Eb 64
Montigny-sous-Marle 02 19 De 50
Montigny-sur-Armançon 21 68 Ec 64
Montigny-sur-Aube 21 53 Ee 61
Montigny-sur-Avre 28 31 Ba 56
Montigny-sur-Canne 58 81 Dd 67
Montigny-sur-Chiers 54 21 Fd 52
Montigny-sur-Crécy 02 19 Dd 50
Montigny-sur-l'Ain 39 84 Fe 68
Montigny-sur-l'Hallue 80 7 Cc 49
Montigny-sur-Loing 77 50 Ce 58
Montigny-sur-Meuse 08 10 Ee 48
Montigny-sur-Vence 08 20 Ed 50
Montigny-sur-Vesle 51 19 De 53
Montilliers 49 61 Zc 65
Montillot 89 67 De 63
Montilly 03 80 Db 69
Montilly-sur-Noireau 61 29 Zc 56
Montils 17 87 Zc 75
Montils, Les 41 64 Bb 64
Montipouret 36 78 Bf 69
Montirat 11 142 Cc 89
Montirat 81 127 Ca 84
Montireau 28 48 Ba 58
Montiron 32 126 Af 87
Montivilliers 76 14 Ab 51
Montjardin 11 141 Ca 91
Montjaux 12 129 Cf 84
Montjavoult 60 16 Be 53
Montjay 05 119 Fd 82
Montjay 71 83 Fb 68
Montjean 16 88 Aa 72
Montjean 53 46 Za 61
Montjean-sur-Loire 49 61 Za 64
Montjoi 11 142 Cc 91
Montjoi 82 126 Af 83
Montjoie-en-Couserans 09 140 Ba 90
Montjoie-le-Château 25 71 Gf 64
Montjoie-Saint-Martin 50 28 Ye 57
Montjoire 31 127 Bd 86
Montjoux 26 119 Fa 81
Montjoyer 26 118 Ef 82
Montjustin 04 132 Fd 85
Montjustin-et-Velotte 70 70 Gc 63
Montlandon 28 48 Ba 58
Montlaur 11 142 Cd 90
Montlaur 12 128 Cf 85
Montlaur 31 141 Bd 88
Montlaur-en-Diois 26 119 Fc 81
Mont-Laurent 08 20 Ec 52
Montlaux 04 133 Ff 84
Montlauzun 46 113 Bb 83
Montlay-en-Auxois 21 68 Eb 64
Montlebon 25 85 Gd 66
Mont-lès-Lamarche 88 54 Fe 60
Mont-lès-Neufchâteau 88 54 Fd 58
Mont-l'Etroit 54 54 Fe 57
Mont-le-Vernois 70 70 Ga 63
Montlevicq 36 79 Ca 69
Mont-le-Vignoble 54 37 Ff 57
Montlevon 02 34 Dd 55
Montlhéry 91 33 Cb 57
Montliard 45 50 Cc 60
Montlieu-la-Garde 17 99 Ze 77
Montlignon 95 33 Cb 54
Montliot-et-Courcelles 21 53 Ed 61
Montlivault 41 64 Bc 63
Montlognon 60 33 Ce 54
Montloué 02 19 Ea 50
Montlouis 18 79 Cb 68
Mont-Louis 66 153 Ca 93
Montlouis-sur-Loire 37 63 Ae 64
Montluçon 03 91 Cd 70
Montluel 01 94 Fa 73
Montmachoux 77 51 Cf 59
Montmacq 60 18 Cf 52
Montmahoux 25 84 Ga 67
Montmain 21 83 Fa 66
Montmain 76 16 Bb 52
Montmançon 21 69 Fc 64
Montmarault 03 92 Cf 71
Montmarlon 39 84 Ff 67
Montmartin 60 17 Ce 52
Montmartin-en-Graignes 50 13 Yf 53
Montmartin-le-Haut 10 53 Ed 59
Montmartin-sur-Mer 50 28 Yc 55
Montmaur 05 120 Ff 81
Montmaur-en-Diois 26 119 Fc 80
Montmaurin 31 139 Ad 89
Montmédy 55 21 Fc 51
Montmeillant 08 19 Ec 50
Montmelard 71 94 Ec 71
Montmelas-Saint-Sorlin 69 94 Ed 72
Montmélian 73 108 Ga 75
Montmerle-sur-Saône 01 94 Ee 72
Montmerrei 61 30 Aa 57
Montmeyan 83 147 Ga 87
Montmeyran 26 118 Ef 80
Montmin 74 96 Gb 74
Montmirail 51 34 Dd 55
Montmirail 72 48 Ae 60
Montmiral 26 107 Fa 78
Montmirat 30 130 Ea 85
Montmirey-la-Ville 39 69 Fd 65
Montmirey-le-Château 39 69 Fd 65
Montmoreau-Saint-Cybard 16 100 Aa 76
Montmorency 95 33 Cb 55
Montmorency-Beaufort 10 53 Ed 58
Montmorillon 86 77 Af 70
Montmorin 05 119 Fd 82
Montmorin 63 104 Dc 74
Montmorot 39 83 Fd 68
Montmort 71 81 Ea 68
Montmort-Lucy 51 35 De 55
Montmotier 88 55 Gb 61
Montmoyen 21 68 Ee 62
Montmurat 15 115 Cb 81
Montner 66 154 Cf 92
Mont-Notre-Dame 02 19 Dd 53
Montoillot 21 68 Ed 65
Montoir-de-Bretagne 44 59 Xf 65
Montoire-sur-le-Loir 41 63 Af 62
Montois-la-Montagne 57 22 Ga 53
Montoison 26 118 Ef 80
Montoldre 03 92 Dc 71
Montolieu 11 142 Cb 89
Montolivet 77 34 Dc 56
Montonvillers 80 7 Cb 49
Montord 03 92 Db 71
Mont-Ormel 61 30 Aa 55
Montory 64 137 Zb 90
Montot 21 69 Fb 66
Montot 70 25 Fd 63
Montot-sur-Rognon 52 54 Fb 59
Montouliers 34 142 Cf 89
Montoulieu 09 152 Bd 91
Montoulieu 34 130 De 85
Montoulieu-Saint-Bernard 31 140 Af 89
Montournais 85 75 Zb 68
Montours 35 28 Ye 58
Montourtier 53 46 Zc 59
Montoussé 65 139 Ac 90
Montoussin 31 140 Ba 89
Montoy-Flanville 57 38 Gb 54
Montpaon 12 129 Da 85
Montpascal 73 108 Gc 76
Montpellier 34 144 Df 87
Montpellier-de-Médillan 17 87 Zb 75
Montpensier 63 92 Db 72
Montperreux 25 84 Gc 68
Montpeyroux 12 115 Ce 81
Montpeyroux 24 112 Aa 79
Montpeyroux 63 104 Db 75
Montpezat 04 133 Ga 86
Montpezat 30 130 Ea 85
Montpézat 32 140 Af 88
Montpezat 47 112 Ad 82
Montpezat-de-Quercy 82 127 Bc 83
Montpezat-sous-Bauzon 07 117 Eb 80
Montpinchon 50 28 Ye 54
Montpinçon 14 30 Aa 55
Montpitol 31 127 Bd 86
Montplonne 55 37 Fb 56
Montpollin 49 62 Zf 63
Montpon-Ménestérol 24 100 Aa 78
Montpont-en-Bresse 71 83 Fb 69
Montpothier 10 34 Dd 57
Montpouillan 47 112 Aa 82
Montrabé 31 127 Bd 87
Montracol 01 95 Fa 71
Montrastruc-Savès 31 140 Ba 88
Montravers 79 75 Zb 68
Montréal 07 117 Eb 81
Montréal 11 141 Ca 89
Montréal 32 125 Ab 85
Montréal 89 67 Ea 63
Montréal-la-Cluse 01 95 Fd 71
Montréal-les-Sources 26 119 Fb 82
Montrécourt 59 9 Dc 47
Montredon 46 115 Cb 81
Montredon-des-Corbières 11 143 Cf 89
Montredon-Labessonié 81 128 Cb 86
Montregard 43 106 Ec 78
Montréjeau 31 139 Ad 90
Montrelais 44 61 Za 64
Montrem 24 100 Ad 78
Montrésor 37 63 Bb 66
Montret 71 83 Fa 68
Montreuil 28 32 Bc 56
Montreuil 62 7 Be 46
Montreuil 85 75 Za 70
Montreuil 93 33 Cc 55
Montreuil-au-Houlme 61 30 Ze 56
Montreuil-aux-Lions 02 34 Db 54
Montreuil-Bellay 49 62 Zf 66
Montreuil-Bonnin 86 76 Aa 69
Montreuil-des-Landes 35 45 Ye 59
Montreuil-en-Auge 14 14 Aa 53
Montreuil-en-Caux 76 15 Ba 50
Montreuil-en-Touraine 37 63 Af 64
Montreuil-Juigné 49 61 Zc 63
Montreuil-la-Cambe 61 30 Aa 55
Montreuil-l'Argillé 27 31 Ac 55
Montreuil-le-Chétif 72 47 Zf 59
Montreuil-le-Gast 35 45 Yb 59
Montreuil-le-Henri 72 48 Ad 61
Montreuillon 58 67 De 65
Montreuil-Poulay 53 46 Zc 58
Montreuil-sous-Pérouse 35 45 Ye 60
Montreuil-sur-Barse 10 52 Eb 59
Montreuil-sur-Blaise 52 53 Ef 58
Montreuil-sur-Brêche 60 17 Cb 51
Montreuil-sur-Epte 95 32 Be 53
Montreuil-sur-Ille 35 45 Yc 59
Montreuil-sur-Loir 49 61 Zd 63
Montreuil-sur-Lozon 50 12 Ye 54
Montreuil-sur-Maine 49 61 Zb 63
Montreuil-sur-Thérain 60 17 Cb 52
Montreuil-sur-Thonnance 52 54 Fb 58
Montreux 54 39 Gf 57
Montreux-Château 90 71 Gf 63
Montreux-Jeune 68 71 Ha 63
Montreux-Vieux 68 71 Ha 63
Montrevault 49 60 Yf 65
Montrevel 38 107 Fc 76
Montrevel 39 83 Fd 70
Montrevel-en-Bresse 01 95 Fa 71
Montrichard 41 63 Bb 64
Montricher-Albanne 73 100 Gc 77
Montricoux 82 127 Bd 84
Montrieux-en-Sologne 41 64 Be 63
Montrigaud 26 107 Fa 77
Montriond 74 97 Ge 71
Montrodat 48 116 Db 81
Montrollet 16 89 Af 73
Montrol-Sénard 87 89 Af 72
Montromant 69 106 Ed 74
Montrond 05 119 Fe 82
Montrond 39 84 Fe 68
Montrond-le-Château 25 70 Ga 66
Montrond-les-Bains 42 105 Eb 75
Montrosier 81 127 Bf 84
Montrottier 69 94 Ec 74
Montroty 76 16 Bd 52
Montrouge 92 33 Cb 56
Montroulez = Morlaix 29 25 Wb 57
Montrouveau 41 63 Ae 62
Montroy 17 86 Yf 72
Montrozier 12 115 Ce 82
Montry 77 34 Ce 55
Monts 37 63 Ad 65
Monts 60 33 Ca 53
Mont-Saint-Adrien, la 60 17 Ca 52
Mont-Saint-Aignan 76 15 Ba 52
Mont-Saint-Éloi 62 8 Ce 46
Mont-Saint-Jean 02 19 Eb 50
Mont-Saint-Jean 21 68 Ec 65
Mont-Saint-Jean 72 47 Zf 59
Mont-Saint-Martin 02 19 Dd 53
Mont-Saint-Martin 08 20 Ed 52
Mont-Saint-Martin 38 107 Fe 77
Mont-Saint-Martin 54 21 Fe 51
Mont-Saint-Michel, Le 50 28 Yc 57
Mont-Saint-Père 02 34 Dc 54
Mont-Saint-Rémy 08 20 Ec 52
Mont-Saint-Sulpice 89 52 Dd 61
Mont-Saint-Vincent 71 82 Ec 69
Montsalès 12 114 Bf 82
Montsalier 04 132 Fd 84
Montsalvy 15 115 Cd 80
Montsapey 73 108 Gc 75
Montsauche-les-Settons 58 67 Ea 65
Montsaugeon 52 69 Fb 63
Montsaunès 31 140 Af 90
Mont-Saxonnex 74 96 Gc 72
Montsec 55 37 Fe 55
Montsecret 61 29 Zb 56
Montségur 09 153 Be 91
Montségur-sur-Lauzon 26 118 Ef 82
Montselgues 07 117 Ea 81
Monts-en-Bessin 14 29 Zc 54
Monts-en-Ternois 62 7 Cc 47
Montséret 11 142 Ce 90
Montsérié 65 139 Ac 90
Montseron 09 140 Bb 90
Montseveroux 38 106 Ef 76
Montsoreau 49 62 Aa 65
Montsoult 95 33 Cb 54
Mont-sous-Vaudrey 39 83 Fd 67
Monts-sur-Guesnes 86 76 Ab 67
Mont-sur-Meurthe 54 38 Gc 57
Mont-sur-Monnet 39 84 Ff 68
Montsûrs 53 46 Zc 60
Montsuzain 10 52 Ea 58
Monts-Verts, les 48 116 Db 79
Montureux-et-Prantigny 70 69 Fd 64
Montureux-lès-Baulay 70 55 Ff 62
Montusclat 43 117 Ea 78
Montussan 33 111 Zd 79
Montvalen 81 127 Bd 85
Montvalent 46 114 Bd 79
Montvalezan 73 109 Ge 75
Montvendre 26 118 Fa 79
Montverdun 42 105 Ea 74
Montvert 15 115 Ca 79
Montvicq 03 91 Ce 71
Montviette 14 30 Aa 55
Montville 76 15 Ba 51
Montviron 50 28 Yd 56
Montzéville 55 37 Fb 53
Monviel 47 112 Ad 81
Monze 11 142 Cc 90
Moon-sur-Elle 50 13 Yf 53
Moosch 68 56 Ha 61
Mooslargue 68 71 Hb 63
Moraches 58 67 Dd 65

Montagny-lès-Seurre — Moraches (F) 187

Neuville-Bosc **60** 33 Ca 53
Neuville-Bosmont, La **02** 19 Df 50
Neuville-Bourjonval **62** 8 Da 48
Neuville-Chant-d'Oisel, La **76** 16 Bb 52
Neuville-d'Aumont, La **60** 17 Ca 53
Neuville-Day **08** 20 Ee 52
Neuville-de-Poitou **86** 76 Ab 68
Neuville-du-Bosc, La **27** 15 Ae 53
Neuville-en-Avesnois **59** 9 Dd 47
Neuville-en-Beaumont **50** 12 Yc 52
Neuville-en-Beine, La **02** 18 Da 50
Neuville-en-Ferrain **59** 4 Da 44
Neuville-en-Hez, La **60** 17 Cb 52
Neuville-en-Tourne-à-Fuy, La **08** 20 Ec 52
Neuville-en-Verdunois **55** 37 Fb 55
Neuville-Ferrières **76** 16 Bc 50
Neuville-Garnier, la **60** 17 Ca 52
Neuville-Housset, La **02** 19 De 50
Neuville-les-Dames **01** 94 Fa 72
Neuville-lès-Decize **58** 80 Db 68
Neuville-lès-Dieppe **76** 6 Ba 49
Neuville-lès-Dorengt, La **02** 9 De 49
Neuville-lès-Lœuilly **80** 17 Cb 50
Neuville-lès-This **08** 20 Ed 50
Neuville-lès-Vaucouleurs **55** 37 Fe 57
Neuville-lès-Wasigny, La **08** 20 Ec 51
Neuville-Marais **80** 7 Be 47
Neuville-près-Sées **61** 30 Ab 57
Neuviller-la-Roche **67** 56 Hb 58
Neuviller-lès-Badonviller **54** 39 Gf 57
Neuvillers-sur-Fave **88** 56 Ha 59
Neuviller-sur-Moselle **54** 55 Gb 58
Neuville-Saint-Amand **02** 18 Dc 50
Neuville-Saint-Pierre, La **60** 17 Cb 51
Neuville-Saint-Rémy **59** 8 Db 47
Neuville-Saint-Vaast **62** 8 Ce 46
Neuville-sire-Bernard, La **80** 17 Cd 50
Neuville-sous-Montreuil **62** 7 Be 46
Neuville-sur-Ailette **02** 19 De 52
Neuville-sur-Ain **01** 95 Fc 72
Neuville-sur-Authou **27** 15 Ad 53
Neuville-sur-Brenne **37** 63 Af 63
Neuville-sur-Essonne, La **45** 50 Cc 59
Neuville-sur-Margival **02** 18 Dc 52
Neuville-sur-Ornain **55** 36 Fa 56
Neuville-sur-Oudeuil, La **60** 17 Ca 51
Neuville-sur-Saône **69** 94 Ef 73
Neuville-sur-Sarthe **72** 47 Ab 60
Neuville-sur-Seine **10** 53 Ec 60
Neuville-sur-Touques **61** 30 Ab 55
Neuville-sur-Vannes **10** 52 De 59
Neuvillette **02** 18 Dc 49
Neuvillette **80** 7 Cb 47
Neuvillette-en-Charnie **72** 47 Ze 60
Neuville-Vault, La **60** 16 Bf 52
Neuville-Vitasse **62** 8 Ce 47
Neuvilley **39** 83 Fd 67
Neuvilly **59** 9 Dd 48
Neuvilly-en-Argonne **55** 36 Fa 54
Neuvireuil **62** 8 Cf 46
Neuvizy **08** 20 Ed 51
Neuvy **03** 80 Db 69
Neuvy **41** 64 Bd 63
Neuvy **51** 34 Dd 56
Neuvy-au-Houlme **61** 30 Ze 56
Neuvy-Bouin **79** 75 Zd 68
Neuvy-Deux-Clochers **18** 65 Ce 65
Neuvy-en-Beauce **28** 49 Bf 59
Neuvy-en-Champagne **72** 47 Zf 60
Neuvy-en-Dunois **28** 49 Bd 59
Neuvy-en-Mauges **49** 61 Zb 65
Neuvy-en-Sullias **45** 65 Cb 62
Neuvy-Grandchamp **71** 81 Df 69
Neuvy-le-Barrois **18** 80 Da 67
Neuvy-le-Roi **37** 63 Ad 63
Neuvy-Pailloux **36** 78 Bf 67
Neuvy-Saint-Sépulchre **36** 78 Be 69
Neuvy-Sautour **89** 52 De 60
Neuvy-sur-Barangeon **18** 65 Cb 65
Neuvy-sur-Loire **58** 66 Cf 63
Neuwiller **68** 72 Hd 63
Neuwiller-lès-Saverne **67** 39 Hc 55
Nevers **58** 80 Db 67
Névez **29** 42 Wb 62
Névian **11** 142 Cf 89
Néville **76** 15 Ae 50
Néville-sur-Mer **50** 12 Ye 50
Nevoy **45** 65 Cd 62
Nevy-lès-Dole **39** 83 Fd 66
Nevy-sur-Seille **39** 83 Fd 68
Nexon **87** 101 Bb 74
Ney **39** 84 Ff 68
Neydens **74** 96 Ga 72
Neyrolles, Les **01** 95 Fd 72
Nézel **78** 32 Bf 55
Nézignan-l'Evêque **34** 143 Dc 88
Niafles **53** 46 Za 61
Niaux **09** 152 Bd 92
Nibas **80** 6 Bd 48
Nibelle **45** 50 Cb 60
Nice **06** 135 Hb 86
Nicey **21** 52 Eb 61
Nicey-sur-Aire **55** 37 Fc 55
Nicole **47** 112 Ac 83
Nicorps **50** 28 Yd 54
Niderhoff **57** 39 Ha 57
Niderviller **57** 39 Ha 56
Niederbronn-les-Bains **67** 40 Hd 55
Niederbruck **68** 71 Gf 62
Niederentzen **68** 56 Hc 61
Niederhaslach **67** 39 Hc 57
Niederhausbergen **67** 40 He 57
Niederhergheim **68** 56 Hc 61
Niederlarg **68** 71 Hb 63
Niederlauterbach **67** 40 Ia 55
Niedermodern **67** 40 Hd 55
Niedermorschwihr **68** 56 Hb 60
Niedernai **67** 57 Hd 58
Niederrœdern **67** 40 Ia 55
Niederschaeffolsheim **67** 40 He 56
Niedersoultzbach **67** 40 Hc 55
Niedersteinbach **67** 40 He 54
Niederstinzel **57** 39 Ha 55
Niedervisse **57** 38 Gd 53
Nielles-lès-Ardres **62** 3 Ca 43
Nielles-lès-Bléquin **62** 3 Ca 43
Nielles-lès-Calais **62** 3 Be 43
Niepce **59** 4 Ce 44
Niergnies **59** 8 Db 48
Nieudan **15** 115 Cb 79
Nieuil **16** 88 Ad 73
Nieuil-l'Espoir **86** 76 Ac 70
Nieul **87** 89 Bb 73
Nieul-le-Dolent **85** 74 Yc 69
Nieul-lès-Saintes **17** 87 Zb 74
Nieulle-sur-Seudre **17** 86 Yf 74
Nieul-le-Virouil **17** 99 Zc 76
Nieul-sur-l'Autise **85** 75 Zb 70
Nieurlet **59** 3 Cb 44
Niévroz **01** 94 Fa 74
Niffer **68** 71 Hd 62
Niherne **36** 78 Bd 68
Nijon **52** 54 Fd 59
Nilvange **57** 22 Ga 52
Nîmes **30** 131 Ec 85
Ninville **52** 54 Fc 60
Niort **79** 87 Zd 71
Niort-de-Sault **11** 153 Ca 92
Niozelles **04** 133 Ff 85
Nissan-lez-Enserune **34** 143 Da 89
Nistos **65** 139 Ac 90
Nitry **89** 67 Df 62
Nitting **57** 39 Ha 56
Nivelle **59** 9 Dc 46
Nivillac **56** 59 Xe 63
Nivillers **60** 17 Ca 52
Nivolas-Vermelle **38** 107 Fb 75
Nivollet-Montgriffon **01** 94 Fc 73
Nixéville-Blercourt **55** 37 Fb 54
Nizan, Le **33** 111 Ze 82
Nizan-Gesse **31** 139 Ad 89
Nizas **32** 140 Af 88
Nizas **34** 143 Dc 87
Nizerolles **03** 93 Dd 72
Nizy-le-Comte **02** 19 Ea 51
Noailhac **12** 115 Cc 81
Noailhac **19** 102 Bd 78
Noailhac **81** 142 Cc 87
Noaillac **33** 111 Zf 81
Noaillan **33** 111 Zd 82
Noailles **19** 102 Bd 78
Noailles **60** 17 Cb 53
Noailles **81** 127 Bf 84
Noailly **42** 93 Ea 72
Noalhac **48** 116 Da 80
Noalhat **63** 92 Dc 73
Noards **27** 15 Ad 53
Nocario **2B** 157 Kc 94
Nocé **61** 48 Ae 58
Noceta **2B** 159 Kb 95
Nochize **71** 93 Eb 70
Nocle-Maulaix, La **58** 81 De 68
Nod-sur-Seine **21** 68 Ed 62
Noé **31** 140 Bb 88
Noé **89** 51 Dc 60
Noë-Blanche, La **35** 45 Yb 62
Noël-Cerneux **25** 71 Ge 66
Noë-les-Mallets **10** 53 Ed 60
Noëllet **49** 61 Yf 62
Noë-Poulain, La **27** 15 Ad 53
Noërs **54** 21 Fd 52
Noës, Les **42** 93 Df 72
Noës-près-Troyes, Les **10** 52 Ea 59
Nœux-lès-Auxi **62** 7 Cb 47
Nœux-les-Mines **62** 8 Cd 46
Nogaro **32** 124 Zf 86
Nogent **52** 54 Fc 60
Nogentel **02** 34 Dc 54
Nogent-en-Othe **10** 52 De 60
Nogent-l'Abbesse **51** 19 Ea 53
Nogent-l'Artaud **02** 34 Db 55
Nogent-le-Bernard **72** 47 Ac 59
Nogent-le-Phaye **28** 49 Bd 58
Nogent-le-Roi **28** 32 Bd 57
Nogent-le-Rotrou **28** 48 Ae 59
Nogent-le-Sec **27** 31 Ba 55
Nogent-lès-Montbard **21** 68 Ec 63
Nogent-sur-Aube **10** 52 Eb 58
Nogent-sur-Eure **28** 49 Bc 58
Nogent-sur-Loir **72** 62 Ac 63
Nogent-sur-Marne **94** 33 Cc 55
Nogent-sur-Oise **60** 17 Cc 53
Nogent-sur-Seine **10** 51 Dd 58
Nogent-sur-Vernisson **45** 50 Ce 61
Nogna **39** 83 Fd 69
Noguères **64** 138 Zc 88
Nohanent **63** 92 Da 74
Nohant-en-Goût **18** 79 Cd 66
Nohant-Vic **36** 78 Bf 69
Nohèdes **66** 153 Cb 93
Nohic **82** 126 Bc 85
Nohnat-en-Graçay **18** 64 Bf 66
Noidan **21** 68 Ec 64
Noidans-le-Ferroux **70** 70 Ff 63
Noidans-lès-Vesoul **70** 70 Ga 63
Noidant-Chatenoy **52** 69 Fc 62
Noidant-le-Rocheux **52** 54 Fb 62
Noilhan **32** 140 Af 87
Nointel **60** 17 Cc 52
Nointel **95** 33 Cb 54
Nointot **76** 15 Ac 51
Noircourt **02** 19 Ea 50
Noirefontaine **25** 71 Ge 64
Noirémont **60** 17 Cb 51
Noirétable **42** 93 De 74
Noirlieu **51** 36 Ee 55
Noirmoutier-en-l'Île **85** 59 Xe 66
Noiron **70** 69 Fd 64
Noiron-sous-Gevrey **21** 69 Fa 65
Noiron-sur-Bèze **21** 69 Fb 64
Noiron-sur-Seine **21** 53 Ec 61
Noironte **25** 70 Ff 65
Noirpalu **50** 28 Ye 56
Noirval **08** 20 Ee 52
Noiseau **94** 33 Cd 56
Noisiel **77** 33 Cd 55
Noisseville **57** 38 Gb 54
Noisy-le-Grand **93** 33 Cd 55
Noisy-le-Roi **78** 33 Ca 55
Noisy-Rudignon **77** 51 Cf 58
Noisy-sur-Ecole **77** 50 Cd 58
Noisy-sur-Oise **95** 33 Cb 54
Noizay **37** 63 Af 64
Nojals-et-Clottes **24** 113 Ae 80
Nojean-en-Vexin **27** 16 Bd 52
Nolay **21** 82 Ed 67
Nolay **58** 80 Db 66
Nolléval **76** 16 Bc 51
Nollieux **42** 93 Ea 74
Nomain **59** 8 Db 45
Nomdieu **47** 125 Ac 84
Nomécourt **52** 53 Fa 58
Nomeny **54** 38 Gb 55
Nomexy **88** 55 Gc 59
Nommay **25** 71 Gf 63
Nompatelize **88** 56 Gf 59
Nonac **16** 100 Aa 76
Nonancourt **27** 31 Bb 56
Nonant **14** 13 Zc 53
Nonant-le-Pin **61** 30 Ab 56
Nonards **19** 102 Be 78
Nonaville **16** 99 Zf 75
Noncourt-sur-le-Rongeant **52** 54 Fb 58
Nonette **63** 103 Db 76
Nonglard **74** 96 Ga 73
Nonhigny **54** 39 Gf 57
Nonières **07** 118 Ec 79
Nonsard **55** 37 Fe 55
Nontron **24** 100 Ad 75
Nonville **77** 50 Ce 59
Nonville **88** 55 Ff 60
Nonvilliers-Grandhoux **28** 48 Bb 58
Nonza **2B** 157 Kc 92
Nonzeville **88** 55 Gd 59
Noordpeene **59** 3 Cc 44
Nordausques **62** 3 Ca 44
Nordheim **67** 40 Hd 57
Nordhouse **67** 57 He 58
Noreuil **62** 8 Cf 47
Norge-la-Ville **21** 69 Fa 64
Normandel **61** 31 Ae 57
Normanville **27** 31 Ba 54
Normanville **76** 15 Ad 50
Normier **21** 68 Ec 64
Norolles **14** 14 Ab 53
Noron-l'Abbaye **14** 30 Ze 55
Noron-la-Poterie **14** 13 Zb 53
Noroy **60** 17 Cd 52
Noroy-le-Bourg **70** 70 Gb 63
Noroy-sur-Ourcq **02** 34 Db 53
Norrent-Fontes **62** 7 Cc 45
Norroy on Auge **14** 30 Zf 55
Norrey-en-Bessin **14** 13 Zc 53
Norrois **51** 36 Ed 56
Norroy **88** 55 Ff 59
Norroy-le-Sec **54** 21 Fe 53
Norroy-lès-Pont-à-Mousson **54** 38 Ga 55
Norroy-le-Veneur **57** 38 Ga 53
Nortkerque **62** 3 Ca 43
Nort-Leulinghem **62** 3 Ca 44
Nort-sur-Erdre **44** 60 Yd 64
Norville **76** 15 Ad 52
Norville, La **91** 33 Cb 57
Nossage-et-Bénévent **05** 119 Fe 83
Nossoncourt **88** 56 Ge 58
Nostang **56** 43 We 62
Noth **23** 90 Bd 71
Nothalten **67** 56 Hc 58
Notre-Dame **18** 108 Gb 77
Notre-Dame-d'Aliermont **76** 16 Bb 49
Notre-Dame-d'Allençon **49** 61 Zd 65
Notre-Dame-de-Bellecombe **73** 96 Gd 74
Notre-Dame-de-Bliquetuit **76** 15 Ae 51
Notre-Dame-de-Boisset **42** 93 Ea 73
Notre-Dame-de-Bondeville **76** 15 Ba 52
Notre-Dame-de-Cenilly **50** 28 Ye 55
Notre-Dame-de-Commiers **38** 119 Fe 78
Notre-Dame-de-Courson **14** 30 Ab 55
Notre-Dame-de-Gravenchon **76** 15 Ad 51
Notre-Dame-de-la-Rouvière **30** 130 De 84
Notre-Dame-de-l'Isle **27** 32 Bc 54
Notre-Dame-de-Livaye **14** 30 Aa 54
Notre-Dame-de-Livoye **50** 28 Ye 56
Notre-Dame-de-Londres **34** 130 De 86
Notre-Dame-de-l'Osier **38** 107 Fc 77
Notre-Dame-de-Mésage **38** 107 Fe 78
Notre-Dame-de-Monts **85** 73 Xf 68
Notre-Dame-d'Epine **27** 15 Ad 53
Notre-Dame-de-Riez **85** 73 Ya 68
Notre-Dame-de-Sanilhac **24** 101 Ae 78
Notre-Dame-des-Landes **44** 60 Yb 64
Notre-Dame-des-Millières **73** 108 Gc 75
Notre-Dame-d'Estrées **14** 30 Aa 54
Notre-Dame-de-Vaulx **38** 119 Fe 79
Notre-Dame-d'Oé **37** 63 Ae 64
Notre-Dame-du-Bec **76** 14 Ab 51
Notre-Dame-du-Hamel **27** 31 Ad 55
Notre-Dame-du-Parc **76** 15 Ba 50
Notre-Dame-du-Pé **72** 62 Ze 62
Notre-Dame-du-Pré **73** 109 Gd 75
Notre-Dame-du-Rocher **61** 29 Zd 56
Notre-Dame-du-Touchet **50** 29 Za 57
Nottonville **28** 49 Bd 60
Nouaille, La **23** 90 Ca 73
Nouaillé-Maupertuis **86** 76 Ac 69
Nouainville **50** 12 Yb 51
Nouan-le-Fuzelier **41** 65 Ca 63
Nouans **72** 47 Ab 59
Nouans-les-Fontaines **37** 64 Bb 66
Nouart **08** 20 Fa 52
Nouâtre **37** 77 Ad 66
Nouaye, La **35** 44 Ya 60
Noue, La **51** 35 Dd 56
Noueilles **31** 141 Bd 88
Nougaroulet **32** 125 Ae 86
Nouhant **23** 91 Cc 71
Nouic **87** 89 Af 72
Nouilhan **65** 138 Aa 88
Nouillers, Les **17** 87 Zb 73
Nouillonpont **55** 21 Fd 52
Nouilly **57** 38 Gb 54
Noulens **32** 125 Aa 86
Nourard-le-Franc **60** 17 Cc 51
Nourray **41** 63 Ba 62
Nousse **40** 123 Zb 86
Nousseviller-lès-Bitche **57** 39 Hc 54
Nousseviller-Saint-Nabor **57** 39 Gf 54
Nousty **64** 138 Ze 89
Nouvelle-Église **62** 3 Ca 43
Nouvion **80** 7 Be 47
Nouvion-en-Thiérache, le **02** 9 De 48
Nouvion-et-Catillon **02** 18 Dc 50
Nouvion-le-Comte **02** 18 Dc 50
Nouvion-le-Vineux **02** 19 Dd 51
Nouvion-sur-Meuse **08** 20 Ee 50
Nouvoitou **35** 45 Yc 60
Nouvron-le-Vineux **02** 18 Db 52
Nouzerines **23** 91 Ca 70
Nouzerolles **23** 90 Be 70
Nouziers **23** 78 Bf 70
Nouzilly **37** 63 Ae 63
Nouzonville **08** 20 Ee 50
Novacelles **63** 105 Dd 76
Novalaise **73** 107 Fe 75
Novale **2B** 159 Kc 95
Novéant-sur-Moselle **57** 38 Ga 54
Novella **2B** 157 Ka 93
Noves **13** 131 Ef 85
Noviant-aux-Près **54** 37 Ff 55
Novillars **25** 70 Ga 65
Novillers **60** 17 Cb 53
Novion-Porcien **08** 20 Ec 51
Novy-Chevrières **08** 20 Ec 51
Noyal **22** 27 Xd 58
Noyal **35** 44 Xf 62
Noyales **02** 18 Dd 49
Noyal-Muzillac **56** 59 Xd 63
Noyalo **56** 58 Xb 63
Noyal-Pontivy **56** 43 Xa 60
Noyal-sous-Bazouges **35** 28 Yc 58
Noyal-sur-Brutz **44** 46 Yd 62
Noyal-sur-Seiche **35** 45 Yc 60
Noyal-sur-Vilaine **35** 45 Yc 60
Noyant **49** 61 Zc 63
Noyant **49** 62 Aa 63
Noyant-d'Allier **03** 80 Da 70
Noyant-de-Touraine **37** 63 Ad 66
Noyant-et-Aconin **02** 18 Dc 52
Noyant-la-Gravoyère **49** 61 Za 62
Noyant-la-Plaine **49** 61 Zd 65
Noyarey **38** 107 Fd 77
Noyelles **59** 8 Da 45
Noyelles **62** 8 Ce 46
Noyelles **62** 8 Cf 46
Noyelles-en-Chaussée **80** 7 Bf 47
Noyelles-Godault **62** 8 Cf 46
Noyelles-lès-Humières **62** 7 Cb 46
Noyelles-sous-Bellonne **62** 8 Da 47
Noyelles-sur-Escaut **59** 8 Db 48
Noyelles-sur-Mer **80** 7 Be 47
Noyelles-sur-Sambre **59** 9 De 47
Noyelles-sur-Selle **59** 9 Dc 47
Noyelle-Vion **62** 8 Cd 47
Noyen-sur-Sarthe **72** 47 Zf 61
Noyen-sur-Seine **77** 51 Dc 58
Noyer, Le **18** 65 Ce 64
Noyer-en-Ouche, Le **27** 31 Ae 54
Noyers **27** 16 Bc 53
Noyers **45** 50 Cd 61
Noyers **52** 54 Fc 60
Noyers **89** 67 Df 62
Noyers, Les **27** 16 Be 53
Noyers-Auzécourt **55** 36 Ef 55
Noyers-Bocage **14** 29 Zc 54
Noyers-Pont-Maugis **08** 20 Ef 51
Noyers-Saint-Martin **60** 17 Cb 51
Noyers-sur-Cher **41** 64 Bc 65
Noyers-sur-Jabron **04** 133 Fe 83
Noyon **60** 18 Da 51
Nozay **10** 52 Ea 57
Nozay **44** 60 Yc 63
Nozay **91** 33 Cb 57
Nozeroy **39** 84 Ga 68
Nozières **07** 106 Ed 78
Nozières **18** 79 Cc 68
Nuaillé **49** 61 Zb 66
Nuaillé-d'Aunis **17** 86 Za 71
Nuaillé-sur-Boutonne **17** 87 Zd 72
Nuars **58** 67 De 64
Nubécourt **55** 37 Fb 54
Nucourt **95** 32 Bf 54
Nueil-sur-Argent **79** 75 Zc 67
Nueil-sur-Layon **49** 61 Zd 66
Nuillé-le-Jalais **72** 47 Ab 70
Nuillé-sur-Ouette **53** 46 Zc 60
Nuillé-sur-Vicoin **53** 46 Zb 61
Nuisement **10** 53 Ed 59
Nuisement-sur-Coole **51** 35 Eb 55
Nuits **89** 67 Eb 62
Nuits-Saint-Georges **21** 68 Ef 66
Nullemont **76** 16 Bd 50
Nully-Trémilly **52** 53 Ee 58
Nuncq-Hautecôte **62** 7 Cb 47
Nuret-le-Ferron **36** 78 Bc 68
Nurieux-Volognat **01** 95 Fd 72
Nurlu **80** 8 Da 48
Nuvella = Novella **2B** 157 Ka 93
Nuzéjouls **46** 113 Bc 81
Nyoiseau **49** 61 Za 62
Nyons **26** 119 Fa 82

O

Obenheim **67** 57 He 58
Oberbronn-Zinswiller **67** 40 Hd 55
Oberbruck **68** 56 Gf 62
Oberdorff **57** 22 Gd 53
Oberdorf-Spachbach **67** 40 He 55
Oberentzen **68** 56 Hc 61
Obergailbach **57** 39 Hb 54
Oberhaslach **67** 39 Hb 57
Oberhausbergen **67** 40 He 57
Oberhergheim **68** 56 Hc 61
Oberhoffen-lès-Wissembourg **67** 40 Hf 54
Oberhoffen-sur-Moder **67** 40 Hf 56
Oberlarg **68** 71 Hb 64
Oberlauterbach **67** 40 Ia 55
Obermodern-Zutzendorf **67** 40 Hd 55
Obermorschwihr **68** 56 Hb 60
Obermorschwiller **68** 72 Hb 63
Obernai **67** 57 Hc 58
Obersaasheim **68** 57 Hd 61
Oberschaeffolsheim **67** 40 Hd 57
Obersoultzbach **67** 39 Hc 55
Obersteinbach **67** 40 He 54
Oberstinzel **57** 39 Ha 56
Obervisse **57** 38 Gd 54
Obies **59** 9 De 47
Objat **19** 101 Bc 77
Oblinghem **62** 8 Cd 45
Obrechies **59** 9 Ea 47
Obreck **57** 38 Gd 55
Obsonville **77** 50 Cd 59
Obterre **36** 77 Ba 67
Obtevoz **38** 95 Fb 74
Obtrée **21** 53 Ed 61
Ocana **2A** 158 If 97
Occagnes **61** 30 Zf 56
Occey **52** 69 Fb 63
Occhiatana **2B** 156 Ka 93
Occoches **80** 7 Cb 47
Ochancourt **80** 6 Bd 48
Oches **08** 20 Ef 51
Ochey-Thuilley **54** 38 Ff 56
Ochjatana = Occhiatana **2B** 156 Ka 93
Ochtezeele **59** 3 Cc 44
Ocquerre **77** 34 Da 54
Ocqueville **76** 15 Ae 50
Octeville **50** 12 Yc 51
Octeville-l'Avenel **50** 12 Yd 51
Octeville-sur-Mer **76** 14 Aa 51
Octon **34** 129 Db 87
Odars **31** 141 Bd 87
Odeillo **66** 153 Ca 93
Odenas **69** 94 Ed 72
Oderen **68** 56 Gf 61
Odomez **59** 9 Dd 46
Odos **65** 138 Aa 89
Odratzheim **67** 40 Hc 57
Oëlleville **88** 55 Ga 58
Oermingen **67** 39 Ha 54
Œting **57** 39 Gf 53
Œuf-en-Ternois **62** 7 Cb 46
Œuilly **02** 19 De 52
Œuilly **51** 35 De 54
Œyregave **40** 123 Yf 87
Œyreluy **40** 123 Yf 86
Offekerque **62** 3 Ca 43
Offemont **90** 71 Gf 62
Offendorf **67** 40 Hf 56
Offignies **80** 16 Bf 50
Offin **62** 7 Be 46
Offlanges **39** 69 Fd 65
Offoy **60** 17 Ca 50
Offoy **80** 18 Da 50
Offranville **76** 16 Ba 49
Offrethun **62** 3 Be 44
Offroicourt **88** 55 Ga 59
Offwiller **67** 40 Hd 55
Ogenne-Camptort **64** 137 Zb 89
Oger **51** 35 Ea 55
Ogeu-les-Bains **64** 138 Zc 90
Ogéviller **54** 39 Ge 57
Ogliastro **2B** 157 Kc 92
Ogliastru = Ogliastro **2B** 157 Kc 92
Ognes **02** 18 Db 51
Ognes **51** 35 Df 56
Ognes **60** 34 Ce 54
Ognéville **54** 55 Ga 58
Ognolles **60** 18 Cf 50
Ognon **60** 17 Cd 53
Ogy **57** 38 Gb 54
Ohain **59** 10 Ea 48
Oherville **76** 15 Ae 50
Ohis **02** 19 Ea 49
Ohlungen **67** 40 He 56
Ohnenheim **67** 57 Hd 59
Oie, L' **85** 74 Yf 68
Oigney **70** 70 Ff 62
Oignies **62** 8 Cf 46
Oigny **21** 68 Ee 63
Oigny **41** 48 Af 60
Oigny-en-Valois **02** 34 Da 53
Oingt **69** 94 Ed 73
Oinville-Saint-Liphard **28** 49 Bf 59
Oinville-sous-Auneau **28** 49 Be 58
Oiron **79** 76 Zf 67
Oiry **51** 35 Ea 54
Oiselay-et-Grachaux **70** 70 Ff 64
Oisemont **80** 7 Be 49
Oisilly **21** 69 Fc 64
Oisly **41** 64 Bc 64
Oison **45** 49 Bf 60
Oisseau **53** 46 Zb 58
Oisseau-le-Petit **72** 47 Aa 58
Oissel **76** 15 Ba 52
Oissery **77** 34 Ce 54
Oissy **80** 17 Ca 49
Oisy **02** 9 De 48
Oisy **58** 66 Dc 64
Oisy-le-Verger **62** 8 Da 47
Oizé **72** 47 Ab 62
Oizon **18** 65 Cd 64
Olargues **34** 143 Cf 87
Olby **63** 92 Cf 74
Olcani **2B** 157 Kc 92
Oléac-Deblat **65** 139 Aa 89
Oléac-Dessus **65** 139 Ab 90
Olemps **12** 115 Cd 82
Olendon **14** 30 Zf 55
Oletta **2B** 157 Kc 93
Olette **66** 153 Cb 93
Olivese **2A** 159 Ka 97
Olivet **45** 49 Bf 61
Olivet **53** 46 Za 60
Olizy **51** 35 De 54
Olizy-Primat **08** 20 Ee 52
Olizy-sur-Chiers **55** 21 Fb 51
Ollainville **88** 54 Fe 59
Ollainville **91** 33 Cb 57
Ollans **25** 70 Gb 64
Ollé **28** 49 Bb 58
Olley **54** 37 Fe 54
Ollezy **02** 18 Da 50
Ollières **83** 147 Fe 88
Ollières, Les **74** 96 Gb 73
Ollières-sur-Eyrieux, Les **07** 118 Ed 80
Olliergues **63** 105 Dd 74
Ollioules **83** 147 Ff 90
Olliviers, Les **05** 120 Gb 81
Olloix **63** 104 Da 75
Olmes, Les **69** 94 Ed 73
Olmet **63** 105 Dd 74
Olmeta di Capicorsu = Olmeta-di-Capocorso **2B** 157 Kc 92
Olmeta-di-Capocorso **2B** 157 Kc 92
Olmeta di Tuda **2B** 157 Kc 93
Olmet-et-Villecun **34** 129 Db 86
Olmeto **2A** 158 If 98
Olmi-Cappella **2B** 156 Ka 93
Olmiccia **2A** 159 Ka 98
Olmi è Cappella = Olmi-Cappella **2b** 156 Ka 93
Olmo **2B** 157 Kc 94
Olmu, L' = Olmo **2B** 157 Kc 94
Olonne-sur-Mer **85** 73 Yb 69
Olonzac **34** 142 Ce 89
Oloron-Sainte-Marie **64** 137 Zc 89
Ols-et-Rinhodes **12** 114 Bf 82
Olwisheim **67** 40 Hd 56
Omblèze **26** 119 Fb 79
Omécourt **60** 16 Bf 51
Omelmont **54** 55 Ga 57
Omergues, Les **04** 132 Fd 83
Omerville **95** 32 Be 54
Omessa **2B** 157 Kb 94
Omet **33** 111 Ze 81
Omex **65** 138 Zf 90
Omey **51** 36 Ec 55
Omicourt **08** 20 Ee 51
Omiécourt **80** 18 Cf 50
Omissy **02** 18 Db 49
Omméel **61** 30 Aa 56
Ommeray **57** 39 Ge 56
Ommoy **61** 30 Zf 55
Omont **08** 20 Ee 51
Omonville **76** 15 Ba 50
Omonville-la-Petite **50** 12 Ya 50
Omonville-la-Rogue **50** 12 Ya 50
Omps **15** 115 Cb 79
Oms **66** 154 Ce 93
Onans **25** 71 Gd 63
Onard **40** 123 Za 86
Onay **70** 69 Fe 64
Oncieu **01** 95 Fc 73
Oncourt **88** 55 Gc 59
Oncy-sur-Ecole **91** 50 Cc 58
Ondefontaine **14** 29 Zb 55
Ondes **31** 126 Bb 86
Ondres **40** 122 Yd 87
Ondreville-sur-Essonne **45** 50 Cc 59
Onesse-et-Laharie **40** 123 Yf 84
Onet-le-Château **12** 115 Cd 82
Oneux **80** 7 Bf 48
Ongles **04** 132 Fe 84
Onglières **39** 84 Ga 68
Onjon **10** 52 Eb 58
Onlay **58** 81 Df 67
Onnaing **59** 9 Dd 46
Onnion **74** 96 Gc 72
Onoz **39** 83 Fd 70
Ons-en-Bray **60** 16 Bf 52
Onville **54** 38 Ff 54
Onzain **41** 63 Bb 64
Oô **31** 151 Ad 92
Oost-Cappel **59** 4 Cd 43
Opio **06** 134 Gf 86
Opoul-Périllos **66** 154 Cf 91
Oppède-le-Vieux **84** 132 Fa 85
Oppedette **04** 132 Fd 85
Oppenans **70** 70 Gc 63
Oppy **62** 8 Cf 46
Oraàs **64** 137 Za 88
Oradour **15** 116 Cf 79
Oradour **16** 88 Zf 73
Oradour-Fanais **16** 89 Ae 72
Oradour-Saint-Genest **87** 89 Ba 71
Oradour-sur-Glane **87** 89 Ba 73
Oradour-sur-Vayres **87** 89 Af 74
Orain **21** 69 Fc 63
Orainville **02** 19 Ea 52
Oraison **04** 133 Ff 85
Orange **84** 131 Ee 84
Orbagna **39** 83 Fc 69
Orbais **51** 35 De 55
Orban **81** 127 Ca 85
Orbec **14** 30 Ac 54
Orbeil **63** 104 Db 75
Orbessan **32** 139 Ad 87
Orbey **68** 56 Ha 60
Orbigny **37** 64 Bb 65
Orbigny-au-Mont **52** 54 Fc 61
Orbigny-au-Val **52** 54 Fc 61
Orbrie, L' **85** 75 Zb 70
Orçay **41** 65 Ca 65
Orconte **78** 32 Be 57
Orcet **63** 104 Da 74
Orcevaux **52** 69 Fb 62
Orchaise **41** 63 Bb 63
Orchamps **39** 69 Fd 66
Orchamps-Vennes **25** 71 Gd 66
Orches **86** 76 Ab 67
Orchies **59** 8 Db 46
Orcier **74** 96 Gc 71
Orcières **05** 120 Gb 80
Orcinas **26** 119 Fa 81
Orcines **63** 92 Da 74
Orcival **63** 103 Cf 74
Orconte **51** 36 Ee 56
Ordan-Larroque **32** 125 Ac 86
Ordiarp **64** 137 Za 89
Ordino **(AND)** 152 Bd 93
Ordizan **65** 139 Aa 90
Ordonnac **33** 98 Za 77
Ordonnaz **01** 95 Fd 74
Ore **31** 139 Ad 91
Orègue **64** 137 Yf 88
Oreilla **66** 153 Cb 93
Orelle **73** 109 Gd 77
Oresmaux **80** 17 Cb 50
Organ **65** 139 Ac 89
Orgeans-Blanchefontaine **25** 71 Gd 65
Orgedeuil **16** 88 Ac 74
Orgeix **09** 153 Bf 92
Orgelet **39** 83 Fd 69
Orgères **35** 45 Yb 61
Orgères **61** 30 Ac 56
Orgères-en-Beauce **28** 49 Be 60
Orgerus **78** 32 Be 55
Orges **52** 53 Ef 60
Orgeux **21** 69 Fa 64
Orgeval **02** 19 De 51
Orgeval **78** 32 Bf 55
Orgibet **09** 151 Af 91
Orgnac-l'Aven **07** 131 Ec 83
Orgnac-sur-Vézère **19** 102 Bc 77
Orgueil **82** 126 Bc 85
Orieux **65** 139 Ab 89
Orignac **65** 139 Ab 90
Origne **33** 111 Zc 82
Origné **53** 46 Zb 61
Orignolles **17** 99 Ze 77

Neuville-Bosc — Orignolles (F) **189**

Pontchardon 61 30 Ab 55
Pontcharra 38 108 Ga 76
Pontcharra-sur-Turdine 69 94 Ec 73
Pontcharraud 23 91 Cb 73
Pontchâteau 44 59 Xf 64
Pont-Chrétien-Chabenet 36 78 Bc 69
Pontcirq 46 113 Bb 81
Pont-Croix 29 41 Vd 60
Pont-d'Ain 01 95 Fc 72
Pont-de-Barret 26 118 Fa 81
Pont-de-Beauvoisin, Le 38 107 Fe 75
Pont-de-Buis-lès-Quimerch 29 25 Vf 59
Pont-de-Chéruy 38 95 Fb 74
Pont-de-Claix, Le 38 107 Fe 78
Pont-de-Labeaume 07 117 Eb 81
Pont-de-l'Arche 27 15 Ba 53
Pont-de-l'Isère 26 118 Ef 78
Pont-de-Metz 80 17 Cb 49
Pont-de-Montvert, Le 48 117 De 82
Pont-de-Planches, Le 70 70 Ff 63
Pont-de-Poitte 39 83 Fe 69
Pont-de-Roide 25 71 Ge 64
Pont-de-Ruan 37 63 Ad 65
Pont-de-Salars 12 128 Ce 83
Pont-de-Vaux 01 82 Ef 70
Pont-de-Veyle 01 94 Ef 71
Pont-d'Héry 39 84 Ff 67
Pont-d'Ouilly 14 29 Zd 55
Pont-du-Bois 70 55 Ga 61
Pont-du-Casse 47 125 Ae 83
Pont-du-Château 63 92 Db 74
Pont-du-Navoy 39 84 Fe 68
Pontécoulant 14 29 Zc 55
Ponteilla 66 154 Ce 93
Ponteils-et-Brésis 30 117 Df 82
Pontekroaz = Pont-Croix 29 41 Vd 60
Pont-en-Royans 38 107 Fc 78
Pontenx-les-Forges 40 110 Yf 83
Pontet, Le 73 108 Gb 76
Pontet, Le 84 131 Ef 85
Pont-et-Massène 21 68 Ec 64
Pontets, Les 25 84 Gb 68
Pont-et-Saint Auban 26 119 Fb 80
Pont-Évêque 38 106 Ef 75
Pontevès 83 147 Ga 87
Ponteyraud 24 100 Ab 77
Pont-Farcy 14 29 Yf 55
Pontfaverger-Moronvilliers 51 19 Eb 53
Pontfol 14 30 Aa 54
Pontgibaud 63 92 Cf 74
Pontgouin 28 48 Ba 58
Pont-Hébert 50 13 Yf 54
Ponthévrard 78 32 Bf 57
Ponthion 51 35 Ee 56
Ponthoile 80 7 Be 47
Ponthou, Le 29 25 Wc 57
Pontiacq-Viellepinte 64 138 Zf 88
Pontigné 49 62 Zf 63
Pontigny 89 52 De 61
Pontivy 56 43 Xa 60
Pont-l'Abbé 29 41 Ve 61
Pont-l'Abbé-d'Arnoult 17 86 Za 74
Pont-la-Ville 52 53 Ef 60
Pont-lès-Bonfays 88 55 Ga 59
Pont-les-Moulins 25 70 Gc 65
Pont-l'Évêque 14 14 Ab 53
Pontlevoy 41 64 Bb 64
Pontmain 53 29 Yf 58
Pont-Melvez 22 26 We 58
Pont-'n-Abad = Pont-l'Abb' 29 41 Ve 61
Pont-Noyelles 80 7 Cc 49
Pontoise 95 33 Ca 54
Pontoise-lès-Noyon 60 18 Da 51
Pontonx-sur-l'Adour 40 123 Za 86
Pontorson 50 28 Yc 57
Pontours 24 113 Ae 79
Pontoux 71 83 Fa 67
Pontoy 57 38 Gb 54
Pont-Péan 35 45 Yb 60
Pontpierre 57 38 Gd 54
Pontpoint 60 17 Cd 53
Pontreau, Le 17 87 Zb 73
Pont-Rémy 80 7 Bf 48
Pontrev = Pontrieux 22 26 Wf 56
Pontrieux 22 26 Wf 56
Pontru 02 18 Db 49
Pontruet 02 18 Db 49
Ponts 50 28 Yd 56
Pont-Sainte-Marie 10 52 Ea 59
Pont-Sainte-Maxence 60 17 Cd 53
Pont-Saint-Esprit 30 131 Ed 83
Pont-Saint-Mard 02 18 Db 52
Pont-Saint-Martin 44 60 Yc 66
Pont-Saint-Pierre 27 16 Bb 52
Pont-Saint-Vincent 54 38 Ga 57
Pont-Salomon 43 105 Eb 77
Pont-Scorff 56 42 Wd 62
Ponts-de-Cé, Les 49 61 Zc 64
Ponts-et-Marais 76 6 Bc 48
Pont-sur-l'Ognon 70 70 Gc 63
Pont-sur-Madon 88 55 Ga 58
Pont-sur-Meuse 55 37 Fd 56
Pont-sur-Sambre 59 9 Df 47
Pont-sur-Seine 10 52 Dd 57
Pont-sur-Vanne 89 51 Dc 59
Pont-sur-Yonne 89 51 Db 59
Pontvallain 72 62 Ab 62
Popian 34 143 Dd 87
Popolasca 2B 157 Ka 94
Porcaro 56 44 Xe 61
Porcelette 57 38 Gd 54
Porchères 33 100 Aa 78
Porcherie, La 87 102 Bd 75
Porcheux 60 16 Bf 52
Porcheville 78 32 Be 55
Porcieu-Amblagnieu 38 95 Fc 74
Pordic 22 26 Xb 57
Porge, Le 33 110 Yf 79
Pornic 44 59 Xf 66
Pornichet 44 59 Xe 65
Porquéricourt 60 18 Cf 51
Porri 2B 157 Kc 94
Porspoder 29 24 Vb 57
Port 01 94 Fd 72
Port, Le 09 152 Bc 91
Porta 66 153 Be 93
Porta, La 2B 157 Kc 94
Portbail 50 12 Yb 52
Port-Brillet 53 46 Za 60
Port-d'Atelier-Amance 70 70 Ga 62
Port-de-Bouc 13 145 Ef 88
Port-de-Lanne 40 123 Ye 87
Port-de-Penne 47 113 Ae 82
Port-de-Piles 86 77 Ad 66
Port-des-Barques 17 86 Yf 73
Porte-Joie 27 16 Bb 53
Portel, le 62 2 Bd 44
Portel-des-Corbières 11 142 Cf 90
Port-en-Bessin-Huppain 14 13 Zb 52
Porté-Puymorens 66 153 Be 93
Portes 27 31 Af 54
Portes 30 130 Ea 83
Portes-en-Ré, Les 17 86 Yd 71
Portes-en-Valdaine 26 118 Ef 81
Portes-lès-Valence 26 118 Ef 79
Portet 64 124 Ze 87
Portet-d'Aspet 31 151 Af 91
Portets 33 111 Zd 80
Portet-sur-Garonne 31 140 Bc 87
Portieux 88 55 Gc 58
Portiragnes 34 143 Dc 89
Portivechju = Porto-Vecchio 2A 160 Kb 99
Port-la-Nouvelle 11 143 Da 90
Port-Launay 29 42 Vf 59
Port-le-Grand 80 7 Be 48
Port-Lesney 39 84 Fe 66
Port-Louis 56 42 Wd 62
Port-Marly, Le 78 33 Ca 55
Port-Mort 27 32 Bc 53
Porto-Vecchio 2A 160 Kb 99
Port-Sainte-Foy 24 112 Ab 79
Port-Sainte-Marie 47 125 Ac 83
Port-Saint-Louis-du-Rhône 13 145 Ee 88
Port-Saint-Père 44 60 Yb 66
Port-sur-Saône 70 70 Ga 62
Port-sur-Seille 54 38 Ga 55
Portu Polu = Porto Pollo 2A 158 If 98
Port-Vendres 66 154 Da 93
Posanges 21 68 Ed 64
Poses 27 16 Bb 53
Possesse 51 36 Ee 55
Possonière, La 49 61 Zb 64
Postolle, La 89 51 Dc 59
Postroff 57 39 Ha 55
Potelières 30 130 Eb 83
Potensac 33 98 Za 77
Poterie-au-Perche, La 61 31 Ae 57
Poterie-Cap-d'Antifer, La 76 14 Ab 50
Poterie-Mathieu 27 15 Ad 53
Pothières 21 53 Ed 61
Potigny 14 30 Ze 55
Potte 80 18 Cf 50
Pouançay 86 62 Zf 66
Pouancé 49 45 Ye 62
Pouan-les-Vallées 10 35 Ea 57
Pouant 86 76 Ab 66
Poudenas 47 125 Ab 84
Poudenx 40 124 Zc 87
Poudis 81 141 Bf 87
Pouëze, La 49 61 Zb 63
Pouffonds 79 87 Zf 71
Pouge, La 23 90 Bf 73
Pouget, Le 34 143 Dd 87
Pougnadoresse 30 131 Ed 84
Pougne-Hérisson 79 75 Zd 69
Pougny 01 96 Ff 72
Pougny 58 66 Da 64
Pougues-les-Eaux 58 80 Da 66
Pougy 10 53 Ec 58
Pouillac 17 99 Ze 77
Pouillat 01 95 Fc 71
Pouillé 41 64 Bb 65
Pouillé 85 75 Za 69
Pouillé 86 77 Ad 69
Pouillenay 21 68 Ec 63
Pouilley-Français 25 70 Ff 65
Pouilley-les-Vignes 25 70 Ff 65
Pouillon 40 123 Za 87
Pouillon 51 19 Df 53
Pouilloux 71 82 Ec 69
Pouilly 57 38 Gb 54
Pouilly 60 17 Ca 53
Pouilly-en-Auxois 21 68 Ed 65
Pouilly-les-Nonains 42 93 Df 72
Pouilly-sous-Charlieu 42 93 Ea 72
Pouilly-sur-Loire 58 66 Cf 65
Pouilly-sur-Meuse 55 20 Fa 51
Pouilly-sur-Saône 21 83 Fa 66
Pouilly-sur-Serre 02 19 Dd 50
Pouilly-sur-Vingeanne 21 69 Fc 63
Poujols 34 129 Db 86
Poujol-sur-Orb, Le 34 143 Da 87
Poulaines 36 64 Bc 66
Poulainville 80 7 Cb 49
Poulangy 52 54 Fb 60
Poulan-Pouzols 81 127 Ca 85
Pouldergat 29 41 Ve 60
Pouldouran 22 26 We 56
Pouldreuzic 29 41 Vd 61
Pouldu, le 29 42 Wc 62
Poule-lès-Écharmeaux 69 94 Ec 72
Poulières, Les 88 56 Ge 59
Pouligney-Lusans 25 70 Gb 65
Pouligny-Notre-Dame 36 79 Ca 70
Pouligny-Saint-Martin 36 79 Ca 69
Pouligny-Saint-Pierre 36 77 Ba 68
Pouliguen, Le 44 59 Xd 65
Poullan-sur-Mer 29 41 Vd 60
Poullaouen 29 25 Wc 58
Poullignac 16 100 Zf 76
Poulx 30 131 Ec 85
Poumarous 65 139 Ab 90
Poupas 82 126 Af 85
Poupry 28 49 Bf 60
Pouques-Lormes 58 67 De 65
Pourcharesse 48 117 Df 82
Pourchères 07 118 Ed 80
Pourcieux 83 147 Fe 88
Pourcy 51 35 Df 54
Pourlans 71 83 Fb 67
Pournel 46 114 Bf 81
Pournoy-la-Chétive 57 38 Ga 54
Pournoy-la-Grasse 57 38 Gb 54
Pourrain 89 66 Dc 62
Pourrières 83 147 Fe 87
Poursac 16 88 Ab 73
Poursay-Garnaud 17 87 Zd 73
Poursiugues-Boucoue 64 124 Zd 87
Pouru-aux-Bois 08 20 Fa 50
Pouru-Saint-Rémy 08 20 Fa 50
Poussan 34 144 De 88
Poussanges 23 91 Cb 74
Poussay 88 55 Ga 59
Pousseaux 58 67 Dd 63
Poussignac 47 112 Aa 82
Poussy-la-Campagne 14 30 Ze 54
Pousthomy 12 128 Cd 85
Pout, Le 33 111 Zd 80
Pouvrai 61 48 Ad 59
Pouxeux 88 55 Gd 60
Pouy 65 139 Ad 89
Pouy 65 151 Ac 91
Pouyastruc 65 139 Ab 89
Pouydesseaux 40 124 Ze 85
Pouy-de-Touges 31 140 Ba 88
Pouydraguin 32 124 Aa 87
Pouylebon 32 139 Ab 87
Pouy-Loubrin 32 139 Ad 88
Pouy-sur-Vannes 10 52 Dd 59
Pouzac 65 139 Aa 90
Pouzauges 85 75 Zb 68
Pouzay 37 63 Ad 66
Pouze 31 141 Bd 88
Pouzilhac 30 131 Ed 84
Pouzin, Le 07 118 Ee 80
Pouzol 63 92 Cf 72
Pouzolles 34 143 Db 88
Pouzols 34 143 Dd 87
Pouzols-Minervois 11 142 Ce 89
Pouzy-Mésangy 03 80 Da 68
Poyanne 40 123 Zb 86
Poyans 70 69 Fc 64
Poyartin 40 123 Za 86
Poyols 26 119 Fc 81
Pozières 80 8 Ce 48
Pradeaux, Les 63 104 Db 75
Pradelle 26 119 Fb 81
Pradelle 46 114 Be 80
Pradelles 43 117 Df 80
Pradelles 59 4 Cd 44
Pradelles-Cabardès 11 142 Cc 88
Pradelles-en-Val 11 142 Cd 90
Pradère-les-Bourguets 31 126 Ba 87
Prades 07 117 Eb 81
Prades 09 153 Bf 92
Prades 43 104 Dd 78
Prades 66 153 Cc 93
Prades 81 127 Bf 87
Prades-d'Aubrac 12 116 Cf 81
Prades-le-Lez 34 130 Df 86
Prades-Salars 12 128 Ce 83
Prades-sur-Vernazobre 34 143 Cf 88
Pradet, Le 83 147 Ga 90
Pradettes 09 141 Be 91
Pradières 09 141 Bd 91
Pradiers 15 104 Cf 77
Pradinas 12 128 Cb 83
Pradines 19 102 Bf 75
Pradines 19 102 Ca 76
Pradines 42 93 Eb 73
Pradines 46 113 Bc 82
Pradons 07 118 Ec 82
Prads-Haute-Bléone 04 120 Gc 83
Prahecq 79 87 Zd 71
Prailles 79 87 Ze 71
Pralognan-la-Vanoise 73 109 Ge 76
Prâlon 21 68 Ee 65
Pranles 07 118 Ed 80
Pranzac 16 88 Ac 74
Praslay 52 69 Fa 62
Praslin 10 52 Eb 60
Prat 22 26 We 56
Prat-Bonrepaux 09 140 Ba 90
Prato-di-Giovellina 2B 157 Kb 94
Prats-de-Carlux 24 113 Bb 79
Prats-de-Mollo-la-Preste 66 153 Cc 94
Prats-de-Sournia 66 153 Cc 92
Prats-du-Périgord 24 113 Ba 80
Pratviel 81 127 Bf 87
Pratz 39 95 Fe 70
Prauthoy 52 69 Fb 62
Pray 41 63 Ba 62
Praye 54 55 Ga 58
Prayols 09 152 Bd 91
Prayssac 46 113 Bb 81
Prayssas 47 112 Ad 83
Préaux 07 106 Ed 77
Préaux 36 78 Bb 66
Préaux 53 46 Zd 61
Préaux 76 16 Bb 51
Préaux, Les 27 15 Ac 53
Préaux-Bocage 14 29 Zd 54
Préaux-du-Perche 61 48 Ae 59
Préaux-Saint-Sebastien 14 30 Ab 55
Prébois 38 119 Fe 80
Précey 50 28 Yd 57
Préchac 32 125 Ad 86
Préchac 33 111 Zd 82
Préchac 65 138 Zf 91
Préchacq 40 123 Za 86
Préchacq-Josbaig 64 137 Zb 89
Préchacq-Navarrenx 64 137 Zb 89
Préchac-sur-Adour 32 124 Zf 87
Précieux 42 105 Ea 75
Précigné 72 46 Ze 62
Précilhon 64 138 Zc 89
Précorbin 50 29 Za 54
Précy 18 80 Cf 66
Précy-le-Sec 89 67 Df 63
Précy-Notre-Dame 10 53 Ec 58
Précy-Saint-Martin 10 53 Ec 58
Précy-sous-Thil 21 68 Eb 64
Précy-sur-Marne 77 33 Ce 55
Précy-sur-Oise 60 33 Cc 53
Précy-sur-Vrin 89 51 Db 61
Pré-d'Auge, Le 14 30 Aa 54
Prédefin 62 7 Cb 45
Pré-en-Pail 53 30 Ze 58
Préfailles 44 59 Xe 66
Préfontaines 45 50 Ce 60
Prégilbert 89 67 De 63
Préguillac 17 87 Zc 74
Preignac 33 111 Ze 81
Preignan 32 125 Ad 86
Preigney 70 70 Fe 62
Preixan 11 142 Cb 90
Prémanon 39 84 Ga 70
Premeaux-Prissey 21 82 Ef 66
Préméry 58 66 Dc 65
Prémesques 59 4 Ce 45
Prémeyzel 01 107 Fd 74
Prémian 34 142 Ce 87
Premières 21 69 Fa 65
Prémierfait 10 52 Ea 57
Prémilhat 03 91 Cd 71
Prémillieu 01 95 Fd 73
Prémont 02 9 Dc 48
Prémontré 02 18 Dc 51
Prendeignes 46 114 Ca 80
Préneron 32 125 Ab 86
Prénessaye, La 22 43 Xc 59
Prenois 21 68 Ef 64
Prénouvellon 41 49 Bd 61
Prénovel 39 84 Ff 69
Prény 54 38 Ff 55
Préporché 58 81 Df 67
Prépotin 61 31 Ad 57
Prés, Les 26 119 Fd 81
Présailles 43 117 Ea 79
Pré-Saint-Evroult 28 49 Bc 59
Pré-Saint-Martin 28 49 Bc 59
Préseau 59 9 Dd 47
Présentevillers 25 71 Ge 63
Préserville 31 141 Bd 87
Présilly 39 83 Fd 69
Presle 73 108 Ga 76
Presle, La 18 79 Cc 69
Presles 14 29 Zb 55
Presles 38 107 Fc 78
Presles 95 33 Cb 54
Presles-en-Brie 77 33 Ce 56
Presles-et-Boves 02 18 Dd 52
Presles-et-Thierny 02 19 Dd 51
Presly 18 65 Cc 64
Presnoy 45 50 Cd 61
Prespiereg = Pipriac 35 44 Ya 62
Pressac 86 88 Ad 72
Pressagny-l'Orgueilleux 27 32 Bc 54
Pressignac 16 89 Ae 74
Pressignac-Vicq 24 113 Ae 79
Pressigny 52 69 Fe 62
Pressigny 79 76 Zf 68
Pressigny-les-Pins 45 50 Ce 61
Pressins 38 107 Fd 75
Pressy 62 7 Cb 46
Pressy-sous-Dondin 71 82 Ed 70
Pretin 39 84 Ff 67
Prétot-Sainte-Suzanne 50 12 Yd 53
Prétot-Vicquemare 76 15 Af 50
Prêtreville 14 30 Ab 54
Préty 71 82 Ef 69
Preuilly-la-Ville 36 77 Af 68
Preuilly-sur-Claise 37 77 Af 67
Preures 62 7 Bf 45
Preuschdorf 67 40 He 55
Preutin-Higny 54 21 Fe 52
Preux-au-Bois 59 9 Dd 47
Preux-au-Sart 59 9 De 47
Préval 72 48 Ad 59
Prévelles 72 47 Ab 70
Prévenchères 48 117 Df 81
Prévessin 01 96 Ga 71
Prévillers 60 17 Bf 51
Prévinquières 12 115 Cb 82
Prévocourt 57 38 Gc 55
Prey 27 31 Bb 55
Prey 88 56 Ge 59
Preyssac-d'Excideuil 24 101 Ba 76
Prez 08 19 Ec 50
Prez-sous-Lafauche 52 54 Fc 59
Priaires 79 87 Zc 72
Priez 02 34 Db 54
Prignac 17 87 Zd 74
Prignace-et-Marcamps 33 99 Zd 78
Prignac-en-Médoc 33 98 Za 77
Prigonrieux 24 112 Ac 79
Primarette 38 106 Fa 76
Primelin 29 41 Vc 60
Primelles 18 79 Cb 67
Prinçay 86 76 Ab 67
Princé 35 45 Yf 59
Prin-Deyrançon 79 87 Zc 71
Pringy 51 36 Ed 56
Pringy 74 96 Ga 73
Pringy 77 50 Cd 57
Prinquiau 44 59 Xf 64
Prinsuéjols 48 116 Db 80
Printzheim 67 40 Hc 56
Prisces 02 19 Df 50
Prisches 59 9 De 48
Prissé 71 94 Ee 71
Prissé-la-Charrière 79 87 Zd 72
Privas 07 118 Ed 80
Priziac 56 42 Wd 60
Prizy 71 93 Eb 70
Proiselière-et-Langle, La 70 55 Gd 62
Proissans 24 113 Bb 79
Proisy 02 19 De 49
Proix 02 19 Dd 49
Projan 32 124 Ze 87
Promilhanes 46 114 Be 82
Prompsat 63 92 Da 73
Prondines 63 91 Ce 74
Pronleroy 60 17 Cd 52
Pronville 62 8 Da 47
Propiac 26 132 Fb 83
Propières 69 94 Ec 71
Propriano 2A 158 If 98
Prosnes 51 35 Eb 53
Prouilly 51 19 Df 53
Proupiary 31 140 Af 90
Proussy 14 29 Zc 55
Prouvais 02 19 Df 52
Prouville 80 7 Ca 48
Prouvy 59 9 Dc 47
Prouzel 80 17 Cb 50
Provenchère 25 71 Gd 65
Provenchère 70 70 Ga 62
Provenchères-lès-Darney 88 55 Ff 60
Provenchères-sur-Fave 88 56 Ha 59
Provency 89 67 Df 63
Proverville 10 53 Ee 59
Proville 59 8 Db 47
Provin 59 8 Cf 45
Provins 77 34 Db 57
Proviseux-et-Plesnoy 02 19 Ea 52
Proyart 80 17 Ce 49
Prudemanche 28 31 Ba 56
Prudhomat 46 114 Be 79
Prugnanes 66 153 Cc 92
Prugny 10 52 Df 59
Pruillé 49 61 Zc 63
Pruillé-le-Chétif 72 47 Aa 61
Pruillé-l'Eguillé 72 47 Ac 62
Pruines 12 115 Cc 81
Prunay 51 35 Eb 53
Prunay-Belleville 10 52 De 58
Prunay-Cassereau 41 63 Af 62
Prunay-en-Yvelines 78 32 Be 57
Prunay-le-Gillon 28 49 Bd 58
Prunay-le-Temple 78 32 Be 55
Prunelli di Casacconi 2B 157 Kc 93
Prunelli-di-Fiumorbo 2B 159 Kc 96
Prunet 07 117 Eb 81
Prunet 15 115 Cc 80
Prunet 31 141 Be 87
Prunet 66 154 Cd 93
Prunières 05 120 Gb 81
Prunières 38 119 Fe 79
Prunières 48 116 Dc 80
Pruniers 36 79 Ca 68
Pruniers-en-Sologne 41 64 Be 65
Pruno 2B 157 Kc 94
Prunoy 89 51 Da 61
Prunu, U = Pruno 2A 157 Kc 94
Prupià = Propriano 2A 158 If 98
Prusly-sur-Ource 21 53 Ed 61
Prusy 10 52 Ea 61
Puberg 67 39 Hb 55
Publier 74 96 Gd 70
Publy 39 83 Fd 69
Puceul 44 60 Yc 63
Puch, Le 09 153 Ca 92
Puchay 27 16 Bd 52
Puch-d'Agenais 47 112 Ab 83
Puchevillers 80 7 Cc 48
Puech, Le 34 129 Db 86
Puéchabon 34 129 Dd 86
Puéchoursi 81 141 Bf 87
Puechredon 30 130 Ea 85
Puellemontier 52 53 Ec 58
Puget 84 132 Fb 86
Puget-Rostange 06 134 Gf 85
Puget-sur-Argens 83 148 Ge 88
Puget-Théniers 06 134 Gf 85
Puget-Ville 83 147 Ga 89
Pugey 25 70 Ff 65
Pughjolu, U = Poggiolo 2A 158 If 95
Pugieu 01 95 Fd 74
Pugnac 33 99 Zd 78
Pugny 79 75 Zc 68
Pugny-Chatenod 73 108 Ff 74
Puid, Le 88 56 Ha 58
Puilacher 34 143 Dd 87
Puilaurens 11 153 Cb 92
Puilboreau 17 86 Yf 71
Puilly-et-Charbeaux 08 21 Fb 51
Puimichel 04 133 Ga 85
Puimisson 34 143 Db 88
Puimoisson 04 133 Ga 85
Puisaye, La 28 31 Af 57
Puiseaux 45 50 Cc 59
Puiselet-le-Marais 91 50 Cb 58
Puisenval 76 16 Bc 49
Puiset, Le 28 49 Bf 59
Puiset-Doré, Le 49 60 Yf 65
Puiseux 08 20 Ed 51
Puiseux 28 32 Bc 57
Puiseux-en-France 95 33 Cd 54
Puiseux-en-Retz 02 18 Da 53
Puiseux-le-Hauberger 60 33 Cb 53
Puisieulx 51 35 Ea 53
Puisieux 62 8 Ce 48
Puisieux 77 34 Cf 54
Puisieux-et-Clanlieu 02 19 De 49
Puissalicon 34 143 Db 88
Puisseguin 33 111 Zf 79
Puisserguier 34 143 Da 88
Puits 21 68 Ec 62
Puits-et-Nuisement 10 53 Ed 59
Puits-la-Vallée 60 17 Cb 51
Puivert 11 153 Ca 91
Pujaudran 32 126 Ba 87
Pujaut 30 131 Ee 84
Pujo 65 138 Aa 88
Pujo-le-Plan 40 124 Zd 85
Pujols 33 111 Zf 80
Pujols 47 112 Ae 82
Pujols, Les 09 141 Be 90
Pujols-sur-Ciron 33 111 Zd 81
Puley, Le 71 82 Ed 68
Puligny-Montrachet 21 82 Ee 67
Pullay 27 31 Af 56
Pulligny 54 38 Ga 57
Pulney 54 55 Ga 58
Pulnoy 54 38 Gb 56
Pulvérières 63 92 Cf 73
Pulversheim 68 56 Hb 61
Punchy 80 18 Ce 50
Puntous 65 139 Ac 89
Pupillin 39 84 Fe 67
Pure 08 21 Fb 50
Purgerot 70 70 Ff 62
Pusey 70 70 Ga 63
Pusignan 69 94 Fa 74
Pussay 91 49 Bf 58
Pussigny 37 77 Ad 67
Pusy-et-Épenoux 70 70 Ga 62
Putanges-Pont-Ecrepin 61 30 Ze 56
Putot-en-Auge 14 14 Zf 53
Putot-en-Bessin 14 13 Zc 53
Puttelange-aux-Lacs 57 39 Gf 54
Puttigny 57 38 Gd 55
Puxe 54 37 Fe 54
Puxieux 54 37 Ff 54
Puy, le 19 102 Bc 77
Puy, le 25 70 Gb 64
Puy, le 33 112 Aa 81
Puy, le 77 50 Ce 59
Puybarban 33 111 Zf 81
Puybegon 81 127 Bf 86
Puybrun 46 114 Be 79
Puycalvel 81 127 Ca 86
Puycasquier 32 125 Ae 86
Puycelci 81 127 Be 85
Puycornet 82 126 Bb 84
Puydaniel 31 140 Bc 89
Puydarrieux 65 139 Ac 89
Puy-de-Serre 85 75 Zc 69
Puye, La 86 77 Ae 69
Puy-en-Velay, Le 43 105 Df 78
Puygaillard-de-Lomagne 82 126 Af 85
Puygaillard-de-Quercy 82 127 Bd 84
Puygiron 26 118 Ef 81
Puygouzon 81 127 Cb 85
Puygros 73 108 Ga 75
Puy-Guillaume 63 92 Dc 73
Puyhardy 79 75 Zc 69
Puyjourdes 46 114 Bf 82
Puylagarde 82 127 Bf 83
Puylaroque 82 127 Bd 83
Puylaurens 81 141 Ca 87
Puylausic 32 140 Af 88
Puy-l'Évêque 46 113 Ba 81
Puyloubier 13 146 Fe 87
Puy-Malsignat 23 91 Cb 72
Puymangou 24 100 Aa 77
Puymaurin 31 139 Ae 88
Puyméras 84 132 Fa 83
Puymiclan 47 112 Ab 81
Puymirol 47 126 Ae 83
Puymoyen 16 100 Ab 75
Puynormand 33 100 Aa 79
Puy-Notre-Dame, Le 49 62 Ze 66
Puyol-cazalet 40 124 Zd 87
Puyoô 64 123 Za 87
Puyravault 17 87 Zb 72
Puyravault 85 74 Yf 70
Puyréaux 16 88 Ab 73
Puyrenier 24 100 Ac 76
Puyrolland 17 87 Zc 72
Puy-Saint-André 05 120 Gd 79
Puy-Sainte-Réparade, Le 13 132 Fc 86
Puy-Saint-Eusèbe 05 120 Gc 81
Puy-Saint-Gulmier 63 91 Cd 74
Puy-Saint-Martin 26 118 Ef 81
Puy-Saint-Vincent 05 120 Gc 79
Puységur 32 125 Ad 86
Puysségur 31 126 Ba 86
Puysserampion 47 112 Ab 81
Puyvalador 66 153 Ca 93
Puzeaux 80 18 Ce 50
Puzieux 57 38 Gc 55
Puzieux 88 55 Gb 58
Pyle, La 27 15 Af 53
Pyrénées 2000 66 153 Ca 93
Pys 80 8 Ce 48

Q

Quaix-en-Chartreuse 38 107 Fe 77
Quantilly 18 65 Cc 65
Quarante 34 143 Cf 88
Quarouble 59 9 Dd 46
Quarré-les-Tombes 89 67 Df 64
Quarte, La 70 69 Fe 62
Quartier, Le 63 91 Ce 72
Quasquara 2A 159 Ka 97
Quatre-Champs 08 20 Ee 52
Quatremare 27 31 Ba 53
Quatre-Routes-du-Lot, Les 46 102 Bd 79
Quatzenheim 67 40 Hd 57
Quéant 62 8 Cf 47
Queaux 86 89 Ae 71
Québriac 35 45 Yb 58
Quédillac 35 44 Xf 59
Queige 73 96 Gc 74
Quelaines-Saint-Gault 53 46 Zb 61
Quelmes 62 3 Ca 44
Quelneuc 56 44 Xf 62
Quéménéven 29 41 Vf 60
Quemigny-Poisot 21 68 Ef 65
Quemigny-sur-Seine 21 68 Ee 63
Quemper-Guézennec 22 26 Wf 56
Quemperven 22 26 We 56
Quend 80 6 Bd 47
Quenne 89 67 Dd 62
Quenoche 70 70 Ga 64
Quenza 2A 159 Ka 98
Quercamps 62 3 Ca 44
Quercitello 2B 157 Kc 94
Quérénaing 59 9 Dd 47
Quérigut 09 153 Ca 92
Quernes 62 7 Cc 45
Querqueville 50 12 Yb 50
Querré 49 61 Zc 62
Querrien 29 42 Wc 61
Querrieu 80 7 Cc 49
Quers 70 70 Gc 62
Quesmy 60 18 Da 51
Quesne, le 80 16 Be 49
Quesnel, Le 80 17 Cd 50
Quesnel-Aubry, le 60 17 Cb 51
Quesnoy, le 59 9 Dd 47
Quesnoy-en-Artois, Le 62 7 Ca 46
Quesnoy-le-Montant 80 7 Be 48
Quesnoy-sur-Airaines 80 7 Bf 49
Quesnoy-sur-Deûle 59 4 Da 44
Quesques 62 3 Bf 44
Quessigny 27 32 Bb 55
Quessoy 22 26 Xc 58
Quessy 02 18 Db 50
Questembert 56 44 Xd 63
Questrecques 62 3 Be 44
Quetigny 21 69 Fa 65
Quettehou 50 12 Ye 51
Quettetot 50 12 Yc 52
Quetteville 14 14 Ab 52
Quettreville-sur-Sienne 50 28 Yd 55
Queudes 51 35 De 57
Queue-les-Yvelines, La 78 32 Be 56
Queuille 63 91 Cf 73
Quevauvillers 80 17 Ca 49
Quéven 56 42 Wd 62
Quévert 22 27 Xf 58
Quevillon 76 15 Af 52
Quevilloncourt 54 55 Ga 58
Quévreville-la-Poterie 76 15 Bb 52
Queyrières 43 105 Ea 78
Queyssac 24 112 Ad 79
Queyssac-les-Vignes 19 114 Be 79
Quézac 15 115 Cb 80
Quézac 48 116 Dd 82
Quiberon 56 58 Wf 64
Quibou 50 28 Ye 54
Quiers 77 34 Cf 57
Quiéry-la-Motte 62 8 Cf 46
Quierzy 02 18 Da 51
Quiestède 62 3 Cb 44
Quiévelon 59 10 Ea 47
Quiévrechain 59 9 Dd 46
Quièvrecourt 76 16 Bc 50
Quiévy 59 9 Dc 47
Quilen 62 7 Bf 45
Quillan 11 153 Cb 91
Quillebeuf-sur-Seine 27 15 Ad 52
Quillio, Le 22 43 Xa 59
Quilly 44 59 Ya 64
Quily 56 44 Xd 61
Quimper 29 42 Vf 61
Quimperlé 29 42 Wc 61
Quincampoix 76 15 Bb 51
Quincampoix-Fleuzy 60 16 Be 50
Quinçay 86 76 Ab 69
Quincerot 21 68 Eb 63

192 (F) Pontchardon — Quincerot

Quincerot 89 52 Ea 61
Quincey 21 82 Ef 66
Quincey 70 70 Gb 63
Quincié-en-Beaujolais 69 94 Ed 72
Quincieu 38 107 Fc 77
Quincieux 69 94 Ee 73
Quincy 18 65 Ca 66
Quincy-Basse 02 18 Dc 51
Quincy-Landzécourt 55 21 Fb 52
Quincy-le-Vicomte 21 68 Eb 63
Quincy-sous-le-Mont 02 18 Dd 53
Quincy-sous-Sénart 91 33 Cd 56
Quincy-Voisins 77 34 Cf 55
Quinéville 50 12 Ye 51
Quingey 25 84 Ff 66
Quinquempoix 60 17 Cc 51
Quins 12 128 Cc 83
Quinsac 24 101 Ae 76
Quinsac 33 111 Zd 80
Quinson 04 133 Ga 86
Quinssaines 03 91 Cd 71
Quint 31 141 Bd 87
Quintal 74 96 Ga 73
Quinte, la 72 47 Aa 60
Quintenas 07 106 Ee 77
Quintenic 22 27 Xd 57
Quintigny 39 83 Fd 68
Quintillan 11 154 Ce 91
Quintin 22 26 Xa 58
Quiou, Le 22 44 Ya 58
Quirbajou 11 153 Cb 91
Quiry-le-Sec 80 17 Cc 50
Quissac 30 130 Ea 85
Quissac 46 114 Be 81
Quistinic 56 43 Wf 61
Quittebeuf 27 31 Ba 54
Quivières 80 18 Da 50
Quœux-Haut-Maînil 62 7 Ca 47

R

Rabastens 81 127 Be 86
Rabatelière, La 85 74 Ye 67
Rabat-le-Trois-Seigneurs 09 152 Bd 91
Rablay-sur-Layon 49 61 Zc 65
Rabodanges 61 30 Ze 56
Rabou 05 120 Ga 81
Rabouillet 66 153 Cc 92
Racécourt 88 55 Gb 59
Rachecourt-sur-Marne 52 36 Fa 57
Râches 59 8 Da 46
Racines 10 52 Df 60
Racineuse, La 71 83 Fa 67
Racquinghem 62 3 Cc 44
Racrange 57 38 Ge 55
Raddon-et-Chapendu 70 55 Gc 61
Radenac 56 43 Xb 61
Radepont 27 16 Bb 52
Radinghem 62 7 Ca 45
Radinghem-en-Weppes 59 8 Cf 45
Radon 61 30 Aa 57
Radonvilliers 10 53 Ed 58
Raedersdorf 68 72 Hc 64
Raedersheim 68 56 Hb 61
Raffetot 76 15 Ad 51
Rahart 41 48 Ba 61
Rahay 72 48 Ae 61
Rahecourt-Suzemont 52 53 Ef 58
Rahling 57 39 Hb 55
Rahon 25 71 Gd 65
Rahon 39 83 Fc 67
Rai 61 31 Ad 56
Raids 50 12 Yd 53
Raillencourt-Saint-Olle 59 8 Db 47
Railleu 66 153 Cb 93
Raillicourt-Barbaise 08 20 Ed 51
Raillimont 02 19 Ea 50
Raimbeaucourt 59 8 Da 46
Raincheval 80 7 Cc 48
Raincourt 70 55 Ff 61
Raincy, Le 93 33 Cd 55
Rainfreville 76 15 Af 50
Rainneville 80 7 Cc 49
Rainsars 59 9 Df 48
Rainville 88 54 Ff 58
Rainvillers 60 17 Ca 52
Rairies, Les 49 62 Ze 63
Raismes 59 9 Dc 46
Raissac 09 153 Be 91
Raissac-d'Aude 11 142 Cf 89
Raissac-sur-Lampy 11 141 Ca 89
Raival 55 37 Fb 55
Raix 16 88 Aa 73
Raizeux 78 32 Be 57
Ramasse 01 95 Fc 71
Ramatuelle 83 148 Gd 89
Rambaud 05 120 Ga 81
Rambervillers 88 55 Gd 58
Rambluzin-et-Benoîte-Vaux 55 37 Fb 54
Rambouillet 78 32 Bf 57
Rambucourt 55 37 Fe 55
Ramburelles 80 7 Be 49
Rambures 80 7 Be 49
Ramecourt 62 7 Cb 46
Ramecourt 88 55 Ga 59
Ramerupt 10 52 Eb 57
Ramicourt 02 9 Dc 49
Ramillies 59 8 Cb 47
Rammersmatt 68 71 Ha 62
Ramonchamp 88 56 Ge 61
Ramonville-Saint-Agne 31 140 Bc 87
Ramoulu 45 50 Cb 59
Ramous 64 123 Za 87
Ramousies 59 9 Ea 48
Ramouzens 32 125 Ab 86
Rampan 50 12 Yf 54
Rampieux 24 113 Ae 80
Rampillon 77 34 Da 57
Rampoux 46 113 Bb 81
Rancé 01 94 Ef 73
Rancenay 25 70 Ff 65
Rancennes 08 10 Ee 48
Rances 10 53 Ed 58
Ranceville 70 55 Ff 61
Ranchal 69 94 Ec 72
Ranchot 39 69 Fe 66
Ranchy 14 13 Zb 53
Rancon 87 89 Bb 72
Rançonnières 52 54 Fd 61
Rancourt 88 55 Ga 59
Rancourt-sur-Ornain 55 36 Ef 56
Rancy 71 83 Fa 69
Randan 63 92 Dc 72
Randens 73 108 Gb 75
Randevillers 25 71 Gd 65
Randonnai 61 31 Ae 57
Rânes 61 30 Ze 57
Rang 25 71 Gd 64
Rang-du-Fliers 62 6 Bd 46
Rangen-Hohengœft 67 40 Hc 56
Rannée 35 45 Ye 61
Ranrupt 67 56 Hb 58
Rans 39 69 Fe 66
Ransart 62 8 Ce 47
Ranspach 68 56 Ha 61
Ranspach-le-Bas 68 72 Hc 63
Ranspach-le-Haut 68 72 Hc 63
Rantechaux 25 70 Gc 66
Rantigny 60 17 Cc 52
Ranton 86 76 Zf 66
Rantzwiller 68 72 Hc 63
Ranville 14 14 Ze 53
Ranzières 55 37 Fc 54
Raon-aux-Bois 88 55 Gd 60
Raon-lès-Leau 54 39 Ha 57
Raon-l'Etape 88 56 Gf 58
Rapaggio 2B 157 Kc 94
Rapaghju = Rapaggio 2B 157 Kc 94
Rapale 2B 157 Kb 93
Rapey 88 55 Gb 59
Rapilly 14 29 Ze 55
Rapsécourt 51 36 Ee 54
Raray 60 17 Ce 53
Rarécourt 55 36 Fa 54
Rasiguères 66 154 Cd 92
Raslay 86 62 Zf 66
Rasteau 84 131 Ef 83
Ratenelle 71 83 Fa 69
Ratte 71 83 Fb 69
Ratzwiller 67 39 Hb 55
Raucoules 43 105 Eb 77
Raucourt 54 38 Gb 55
Raucourt-au-Bois 59 9 De 47
Raucourt-et-Flaba 08 20 Ef 51
Raulecourt 55 37 Fe 56
Raulhac 15 115 Cd 79
Rauret 43 117 De 80
Rauville-la-Bigot 50 12 Yb 51
Rauville-la-Place 50 12 Yc 52
Rauwiller 67 39 Ha 56
Rauzan 33 111 Zf 80
Raveau 58 66 Da 65
Ravel 63 92 Dc 74
Ravenel 60 17 Cd 51
Ravenoville 50 12 Ye 52
Raves 88 56 Ha 59
Ravières 89 67 Eb 62
Ravigny 53 47 Zf 58
Raville 57 38 Gc 54
Raville-sur-Sânon 54 38 Gd 57
Ravilloles 39 84 Fe 70
Ravoire, la 73 108 Ff 75
Raye-sur-Authieu 62 7 Bf 47
Rayet 47 113 Ae 81
Raymond 18 79 Ce 67
Rayol-Candel-sur-Mer, Le 83 148 Gc 89
Rayssac 81 128 Cc 86
Ray-sur-Saône 70 70 Fe 63
Razac-de-Saussignac 24 112 Ab 80
Razac-d'Eymet 24 112 Ac 80
Razac-sur-l'Isle 24 100 Ad 78
Raze 70 70 Ga 63
Razecueillé 31 139 Ae 91
Razengues 32 126 Af 87
Razès 87 89 Bc 72
Razimet 47 112 Ab 82
Razines 37 76 Ac 67
Réal 66 153 Ca 93
Réalcamp 76 16 Bd 49
Réallon 05 120 Gc 81
Réalmont 81 128 Cb 86
Réalville 82 127 Bc 84
Réans 32 124 Aa 85
Réau 77 33 Cd 57
Réaumont 38 107 Fd 76
Réaumur 85 75 Zb 68
Réaup-Lisse 47 125 Ab 84
Réauville 26 118 Ef 82
Réaux 17 99 Zd 76
Rebais 77 34 Db 55
Rebecques 62 3 Cb 45
Rébénacq 64 138 Zd 90
Rebergues 62 3 Bf 44
Rebets 76 16 Bc 51
Rebeuville 88 54 Fe 58
Rebigue 31 140 Bc 88
Rebourguil 12 128 Ce 85
Reboursin 36 78 Be 66
Rebréchien 45 49 Ca 61
Rebreuve 62 8 Cd 46
Rebreuve-sur-Canche 62 7 Cc 47
Rebreuviette 62 7 Cc 47
Recanoz 39 83 Fd 68
Recey-sur-Ource 21 68 Ef 62
Réchicourt-la-Petite 54 38 Gd 56
Réchicourt-le-Château 57 39 Gf 56
Récicourt 55 37 Fa 54
Réclainville 28 49 Bd 60
Réclainville 28 49 Be 58
Reclesne 71 82 Eb 66
Réclinghem 62 7 Cb 45
Réclonville 54 39 Ge 57
Recloses 77 50 Cd 58
Recologne 25 70 Ff 65
Recologne 70 70 Fe 63
Recologne-lès-Rioz 70 70 Ff 64
Recoubeau-Jansac 26 119 Fc 81
Recoules-d'Aubrac 48 116 Da 80
Recoules-du-Fumas 48 116 Dc 81
Recoules-Prévinquières 12 116 Cf 82
Récourt-le-Creux 55 37 Fc 54
Récourt-Saint-Quentin 62 8 Da 47
Recouvrance 90 71 Gf 63
Recoux, Le 48 116 Da 82
Recoux, Le 48 116 Dc 80
Recques (sur-Course) 62 7 Be 45
Recques-sur-Hem 62 3 Ca 43
Recquignies 59 10 Ea 47
Reculey, Le 14 29 Za 55
Reculfoz 25 84 Ga 68
Recurt 65 139 Ac 89
Recy 51 35 Eb 55
Rédange 57 21 Ff 52
Rédené 29 42 Wd 61
Redessan 30 131 Ec 85
Réding 57 39 Ha 56
Redon 35 59 Xf 63
Reffannes 79 76 Ze 69
Reffuveille 50 28 Yf 56
Régades 31 139 Ae 90
Régat 09 141 Bf 91
Regnauville 62 7 Ca 47
Regnevelle 88 55 Ff 61
Regnéville-sur-Mer 50 28 Yc 54
Régnéville-sur-Meuse 55 21 Fb 53
Regney 88 55 Gb 59
Regnié-Durette 69 94 Ed 72
Regnière-Ecluse 80 7 Be 47
Regniéville, Thiaucourt- 54 37 Ff 55
Regniowez 08 10 Ec 49
Regny 02 18 Dc 49
Régny 42 93 Eb 73
Regrippière, La 44 60 Ye 65
Réguiny 56 43 Xb 61
Réguisheim 68 56 Hc 61
Régusse 83 133 Ga 86
Rehaincourt 88 55 Gc 58
Rehainviller 54 38 Gc 57
Rehaupal 88 56 Ge 60
Reherrey 54 39 Ge 57
Rehon 54 21 Fe 51
Reichsfeld 67 56 Hc 58
Reichshoffen 67 40 Hd 55
Reichstett 67 40 He 57
Reignac 16 99 Ze 76
Reignac 33 99 Zc 77
Reignac-sur-Indre 37 63 Af 65
Reignat 63 104 Da 75
Reigneville-Bocage 50 12 Yd 52
Reignier 74 96 Gb 72
Reigny 18 79 Cc 69
Reilhac 15 115 Cc 79
Reilhac 46 114 Be 80
Reilhaguet 46 114 Bd 80
Reilhanette 26 132 Fc 83
Reillanne 04 132 Fd 85
Reillon 54 39 Ge 57
Reilly 60 16 Bf 53
Reims 51 19 Ea 53
Reims-la-Brûlée 51 36 Ee 56
Reinhardsmunster 67 39 Hb 56
Reiningue 68 71 Hb 62
Reipertswiller 67 39 Hc 55
Reithouse 39 83 Fd 69
Réjaumont 32 125 Ad 86
Réjaumont 65 139 Ac 90
Rejet-de-Beaulieu 59 9 Dd 48
Réjouit 33 111 Zc 80
Relanges 88 55 Ga 60
Relans 39 83 Fc 68
Relecq-Kerhuon, Le 29 24 Vd 58
Relevant 01 94 Ef 72
Rely 62 7 Cc 45
Remaisnil 80 7 Cb 47
Rémalard 61 48 Ae 58
Remaucourt 02 18 Dc 49
Remaucourt 08 19 Eb 51
Remaudière, La 44 60 Ye 65
Remaugies 80 17 Ce 51
Remauville 77 51 Ce 59
Rembercourt-Sommaisne 55 37 Fb 55
Rembercourt-sur-Mad 54 37 Ff 55
Rémécourt 60 17 Cd 52
Rémelfang 57 22 Gd 53
Rémelfing 57 39 Ha 54
Rémeling 57 22 Gc 52
Remennecourt 55 36 Ef 56
Remenoville 54 55 Gc 58
Rémérangles 60 17 Cb 52
Réméréville 54 38 Gc 56
Rémering-lès-Hargarten 57 22 Gd 53
Rémering-lès-Puttelange 57 39 Gf 54
Remicourt 51 35 Ef 55
Remicourt 88 55 Ga 59
Remiencourt 80 17 Cc 50
Remies 02 18 Dd 50
Remigny 02 18 Db 50
Remigny 71 82 Ee 67
Rémilly 57 38 Gc 54
Rémilly 58 81 De 68
Rémilly-Aillicourt 08 20 Ef 51
Remilly-en-Montagne 21 68 Ee 65
Remilly-les-Pothées 08 20 Ed 50
Remilly-sur-Lozon 50 12 Ye 53
Remilly-sur-Tille 21 69 Fb 65
Remilly-Wirquin 62 3 Ca 44
Réminiac 56 44 Xe 61
Remiremont 88 55 Gd 60
Remoiville 55 21 Fd 52
Remollon 05 120 Gb 82
Remomeix 88 56 Ha 59
Remoncourt 54 39 Ge 57
Remoncourt 88 55 Ga 59
Remoray-Boujeons 25 84 Gb 68
Remouillé 44 60 Yd 66
Remoulins 30 131 Ed 85
Removille 88 54 Ff 58
Rempnat 87 102 Bf 75
Remuée, La 76 14 Ac 51
Remungol 56 43 Xa 61
Rémuzat 26 119 Fc 82
Remy 60 17 Ce 52
Rémy 62 8 Cf 47
Renac 35 44 Ya 62
Renage 38 107 Fc 77
Renaison 42 93 Df 72
Renansart 02 18 Dc 50
Renaucourt 70 70 Fe 63
Renaudie, La 63 93 De 74
Renaudière, La 49 60 Yf 66
Renauvoid 88 55 Gc 60
Renay 41 48 Bb 61
Renazé 53 45 Yf 62
Rencurel 38 107 Fc 78
René 72 47 Ab 59
Renédale 25 84 Gb 66
Renescure 59 3 Cc 44
Renève 21 69 Fc 64
Renneport 52 53 Ef 60
Rennes 35 45 Yc 60
Rennes-en-Grenouilles 53 29 Zc 58
Rennes-le-Château 11 153 Cb 91
Rennes-les-Bains 11 153 Cb 91
Rennes-sur-Loue 25 84 Ff 66
Renneval 02 19 Ea 50
Renneville 08 19 Ea 51
Renneville 27 16 Bb 52
Renneville 31 141 Be 88
Renno 2A 158 If 95
Rennu = Renno 2A 158 If 95
Renouard, Le 61 30 Aa 55
Rentières 63 104 Da 76
Renty 62 7 Ca 45
Renung 40 124 Zd 86
Renwez 08 20 Ed 49
Réole, La 33 111 Zf 81
Réorthe, La 85 74 Yf 69
Réotier 05 121 Gd 80
Repaix 54 39 Ge 57
Réparsac 16 87 Ze 74
Repel 88 55 Ff 58
Repentigny 14 14 Aa 53
Replonges 01 94 Ef 71
Reposoir-Pralong, Le 74 96 Gd 72
Repôts, Les 39 83 Fc 68
Reppe 90 71 Ha 63
Requeil 72 47 Aa 62
Réquista 12 128 Cd 84
Résie-Saint-Martin, La 70 69 Fd 65
Résigny 02 19 Eb 50
Ressaincourt 57 38 Gb 55
Resson 55 37 Fb 56
Ressons 60 17 Ca 49
Ressons-le-Long 02 18 Da 52
Ressons-sur-Matz 60 17 Ce 51
Rester = Retiers 35 45 Yd 61
Restigné 37 62 Ab 65
Restinclières 34 130 Ea 86
Retail, Le 79 75 Zd 69
Rétaud 17 87 Zb 74
Reterre 23 91 Cc 72
Rethel 08 20 Ec 51
Retheuil 02 18 Da 53
Rethondes 60 18 Cf 52
Rethonvillers 80 18 Cf 50
Réthoville 50 12 Yd 50
Retiers 35 45 Yd 61
Retjons 40 124 Ze 84
Retonfey 57 38 Gb 54
Rétonval 76 16 Bd 50
Retournac 43 105 Ea 77
Retschwiller 67 40 Hf 55
Rettel 57 22 Gc 52
Réty 62 3 Be 44
Retzwiller 68 71 Ha 63
Reugney 25 84 Ga 66
Reugny 03 79 Cd 70
Reugny 37 63 Af 64
Reuil 51 35 De 54
Reuil-en-Brie 77 34 Da 55
Reuilly 27 32 Bb 54
Reuilly 36 79 Ca 66
Reuil-sur-Brêche 60 17 Cb 51
Reulle-Vergy 21 68 Ef 65
Reumont 59 9 Dc 48
Réunion, La 47 112 Aa 83
Reutenbourg 67 39 Hc 56
Reuves 51 35 De 56
Reuville 76 15 Af 50
Reux 14 14 Aa 53
Réveillon 51 34 Dc 56
Réveillon 61 48 Ad 58
Revel 04 121 Gd 82
Revel 31 141 Ca 88
Revelles 80 17 Ca 49
Revel-Tourdan 38 106 Fa 76
Reventin-Vaugris 38 106 Ef 76
Revercourt 28 31 Ba 56
Revest-du-Bion 04 132 Fd 84
Revest-les-Eaux, Le 83 147 Ff 89
Revest-les-Roches 06 134 Ha 85
Revest-Saint-Martin 04 133 Fe 84
Reviers 14 13 Zd 53
Revigny 39 83 Fd 69
Revigny-sur-Ornain 55 36 Ef 56
Réville 50 12 Ye 51
Réville-aux-Bois 55 21 Fc 52
Révillon 02 19 De 52
Revin 08 20 Ed 49
Revonnas 01 95 Fb 72
Rexingen 67 39 Hb 55
Rexpoëde 59 4 Cd 43
Reyersviller 57 39 Hc 54
Reygade 19 102 Bf 78
Reynel 52 54 Fc 59
Reynès 66 154 Ce 94
Reyniès 82 126 Bc 85
Reyrevignes 46 114 Bf 81
Reyrieux 01 94 Ee 73
Reyvroz 74 96 Gd 71
Rezay 18 79 Cb 68
Rezé 44 60 Yc 65
Rézentières 15 104 Da 78
Rezonville 57 38 Ff 54
Rezza 2A 159 If 96
Rhèges-Bessy 10 35 Df 57
Rheu, Le 35 45 Yb 60
Rhinau 67 57 Hd 59
Rhodes 57 39 Gf 56
Rhodon 41 64 Bb 62
Rhuis 60 17 Ce 53
Ri 61 30 Zf 56
Riaillé 44 60 Ye 63
Rialet, Le 81 142 Cc 87
Rians 18 65 Cd 65
Rians 83 147 Fe 87
Riantec 56 42 We 62
Ria-Sirach 66 153 Cc 93
Riaucourt 52 54 Fa 59
Ribagnac 24 112 Ac 80
Ribarrouy 64 138 Ze 87
Ribaute 11 142 Cd 90
Ribaute-les-Tavernes 30 130 Ea 84
Ribay, Le 53 46 Zd 58
Ribeaucourt 55 37 Fc 57
Ribeaucourt 80 7 Ca 48
Ribeauville 02 9 Dd 48
Ribeauville 02 19 Eb 50
Ribeauvillé 68 56 Hb 59
Ribécourt-Dreslincourt 60 18 Cf 51
Ribécourt-la-Tour 59 8 Da 48
Ribemont 02 18 Dc 50
Ribemont-sur-Ancre 80 8 Cd 49
Ribennes 48 116 Dc 81
Ribérac 24 100 Ac 77
Ribes 07 117 Eb 82
Ribeyret 05 119 Fd 82
Ribiers 05 133 Ff 83
Ribouisse 11 141 Bf 89
Riboux 83 147 Fe 89
Ricamarie, la 42 106 Ec 76
Ricarville 76 15 Ad 51
Ricarville-du-Val 76 16 Bb 50
Ricaud 11 141 Bf 88
Ricaud 65 139 Ab 90
Riceys, Les 10 53 Ec 61
Richardais, La 35 27 Xf 57
Richardménil 54 38 Gb 57
Richarville 91 49 Bf 58
Riche 57 38 Gd 55
Richebourg 52 53 Fa 60
Richebourg 62 8 Ce 45
Richebourg 78 32 Bd 56
Richecourt 55 37 Fe 55
Richelieu 37 76 Ab 66
Richeling 57 38 Gf 54
Richemont 57 22 Ga 53
Richemont 76 16 Bd 50
Richerenches 84 118 Ef 82
Richet 40 110 Zb 82
Richeval 57 39 Gf 57
Richeville 27 16 Bd 53
Richtolsheim 67 57 Hd 59
Richwiller 68 71 Hb 62
Ricourt 32 139 Ab 88
Ricquebourg 60 17 Ce 51
Riec-sur-Belon 29 42 Wb 61
Riedisheim 68 72 Hc 62
Riedseltz 67 40 Hf 54
Riedwihr 68 57 Hc 60
Riel-les-Eaux 21 53 Ee 61
Riencourt 80 7 Ca 49
Riencourt-lès-Cagnicourt 62 8 Cf 47
Riespach 68 72 Hb 63
Rieucazé 31 139 Ae 90
Rieucros 09 141 Be 90
Rieulay 59 8 Db 46
Rieumajou 31 141 Be 88
Rieumes 31 140 Ba 88
Rieupeyroux 12 128 Cb 83
Rieussec 34 142 Ce 88
Rieutort-de-Randon 48 116 Dc 81
Rieux 31 140 Bb 89
Rieux 51 34 Dd 55
Rieux 56 59 Xf 63
Rieux 60 17 Ca 51
Rieux 60 17 Cd 53
Rieux 76 6 Bd 49
Rieux-de-Pelleport 09 141 Bd 90
Rieux-en-Cambrésis 59 9 Dc 47
Rieux-en-Val 11 142 Cd 90
Rieux-Minervois 11 142 Cd 89
Riez 04 133 Ga 86
Rigarda 66 154 Cd 93
Rigaud 06 134 Gf 85
Rignac 12 115 Cb 82
Rigney 25 70 Gb 64
Rignieux-le-Franc 01 95 Fb 73
Rignosot 25 70 Gb 64
Rignovelle 70 70 Gc 62
Rigny 70 69 Fd 64
Rigny-la-Nonneuse 10 52 Dd 58
Rigny-la-Salle 55 37 Fe 57
Rigny-le-Ferron 10 52 Dd 59
Rigny-Saint-Martin 55 37 Fe 57
Rigny-sur-Arroux 71 81 Ea 69
Rigny-Ussé 37 62 Ab 65
Riguepeu 32 125 Ac 87
Rilhac-Lastours 87 101 Ba 74
Rilhac-Rancon 87 89 Bb 73
Rilhac-Treignac 19 102 Be 75
Rilhac-Xaintrie 19 103 Cb 77
Rillé 37 62 Ab 64
Rillieux-la-Pape 69 94 Ef 74
Rilly-la-Montagne 51 35 Ea 54
Rilly-Sainte-Syre 10 52 Df 58
Rilly-sur-Aisne 08 20 Ed 52
Rilly-sur-Loire 41 63 Ba 64
Rimaucourt 52 54 Fc 59
Rimbach-près-Guebwiller 68 56 Ha 61
Rimbach-près-Masevaux 68 56 Gf 62
Rimbachzell 68 56 Hb 61
Rimbez-et-Baudiets 40 125 Aa 84
Rimblas 06 134 Ha 84
Rimboval 62 7 Bf 45
Rimeize 48 116 Db 80
Rimling 57 39 Hb 54
Rimogne 08 20 Ed 49
Rimondeix 23 90 Ca 71
Rimon-et-Savel 26 119 Fb 81
Rimons 33 112 Aa 80
Rimont 09 140 Bb 91
Rimoux 35 45 Yc 58
Rimsdorf 67 39 Ha 55
Ringeldorf 67 40 Hd 55
Ringendorf 67 40 Hd 56
Rinxent 62 3 Be 44
Riocaud 33 112 Ab 80
Riolas 31 140 Af 88
Riols 34 142 Ce 88
Riols, Le 81 127 Bf 84
Riom 63 92 Da 73
Riom-ès-Montagnes 15 103 Cd 77
Rion-des-Landes 40 123 Za 85
Rions 33 111 Zd 80
Riorges 42 93 Ea 72
Riotord 43 106 Ec 77
Rioupéroux 38 108 Ff 78
Riousse 58 80 Da 68
Rioux 17 87 Zb 75
Rioux-Martin 16 100 Aa 77
Rioz 70 70 Ga 64
Riquewihr 68 56 Hb 59
Ris 63 92 Dd 73
Ris 65 150 Ac 91
Riscle 32 124 Zf 87
Ris-Orangis 91 33 Cc 57
Risoul 05 121 Gd 81
Ristolas 05 121 Gf 80
Rittershoffen 67 40 Hf 55
Ritzing 57 22 Gc 52
Riupeyrous 64 138 Ze 88
Rivarennes 36 78 Bc 69
Rivarennes 37 62 Ac 65
Rivas 42 105 Eb 75
Rivecourt 60 17 Ce 52
Rive-de-Gier 42 106 Ed 75
Rivedoux-Plage 17 86 Ye 72
Rivehaute 64 137 Za 88
Rivel 11 153 Ca 91
Riventosa 2B 159 Kb 95
Rivèrenert 09 152 Bb 91
Riverie 69 106 Ed 75
Rivery 80 17 Cb 49
Rives, Les 34 129 Db 85
Rivesaltes 66 154 Cf 92
Rives-sur-Fure 38 107 Fc 76
Rivier, Le 38 107 Fc 76
Rivière 37 62 Ab 66
Rivière 62 8 Ce 47
Rivière, la 33 111 Ze 79
Rivière-de-Corps, La 10 52 Ea 59
Rivière-Drugeon, La 25 84 Gb 67
Rivière-Enverse, La 74 97 Gd 72
Rivière-les-Fosses 52 69 Fb 63
Rivières 16 88 Ac 74
Rivières 30 130 Eb 83
Rivières 81 127 Bf 85
Rivière-Saas-et-Gourby 40 123 Yf 86
Rivière-Saint-Sauveur, la 14 14 Ab 52
Rivières-Henruel, Les 51 52 Ed 57
Rivières-le-Bois 52 69 Fc 62
Rivière-sur-Tarn 12 129 Da 83
Riville 76 15 Ad 50
Rivire, La 38 107 Fd 77
Rivolet 69 94 Ed 73
Rix 39 84 Ga 68
Rix 58 67 Dd 64
Rixheim 68 72 Hc 62
Rixouse, La 39 96 Ff 70
Rizaucourt-Buchey 52 53 Ef 59
Roaillan 33 111 Ze 82
Roaix 84 131 Fa 83
Roanne 42 93 Ea 72
Roannes-Saint-Mary 15 115 Cc 79
Roazhon = Rennes 35 45 Yc 60
Robécourt 88 54 Fe 60
Robecq 62 8 Cd 45
Robersart 59 9 Dd 47
Robert-Espagne 55 36 Fa 56
Robert-Magny-Laneuville-à-Rémy 52 53 Ef 58
Robertot 76 15 Ae 50
Roberval 60 17 Ce 53
Robiac 30 130 Ea 85
Robiac-Rochessadoule 30 130 Ea 83
Robine, La 04 133 Gb 83
Robion 84 132 Fa 85
Roc, le 46 113 Bc 79
Rocamadour 46 114 Bd 80
Rocbaron 83 147 Ga 89
Rocé 41 48 Ba 62
Roc'han = Rohan 56 43 Xb 60
Roc'h-an-Argoed = Rochfort-en-Terre 56 44 Xe 62
Rochbrune 05 120 Gb 82
Roche 38 107 Fa 75
Roche 42 105 Df 75
Roche 70 70 Ff 64
Rochebaudin 26 118 Fa 81
Rochebeaucourt-et-Argentine, La 24 100 Ac 76
Roche-Bernard, La 56 59 Xe 63
Roche-Blanche 63 104 Da 74
Roche-Blanche, La 44 60 Yf 64
Rochebrune 26 119 Fb 82
Roche-Canillac, La 19 102 Bf 77
Roche-Chalais, La 24 100 Aa 78
Roche-Charles 63 104 Da 76
Rochechouart 87 89 Ae 74
Roche-Clermault, La 37 62 Ab 66
Rochecolombe 07 118 Ec 81
Rochecorbon 37 63 Ae 64
Roche-d'Agoux 63 91 Cd 72
Roche-de-Rame, la 05 121 Gd 80
Roche-Derrien, La 22 26 We 56
Roche-des-Arnauds, La 05 120 Ff 81
Roche-en-Brenil, La 21 67 Eb 64
Roche-en-Regnier 43 105 Df 77
Rochefort 17 66 Za 73
Rochefort 21 68 Ee 62
Rochefort-du-Gard 30 131 Ee 85
Rochefort-en-Terre 56 44 Xe 62
Rochefort-en-Yvelines 78 32 Bf 57
Rochefort-Montagne 63 91 Ce 74
Rochefort-sur-la-Côte 52 54 Fb 59
Rochefort-sur-Loire 49 61 Zc 64
Rochefort-sur-Nenon 39 69 Fd 66
Rochefoucauld, La 16 88 Ac 74
Rochefourchat 26 119 Fb 81
Rochegiron, La 04 132 Fd 84
Rochegude 26 118 Ee 83
Rochegude 30 130 Eb 83
Roche-Guyon, La 95 32 Bd 54
Rochejean 25 84 Gb 68
Roche-l'Abeille, L' 87 101 Bb 75
Roche-la-Molière 42 105 Eb 76
Roche-le-Peyroux 19 103 Cc 76
Roche-lès-Clerval 25 70 Gc 64
Roche-lez-Beaupré 25 70 Ga 65
Rochelle, La 17 86 Ye 72
Rochelle, La 70 69 Fe 62
Rochelle-Normandie, La 50 28 Yd 56
Roche-Mabile, La 61 30 Zf 58
Rochemaure 07 118 Ee 81
Roche-Maurice, La 29 24 Ve 58
Roche-Morey, La 70 69 Fe 62
Rochenard, La 79 87 Zc 71
Roche-Noire, La 63 104 Db 74
Roche-Posay, La 86 77 Ae 68
Rochepot, La 21 82 Ee 67
Rocher 07 117 Eb 81
Rochère, La 70 55 Ga 61
Rochereau, Le 86 76 Aa 68
Roche-Rigault, La 86 76 Ab 67
Roches 23 90 Bf 71
Roches 41 64 Bc 62
Roche-Saint-Secret-Béconne 26 118 Fa 82
Roches-Bettaincourt 52 54 Fb 59
Roches-de-Condrieu, les 38 106 Ee 76
Rocheservière 85 74 Yc 67
Roches-lès-Blamont 25 71 Gf 64
Roches-l'Evêque, les 41 63 Af 62
Roches-Prémarie-Andillé 86 76 Ac 70
Rochessauve 07 118 Ed 80
Rochesson 88 56 Ge 60
Roches-sur-Marne 52 36 Fa 57
Roche-sur-Foron, La 74 96 Gb 72
Roche-sur-Grane, la 26 118 Ef 80
Roche-sur-Linotte 70 70 Gb 64
Roche-sur-Yon, La 85 74 Yd 69
Rochetaillée 52 54 Fa 61
Rochetrejoux 85 75 Za 68
Rochette, La 05 119 Fe 81
Rochette, La 05 120 Ga 81
Rochette, La 07 117 Eb 79
Rochette, La 16 88 Ab 74
Rochette, la 77 50 Ce 57
Roche-Vanneau, la 21 68 Ed 64
Rocheville 50 12 Yc 51
Roche-Vineuse, La 71 94 Ee 70
Rochonvillers 57 22 Ga 52
Rochy-Condé 60 17 Cb 52
Rocles 03 80 Da 70
Rocles 07 117 Eb 81
Rocles 48 117 De 80
Roclincourt 62 8 Ce 47
Rocourt 88 54 Fe 60

Quincerot — Rocourt (F) 193

Saint-Ambroix 18 79 Ca 67
Saint-Ambroix 30 130 Eb 83
Saint-Amé 88 56 Ge 60
Saint-Amour 39 83 Fc 70
Saint-Andelain 58 66 Cf 65
Saint-Andéol 26 106 Ef 78
Saint-Andéol 26 119 Fb 80
Saint-Andéol 38 119 Fd 79
Saint-Andéol-de-Berg 07 118 Ed 81
Saint-Andéol-de-Clerguemort 48 130 Df 83
Saint-Andéol-de-Fourchades 07 117 Eb 79
Saint-Andéol-de-Vals 07 118 Ec 80
Saint-Andeux 21 67 Ea 64
Saint-Andiol 13 131 Ef 85
Saint-André 31 140 Af 89
Saint-André 32 125 Ab 85
Saint-André 32 140 Af 87
Saint-André 38 107 Fc 78
Saint-André 59 4 Da 44
Saint-André 66 154 Cf 93
Saint-André 73 109 Gd 77
Saint-André 81 127 Bf 87
Saint-André 81 128 Cc 85
Saint-André-d'Allas 24 113 Bb 79
Saint-André-d'Apchon 42 93 Df 72
Saint-André-de-Bâgé 01 94 Ef 71
Saint-André-de-Boëge 74 96 Gc 71
Saint-André-de-Bohon 50 12 Ye 53
Saint-André-de-Briouze 61 29 Ze 56
Saint-André-de-Buèges 34 130 Dd 85
Saint-André-de-Chalençon 43 105 Df 77
Saint-André-de-Corcy 01 94 Ef 73
Saint-André-de-Cruzières 07 130 Eb 83
Saint-André-de-Cubzac 33 99 Zd 79
Saint-André-de-Double 24 100 Ab 78
Saint-André-de-la-Marche 49 61 Za 66
Saint-André-de-Lancize 48 130 De 83
Saint-André-de-l'Eure 27 32 Bb 55
Saint-André-de-Lidon 17 99 Zb 75
Saint-André-de-Majencoules 30 130 De 84
Saint-André-d'Embrun 05 121 Gd 81
Saint-André-de-Messei 61 29 Zc 56
Saint-André-de-Najac 12 127 Ca 83
Saint-André-de-Roquelongue 11 142 Cf 90
Saint-André-de-Roquepertuis 30 131 Ec 83
Saint-André-de-Sangonis 34 129 Dd 87
Saint-André-des-Eaux 22 44 Xf 58
Saint-André-des-Eaux 44 59 Xe 65
Saint-André-de-Seignanx 40 122 Yd 87
Saint-André-de-Valborgne 30 130 De 84
Saint-André-de-Vézines 12 129 Db 84
Saint-André-d'Hébertot 14 14 Ab 53
Saint-André-d'Huiriat 01 94 Ef 71
Saint-André-d'Olérargues 30 131 Ec 84
Saint-André-du-Bois 33 111 Ze 81
Saint-André-en-Barrois 55 37 Fb 54
Saint-André-en-Bresse 71 83 Fa 69
Saint-André-en-Morvan 58 67 Df 64
Saint-André-en-Terre-Plaine 89 67 Ea 64
Saint-André-en-Vivarais 07 106 Ec 78
Saint-André-Farivillers 60 17 Cb 51
Saint-André-Goule-d'Oie 85 74 Ye 68
Saint-André-Lachamp 07 117 Ea 81
Saint-André-la-Côte 69 106 Ed 75
Saint-André-le-Bouchoux 01 94 Fa 72
Saint-André-le-Coq 63 92 Db 73
Saint-André-le-Désert 71 82 Ed 70
Saint-André-le-Gaz 38 107 Fd 75
Saint-André-le-Puy 42 105 Eb 75
Saint-André-les-Alpes 04 134 Gd 85
Saint-André-les-Vergers 10 52 Ea 59
Saint-André-sur-Cailly 76 16 Bb 51
Saint-André-sur-Orne 14 29 Zd 54
Saint-André-sur-Sèvre 79 75 Zb 68
Saint-André-sur-Vieux-Jonc 01 94 Fa 72
Saint-André-Treize-Voies 85 74 Yd 67
Saint-Androny 33 99 Zc 77
Saint-Angeau 16 88 Ab 73
Saint-Ange-et-Torçay 28 31 Bb 57
Saint-Angel 03 91 Ce 70
Saint-Angel 19 103 Cb 75
Saint-Angel 63 92 Cf 73
Saint-Ange-le-Vieil 77 51 Cf 59
Saint-Anthème 63 105 Df 75
Saint-Anthot 21 68 Ed 65
Saint-Antoine 15 115 Cc 80
Saint-Antoine 25 84 Gc 68
Saint-Antoine 32 126 Af 84
Saint-Antoine 33 99 Zd 78
Saint-Antoine 38 107 Fb 77
Saint-Antoine-Cumond 24 100 Ab 77
Saint-Antoine-d'Auberoche 24 101 Af 78
Saint-Antoine-de-Breuilh 24 112 Aa 79
Saint-Antoine-de-Ficalba 47 112 Ae 82
Saint-Antoine-du-Queyret 33 112 Aa 80
Saint-Antoine-du-Rocher 37 63 Ad 64
Saint-Antoine-la-Forêt 76 15 Ac 51
Saint-Antoine-sur-l'Isle 33 100 Aa 78
Saint-Antonin 06 134 Gf 85
Saint-Antonin 32 126 Ae 86
Saint-Antonin-de-Lacalm 81 128 Cb 86
Saint-Antonin-de-Sommaire 27 31 Ad 56
Saint-Antonin-du-Var 83 147 Gb 87
Saint-Antonin-Noble-Val 82 127 Be 84
Saint-Antonin-sur Bayon 13 146 Fd 87
Saint-Aoustrille 36 78 Bf 67
Saint-Août 36 78 Bf 68
Saint-Apollinaire 05 120 Gc 81
Saint-Apollinaire 21 69 Fa 64
Saint-Apollinard 42 106 Ed 76
Saint-Appolinaire-de-Rias 07 118 Ed 79
Saint-Appolinard 38 107 Fb 77
Saint-Aquilin 24 100 Ac 77
Saint-Aquilin-de-Corbion 61 31 Ad 57
Saint-Araille 31 140 Af 88
Saint-Arailles 32 125 Ac 87
Saint-Arcons-d'Allier 43 104 Dd 78
Saint-Arcons-de-Barges 43 117 Df 79
Saint-Armel 35 45 Yc 60
Saint-Armel 56 58 Xb 63
Saint-Armou 64 138 Ze 88
Saint-Arnac 66 154 Cd 92
Saint-Arnoult 14 14 Aa 52
Saint-Arnoult 41 63 Af 62
Saint-Arnoult 60 16 Be 51
Saint-Arnoult 76 15 Ae 51
Saint-Arnoult-des-Bois 28 49 Bb 58
Saint-Arnoult-en-Yvelines 78 32 Bf 57
Saint-Arroman 32 139 Ad 88
Saint-Arroman 65 139 Ac 90
Saint-Arroumex 82 126 Af 85
Saint-Astier 24 100 Ad 78
Saint-Astier 47 112 Ab 80
Saint-Auban 06 134 Ge 85
Saint-Auban-d'Oze 05 120 Ff 81
Saint-Auban-sur-l'Ouvèze 26 132 Fc 83
Saint-Aubert 59 9 Dc 47
Saint-Aubert 61 29 Ze 56
Saint-Aubin 02 18 Db 51
Saint-Aubin 10 51 Dd 58
Saint-Aubin 21 82 Ee 67
Saint-Aubin 36 79 Ca 67
Saint-Aubin 40 123 Zb 86
Saint-Aubin 47 113 Af 82
Saint-Aubin 56 43 Xc 61
Saint-Aubin 59 9 Df 47
Saint-Aubin 62 7 Bd 46
Saint-Aubin 62 8 Ce 47
Saint-Aubin 91 33 Ca 56
Saint-Aubin-Celloville 76 15 Ba 52
Saint-Aubin-Château-Neuf 89 66 Db 62
Saint-Aubin-d'Appenai 61 30 Ac 57
Saint-Aubin-d'Aubigné 35 45 Yc 59
Saint-Aubin-de-Blaye 33 99 Zc 77
Saint-Aubin-de-Bonneval 61 30 Ac 55
Saint-Aubin-de-Branne 33 111 Ze 80
Saint-Aubin-de-Cadelech 24 112 Ac 80
Saint-Aubin-de-Courteraie 61 30 Ac 57
Saint-Aubin-d'Ecrosville 27 31 Af 54
Saint-Aubin-de-Lanquais 24 112 Ad 80
Saint-Aubin-de-Locquenay 72 47 Aa 59
Saint-Aubin-de-Luigné 49 61 Zc 65
Saint-Aubin-de-Médoc 33 111 Zb 79
Saint-Aubin-des-Bois 28 49 Bc 58
Saint-Aubin-de-Scellon 27 31 Ac 53
Saint-Aubin-des-Châteaux 44 45 Yd 62
Saint-Aubin-des-Chaumes 58 67 De 64
Saint-Aubin-des-Coudrais 72 48 Ad 59
Saint-Aubin-des-Grois 61 48 Ad 58
Saint-Aubin-des-Hayes 27 31 Ae 54
Saint-Aubin-des-Landes 35 45 Ye 60
Saint-Aubin-des-Ormeaux 85 74 Yf 67
Saint-Aubin-des-Préaux 50 28 Yc 56
Saint-Aubin-de-Terregatte 50 28 Ye 57
Saint-Aubin-du-Cormier 35 45 Yd 59
Saint-Aubin-du-Pavail 35 45 Yd 60
Saint-Aubin-du-Perron 50 12 Yd 54
Saint-Aubin-du-Plain 79 75 Zd 67
Saint-Aubin-du-Thenney 27 31 Ac 54
Saint-Aubin-du-Vieil-Evreux 27 31 Bb 54
Saint-Aubin-en-Bray 60 16 Bf 52
Saint-Aubin-en-Charollais 71 81 Eb 70
Saint-Aubin-Epinay 76 15 Bb 52
Saint-Aubin-Fosse-Louvain 53 29 Zb 58
Saint-Aubin-la-Plaine 85 74 Yf 69
Saint-Aubin-le-Cauf 76 15 Bb 49
Saint-Aubin-le-Cloud 79 75 Zd 69
Saint-Aubin-le-Dépeint 37 62 Ac 63
Saint-Aubin-le-Guichard 27 31 Ae 54
Saint-Aubin-le-Monial 03 80 Da 69
Saint-Aubin-lès-Elbeuf 76 15 Ba 53
Saint-Aubin-les-Forges 58 66 Db 66
Saint-Aubin-le-Vertueux 27 31 Ad 54
Saint-Aubin-Montenoy 80 17 Ca 49
Saint-Aubin-Rivière 80 16 Be 49
Saint-Aubin-Routot 76 14 Ab 51
Saint-Aubin-sous-Erquery 60 17 Cc 52
Saint-Aubin-sur-Aire 55 37 Fc 56
Saint-Aubin-sur-Gaillon 27 32 Bb 54
Saint-Aubin-sur-Loire 71 81 De 69
Saint-Aubin-sur-Mer 14 13 Zd 52
Saint-Aubin-sur-Mer 76 15 Af 49
Saint-Aubin-sur-Quillebeuf 27 15 Ad 52
Saint-Aubin-sur-Scie 76 16 Ba 49
Saint-Aubin-sur-Yonne 89 51 Dc 61
Saint-Augustin 17 86 Yf 74
Saint-Augustin 19 102 Bf 76
Saint-Augustin 77 34 Da 56
Saint-Augustin-des-Bois 49 61 Zb 64
Saint-Aulaire 19 101 Bc 77
Saint-Aulais-la-Chapelle 16 99 Zf 76
Saint-Aulaye 24 100 Aa 77
Saint-Aunix-Lengros 32 124 Aa 87
Saint-Aupre 38 107 Fe 76
Saint-Austremoine 43 104 Dc 78
Saint-Auvent 87 89 Af 74
Saint-Avaugourd-des-Landes 85 74 Yd 69
Saint-Avé 56 43 Xb 62
Saint-Aventin 31 151 Ad 92
Saint-Avertin 37 63 Ae 64
Saint-Avit 16 100 Aa 77
Saint-Avit 26 106 Ef 77
Saint-Avit 40 124 Zd 85
Saint-Avit 41 48 Af 60
Saint-Avit 47 112 Ab 81
Saint-Avit 63 91 Cd 73
Saint-Avit 81 141 Ca 87
Saint-Avit-de-Soulège 33 112 Aa 80
Saint-Avit-de-Tardes 23 91 Cb 73
Saint-Avit-de-Vialard 24 113 Af 79
Saint-Avit-Frandat 32 125 Ad 85
Saint-Avit-le-Pauvre 23 90 Ca 73
Saint-Avit-les-Guespières 28 49 Bb 59
Saint-Avit-Rivière 24 113 Af 80
Saint-Avit-Saint-Nazaire 24 112 Ab 79
Saint-Avit-Sénieur 24 113 Ae 80
Saint-Avold 57 39 Ge 54
Saint-Avre 73 108 Gb 76
Saint-Ay 45 49 Be 61
Saint-Aybert 59 9 Dd 46
Saint-Babel 63 104 Db 75
Saint-Baldoph 73 108 Ff 75
Saint-Bandry 02 18 Db 52
Saint-Baraing 39 83 Fc 67
Saint-Barbant 87 89 Af 71
Saint-Bard 23 91 Cc 73
Saint-Bardoux 26 106 Ef 78
Saint-Bardoux 26 118 Ef 80
Saint-Barnabe 22 26 Xa 57
Saint-Barnabé 22 43 Xb 60
Saint-Barthélemy 38 107 Fa 76
Saint-Barthélemy 40 122 Ye 87
Saint-Barthélemy 50 29 Za 56
Saint-Barthélemy 56 43 Wf 61
Saint-Barthélemy 70 71 Gd 61
Saint-Barthélemy 77 34 Dc 56
Saint-Barthélemy-d'Agenais 47 112 Ac 81
Saint-Barthélemy-d'Anjou 49 61 Zd 64
Saint-Barthélemy-de-Bellegarde 24 100 Ab 78
Saint-Barthélemy-de-Bussière 24 101 Ae 75
Saint-Barthélemy-de-Vals 26 106 Ef 78
Saint-Barthélemy-Grozon 07 118 Ed 79
Saint-Barthélemy-Lestra 42 106 Eb 74
Saint-Barthélmy-de-Séchilienne 38 108 Fe 78
Saint-Barthélmy-le-Plan 07 106 Ee 78
Saint-Basile 07 118 Ed 79
Saint-Baslemont 88 55 Ff 60
Saint-Baudel 18 79 Cb 67
Saint-Baudelle 53 46 Zc 59
Saint-Baudille-de-la-Tour 38 95 Fc 74
Saint-Baudille-et-Pipet 38 119 Fe 80
Saint-Bauld 37 63 Af 65
Saint-Baussant 54 37 Fe 55
Saint-Bauzeil 09 141 Bd 90
Saint-Bauzély 30 130 Eb 85
Saint-Bauzile 48 116 Dc 82
Saint-Bauzille-de-la-Sylve 34 143 Dd 87
Saint-Bauzille-de-Montmel 34 130 Df 86
Saint-Bauzille-de-Putois 34 130 De 85
Saint-Bazile 87 89 Ae 74
Saint-Bazile-de-la-Roche 19 102 Bf 78
Saint-Bazile-de-Meyssac 19 102 Be 78
Saint-Béat 31 151 Ae 91
Saint-Beaulize 12 129 Da 85
Saint-Beauzeil 82 113 Af 82
Saint-Beauzile 81 127 Be 84
Saint-Beauzire 43 104 Db 77
Saint-Beauzire 63 92 Db 73
Saint-Bénézet 30 130 Ea 85
Saint-Bénigne 01 82 Ee 70
Saint-Benin 59 9 Dd 48
Saint-Benin-d'Azy 58 80 Dc 67
Saint-Benin-de-Bois 58 80 Dc 66
Saint-Benoist-sur-Mer 85 74 Yd 70
Saint-Benoist-sur-Vanne 10 52 De 59
Saint-Benoît 01 107 Fd 74
Saint-Benoît 04 134 Ge 85
Saint-Benoît 11 141 Ca 90
Saint-Benoît 81 127 Ca 84
Saint-Benoît 86 76 Ac 69
Saint-Benoît-de-Frédefonds 81 127 Ca 85
Saint-Benoît-des-Ombres 27 15 Ad 53
Saint-Benoît-des-Ondes 35 28 Ya 57
Saint-Benoît-d'Hébertot 14 14 Ab 53
Saint-Benoît-du-Sault 36 78 Bc 70
Saint-Benoit-en-Diois 26 119 Fb 81
Saint-Benoît-la-Chipotte 88 56 Ge 58
Saint-Benoît-la-Forêt 37 62 Ab 65
Saint-Benoît-sur-Loire 45 65 Cb 62
Saint-Benoît-sur-Seine 10 52 Ea 58
Saint-Berain 43 105 Dd 78
Saint-Bérain-sous-Sanvignes 71 82 Eb 68
Saint-Bérain-sur-Dheune 71 82 Ed 68
Saint-Bernard 01 94 Ee 73
Saint-Bernard 21 69 Fa 66
Saint-Bernard 38 108 Ff 77
Saint-Bernard 57 22 Gc 53
Saint-Bernard 68 71 Hb 62
Saint-Béron 73 107 Fe 75
Saint-Berthevin 53 46 Zb 60
Saint-Berthevin-la-Tannière 53 46 Za 58
Saint-Bertrand-de-Comminges 31 139 Ad 90
Saint-Biez-en-Belin 72 47 Ab 62
Saint-Bihy 22 26 Xa 58
Saint-Blaise 06 135 Hb 86
Saint-Blaise 74 96 Ga 72
Saint-Blaise-du-Buis 38 107 Fd 76
Saint-Blaise-la-Roche 67 56 Ha 58
Saint-Blancard 32 139 Ad 88
Saint-Blimont 80 6 Bd 48
Saint-Blin-Semilly 52 54 Fc 59
Saint-Boès 64 123 Zb 87
Saint-Bohaire 41 64 Bb 63
Saint-Boil 71 82 Ee 69
Saint-Boingt 54 55 Gc 58
Saint-Bois 01 107 Fd 74
Saint-Bomer 28 48 Ae 59
Saint-Bômer-les-Forges 61 29 Zc 57
Saint-Bon 51 34 Dc 56
Saint-Bonnet 16 99 Zf 76
Saint-Bonnet-Avalouze 19 102 Bf 77
Saint-Bonnet-Briance 87 90 Bc 74
Saint-Bonnet-de-Bellac 87 89 Af 71
Saint-Bonnet-de-Chavagne 38 107 Fb 78
Saint-Bonnet-de-Condat 15 103 Ce 77
Saint-Bonnet-de-Cray 71 93 Ea 71
Saint-Bonnet-de-Four 03 92 Cf 71
Saint-Bonnet-de-Joux 71 82 Ec 70
Saint-Bonnet-de-Montauroux 48 117 De 80
Saint-Bonnet-de-Mure 69 106 Fa 74
Saint-Bonnet-de-Rochefort 03 92 Da 72
Saint-Bonnet-de-Salers 15 103 Cc 78
Saint-Bonnet-des-Bruyères 69 94 Ec 71
Saint-Bonnet-des-Quarts 42 93 Df 72
Saint-Bonnet-de-Valclérieux 26 107 Fa 77
Saint-Bonnet-de-Vieille-Vigne 71 82 Eb 69
Saint-Bonnet-du-Gard 30 131 Ed 85
Saint-Bonnet-Elvert 19 102 Bf 78
Saint-Bonnet-en-Bresse 71 83 Fb 67
Saint-Bonnet-en-Champsaur 05 120 Ga 80
Saint-Bonnet-la-Rivière 19 101 Bc 77
Saint-Bonnet-le-Bourg 63 105 Dd 76
Saint-Bonnet-le-Chastel 63 105 Dd 76
Saint-Bonnet-le-Château 42 105 Ea 76
Saint-Bonnet-le-Courreau 42 105 Df 75
Saint-Bonnet-le-Froid 43 106 Ec 78
Saint-Bonnet-l'Enfantier 19 102 Bd 78
Saint-Bonnet-lès-Allier 63 92 Db 74
Saint-Bonnet-les-Oules 42 106 Ec 75
Saint-Bonnet-les-Tours-de-Merle 19 102 Ca 78
Saint-Bonnet-le-Tvoncy 69 94 Ec 72
Saint-Bonnet-près-Bort 19 103 Cc 75
Saint-Bonnet-près-Orcival 63 104 Cf 74
Saint-Bonnet-près-Riom 63 92 Da 73
Saint-Bonnet-sur-Gironde 17 99 Zc 76
Saint-Bonnet-Tison 03 92 Da 71
Saint-Bonnet-Tronçais 03 79 Ce 69
Saint-Bonnot 58 66 Db 65
Saint-Bon-Tarentaise 73 109 Gd 76
Saint-Boulze 18 66 Cf 65
Saint-Brancher 89 67 Df 64
Saint-Branchs 37 63 Ae 65
Saint-Brandan 22 26 Xa 58
Saint-Brès 30 130 Eb 83
Saint-Brès 32 125 Ae 86
Saint-Brès 34 130 Ea 87
Saint-Bresson 30 130 Dd 85
Saint-Bresson 70 55 Gd 61
Saint-Breussou 46 114 Bf 80
Saint-Brevin-les-Pins 44 59 Xf 65
Saint-Briac-sur-Mer 35 27 Xf 57
Saint-Brice 16 87 Ze 74
Saint-Brice 33 111 Zf 80
Saint-Brice 50 28 Ye 56
Saint-Brice 53 46 Zd 61
Saint-Brice 61 29 Zc 57
Saint-Brice 77 34 Db 57
Saint-Brice-Courcelles 51 19 Df 53
Saint-Brice-de-Landelles 50 28 Yf 57
Saint-Brice-en-Coglès 35 45 Yd 58
Saint-Brice-sous-Forêt 95 33 Cc 55
Saint-Brice-sous-Rânes 61 30 Ze 56
Saint-Brice-sur-Vienne 87 89 Af 73
Saint-Brieuc 22 26 Xb 57
Saint-Brieuc-de-Hauron 56 44 Xd 60
Saint-Brieuc-des-Iffs 35 44 Ya 59
Saint-Bris-des-Bois 17 87 Zd 74
Saint-Bris-le-Vineux 89 67 Dd 62
Saint-Brisson 58 67 Ea 65
Saint-Brisson-sur-Loire 45 65 Ce 63
Saint-Broing 70 69 Fe 64
Saint-Broing-les-Moines 21 68 Ef 62
Saint-Broingt-le-Bois 52 69 Fc 62
Saint-Broingt-les-Fosses 52 69 Fb 62
Saint-Broladre 35 28 Yc 57
Saint-Bueil 38 107 Fe 76
Saint-Calais 72 48 Ae 61
Saint-Calais-du-Désert 53 30 Ze 58
Saint-Calez-en-Saosnois 72 47 Ab 59
Saint-Cannat 13 132 Fb 87
Saint-Caprais 03 79 Ce 69
Saint-Caprais 18 79 Cb 67
Saint-Caprais 32 125 Ae 87
Saint-Caprais 46 113 Ba 81
Saint-Caprais-de-Blaye 33 99 Zc 77
Saint-Caprais-de-Bordeaux 33 111 Zd 80
Saint-Caprais-de-Lerm 47 125 Ae 83
Saint-Capraise-de-Lalinde 24 112 Ad 79
Saint-Capraise-d'Eymet 24 112 Ad 80
Saint-Caradec 22 43 Xa 59
Saint-Caradec-Trégomel 56 42 Wd 60
Saint-Carné 22 27 Xf 58
Saint-Carreuc 22 26 Xb 58
Saint-Cassien 24 113 Af 80
Saint-Cassien 38 107 Fd 76
Saint-Cassien 86 76 Aa 67
Saint-Cassin 73 108 Ff 75
Saint-Castin 64 138 Ze 88
Saint-Cast-le-Guildo 22 27 Xe 57
Saint-Célerin 72 47 Ab 70
Saint-Céneré 53 46 Zc 60
Saint-Céols 18 65 Cd 65
Saint-Céré 46 114 Bf 79
Saint-Cernin 15 103 Cc 78
Saint-Cernin 46 114 Bd 81
Saint-Cernin-de-Labarde 24 112 Ad 80
Saint-Cernin-de-Larche 19 101 Bc 78
Saint-Cernin-de-l'Herm 24 113 Ba 81
Saint-Cerques 74 96 Gb 71
Saint-Césaire 17 87 Zd 74
Saint-Césaire-de-Gauzignan 30 130 Eb 84
Saint-Cézaire-sur-Siagne 06 134 Ge 87
Saint-Cézert 31 126 Bb 86
Saint-Chabrais 23 91 Cb 72
Saint-Chaffrey 05 120 Gd 79
Saint-Chamant 15 103 Cc 78
Saint-Chamant 19 102 Bf 78
Saint-Chamarand 46 114 Bc 80
Saint-Chamas 13 146 Fa 87
Saint-Chamassy 24 113 Af 79
Saint-Chamond 42 106 Ed 76
Saint-Chaptes 30 130 Eb 85
Saint-Charles-la-Forêt 53 46 Zc 61
Saint-Chartier 36 78 Bf 69
Saint-Chef 38 107 Fc 75
Saint-Chels 46 114 Be 81
Saint-Chély-d'Apcher 48 116 Db 80
Saint-Chély-d'Aubrac 12 116 Cf 81
Saint-Chéron 91 33 Ca 57
Saint-Chinian 34 143 Cf 88
Saint-Christaud 31 140 Ba 89
Saint-Christaud 32 139 Ab 87
Saint-Christ-Briost 80 18 Cf 49
Saint-Christo-en-Jarez 42 106 Ec 75
Saint-Christol 07 118 Ec 79
Saint-Christol 34 130 Ea 86
Saint-Christol 84 132 Fc 84
Saint-Christol-de-Rodières 30 131 Ed 83
Saint-Christol-lès-Alès 30 130 Ea 84
Saint-Christoly-de-Blaye 33 99 Zc 78
Saint-Christoly-Médoc 33 98 Zb 76
Saint-Christophe 03 92 Dd 72
Saint-Christophe 16 89 Af 72
Saint-Christophe 17 86 Za 72
Saint-Christophe 23 90 Be 72
Saint-Christophe 28 49 Bc 60
Saint-Christophe 69 94 Ed 71
Saint-Christophe 81 127 Ca 84
Saint-Christophe 86 76 Ac 67
Saint-Christophe-à-Berry 02 18 Da 52
Saint-Christophe-d'Allier 43 117 De 79
Saint-Christophe-de-Chaulieu 61 29 Zb 56
Saint-Christophe-de-Double 33 100 Aa 78
Saint-Christophe-des-Bardes 33 111 Zf 79
Saint-Christophe-des-Bois 35 45 Ye 59
Saint-Christophe-de-Valains 35 45 Yd 58
Saint-Christophe-du-Bois 49 61 Za 66
Saint-Christophe-du-Foc 50 12 Yb 51
Saint-Christophe-du-Jambet 72 47 Aa 59
Saint-Christophe-du-Ligneron 85 73 Yb 68
Saint-Christophe-du-Luat 53 46 Zd 60
Saint-Christophe-en-Bazelle 36 64 Be 65
Saint-Christophe-en-Boucherie 36 79 Ca 68
Saint-Christophe-en-Bresse 71 83 Ef 68
Saint-Christophe-en-Brionnais 71 93 Eb 71
Saint-Christophe-en-Champagne 72 47 Zf 61
Saint-Christophe-en-Oisans 38 120 Gb 79
Saint-Christophe-et-le-Laris 26 107 Fa 77
Saint-Christophe-la-Couperie 49 60 Ye 65
Saint-Christophe-la-Grotte 73 107 Fe 76
Saint-Christophe-le-Chaudry 18 79 Cc 69
Saint-Christophe-le-Jajolet 61 30 Aa 57
Saint-Christophe-sur-Avre 27 31 Ae 56
Saint-Christophe-sur-Condé 27 15 Ad 53
Saint-Christophe-sur-Dolaison 43 117 De 79
Saint-Christophe-sur-Giers 38 107 Fe 76
Saint-Christophe-sur-le-Nais 37 63 Ac 63
Saint-Christophe-sur-Roc 79 75 Zd 70
Saint-Christophe-Vallon 12 115 Cc 82
Saint-Cibard 33 111 Zf 79
Saint-Cierge-sous-le-Cheylard 07 118 Ec 79
Saint-Ciergues 52 54 Fb 61
Saint-Ciers-Champagne 17 99 Ze 76
Saint-Ciers-d'Abzac 33 99 Ze 78
Saint-Ciers-de-Canesse 33 99 Zc 78
Saint-Ciers-du-Taillon 17 99 Zc 76
Saint-Ciers-sur-Bonnieure 16 88 Ab 73
Saint-Ciers-sur-Gironde 33 99 Zc 77
Saint-Cirgue 81 128 Cc 85
Saint-Cirgues 43 104 Dc 78
Saint-Cirgues 46 114 Ca 80
Saint-Cirgues-de-Jordanne 15 103 Cd 78
Saint-Cirgues-de-Malbert 15 103 Cc 78
Saint-Cirgues-de-Prades 07 117 Eb 81
Saint-Cirgues-la-Loutre 19 102 Ca 78
Saint-Cirgues-sur-Couze 63 104 Da 75
Saint-Cirice 82 126 Af 84
Saint-Cirq 24 113 Af 79
Saint-Cirq 82 127 Bd 84
Saint-Cirq-Lapopie 46 114 Be 82
Saint-Cirq-Madelon 46 113 Bb 80
Saint-Cirq-Souillaguet 46 114 Bc 80
Saint-Civran 36 78 Bc 70
Saint-Clair 07 106 Ee 77
Saint-Clair 46 113 Bc 80
Saint-Clair 46 114 Be 82
Saint-Clair 82 126 Af 84
Saint-Clair 86 76 Aa 67
Saint-Clair-d'Arcey 27 31 Ae 54
Saint-Clair-de-Halouze 61 29 Zc 56
Saint-Clair-de-la-Tour 38 107 Fc 75
Saint-Clair-du-Rhône 38 106 Ee 76
Saint-Clair-sur-Epte 95 32 Be 53
Saint-Clair-sur-Galaure 38 107 Fa 77
Saint-Clair-sur-l'Elle 50 13 Yf 53
Saint-Clair-sur-les-Monts 76 15 Ae 51
Saint-Clamens 32 139 Ac 88
Saint-Clar 32 125 Ae 85
Saint-Clar-de-Rivière 31 140 Bb 88
Saint-Claud 16 88 Ac 73
Saint-Claude 39 96 Ff 70
Saint-Claude-de-Diray 41 64 Bc 63
Saint-Clément 02 19 Ea 50
Saint-Clément 03 93 De 72
Saint-Clément 05 121 Gd 81
Saint-Clément 07 117 Eb 79
Saint-Clément 19 102 Be 76
Saint-Clément 30 130 Ea 86
Saint-Clément 54 38 Gd 57
Saint-Clément 89 51 Db 59
Saint-Clément-à-Arnes 08 20 Ec 53
Saint-Clément-de-la-Place 49 61 Zb 63
Saint-Clément-de-Régnat 63 92 Db 73
Saint-Clément-de-Rivière 34 130 Df 86
Saint-Clément-des-Baleines 17 86 Yc 71
Saint-Clément-des-Levées 49 62 Ze 65
Saint-Clément-de-Valorgue 63 105 Df 76
Saint-Clément-de-Vers 69 94 Ec 71
Saint-Clémentin 79 75 Zc 67
Saint-Clément-les-Place 69 94 Ec 74
Saint-Clément-Rancourdray 50 29 Za 56
Saint-Clément-sur-Guye 71 82 Ed 69
Saint-Clément-sur-Valsonne 69 94 Ec 73
Saint-Clet 22 26 Wf 57
Saint-Cloud 92 33 Cb 55

Saint-Ambroix — Saint-Cloud (F) 195

Saint-Hilaire-sur-Puiseaux **45** 50 Ce 61
Saint-Hilaire-sur-Risle **61** 31 Ac 56
Saint-Hilaire-sur-Yerre **28** 48 Bb 60
Saint-Hilarion **78** 32 Be 57
Saint-Hilliers **77** 34 Db 57
Saint-Hippolyte **12** 115 Cd 80
Saint-Hippolyte **15** 103 Ce 77
Saint-Hippolyte **17** 86 Za 73
Saint-Hippolyte **25** 71 Ge 65
Saint-Hippolyte **37** 77 Ba 66
Saint-Hippolyte **66** 154 Cf 92
Saint-Hippolyte **68** 56 Hc 59
Saint-Hippolyte-de-Caton **30** 130 Eb 84
Saint-Hippolyte-de-Montaigue **30** 131 Ec 84
Saint-Hippolyte-du-Fort **30** 130 Df 85
Saint-Hippolyte-le-Graveron **84** 132 Fa 84
Saint-Honoré **38** 120 Fe 79
Saint-Honoré **76** 15 Ba 50
Saint-Honoré-les-Bains **58** 81 Df 67
Saint-Hostien **43** 105 Ea 78
Saint-Hubert **57** 22 Gc 53
Saint-Huruge **71** 82 Ed 69
Saint-Hymer **14** 14 Ab 53
Saint-Hymetière **39** 95 Fd 70
Saint-Igeaux **22** 43 Wf 59
Saint-Igest **12** 114 Ca 82
Saint-Ignan **31** 139 Ae 90
Saint-Ignat **63** 92 Db 73
Saint-Igny-de-Roche **71** 93 Eb 71
Saint-Igny-de-Vers **69** 94 Ec 71
Saint-Illide **15** 103 Cb 78
Saint-Illiers-la-Ville **78** 32 Bd 55
Saint-Illiers-le-Bois **78** 32 Bd 55
Saint-Ilpize **43** 104 Dc 77
Saint-Imoges **51** 35 Df 54
Saintines **60** 17 Ce 53
Saint-Inglevert **62** 3 Be 43
Saint-Ismier **38** 108 Fe 77
Saint-Izaire **12** 128 Ce 85
Saint-Jacques **04** 133 Gc 85
Saint-Jacques-d'Aliermont **76** 16 Bb 49
Saint-Jacques-d'Ambur **63** 91 Ce 73
Saint-Jacques-de-la-Landes **35** 45 Yb 60
Saint-Jacques-de-Néhou **50** 12 Yc 52
Saint-Jacques-des-Arrêts **69** 94 Ed 71
Saint-Jacques-des-Blats **15** 103 Ce 78
Saint-Jacques-des-Guérets **41** 63 Ae 62
Saint-Jacques-de-Thouars **79** 76 Ze 67
Saint-Jacques-en-Valgodemard **05** 120 Ga 80
Saint-Jacques-sur-Darnetal **76** 16 Bb 52
Saint-Jacut-de-la-Mer **22** 27 Xe 57
Saint-Jacut-du-Mené **22** 44 Xd 59
Saint-Jacut-les-Pins **56** 44 Xe 62
Saint-Jal **19** 102 Bd 76
Saint-James **50** 28 Ye 57
Saint-Jammes **64** 138 Ze 88
Saint-Jans-Cappel **59** 4 Ce 44
Saint-Jean **27** 14 Ac 53
Saint-Jean **31** 127 Bc 87
Saint-Jean **54** 38 Ff 55
Saint-Jean-aux-Amognes **58** 80 Dc 66
Saint-Jean-aux-Bois **08** 19 Eb 50
Saint-Jean-aux-Bois **60** 18 Cf 52
Saint-Jean-Bonnefonds **42** 106 Ec 76
Saint-Jean-Brévelay **56** 43 Xb 61
Saint-Jean-Cap-Ferrat **06** 135 Hb 86
Saint-Jean-Chambre **07** 118 Ed 79
Saint-Jean-d'Alcapiès **12** 129 Cf 85
Saint-Jean-d'Angély **17** 87 Zc 73
Saint-Jean-d'Angle **17** 86 Za 74
Saint-Jean-d'Arves **73** 108 Gb 77
Saint-Jean-d'Arvey **73** 108 Ff 75
Saint-Jean-d'Assé **72** 47 Aa 60
Saint-Jean-d'Aubrigoux **43** 105 De 76
Saint-Jean-d'Aulps **74** 97 Gd 71
Saint-Jean-d'Avelanne **38** 107 Fe 75
Saint-Jean-de-Barrou **11** 154 Cf 91
Saint-Jean-de-Bassel **57** 39 Gf 56
Saint-Jean-de-Belleville **73** 108 Gc 76
Saint-Jean-de-Beugné **85** 74 Yf 69
Saint-Jean-de-Blaignac **33** 111 Zf 80
Saint-Jean-de-Bœuf **21** 68 Ee 65
Saint-Jean-de-Boiseau **44** 69 Yb 65
Saint-Jean-de-Bonneval **10** 52 Ea 59
Saint-Jean-de-Bournay **38** 107 Fa 76
Saint-Jean-de-Braye **45** 49 Bf 61
Saint-Jean-de-Buèges **34** 130 Dd 86
Saint-Jean-de-Ceyrargues **30** 130 Eb 84
Saint-Jean-de-Chevelu **73** 96 Fe 74
Saint-Jean-de-Cornies **34** 130 Ea 86
Saint-Jean-de-Couz **73** 108 Fe 76
Saint-Jean-de-Crieulon **30** 130 Df 85
Saint-Jean-de-Cuculles **34** 130 De 86
Saint-Jean-de-Daye **50** 13 Yf 53
Saint-Jean-de-Duras **47** 112 Ab 80
Saint-Jean-de-Folleville **76** 15 Ad 51
Saint-Jean-de-Fos **34** 129 Dd 86
Saint-Jean-de-Gonville **01** 96 Ff 71
Saint-Jean-de-la-Blaquière **34** 129 Dc 86
Saint-Jean-de-la-Croix **49** 61 Zc 64
Saint-Jean-de-la-Forêt **61** 48 Ad 58
Saint-Jean-de-la-Haize **50** 28 Yd 56
Saint-Jean-de-la-Motte **72** 62 Aa 62
Saint-Jean-de-la-Neuville **76** 15 Ac 51
Saint-Jean-de-la-Porte **73** 108 Ga 75
Saint-Jean-de-la-Rivière **50** 12 Yb 52
Saint-Jean-de-la-Ruelle **45** 49 Bf 61
Saint-Jean-de-Laur **46** 114 Bf 82
Saint-Jean-de-Lier **40** 123 Za 86
Saint-Jean-de-Linières **49** 61 Zc 64
Saint-Jean-de-Livet **14** 30 Ab 54
Saint-Jean-Delnous **12** 128 Cc 84
Saint-Jean-de-Losne **21** 83 Fb 66
Saint-Jean-de-Luz **64** 136 Yc 88
Saint-Jean-de-Marcel **81** 128 Cb 84
Saint-Jean-de-Marsacq **40** 123 Ye 87
Saint-Jean-de-Maruéjols-et-Avéjan **30** 130 Eb 83
Saint-Jean-de-Maurienne **73** 108 Gc 77
Saint-Jean-de-Minervois **34** 142 Ce 88
Saint-Jean-de-Moirans **38** 107 Fd 76
Saint-Jean-de-Monts **85** 73 Xf 68
Saint-Jean-de-Muzols **07** 106 Ee 78
Saint-Jean-de-Nay **43** 105 De 78
Saint-Jean-de-Niost **01** 95 Fb 74
Saint-Jean-de-Paracol **11** 153 Ca 91
Saint-Jean-de-Rebervilliers **28** 32 Bb 57
Saint-Jean-de-Rives **81** 127 Be 86
Saint-Jean-de-Sauves **86** 76 Aa 67
Saint-Jean-de-Savigny **50** 13 Za 53
Saint-Jean-des-Bois **61** 29 Zb 56
Saint-Jean-des-Champs **50** 28 Yd 56
Saint-Jean-des-Echelles **72** 48 Ae 60
Saint-Jean-de-Serres **30** 130 Ea 85
Saint-Jean-des-Essartiers **14** 29 Zb 54
Saint-Jean-de-Sixt **74** 96 Gc 73
Saint-Jean-des-Mauvrets **49** 61 Zd 64
Saint-Jean-des-Ollières **63** 104 Dc 75
Saint-Jean-d'Estissac **24** 100 Ad 78
Saint-Jean-des-Vignes **69** 94 Ee 73
Saint-Jean-de-Tholome **74** 96 Gc 72
Saint-Jean-de-Thurac **47** 125 Ae 84
Saint-Jean-de-Thurigneux **01** 94 Ef 73
Saint-Jean-de-Touslas **69** 106 Ed 75
Saint-Jean-d'Etreux **39** 95 Fc 70
Saint-Jean-de-Trézy **71** 82 Ed 67
Saint-Jean-de-Valériscle **30** 130 Ea 83
Saint-Jean-de-Vals **81** 128 Cb 86
Saint-Jean-devant-Possesse **51** 36 Ee 55
Saint-Jean-de-Vaulx **38** 107 Fe 78
Saint-Jean-de-Vaux **71** 82 Ee 68
Saint-Jean-de-Védas **34** 144 De 87
Saint-Jean-de-Verges **09** 141 Bd 90
Saint-Jean-d'Eyraud **24** 112 Ac 79
Saint-Jean-d'Herans **38** 119 Fe 79
Saint-Jean-d'Heurs **63** 92 Dc 74
Saint-Jean-d'Illac **33** 110 Zb 80
Saint-Jean-d'Ormont **88** 56 Gf 58
Saint-Jean-du-Bois **72** 47 Zf 61
Saint-Jean-du-Bouzet **82** 126 Af 85
Saint-Jean-du-Bruel **12** 129 Dc 84
Saint-Jean-du-Cardonnay **76** 15 Ba 51
Saint-Jean-du-Castillonnais **09** 151 Af 91
Saint-Jean-du-Corail **50** 29 Za 57
Saint-Jean-du-Doigt **29** 25 Wb 56
Saint-Jean-du-Falga **09** 141 Bd 90
Saint-Jean-du-Gard **30** 130 Df 84
Saint-Jean-du-Pin **30** 130 Ea 84
Saint-Jean-du-Thenney **27** 31 Ac 54
Saint-Jean-en-Royans **26** 119 Fb 78
Saint-Jean-en-Val **63** 104 Dc 75
Saint-Jean-Froidmentel **41** 48 Bb 61
Saint-Jean-Kerdaniel **22** 26 Wf 57
Saint-Jean-Kourtzerode **57** 39 Hb 56
Saint-Jean-la-Bussière **69** 93 Eb 73
Saint-Jean-Lachalm **43** 117 De 79
Saint-Jean-la-Fouillouse **48** 117 De 80
Saint-Jean-Lagineste **46** 114 Bf 80
Saint-Jean-la-Poterie **56** 59 Xf 63
Saint-Jean-Lasseille **66** 154 Cf 93
Saint-Jean-la-Vêtre **42** 93 De 74
Saint-Jean-le-Blanc **14** 29 Zc 55
Saint-Jean-le-Blanc **45** 49 Bf 61
Saint-Jean-le-Centenier **07** 118 Ed 81
Saint-Jean-le-Comtal **32** 125 Ad 87
Saint-Jean-lès-Buzy **55** 37 Fe 53
Saint-Jean-les-Deux-Jumeaux **77** 34 Da 55
Saint-Jean-Lespinasse **46** 114 Bf 79
Saint-Jean-le-Thomas **50** 28 Yc 56
Saint-Jean-le-Vieux **01** 95 Fc 72
Saint-Jean-le-Vieux **38** 108 Ef 77
Saint-Jean-le-Vieux **64** 137 Ye 89
Saint-Jean-Ligoure **87** 89 Bb 74
Saint-Jean-Mirabel **46** 114 Ca 81
Saint-Jeannet **04** 133 Ga 85
Saint-Jeannet **06** 134 Ha 86
Saint-Jean-Pied-de-Port **64** 137 Ye 89
Saint-Jean-Pierre-Fixte **28** 48 Ae 59
Saint-Jean-Pla-de-Corts **66** 154 Ce 93
Saint-Jean-Poudge **64** 138 Ze 87
Saint-Jean-Poutge **32** 125 Ac 86
Saint-Jean-Rohrbach **57** 39 Gf 54
Saint-Jean-Roure **07** 118 Ec 79
Saint-Jean-Saint-Germain **37** 77 Ba 66
Saint-Jean-Saint-Gervais **63** 104 Dc 76
Saint-Jean-Saint-Maurice-sur-Loire **42** 93 Ea 73
Saint-Jean-Saint Nicolas **05** 120 Gb 80
Saint-Jean-Saverne **67** 39 Hc 56
Saint-Jean-Soleymieux **42** 105 Ea 75
Saint-Jean-sur-Couesnon **35** 45 Yd 59
Saint-Jean-sur-Erve **53** 46 Zd 60
Saint-Jean-sur-Mayenne **53** 46 Zb 60
Saint-Jean-sur-Moivre **51** 36 Ed 55
Saint-Jean-sur-Reyssouze **01** 94 Fa 70
Saint-Jean-sur-Tourbe **51** 36 Ee 54
Saint-Jean-sur-Veyle **01** 94 Ef 71
Saint-Jean-sur-Vilaine **35** 45 Yd 60
Saint-Jean-Trolimon **29** 32 Ve 61
Saint-Jeanvrin **18** 79 Cb 69
Saint-Jeoire **74** 96 Gc 72
Saint-Jeoire-Prieuré **73** 108 Ff 75
Saint-Jeure-d'Andaure **07** 106 Ec 78
Saint-Jeure-d'Ay **07** 106 Ee 78
Saint-Jeures **43** 105 Eb 78
Saint-Joachim **44** 59 Xe 64
Saint-Jodard **42** 93 Ea 73
Saint-Joire **55** 37 Fc 57
Saint-Jores **50** 12 Yd 53
Saint-Jorioz **74** 96 Ga 74
Saint-Jory **31** 126 Bc 86
Saint-Jory-de-Chalais **24** 101 Af 76
Saint-Jory-las-Bloux **24** 101 Af 76
Saint-Joseph **42** 106 Ed 75
Saint-Joseph **44** 60 Yc 65
Saint-Joseph **50** 12 Yc 51
Saint-Joseph-de-Rivière **38** 107 Fe 76
Saint-Joseph-des-Bancs **07** 118 Ec 80
Saint-Josse **62** 7 Bd 46
Saint-Jouan-de-l'Isle **22** 44 Xf 59
Saint-Jouan-des-Guérets **35** 27 Ya 57
Saint-Jouin **14** 14 Zf 53
Saint-Jouin-Bruneval **76** 14 Aa 51
Saint-Jouin-de-Blavou **61** 47 Ac 58
Saint-Jouin-de-Marnes **79** 76 Zf 67
Saint-Jouin-de-Milly **79** 75 Zc 68
Saint-Jouvent **87** 89 Bb 73
Saint-Juan **25** 70 Gc 65
Saint-Judoce **22** 44 Ya 58
Saint-Juéry **12** 128 Ce 85
Saint-Juéry **48** 116 Da 80
Saint-Juéry **81** 128 Cb 85
Saint-Juire-Champgillon **85** 74 Yf 69
Saint-Julia **31** 141 Bf 88
Saint-Julien **21** 69 Fa 64
Saint-Julien **22** 26 Xb 58
Saint-Julien **22** 43 Xc 59
Saint-Julien **25** 71 Ge 65
Saint-Julien **31** 140 Ba 89
Saint-Julien **31** 140 Bc 89
Saint-Julien **39** 95 Fc 70
Saint-Julien **69** 94 Ed 72
Saint-Julien **81** 128 Cb 84
Saint-Julien **83** 133 Ff 86
Saint-Julien **88** 55 Ff 60
Saint-Julien-aux-Bois **19** 102 Ca 78
Saint-Julien-Beychevelle **33** 99 Zb 78
Saint-Julien-Boutières **07** 118 Ec 79
Saint-Julien-Chapteuil **43** 105 Ea 78
Saint-Julien-d'Ance **43** 105 Df 77
Saint-Julien-d'Armagnac **40** 124 Zf 85
Saint-Julien-d'Arpaon **48** 130 Dd 83
Saint-Julien-d'Asse **04** 133 Ga 85
Saint-Julien-de-Bourdeilles **24** 100 Ad 76
Saint-Julien-de-Brida **11** 141 Bf 90
Saint-Julien-de-Cassagnes **30** 130 Eb 83
Saint-Julien-de-Chédon **41** 64 Bb 65
Saint-Julien-de-Civry **71** 93 Eb 70
Saint-Julien-de-Concelles **44** 60 Yd 65
Saint-Julien-de-Copper **63** 104 Db 74
Saint-Julien-de-Crempse **24** 112 Ad 79
Saint-Julien-de-Gras-Capou **09** 141 Bf 90
Saint-Julien-de-Jonzy **71** 93 Ea 71
Saint-Julien-de-la-Liegue **27** 32 Bb 54
Saint-Julien-de-Lampon **24** 113 Bc 79
Saint-Julien-de-la-Nef **30** 130 De 85
Saint-Julien-de-l'Escap **17** 87 Zd 73
Saint-Julien-de-l'Herms **38** 107 Fa 76
Saint-Julien-de-Mailloc **14** 30 Ab 54
Saint-Julien-de-Peyrolas **30** 131 Ed 83
Saint-Julien-de-Raz **38** 107 Fd 76
Saint-Julien-des-Chazes **43** 104 Dd 78
Saint-Julien-des-Landes **85** 74 Yb 69
Saint-Julien-des-Points **48** 130 Df 83
Saint-Julien-de-Toursac **15** 115 Cb 80
Saint-Julien-de-Vouvantes **44** 60 Ye 63
Saint-Julien-d'Eymet **24** 112 Ac 80
Saint-Julien-d'Oddes **42** 93 Df 73
Saint-Julien-du-Gua **07** 118 Ec 80
Saint-Julien-du-Pinet **43** 105 Ea 78
Saint-Julien-du-Puy **81** 127 Ca 86
Saint-Julien-du-Sault **89** 51 Db 60
Saint-Julien-du Serre **07** 118 Ec 81
Saint-Julien-du-Terroux **53** 29 Zd 58
Saint-Julien-du-Tournel **48** 117 De 82
Saint-Julien-du-Verdon **04** 134 Gd 85
Saint-Julien-en-Born **40** 123 Ye 84
Saint-Julien-en-Genevois **74** 95 Ga 72
Saint-Julien-en-Quint **26** 119 Fb 79
Saint-Julien-en-Saint-Alban **07** 118 Ee 80
Saint-Julien-en-Vercors **26** 107 Fc 78
Saint-Julien-Gaulène **81** 128 Cc 85
Saint-Julien-la-Geneste **63** 91 Ce 72
Saint-Julien-la-Genête **23** 91 Cc 72
Saint-Julien-l'Ars **86** 76 Ad 69
Saint-Julien-la-Vêtre **42** 93 De 74
Saint-Julien-le-Châtel **23** 91 Cb 72
Saint-Julien-le-Faucon **14** 30 Aa 54
Saint-Julien-le-Pèlerin **19** 102 Ca 78
Saint-Julien-le-Petit **87** 90 Be 74
Saint-Julien-le-Roux **07** 118 Ee 79
Saint-Julien-lès-Gorze **54** 37 Ff 54
Saint-Julien-lès-Metz **57** 38 Gb 54
Saint-Julien-lès-Montbéliard **70** 71 Ge 63
Saint-Julien-les-Rosiers **30** 130 Ea 83
Saint-Julien-les-Villas **10** 52 Ea 59
Saint-Julien-le-Vendômois **19** 101 Bb 76
Saint-Julien-Molhesabate **43** 106 Ec 77
Saint-Julien-Molins-Molette **42** 106 Ed 77
Saint-Julien-Mont-Denis **73** 108 Gc 77
Saint-Julien-Puy-Lavèze **63** 103 Ce 75
Saint-Julien-sous-les-Côtes **55** 37 Fd 56
Saint-Julien-sur-Bibost **69** 94 Ed 74
Saint-Julien-sur-Calonne **14** 14 Ab 53
Saint-Julien-sur-Cher **41** 64 Be 65
Saint-Julien-sur-Dheune **71** 82 Ed 68
Saint-Julien-sur-Reyssouze **01** 95 Fa 70
Saint-Julien-sur-Sarthe **61** 30 Ac 58
Saint-Julien-sur Veyle **01** 94 Ef 71
Saint-Julien-Vocance **07** 106 Ed 77
Saint-Junien **87** 89 Af 73
Saint-Junien-les-Combes **87** 89 Ba 72
Saint-Junier-la-Bregère **23** 90 Be 73
Saint-Jure **57** 38 Gb 55
Saint-Jurs **04** 133 Gb 85
Saint-Just **01** 95 Fb 71
Saint-Just **07** 131 Ed 83
Saint-Just **15** 116 Db 79
Saint-Just **18** 79 Cd 67
Saint-Just **24** 100 Ad 76
Saint-Just **34** 130 Ea 87
Saint-Just **35** 44 Ya 62
Saint-Just **63** 105 De 76
Saint-Just-Chaleyssin **38** 106 Ef 75
Saint-Just-de-Claix **38** 107 Fb 78
Saint-Just-en-Bas **42** 93 Df 74
Saint-Just-en-Brie **77** 34 Da 57
Saint-Just-en-Chaussée **60** 17 Cc 51
Saint-Just-en-Chevalet **42** 93 Df 73
Saint-Just-et-le-Bézu **11** 153 Cb 91
Saint-Just-et-Vacquières **30** 130 Eb 84
Saint-Just-Ibarre **64** 137 Yf 89
Saint-Justin **32** 139 Aa 88
Saint-Justin **40** 124 Ze 85
Saint-Just-la-Pendue **42** 93 Eb 73
Saint-Just-le-Martel **87** 90 Bc 73
Saint-Just-Luzac **17** 86 Yf 74
Saint-Just-Malmont **43** 105 Eb 77
Saint-Just-près-Brioude **43** 104 Dc 77
Saint-Just-Saint-Rambert **42** 105 Eb 76
Saint-Just-Sauvage **51** 35 De 57
Saint-Juvat **22** 44 Xf 58
Saint-Juvin **08** 20 Ef 52
Saint-Lachtencin **36** 78 Bc 67
Saint-Lager **69** 94 Ee 72
Saint-Lager-Bressac **07** 118 Ee 80
Saint-Lamain **39** 83 Fd 68
Saint-Lambert **08** 20 Ed 51
Saint-Lambert **14** 29 Zc 55
Saint-Lambert **78** 33 Ca 56
Saint-Lambert-du-Lattay **49** 61 Zc 65
Saint-Lambert-la-Potherie **49** 61 Zb 64
Saint-Lambert-sur-Dive **61** 30 Aa 56
Saint-Langis-lès-Mortagne **61** 31 Ad 57
Saint-Lanne **65** 124 Zf 87
Saint-Laon **86** 76 Zf 67
Saint-Lary **09** 151 Af 91
Saint-Lary **32** 125 Ad 86
Saint-Lary-Boujean **31** 139 Ae 89
Saint-Lary-Soulan **65** 150 Ab 92
Saint-Lattier **38** 107 Fb 78
Saint-Launeuc **22** 44 Xd 59
Saint-Laure **63** 92 Db 73
Saint-Lauren-le-Minier **30** 130 Dd 85
Saint-Laurent **08** 20 Ee 50
Saint-Laurent **18** 65 Cb 65
Saint-Laurent **22** 26 We 57
Saint-Laurent **22** 26 Xa 56
Saint-Laurent **22** 26 Xb 58
Saint-Laurent **22** 27 Xd 57
Saint-Laurent **23** 90 Bf 72
Saint-Laurent **31** 139 Ae 89
Saint-Laurent **33** 112 Aa 80
Saint-Laurent **47** 125 Ac 83
Saint-Laurent **58** 66 Cf 64
Saint-Laurent **62** 8 Cd 47
Saint-Laurent **74** 96 Gc 72
Saint-Laurent-Blagny **62** 8 Ce 47
Saint-Laurent-Bretagne **64** 138 Ze 88
Saint-Laurent-Chabreuges **43** 104 Dc 77
Saint-Laurent-d'Agny **69** 106 Ee 75
Saint-Laurent-d'Aigouze **30** 130 Eb 87
Saint-Laurent-d'Andenay **71** 82 Ed 68
Saint-Laurent-d'Arce **33** 99 Zd 78
Saint-Laurent-de-Belzagot **16** 100 Aa 76
Saint-Laurent-de-Brévedent **76** 14 Ab 51
Saint-Laurent-de-Carnols **30** 131 Ed 83
Saint-Laurent-de-Cerdans **66** 154 Cd 94
Saint-Laurent-de-Céris **16** 88 Ac 73
Saint-Laurent-de-Chamousset **69** 94 Ec 74
Saint-Laurent-de-Condel **14** 29 Zd 54
Saint-Laurent-de-Cuves **50** 28 Yf 56
Saint-Laurent-de-Gosse **40** 123 Ye 87
Saint-Laurent-de-Jourdes **86** 77 Ad 70
Saint-Laurent-de-la-Barrière **17** 87 Zb 72
Saint-Laurent-de-la-Cabrerisse **11** 142 Ce 90
Saint-Laurent-de-la-Plaine **49** 61 Zb 65
Saint-Laurent-de-la-Prée **17** 86 Yf 73
Saint-Laurent-de-la-Salanque **66** 154 Cf 92
Saint-Laurent-de-la-Salle **85** 75 Za 69
Saint-Laurent-de-Lévézou **12** 129 Cf 83
Saint-Laurent-de-Lin **37** 62 Ab 63
Saint-Laurent-de-Mure **69** 106 Fa 74
Saint-Laurent-de-Muret **48** 116 Db 81
Saint-Laurent-de-Neste **65** 139 Ac 90
Saint-Laurent-des-Arbres **30** 131 Ee 84
Saint-Laurent-des-Autels **49** 60 Ye 65
Saint-Laurent-des-Bâtons **24** 113 Ae 79
Saint-Laurent-des-Bois **27** 32 Bb 55
Saint-Laurent-des-Bois **41** 49 Bc 61
Saint-Laurent-des-Combes **16** 100 Aa 76
Saint-Laurent-des-Combes **33** 111 Zf 79
Saint-Laurent-des-Hommes **24** 100 Ab 78
Saint-Laurent-des-Mortiers **53** 46 Zc 62
Saint-Laurent-des-Vignes **24** 112 Ac 80
Saint-Laurent-de-Terregatte **50** 28 Ye 57
Saint-Laurent-de-Trèves **48** 129 Dd 83
Saint-Laurent-de-Vaux **69** 106 Ed 74
Saint-Laurent-de-Veyrès **48** 116 Da 80
Saint-Laurent-d'Onay **26** 107 Fa 77
Saint-Laurent-du-Bois **33** 111 Zf 81
Saint-Laurent-du-Cros **05** 120 Ga 81
Saint-Laurent-du-Mottay **49** 61 Za 64
Saint-Laurent-du-Pape **07** 118 Ee 80
Saint-Laurent-du-Plan **33** 111 Zf 81
Saint-Laurent-du-Pont **38** 107 Fe 76
Saint-Laurent-du-Var **06** 135 Hb 86
Saint-Laurent-en-Beaumont **38** 120 Ff 79
Saint-Laurent-en-Brionnais **71** 93 Eb 71
Saint-Laurent-en-Caux **76** 15 Af 50
Saint-Laurent-en-Gâtines **37** 63 Ae 63
Saint-Laurent-en-Grandvaux **39** 84 Ff 69
Saint-Laurent-en-Royans **26** 107 Fb 78
Saint-Laurent-la-Conche **42** 105 Eb 74
Saint-Laurent-la-Gâtine **28** 32 Bd 56
Saint-Laurent-la-Roche **39** 83 Fd 69
Saint-Laurent-la-Vallée **24** 113 Ba 80
Saint-Laurent-la-Vernède **30** 131 Ec 84
Saint-Laurent-les-Églises **23** 90 Bc 73
Saint-Laurent-les-Tours **46** 114 Bf 79
Saint-Laurent-Lolmie **46** 113 Bb 83
Saint-Laurent-Nouan **41** 64 Bd 62
Saint-Laurent-sous-Coiron **07** 118 Ec 81
Saint-Laurent-sur-Gorre **87** 89 Af 74
Saint-Laurent-sur-Manoire **24** 101 Ae 78
Saint-Laurent-sur-Mer **14** 13 Za 52
Saint-Laurent-sur-Othain **55** 21 Fd 52
Saint-Laurent-sur-Oust **56** 44 Xe 62
Saint-Laurent-sur-Saône **01** 94 Ef 71
Saint-Laurent-sur-Sèvre **85** 75 Za 67
Saint-Laurs **79** 75 Zc 69
Saint-Léger **06** 134 Ge 84
Saint-Léger **17** 99 Zc 75
Saint-Léger **47** 112 Ab 83
Saint-Léger **47** 113 Af 82
Saint-Léger **53** 46 Zd 60
Saint-Léger **62** 8 Cf 47
Saint-Léger **73** 108 Gb 76
Saint-Léger-aux-Bois **60** 18 Cf 52
Saint-Léger-aux-Bois **76** 16 Bd 49
Saint-Léger-Bridereix **23** 90 Bd 71
Saint-Léger-de-Balson **33** 111 Zd 82
Saint-Léger-de-Fougeret **58** 81 Df 66
Saint-Léger-de-la-Martinière **79** 87 Zf 71
Saint-Léger-de-Montbrillais **86** 62 Zf 66
Saint-Léger-de-Montbrun **79** 76 Zf 66
Saint-Léger-de-Peyre **48** 116 Db 81
Saint-Léger-de-Rôtes **27** 31 Ad 54
Saint-Léger-des-Aubées **28** 49 Be 58
Saint-Léger-des-Bois **49** 61 Zb 64
Saint-Léger-des-Prés **35** 45 Yc 58
Saint-Léger-des-Vignes **58** 80 Dc 67
Saint-Léger-du-Bois **71** 82 Ec 66
Saint-Léger-Dubosq **14** 14 Zf 53
Saint-Léger-du-Bourg-Denis **76** 15 Ba 52
Saint-Léger-du-Gennetey **27** 15 Ae 53
Saint-Léger-du-Malzieu **48** 116 Db 79
Saint-Léger-du-Ventoux **84** 132 Fb 83
Saint-Léger-en-Bray **60** 17 Ca 52
Saint-Léger-en-Yvelines **78** 32 Be 56
Saint-Léger-la-Montagne **87** 90 Bc 72
Saint-Léger-le-Guéretois **23** 90 Be 72
Saint-Léger-le-Petit **18** 80 Da 66
Saint-Léger-lès-Authie **80** 8 Cd 48
Saint-Léger-lès-Domart **80** 7 Ca 48
Saint-Léger-les-Melèzes **05** 120 Gb 81
Saint-Léger-lès-Paray **71** 81 Ea 70
Saint-Léger-les-Vignes **44** 60 Yb 66
Saint-Léger-Magnazeix **87** 89 Bb 71
Saint-Léger-prés-Troyes **10** 52 Ea 59
Saint-Léger-sous-Beuvray **71** 81 Ea 67
Saint-Léger-sous-Brienne **10** 53 Ed 58
Saint-Léger-sous-Cholet **49** 61 Za 66
Saint-Léger-sous-la-Bussière **71** 94 Ed 71
Saint-Léger-sous-Margerie **10** 53 Ec 57
Saint-Léger-sur-Roanne **42** 93 Df 72
Saint-Léger-sur-Sarthe **61** 30 Ac 58
Saint-Léger-sur-Vouzance **03** 93 Df 70
Saint-Léger-Triey **21** 69 Fc 65
Saint-Léger-Vauban **89** 67 Ea 64
Saint-Léomer **86** 77 Af 70
Saint-Léon **03** 93 De 70
Saint-Léon **31** 141 Bd 88
Saint-Léon **33** 111 Ze 80
Saint-Léon **47** 112 Ab 83
Saint-Léonard **32** 125 Ae 85
Saint-Léonard **35** 28 Yb 57
Saint-Léonard **51** 35 Ea 53
Saint-Léonard **62** 2 Bd 44
Saint-Léonard **76** 14 Ac 50
Saint-Léonard **88** 56 Gf 59
Saint-Léonard-de-Noblat **87** 90 Bc 73
Saint-Léonard-des-Bois **72** 47 Zf 58
Saint-Léonard-des-Parcs **61** 31 Ab 57
Saint-Léonard-en-Beauce **41** 49 Bc 62
Saint-Léon-d'Issigeac **24** 112 Ae 80
Saint-Léons **12** 129 Cf 83
Saint-Léon-sur-l'Isle **24** 100 Ac 78
Saint-Léon-sur-Vézère **24** 101 Ba 78
Saint-Léopardin-d'Augy **03** 80 Da 68
Saint-Leu-d'Esserent **60** 33 Cc 53
Saint-Leu-la-Forêt **95** 33 Cb 54
Saint-Lézer **65** 138 Aa 88
Saint-Lézin **49** 61 Zb 65
Saint-Lieux-Lafenasse **81** 128 Cb 86
Saint-Lieux-lès-Lavour **81** 127 Be 86
Saint-Lin **79** 75 Ze 69
Saint-Lions **04** 133 Gc 85
Saint-Lizier **09** 140 Ba 90

198 (F) **Saint-Hilaire-sur-Puiseaux — Saint-Lizier**

Saint-Lizier-du-Planté 32 140 Af 88
Saint-Lô 50 29 Yf 54
Saint-Lô-d'Ourville 50 12 Yc 52
Saint-Lon-les-Mines 40 123 Yf 87
Saint-Lormel 22 27 Xe 57
Saint-Lothain 39 83 Fd 68
Saint-Loubauer 40 124 Zd 86
Saint-Loube 32 140 Af 88
Saint-Loubert 33 111 Zf 82
Saint-Loubès 33 111 Zd 79
Saint-Louet-sur-Seulles 14 29 Zc 54
Saint-Louis 57 39 Hb 56
Saint-Louis 68 72 Hd 63
Saint-Louis-de-Montferrand 33 99 Zc 79
Saint-Louis-et-Parahou 11 153 Cb 91
Saint-Louis-la-Chaussée 68 72 Hd 63
Saint-Louis-lès-Bitche 57 39 Hc 54
Saint-Loup 03 92 Dc 70
Saint-Loup 17 87 Zb 73
Saint-Loup 23 91 Cb 72
Saint-Loup 39 83 Fb 66
Saint-Loup 41 64 Bf 65
Saint-Loup 50 28 Ye 57
Saint-Loup 51 35 De 56
Saint-Loup 58 66 Da 64
Saint-Loup 69 94 Ec 73
Saint-Loup 82 126 Af 84
Saint-Loup-Cammas 31 126 Bc 86
Saint-Loup-Champagne 08 19 Eb 52
Saint-Loup-de-Buffigny 10 52 Dd 58
Saint-Loup-de-Fribois 14 30 Aa 54
Saint-Loup-de-la-Salle 71 82 Ef 67
Saint-Loup-des-Chaumes 18 79 Cc 68
Saint-Loup-des-Vignes 45 50 Cc 60
Saint-Loup-d'Ordon 89 51 Db 60
Saint-Loup-du-Dorat 53 46 Zd 61
Saint-Loup-du-Gast 53 46 Zc 58
Saint-Loup-en-Comminges 31 139 Ad 89
Saint-Loup-Hors 14 13 Zb 53
Saint-Loup-Lamairé 79 76 Zf 68
Saint-Loup-Nantouard 70 69 Fe 64
Saint-Loup-sur-Aujon 52 53 Fa 61
Saint-Loup-sur-Semouse 70 55 Gb 61
Saint-Loup-Terrier 08 20 Ed 51
Saint-Loyer-des-Champs 61 30 Aa 56
Saint-Lubin-de-Cravant 28 31 Ba 56
Saint-Lubin-de-la-Haye 28 32 Bd 56
Saint-Lubin-des-Joncherets 28 31 Bb 56
Saint-Lubin-en-Vergonnois 41 64 Bb 63
Saint-Luc 27 32 Bb 55
Saint-Lucien 28 32 Bd 57
Saint-Lumier-en-Champagne 51 36 Ed 56
Saint-Lumier-la-Populeuse 51 36 Ee 56
Saint-Lumine-de-Clisson 44 60 Yd 66
Saint-Lumine-de-Coutais 44 60 Yb 66
Saint-Lunaire 35 27 Xf 57
Saint-Luperce 28 49 Bb 58
Saint-Lupicin 39 95 Fe 70
Saint-Lupien 10 52 De 58
Saint-Lyé 10 52 Ea 58
Saint-Lyé-la-Forêt 45 49 Bf 60
Saint-Lyphard 44 59 Xe 64
Saint-Lys 31 140 Bb 87
Saint-Macaire 33 111 Ze 81
Saint-Macaire-du-Bois 49 62 Ze 66
Saint-Macaire-en-Mauges 49 61 Za 66
Saint-Maclou 27 14 Ac 52
Saint-Maclou-de-Folleville 76 15 Ba 50
Saint-Maclou-la-Brière 76 15 Ac 51
Saint-Macoux 86 88 Ab 72
Saint-Maden 22 44 Xf 59
Saint-Magne 33 111 Zc 81
Saint-Magne-de-Castillon 33 111 Zf 79
Saint-Maigner 63 91 Ce 72
Saint-Maigrin 17 99 Ze 76
Saint-Maime 04 133 Fe 85
Saint-Maixant 23 91 Cb 73
Saint-Maixant 33 111 Ze 81
Saint-Maixent 72 48 Ad 60
Saint-Maixent-de-Beugné 79 75 Zc 70
Saint-Maixent-l'École 79 76 Ze 70
Saint-Maixent-sur-Vie 85 73 Yb 68
Saint-Maixme-Hauterive 28 31 Bb 57
Saint-Malo 35 27 Xf 57
Saint-Malo 35 45 Yc 62
Saint-Malo-de-Beignon 56 44 Xf 61
Saint-Malo-de-Guersac 44 59 Xe 64
Saint-Malo-de-la-Lande 50 28 Yc 54
Saint-Malo-de-Phily 35 44 Yb 61
Saint-Malo-des-Trois-Fontaines 56 44 Xd 60
Saint-Malô-du-Bois 85 75 Za 67
Saint-Malo-en-Donziois 58 66 Db 65
Saint-Mamert 69 94 Ed 71
Saint-Mamert-du-Gard 30 130 Eb 85
Saint-Mamet 31 151 Ad 92
Saint-Mamet-la-Salvetat 15 115 Cb 79
Saint-Mammès 77 51 Ce 58
Saint-Mandé-sur-Brédoire 17 87 Ze 72
Saint-Mandrier-sur-Mer 83 147 Ff 90
Saint-Manvieu-Bocage 14 29 Za 56
Saint-Marc 15 116 Db 79
Saint-Marc-à-Frongier 23 90 Ca 73
Saint-Marcal 66 154 Cd 93
Saint-Marc-à-Loubaud 23 90 Bf 73
Saint-Marc-du-Cor 41 48 Af 61
Saint-Marceau 08 20 Ee 50
Saint-Marceau 72 47 Aa 59
Saint-Marcel 01 94 Ef 73
Saint-Marcel 08 20 Ed 50
Saint-Marcel 27 32 Bc 54
Saint-Marcel 36 78 Bd 69
Saint-Marcel 54 38 Ff 54
Saint-Marcel 56 44 Xc 62
Saint-Marcel 70 54 Ff 62
Saint-Marcel 71 82 Ef 68
Saint-Marcel 73 109 Gd 75
Saint-Marcel 81 127 Ca 84
Saint-Marcel-Bel-Accueil 38 107 Fb 75
Saint-Marcel-d'Ardèche 07 118 Ed 83
Saint-Marcel-de-Careinet 30 131 Ec 84
Saint-Marcel-de-Félines 42 93 Eb 73
Saint-Marcel-du-Périgord 24 112 Ae 79
Saint-Marcel-d'Urfé 42 93 Df 73
Saint-Marcel-en-Marcillat 03 91 Cd 72
Saint-Marcel-en-Murat 03 92 Da 71
Saint-Marcelin-de-Cray 71 82 Ed 69
Saint-Marcel l'Eclairé 69 94 Ec 73
Saint-Marcel-lès-Annonay 07 106 Ed 77
Saint-Marcel-lès-Sauzet 26 118 Ee 81
Saint-Marcel-lès-Valence 26 118 Ef 79
Saint-Marcellin 38 107 Fb 78
Saint-Marcellin-en-Forez 42 105 Ea 76
Saint-Marcel-Paulel 31 127 Bd 87
Saint-Marcel-sur-Aude 11 143 Cf 89
Saint-Marcet 31 139 Ae 89
Saint-Marc-Jaumgarde 13 146 Fd 87
Saint-Marc-la-Lande 79 75 Zd 69
Saint-Marc-le-Blanc 35 45 Yd 58
Saint-Marcory 24 113 Af 80
Saint-Marcouf 14 13 Za 53
Saint-Marcouf 50 12 Ye 52
Saint-Marc-sur-Couesnon 35 45 Yd 59
Saint-Marc-sur-Seine 21 68 Ed 62
Saint-Mard 02 19 Dd 52
Saint-Mard 17 87 Zb 72
Saint-Mard 54 38 Gb 57
Saint-Mard 77 33 Ce 54
Saint-Mard 80 17 Ce 50
Saint-Mard-de-Reno 61 31 Ad 57
Saint-Mard-de-Vaux 71 82 Ee 68
Saint-Mard-lès-Rouffy 51 35 Ea 55
Saint-Mards 76 15 Ba 50
Saint-Mards-de-Blacarville 27 15 Ad 52
Saint-Mards-de-Fresne 27 31 Ac 54
Saint-Mards-en-Othe 10 52 De 59
Saint-Mard-sur-Auve 51 36 Ee 54
Saint-Mard-sur-le-Mont 51 36 Ef 55
Saint-Marie-de-Vatimesnil 27 16 Bd 53
Saint-Marien 23 79 Cb 70
Saint-Mariens 33 99 Zd 78
Saint-Mars-de-Coutais 44 60 Yb 66
Saint-Mars-de-Locquenay 72 47 Ac 61
Saint-Mars-d'Ergenne 61 29 Zb 57
Saint-Mars-d'Outillé 72 47 Ac 61
Saint-Mars-du-Désert 44 60 Yd 64
Saint-Mars-du-Désert 53 47 Zf 59
Saint-Mars-la-Brière 72 47 Ac 60
Saint-Mars-la-Jaille 44 60 Ye 63
Saint-Mars-la-Réorthe 85 75 Za 67
Saint-Mars-sur-Colmont 53 46 Zb 58
Saint-Mars-sur-la-Futaie 53 29 Yf 58
Saint-Mars-Vieux-Maisons 77 34 Db 56
Saint-Martial 07 117 Eb 79
Saint-Martial 15 116 Da 79
Saint-Martial 16 100 Aa 76
Saint-Martial 17 87 Zd 72
Saint-Martial 30 130 De 84
Saint-Martial 33 111 Ze 81
Saint-Martial 33 112 Ab 80
Saint-Martial-d'Albarède 24 101 Ba 77
Saint-Martial-d'Artenset 24 100 Ab 78
Saint-Martial-de-Gimel 19 102 Bf 77
Saint-Martial-de-Nabirat 24 113 Bb 80
Saint-Martial-de-Valette 24 100 Ad 75
Saint-Martial-de-Vitaterne 17 99 Zd 76
Saint-Martial-Entraygues 19 102 Bf 78
Saint-Martial-le-Mont 23 90 Ca 72
Saint-Martial-le-Vieux 23 103 Cb 74
Saint-Martial-sur-Isop 87 89 Af 72
Saint-Martial-sur-Né 17 99 Zd 75
Saint-Martial-Viveyrol 24 100 Ac 76
Saint-Martin 17 86 Za 74
Saint-Martin 23 90 Be 71
Saint-Martin 32 139 Ac 87
Saint-Martin 32 139 Ad 87
Saint-Martin 54 39 Ge 57
Saint-Martin 56 44 Xe 62
Saint-Martin 65 138 Aa 90
Saint-Martin 66 153 Cc 92
Saint-Martin 67 56 Hb 58
Saint-Martin 81 127 Bf 85
Saint-Martin 81 127 Bf 86
Saint-Martin 81 127 Ca 86
Saint-Martin 83 147 Ff 87
Saint-Martin 83 148 Gc 88
Saint-Martin 83 148 Gd 88
Saint-Martin, Revest- 04 133 Fe 84
Saint-Martin-au-Bosc 76 16 Bd 49
Saint-Martin-au-Laërt 62 3 Cb 44
Saint-Martin-aux-Arbres 76 15 Af 51
Saint-Martin-aux-Bois 60 17 Cd 51
Saint-Martin-aux-Buneaux 76 15 Ad 49
Saint-Martin-aux-Champs 51 36 Ec 56
Saint-Martin-aux-Chartrains 14 14 Aa 53
Saint-Martin-Belle-Roche 71 94 Ef 70
Saint-Martin-Bellevue 74 96 Ga 73
Saint-Martin-Boulogne 62 2 Bd 44
Saint-Martin-Cantalès 15 103 Cb 78
Saint-Martin-Château 23 90 Be 73
Saint-Martin-Chocquel 62 3 Bf 44
Saint-Martin-Curton 47 111 Aa 83
Saint-Martin-d'Abbat 45 50 Cb 61
Saint-Martin-d'Ablois 51 35 Df 54
Saint-Martin-d'Août 26 106 Ef 77
Saint-Martin-d'Arberoue 64 137 Ye 88
Saint-Martin-d'Arcé 49 62 Zf 63
Saint-Martin-d'Ardèche 07 131 Ed 83
Saint-Martin-d'Armagnac 32 124 Zf 86
Saint-Martin-d'Arrossa 64 136 Ye 89
Saint-Martin-d'Ary 17 99 Ze 77
Saint-Martin-d'Aubigny 50 12 Yd 54
Saint-Martin-d'Audouville 50 12 Yd 51
Saint-Martin-d'Auxigny 18 65 Cc 65
Saint-Martin-d'Auxy 71 82 Ed 68
Saint-Martin-de-Bavel 01 95 Fe 73
Saint-Martin-de-Beauville 47 126 Ae 83
Saint-Martin-de-Belleville 73 108 Gc 76
Saint-Martin-de-Bernegoue 79 87 Zd 71
Saint-Martin-de-Bienfaite-la-Cressonnière 14 30 Ac 54
Saint-Martin-de-Blagny 14 13 Za 53
Saint-Martin-de-Bonfossé 50 28 Yf 54
Saint-Martin-de-Bossenay 10 52 De 58
Saint-Martin-de-Boubaux 48 130 Df 83
Saint-Martin-de-Bréhal 50 28 Yc 55
Saint-Martin-de-Bréthencourt 78 49 Bf 57
Saint-Martin-de-Brômes 04 133 Ff 86
Saint-Martin-de-Caralp 09 141 Bd 91
Saint-Martin-de-Castillon 84 132 Fd 85
Saint-Martin-de-Celles 38 119 Fd 79
Saint-Martin-de-Cenilly 50 28 Ye 55
Saint-Martin-de-Commune 71 82 Ed 67
Saint-Martin-de-Connée 53 47 Ze 59
Saint-Martin-de-Coux 17 99 Zf 78
Saint-Martin-de-Crau 13 131 Ee 87
Saint-Martin-d'Ecublei 61 31 Ae 56
Saint-Martin-de-Fontenage 14 29 Zd 54
Saint-Martin-de-Fraigneau 85 75 Zb 70
Saint-Martin-de-Fressengeas 24 101 Af 76
Saint-Martin-de-Fugères 43 117 Df 79
Saint-Martin-de-Goyne 32 125 Ad 84
Saint-Martin-de-Gurçon 24 100 Aa 79
Saint-Martin-de-Hinx 40 123 Ye 87
Saint-Martin-de-Juillers 17 87 Zd 73
Saint-Martin-de-Jussac 87 89 Af 73
Saint-Martin-de-la-Brasque 84 132 Fd 86
Saint-Martin-de-la-Cluze 38 119 Fd 79
Saint-Martin-de-la-Lieue 14 30 Ab 54
Saint-Martin-de-la-Mer 21 67 Eb 65
Saint-Martin-de-Lamps 36 78 Bd 67
Saint-Martin-de-Landelles 50 28 Yf 57
Saint-Martin-de-Lansuscle 48 130 De 83
Saint-Martin-de-la-Place 49 62 Zf 65
Saint-Martin-de-l'Arçon 34 143 Cf 87
Saint-Martin-de-Laye 33 99 Ze 78
Saint-Martin-de-Lenne 12 116 Cf 82
Saint-Martin-de-Lerm 33 111 Zf 81
Saint-Martin-de-Lixy 71 93 Eb 71
Saint-Martin-de-Londres 34 130 De 86
Saint-Martin-de-Mâcon 79 76 Zf 66
Saint-Martin-de-Mailloc 14 30 Ab 54
Saint-Martin-de-Mieux 14 30 Ze 55
Saint-Martin-de-Nigelles 28 32 Bd 57
Saint-Martin-d'Entraunes 06 134 Ge 84
Saint-Martin-de-Queyrières 05 120 Gd 79
Saint-Martin-de-Ré 17 86 Yd 71
Saint-Martin-de-Ribérac 24 100 Ac 77
Saint-Martin-de-Saint-Maixent 79 76 Ze 70
Saint-Martin-de-Salencey 71 82 Ed 69
Saint-Martin-de-Sallen 14 29 Zc 55
Saint-Martin-de-Sanzay 79 62 Ze 66
Saint-Martin-des-Besaces 14 29 Za 54
Saint-Martin-des-Bois 41 63 Ae 62
Saint-Martin-des-Bois 41 63 Af 62
Saint-Martin-des-Champs 18 66 Cf 66
Saint-Martin-des-Champs 29 25 Wb 57
Saint-Martin-des-Champs 50 28 Ye 57
Saint-Martin-des-Champs 77 34 Dc 56
Saint-Martin-des-Champs 78 32 Be 55
Saint-Martin-des-Champs 89 66 Da 63
Saint-Martin-de-Seignanx 40 122 Yd 87
Saint-Martin-des-Entrées 14 13 Zb 53
Saint-Martin-de-Sescas 33 111 Zf 81
Saint-Martin-des-Fontaines 85 75 Za 69
Saint-Martin-des-Lais 03 81 Dd 68
Saint-Martin-des-Landes 61 30 Zf 57
Saint-Martin-des-Monts 72 48 Ad 60
Saint-Martin-des-Noyers 85 74 Ye 68
Saint-Martin-des-Olmes 63 105 De 75
Saint-Martin-des-Pézerits 61 31 Ac 57
Saint-Martin-des-Plains 63 104 Db 76
Saint-Martin-des-Prés, L' 22 43 Xa 59
Saint-Martin-des-Puits 11 142 Cd 90
Saint-Martin-des-Tilleuls 85 74 Yf 67
Saint-Martin-d'Estréaux 42 93 De 71
Saint-Martin-de-Valgalgues 30 130 Ea 84
Saint-Martin-de-Valmas 07 118 Ec 79
Saint-Martin-de-Varreville 50 12 Ye 52
Saint-Martin-de-Vers 46 114 Bd 81
Saint-Martin-de-Villeréal 47 113 Ae 81
Saint-Martin-de-Villereglan 11 141 Cb 90
Saint-Martin-d'Hères 38 107 Fe 78
Saint-Martin-d'Heuille 58 80 Db 66
Saint-Martin-d'Ollières 63 104 Dc 76
Saint-Martin-Don 14 29 Za 55
Saint-Martin-d'Oney 40 124 Zc 85
Saint-Martin-d'Ordon 89 51 Db 60
Saint-Martin-d'Oydes 09 140 Bc 90
Saint-Martin-du-Bec 76 14 Ab 51
Saint-Martin-du-Bois 33 99 Ze 78
Saint-Martin-du-Bois 49 61 Zb 62
Saint-Martin-du-Boschet 77 34 Dc 56
Saint-Martin-du-Clocher 16 88 Aa 72
Saint-Martin-du-Fouilloux 49 61 Zb 64
Saint-Martin-du-Fouilloux 79 76 Zf 69
Saint-Martin-du-Frêne 01 95 Fd 72
Saint-Martin-du-Lac 71 93 Ea 71
Saint-Martin-du-Limet 53 45 Yf 62
Saint-Martin-du-Manoir 76 14 Ab 51
Saint-Martin-du-Mont 01 95 Fb 72
Saint-Martin-du-Mont 21 68 Ee 64
Saint-Martin-du-Mont 71 83 Fb 69
Saint-Martin-du-Puy 33 111 Zf 80
Saint-Martin-du-Puy 58 67 Df 65
Saint-Martin-d'Uriage 38 108 Ff 78
Saint-Martin-du-Tartre 71 82 Ed 69
Saint-Martin-du-Tertre 89 51 Db 59
Saint-Martin-du-Tertre 95 33 Cc 54
Saint-Martin-du-Tilleul 27 31 Ad 54
Saint-Martin-du-Var 06 135 Hb 86
Saint-Martin-du-Vieux-Bellême 61 48 Ad 58
Saint-Martin-du-Vivier 76 15 Ba 52
Saint-Martin-en-Bière 77 50 Cd 58
Saint-Martin-en-Bresse 71 83 Fa 68
Saint-Martin-en-Campagne 76 6 Bb 49
Saint-Martin-en-Gâtinois 71 83 Fa 67
Saint-Martin-en-Haut 69 106 Ed 75
Saint-Martin-en-Vercors 26 107 Fc 78
Saint-Martin-Gimois 32 140 Ae 87
Saint-Martinien 03 91 Cc 70
Saint-Martin-Labouval 46 114 Be 82
Saint-Martin-la-Campagne 27 31 Ba 54
Saint-Martin-Lacaussade 33 99 Zc 78
Saint-Martin-la-Garenne 78 32 Be 54
Saint-Martin-l'Aiguillon 61 30 Ze 57
Saint-Martin-Lalande 11 141 Ca 89
Saint-Martin-la-Méanne 19 102 Bf 77
Saint-Martin-la-Patrouille 71 82 Ed 69
Saint-Martin-la-Plaine 42 106 Ed 75
Saint-Martin-l'Ars 86 88 Ad 71
Saint-Martin-Lars-en-Sainte-Hermine 85 75 Za 69
Saint-Martin-la-Sauveté 42 93 Df 74
Saint-Martin-l'Astier 24 100 Ac 78
Saint-Martin-le-Châtel 01 95 Fa 71
Saint-Martin-le-Gaillard 76 6 Bc 49
Saint-Martin-le-Hébert 50 12 Yc 51
Saint-Martin-le-Mault 87 89 Bb 70
Saint-Martin-le-Nœud 60 17 Ca 52
Saint-Martin-le-Pin 24 100 Ad 75
Saint-Martin-le-Redon 46 113 Ba 81
Saint-Martin-les-Eaux 04 132 Fe 85
Saint-Martin-lès-Langres 52 54 Fb 61
Saint-Martin-lès-Melles 79 87 Ze 71
Saint-Martin-lès-Seyne 04 120 Gb 82
Saint-Martin-Lestra 42 94 Ec 74
Saint-Martin-le-Vieil 11 141 Ca 89
Saint-Martin-le-Vieux 87 89 Ba 74
Saint-Martin-l'Heureux 51 20 Ec 53
Saint-Martin-l'Hortier 76 16 Bc 50
Saint-Martin-Longueau 60 17 Cd 52
Saint-Martin-Lys 11 153 Cb 91
Saint-Martin-Osmonville 76 16 Bb 51
Saint-Martin-Petit 47 112 Aa 81
Saint-Martin-Rivière 02 9 Dd 48
Saint-Martin-Saint-Firmin 27 15 Ad 53
Saint-Martin-Sepert 19 102 Bc 76
Saint-Martin-sous-Montaigu 71 82 Ee 68
Saint-Martin-sous-Vigouroux 15 115 Ce 79
Saint-Martin-sur-Armançon 89 52 Ea 61
Saint-Martin-sur-Arve 74 97 Gd 73
Saint-Martin-sur-Cojeul 62 8 Cf 47
Saint-Martin-sur-Ecaillon 59 9 Dd 47
Saint-Martin-sur-la-Chambre 73 108 Gb 76
Saint-Martin-sur-le-Pré 51 35 Ec 55
Saint-Martin-sur-Nohain 58 66 Cf 64
Saint-Martin-sur-Ocre 45 65 Cd 63
Saint-Martin-sur-Ouanne 89 51 Da 61
Saint-Martin-Terressus 23 90 Bc 73
Saint-Martin-Valmeroux 15 103 Cc 78
Saint-Martin-Vésubie 06 135 Hb 84
Saint-Martory 31 140 Af 90
Saint-Mary 16 88 Ac 73
Saint-Mary-le-Plain 15 104 Da 77
Saint-Masmes 51 19 Eb 53
Saint-Mathieu 87 89 Ae 74
Saint-Mathieu-de-Tréviers 34 130 Df 86
Saint-Mathurin 85 74 Yb 69
Saint-Mathurin-sur-Loire 49 61 Ze 64
Saint-Matré 46 113 Ba 82
Saint-Maudan 22 43 Xb 60
Saint-Maudez 22 27 Xe 58
Saint-Maugan 35 44 Xf 60
Saint-Maulvis 80 16 Bf 49
Saint-Maur 18 79 Cb 69
Saint-Maur 32 139 Ac 88
Saint-Maur 36 78 Bd 68
Saint-Maur 39 83 Fd 69
Saint-Maur 60 16 Bf 51
Saint-Maur-des-Fossés 94 33 Cc 56
Saint-Maurice 52 54 Fc 61
Saint-Maurice 58 81 Dd 66
Saint-Maurice 63 104 Db 74
Saint-Maurice 67 56 Hc 59
Saint-Maurice-aux-Forges 54 39 Gf 57
Saint-Maurice-aux-Riches-Hommes 89 51 Dd 58
Saint-Maurice-Colombier 25 71 Gd 64
Saint-Maurice-Crillat 39 84 Ff 69
Saint-Maurice-d'Ardèche 07 118 Ec 81
Saint-Maurice-de-Beynost 01 94 Ef 74
Saint-Maurice-de-Cazevieille 30 130 Eb 84
Saint-Maurice-de-Gourdans 01 95 Fb 74
Saint-Maurice-de-Lestapel 47 112 Ad 81
Saint-Maurice-de-Lignon 43 105 Ea 77
Saint-Maurice-de-Rémens 01 95 Fb 73
Saint-Maurice-de-Rotherens 73 107 Fe 75
Saint-Maurice-de-Satonnay 71 94 Ee 70
Saint-Maurice-des-Champs 71 82 Ed 69
Saint-Maurice-des-Lions 16 89 Ae 73
Saint-Maurice-des-Noues 85 75 Zb 69
Saint-Maurice-de-Tavernole 17 99 Zd 76
Saint-Maurice-d'Etelan 76 15 Ad 52
Saint-Maurice-de-Ventalon 48 130 De 83
Saint-Maurice-d'Ibie 07 118 Ec 81
Saint-Maurice-du-Désert 61 29 Zd 57
Saint-Maurice-en-Cotentin 50 12 Yb 52
Saint-Maurice-en-Gourgois 42 105 Eb 76
Saint-Maurice-en-Quercy 46 114 Bf 80
Saint-Maurice-en-Rivière 71 83 Fa 67
Saint-Maurice-en-Trièves 38 119 Fd 80
Saint-Maurice-en-Valgodemard 05 120 Ga 80
Saint-Maurice-la-Clouère 86 76 Ac 70
Saint-Maurice-la-Souterraine 23 90 Bc 71
Saint-Maurice-le-Girard 85 75 Zb 69
Saint-Maurice-les-Brousses 87 89 Bb 74
Saint-Maurice-lès-Charencey 61 31 Ae 57
Saint-Maurice-lès-Châteauneuf 71 93 Eb 71
Saint-Maurice-lès-Couches 71 82 Ed 67
Saint-Maurice-le-Vieil 89 66 Dc 62
Saint-Maurice-l'Exil 38 106 Ee 76
Saint-Maurice-Montcouronne 91 33 Ca 57
Saint-Maurice-Navacelles 34 129 Dd 85
Saint-Maurice-près-Crocq 23 91 Cb 73
Saint-Maurice-près-Pionsat 63 91 Cd 72
Saint-Maurice-Saint-Germain 28 48 Ba 58
Saint-Maurice-sous-les-Côtes 55 37 Fe 54
Saint-Maurice-sur-Adur 40 124 Zd 86
Saint-Maurice-sur-Aveyron 45 51 Cf 61
Saint-Maurice-sur-Dargoire 69 106 Ed 75
Saint-Maurice-sur-Eygues 26 131 Fa 83
Saint-Maurice-sur-Fessard 45 50 Cd 61
Saint-Maurice-sur-Huisne 61 48 Ae 58
Saint-Maurice-sur-Mortagne 88 55 Gd 58
Saint-Maurice-sur-Moselle 88 56 Ge 61
Saint-Maurice-sur-Vingeanne 21 69 Fc 63
Saint-Maurice-Thizouaille 89 51 Dc 62
Saint-Maurin 47 126 Af 83
Saint-Maur-sur-le-Loir 28 49 Bc 60
Saint-Max 54 38 Gb 56
Saint-Maxent 80 7 Be 48
Saint-Maximin 38 108 Ga 76
Saint-Maximin 60 33 Cc 53
Saint-Maximin-la-Sainte-Baume 83 147 Ff 88
Saint-Maxire 79 75 Zd 70
Saint-May 26 119 Fb 82
Saint-Mayeux 22 43 Wf 59
Saint-Mayme-de-Péreyrol 24 100 Ad 78
Saint-Méard 87 102 Bd 74
Saint-Méard-de-Drône 24 100 Ac 77
Saint-Méard-de-Gurçon 24 112 Ab 79
Saint-Médard 16 99 Zf 75
Saint-Médard 17 99 Zd 76
Saint-Médard 31 140 Af 90
Saint-Médard 32 139 Ac 88
Saint-Médard 36 78 Bb 67
Saint-Médard 46 113 Bb 81
Saint-Médard 57 38 Gd 56
Saint-Médard 64 124 Zc 87
Saint-Médard 79 87 Ze 71
Saint-Médard-d'Aunis 17 86 Za 72
Saint-Médard-de-Guizières 33 99 Zf 78
Saint-Médard-de-Mussidan 24 100 Ac 78
Saint-Médard-de-Presque 46 114 Bf 79
Saint-Médard-d'Excideuil 24 101 Ba 76
Saint-Médard-d'Eyrans 33 111 Zc 80
Saint-Médard-en-Jalles 33 111 Zb 79
Saint-Médard-la-Rochette 23 91 Ca 72
Saint-Médard-Nicourby 46 114 Ca 80
Saint-Médard-sur-Ille 35 45 Yc 59
Saint-Médart 16 87 Zf 73
Saint-Méen 29 24 Ve 57
Saint-Méen-le-Grand 35 44 Xe 59
Saint-Melaine-sur-Aubance 49 61 Zd 64
Saint-Mélany 07 117 Ea 81
Saint-Méloir 22 27 Xe 58
Saint-Méloir-des-Ondes 35 27 Ya 57
Saint-Même-le-Tenu 44 59 Yb 66
Saint-Memmie 51 36 Ec 55
Saint-Menge 88 55 Ff 59
Saint-Menges 08 20 Ef 50
Saint-Menoux 03 80 Da 69
Saint-Merd-la-Breuille 23 91 Cc 74
Saint-Merd-les-Oussines 19 102 Ca 75
Saint-Méry 77 34 Cf 57
Saint-Meslin-du-Bosc 27 15 Af 53
Saint-Mesmes 77 33 Ce 55
Saint-Mesmin 10 52 Df 58
Saint-Mesmin 21 68 Ed 64
Saint-Mesmin 24 101 Bb 76
Saint-Mesmin 85 75 Zb 68
Saint-Mexant 19 102 Bd 78
Saint-Mézard 32 125 Ad 84
Saint-M'Hervé 35 45 Yf 59
Saint-M'Hervon 35 44 Xf 59
Saint-Micaud 71 82 Ed 68
Saint-Michel 02 19 Ea 49
Saint-Michel 09 140 Bd 90
Saint-Michel 16 100 Aa 75
Saint-Michel 32 139 Ac 88
Saint-Michel 34 129 Dc 85
Saint-Michel 40 123 Ye 85
Saint-Michel 45 50 Cc 60
Saint-Michel 64 137 Ye 90
Saint-Michel 82 126 Af 84
Saint-Michel-Chef-Chef 44 59 Xf 65
Saint-Michel-d'Aurence 07 118 Ec 79
Saint-Michel-de-Bannières 46 114 Be 79
Saint-Michel-de-Chabrillanoux 07 118 Ed 79

Saint-Lizier-du-Planté — Saint-Michel-de-Chabrillanoux (F) 199

Saint-Rambert-en-Bugey 01 95 Fc 73
Saint-Raphaël 24 101 Ba 77
Saint-Raphaël 83 148 Ge 88
Saint-Regis-du-Coin 42 106 Ec 77
Saint-Règle 37 63 Ba 64
Saint-Remèze 07 118 Ed 82
Saint-Remimont 54 55 Gb 57
Saint-Remimont 88 55 Ff 59
Saint-Rémy 01 95 Fa 71
Saint-Rémy 12 114 Ca 82
Saint-Rémy 12 128 Ce 84
Saint-Rémy 14 29 Zd 55
Saint-Rémy 19 103 Cb 75
Saint-Rémy 21 68 Eb 63
Saint-Rémy 24 112 Ab 79
Saint-Rémy 70 55 Ga 61
Saint-Rémy 71 82 Ef 68
Saint-Rémy 79 75 Zc 70
Saint-Rémy 79 75 Ze 70
Saint-Rémy 88 56 Ge 58
Saint-Rémy-au-Bois 62 7 Bf 46
Saint-Rémy-aux-Bois 54 55 Gc 58
Saint-Rémy-Blanzy 02 18 Db 53
Saint-Rémy-Boscrocourt 76 6 Bc 48
Saint-Rémy-Chaussée 59 9 Df 47
Saint-Rémy-de-Blot 63 92 Cf 72
Saint-Rémy-de-Chargnat 63 104 Db 75
Saint-Rémy-de-Chaudes-Aigues 15 116 Da 80
Saint-Rémy-de-Maurienne 73 108 Gb 76
Saint-Rémy-de-Provence 13 131 Ee 86
Saint-Rémy-des-Landes 50 12 Yc 53
Saint-Rémy-des-Monts 72 47 Ac 59
Saint-Rémy-du-Nord 59 9 Df 47
Saint-Rémy-du-Plain 35 45 Yc 58
Saint-Rémy-du-Val 72 47 Ab 58
Saint-Rémy-en-Bouzemont-Saint-Genest-et-Isson 51 52 Ed 57
Saint-Rémy-en-l'Eau 60 17 Cc 52
Saint-Rémy-en-Mauges 49 60 Yf 65
Saint-Rémy-en-Rollat 03 92 Dc 71
Saint-Rémy-la-Calonne 55 37 Fd 54
Saint-Rémy-la-Vanne 77 34 Db 56
Saint-Rémy-la-Varenne 49 61 Ze 64
Saint-Rémy-lès-Chevreuse 78 33 Ca 56
Saint-Rémy-l'Honoré 78 32 Bf 56
Saint-Rémy-sous-Barbuise 10 52 Ea 58
Saint-Rémy-sous-Broyes 51 35 De 56
Saint-Rémy-sur-Avre 28 32 Bb 56
Saint-Rémy-sur-Bussy 51 36 Ed 54
Saint-Rémy-sur-Creuse 86 77 Ae 67
Saint-Rémy-sur-Durolle 63 92 Dd 73
Saint-Renan 29 24 Vc 58
Saint-Révérend 85 73 Yb 68
Saint-Révérien 58 67 Dd 65
Saint-Rieul 22 27 Xd 58
Saint-Rimay 41 63 Af 62
Saint-Riquier 80 7 Bf 48
Saint-Riquier-en-Rivière 76 16 Bd 49
Saint-Riquier-ès-Plains 76 15 Ad 49
Saint-Rirand 42 93 Df 72
Saint-Rivoal 29 25 Wa 58
Saint-Robert 19 101 Bb 77
Saint-Robert 47 126 Ae 83
Saint-Roch 37 63 Ad 64
Saint-Roch-sur-Ergenne 61 29 Zb 57
Saint-Rogatien 17 86 Yf 72
Saint-Romain 16 100 Aa 77
Saint-Romain 21 82 Ee 66
Saint-Romain 63 105 Df 76
Saint-Romain 86 88 Ac 71
Saint-Romain-de-Benet 17 86 Za 74
Saint-Romain-de-Colbosc 76 14 Ac 51
Saint-Romain-de-Lerps 07 118 Ee 79
Saint-Romain-de-Monpazier 24 113 Af 80
Saint-Romain-de-Popay 69 94 Ed 74
Saint-Romain-de-Popey 69 94 Ed 73
Saint-Romain-de-Surieu 38 106 Ef 76
Saint-Romain-d'Urfé 42 93 De 73
Saint-Romain-en-Jarez 42 106 Ed 75
Saint-Romain-en-Viennois 84 132 Fa 83
Saint-Romain-Lachalm 43 106 Eb 77
Saint-Romain-la-Motte 42 93 Df 72
Saint-Romain-la-Virvée 33 99 Zd 79
Saint-Romain-le-Noble 47 126 Ae 84
Saint-Romain-le-Preux 89 51 Db 61
Saint-Romain-le-Puy 42 105 Ea 75
Saint-Romain-les-Atheux 42 106 Ec 76
Saint-Romain-sous-Gourdon 71 82 Ec 69
Saint-Romain-sous-Versigny 71 81 Eb 69
Saint-Romain-sur-Cher 41 64 Bc 65
Saint-Romain-sur-Gironde 17 99 Zb 76
Saint-Roman 26 119 Fc 80
Saint-Roman-de-Codières 30 130 De 85
Saint-Roman-de-Malegarde 84 118 Ee 83
Saint-Romans-des-Champs 79 87 Zd 71
Saint-Romans-lès-Melle 79 87 Ze 71
Saint-Rome 31 141 Be 88
Saint-Rome-de-Cernon 12 129 Cf 84
Saint-Rome-de-Dolan 48 129 Db 83
Saint-Rome-de-Tarn 12 129 Cf 84
Saint-Romphaire 50 29 Yf 54
Saint-Rustice 31 126 Bc 86
Saintry-sur-Seine 91 33 Cd 57
Saints 77 34 Da 56
Saints 89 66 Db 63
Saint-Saëns 76 16 Bb 50
Saint-Saire 76 16 Bc 50
Saint-Salvadour 19 102 Be 76
Saint-Salvi-de-Carcavès 81 128 Cd 86
Saint-Salvy 47 112 Ac 83
Saint-Salvy-de-la-Balme 81 128 Cc 87
Saint-Samson 14 14 Zf 53
Saint-Samson 53 30 Ze 58
Saint-Samson-de-Bonfossé 50 29 Yf 54
Saint-Samson-de-la-Roque 27 15 Ac 52
Saint-Samson-la-Poterie 60 16 Be 51
Saint-Samson-sur-Rance 22 27 Xf 58
Saint-Sandoux 63 104 Da 75
Saint-Santin-Cantalès 15 103 Cb 78
Saint-Sardos 47 112 Ac 82
Saint-Sardos 82 126 Ba 85
Saint-Satin-de-Maurs 12 115 Cb 81
Saint-Satur 18 66 Cf 64
Saint-Saturin-lès-Avignon 84 131 Ef 85
Saint-Saturnin 15 103 Ce 77
Saint-Saturnin 16 88 Aa 75
Saint-Saturnin 18 79 Cb 69
Saint-Saturnin 34 129 Dc 86
Saint-Saturnin 48 116 Db 82
Saint-Saturnin 51 35 Df 57
Saint-Saturnin 63 104 Da 75
Saint-Saturnin 72 47 Aa 60
Saint-Saturnin-d'Apt 84 132 Fc 85
Saint-Saturnin-de-Lenne 12 116 Da 82
Saint-Saturnin-du-Bois 17 87 Zb 72
Saint-Saturnin-du-Limet 53 45 Yf 62
Saint-Saturnin-sur-Loire 49 61 Zd 64
Saint-Saufflieu 80 17 Cb 50
Saint-Saulge 58 81 Dd 66
Saint-Saulve 59 9 Dd 46
Saint-Saury 15 114 Ca 79
Saint-Sauvant 17 87 Zc 74
Saint-Sauvant 86 76 Aa 70
Saint-Sauves-d'Auvergne 63 103 Ce 75
Saint-Sauveur 21 69 Fc 64
Saint-Sauveur 24 112 Ad 79
Saint-Sauveur 29 25 Wa 58
Saint-Sauveur 31 126 Bc 86
Saint-Sauveur 33 98 Za 77
Saint-Sauveur 54 39 Gf 57
Saint-Sauveur 60 18 Ce 53
Saint-Sauveur 70 70 Gc 62
Saint-Sauveur 80 7 Cb 49
Saint-Sauveur 86 77 Ad 68
Saint-Sauveur, Caubon- 47 112 Ab 81
Saint-Sauveur-d'Aunis 17 86 Za 71
Saint-Sauveur-de-Bonnefossé 50 28 Ye 54
Saint-Sauveur-de-Carrouges 61 30 Zf 57
Saint-Sauveur-de-Cruzières 07 130 Eb 83
Saint-Sauveur-de-Flée 49 46 Zb 62
Saint-Sauveur-de-Ginestoux 48 116 Dd 80
Saint-Sauveur-de-Landemont 49 60 Ye 65
Saint-Sauveur-d'Emalleville 76 14 Ab 51
Saint-Sauveur-de-Meilhan 47 111 Zf 82
Saint-Sauveur-de-Montagut 07 118 Ed 80
Saint-Sauveur-de-Peyre 48 116 Db 81
Saint-Sauveur-de-Puynormand 33 99 Zf 79
Saint-Sauveur-des-Landes 35 45 Ye 58
Saint-Sauveur-des-Pourcils 30 129 Dc 84
Saint-Sauveur-en-Puisaye 89 66 Db 63
Saint-Sauveur-en-Rue 42 106 Ec 77
Saint-Sauveur-Lalande 24 100 Ab 79
Saint-Sauveur-la-Pommeraye 50 28 Yd 55
Saint-Sauveur-la-Vallée 46 114 Bd 81
Saint-Sauveur-Lendelin 50 12 Yd 54
Saint-Sauveur-lès-Bray 77 51 Db 58
Saint-Sauveur-le-Vicomte 50 12 Yc 52
Saint-Sauveur-Marville 28 32 Bb 57
Saint-Sauveur-sur-École 77 50 Cd 58
Saint-Sauveur-sur-Tinée 06 134 Ha 84
Saint-Sauvier 03 91 Cb 70
Saint-Sauvy 32 126 Ae 86
Saint-Saveur 05 121 Gd 81
Saint-Saveur-en-Diois 26 119 Fa 80
Saint-Saveur-Gouvernet 26 119 Fc 82
Saint-Savin 33 99 Zd 78
Saint-Savin 38 107 Fb 75
Saint-Savin 65 138 Zf 91
Saint-Savin 86 77 Af 69
Saint-Savinien 17 87 Zb 73
Saint-Saviol 86 88 Ab 72
Saint-Savourin 13 146 Fd 88
Saint-Sébastian 38 120 Fe 79
Saint-Sébastien 23 90 Bd 70
Saint-Sébastien-de-Morsent 27 31 Ba 54
Saint-Sébastien-de-Raids 50 12 Yd 53
Saint-Sébastien-sur-Loire 44 60 Yc 65
Saint-Secondin 86 88 Ac 71
Saint-Ségal 29 42 Vf 59
Saint-Séglin 35 44 Xf 61
Saint-Seine 58 81 De 68
Saint-Seine-en-Bâche 21 69 Fc 66
Saint-Seine-l'Abbaye 21 68 Ee 64
Saint-Seine-sur-Vingeanne 21 69 Fc 63
Saint-Selve 33 111 Zd 80
Saint-Senier-de-Beuvron 50 28 Ye 57
Saint-Senier-sous-Avranches 50 28 Yd 56
Saint-Senoch 37 77 Af 66
Saint-Senoux 35 44 Yb 61
Saint-Sériès 34 130 Ea 86
Saint-Sernin 07 118 Ec 81
Saint-Sernin 11 141 Be 89
Saint-Sernin 11 141 Ca 91
Saint-Sernin 47 112 Ab 80
Saint-Sernin-du-Bois 71 82 Ec 67
Saint-Sernin-du-Plain 71 82 Ed 67
Saint-Sernin-lès-Lavaur 81 141 Bf 87
Saint-Sernin-sur-Rance 12 128 Cd 85
Saint-Sérotin 89 51 Da 59
Saint-Servais 22 26 Wd 58
Saint-Servais 29 25 Vf 57
Saint-Servant 56 44 Xc 61
Saint-Setiers 19 102 Ca 75
Saint-Seurin-de-Bourg 33 99 Zc 78
Saint-Seurin-de-Cadourne 33 98 Zb 77
Saint-Seurin-de-Cursac 33 99 Zc 78
Saint-Seurin-de-Palenne 17 99 Zc 75
Saint-Seurin-de-Prats 24 112 Aa 79
Saint-Seurin-sur-l'Isle 33 100 Zf 78
Saint-Sève 29 25 Wa 57
Saint-Séve 33 111 Zf 81
Saint-Sever 40 124 Zc 86
Saint-Sever-Calvados 14 29 Yf 55
Saint-Sever-de-Rustan 65 139 Ab 88
Saint-Sever-de-Saintonge 17 87 Zc 74
Saint-Séverin 16 100 Ab 77
Saint-Séverin-sur-Boutonne 17 87 Zd 72
Saints-Geosmes 52 54 Fc 61
Saint-Siffren 30 131 Ec 84
Saint-Sigismond 45 49 Be 61
Saint-Sigismond 49 61 Za 64
Saint-Sigismond 74 97 Gd 72
Saint-Sigismond 85 75 Zb 70
Saint-Sigismond-de-Clermont 17 99 Zc 76
Saint-Silvain-Bas-le-Roc 23 91 Cb 71
Saint-Silvain-Bellegarde 23 91 Cb 73
Saint-Silvain-Montaigut 23 90 Be 72
Saint-Silvain-Sous-Toulx 23 91 Cb 71
Saint-Siméon 27 15 Ad 53
Saint-Simeon 61 29 Zb 58
Saint-Siméon 77 34 Db 56
Saint-Simeux 16 100 Zf 75
Saint-Simon 02 18 Db 50
Saint-Simon 15 115 Cc 79
Saint-Simon 46 114 Bf 80
Saint-Simon-de-Bordes 17 99 Zd 76
Saint-Simon-de-Pellouaille 17 99 Zb 75
Saint-Sixt 74 96 Gb 72
Saint-Sixte 42 93 Df 74
Saint-Sixte 47 126 Ae 84
Saint-Solve 19 101 Bc 77
Saint-Sorlin 69 106 Ed 75
Saint-Sorlin-d'Arves 73 108 Gb 77
Saint-Sorlin-de-Cônac 17 99 Zb 76
Saint-Sorlin-de-Morestel 38 107 Fc 75
Saint-Sorlin-de-Vienne 38 106 Ef 76
Saint-Sorlin-en-Bugey 01 95 Fc 73
Saint-Sorlin-en-Valloire 26 106 Ef 77
Saint-Sornin 03 92 Da 70
Saint-Sornin 16 88 Ac 74
Saint-Sornin 17 86 Za 74
Saint-Sornin-la-Marche 87 89 Af 71
Saint-Sornin-Lavolps 19 101 Bc 76
Saint-Sornin-Leulac 87 89 Bb 71
Saint-Soulan 32 140 Af 87
Saint-Souplet 59 9 Dd 48
Saint-Souplet-sur-Py 51 20 Ec 53
Saint-Soupplets 77 34 Ce 54
Saint-Sozy 46 114 Bd 79
Saint-Stail 88 56 Ha 58
Saint-Suliac 35 27 Ya 57
Saint-Sulpice 01 94 Fa 71
Saint-Sulpice 41 64 Bb 63
Saint-Sulpice 46 114 Be 81
Saint-Sulpice 49 61 Zd 64
Saint-Sulpice 53 46 Zb 61
Saint-Sulpice 58 80 Dc 66
Saint-Sulpice 60 17 Ca 52
Saint-Sulpice 63 103 Cd 75
Saint-Sulpice 70 70 Gc 63
Saint-Sulpice 73 108 Ff 75
Saint-Sulpice 81 127 Be 86
Saint-Sulpice-d'Arnoult 17 86 Za 74
Saint-Sulpice-de-Cognac 16 87 Zd 74
Saint-Sulpice-de-Faleyrens 33 111 Ze 79
Saint-Sulpice-de-Favières 91 33 Cb 57
Saint-Sulpice-de-Graimbouville 27 15 Ac 52
Saint-Sulpice-de-Guilleragues 33 112 Aa 81
Saint-Sulpice-de-Mareuil 24 100 Ad 76
Saint-Sulpice-de-Pommiers 33 111 Zf 80
Saint-Sulpice-de-Roumaghac 24 100 Ac 77
Saint-Sulpice-de-Royan 17 86 Yf 74
Saint-Sulpice-de-Ruffec 16 88 Ab 73
Saint-Sulpice-des-Landes 35 45 Yc 62
Saint-Sulpice-des-Landes 44 60 Ye 63
Saint-Sulpice-des-Rivoires 38 107 Fd 76
Saint-Sulpice-d'Excideuil 24 101 Ba 76
Saint-Sulpice-en-Pareds 85 75 Za 69
Saint-Sulpice-et-Cameyrac 33 111 Zd 79
Saint-Sulpice-la-Forêt 35 45 Yc 59
Saint-Sulpice-Laurière 87 90 Bc 72
Saint-Sulpice-le-Dunois 23 90 Be 71
Saint-Sulpice-le-Guérétois 23 90 Be 71
Saint-Sulpice-les-Bois 19 103 Ca 75
Saint-Sulpice-les-Champs 23 90 Ca 73
Saint-Sulpice-les-Feuilles 87 90 Bc 71
Saint-Sulpice-le-Verdon 85 74 Yd 67
Saint-Sulpice-sur-Lèze 31 140 Bb 89
Saint-Sulpice-sur-Risle 61 31 Ad 56
Saint-Supplet 54 21 Fe 52
Saint-Sylvain 14 30 Ze 54
Saint-Sylvain 19 102 Bf 77
Saint-Sylvain 76 15 Ae 49
Saint-Sylvain-d'Anjou 49 61 Zd 63
Saint-Sylvestre 07 118 Ee 79
Saint-Sylvestre 74 96 Ga 73
Saint-Sylvestre-Cappel 59 4 Cd 44
Saint-Sylvestre-de-Cormeilles 27 14 Ac 53
Saint-Sylvestre-Pragoulin 63 92 Dc 72
Saint-Sylvestre-sur-Lot 47 113 Ae 82
Saint-Symphorien 18 79 Cb 68
Saint-Symphorien 27 15 Ac 53
Saint-Symphorien 33 111 Zd 82
Saint-Symphorien 48 117 Dd 79
Saint-Symphorien 72 47 Zf 60
Saint-Symphorien 79 87 Zd 71
Saint-Symphorien-de-Lay 42 93 Eb 73
Saint-Symphorien-de-Mahun 07 106 Ec 78
Saint-Symphorien-de-Marmagne 71 82 Eb 67
Saint-Symphorien-des-Bois 71 93 Eb 71
Saint-Symphorien-des-Bruyères 61 31 Ad 56
Saint-Symphorien-des-Monts 50 29 Za 57
Saint-Symphorien-de-Thénières 12 115 Ce 80
Saint-Symphorien-d'Ozon 69 106 Ef 75
Saint-Symphorien-le-Château 28 32 Be 57
Saint-Symphorien-les-Ponceaux 37 62 Ac 64
Saint-Symphorien-sous-Chomérac 07 118 Ee 80
Saint-Symphorien-sur-Coise 69 106 Ec 75
Saint-Symphorien-sur-Couze 87 89 Bb 72
Saint-Symphorien-sur-Saône 21 83 Fb 66
Saint-Thégonnec 29 25 Wa 57
Saint-Thélo 22 43 Xa 59
Saint-Théodorit 30 130 Ea 85
Saint-Théoffrey 38 120 Fe 79
Saint-Thibaud-de-Couz 73 108 Ff 75
Saint-Thibault 02 19 Dd 53
Saint-Thibault 10 52 Ea 59
Saint-Thibault 21 68 Ec 64
Saint-Thibault 60 16 Bf 50
Saint-Thibéry 34 143 Dc 88
Saint-Thiébaud 39 84 Ff 67
Saint-Thiébault 52 54 Fd 59
Saint-Thierry 51 19 Df 53
Saint-Thois 29 42 Wa 60
Saint-Thomas 02 19 De 52
Saint-Thomas 31 140 Ba 87
Saint-Thomas-de-Conac 17 99 Zb 76
Saint-Thomas-de-Courceriers 53 47 Ze 59
Saint-Thomas-en-Argonne 51 36 Ef 53
Saint-Thomas-la-Garde 42 105 Ea 75
Saint-Thomé 07 118 Ed 81
Saint-Thonan 29 24 Ve 58
Saint-Thual 35 44 Ya 58
Saint-Thurial 35 44 Ya 60
Saint-Thuriau 56 43 Xa 60
Saint-Thurien 27 15 Ad 52
Saint-Thurien 29 42 Wc 61
Saint-Thurin 42 93 Df 74
Saint-Tricat 62 3 Be 43
Saint-Trimoël 22 27 Xc 58
Saint-Trinit 84 132 Fc 84
Saint-Trivier-de-Courtes 01 83 Fa 70
Saint-Trivier-sur-Moignans 01 94 Ef 72
Saint-Trojan 33 99 Zc 78
Saint-Trojan-les-Bains 17 86 Ye 73
Saint-Tropez 83 148 Gd 89
Saint-Tugdual 56 43 Wd 60
Saint-Tulle 04 133 Fe 86
Saint-Ulphace 72 48 Ae 60
Saint-Ulrich 68 71 Ha 63
Saint-Uniac 35 44 Xf 59
Saint-Urbain 29 24 Ve 58
Saint-Urbain 85 73 Xf 67
Saint-Urbain-Maconcourt 52 54 Fb 58
Saint-Urcisse 47 126 Ae 84
Saint-Urcisse 81 127 Bd 85
Saint-Urcize 15 116 Da 80
Saint-Ursin 50 28 Yd 56
Saint-Usage 10 53 Ed 60
Saint-Usage 21 83 Fb 66
Saint-Usuge 71 83 Fb 68
Saint-Utin 51 52 Ed 57
Saint-Uze 26 106 Ef 77
Saint-Vaas-sur-Seulles 14 29 Zc 54
Saint-Vaast-de-Longmont 60 17 Ce 53
Saint-Vaast-d'Equiqueville 76 16 Bb 50
Saint-Vaast-Dieppedalle 76 15 Ae 50
Saint-Vaast-du-Val 76 15 Ba 50
Saint-Vaast-en-Auge 14 14 Aa 53
Saint-Vaast-en-Cambrésis 59 9 Dc 47
Saint-Vaast-en-Chaussée 80 7 Cb 49
Saint-Vaast-la-Hougue 50 12 Ye 51
Saint-Vaast-lès-Mello 60 17 Cc 53
Saint-Vaize 17 87 Zc 74
Saint-Valbert 70 55 Gc 61
Saint-Valentin 36 78 Bf 67
Saint-Valérien 85 75 Za 69
Saint-Valérien 89 51 Da 59
Saint-Valery 60 16 Be 50
Saint-Valery-en-Caux 76 15 Ae 49
Saint-Valery-sur-Somme 80 6 Bd 47
Saint-Vallerin 71 82 Ee 68
Saint-Vallier 16 99 Zf 77
Saint-Vallier 26 106 Ee 77
Saint-Vallier 71 82 Ec 69
Saint-Vallier 88 55 Gb 59
Saint-Vallier-de-Thiey 06 134 Gf 86
Saint-Vallier-sur-Marne 52 54 Fc 61
Saint-Varent 79 76 Ze 67
Saint-Vaury 23 90 Be 71
Saint-Venant 62 8 Cd 45
Saint-Vénérand 43 117 Do 70
Saint-Vérain 58 66 Da 64
Saint-Véran 05 121 Gf 80
Saint-Vérand 38 107 Fb 77
Saint-Vérand 69 94 Ee 71
Saint-Vert 43 104 Dd 76
Saint-Viance 19 102 Bc 78
Saint-Viâtre 41 64 Bf 63
Saint-Viaud 44 59 Xf 65
Saint-Victeur 72 47 Aa 59
Saint-Victoire 07 106 Ee 78
Saint-Victor 03 91 Cd 70
Saint-Victor 15 103 Cb 78
Saint-Victor 19 103 Cc 76
Saint-Victor 24 100 Ac 77
Saint-Victor-de-Buthon 28 48 Af 58
Saint-Victor-de-Chrétienville 27 31 Ad 54
Saint-Victor-de-Malcap 30 130 Eb 83
Saint-Victor-de-Morestel 38 107 Fc 74
Saint-Victor-d'Epine 27 15 Ad 53
Saint-Victor-de-Reno 61 31 Ae 57
Saint-Victor-des Oules 30 131 Ec 84
Saint-Victor-en-Marche 23 90 Be 72
Saint-Victoret 13 146 Fb 88
Saint-Victor-et-Melvieu 12 128 Ce 84
Saint-Victor-l'Abbaye 76 15 Ba 50
Saint-Victor-la-Coste 30 131 Ed 84
Saint-Victor-la-Rivière 63 104 Cf 75
Saint-Victor-Malescours 43 105 Eb 77
Saint-Victor-Montvianeix 63 93 Dd 73
Saint-Victor-Rouzaud 09 141 Bd 90
Saint-Victor-sur-Arlanc 43 105 De 76
Saint-Victor-sur-Avre 27 31 Af 56
Saint-Victor-sur-Ouche 21 68 Ee 65
Saint-Victor-sur-Rhins 42 93 Eb 73
Saint-Victurnien 87 89 Ba 73
Saint-Vidal 43 105 De 78
Saint-Vigor 27 32 Bb 54
Saint-Vigor-des-Mézerets 14 29 Zc 55
Saint-Vigor-des-Monts 50 29 Yf 55
Saint-Vigor-d'Ymonville 76 14 Ac 51
Saint-Vigor-le-Grand 14 13 Zb 53
Saint-Vincent 15 103 Cd 77
Saint-Vincent 31 141 Be 88
Saint-Vincent 43 105 Df 78
Saint-Vincent 63 104 Da 75
Saint-Vincent 64 138 Zf 90
Saint-Vincent 82 126 Bc 84
Saint-Vincent 82 127 Bf 83
Saint-Vincent, Jonquières- 30 131 Ed 85
Saint-Vincent-Bragny 71 81 Ea 69
Saint-Vincent-Cramesnil 76 14 Ac 51
Saint-Vincent-de-Barbeyrargues 34 130 Df 86
Saint-Vincent-de-Boisset 42 93 Ea 72
Saint-Vincent-de-Connezac 24 100 Ac 78
Saint-Vincent-de-Cosse 24 113 Ba 79
Saint-Vincent-de-Durfort 07 118 Ed 80
Saint-Vincent-de-Lamontjoie 47 125 Ad 84
Saint-Vincent-de-Paul 33 99 Zd 79
Saint-Vincent-de-Paul 40 123 Yf 86
Saint-Vincent-de-Pertignas 33 111 Zf 80
Saint-Vincent-de-Reins 69 94 Ec 72
Saint-Vincent-des-Bois 27 32 Bc 54
Saint-Vincent-des-Landes 44 60 Yd 63
Saint-Vincent-des-Prés 71 82 Ed 70
Saint-Vincent-des-Prés 72 47 Ac 59
Saint-Vincent-de-Tyrosse 40 123 Ye 87
Saint-Vincent-d'Olargues 34 142 Cf 87
Saint-Vincent-du-Boulay 27 31 Ac 54
Saint-Vincent-du-Lorouër 72 47 Ac 62
Saint-Vincent-du-Pendit 46 114 Bf 79
Saint-Vincent-en-Bresse 71 83 Fa 69
Saint-Vincent-Jalmoutiers 24 100 Ab 77
Saint-Vincent-la-Châtre 79 88 Zf 71
Saint-Vincent-la-Commanderie 26 119 Fa 79
Saint-Vincent-les-Forts 04 120 Gc 82
Saint-Vincent-Lespinasse 82 126 Af 84
Saint-Vincent-Rive-d'Olt 46 113 Bb 82
Saint-Vincent-Sterlanges 85 74 Yf 68
Saint-Vincent-sur-Graon 85 74 Yd 69
Saint-Vincent-sur-Jabron 04 132 Fe 83
Saint-Vincent-sur-Jard 85 74 Yc 70
Saint-Vincent-sur-l'Isle 24 101 Af 77
Saint-Vincent-sur-Oust 56 44 Xf 62
Saint-Vit 25 70 Fe 65
Saint-Vital 73 108 Gb 75
Saint-Vite 47 113 Af 82
Saint-Vitte 18 79 Cd 69
Saint-Vitte-sur-Briance 87 102 Bd 75
Saint-Vivien 17 86 Yf 72
Saint-Vivien 24 100 Ad 77
Saint-Vivien 24 112 Aa 79
Saint-Vivien-de-Blaye 33 99 Zc 78
Saint-Vivien-de-Monségur 33 112 Aa 81
Saint-Voir 03 92 Dd 70
Saint-Vougay 29 25 Vf 57
Saint-Vrain 51 36 Ee 56
Saint-Vrain 91 33 Cb 57
Saint-Vran 22 44 Xd 59
Saint-Vulbas 01 95 Fb 74
Saint-Waast 59 9 De 47
Saint-Wandrille-Rançon 76 15 Ae 51
Saint-Witz 95 33 Cd 54
Saint-Xandre 17 86 Yf 71
Saint-Yaguen 40 123 Zb 85
Saint-Yan 71 93 Ea 70
Saint-Ybard 19 102 Bd 76
Saint-Ybars 09 140 Bc 89
Saint-Yorre 03 92 Dc 72
Saint-Yrieix-la-Montagne 23 90 Ca 73
Saint-Yrieix-la-Perche 87 101 Bb 75
Saint-Yrieix-le-Déjalat 19 102 Bf 76
Saint-Yrieix-les-Bois 23 90 Bf 72
Saint-Yrieix-sous-Aixe 87 89 Ba 73
Saint-Yrieix-sur-Charente 16 88 Aa 74
Saint-Ythaire 71 82 Ed 69
Saint-Yvoine 63 104 Db 75
Saint-Yvy 29 42 Wa 61
Saint-Yzan-de-Soudiac 33 99 Zd 78
Saint-Yzans-de-Médoc 33 98 Zb 77
Saint-Zacharie 83 146 Fe 88
Sainville 28 49 Bf 58
Saires 86 76 Ab 67
Saires-la-Verrerie 61 29 Zd 56
Saissac 81 141 Cb 88
Saisseval 80 17 Ca 49
Saisy 71 82 Ed 67
Saivres 79 75 Ze 70
Saïx 81 141 Cb 87
Saix 86 62 Zf 66
Saix, Le 05 120 Fe 82
Saizenay 39 84 Ff 67
Saizerais 54 38 Ga 56
Saizy 58 67 De 64
Sajas 31 140 Ba 88
Salagnac 24 101 Bb 77
Salagnon 38 107 Fc 75
Salans 39 70 Fe 66
Salasc 34 143 Db 87
Salaunes 33 98 Zb 79
Salavas 07 118 Ec 82
Salavre 01 95 Fc 70
Salazac 30 131 Ed 83
Salbert, Évette- 90 71 Ge 62
Sal-Breizh = Sel-de-Bretagne, Le 35 45 Yc 61
Salbris 41 65 Ca 64
Salces, Les 48 114 Da 81
Saléchan 65 139 Ad 91
Saleich 31 140 Af 90
Saleignes 17 87 Ze 72
Saleilles 66 154 Cf 93
Salèlles 34 129 Dc 86
Salelles, Les 07 117 Ea 82
Salelles, Les 07 118 Ec 82
Salelles, Les 48 116 Db 82
Salency 60 18 Da 51
Salenthal 67 39 Hc 56
Saléon 05 120 Fe 82
Salérans 05 132 Fe 83
Salerm 31 140 Ae 89
Salernes 83 147 Gb 87
Salers 15 103 Cc 78
Sales 74 96 Ff 73
Salesches 59 9 Dd 47
Salette-Fallavaux, la 38 120 Ff 79
Salettes 26 118 Ef 81
Salettes 43 117 Df 79
Saleux 80 17 Cb 49
Salice 2A 158 If 96
Salice, U = Salice 2A 158 If 96
Saliceto 2B 157 Kb 94
Salicetu, U = Saliceto 2B 157 Kb 94
Saliès 81 127 Ca 85
Salies-de-Béarn 64 137 Za 88

Saint-Rambert-en-Bugey — Salies-de-Béarn (F) 201

Sémillac 17 99 Zc 76
Semilly, Saint-Blin- 52 54 Fc 59
Semmadon 70 70 Ff 62
Semoine 10 35 Ea 56
Semond 21 68 Ed 62
Semons 38 107 Fb 76
Semoussac 17 99 Zc 76
Semoutiers-Montsaon 52 53 Fa 60
Semoy 45 49 Bf 61
Sempesserre 32 125 Ad 84
Sempigny 60 18 Da 51
Sempy 62 7 Be 46
Semur-en-Auxois 21 68 Ec 64
Semur-en-Brionnais 71 93 Ea 71
Semussac 17 98 Za 75
Semuy 08 20 Ed 52
Sen, Le 40 124 Zc 84
Sénac 65 139 Ab 88
Senaide 88 54 Fe 61
Senaillac-Latronquière 46 114 Ca 80
Sénaillac-Lauzès 46 114 Bd 81
Senailly 21 68 Eb 63
Senan 89 51 Dc 61
Senantes 28 32 Bd 57
Senantes 60 16 Be 52
Sénarens 31 140 Af 88
Sénargent-Mignafans 70 71 Gd 63
Senarpont 80 16 Be 49
Sénas 13 132 Fa 86
Senaux 81 128 Cd 86
Sencenac-Puy-de-Fourches 24 101 Ae 77
Senconac 09 153 Be 92
Sendets 33 111 Zf 82
Séné 56 58 Xb 63
Sénéchas 30 117 Ea 83
Sénergues 12 115 Cc 81
Sénestis 47 112 Ab 82
Séneujols 43 117 De 79
Senez 04 133 Gc 85
Sénezergues 15 115 Cc 80
Sengouagnet 31 139 Ae 91
Séniergues 46 114 Bd 80
Senillé 86 77 Ad 68
Seninghem 62 3 Ca 43
Senlecques 62 3 Bf 45
Senlis 60 33 Cd 53
Senlis 62 7 Ca 45
Senlis-le-Sec 80 8 Cd 48
Senlisse 78 32 Bf 56
Senneçay 18 79 Cc 67
Sennecey-le-Grand 71 82 Ef 69
Sennecey-lès-Dijon 21 69 Fa 65
Sennely 45 65 Ca 62
Sennevières 37 63 Ba 66
Senneville-sur-Fécamp 76 15 Ac 50
Sennevoy-le-Bas 89 68 Eb 62
Sennevoy-le-Haut 89 68 Eb 62
Senonches 28 31 Ba 57
Senoncourt 70 55 Ga 62
Senoncourt-les-Maujouy 55 37 Fb 54
Senones 88 56 Gf 58
Senonges 88 55 Ga 60
Senonnes 53 45 Ye 62
Senots 60 16 Bf 53
Senouillac 81 127 Bf 85
Sénoville 50 12 Yb 52
Senozan 71 94 Ef 70
Sens 89 51 Db 59
Sens-Beaujeu 18 65 Ce 65
Sens-sur-Seille 71 83 Fb 68
Sentein 09 151 Af 91
Sentelie 80 17 Ca 50
Sentenac-de-Sérou 09 140 Bc 91
Sentenac-d'Oust 09 152 Bb 91
Sentheim 68 71 Ha 62
Sentilly 61 30 Zf 56
Sentinelle, la 59 9 Dc 46
Sentous 65 139 Ac 89
Senuc 08 20 Ef 53
Senven-Lehart 22 26 Wf 58
Sépeaux 89 51 Db 61
Sepmeries 59 9 Dd 47
Sepmes 37 77 Ae 66
Seppois-le-Bas 68 71 Hb 63
Septème 38 106 Fa 75
Septeuil 78 32 Be 55
Septfonds 82 127 Bd 83
Septfontaines 25 84 Gb 67
Sept-Forges 61 29 Zc 58
Sept-Frères 14 29 Yf 55
Sept-Meules 76 6 Bc 49
Septmoncel 39 96 Ff 70
Septmonts 02 18 Dc 52
Septsarges 55 21 Fb 53
Sept-Saulx 51 35 Eb 54
Septvaux 02 18 Dc 51
Sept-Vents 14 29 Zb 54
Sepvigny 55 37 Fe 57
Sepvret 79 88 Zf 71
Sepx 31 140 Af 90
Sequehart 02 18 Dc 49
Serain 02 9 Dc 48
Seraincourt 08 19 Eb 51
Séraincourt 95 32 Bf 54
Sérandon 19 103 Cc 76
Séranon 06 134 Ge 86
Serans 60 32 Be 53
Seranville 54 55 Gd 58
Séranvillers 59 9 Dc 48
Seraucourt-le-Grand 02 18 Db 50
Seraumont 88 54 Fd 58
Serazereux 28 32 Bc 57
Serbannes 03 92 Dc 72
Serbonnes 89 51 Db 59
Serches 02 18 Dc 52
Sercœur 88 55 Gd 59
Sercy 71 82 Ee 69
Serdinya 66 153 Cb 93
Sère 32 139 Ad 88
Sérécourt 88 54 Ff 60
Sère-en-Lavedan 65 138 Zf 90
Séreilhac 87 89 Ba 74
Sère-Lanso 65 138 Aa 90
Serémange-Erzange 57 22 Ga 53
Sérempuy 32 126 Ae 86
Sérénac 81 128 Cc 85
Sérent 56 44 Xd 62
Sère-Rustaing 65 139 Ab 89
Sérévillers 60 17 Cc 51
Serez 27 32 Bc 55
Sérézin-de-la-Tour 38 107 Fc 75
Sérézin-du-Rhône 69 106 Ee 75
Sergeac 24 101 Ba 79
Sergenaux 39 83 Fc 67
Sergenon 39 83 Fc 67
Sergines 89 51 Db 58
Sergy 01 96 Ga 71
Sergy 02 35 Dd 53
Sericourt 62 7 Cb 47
Sériers 15 116 Da 79
Sérifontaine 60 16 Be 52
Sérignac 46 113 Ba 82
Sérignac 82 126 Ba 85
Sérignac-Péboudou 47 112 Ad 81
Sérignac-sur-Garonne 47 125 Ac 83
Sérignan 34 143 Db 89
Sérignan-du-Comtat 84 118 Ee 83
Sérigné 85 75 Za 69
Sérigny 61 48 Ad 58
Sérigny 86 76 Ac 67
Sérilhac 19 102 Be 78
Seringes-et-Nesles 02 34 Dd 53
Séris 41 64 Bd 62
Serley 71 83 Fb 68
Sermages 58 81 Df 66
Sermaise 49 62 Ze 63
Sermaise 91 33 Ca 57
Sermaises 45 50 Cb 59
Sermaize 60 18 Cf 51
Sermaize-les-Bains 51 36 Ef 56
Sermamagny 90 71 Ge 62
Sermange 39 69 Fd 65
Sermano 2B 159 Kb 95
Sermanu = Sermano 2B 159 Kb 95
Sermentizon 63 92 De 74
Sermérieu 38 107 Fc 75
Sermersheim 67 57 Hd 58
Sermesse 71 83 Fa 67
Sermiers 51 35 Df 54
Sermizelles 89 67 De 63
Sermoise 02 18 Dc 52
Sermoise-sur-Loire 58 80 Db 67
Sermoyer 01 83 Ee 70
Sermur 23 91 Cc 73
Sernhac 30 131 Ed 85
Serocourt 88 55 Ff 60
Séron 65 138 Zf 89
Serpaise 38 106 Ef 75
Serpent, La 11 153 Cb 91
Serques 62 3 Cb 44
Serqueux 52 54 Fe 61
Serqueux 76 16 Bd 51
Serquigny 27 31 Ae 54
Serra-di-Ferro 2A 158 Ie 98
Serra-di-Fiumorbo 2B 159 Kc 97
Serra-di-Scopamène 2A 159 Ka 98
Serralongue 66 154 Cd 94
Serre-Bussière-Vieille, La 23 91 Cb 72
Serre-les-Moulières 39 69 Fd 65
Serre-les-Sapins 25 70 Ff 65
Serre-Lissosse, La 12 115 Cb 82
Serres 05 119 Fe 82
Serres 11 153 Cb 91
Serres 54 38 Gc 56
Serres-Castet 64 138 Zd 88
Serres-et-Montguyard 24 112 Ac 80
Serres-Gaston 40 124 Zc 87
Serreslous-et-Arribans 40 123 Zc 87
Serres-Morlaàs 64 138 Ze 89
Serres-Sainte-Marie 64 138 Zc 89
Serres-sur-Arget 09 140 Bd 91
Serriera 2A 158 Ie 95
Serrières 07 106 Ee 77
Serrières 71 94 Ee 71
Serrières-de-Briord 01 95 Fc 74
Serrières-en-Chautagne 73 96 Ff 73
Serrigny 89 52 Df 62
Serrigny-en-Bresse 71 83 Fa 68
Serris 77 33 Ce 55
Serrulles 18 79 Cc 67
Sers 16 100 Ab 75
Servais 02 18 Dc 51
Serval 02 19 De 52
Servance 70 56 Ge 62
Servanches 24 100 Aa 78
Servas 01 94 Fa 72
Servas 30 130 Eb 84
Servaville-Salmonville 76 16 Bb 52
Serverette 48 116 Dc 80
Serves-sur-Rhône 26 106 Ee 78
Servian 34 143 Db 88
Servières 48 116 Dc 81
Servières-le-Château 19 102 Ca 78
Serviers-et-Labaume 30 131 Ec 84
Serviès 81 127 Ca 87
Serviès-en-Val 11 142 Cd 90
Servignat 01 83 Fa 70
Servigney 70 70 Gb 62
Servigny 50 28 Yd 54
Servigny-lès-Raville 57 38 Gc 54
Serville 28 32 Bc 56
Servilly 03 92 Dd 71
Servin 25 70 Gc 65
Servins 62 8 Cd 46
Servon 50 28 Yd 57
Servon 77 33 Cd 56
Servon-Melzicourt 51 36 Ef 53
Servon-sur-Vilaine 35 45 Yd 60
Servoz 74 97 Ge 73
Sery 08 19 Ec 51
Sery 89 67 De 63
Séry-lès-Mézières 02 18 Dc 50
Sery-Magneval 60 18 Cf 53
Serzy-et-Prin 51 19 De 53
Sessenheim 67 40 Hf 56
Sète 34 144 De 88
Setques 62 3 Ca 43
Seugy 95 33 Cc 54
Seuil 08 20 Ec 52
Seuil-d'Argonne 55 36 Fa 55
Seuillet 03 92 Dc 71
Seur 41 64 Bc 64
Seure, Le 17 87 Zd 74
Seux 80 17 Ca 49
Seuzey 55 37 Fd 55
Sevant 63 92 Cf 72
Sevelinges 42 93 Eb 72
Sevenans 90 71 Gf 63
Sévérac 44 59 Xf 63
Sévérac-le-Château 12 116 Da 83
Sévérac-l'Eglise 12 115 Cf 82
Seveux 70 69 Fe 63
Sévignacq-Meyracq 64 138 Zd 90
Sévignacq-Thèze 64 138 Ze 88
Sevigny 61 30 Zf 56
Sévigny-la-Forêt 08 20 Ec 49
Sévigny-Waleppe 08 19 Ea 51
Sévis 76 15 Ba 50
Sevrai 61 30 Zf 56
Sevran 93 33 Cd 55
Sèvres 92 33 Cb 56
Sèvres-Anxaumont 86 76 Ac 69
Sevrey 71 82 Ef 68
Sévrier 74 96 Ga 73
Sévry 18 66 Ce 66
Sewen 68 56 Gf 62
Sexcles 19 102 Ca 78
Sexey-aux-Forges 54 38 Ga 57
Sexey-les-Bois 54 38 Ga 56
Sexfontaines 52 53 Fa 59
Seychalles 63 92 Dc 74
Seyches 47 112 Ab 81
Seyne 04 120 Gc 82
Seynes 30 130 Eb 84
Seyne-sur-Mer, La 83 147 Ff 90
Seynod 74 96 Ga 73
Seyre 31 141 Be 88
Seyresse 40 123 Yf 86
Seyssel 74 96 Ff 73
Seysses 31 140 Bd 88
Seysses-savès 32 140 Ba 87
Seyssinet 38 107 Fe 77
Seyssins 38 107 Fe 78
Seythenex 74 96 Gb 74
Seytroux 74 97 Gd 71
Sézanne 51 35 De 56
Siarrouy 65 138 Aa 89
Siaugues-Sainte-Marie 43 105 Dd 78
Sibiril 29 25 Vf 56
Sibiville 62 7 Cb 47
Sicaudais, La 44 59 Ya 65
Siccieu-Saint-Julien-et-Carisieu 38 95 Fb 74
Sichamps 58 66 Db 66
Sickert 68 71 Gf 62
Sideville 50 12 Yb 51
Sidiailles 18 79 Cb 69
Siecq 17 87 Ze 74
Siegen 67 40 Ia 55
Sièges 39 95 Fe 71
Sièges, Les 89 51 Dd 59
Sierck-les-Bains 57 22 Gc 52
Sierentz 68 72 Hc 63
Siersthal 57 39 Hc 54
Sierville 76 15 Ba 51
Siest 40 123 Yf 87
Sieurac 81 127 Ca 86
Sieuras 09 140 Bc 89
Siévoz 38 120 Ff 79
Siewiller 67 39 Hb 55
Sigale 06 134 Gf 85
Sigalens 33 111 Zf 82
Sigean 11 143 Cf 90
Sigloy 45 50 Cb 62
Signac 31 151 Ad 91
Signes 83 147 Ff 89
Signéville 52 54 Fb 59
Signy-l'Abbaye 08 20 Ec 50
Signy-le-Châtel 71 82 Ed 69
Signy-le-Petit 08 19 Eb 49
Signy-Montlibert 08 21 Fb 51
Signy-Signets 77 34 Da 55
Sigogne 16 87 Zf 74
Sigolsheim 68 56 Hb 60
Sigonce 04 133 Ff 84
Sigottier 05 119 Fe 82
Sigoulès 24 112 Ac 80
Sigournais 85 75 Za 68
Sigoyer 04 120 Ff 83
Sigoyer 05 120 Ff 82
Sigy 77 51 Db 58
Sigy-en-Bray 76 16 Bc 51
Silfiac 56 43 Wf 60
Silhac 07 118 Ed 79
Sillans-la-Cascade 83 147 Gb 87
Sillars 86 77 Ae 70
Sillas 33 111 Zf 82
Sillegny 57 38 Ga 55
Sillé-le-Guillaume 72 47 Zf 59
Sillé-le-Philippe 72 47 Ab 70
Sillery 51 35 Ea 53
Silley-Amancey 25 84 Ga 66
Sillingy 74 96 Ga 73
Silly-en-Gouffern 61 30 Aa 56
Silly-en-Saulnois 57 38 Gb 55
Silly-la-Poterie 02 34 Da 53
Silly-le-Long 60 34 Ce 54
Silly-sur-Nied 57 38 Gc 54
Silly-Tillard 60 17 Ca 53
Silmont 55 37 Fb 56
Silvareccio 2B 157 Kc 94
Silvareccju = Silvareccio 2B 157 Kc 94
Silvarouvres 52 53 Ee 60
Simacourbe 64 138 Ze 88
Simandre 01 95 Fc 71
Simandre 71 83 Ef 69
Simandres 69 106 Ef 75
Simard 71 83 Fb 68
Simencourt 62 8 Cd 47
Simeyrols 24 113 Bc 79
Simiane-Collongue 13 146 Fc 88
Simiane-la-Rotonde 04 132 Fd 85
Simorre 32 139 Ae 88
Simplé 53 46 Za 61
Sin 59 8 Db 45
Sinceny 02 18 Db 51
Sincey-lès-Rouvray 21 67 Ea 64
Sindères 40 123 Za 84
Singles 63 103 Cd 75
Singleyrac 24 112 Ac 80
Singly 08 20 Ee 51
Singrist 67 39 Hc 56
Sin-le-Noble 59 8 Da 46
Sinsat 09 152 Bd 92
Sinzos 65 139 Ab 89
Sion 32 124 Aa 86
Sioniac 19 114 Be 79
Sion-les-Mines 44 45 Yc 62
Sionviller 54 38 Gd 57
Siorac-de-Ribérac 24 100 Ac 77
Siorac-en-Périgord 24 114 Af 80
Siouville-Hague 50 12 Ya 51
Sirac 32 126 Af 86
Siracourt 62 7 Cb 46
Siran 15 114 Ca 79
Siran 34 142 Cd 89
Sireix 65 138 Zf 91
Sireuil 16 100 Aa 75
Siridan 65 139 Ad 91
Sirod 39 84 Ff 68
Siros 64 138 Zd 88
Sisco 2B 157 Kc 92
Siscu = Sisco 2B 157 Kc 92
Sissonne 02 19 Df 51
Sissy 02 18 Dc 50
Sistels 82 126 Ae 84
Sisteron 04 133 Ff 83
Sivergues 84 132 Fc 85
Sivignon 71 94 Ed 70
Sivry 54 38 Gb 55
Sivry-Ante 51 36 Ef 54
Sivry-Courtry 77 33 Ce 57
Sivry-la-Perche 55 37 Fb 54
Sivry-sur-Meuse 55 21 Fb 53
Six-Fours-les-Plages 83 147 Ff 90
Sixt-Fer-à-Cheval 74 97 Ge 72
Sixt-sur-Aff 35 44 Xf 62
Sizun 29 25 Vf 58
Skaer = Scaër 29 42 Wb 60
Smarves 86 76 Ac 69
Smermesnil 76 16 Bc 49
Soccia 2A 158 If 95
Sochaux 25 71 Ge 63
Socourt 88 55 Gb 58
Socx 59 3 Cc 43
Sœurdres 49 61 Zc 62
Sognolles-en-Montois 77 51 Db 57
Sogny-aux-Moulins 51 36 Ec 55
Sogny-en-l'Angle 51 36 Ee 56
Soignolles 14 30 Ze 54
Soignolles-en-Brie 77 33 Ce 57
Soindres 78 32 Be 55
Soing-Cubry-Charentenay 70 70 Ff 63
Soings-en-Sologne 41 64 Bd 64
Soissons 02 18 Dc 52
Soissons-sur-Nacey 21 69 Fc 65
Soisy-Bouy 77 51 Db 57
Soisy-sous-Montmorency 95 33 Cb 55
Soisy-sur-École 91 50 Cd 58
Soisy-sur-Seine 91 33 Cc 57
Soize 02 19 Ea 50
Soizé 28 48 Af 60
Soizy-aux-Bois 51 35 De 56
Solaize 69 106 Ef 75
Solaro 2B 159 Kc 97
Solbach 67 56 Hb 58
Soleilhas 04 134 Gd 85
Solemont 25 71 Ge 64
Solente 60 18 Cf 50
Solenzara 2A 159 Kc 97
Soler, le 66 154 Ce 92
Solérieux 26 118 Ee 82
Solers 77 33 Ce 57
Solesmes 59 9 Dc 47
Solesmes 72 46 Ze 61
Soleymieu 38 107 Fc 74
Soleymieux 42 105 Ea 75
Solférino 40 123 Za 84
Solgne 57 38 Gb 55
Soliers 14 30 Ze 54
Solignac 87 89 Bb 74
Solignac-sous-Roche 43 105 Df 77
Solignac-sur-Loire 43 117 Df 79
Solignat 63 104 Db 75
Soligny-la-Trappe 61 31 Ad 57
Soligny-les-Étangs 10 51 Dd 58
Sollacaro 2A 158 If 98
Sollières-Sardières 73 109 Ge 77
Solliès-Pont 83 147 Ga 89
Solliès-Toucas 83 147 Ga 89
Solliès-Ville 83 147 Ga 89
Sologny 71 94 Ee 70
Solomiac 32 126 Af 86
Solre-le-Château 59 10 Ea 47
Solrinnes 59 10 Ea 47
Solterre 45 50 Ce 61
Solutré 71 94 Ee 71
Somain 59 9 Db 46
Sombacour 25 84 Gb 67
Sombernon 21 68 Ee 65
Sombrin 62 8 Cd 47
Sombrun 65 138 Aa 88
Somloire 49 75 Zc 65
Sommaing 59 9 Dc 47
Sommancourt 52 53 Fa 57
Sommant 71 81 Eb 66
Sommauthe 08 20 Ef 52
Somme-Bionne 51 36 Ee 54
Sommecaise 89 51 Db 61
Sommedieue 55 37 Fc 54
Sommeilles 55 36 Ef 55
Sommelans 02 34 Db 54
Sommelonne 55 36 Fa 56
Sommepy-Tahure 51 20 Ed 53
Sommerance 08 20 Ef 53
Sommerécourt 52 54 Fd 59
Sommereux 60 17 Bf 50
Sommeron 02 9 Df 49
Sommervieu 14 13 Zc 53
Sommerviller 54 38 Gc 57
Sommery 76 16 Bc 51
Sommesnil 76 15 Ae 50
Sommesous 51 35 Eb 56
Somme-Suippe 51 36 Ed 54
Somme-Tourbe 51 36 Ee 54
Sommette 02 18 Da 50
Sommette, La 25 71 Gd 65
Sommeval 10 52 Df 60
Somme-Vesle 51 36 Ed 55
Sommevoire 52 53 Ef 58
Somme-Yèvre 51 36 Ee 55
Sommières 30 130 Ea 86
Sommières-du-Clain 86 88 Ac 71
Sompt 79 87 Zf 72
Sompuis 51 36 Ec 56
Somsois 51 52 Ed 57
Son 08 19 Eb 51
Sonac 46 114 Bf 80
Sonchamp 78 32 Bf 57
Soncourt 88 55 Ff 58
Soncourt-sur-Marne 52 54 Fa 59
Sondernach 68 56 Ha 61
Sondersdorf 68 72 Hc 64
Songeons 60 16 Bf 51
Songeson 39 84 Fe 69
Songieu 01 95 Fe 73
Songy 51 36 Ed 56
Sonnac 12 114 Ca 81
Sonnac 17 87 Ze 73
Sonnac-sur-l'Hers 11 141 Bf 90
Sonnay 38 106 Ef 76
Sonnaz 73 108 Ff 75
Sonneville 16 87 Zf 74
Sons-et-Ronchères 02 19 De 50
Sonthonnax-la-Montagne 01 95 Fd 71
Sonzay 37 63 Ac 63
Soorts-Hossegor 40 122 Yd 86
Soppe-le-Bas 68 71 Ha 62
Soppe-le-Haut 68 71 Ha 62
Sor 09 151 Ba 91
Sorans-lès-Breurey 70 70 Ga 64
Sorbais 02 19 Df 49
Sorbets 32 124 Zf 86
Sorbets 40 124 Ze 87
Sorbey 57 38 Gb 54
Sorbier 03 93 Dd 70
Sorbiers 05 119 Fd 82
Sorbiers 42 106 Ec 76
Sorbollano 2A 159 Ka 98
Sorbon 08 19 Ec 51
Sorbo-Ocagnano 2B 157 Kc 94
Sorbs 34 129 Dc 85
Sorbu Ocagnanu = Sorbo-Ocagnano 2B 157 Kc 94
Sorcy-Bauthémont 08 20 Ed 51
Sorcy-Saint-Martin 55 37 Fd 56
Sorde-l'Abbaye 40 123 Yf 87
Sore 40 111 Zc 83
Soréac 65 139 Aa 89
Sorède 66 154 Cf 93
Sorel 80 8 Da 48
Sorel-en-Vimeu 80 7 Bf 48
Sorel-Moussel 28 32 Bc 56
Sorèze 81 141 Ca 88
Sorgeat 09 153 Bf 92
Sorges 24 101 Af 77
Sorgues 84 131 Ef 84
Sorigny 37 63 Ae 65
Sorinières, Les 44 60 Yc 66
Sorio 2B 157 Kb 93
Soriu = Sorio 2B 157 Kb 93
Sormery 89 52 De 60
Sormonne 08 20 Ed 50
Sornac 19 103 Cb 74
Sornay 70 69 Fe 65
Sornay 71 83 Fb 69
Sornéville 54 38 Gc 56
Sorquainville 76 15 Ad 50
Sorrus 62 7 Be 46
Sort-en-Chalosse 40 123 Za 86
Sortosville 50 12 Yd 52
Sortosville-en-Beaumont 50 12 Yb 52
Sos 47 125 Aa 84
Sospel 06 135 Hc 85
Sossais 86 76 Ac 67
Sost 65 151 Ad 91
Sotta 2A 160 Kb 99
Sotteville 50 12 Yb 51
Sotteville-lès-Rouen 76 15 Ba 52
Sotteville-sous-le-Val 76 15 Ba 53
Sotteville-sur-Mer 76 15 Ae 49
Soturac 46 113 Ba 82
Sotzeling 57 38 Gd 55
Soual 81 141 Ca 87
Souancé-au-Perche 28 48 Af 59
Souastre 62 8 Cd 48
Soubès 34 129 Dc 86
Soubise 17 86 Yf 73
Soublecause 65 138 Zf 87
Soubran 17 99 Zc 76
Soubrebost 23 90 Bf 73
Soucelles 49 61 Zd 63
Souche, La 07 117 Eb 81
Souchez 62 8 Ce 46
Soucht 57 39 Hb 55
Soucia 39 84 Fe 69
Soucieu-en-Jarrest 69 94 Ee 74
Soucirac 46 114 Bd 80
Souclin 01 95 Fc 73
Soucy 02 18 Da 53
Soucy 89 51 Db 59
Soudaine-Lavinadière 19 102 Be 75
Soudan 44 45 Ye 62
Soudan 79 76 Zf 70
Souday 41 48 Af 60
Soudé 51 35 Eb 56
Soudorgues 30 130 De 84
Soudron 51 35 Eb 55
Soueich 31 139 Ae 90
Soueix 09 152 Bb 91
Souel 81 127 Bf 84
Soues 65 138 Aa 89
Soues 80 7 Ca 49
Souesmes 41 65 Cb 64
Souffelweyersheim 67 40 He 57
Soufflenheim 67 40 Hf 55
Souffrignac 16 100 Ad 75
Sougé 36 78 Bc 67
Sougé 41 63 Ae 62
Sougeal 35 28 Yc 57
Sougé-le-Ganelon 72 47 Zf 59
Sougères-en-Puisaye 89 66 Db 63
Sougraigne 11 153 Cc 91
Sougy 45 49 Be 60
Sougy-sur-Loire 58 80 Dc 67
Souhain-Perthes-lès-Hurlus 51 36 Ed 53
Souhesmes-Rampont, Les 55 37 Fb 54
Souhey 21 68 Ec 64
Souich, Le 62 7 Cc 47
Souilhanels 11 141 Bf 88
Souilhe 11 141 Bf 88
Souillac 46 114 Bc 79
Souillé 72 47 Ab 60
Souilly 55 37 Fb 54
Soula 09 152 Be 91
Soulac-sur-Mer 33 98 Yf 75
Soulages 15 104 Db 78
Soulages-Bonneval 12 115 Ce 80
Soulaines-Dhuys 10 53 Ee 58
Soulaines-sur-Aubance 49 61 Zc 64
Soulaire-et-Bourg 49 61 Zc 63
Soulaires 28 32 Bd 57
Soulan 09 152 Bb 91
Soulanges 51 36 Ed 56
Soulangis 18 65 Cd 65
Soulangy 14 30 Ze 55
Soulatgé 11 153 Cc 91
Soulaucourt-sur-Mouzon 52 54 Fe 59
Soulaures 24 113 Af 81
Soulce-Cernay 25 71 Gf 65
Soulgé-sur-Ouette 53 46 Zc 60
Soulié, Le 34 142 Ce 87
Soulières 51 35 Df 55
Soulignac 33 111 Ze 80
Souligné-Flacé 72 47 Aa 61
Souligné-sous-Ballon 72 47 Ab 60
Soulignonne 17 87 Zb 74
Souligny 10 52 Df 59
Soulitré 72 47 Ab 70
Soullans 85 73 Ya 68
Soulles 50 28 Ye 54
Soulomès 46 114 Bd 81
Soulosse-sous-Saint Elophe 88 54 Fe 58
Soultzbach-les-Bains 68 56 Hb 60
Soultzeren 68 56 Ha 60
Soultz-Haut-Rhin 68 56 Hb 61
Soultz-les-Bains 67 40 Hc 57
Soultzmatt 68 56 Hb 61
Soultz-sous-Forêts 67 40 Hf 55
Soulvache 44 45 Yd 62
Soumaintrain 89 52 De 60
Soumans 23 91 Cb 71
Soumensac 47 112 Ab 80
Souméras 17 99 Zd 77
Soumont 34 129 Dc 86
Soumont-Saint-Quentin 14 30 Ze 55
Soumoulou 64 138 Ze 89
Souppes-sur-Loing 77 50 Ce 59
Souprosse 40 123 Zb 86
Souraïde 64 136 Yd 88
Sourans 25 71 Gd 64
Sourcieux-les-Mines 69 94 Ed 74
Sourd, Le 02 19 De 49
Sourdeval 50 29 Za 56
Sourdeval-les-Bois 50 28 Ye 55
Sourdon 80 17 Cc 50
Sourdun 77 34 Dc 57
Sourn, Le 56 43 Xa 60
Sournia 66 153 Cc 92
Sourniac 15 103 Cc 77
Sourribes 04 133 Ga 84
Sours 28 32 Bd 58
Soursac 19 103 Cb 77
Sourzac 24 100 Ac 78
Sousceyrac 46 114 Ca 79
Sous-Parsat 23 90 Bf 72
Souspierre 26 118 Ef 81
Soussac 33 112 Aa 80
Soussans 33 99 Zb 78
Soussey-sur-Brionne 21 68 Ed 65
Soustons 40 123 Yd 86
Souternon 42 93 Df 73
Souterraine, La 23 90 Bc 71
Soutiers 79 75 Ze 69
Souvans 39 83 Fd 67
Souvignargues 30 130 Ea 86
Souvigné 37 62 Ac 63
Souvigné 79 76 Ze 70
Souvigné-sur-Même 72 48 Ad 59
Souvigné-sur-Sarthe 72 46 Zd 62
Souvigny 03 80 Db 69
Souvigny-de-Touraine 37 63 Ba 64
Souvigny-en-Sologne 41 65 Ca 63
Souyeaux 65 139 Ab 89
Souzy 69 106 Ec 74
Souzy-la-Briche 91 33 Ca 57
Soveria 2B 157 Kb 94
Soyans 26 118 Fa 81
Soyaux 16 100 Ab 75
Soye 25 70 Gc 64
Soyécourt 80 18 Ce 49
Soye-en-Septaine 18 79 Cc 66
Soyers 52 54 Fe 61
Soyons 07 118 Ef 79
Sparsbach 67 39 Hc 55
Spay 72 47 Aa 61
Spechbach-le-Bas 68 71 Hb 62
Spechbach-le-Haut 68 71 Hb 62
Speloncato 2B 156 If 93
Spéracedes 06 134 Gf 87
Spézet 29 42 Wb 59
Spicheren 57 39 Gf 53
Spincourt 55 21 Fd 53
Sponville 54 37 Ff 54
Spoy 10 53 Ed 59
Spoy 21 69 Fb 64
Spuncatu = Speloncato 2B 156 If 93
Spycker 59 3 Cb 43
Squiffiec 22 26 Wf 57
Staffelfelden 68 56 Hb 62
Stains 93 33 Cc 55
Stainville 55 37 Fb 57
Stang 29 25 Vf 57
Stang, Le 29 41 Ve 61
Staol = Etable-sur-Mer 22 26 Xb 57
Staple 59 3 Cc 44
Stattmatten 67 40 Hf 56
Stazzona 2B 157 Kc 94
Steenbecque 59 4 Cc 44
Steene 59 3 Cc 43
Steenvoorde 59 4 Cd 44
Steenwerck 59 4 Ce 44
Steige 67 56 Hb 58
Steinbach 68 56 Ha 62
Steinbourg 67 39 Hc 56
Steinbrunn-le-Bas 68 72 Hc 62
Steinbrunn-le-Haut 68 72 Hc 63
Steinseltz 67 40 Hf 54
Steinsoultz 68 72 Hb 63
Stenay 55 21 Fb 52
Sternenberg 68 71 Ha 62
Stetten 68 72 Hc 63
Stigny 89 67 Eb 62
Still 67 39 Hc 57
Stiring-Wendel 57 39 Gf 53
Stonne 08 20 Ef 51
Storckensohn 68 56 Gf 61
Stosswihr 68 56 Ha 60
Stotzheim 67 57 Hc 58
Strasbourg 67 40 He 57
Strazeele 59 4 Cd 44
Strenquels 46 114 Bd 79
Strueth 68 71 Ha 63
Struth 67 39 Hb 55
Stundwiller 67 40 Hf 55
Sturzelbronn 57 40 Hd 54
Stutzheim 67 40 Hd 57
Suarce 90 71 Ha 63
Suaux 16 88 Ad 73
Subdray, Le 18 79 Cb 66
Sublaines 37 63 Af 65
Subles 14 13 Zb 53
Subligny 18 66 Ce 64
Subligny 89 51 Db 60
Sublingy 50 28 Yd 56
Succieu 38 107 Fc 75
Sucé-sur-Erdre 44 60 Yc 64
Suc-et-Santenac 09 152 Bc 92
Suddacarò = Sollacaro 2A 158 If 98
Suèvres 41 64 Bc 63
Sugères 63 104 Dc 75
Sugny 08 20 Ed 52
Suilly-la-Tour 58 66 Da 65
Suin 71 82 Ec 70
Suippes 51 36 Ed 54
Suisse 57 38 Gd 55
Suizy-le-Franc 51 35 De 55
Sulaghju, U = Solaro 2A 159 Kc 97
Sulignat 01 94 Ef 71

Sémillac — Sulignat (F) 203

Sulinzara = Solenzera 2A 159 Kc 97
Sully 60 16 Be 51
Sully 71 82 Ec 66
Sully-la-Chapelle 45 50 Cb 61
Sully-sur-Loire 45 65 Cc 62
Sulniac 56 43 Xc 62
Sumène 30 130 De 85
Sundhoffen 68 57 Hc 60
Sundhouse 67 57 Hd 59
Supt 39 84 Ff 67
Surat 63 92 Db 73
Surba 09 152 Bd 91
Surbourg 67 40 Hf 55
Surbuddà = Sorbollano 2A 159 Ka 98
Surcamps 80 7 Ca 48
Surdoux 87 102 Bd 75
Suré 61 47 Ac 58
Surfonds 72 47 Ac 61
Surfontaine 02 18 Dc 50
Surgères 17 87 Zb 72
Surgy 58 67 Dd 63
Suriauville 88 54 Ff 59
Surin 79 75 Zd 70
Surin 86 88 Ac 72
Suris 16 88 Ad 73
Surjoux 01 95 Fe 72
Surmont 25 71 Gd 65
Surques 62 3 Bf 44
Surrain 14 13 Za 53
Surtainville 50 12 Yb 52
Surtauville 27 15 Ba 53
Survie 61 30 Ab 55
Surville 14 14 Ab 53
Surville 27 15 Ba 53
Surville 50 12 Yc 53
Survilliers 95 33 Cd 54
Sury 08 20 Ed 50
Sury-aux-Bois 45 50 Cc 61
Sury-en-Vaux 18 66 Ce 64
Sury-ès-Bois 18 65 Ce 64
Sury-le-Comtal 42 105 Eb 75
Sury-près-Léré 18 66 Cf 64
Surzur 56 58 Xc 63
Sus 64 137 Zb 89
Susmiou 64 137 Zb 89
Sussac 87 102 Bd 75
Sus-Saint-Léger 62 7 Cc 47
Sussargues 34 130 Ea 86
Sussat 03 92 Da 72
Sussey 21 68 Ec 65
Sutrieu 01 95 Fe 73
Suzanne 08 20 Ed 51
Suzanne 80 8 Ce 49
Suzannecourt 52 54 Fb 58
Suzay 27 16 Bd 53
Suze 26 119 Fa 80
Suze-la-Rousse 26 118 Ef 83
Suze-sur-Sarthe, La 72 47 Aa 61
Suzette 84 132 Fa 83
Suzoy 60 18 Cf 51
Suzy 02 18 Dc 51
Sy 08 20 Ef 51
Syam 39 84 Ff 68
Sylvains-les-Moulins 27 31 Ba 55
Sylvanès 12 129 Cf 86
Syndicat, le 88 56 Ge 60

T

Tabaille-Usquain 64 137 Za 88
Tabanac 33 111 Zd 80
Table, La 73 108 Gb 76
Tablier, le 85 74 Yd 69
Tabre 09 141 Bf 91
Tâche, La 16 88 Ac 73
Tachoires 32 139 Ad 88
Tacoignières 78 32 Be 55
Taconnay 58 67 Dc 65
Taconville 54 39 Gf 57
Taden 22 27 Xf 58
Tadousse-Ussau 64 124 Ze 87
Taglio-Isolaccio 2B 157 Kc 94
Tagliu Isulacciu = Taglio-Isolaccio 2A 157 Kc 94
Tagnière, La 71 81 Eb 68
Tagnon 08 19 Eb 52
Tagolsheim 68 71 Hb 63
Tagsdorf 68 72 Hb 63
Tailhac 43 104 Dc 78
Taillades 84 132 Fa 85
Taillancourt 55 37 Fe 57
Taillan-Médoc, Le 33 111 Zb 79
Taillant 17 87 Zc 73
Taillebois 61 29 Zd 56
Taillebourg 17 87 Zc 73
Taillebourg 47 112 Ab 82
Taillecavat 33 112 Aa 81
Taillée, La 85 74 Yb 68
Taillefontaine 02 18 Da 53
Taillet 66 154 Cd 93
Taillette 08 20 Ec 49
Taillis 35 45 Ye 59
Tailly 08 20 Fa 52
Tailly 21 82 Ee 67
Tailly 80 7 Bf 49
Taingy 89 66 Dc 63
Tain-l'Hermitage 26 106 Ef 78
Taintrux 88 56 Gf 59
Taisnières-en-Thiérache 59 9 De 47
Taisnières-sur-Hon 59 9 Df 47
Taissy 51 35 Ea 53
Taïx 81 127 Ca 84
Taizé 71 82 Ee 69
Taizé 79 76 Zf 67
Taizé-Aizie 16 88 Ab 72
Taizy 08 19 Eb 51
Tajan 65 139 Ac 89
Talairan 11 142 Cd 90
Talairat 43 104 Db 77
Talange 57 22 Ga 53
Talant 21 69 Fa 65
Talasani 2B 157 Kc 94
Talau 66 153 Cb 93
Talaudière, La 42 106 Ec 76
Talazac 65 138 Aa 89
Talcy 41 64 Bc 62
Talcy 89 67 Ea 63
Talence 33 111 Zc 80
Talencieux 07 106 Ee 77
Talensac 35 44 Ya 60
Talizat 15 104 Da 78
Tallans 25 70 Gb 64
Tallard 05 120 Ga 82
Tallenay 25 70 Ga 65
Tallende 63 104 Da 74
Taller 40 123 Yf 85
Talloires 74 96 Gb 73
Tallone 2B 159 Kc 95
Tallone 2B 159 Kd 96
Tallud, Le 79 75 Ze 69
Tallud-Sainte-Gemme 85 75 Za 68
Talmas 80 7 Cb 48
Talmay 21 69 Fc 64
Talmont 17 98 Za 75
Talmontiers 60 16 Be 52
Talmont-Saint-Hilaire 85 74 Yc 70
Talon 58 67 Dd 65
Talus-Saint-Prix 51 35 De 55
Talyers 69 106 Ee 75
Tamniès 24 113 Ba 79
Tanavelle 15 104 Cf 78
Tanay 21 69 Fb 64
Tancarville 76 15 Ac 52
Tancoigné 49 61 Zd 65
Tancon 71 93 Eb 71
Tancrou 77 34 Da 54
Tancua 39 84 Ff 69
Tangry 62 7 Cb 46
Taninges 74 97 Gd 72
Tanlay 89 52 Ea 61
Tannay 08 20 Ee 51
Tannay 58 67 Dd 64
Tanneron 83 134 Gf 87
Tannerre-en-Puisaye 89 66 Da 62
Tannières 02 18 Dd 53
Tannois 55 37 Fb 56
Tanques 61 30 Zf 56
Tantonville 54 55 Ga 58
Tanu, Le 50 28 Yd 56
Tanus 81 128 Cb 84
Tanville 61 30 Aa 57
Tanzac 17 99 Zc 75
Taole = Taulé 29 25 Wa 57
Tapon 43 104 Dc 77
Taponnat-Fleurignac 16 88 Ac 74
Tarabel 31 141 Be 87
Taradeau 83 147 Gc 88
Tarare 69 94 Ec 73
Tarascon 13 131 Ed 86
Tarascon-sur-Ariège 09 152 Bd 91
Tarasteix 65 138 Zf 89
Tarbes 65 138 Aa 89
Tarcenay 25 70 Ga 66
Tardes 23 91 Cc 72
Tardets-Sorholus 64 137 Za 90
Tardinghen 62 3 Bd 43
Tarentaise 42 106 Ec 76
Tarerach 66 153 Cc 92
Targassonne 66 153 Bf 93
Target 03 92 Da 71
Targon 33 111 Ze 80
Tarnac 19 102 Bf 74
Tarnos 40 122 Yd 87
Taron-Sadirac-Viellenave 64 138 Ze 87
Tarquimpol 57 39 Ge 56
Tarrano 2B 157 Kc 94
Tarranu = Tarrano 2B 157 Kc 94
Tarsac 32 124 Zf 86
Tarsacq 64 138 Zc 88
Tarsul 21 68 Ef 63
Tartas 40 123 Zb 86
Tartécourt 70 55 Ff 61
Tartiers 02 18 Db 52
Tartigny 60 17 Cc 51
Tart-l'Abbaye 21 69 Fa 65
Tart-le-Bas 21 69 Fa 65
Tart-le-Haut 21 69 Fa 65
Tartonne 04 133 Gc 84
Tarzy 08 19 Eb 49
Tasque 32 124 Aa 87
Tassé 72 47 Zf 61
Tassenières 39 83 Fd 67
Tassillé 72 47 Zf 61
Tassin-la-Demi-Lune 69 94 Ee 74
Tasso 2A 159 Ka 97
Tassu = Tasso 2A 159 Ka 97
Tatinghem 62 3 Cb 44
Tâtre, Le 16 99 Ze 76
Taugon 17 87 Za 71
Taulé 29 25 Wa 57
Taulignan 26 118 Ef 82
Taulis 66 154 Cd 93
Taupont 56 44 Xd 61
Tauriac 33 99 Zc 78
Tauriac 46 114 Be 79
Tauriac 81 127 Bd 85
Tauriac-de-Camarès 12 129 Da 86
Tauriac-de-Naucelle 12 128 Cb 84
Taurignan-Castet 09 140 Ba 90
Taurignan-Vieux 09 140 Ba 90
Taurinya 66 153 Cc 93
Taurize 11 142 Cd 90
Taussac 12 115 Cd 80
Taussac-la-Billière 34 129 Da 87
Tautavel 66 154 Ce 92
Tauxières-Mutry 51 35 Ea 54
Tauxigny 37 63 Af 65
Tavaco 2A 158 If 96
Tavacu = Taveco 2A 158 If 96
Tavant 37 62 Ac 66
Tavaux 39 83 Fc 66
Tavaux-et-Pontséricourt 02 19 Df 50
Tavel 30 131 Ee 84
Tavera 2A 159 Ka 96
Tavernay 71 82 Eb 66
Tavernes 83 147 Ga 87
Taverny 95 33 Cb 54
Tavers 45 64 Bd 62
Tavey 70 71 Ge 63
Taxat-Senat 03 92 Da 71
Taxenne 39 69 Fe 65
Tayac 33 100 Zf 79
Taybosc 32 125 Ae 86
Tayrac 12 128 Cb 83
Tayrac 47 126 Af 83
Tazilly 58 81 Df 68
Tech, Le 66 154 Cd 94
Técou 81 127 Bf 85
Teigny 58 67 De 64
Teil, Le 07 118 Ee 81
Teilhède 63 92 Da 73
Teilhet 09 141 Be 90
Teilhet 63 91 Ce 72
Teillay 35 45 Yc 62
Teillé 44 60 Ye 64
Teillé 72 47 Ab 59
Teillet 81 128 Cb 84
Teillet-Argenty 03 91 Cd 71
Teilleul, le 50 29 Za 57
Teillots 24 101 Bb 77
Teissières-de-Cornet 15 115 Cc 79
Teissières-lès-Bouliès 15 115 Cd 80
Telgruc-sur-Mer 29 24 Vd 59
Tellancourt 54 21 Fd 51
Tellecey 21 69 Fb 65
Tellières-le-Plessis 61 30 Ac 57
Teloché 72 47 Ab 61
Temple, Le 33 110 Za 79
Temple, Le 41 48 Af 61
Temple-de-Bretagne, Le 44 60 Yb 65
Temple-Laguyon 24 101 Ba 77
Templemars 59 8 Cf 45
Temple-sur-Lot, Le 47 112 Ad 82
Templeuve 59 8 Da 45
Templeux-la-Fosse 80 8 Da 49
Templeux-le-Guérard 80 8 Da 49
Tenay 01 95 Fd 71
Tence 43 105 Eb 78
Tencin 38 108 Ff 77
Tende 06 135 Hd 84
Tendon 88 56 Ge 60
Tendron 18 80 Cf 67
Tendu 36 78 Bd 69
Teneur 62 7 Cb 46
Tennie 72 47 Zf 60
Tenteling 57 39 Gf 54
Terasanne 26 106 Fa 77
Tercé 86 77 Ad 69
Tercillat 23 90 Ca 70
Tercis-les-Bains 40 123 Yf 86
Terdeghem 59 4 Cd 44
Tergnier 02 18 Db 51
Terjat 03 91 Cd 71
Termes 08 20 Ee 53
Termes 11 142 Cd 91
Termes 48 116 Db 80
Terminiers 28 49 Be 60
Ternand 69 94 Ed 73
Ternant 21 68 Ef 65
Ternant 58 81 Df 68
Ternant-les-Eaux 63 104 Da 76
Ternas 62 7 Cb 46
Ternat 52 54 Fa 61
Ternay 41 63 Ae 62
Ternay 69 106 Ee 75
Ternay 86 76 Zf 66
Ternes, Les 15 116 Da 79
Ternuay-Melay-et-Saint-Hilaire 70 71 Gd 62
Terny-Sorny 02 18 Dc 52
Terramesnil 80 7 Cc 48
Terrans 71 83 Fb 67
Terrasse, La 38 108 Ff 77
Terrasse-sur-Dorlay, La 42 106 Ed 76
Terrasson-la-Villedieu 24 101 Bb 78
Terrats 66 154 Ce 93
Terraube 32 125 Ad 85
Terre-Clapier 81 128 Cb 85
Terrefondrée 21 68 Ef 62
Terrehault 72 47 Ac 59
Terre-Natale 52 54 Fd 61
Terres-de-Chaux 25 71 Ge 65
Terrisse, La 12 115 Ce 80
Terroles 11 142 Cc 91
Terron-sur-Aisne 08 20 Ee 52
Terrou 46 114 Bf 80
Tersannes 87 89 Ba 71
Tertre-Saint-Denis, Le 78 32 Bd 55
Tertry 80 18 Da 49
Terville 57 22 Ga 52
Tessancourt-sur-Aubette 78 32 Bf 54
Tessé-Froulay 61 29 Zd 57
Tessel 14 13 Zc 54
Tessé-la-Madeleine 61 29 Zd 57
Tessens 73 109 Gd 75
Tessonnière 79 76 Ze 68
Tessouale, La 49 75 Za 66
Tessy-sur-Vire 50 29 Yf 55
Teste, La 33 110 Ye 81
Tétaigne 08 20 Fa 51
Téteghem 59 3 Cc 42
Téterchen 57 22 Gd 53
Téthieu 40 123 Za 86
Téting-sur-Nied 57 38 Gd 54
Teuillac 33 99 Zc 78
Teulat 81 127 Be 87
Teurthéville-Bocage 50 12 Yd 51
Teurthéville-Hague 50 12 Yb 51
Teyran 34 130 Df 86
Teyssières 26 119 Fa 82
Teyssieu 46 114 Bf 79
Thaas 51 35 Df 57
Thaims 17 87 Zb 75
Thairé 17 86 Yf 72
Thaix 58 81 De 67
Thalamy 19 103 Cc 75
Thal-Drulingen 67 39 Ha 55
Thal-Marmoutier 67 39 Hc 56
Thann 68 56 Ha 62
Thannenkirch 68 56 Hb 59
Thanvillé 67 56 Hc 59
Thaon 14 13 Zd 53
Thaon-les-Vosges 88 55 Gc 59
Tharaux 30 130 Eb 83
Tharoiseau 89 67 De 64
Tharot 89 67 Df 63
Thaumiers 18 79 Cd 68
Thauvenay 18 66 Cf 65
Thèbe 65 139 Ad 91
Théding 57 39 Gf 54
Thédirac 46 113 Bb 81
Thégra 46 114 Be 80
Theil, Le 03 91 Cd 71
Theil, le 03 92 Da 70
Theil, Le 50 12 Yd 51
Theil, Le 61 48 Ae 59
Theil-Bocage, Le 14 29 Zb 55
Theil-de-Bretagne, le 35 45 Yd 61
Theil-en-Auge, le 14 14 Ab 52
Theillay 41 65 Ca 65
Theillement 27 15 Ae 53
Theil-Nolent, le 27 31 Ad 54
Theil-Rabier 16 88 Aa 72
Theil-sur-Vanne 89 51 Dc 60
Theix 56 58 Xc 63
Theizé 69 94 Ed 73
Thel 69 94 Ec 72
Thel, Le 69 94 Ed 71
Théligny 72 48 Ae 59
Thélis-la-Combe 42 106 Ed 77
Thélod 54 38 Ga 57
Thelonne 08 20 Ef 51
Thélus 62 8 Ce 46
Théméricourt 95 32 Bf 54
Thémines 46 114 Be 80
Théminettes 46 114 Bf 80
Thénac 17 87 Zc 75
Thénac 24 112 Ac 80
Thenailles 02 19 Df 50
Thenay 36 78 Bc 69
Thenay 41 64 Bb 64
Thenelles 02 18 Dc 49
Thénésol 73 96 Gc 74
Theneuil 37 62 Ac 66
Theneuille 03 80 Cf 69
Thénioux 18 64 Be 65
Thenissey 21 68 Ed 64
Thénisy 77 51 Db 58
Thennelières 10 52 Eb 59
Thennes 80 17 Cc 50
Thenon 24 101 Ba 78
Thénorgues 08 20 Ef 52
Théoule-sur-Mer 06 148 Gf 87
Therdonne 60 17 Ca 52
Thérines 60 16 Bf 51
Thermes-Magnoac 65 139 Ad 89
Thérondels 12 115 Ce 79
Thérouanne 62 3 Cb 45
Thérouldeville 76 15 Ad 50
Thervay 39 69 Fd 65
Thésée 41 64 Bb 65
Thésy 39 84 Ff 67
Theuley 70 70 Fe 63
Théus 05 120 Gb 82
Theuville 28 49 Bd 58
Theuville 76 15 Ad 50
Theuville 95 33 Ca 54
Thevet-Saint-Julien 36 79 Ca 69
Théville 50 12 Yd 51
Thevray 27 31 Ae 55
They-sous-Montfort 88 55 Ff 59
They-sous-Vaudémont 54 55 Ga 58
Théza 66 154 Cf 93
Thézac 17 87 Zb 74
Thézac 47 113 Ba 82
Thézan-lès-Béziers 34 143 Db 88
Thèze 64 138 Zd 88
Thézey-Saint-Martin 54 38 Gb 55
Théziers 30 131 Ed 85
Thézillieu 01 95 Fd 73
Thézy-Glimont 80 17 Cc 50
Thiais 94 33 Cc 56
Thiancourt 90 71 Gf 63
Thianges 58 81 Dd 67
Thiant 59 9 Dc 47
Thiat 87 89 Af 71
Thiaucourt-Regniéville 54 37 Ff 55
Thiaville-sur-Meurthe 54 56 Ge 58
Thiberville 27 31 Ac 54
Thibie 51 35 Eb 55
Thibivillers 60 16 Bf 53
Thibouville 27 31 Ae 54
Thicourt 57 38 Gd 55
Thiéblemont-Farémont 51 36 Ee 56
Thiébouhans 25 71 Gf 65
Thieffrain 10 53 Ec 59
Thieffrans 70 70 Gb 64
Thiéfosse 88 56 Ge 61
Thiel-sur-Acolin 03 81 Dd 69
Thiembronne 62 7 Ca 44
Thiénans 70 70 Gb 64
Thiennes 59 3 Cc 45
Thiepval 80 8 Ce 48
Thiergeville 76 15 Ac 50
Thiernu 02 19 De 50
Thiers 63 92 Dd 73
Thiers-sur-Thève 60 33 Cd 54
Thierville 27 15 Ae 53
Thierville-sur-Meuse 55 37 Fc 53
Thiéry 06 134 Ha 85
Thiescourt 60 18 Cf 51
Thiétreville 76 15 Ad 50
Thieulin, Le 28 48 Ba 58
Thieulloy-l'Abbaye 80 16 Bf 49
Thieulloy-la-Ville 80 16 Bf 50
Thieuloye, La 62 7 Cb 46
Thieuloy-Saint-Antoine 60 16 Bf 51
Thieux 60 17 Cb 51
Thieux 77 33 Ce 54
Thiéville 14 30 Zf 54
Thièvres 62 7 Cc 48
Thiézac 15 103 Ce 78
Thignonville 45 50 Cb 59
Thil 01 94 Fa 74
Thil 10 53 Ee 58
Thil 51 19 Df 53
Thil 54 21 Ff 52
Thil, Le 27 16 Bd 53
Thilay 08 20 Ee 49
Thillay, Le 95 33 Cc 54
Thilleux 52 53 Ee 58
Thilliers-en-Vexin, les 27 16 Bd 53
Thillois 51 19 Df 53
Thillombois 55 37 Fc 55
Thillot 55 37 Fe 54
Thillot, le 88 56 Ge 61
Thil-Manneville 76 15 Af 49
Thilouze 37 63 Ad 65
Thil-Riberpré, Le 76 16 Bd 51
Thil-sur-Arroux 71 81 Ea 68
Thimert-Gâtelles 28 32 Bb 57
Thimonville 57 38 Gc 55
Thimory 45 50 Cd 61
Thin-le-Moutier 08 20 Ec 50
Thiolières 63 105 De 75
Thionne 03 92 Dd 70
Thionville 57 22 Ga 52
Thiouville 76 15 Ad 50
Thiraucourt 88 55 Ga 59
Thiré 85 74 Yf 69
Thiron 28 48 Af 59
This 08 20 Ed 50
Thise 25 70 Ga 65
Thivars 28 49 Bc 58
Thivencelle 59 9 Dd 46
Thiverny 60 17 Cc 53
Thiverval-Grignon 78 32 Bf 55
Thivet 52 54 Fb 61
Thiviers 24 101 Af 76
Thiville 28 49 Bc 60
Thizay 36 78 Bf 67
Thizay 37 62 Aa 66
Thizy 69 93 Eb 72
Thizy 89 67 Ea 63
Thoard 04 133 Ga 84
Thoigné 72 47 Ab 59
Thoiras 30 130 Df 84
Thoires 21 53 Ee 61
Thoiré-sous-Contensor 72 47 Ab 59
Thoiré-sur-Dinan 72 63 Ac 62
Thoirette 39 95 Fd 71
Thoiria 39 84 Fe 69
Thoiry 01 96 Ff 71
Thoiry 73 108 Ga 75
Thoiry 78 32 Be 55
Thoissey 01 94 Ee 72
Thoissia 39 83 Fc 70
Thoisy-la-Berchère 21 68 Ec 65
Thoisy-le-Désert 21 68 Ed 65
Thoix 80 17 Ca 50
Thol-lès-Millières 52 54 Fc 60
Thollet 86 77 Ba 70
Thollon-les-Mémises 74 97 Ge 70
Tholonet, Le 13 146 Fd 87
Tholy, le 88 56 Ge 60
Thomer-la-Sôgne 27 31 Bb 55
Thomery 77 50 Ce 58
Thomirey 21 68 Eb 65
Thomirey 21 82 Ed 66
Thonac 24 101 Ba 78
Thônes 74 96 Gb 73
Thonnance-lès-Joinville 52 54 Fb 58
Thonnance-lès-Moulins 52 54 Fb 58
Thonne-la-Long 55 21 Fc 51
Thonne-lès-Près 55 21 Fc 51
Thonne-le-Thil 55 21 Fc 51
Thonnelle 55 21 Fc 51
Thonon-les-Bains 74 96 Gc 70
Thons, Les 88 55 Ff 61
Thonville 57 38 Gd 55
Thor, Le 84 131 Ef 85
Thorailles 45 51 Cf 60
Thoraise 25 70 Ff 65
Thorame-Basse 04 134 Gc 84
Thorame-Haute 04 134 Gd 84
Thoras 43 116 Dd 79
Thorée-les-Pins 72 62 Aa 62
Thoré-la-Rochette 41 63 Af 62
Thorens-Glières 74 96 Gb 73
Thorey 89 52 Ea 61
Thorey-en-Plaine 21 69 Fa 65
Thorey-Lyautey 54 55 Ga 58
Thorey-sous-Charny 21 68 Ec 65
Thorey-sur-Ouche 21 68 Ee 66
Thorigné 79 87 Ze 71
Thorigné-d'Anjou 49 61 Zc 63
Thorigné-en-Charnie 53 46 Zd 61
Thorigné-Fouillard 35 45 Yc 60
Thorigné-sur-Dué 72 48 Ad 60
Thorigny 79 87 Zc 72
Thorigny 85 74 Ye 69
Thorigny-sur-Marne 77 33 Ce 55
Thorigny-sur-Oreuse 89 51 Dc 59
Thoronet, Le 83 147 Gb 88
Thors 10 53 Ee 59
Thors 17 87 Ze 73
Thory 80 17 Cc 50
Thory 89 67 Df 63
Thoste 21 67 Eb 64
Thou 18 65 Ce 64
Thou 45 66 Cf 63
Thou, Le 17 86 Za 72
Thouarcé 49 61 Zc 65
Thouaré-sur-Loire 44 60 Yd 65
Thouars 79 76 Ze 67
Thouarsais-Bouildroux 85 75 Za 69
Thouars-sur-Arize 09 140 Bb 89
Thouars-sur-Garonne 47 125 Ac 83
Thoult-Trosnay, Le 51 35 De 55
Thour, le 08 19 Ea 51
Thoureil, Le 49 62 Ze 64
Thourie 35 45 Yd 61
Thouron 87 89 Bb 73
Thourotte 60 18 Cf 52
Thoury 41 64 Bd 63
Thoury-Férottes 77 51 Cf 59
Thoux 32 126 Af 86
Thubœuf 53 29 Zd 57
Thuel, Le 02 19 Ea 51
Thuès-entre-Valls 66 153 Cb 93
Thueyts 07 117 Eb 80
Thugny-Trugny 08 20 Ec 52
Thuile, la 73 108 Ga 75
Thuiles, Les 04 121 Gd 82
Thuillières 88 55 Ga 60
Thuit, Le 27 16 Bc 53
Thuit-Anger, Le 27 15 Af 53
Thuit-Hébert 27 15 Af 53
Thuit-Signol, Le 27 14 Af 53
Thuit-Simer, Le 27 15 Af 53
Thulay 25 71 Gf 64
Thumeréville 54 37 Fe 53
Thumeries 59 8 Da 46
Thun 59 9 Dc 46
Thun-l'Evêque 59 9 Db 47
Thun-Saint-Martin 59 9 Db 47
Thurageau 86 76 Ab 68
Thuré 86 76 Ab 68
Thuret 63 92 Db 73
Thurey 71 83 Fa 68
Thurey-le-Mont 25 70 Ga 64
Thurins 69 106 Ed 74
Thury 21 82 Ed 66
Thury 89 66 Db 63
Thury-en-Valois 60 34 Da 54
Thury-Harcourt 14 29 Zd 55
Thury-sous-Clermont 60 17 Cb 52
Thusy 74 96 Ff 73
Thyez 74 96 Gd 72
Tibiran-Jaunac 65 139 Ad 90
Ticheville 61 30 Ab 55
Tichey 21 83 Fb 66
Tieffenbach 67 39 Hb 55
Tiercé 49 61 Zd 63
Tiercelet 54 21 Ff 52
Tierceville 14 13 Zc 53
Tieste-Uragnoux 32 124 Aa 87
Tieule, La 48 116 Da 82
Tigeaux 77 34 Cf 56
Tigery 91 33 Cd 57
Tignac 09 152 Be 92
Tigné 49 61 Zd 65
Tignécourt 88 55 Ff 60
Tignes 73 109 Gf 76
Tignet, Le 06 134 Gf 87
Tignieu-Jameyzieu 38 94 Fb 74
Tigny-Noyelle 62 7 Be 46
Tigy 45 65 Cb 62
Til-Châtel 21 69 Fb 63
Tilh 40 123 Za 87
Tilhouse 65 139 Ab 90
Tillac 32 139 Ab 88
Tillard, Silly- 60 17 Ca 53
Tillay-le-Péneux 28 49 Be 60
Tillé 60 17 Ca 52
Tillenay 21 69 Fc 65
Tilleul, Le 76 14 Ab 50
Tilleul-Dame-Agnès 27 31 Af 54
Tilleul-Lambert, Le 27 31 Af 54
Tilleul-Othon, Le 27 31 Ae 54
Tilleux 88 54 Fe 59
Tillières 49 60 Ye 66
Tillières-sur-Avre 27 31 Ba 56
Tilloloy 80 17 Ce 51
Tillou 79 87 Zf 72
Tilloy-et-Bellay 51 36 Ed 54
Tilloy-Floriville 80 6 Bd 49
Tilloy-lès-Conty 80 17 Cb 50
Tilloy-lès-Hermaville 62 8 Cd 47
Tilloy-lès-Mofflaines 62 8 Cd 47
Tilloy-lez-Cambrai 59 8 Db 47
Tilloy-lez-Marchiennes 59 9 Db 46
Tilly 27 32 Bd 54
Tilly 36 77 Bb 70
Tilly 78 32 Bd 55
Tilly-Capelle 62 7 Cb 46
Tilly-la-Campagne 14 30 Ze 54
Tilly-sur-Meuse 55 37 Fc 54
Tilly-sur-Seulles 14 13 Zc 53
Tilques 62 3 Cb 44
Tincey-et-Pontrebeau 70 70 Fe 63
Tinchebray 61 29 Zb 56
Tincourt-Boucly 80 8 Da 49
Tincques 62 8 Cc 46
Tincry 57 38 Gc 55
Tingry 62 7 Be 45
Tinténiac 35 44 Yb 59
Tintenieg = Tinténiac 35 44 Yb 59
Tintry 71 82 Ec 67
Tintury 58 81 Dd 67
Tiranges 43 105 Df 77
Tirent-Pontéjac 32 139 Ae 87
Tirepied 50 28 Ye 56
Tissey 89 52 Df 61
Titre, Le 80 7 Be 47
Tivernon 45 49 Bf 60
Tiviers 15 104 Da 78
Tizac-de-Curton 33 111 Ze 80
Tizac-de-Lapouyade 33 99 Ze 78
Tocchisi = Tox 2B 159 Kc 95
Tocqueville 27 15 Ad 52
Tocqueville 50 12 Ye 50
Tocqueville-en-Caux 76 15 Af 50
Tocqueville-les-Murs 76 15 Ac 50
Tocqueville-sur-Eu 76 6 Bb 48
Tœufles 80 7 Be 48
Toges 08 20 Ee 52
Togny-aux-Bœufs 51 36 Ec 55
Tolla 2A 159 If 97
Tollaincourt 88 54 Fe 60
Tollent 62 7 Ca 47
Tollevast 50 12 Yc 51
Tombe, La 77 51 Da 58
Tombebœuf 47 112 Ac 81
Tomino 2B 157 Kc 91
Tonils, Les 26 119 Fb 81
Tonnac 81 127 Bf 84
Tonnay-Boutonne 17 87 Zb 73
Tonnay-Charente 17 66 Za 73
Tonneins 47 112 Ab 82
Tonnerre 89 52 Df 61
Tonneville 50 12 Yb 51
Tonnoy 54 38 Gb 57
Tonquédec 22 25 Wd 56
Torcé 35 45 Ye 60
Torcé-en-Vallée 72 47 Ac 60
Torcenay 52 69 Fc 62
Torcé-Viviers-en-Charnie 53 47 Ze 60
Torchamp 61 29 Zb 57
Torchefelon 38 107 Fc 75
Torcieu 01 95 Fc 73
Torcy 62 7 Ca 46
Torcy 77 33 Cd 55
Torcy-en-Valois 02 34 Db 54
Torcy-et-Pouligny 21 67 Eb 64
Torcy-le-Grand 10 52 Eb 57
Torcy-le-Grand 76 15 Bb 50
Torcy-le-Petit 10 35 Eb 57
Torcy-le-Petit 76 15 Bb 50
Tordouet 14 30 Ab 54
Torfou 49 60 Yf 66
Torfou 91 33 Cb 57
Torigni-sur-Vire 50 29 Za 54
Tornac 30 130 Df 84
Tornay 52 69 Fd 62
Torpes 25 70 Ff 65
Torp-Mesnil, Le 76 15 Af 50
Torpt, Le 27 14 Ac 53
Torquesne, le 14 14 Aa 53
Torreilles 66 154 Cf 92
Torsac 16 100 Ab 75
Tortebesse 63 91 Cd 74
Tortefontaine 62 7 Bf 47
Tortequesne 62 8 Da 47
Torteron 18 80 Cf 66
Torteval-Quesnay 14 13 Zb 54
Tortezais 03 80 Cf 70
Tortisambert 14 30 Aa 55
Torvilliers 10 52 Df 59
Torxé 17 87 Zb 73
Tosny 27 16 Bc 53
Tosse 40 123 Yd 86
Tossiat 01 95 Fb 72
Tostat 65 138 Aa 89
Tostes 27 15 Ba 53
Totainville 88 55 Ff 59
Tôtes 76 15 Ba 50
Touchay 18 79 Cb 68
Touche, La 26 118 Ef 81
Touches, Les 44 60 Yd 64
Touches-de-Périgny, Les 17 87 Ze 73
Toucy 89 66 Db 62
Toudon 06 134 Ha 85
Touët-de-l'Escarène 06 135 Hc 85
Touët-sur-Var 06 134 Ha 85
Touffailles 82 126 Ba 83
Toufféville 14 14 Ze 53
Touffreville 27 16 Bc 52
Touffreville 76 16 Bb 51
Touffreville-la-Cable 76 15 Ad 51
Touffreville-sur-Eu 76 6 Bb 48
Touget 32 126 Af 86
Touille 31 140 Af 90
Touillon 21 68 Ec 63
Touillon-et-Loutelet 25 84 Gc 68
Toujouse 32 124 Ze 86
Toul 54 37 Ff 56
Toulaud 07 118 Ee 79
Toule, La 71 94 Ed 71
Touligny 08 20 Ed 50
Toulis-et-Attencourt 02 19 De 50
Toulon 83 147 Ff 90
Toulon-sur-Allier 03 80 Dc 69
Toulon-sur-Arroux 71 81 Ea 68
Toulouges 66 154 Ce 92
Toulouse 31 126 Bc 87

204 (F) Sulinzara — Toulouse

Valmascle **34** 143 Db 87
Valmeinier **73** 108 Gc 77
Valmestroff **57** 22 Gb 52
Valmigère **11** 142 Cc 91
Valmondois **95** 33 Cb 54
Valmont **76** 15 Ad 50
Valmunster **57** 22 Gd 53
Valmy **51** 36 Ee 54
Valognes **50** 12 Yd 51
Valojoulx **24** 101 Ba 78
Valonne **25** 71 Gd 64
Valoreille **25** 71 Ge 65
Valouse **26** 119 Fb 82
Valprionde **46** 113 Ba 82
Valprivas **43** 105 Ea 77
Valpuiseaux **91** 50 Cb 58
Valras-Plage **34** 143 Db 89
Valréas **84** 118 Ef 82
Valros **34** 143 Dc 88
Valroufié **46** 114 Bc 81
Vals **09** 141 Be 90
Val-Saint-Eloi, Le **70** 70 Gb 62
Val-Saint-Germain, Le **91** 33 Ca 57
Val-Saint-Père, Le **50** 28 Yd 57
Vals-des-Tilles **52** 69 Fa 62
Valsemé **14** 14 Aa 53
Valserres **05** 120 Ga 82
Vals-le-Chastel **43** 104 Dd 77
Vals-les-Bains **07** 118 Ec 81
Valsonne **69** 94 Ec 73
Vals-près-le-Puy **43** 105 Df 78
Val-Suzon **21** 68 Ef 64
Valtin, le **88** 56 Ha 60
Valuéjols **15** 104 Cf 78
Valvignères **07** 118 Ed 82
Valzergues **12** 115 Cb 82
Valz-sous-Châteauneuf **63** 104 Dc 76
Vanault-le-Châtel **51** 36 Ee 55
Vanault-les-Dames **51** 36 Ee 55
Vançais **79** 88 Aa 71
Vancé **72** 48 Ad 62
Vancelle, La **67** 56 Hb 59
Vanclans **25** 84 Gc 66
Vandeins **01** 94 Fa 71
Vandelainville **54** 38 Ff 54
Vandelans **70** 70 Gb 64
Vandeléville **54** 55 Ff 58
Vandélicourt **60** 18 Ce 51
Vandenesse **58** 81 De 67
Vandenesse-en-Auxois **21** 68 Ed 65
Vandeuil **51** 19 De 53
Vandières **51** 35 De 54
Vandières **54** 38 Ga 55
Vandœuvre-lès-Nancy **54** 38 Gb 57
Vandoncourt **25** 71 Gf 64
Vandré **17** 87 Zb 72
Vandrimare **27** 16 Bc 52
Vandy **08** 20 Ee 52
Vanlay **10** 52 Ea 60
Vanne **70** 70 Ff 63
Vanneau, Le **79** 87 Zc 71
Vannecourt **57** 38 Gd 55
Vannecrocq **27** 15 Ac 53
Vannes **56** 43 Xb 63
Vannes-le-Châtel **54** 37 Fe 57
Vannes-sur-Cosson **45** 65 Cb 62
Vannoz **39** 84 Ff 64
Vanosc **07** 106 Ed 77
Vans, les **07** 117 Ea 82
Vantoux **57** 38 Gb 54
Vantoux-et-Longevelle **70** 70 Ff 64
Vanvey **21** 53 Ee 61
Vanvillé **77** 34 Da 57
Vanxains **24** 100 Ab 77
Vany **57** 38 Gb 54
Vanzac **17** 99 Ze 76
Vanzay **79** 88 Aa 71
Vanzy **74** 96 Ff 72
Vaour **81** 127 Be 84
Varacieux **38** 107 Fc 77
Varades **44** 61 Yf 64
Varages **83** 147 Ff 87
Varaignes **24** 100 Ad 75
Varaire **46** 114 Be 82
Varaize **17** 87 Zd 73
Varambon **01** 95 Fb 72
Varanges **21** 69 Fa 65
Varangéville **54** 38 Gb 57
Varaville **14** 14 Zf 53
Varces-Allières-et-Risset **38** 107 Fe 78
Vareille, La **23** 90 Bf 74
Vareilles **23** 90 Bc 71
Vareilles **71** 93 Eb 71
Vareilles **89** 51 Dc 59
Varen **82** 127 Bf 84
Varengeville-sur-Mer **76** 6 Af 49
Varenguebec **50** 12 Yd 52
Varenne, La **49** 60 Ye 65
Varenne-l'Arconce **71** 93 Ea 70
Varennes **24** 112 Ae 80
Varennes **31** 141 Be 88
Varennes **37** 77 Af 66
Varennes **43** 104 Dc 78
Varennes **43** 117 De 78
Varennes **80** 8 Cd 48
Varennes **82** 127 Bd 85
Varennes **86** 76 Ab 68
Varennes **89** 52 De 61
Varennes **89** 66 Dc 62
Varenne-Saint-Germain **71** 81 Ea 70
Varennes-Changy **45** 50 Cd 61
Varennes-en-Argonne **55** 36 Fa 53
Varennes-Jarcy **91** 33 Cd 56
Varennes-le-Grand **71** 82 Ef 68
Varennes-lès-Mâcon **71** 94 Ee 71
Varennes-lès-Narcy **58** 66 Da 65
Varennes-Saint-Honorat **43** 105 Dd 77
Varennes-Saint-Sauveur **71** 83 Fb 70
Varennes-sous-Dun **71** 94 Eb 71
Varennes-sur-Allier **03** 92 Dc 71
Varennes-sur-Fouzon **36** 64 Bd 65
Varennes-sur-le-Doubs **71** 83 Fb 67
Varennes-sur-Loire **49** 62 Aa 65
Varennes-sur-Morge **63** 92 Db 73
Varennes-sur-Seine **77** 51 Cf 58
Varennes-sur-Tèche **03** 93 Dd 71
Varennes-sur-Ussan **63** 104 Db 75
Varennes-Vauzelles **58** 80 Da 66
Varès **47** 112 Ac 82
Varesnes **60** 18 Da 51
Varessia **39** 83 Fd 69
Varetz **19** 102 Bc 77
Varilhes **09** 141 Bd 90
Varinfroy **60** 34 Da 54
Variscourt **02** 19 Df 52
Varize **28** 49 Bd 60
Varize **57** 38 Gc 54
Varmonzey **88** 55 Gb 59
Varnéville **55** 37 Fd 55
Varneville-Bretteville **76** 15 Ba 51
Varogne **70** 70 Gb 62
Varois-et-Chaignot **21** 69 Fa 64
Varouville **50** 12 Yd 50
Varrains **49** 62 Zf 65
Varreddes **77** 34 Cf 54
Vars **05** 121 Ge 81
Vars **16** 88 Aa 74
Vars **70** 25 Fd 63
Varsberg **57** 38 Gd 53
Vars-sur-Roseix **19** 101 Bc 77
Varzay **17** 87 Zb 74
Varzy **58** 66 Dc 64
Vascœuil **27** 16 Bc 52
Vasles **79** 76 Zf 69
Vasperviller **57** 39 Ha 57
Vassel **63** 92 Db 74
Vasselay **18** 65 Cc 66
Vasselin **38** 107 Fc 75
Vassens **02** 18 Da 52
Vasseny **02** 18 Dc 52
Vassieux-en-Vercors **26** 119 Fc 79
Vassimont-et-Chapelaine **51** 35 Ea 56
Vassogne **02** 19 De 52
Vassonville **76** 15 Ba 50
Vassy **14** 29 Zb 55
Vassy **89** 66 Dc 63
Vassy **89** 67 Eb 63
Vast, le **50** 12 Yd 51
Vasteville **50** 12 Yb 51
Vastres, Les **43** 117 Eb 79
Vatan **36** 78 Be 66
Vathiménil **54** 38 Gd 57
Vatierville **76** 16 Bc 50
Vatilieu **38** 107 Fc 77
Vatimont **57** 38 Gc 55
Vatry **51** 35 Eb 56
Vattetot-sous-Beaumont **76** 15 Ab 51
Vattetot-sur-Mer **76** 14 Ab 50
Vatteville **27** 16 Bb 53
Vatteville-la-Rue **76** 15 Ae 52
Vaubadon **14** 13 Zb 53
Vauban **71** 93 Eb 71
Vaubecourt **55** 36 Fa 55
Vaubexy **88** 55 Gb 59
Vaucé **53** 29 Zb 58
Vaucelles **14** 13 Zb 53
Vauchamps **25** 70 Gb 65
Vauchamps **51** 35 Dd 55
Vauchassis **10** 52 Df 59
Vauchelles **60** 18 Cf 51
Vauchelles **80** 7 Bf 48
Vauchelles-lès-Authie **80** 7 Cc 48
Vauchelles-lès-Domart **80** 7 Ca 48
Vauchignon **21** 82 Ed 67
Vauchonvilliers **10** 53 Ed 59
Vauchoux **70** 70 Ga 63
Vauchrétien **49** 61 Zd 65
Vauciennes **51** 35 Df 54
Vauciennes **60** 18 Da 53
Vauclaix **58** 67 De 65
Vauclerc **51** 36 Ed 56
Vauclusotte **25** 71 Ge 65
Vaucogne **10** 52 Ec 57
Vauconcourt-Nervezain **70** 70 Fe 63
Vaucouleurs **55** 37 Fe 57
Vaucourt **54** 39 Ge 56
Vaucourtois **77** 34 Cf 55
Vaucrémont **57** 38 Gc 54
Vaudancourt **60** 16 Be 53
Vaudebarrier **71** 93 Eb 70
Vaudelnay **49** 62 Ze 66
Vaudeloges **14** 30 Zf 55
Vaudemanges **51** 35 Eb 54
Vaudémont **54** 55 Ga 58
Vaudes **10** 52 Eb 59
Vaudesincourt **51** 36 Ec 53
Vaudesson **02** 18 Dc 52
Vaudeurs **89** 51 Dd 60
Vaudevant **07** 106 Ed 78
Vaudeville **54** 55 Gb 58
Vaudéville **88** 55 Gd 59
Vaudeville-le-Haut **55** 54 Fd 58
Vaudioux, Le **39** 84 Ff 68
Vaudoncourt **88** 54 Fe 59
Vaudoué, Le **77** 50 Cd 58
Vaudoy-en-Brie **77** 34 Da 56
Vaudrecourt **52** 54 Fd 59
Vaudrémont **52** 53 Ef 60
Vaudreuil, Le **27** 16 Bb 53
Vaudreuille **31** 141 Bf 88
Vaudreville **50** 12 Yd 51
Vaudrey **39** 83 Fd 67
Vaudricourt **62** 8 Cd 45
Vaudricourt **80** 6 Bd 48
Vaudrimesnil **50** 12 Yd 54
Vaudringhem **62** 3 Ca 43
Vaudrivillers **25** 70 Gc 65
Vaudry **14** 29 Za 55
Vaufrey **25** 71 Gf 64
Vaugines **84** 132 Fc 86
Vaugneray **69** 94 Ed 74
Vaugrigneuse **91** 33 Ca 57
Vauhallan **91** 33 Cb 56
Vaujany **38** 108 Ga 78
Vaulandry **49** 62 Zf 63
Vaulmier, Le **15** 103 Cd 77
Vaulnaveys-le-Haut **38** 108 Fe 78
Vaulry **87** 89 Ba 72
Vault-de-Lugny **89** 67 Df 64
Vaulx **62** 7 Ca 47
Vaulx **74** 96 Ff 73
Vaulx-en-Velin **69** 94 Ef 74
Vaulx-Milieu **38** 107 Fb 75
Vaulx-Vraucourt **62** 8 Cf 48
Vaumain, Le **60** 16 Bf 52
Vaumas **03** 81 Dd 70
Vaumeilh **04** 133 Ff 83
Vaumoise **60** 18 Cf 53
Vaumort **89** 51 Dc 60
Vaunac **24** 101 Af 76
Vaunaveys-sur-la-Rochette **26** 118 Fa 80
Vaunoise **61** 47 Ac 58
Vaupalière, La **76** 15 Af 52
Vaupillon **28** 48 Ba 58
Vaupoisson **10** 52 Eb 57
Vauquois **55** 36 Fa 53
Vauréal **95** 33 Ca 54
Vaureilles **12** 115 Cb 82
Vauroux, Le **60** 16 Bf 52
Vausseroux **79** 76 Zf 69
Vautebis **79** 76 Zf 69
Vauthiermont **90** 71 Ha 62
Vautorte **53** 46 Zb 59
Vauvenargues **13** 146 Fd 87
Vauvert **30** 130 Eb 86
Vauville **14** 14 Aa 53
Vauville **50** 12 Ya 51
Vauvillers **70** 55 Ga 61
Vauvillers **80** 17 Ce 49
Vaux **03** 79 Cd 70
Vaux **16** 100 Aa 77
Vaux **31** 141 Bf 88
Vaux **57** 38 Ga 54
Vaux **86** 88 Ab 71
Vauxaillon **02** 18 Dc 52
Vaux-Andigny **02** 9 Dd 48
Vauxbons **52** 54 Fa 61
Vauxbuin **02** 18 Db 52
Vauxcéré **02** 19 Dd 52
Vaux-Champagne **08** 20 Ed 52
Vaux-devant-Damloup **55** 37 Fc 53
Vaux-en-Amiénois **80** 7 Cb 49
Vaux-en-Beaujolais **69** 94 Ed 72
Vaux-en-Bugey **01** 95 Fc 73
Vaux-en-Dieulet **08** 20 Ef 52
Vaux-en-Pré **71** 82 Ed 69
Vaux-en-Vermandois **02** 18 Da 50
Vaux-et-Chantegrue **25** 84 Gb 68
Vaux-la-Douce **52** 54 Fe 61
Vaux-Lavalette **16** 100 Ab 76
Vaux-le-Moncelot **70** 70 Ff 64
Vaux-le-Pénil **77** 33 Ce 57
Vaux-lès-Mouron **08** 20 Ee 53
Vaux-lès-Mouzon **08** 20 Fa 51
Vaux-lès-Palameix **55** 37 Fd 54
Vaux-les-Prés **25** 70 Ff 65
Vaux-lès-Rubigny **08** 19 Eb 50
Vaux-lès-Saint-Claude **39** 95 Fe 70
Vaux-Marquenneville **80** 7 Be 49
Vaux-Montreuil **08** 20 Ed 51
Vaux-Rouillac **16** 87 Zf 74
Vaux-Saules **21** 68 Ee 64
Vaux-sous-Aubigny **52** 69 Fb 63
Vaux-sur-Aure **14** 13 Zb 53
Vaux-sur-Blaise **52** 53 Ef 58
Vaux-sur-Eure **27** 32 Bc 54
Vaux-sur-Lunain **77** 51 Cf 59
Vaux-sur-Mer **17** 86 Yf 75
Vaux-sur-Poligny **39** 83 Fe 68
Vaux-sur-Saint-Urbain **52** 54 Fb 58
Vaux-sur-Seine **78** 32 Bf 54
Vaux-sur-Seulles **14** 13 Zc 53
Vaux-sur-Somme **80** 17 Cd 49
Vaux-sur-Vienne **86** 77 Ad 67
Vauxtin **02** 19 Dd 52
Vauxvenard **69** 94 Ed 71
Vaux-Villaine **08** 20 Ec 50
Vavincourt **55** 37 Fb 56
Vavray-le-Grand **51** 36 Ee 56
Vavray-le-Petit **51** 36 Ee 56
Vaxainville **54** 39 Ge 57
Vaxoncourt **88** 55 Gc 59
Vaxy **57** 38 Gd 55
Vay **44** 60 Yb 63
Vaychis **09** 152 Be 92
Vaylats **46** 114 Bd 82
Vayrac **46** 114 Be 79
Vayres **33** 111 Ze 79
Vayres **87** 89 Ae 74
Vayres-sur-Essonne **91** 50 Cc 58
Vazeilles-Limandre **43** 105 De 78
Vazeilles-près-Saugues **43** 116 Dd 79
Vazerac **82** 126 Bb 83
Veauce **03** 92 Da 72
Veauche **42** 105 Eb 75
Veaugues **18** 66 Ce 65
Veaunes **26** 106 Ef 78
Veauville-lès-Baons **76** 15 Ae 51
Vèbre **09** 152 Be 92
Vebret **15** 103 Cd 76
Veckersviller **57** 39 Hb 55
Veckring **57** 22 Gc 52
Vecquemont **80** 17 Cc 49
Vecqueville **52** 54 Fa 58
Vedène **84** 131 Ef 85
Védrines-Saint-Loup **15** 104 Db 78
Vého **54** 39 Ge 57
Veigné **37** 63 Ae 65
Veilhes **81** 127 Be 87
Veilleins **41** 64 Be 64
Veix **19** 102 Bf 75
Velaine-en-Haye **54** 38 Ga 56
Velaines **55** 37 Fb 56
Velaine-sous-Amance **54** 38 Gb 56
Velanne **38** 107 Fd 76
Velars-sur-Ouche **21** 68 Ef 65
Velaux **13** 146 Fb 87
Velennes **60** 17 Cb 52
Velennes **80** 17 Ca 50
Velesmes-Echevanne **70** 69 Fe 64
Velesmes-Essarts **25** 70 Ff 65
Velet **70** 69 Fd 64
Vélieux **34** 142 Ce 88
Vélines **24** 112 Aa 79
Vélizy-Villacoublay **78** 33 Cb 56
Vellèches **86** 77 Ad 67
Vellechevreux-et-Courbenans **70** 71 Gd 63
Velleclaire **70** 70 Ff 64
Vellefaux **70** 70 Ga 63
Vellefrey-et-Vellefrange **70** 70 Ff 64
Velleguindry-et-Levrecey **70** 70 Ga 63
Velle-le-Châtel **70** 70 Ga 63
Velleminfroy **70** 70 Gb 63
Vellemoz **70** 70 Fe 64
Velleron **84** 131 Fa 85
Vellerot-lès-Belvoir **25** 71 Gd 64
Vellerot-lès-Vercel **25** 70 Gc 65
Velles **36** 78 Bd 68
Velles **52** 54 Fe 61
Vellescot **90** 71 Ha 63
Velle-sur-Moselle **54** 38 Gb 57
Vellevans **25** 70 Gc 65
Vellexon-Queutrey-et-Vaudey **70** 70 Fe 63
Velloreille-lès-Choye **70** 69 Fe 64
Velluire **85** 75 Za 70
Velogny **21** 68 Ec 64
Velone-Orneto **2B** 157 Kc 94
Velorcey **70** 70 Gb 62
Velosnes **55** 21 Fc 51
Velotte-et-Tatignécourt **88** 55 Gb 59
Vélu **62** 8 Cf 48
Velving **57** 22 Gd 53
Vélye **51** 35 Ea 55
Velzic **15** 115 Cd 79
Vémars **95** 33 Cd 54
Venables **27** 32 Bb 53
Venaco **2B** 159 Kb 95
Venacu = Venaco **2B** 158 Kb 95
Venansault **85** 74 Yc 68
Venanson **06** 135 Hb 84
Venarey-les-Laumes **21** 66 Ec 63
Venarsal **19** 102 Bd 78
Venas **03** 80 Ce 70
Venasque **84** 132 Fa 84
Vence **06** 134 Ha 86
Vendargues **34** 130 Df 87
Vendat **03** 92 Dc 72
Vendays-Montalivet **33** 98 Yf 76
Vendegies-au-Bois **59** 9 Dd 47
Vendegies-sur-Ecaillon **59** 9 Dd 47
Vendel **35** 45 Ye 59
Vendelée, La **50** 28 Yd 54
Vendelles **02** 18 Da 49
Vendémian **34** 143 Dd 87
Vendenesse-lès-Charolles **71** 82 Ec 70
Vendenesse-sur-Arroux **71** 81 Ea 69
Vendenheim **67** 40 He 56
Vendes **14** 13 Zc 54
Vendeuil **02** 18 Dc 50
Vendeuil-Caply **60** 17 Cb 51
Vendeuvre **14** 30 Zf 55
Vendeuvre-du-Poitou **86** 76 Ab 68
Vendeuvre-sur-Barse **10** 53 Ec 59
Vendeville **59** 8 Da 45
Vendhuile **02** 8 Db 48
Vendières **02** 34 Dc 55
Vendin **62** 8 Cd 45
Vendine **31** 141 Be 87
Vendin-le-Vieil **62** 8 Cf 46
Vendoeuvres **36** 78 Bc 68
Vendoire **24** 100 Ab 76
Vendôme **41** 48 Ba 62
Vendranges **42** 93 Ea 73
Vendrennes **85** 74 Yf 68
Vendres **34** 143 Db 89
Vendresse **08** 20 Ee 51
Vendresse-Beaulne **02** 19 De 52
Vendrest **77** 34 Da 54
Vendue-Mignot, la **10** 52 Ea 60
Vénéjan **30** 131 Ed 83
Venelles **13** 146 Fc 87
Vénérand **17** 87 Zc 74
Venère **70** 69 Fe 64
Vénérieu **38** 107 Fb 75
Venerque **31** 140 Bc 88
Vénès **81** 128 Cb 86
Venesmes **18** 79 Cb 67
Venette **60** 18 Ce 52
Veneux-les-Sablons **77** 50 Ce 58
Veney **54** 56 Ge 58
Vengeons **50** 29 Za 56
Venise **25** 70 Ga 64
Venisey **70** 55 Ff 61
Vénissieux **69** 106 Ef 74
Vénizel **02** 18 Dc 52
Venizy **89** 52 De 60
Venlenac-en-Minervois **11** 142 Cf 89
Vennecy **45** 50 Ca 61
Vennes **25** 71 Gd 66
Vennezey **54** 56 Gc 58
Venon **27** 31 Ba 53
Venon **38** 108 Fe 77
Vénosc **38** 120 Ga 79
Venouse **89** 52 De 61
Venoy **89** 67 Dd 62
Vens **06** 121 Gf 83
Ventabren **13** 146 Fb 87
Ventavon **05** 120 Ff 82
Ventelay **51** 19 De 52
Ventenac **09** 141 Be 90
Ventenac-Cabardès **11** 142 Cb 89
Venterol **04** 120 Ga 82
Ventes, Les **27** 31 Ba 55
Ventes-de-Bourse, les **61** 31 Ab 57
Ventes-Saint-Rémy **76** 16 Bb 50
Venteuges **43** 116 Dd 79
Venteuil **51** 35 Df 54
Ventiseri **2B** 159 Kc 97
Ventouse **16** 88 Ab 73
Ventron **88** 56 Gf 61
Ventrouze, La **61** 31 Ae 57
Venzolasca **2B** 157 Kc 94
Ver **50** 28 Yd 55
Vérac **33** 99 Zd 79
Véranne **42** 106 Ed 76
Vérargues **34** 130 Ea 86
Véraza **11** 142 Cb 91
Verberie **60** 17 Ce 53
Verbiesles **52** 54 Fb 60
Vercel-Villedieu-le-Camp **25** 70 Gc 65
Verchain-Maugré **59** 9 Dc 47
Verchaix **74** 97 Gd 72
Vercheny **26** 119 Fb 80
Verchers-sur-Layon, Les **49** 61 Ze 66
Verchin **62** 7 Cb 46
Verchocq **62** 7 Ca 45
Vercia **39** 83 Fc 69
Vercieu, Montalieu- **38** 95 Fc 74
Verclause **26** 119 Fc 82
Vercoiran **26** 132 Fc 83
Verconcey **50** 28 Yd 57
Vercourt **80** 7 Be 47
Verdaches **04** 120 Gc 83
Verdalle **81** 141 Ca 87
Verdelais **33** 111 Ze 81
Verdelot **77** 34 Dc 55
Verdenal **54** 39 Ge 57
Verderel-lès-Sauqueuse **60** 17 Ca 51
Verderonne **60** 17 Cd 53
Verdes **41** 49 Bc 61
Verdese **2B** 157 Kc 94
Verdets **64** 137 Zc 89
Verdier **81** 142 Cd 87
Verdier, le **81** 127 Be 85
Verdière, La **83** 147 Ff 87
Verdigny **18** 66 Ce 64
Verdille **16** 87 Zf 73
Verdon **24** 112 Ad 80
Verdon **51** 35 Dd 55
Verdonnet **21** 68 Ec 62
Verdon-sur-Mer, Le **33** 98 Yf 75
Verdun **09** 153 Be 92
Verdun **55** 37 Fc 54
Verdun-en-Lauragais **11** 141 Ca 88
Verdun-sur-Garonne **82** 126 Bb 85
Verdun-sur-le-Doubs **71** 83 Fa 67
Vereaux **18** 80 Cf 67
Verel-de-Montbel **73** 107 Fe 75
Verel-Pragondran **73** 108 Ff 75
Véretz **37** 63 Ae 64
Vereux **70** 69 Fd 64
Verfeil **31** 127 Bd 86
Verfeil-sur-Seye **82** 127 Bf 83
Verfeuil **30** 131 Ec 83
Vergaville **57** 39 Ge 55
Vergéal **35** 45 Ye 60
Vergenne, La **70** 70 Gd 63
Verger, Le **35** 44 Ya 60
Verger-sur-Dive **86** 76 Aa 68
Verges **39** 83 Fe 69
Vergetot **76** 14 Ab 51
Vergezac **43** 105 De 78
Vergèze **30** 130 Eb 86
Vergheas **63** 91 Cd 72
Vergies **80** 7 Bf 49
Vergigny **89** 52 De 61
Vergisson **71** 94 Ee 71
Vergné **17** 87 Zc 72
Vergne, La **17** 87 Zb 73
Vergoignan **32** 124 Ze 86
Vergongheon **43** 104 Db 76
Vergonnes **49** 45 Yf 62
Vergons **04** 134 Gd 85
Vergranne **25** 70 Gc 64
Vergt **24** 101 Ae 78
Verguier, Le **02** 18 Db 49
Véria **39** 83 Fc 70
Vérignon **83** 133 Gb 87
Vérigny **28** 33 Bb 57
Vérine **42** 93 De 74
Vérissey **71** 83 Fa 68
Verjon **01** 95 Fc 70
Verjux **71** 82 Ef 67
Verlans **70** 71 Ge 63
Verlhac-Tescou **82** 127 Bd 85
Verlin **89** 51 Db 60
Verlincthun **62** 3 Bd 45
Verlinghem **59** 4 Cf 44
Vermand **02** 18 Da 49
Vermandovillers **80** 18 Ce 49
Vermelles **62** 8 Ce 46
Vermenton **89** 67 De 63
Vermondans **25** 71 Ge 64
Vermont, le **88** 56 Ha 58
Vernais **18** 79 Ce 68
Vernaison **69** 106 Ee 75
Vernajoul **09** 152 Bd 91
Vernancourt **51** 36 Ee 55
Vernantes **49** 62 Aa 64
Vernantois **39** 83 Fd 69
Vernas **38** 95 Fb 74
Vernassal **43** 105 De 78
Vernaux **09** 152 Be 92
Vernay **69** 94 Ed 72
Vernay **69** 106 Ee 76
Vernaz, la **74** 97 Gd 71
Vern-d'Anjou **49** 61 Zb 63
Verne **25** 70 Gc 64
Vernègues **13** 132 Fb 86
Verneiges **23** 91 Cc 71
Verneil, Le **73** 108 Gb 76
Verneil-le-Chétif **72** 62 Ab 62
Verneix **03** 91 Ce 70
Vernelle, la **36** 64 Bd 65
Vernet **31** 140 Bc 88
Vernet, Le **03** 92 Dc 72
Vernet, Le **04** 120 Gc 83
Vernet, Le **09** 141 Bd 89
Vernet, Le **43** 105 De 78
Vernet-la-Varenne **63** 104 Dc 76
Vernet-les-Bains **66** 153 Cc 93
Vernet-Sainte-Marguerite, le, Le **63** 104 Cf 75
Verneughoel **63** 91 Cd 74
Verneuil **16** 89 Ae 74
Verneuil **18** 79 Cd 68
Verneuil **51** 35 De 54
Verneuil **58** 81 Dd 67
Verneuil-en-Bourbonnais **03** 92 Db 70
Verneuil-en-Halatte **60** 17 Cd 53
Verneuil-Grand **55** 21 Fc 51
Verneuil-le-Château **37** 76 Ac 66
Verneuil-l'Étang **77** 34 Cf 57
Verneuil-Moustiers **87** 89 Ba 70
Verneuil-Petit **55** 21 Fc 51
Verneuil-sous-Coucy **02** 18 Db 51
Verneuil-sur-Avre **27** 31 Af 56
Verneuil-sur-Igneraie **36** 79 Ca 69
Verneuil-sur-Indre **37** 77 Ba 66
Verneuil-sur-Seine **78** 32 Bf 55
Verneuil-sur-Serre **02** 19 De 51
Verneuil-sur-Vienne **87** 89 Ba 73
Verneusses **27** 31 Ac 55
Vernéville **57** 38 Ga 54
Vernie **72** 47 Aa 59
Vernierfontaine **25** 70 Gb 66
Vernines **63** 104 Cf 75
Verniolle **09** 141 Bd 90
Vernioz **38** 106 Ef 76
Vernix **50** 28 Ye 56
Vernoil **49** 62 Aa 64
Vernois, Le **21** 68 Eb 65
Vernois, Le **39** 83 Fd 68
Vernois-lès-Belvoir **25** 71 Gd 65
Vernois-lès-Vesvres **21** 69 Fa 63
Vernois-sur-Mance **70** 54 Fe 61
Vernols **15** 104 Cf 77
Vernon **07** 117 Eb 81
Vernon **27** 32 Bc 54
Vernon **86** 76 Ac 70
Vernonvilliers **10** 53 Ee 59
Vernosc-lès-Annonay **07** 106 Ee 77
Vernot **21** 68 Ef 64
Vernotte, La **70** 70 Ff 64
Vernou-en-Sologne **41** 64 Be 64
Vernouillet **28** 32 Bc 56
Vernouillet **78** 32 Bf 55
Vernou-la-Celle-sur-Seine **77** 51 Cf 58
Vernou-sur-Brenne **37** 63 Af 64
Vernoux **01** 83 Fa 70
Vernoux-en-Vivarais **07** 118 Ed 79
Vernoux-sur-Boutonne **79** 87 Ze 72
Vernoy **89** 51 Da 60
Vern-sur-Seiche **35** 45 Yc 60
Vernusse **03** 92 Cf 71
Verny **57** 38 Gb 54
Vero **2A** 158 If 96
Véron **89** 51 Db 60
Véronne **26** 119 Fb 80
Véronnes **21** 69 Fb 63
Verpel **08** 20 Ef 52
Verpillière, La **38** 107 Fa 75
Verpillières **80** 18 Ce 50
Verpillières-sur-Durce **10** 53 Ed 60
Verquigneul **62** 8 Cd 45
Verquin **62** 8 Cd 45
Verquires **13** 131 Ef 85
Verrens-Arvey **73** 108 Gb 75
Verrerie-de-Portieux, la- **88** 55 Gc 58
Verrerins-de-Moussans **34** 142 Ce 88
Verrey-sous-Drée **21** 68 Ee 64
Verrey-sous-Salmaise **21** 68 Ed 64
Verricourt **10** 52 Ec 58
Verrie **49** 62 Ze 65
Verrie, La **85** 75 Za 67
Verrière, La **78** 32 Bf 56
Verrières **08** 20 Ef 52
Verrières **10** 52 Ea 59
Verrières **12** 129 Da 83
Verrières **16** 99 Ze 75
Verrières **51** 36 Ef 54
Verrières **61** 48 Ae 58
Verrières **63** 104 Da 75
Verrières **86** 77 Ad 70
Verrières-de-Joux **25** 84 Gc 67
Verrières-du-Grosbois **25** 70 Gb 65
Verrières-en-Forez **42** 105 Df 75
Verrue **86** 76 Ab 67
Verruyes **79** 75 Ze 69
Vers **46** 114 Bd 82
Vers **71** 82 Ef 69
Vers **74** 96 Ga 72
Versailles **78** 33 Ca 56
Versailleux **01** 95 Fa 73
Versainville **14** 30 Ze 55
Versanne, La **42** 106 Ed 77
Versaugues **71** 93 Ea 70
Verseilles-le-Bas **52** 69 Fb 62
Verseilles-le-Haut **52** 69 Fb 62
Vers-en-Montagne **39** 84 Ff 68
Versigny **02** 18 Dc 51
Versigny **60** 33 Ce 54
Vers-lès-Chartres **28** 49 Bc 58
Versols-et-Lapeyre **12** 129 Cf 85
Verson **14** 13 Zd 54
Versonnex **01** 96 Ha 71
Versonnex **74** 96 Ff 73
Vers-Pont-du-Gard **30** 131 Ed 85
Vers-sous-Sellières **39** 83 Fd 68
Vers-sur-Selle **80** 17 Cb 49
Ver-sur-Launette **60** 33 Ce 54
Ver-sur-Mer **14** 13 Zc 52
Vert **40** 124 Zc 84
Vert **78** 32 Be 55
Vert, Le **79** 87 Zd 72
Vertain **59** 9 Dd 47
Vertaizon **63** 92 Db 74
Vertamboz **39** 84 Fe 69
Vertault **21** 53 Ec 61
Verteillac **24** 100 Ac 76
Vert-en-Drouais **28** 32 Bb 56
Verteuil-d'Agenais **47** 112 Ac 82
Verteuil-sur-Charente **16** 88 Ab 73
Verthemex **73** 107 Fe 75
Vertheuil **33** 98 Za 77
Vert-le-Grand **91** 33 Cc 57
Vert-le-Petit **91** 33 Cc 57
Vertolaye **63** 105 De 75
Verton **62** 6 Bd 46
Vertou **44** 60 Yd 65
Vertrieu **38** 95 Fc 73
Vert-Saint-Denis **77** 33 Cd 57
Vert-Toulon **51** 35 Df 55
Vertus **51** 35 Ea 55
Veru = Vero **2A** 158 If 96
Vervant **16** 88 Aa 73
Vervezelle **88** 56 Ge 59
Vervins **02** 19 Df 49
Véry **55** 20 Fa 53
Verzé **71** 94 Ee 70
Verzeille **11** 142 Cb 90
Verzenay **51** 35 Ea 54
Verzy **51** 35 Eb 54
Vesaignes-sous-Lafauche **52** 54 Fc 59
Vesaignes-sur-Marne **52** 54 Fb 60
Vesancy **01** 96 Ga 70
Vesc **26** 119 Fa 81
Vescemont **90** 71 Gf 62
Vescheim **57** 39 Hb 56
Vescles **39** 95 Fd 70
Vescours **01** 83 Fa 70
Vescovato **2B** 157 Kc 94
Vesdun **18** 79 Cc 69
Vésenex-Crassy **01** 96 Ga 70
Vésigneul-sur-Marne **51** 36 Ec 55
Vésines **01** 94 Ef 70
Vésinet, Le **78** 33 Ca 55
Vesles-et-Caumont **02** 19 De 50
Veslud **02** 19 De 51
Vesly **27** 16 Bd 53
Vesly **50** 12 Yd 53
Vesoul **70** 70 Ga 63
Vesseaux **07** 118 Ec 81
Vessey **50** 28 Yd 57
Vestric-et-Candiac **30** 130 Eb 86
Vesvres **21** 68 Ed 64
Vesvres-sous-Chalancey **52** 69 Fb 62
Vétheuil **95** 32 Be 54
Vétraz-Monthoux **74** 96 Gb 71
Veuil **36** 64 Bc 66
Veuilly-la-Poterie **02** 34 Db 54
Veules-les-Roses **76** 15 Ae 49
Veulettes-sur-Mer **76** 15 Ad 49
Veurdre, le **03** 80 Da 68
Veurey-Voiroize **38** 107 Fd 77
Veuve, la **51** 35 Eb 54
Veuves **41** 63 Ba 64
Veuvey-sur-Ouche **21** 68 Ee 65
Veuxhaulles-sur-Aube **21** 53 Ee 61
Vevy **39** 83 Fd 69
Vexaincourt **88** 39 Ha 57
Vey, le **14** 29 Zd 55
Veynes **05** 120 Fe 81
Veyrac **87** 89 Ba 73
Veyras **07** 118 Ed 80
Veyreau **12** 129 Db 83

206 (F) **Valmascle — Veyreau**

Villetoureix **24** 100 Ac 77
Villetritouls **11** 142 Cc 90
Villetrun **41** 63 Ba 62
Villette, La **14** 29 Zc 55
Villette-d'Anthon **38** 95 Fa 74
Villette-de-Vienne **38** 106 Ef 75
Villette-lès-Arbois **39** 84 Fe 67
Villette-lès-Dole **39** 83 Fd 66
Villettes **27** 31 Ba 54
Villettes, Les **43** 105 Eb 77
Villette-sur-Aube **10** 35 Ea 57
Villeurbanne **69** 94 Ef 74
Villevallier **89** 51 Db 60
Villevaudé **77** 33 Cd 55
Villevenard **51** 35 De 56
Villevêque **49** 61 Zd 63
Villeveyrac **34** 143 Dd 88
Villevieux **39** 83 Fc 68
Villevocance **07** 106 Ed 77
Villevoques **45** 50 Cd 60
Villexanton **41** 64 Bc 62
Villexavier **17** 99 Zd 76
Villey, Le **39** 83 Fd 67
Villey-le-Sec **54** 38 Ff 57
Villey-Saint-Etienne **54** 38 Ff 56
Villey-sur-Tille **21** 69 Fa 63
Villez-sur-le-Neubourg **27** 31 Af 54
Villié-Morgon **69** 94 Ee 72
Villiers **86** 76 Aa 66
Villiers **86** 76 Aa 68
Villiers **86** 76 Ab 68
Villiers-Adam **95** 33 Cb 54
Villiers-au-Bouin **37** 62 Ab 63
Villiers-aux-Corneilles **51** 35 De 57
Villiers-Charlemagne **53** 46 Zb 61
Villiers-Couture **17** 87 Zf 73
Villiers-en-Bois **79** 87 Zd 72
Villiers-en-Désœuvre **27** 32 Bc 55
Villiers-en-Lieu **52** 36 Ef 56
Villiers-en-Morvan **21** 68 Eb 66
Villiers-en-Plaine **79** 75 Zc 70
Villiersfaux **41** 63 Af 62
Villiers-Fossard **50** 13 Yf 54
Villiers-Herbisse **10** 35 Ea 57
Villiers-le-Bâcle **91** 33 Ca 56
Villiers-le-Bel **95** 33 Cc 54
Villiers-le-Bois **10** 52 Eb 61
Villiers-le-Duc **21** 68 Ee 62
Villiers-le-Mahieu **78** 32 Be 55
Villiers-le-Mornier **28** 32 Bd 57
Villiers-le-Roux **16** 88 Aa 72
Villiers-lès-Aprey **52** 69 Fb 62
Villiers-le-Sec **52** 53 Fa 60
Villiers-le-Sec **95** 33 Cc 54
Villiers-les-Hauts **89** 67 Ea 62
Villiers-Louis **89** 51 Dc 59
Villiers-Saint-Benoît **89** 66 Db 62
Villiers-Saint-Denis **02** 34 Db 55
Villiers-Saint-Frédéric **78** 32 Bf 56
Villiers-Saint-Georges **77** 34 Dc 57
Villiers-Saint-Orien **28** 49 Bc 60
Villiers-Semeuse **08** 20 Ee 50
Villiers-sous-Grez **77** 50 Cd 59
Villiers-sous-Mortagne **61** 31 Ad 57
Villiers-sous-Praslin **10** 52 Eb 60
Villiers-sur-Chizé **79** 87 Ze 72
Villiers-sur-Loir **41** 48 Ba 62
Villiers-sur-Marne **94** 33 Cd 56
Villiers-sur-Morin **77** 34 Cf 55
Villiers-sur-Orge **91** 33 Cb 57
Villiers-sur-Seine **77** 51 Dc 58
Villiers-sur-Suize **52** 54 Fb 61
Villiers-sur-Tholon **89** 51 Dc 61
Villiers-sur-Yonne **58** 67 Dd 64
Villieu-Loyes-Mollon **01** 95 Fb 73
Villing **57** 22 Gd 53
Villognon **16** 88 Aa 73
Villon **89** 52 Eb 61
Villoncourt **88** 55 Gd 59
Villons-les-Buissons **14** 22 Zd 53
Villorceau **45** 64 Bd 62
Villosanges **63** 91 Cd 73
Villotran **60** 17 Ca 52
Villotte **88** 54 Fe 60
Villotte-Saint-Seine **21** 68 Ee 64
Villotte-sur-Aire **55** 37 Fc 55
Villotte-sur-Ource **21** 53 Ee 61
Villours **36** 78 Bd 67
Villouxel **88** 54 Fd 58
Villuis **77** 51 Dc 58
Villy **08** 21 Fb 51
Villy **89** 52 De 61
Villy-Bocage **14** 29 Zc 54
Villy-en-Auxois **21** 68 Ed 64
Villy-en-Trodes **10** 53 Ec 59
Villy-le-Bas **76** 6 Bc 49
Villy-le-Bois **10** 52 Ea 60
Villy-le-Bouveret **74** 96 Ga 72
Villy-le-Maréchal **10** 52 Ea 59
Villy-le-Moutier **21** 83 Ef 66
Villy-le-Pelloux **74** 96 Ga 73
Villy-lez-Falaise **14** 30 Zf 55
Vilone Ornetu = Velone-Orneto **2B** 157 Kc 94
Vilory **70** 70 Gb 62
Vilosnes-Haraumont **55** 21 Fb 52
Vilsberg **57** 39 Hb 56
Vimarcé **53** 47 Ze 59
Vimenet **12** 116 Cf 82
Viménil **88** 55 Gd 59
Vimines **73** 108 Ff 75
Vimont **14** 30 Ze 54
Vimory **45** 50 Ce 61
Vimoutiers **61** 30 Ab 55
Vimpelles **77** 51 Db 58
Vimy **62** 8 Ce 46
Vinantes **77** 33 Ce 54
Vinassan **11** 143 Da 89
Vinax **17** 87 Ze 72
Vinay **38** 107 Fc 77
Vinay **51** 35 Df 54
Vinça **66** 154 Cd 93
Vincelles **39** 83 Fc 69
Vincelles **51** 35 Dd 54
Vincelles **71** 83 Fb 69
Vincelles **89** 67 Dd 62
Vincelottes **89** 67 Dd 62
Vincennes **94** 33 Cc 55
Vincent **39** 83 Fc 68
Vincey **88** 55 Gb 58
Vincly **62** 7 Cb 45
Vincy **02** 19 Ea 50
Vincy-Manœuvre **77** 34 Cf 54
Vindecy **71** 93 Ea 70
Vindefontaine **50** 12 Yd 52
Vindelle **16** 88 Aa 74
Vindey **51** 35 De 56
Vindrac-Alayrac **81** 127 Bf 84
Vinets **10** 35 Eb 57
Vineuil **36** 78 Bd 67
Vineuil **41** 64 Bb 64
Vineuil **41** 64 Bc 63
Vineuil-Saint-Firmin **60** 33 Cc 53
Vineuse, La **71** 82 Ed 70
Vingrau **66** 154 Ce 91
Vingt-Hanaps **61** 30 Aa 57
Vinizier **74** 97 Gd 70
Vinizieux **07** 106 Ee 77
Vinnemerville **76** 15 Ad 50
Vinneuf **89** 51 Da 58
Vinon **18** 66 Ce 65
Vinon-sur-Verdon **83** 133 Fe 86
Vinsobres **26** 119 Fa 82
Vins-sur-Carami **83** 147 Ga 88
Vintrou, Le **81** 142 Cc 87
Vinzelles **63** 92 Dc 73
Vinzelles **71** 94 Ee 71
Vinzulasca, A = Venzolasca **2B** 157 Kc 94
Viocourt **88** 54 Ff 59
Viodos-Abense-de-Bas **64** 137 Za 89
Violaines **62** 8 Ce 45
Violay **42** 94 Ec 73
Violès **84** 131 Ef 83
Viols-le-Fort **34** 130 De 86
Vioménil **88** 55 Gb 60
Vion **07** 106 Ee 78
Vion **72** 47 Ze 62
Vions **73** 95 Fe 74
Vionville **57** 38 Ff 54
Viozan **32** 139 Ac 88
Viplaix **03** 79 Cc 70
Vira **09** 141 Be 90
Vira **66** 153 Cc 92
Virac **81** 127 Ca 84
Virandeville **50** 12 Yb 51
Virargues **15** 104 Cf 78
Virazeil **47** 112 Ab 81
Vire **14** 29 Za 55
Viré **71** 82 Ee 70
Vireaux **89** 67 Ea 62
Virecourt **54** 55 Gb 58
Viré-en-Champagne **72** 46 Ze 61
Virelade **33** 111 Zd 81
Vire-sur-Lot **46** 113 Ba 82
Vireux-Molhain **08** 20 Ee 48
Vireux-Wallerand **08** 20 Ee 48
Virey **50** 28 Yf 57
Virey **71** 82 Ef 67
Virey-sous-Bar **10** 52 Eb 60
Virginy **51** 36 Ee 53
Viriat **01** 95 Fb 71
Viricelles **42** 106 Ec 75
Virieu-le-Grand **01** 95 Fd 73
Virieu-le-Petit **01** 95 Fe 73
Virieu-sur-Bourbre **38** 107 Fc 76
Virigneux **42** 106 Ec 74
Virignin **01** 95 Fe 74
Viriville **38** 107 Fb 77
Virlet **63** 91 Ce 72
Virlet **63** 92 Cf 71
Virming **57** 39 Ge 55
Viroflay **78** 33 Cb 56
Virollet **17** 99 Zb 75
Vironchaux **80** 7 Be 47
Vironvay **27** 16 Bb 53
Virson **17** 86 Za 72
Virville **76** 14 Ac 51
Viry **02** 18 Db 51
Viry **39** 95 Fe 71
Viry **71** 82 Eb 70
Viry **74** 96 Ga 72
Viry-Châtillon **91** 33 Cc 56
Visan **84** 118 Ee 83
Viscomtat **63** 93 De 74
Viscos **65** 150 Zf 91
Viscuvatu, U = Vescovato **2B** 157 Kc 94
Vis-en-Artois **62** 8 Cf 47
Viserny **21** 68 Eb 63
Visker **65** 138 Aa 90
Vismes **80** 7 Be 48
Vissac **43** 105 Dd 78
Visseiche **35** 45 Ye 61
Viterbe **81** 127 Bf 86
Viterne **54** 38 Ga 57
Vitot **27** 31 Af 54
Vitrac **15** 115 Cb 80
Vitrac **24** 113 Bb 80
Vitrac **63** 92 Cf 73
Vitrac-en-Viadène **12** 115 Ce 80
Vitrac-Saint-Vincent **16** 88 Ac 74
Vitrac-sur-Montane **19** 102 Bf 76
Vitrai-sous-l'Aigle **61** 31 Ae 56
Vitray **03** 79 Cd 69
Vitray-en-Beauce **28** 49 Bc 59
Vitré **35** 45 Ye 60
Vitré **79** 87 Ze 71
Vitreux **39** 69 Fe 65
Vitrey **54** 55 Ga 58
Vitrey-sur-Mance **70** 70 Fe 62
Vitrimont **54** 38 Gc 57
Vitrolles **05** 120 Ff 82
Vitrolles **13** 146 Fb 88
Vitrolles **84** 132 Fd 86
Vitry-aux-Loges **45** 50 Cb 61
Vitry-en-Artois **62** 8 Cf 47
Vitry-en-Charollais **71** 81 Ea 70
Vitry-en-Montagne **52** 53 Fa 62
Vitry-en-Perthois **51** 36 Ed 56
Vitry-Laché **58** 67 Dd 65
Vitry-la-Ville **51** 36 Ec 55
Vitry-le-Croisé **10** 53 Ed 60
Vitry-le-François **51** 36 Ed 56
Vitry-lès-Cluny **71** 82 Ed 70
Vitry-lès-Nogent **52** 54 Fc 61
Vitry-sur-Loire **71** 81 De 68
Vitry-sur-Orne **57** 22 Ga 53
Vitry-sur-Seine **94** 33 Cc 56
Vittarville **55** 21 Fd 52
Vitteaux **21** 68 Ed 64
Vittefleur **76** 15 Ad 50
Vittel **88** 55 Ff 59
Vittersbourg **57** 39 Gf 55
Vittoncourt **57** 38 Gc 54
Vittonville **54** 37 Ga 55
Vitz-sur-Authie **80** 7 Ca 47
Viuz-en-Sallaz **74** 96 Gc 72
Viuz-la-Chiésaz **74** 96 Ga 74
Vivaise **02** 18 Dd 51
Vivans **42** 93 Df 71
Vivario **2B** 159 Kb 95
Vivariu = Vivario **2B** 159 Kb 95
Viven **64** 138 Zd 88
Viverols **63** 105 Df 76
Vivès **66** 154 Ce 93
Vivey **52** 69 Fa 62
Vivier, le **66** 153 Cc 92
Vivier-au-Court **08** 20 Ee 50
Vivières **02** 18 Da 53
Viviers **07** 118 Ee 82
Viviers **57** 38 Gc 55
Viviers **89** 67 Df 62
Viviers-du-Lac **73** 108 Ff 75
Viviers-le-Gras **88** 55 Ff 60
Viviers-lès-Lavaur **81** 127 Be 87
Viviers-lès-Montagnes **81** 141 Cb 87
Viviers-lès-Offroicourt **88** 55 Ga 59
Viviers-sur-Artaut **10** 53 Ec 60
Viviers-sur-Chiers **54** 21 Fd 52
Vivier-sur-Mer, Le **35** 28 Yb 57
Viviès **09** 141 Be 90
Viviez **12** 115 Cb 81
Viville **16** 99 Zf 75
Vivoin **72** 47 Aa 59
Vivonne **86** 76 Ab 70
Vivy **49** 62 Zf 65
Vix **21** 53 Ed 61
Vix **85** 75 Za 70
Vizille **38** 107 Fe 78
Vodable **63** 104 Da 75
Vœgtlinshofen **68** 56 Hb 60
Vœlfing-lès-Bouzonville **57** 22 Gd 53
Vœllerdingen **67** 39 Ha 55
Vœuil-et-Giget **16** 100 Aa 75
Vogelgrun **68** 57 Hd 60
Vogüé **07** 118 Ec 81
Voharies **02** 19 De 50
Void-Vacon **55** 37 Fd 56
Voigny **10** 53 Ee 59
Voilemont **51** 36 Ee 54
Voillans **25** 70 Gc 64
Voillecomte **52** 53 Ef 57
Voimhaut **57** 38 Gc 54
Voinémont **54** 38 Gb 57
Voingt **63** 91 Cd 74
Voinsles **77** 34 Da 56
Voipreux **51** 35 Ea 55
Voiron **38** 107 Fd 76
Voiscreville **27** 15 Ae 53
Voise **28** 49 Be 58
Voisenon **77** 33 Ce 57
Voisey **52** 54 Fe 61
Voisines **52** 54 Fb 61
Voisines **89** 51 Dc 59
Voisins-le-Bretonneux **78** 33 Ca 56
Voissant **38** 107 Fe 76
Voissay **17** 87 Zb 73
Voiteur **39** 83 Fd 68
Voivre, La **70** 55 Gd 62
Voivre, La **88** 56 Gf 58
Voivres, Les **88** 55 Gb 60
Voivres-lès-le-Mans **72** 47 Aa 61
Volckerinckhove **59** 3 Cb 43
Volesvres **71** 81 Ea 70
Volgelsheim **68** 57 Hd 60
Volgré **89** 51 Db 61
Volkrange **57** 22 Ga 52
Volksberg **67** 39 Hb 55
Vollore-Montagne **63** 93 De 74
Vollore-Ville **63** 93 Dd 74
Volmerange-lès-Boulay **57** 38 Gc 53
Volmerange-les-Mines **57** 22 Ga 52
Volmunster **57** 39 Hc 54
Volnay **21** 82 Ee 66
Volnay **72** 47 Ac 61
Volon **70** 69 Fe 63
Volonne **04** 133 Ga 84
Volpajola **2B** 157 Kc 93
Volstroff **57** 22 Gb 53
Volvent **26** 119 Fc 81
Volvic **63** 92 Da 73
Volx **04** 133 Ff 85
Vomécourt **88** 55 Gd 59
Vomécourt-sur-Madon **88** 55 Gb 58
Voncourt **52** 69 Fe 62
Voncq **08** 20 Ed 52
Vonges **21** 69 Fc 65
Vongy **74** 96 Gd 70
Vonnas **01** 94 Ef 71
Voray-sur-l'Ognon **70** 70 Ga 64
Voreppe **38** 107 Fd 77
Vorey **43** 105 Df 77
Vorges **02** 19 Dd 51
Vorges-les-Pins **25** 70 Ff 66
Vorly **18** 79 Cc 67
Vornay **18** 79 Cd 67
Vosbles **39** 95 Fd 70
Vosne-Romanée **21** 68 Ef 66
Vosnon **10** 52 Df 60
Vou **37** 77 Af 66
Vouarces **51** 35 Df 57
Voudenay **21** 81 Ec 66
Voué **10** 52 Ea 58
Vouécourt **52** 54 Fa 59
Vougécourt **70** 55 Ga 61
Vougeot **21** 68 Ef 65
Vouglans **39** 95 Fd 70
Vougrey **10** 52 Eb 60
Vougy **42** 93 Ea 72
Vougy **74** 96 Gd 72
Vouharte **16** 88 Aa 74
Vouhé **17** 87 Zb 72
Vouhé **79** 75 Ze 69
Vouhenans **70** 70 Gc 63
Vouillé **79** 87 Zd 71
Vouillé **86** 76 Ab 69
Vouillé-les-Marais **85** 75 Za 70
Vouillers **51** 36 Ef 56
Vouillon **36** 78 Bf 68
Vouilly **14** 13 Yf 53
Voujeaucourt **25** 71 Ge 64
Voulaines-les-Templiers **21** 68 Ee 62
Voulangis **77** 34 Cf 55
Voulême **86** 88 Ab 72
Voulgézac **16** 100 Aa 75
Voulpaix **02** 19 De 49
Voultegon **79** 75 Zc 67
Voulte-sur-Rhône, La **07** 118 Ee 80
Voulton **77** 34 Dc 57
Voulx **77** 51 Cf 59
Vouneuil-sous-Biard **86** 76 Ab 69
Vouneuil-sur-Vienne **86** 77 Ad 68
Vourlés **69** 106 Ee 75
Voussac **03** 92 Da 71
Voutenay-sur-Cure **89** 67 De 63
Voutezac **19** 102 Bc 78
Vouthon **16** 88 Ac 74
Vouthon-Bas **55** 54 Fd 58
Vouthon-Haut **55** 54 Fd 58
Voutré **53** 46 Ze 60
Vouvant **85** 75 Zb 69
Vouvray **37** 63 Ae 64
Vouvray-sur-Huisne **72** 48 Ad 60
Vouvray-sur-Loir **72** 63 Ac 62
Vouxey **88** 54 Fe 58
Vouzailles **86** 76 Aa 68
Vouzan **16** 100 Ac 75
Vouzeron **18** 65 Cb 65
Vouziers **08** 20 Ee 52
Vouzon **41** 65 Ca 63
Vouzy **51** 35 Ea 55
Voves **28** 49 Bd 59
Vovray-en-Bornes **74** 96 Ga 72
Voyenne **02** 19 De 50
Voyennes **80** 18 Cf 50
Voyer **57** 39 Ha 57
Vraie-Croix, La **56** 43 Xc 62
Vraignes-en-Vermandois **80** 18 Da 49
Vraignes-lès-Hornoy **80** 16 Bf 49
Vraincourt **52** 54 Fa 59
Vraiville **27** 15 Ba 53
Vraux **51** 35 Eb 54
Vrecourt **88** 54 Fe 59
Vred **59** 8 Db 46
Vregille **70** 70 Ff 65
Vregny **02** 18 Dc 52
Vrély **80** 17 Ce 50
Vrétot, Le **50** 12 Yb 52
Vriange **39** 69 Fd 65
Vrigne-au-Bois **08** 20 Ef 50
Vrigne-Meuse **08** 20 Ef 50
Vrigny **45** 50 Cb 60
Vrigny **51** 19 Df 53
Vrigny **61** 30 Zf 56
Vritz **44** 61 Yf 63
Vrizy **08** 20 Ee 52
Vrocourt **60** 16 Bf 51
Vroil **51** 36 Ef 55
Vron **80** 7 Be 47
Vroncourt **54** 55 Ga 58
Vroncourt-la-Côte **52** 54 Fd 60
Vroville **88** 55 Gb 59
Vry **57** 38 Gb 53
Vue **44** 59 Ya 65
Vuillafans **25** 84 Gb 66
Vuillecin **25** 84 Gc 67
Vulaines **10** 52 Dd 59
Vulaines-lès-Provins **77** 34 Db 57
Vulaines-sur-Seine **77** 50 Ce 58
Vulbens **74** 96 Ff 72
Vulmont **57** 38 Gb 55
Vulpaiola, A = Volpajola **2B** 157 Kc 93
Vuttera i Bagni = Guitera-les-Bains **2A** 159 Ka 97
Vyans-le-Val **70** 71 Ge 63
Vy-le-Ferroux **70** 70 Ff 63
Vy-lès-Filain **70** 70 Gb 64
Vy-lès-Lure **70** 70 Gc 63
Vy-lès-Rupt **70** 70 Ff 63
Vyt-lès-Belvoir **25** 71 Gd 64

W

Waben **62** 6 Bd 46
Wacquemoulin **60** 17 Cd 51
Wacquinghen **62** 3 Bd 44
Wadelincourt **08** 20 Ef 50
Wagnon **08** 20 Ec 51
Wahagnies **59** 8 Da 46
Wahlbach **68** 72 Hc 63
Wahlenheim **67** 40 He 56
Wail **62** 7 Ca 46
Wailly **62** 7 Ca 45
Wailly **62** 8 Ce 47
Wailly-Beaucamp **62** 7 Be 46
Walbach **68** 56 Hb 60
Walbourg **67** 40 Hf 55
Walck, La **67** 40 Hd 55
Waldersbach **67** 56 Hb 58
Waldhambach **67** 39 Hb 55
Waldhouse **57** 39 Hc 54
Waldighofen **68** 72 Hb 63
Waldolwisheim **67** 39 Hc 56
Waldweistroff **57** 22 Gc 52
Waldwisse **57** 22 Gd 52
Walheim **68** 71 Hb 63
Walincourt-Selvigny **59** 9 Dc 48
Wallers **59** 9 Dc 46
Wallers-Trélon **59** 10 Eb 48
Wallon-Cappel **59** 4 Cc 44
Walschbronn **57** 40 Hc 54
Walscheid **57** 39 Ha 57
Waltembourg **57** 39 Hb 56
Waltenheim **68** 72 Hc 63
Waltenheim-sur-Zorn **67** 40 Hd 56
Waly **55** 36 Fa 54
Wambaix **59** 9 Db 48
Wambercourt **62** 7 Ca 46
Wambez **60** 16 Bf 51
Wambrechies **59** 4 Da 44
Wamin **62** 7 Ca 46
Wanchy-Capval **76** 16 Bc 49
Wancourt **62** 8 Cf 47
Wandignies-Hamage **59** 9 Db 46
Wangen **67** 40 Hc 57
Wangenbourg-Engenthal **67** 39 Hb 57
Wannehain **59** 8 Db 45
Wanquetin **62** 8 Cd 47
Wantzenau, la **67** 40 He 57
Warcq **08** 20 Ee 50
Wardrecques **62** 3 Cc 44
Wargemoulin-Hurlus **51** 36 Ee 54
Wargnies **80** 7 Cb 48
Wargnies-le-Grand **59** 9 De 47
Wargnies-le-Petit **59** 9 De 47
Warhem **59** 4 Cc 43
Warlaing **59** 9 Db 46
Warlencourt-Eaucourt **62** 8 Ce 48
Warlincourt-lès-Pas **62** 8 Cd 47
Warloy-Baillon **80** 8 Cd 48
Warluis **60** 17 Ca 52
Warlus **62** 8 Ce 47
Warlus **80** 7 Bf 49
Warluzel **62** 8 Cc 47
Warmeriville **51** 19 Eb 52
Warnécourt **08** 20 Ed 50
Warsy **80** 17 Cd 50
Warvillers **80** 17 Ce 50
Wasigny **08** 19 Ec 51
Wasnes-au-Bac **59** 8 Db 47
Wasquehal **59** 4 Da 44
Wasselonne **67** 40 Hc 57
Wasserbourg **68** 56 Ha 60
Wassigny **02** 9 Dd 48
Wassy **52** 53 Ef 57
Wast, le **62** 3 Be 44
Watigny **02** 19 Eb 49
Watronville **55** 37 Fd 54
Watten **59** 3 Cb 43
Wattignies **59** 8 Da 45
Wattignies-la-Victoire **59** 9 Ea 47
Wattrelos **59** 4 Db 44
Wattwiller **68** 56 Hb 61
Wavignies **60** 17 Cc 51
Waville **54** 38 Ff 54
Wavrans-sur-l'Aa **62** 3 Ca 44
Wavrans-sur-Ternoise **62** 7 Cb 46
Wavrechain-sous-Denain **59** 9 Dc 46
Wavrechain-sous-Faulx **59** 9 Db 47
Wavrin **59** 8 Cf 45
Waziers **59** 8 Da 46
Weckolsheim **68** 57 Hd 60
Wegscheid **68** 56 Gf 62
Weinbourg **67** 39 Hc 55
Weislingen **67** 39 Hb 55
Weitbruch **67** 40 He 56
Weiterswiller **67** 39 Hc 55
Welles-Pérennes **60** 17 Cd 51
Wemaers-Cappel **59** 3 Cc 44
Wentzwiller **68** 72 Hc 63
Werentzhouse **68** 72 Hc 63
Wervicq-Sud **59** 4 Da 44
West-Cappel **59** 4 Cd 43
Westhalten **68** 56 Hb 61
Westhoffen **67** 39 Hc 57
Westhouse **67** 57 Hd 58
Westhouse-Marmoutier **67** 39 Hc 56
Westrehem **62** 7 Cb 45
Westrehem **62** 7 Cc 45
Wettolsheim **68** 56 Hb 60
Weyer **67** 39 Ha 55
Weyersheim **67** 40 He 56
Wickerschwihr **68** 57 Hc 60
Wickersheim-Wilshausen **67** 40 Hd 56
Wicquinghem **62** 3 Bf 44
Wicres **59** 8 Cf 45
Widehem **62** 7 Bd 45
Widensohlen **68** 57 Hc 60
Wiège-Faty **02** 19 De 49
Wiencourt-l'Equipée **80** 17 Cd 49
Wierre-au-Bois **62** 3 Be 45
Wierre-Effroy **62** 3 Be 44
Wiesenbach **88** 56 Ha 59
Wiesviller **57** 39 Ha 54
Wignehies **59** 9 Ea 48
Wignicourt **08** 20 Ed 51
Wihr-au-Val **68** 56 Hb 60
Wildenstein **68** 56 Gf 61
Willeman **62** 7 Ca 46
Willems **59** 8 Db 45
Willer **68** 72 Hb 63
Willeroncourt **55** 37 Fc 56
Willer-sur-Thur **68** 56 Ha 61
Willerval **62** 8 Cf 46
Willerwald **57** 39 Ha 54
Willgottheim **67** 40 Hd 56
Williers **08** 21 Fb 50
Willies **59** 10 Ea 48
Wilwisheim **67** 40 Hc 56
Wimereux **62** 2 Bd 44
Wimille **62** 2 Bd 44
Wimmenau **67** 39 Hc 55
Wimy **02** 19 Df 49
Windstein **67** 40 He 54
Wingen **67** 40 He 54
Wingen-sur-Moder **67** 39 Hc 55
Wingersheim **67** 40 Hd 56
Wingles **62** 8 Cf 46
Winkel **68** 71 Hb 64
Winnezeele **59** 4 Cd 43
Wintersbourg **57** 39 Hb 56
Wintershouse **67** 40 He 56
Wintzenbach **67** 40 Ia 55
Wintzenheim **68** 56 Hb 60
Wintzenheim-Kochersberg **67** 40 Hd 56
Wirwignes **62** 3 Be 44
Wiry-au-Mont **80** 7 Bf 49
Wisches **67** 39 Hb 57
Wiseppe **55** 21 Fb 52
Wismes **62** 3 Ca 44
Wisques **62** 3 Cb 44
Wissant **62** 3 Bd 43
Wissembourg **67** 40 Hf 54
Wissignicourt **02** 18 Dc 51
Wissous **91** 33 Cb 56
Witry-lès-Reims **51** 19 Ea 53
Wittelsheim **68** 56 Hb 62
Wittenheim **68** 56 Hc 62
Witternesse **62** 7 Cc 45
Witternheim **67** 57 Hd 59
Wittersdorf **68** 71 Hb 63
Wittersheim **67** 40 Hd 56
Wittes **62** 3 Cc 44
Wittisheim **67** 57 Hd 59
Wittring **57** 39 Ha 54
Wiwersheim **67** 40 Hd 57
Wizernes **62** 3 Cb 44
Woël **55** 37 Fe 54
Wœlfling-lès-Sarreguemines **57** 39 Hb 54
Wœrth **67** 40 He 55
Woignarue **80** 6 Bc 48
Woimbey **55** 37 Fc 55
Woincourt **80** 6 Bd 48
Woippy **57** 38 Ga 54
Woirel **80** 7 Be 49
Wolfersdorf **68** 71 Ha 63
Wolfgantzen **68** 57 Hc 60
Wolfisheim **67** 40 He 57
Wolfskirchen **67** 39 Ha 55
Wolschheim **67** 39 Hc 56
Wolschwiller **68** 72 Hc 64
Wolxheim **67** 40 Hc 57
Wormhout **59** 4 Cc 43
Woustviller **57** 39 Ha 54
Wuenheim **68** 56 Hb 61
Wuisse **57** 38 Gd 55
Wulverdinghe **59** 3 Cb 43
Wy-dit-Joli-Village **95** 32 Be 54
Wylder **59** 4 Cc 43

X

Xaffévillers **88** 55 Gd 58
Xaintrailles **47** 125 Ab 83
Xaintray **79** 75 Zd 70
Xambes **16** 88 Aa 74
Xammes **54** 37 Ff 55
Xamontarupt **88** 55 Gd 60
Xanrey **57** 38 Gd 56
Xanton-Chassenon **85** 75 Zb 70
Xaronval **88** 55 Gb 58
Xermaménil **54** 38 Gc 57
Xertigny **88** 55 Gc 60
Xeuilley **54** 38 Ga 57
Xirocourt **54** 55 Gb 58
Xivray-et-Marvoisin **55** 37 Fe 55
Xivry-Circourt **54** 21 Fe 52
Xocourt **57** 38 Gc 55
Xonrupt-Longemer **88** 56 Gf 60
Xonville **54** 37 Ff 54
Xouaxange **57** 39 Ha 56
Xousse **54** 39 Ge 57

Y

Yainville **76** 15 Ae 52
Yaucourt **80** 7 Bf 48
Ychoux **40** 110 Za 83
Ydes **15** 103 Cc 76
Yébleron **76** 15 Ad 51
Yèbles **77** 33 Ce 57
Yenne **73** 107 Fe 74
Yermenonville **28** 32 Bd 57
Yerres **91** 33 Cc 56
Yerville **76** 15 Af 50
Yèvre-la-Ville **45** 50 Cb 60
Yèvres **28** 48 Bb 59
Yèvres-le-Petit **10** 53 Ec 58
Yffiniac **22** 26 Xc 58
Ygos-Saint-Saturnin **40** 123 Zb 85
Ygrande **03** 80 Cf 69
Ymare **76** 15 Bb 52
Ymeray **28** 49 Be 57
Ymonville **28** 49 Be 59
Yolet **15** 115 Cd 79
Yoncq **08** 20 Fa 51
Youx **63** 91 Ce 72
Yport **76** 14 Ab 50
Ypreville-Biville **76** 15 Ad 50
Yquebœuf **76** 16 Bb 51
Yquelon **50** 28 Yc 55
Yronde-et-Buron **63** 104 Db 75
Yrouerre **89** 67 Df 62
Yssac-la-Tourette **63** 92 Da 73
Yssandon **19** 101 Bc 77
Yssingeaux **43** 105 Ea 78
Ytrac **15** 115 Cc 79
Ytres **62** 8 Cf 48
Yutz **57** 22 Gb 52
Yvecrique **76** 15 Ae 50
Yversay **86** 76 Ab 68
Yves **17** 86 Yf 72
Yveteaux, les **61** 30 Ze 56
Yvetot **76** 15 Ae 51
Yvetot-Bocage **50** 12 Yd 52
Yvias **22** 26 Wf 56
Yviers **16** 100 Zf 77
Yvignac **22** 44 Xf 58
Yville-sur-Seine **76** 15 Af 52
Yvoire **74** 96 Gb 70
Yvoy-le-Marron **41** 64 Bf 63
Yvrac-et-Malleyrand **16** 88 Ac 74
Yvrandes **61** 29 Zb 56
Yvré-Evêque **72** 47 Ab 60
Yvré-le-Pôlin **72** 47 Aa 62
Yvrench **80** 7 Bf 47
Yvrencheux **80** 7 Bf 47
Yzengremer **80** 6 Bd 48
Yzernay **49** 75 Zb 66
Yzeron **69** 106 Ed 74
Yzeure **03** 80 Dc 69
Yzeures-sur-Creuse **37** 77 Af 68
Yzeux **80** 7 Ca 49
Yzosse **40** 123 Yf 86

Z

Zaessingue **68** 72 Hc 63
Zalana **2B** 159 Kc 95
Zarbeling **57** 39 Ge 55
Zegerscappel **59** 3 Cc 43
Zehnacker **67** 40 Hc 56
Zeinheim **67** 40 Hc 56
Zellenberg **68** 56 Hb 59
Zellwiller **67** 57 Hc 58
Zermezeele **59** 3 Cc 44
Zerubia **2A** 159 Ka 98
Zetting **57** 39 Ha 54
Zévaco **2A** 159 Ka 97
Zevacu = Zévaco **2A** 159 Ka 97
Zicavo **2A** 159 Ka 97
Zicavu = Zicavo **2A** 159 Ka 97
Zigliara **2A** 159 Ka 97
Zilia **2B** 156 If 93
Zilling **57** 39 Hb 56
Zillisheim **68** 72 Hb 62
Zimmerbach **68** 56 Hb 60
Zimmersheim **68** 72 Hc 62
Zimming **57** 38 Gd 54
Zincourt **88** 55 Gc 59
Zinswiller, Oberbronn- **67** 40 Hd 55
Zirubia = Zerubia **2A** 159 Ka 98
Zittersheim **67** 39 Hc 55
Zoebersdorf **67** 40 Hd 56
Zommange **57** 39 Ge 55
Zonza **2A** 159 Kb 98
Zoteux **62** 7 Bf 45
Zouafques **62** 3 Ca 44
Zoufftgen **57** 22 Ga 52
Zoza **2A** 159 Ka 98
Zuani **2B** 159 Kc 95
Zudausques **62** 3 Ca 44
Zutkerque **62** 3 Ca 43
Zuytpeene **59** 3 Cc 44

©Falk-Verlag, Stuttgart
Printed in Germany, (10.)

Das Werk einschließlich aller seiner Teile ist urheberrechtlich geschützt. Jede urheberrechtswidrige Verwertung ist ohne Zustimmung des Verlages unzulässig und strafbar. Das gilt insbesondere für Vervielfältigungen, Übersetzungen, Nachahmungen, Mikroverfilmungen und die Einspeicherung und Verarbeitung in elektronischen Systemen.

208 (F) Villetoureix — Zuytpeene

Paris et sa banlieue · Kaart van Parijs en omgeving
Stadtumgebungskarten von Paris · Surrounding of Paris
Légende · Legende · Zeichenerklärung · Legend
1:80.000

CIRCULATION – VERKEER – VERKEHR – TRAFFIC

Autoroute – en construction
Autosnelweg – in aanleg
Autobahn – im Bau
Motorway – under construction

Numéro de route: Autoroute – Route nationale – Route départementale
Wegnummers: Autosnelweg – Nationaalweg – Departementweg
Straßennummern: Autobahn – Nationalstraße – Departementstraße
Road numbers: Motorway – Nationale – Départementale

A 10   **17**   **29**

Route à chaussées séparées sans intersections
Autoweg met meer dan twee rijstroken zonder niveau-kruisingen
Mehrbahnige, kreuzungsfreie Autostraße
Highway with two lanes without crossing

Numéro de route européenne – Nom de l'autoroute
Europawegnummer – Naam van de autosnelweg
Europastraßen-Nummer – Name der Autobahn
Number of main European route – Name of motorway

E 54

LA FRANCILIENNE

Route à grande circulation – en construction
Weg voor interlokaal verkeer – in aanleg
Fernverkehrsstraße – im Bau
Trunk road – under construction

Distances sur autoroutes – sur autres routes en kms
Kilometeraanduiding op autosnelwegen – op overige wegen
Kilometrierung an Autobahnen – an sonstigen Straßen
Distances on motorways – on other roads in km

7
3   5
1,5
5

Route principale importante – Route principale
Belangrijke hoofdweg – Hoofdweg
Wichtige Hauptstraße – Hauptstraße
Important main road – Main road

Poste d'essence
Benzinestation
Tankstelle
Filling station

Route secondaire – Autres routes
Overige verharde wegen – Overige wegen
Nebenstraße – Sonstige Straßen
Secondary road – Other minor roads

Restaurant – Restaurant avec motel
Restaurant – Restaurant met motel
Rasthaus – Rasthaus mit Motel
Restaurant – Restaurant with motel

Route à quatre ou plusieurs voies
Weg met vier of meer rijstroken
Vier- oder mehrspurige Straße
Road with four or more lanes

Snack – WC pour personnes handicapées
Snackbar – Invaliden-WC
Kleinraststätte – Behinderten-WC
Snackbar – Disabled-WC

Signalisation sur le réseau autoroutier
Bewegwijzering in het autosnelwegnet
Wegweisung im Autobahnnetz
Signposting in motorway network

Rouen

Information – Parking
Information – Parkeerplaats
Touristinformation – Parkplatz
Information – Parking place

Signalisation à moyenne distance (villes se trouvant sur les plans 1:80.000)
Bewegwijzering naar nabijgelegen bestemmingen
(plaatsen liggen binnen kaartensectie 1:80.000)
Wegweisung zu Nahzielen (Orte liegen innerhalb des Kartenteils 1:80.000)
Signposting to local destinations (within the 1:80.000 section)

Vélizy-Ouest

Chemin de fer principal – Gare – Haltes
Belangrijke spoorweg – Station
Hauptbahn – Bahnhof – Haltestelle
Main railway – Station

Signalisation à grande distance
(villes se trouvant en dehors des plans 1:80.000 → voir plans 1:300.000)
Bewegwijzering naar veraf gelegen bestemmingen
(plaatsen liggen buiten kaartensectie 1:80.000 → kaartensectie 1:300.000)
Wegweisung zu Fernzielen
(Orte liegen außerhalb des Kartenteils 1:80.000 → Kartenteil 1:300.000)
Signposting to distant destinations (outside the 1:80.000 section → 1:300.000 section)

Soissons

Chemin de fer secondaire ou industriel
Lokale spoorweg – Industrielijn
Neben- oder Industriebahn
Other railway – Commercial railway

Station de RER
RER-(Stadbaan-)station
RER-(S-Bahn-)Station
RER-(Rapid city railway-)station

(RER) St-Ouen

Accès et sortie dans les deux directions
Op- en afrit voor elke rijrichting
Ein- und Ausfahrt für jede Fahrtrichtung
Acces and exit in all directions

Versailles-Ouest St-Germain-en-L.

Station terminus de Métro (en dehors de Paris)
Métro-(Ondergrondse spoorweg-)eindstation (alleen buiten Parijs)
Métro-(U-Bahn-)Endstation (nur außerhalb von Paris)
Métro-(Subway)-terminus (outside Paris only)

M à la Défense

Seulement sortie dans une direction – accès en direction opposée
Alleen afrit in één rijrichting – oprit in de tegenovergestelde richting
Nur Ausfahrt in einer Fahrtrichtung – Einfahrt in der Gegenrichtung
Exit in one direction only – acces in opposite direction

Fresnes Versailles

Parkings près de stations de RER ou de Métro
ou de « Portes » touchées par le périphérique parisien
Parkeerplaats nabij een RER-, of Métro-station
of knooppunt van de rondweg (Périphérique) rondom Parijs
Parkplatz nahe einer RER- oder Métro-Station
oder an Knoten der Ringautobahn (Périphérique) um Paris
Parking place near an RER or Métro station
or at junctions on the Paris orbital motorway (Périphérique)

P **(RER)**

Seulement sortie – Alleen afrit
Nur Ausfahrt – Exit only
Seulement accès – Alleen oprit
Nur Einfahrt – Acces only

Arcueil Villejuif

P **M**

Nom de la « Porte » touchée par le périphérique parisien
Benaming van de knooppunten in het bereik van de rondweg rondom Parijs
Name der Straßenknoten im Bereich der Ringautobahn um Paris
Names of road junctions on the Paris orbital motorways

Pte des Lilas

Aéroport – Aérodrome
Luchthaven – Vliegveld
Flughafen – Flugplatz
Airport – Airfield

CURIOSITES – BEZIENSWAARDIGHEDEN – SEHENSWÜRDIGKEITEN – PLACES OF INTEREST

Curiosités remarquables – Zeer bezienswaardig
Besonders sehenswert – Place of particular interest
Curiosités – Bezienswaardig
Sehenswert – Place of interest

Château
Parc

Église – Monastère – Ruine
Kerk – Klooster – Ruïne
Kirche – Kloster – Ruine
Church – Monastery – Ruin

Autres curiosités
Overige bezienswaardigheden
Sonstige Sehenswürdigkeit
Other object of interest

Tour Eiffel
Musée

Monument – Belvédère – Point de vue
Monument – Uitzichttoren – Uitzichtpunt
Denkmal – Aussichtsturm – Aussichtspunkt
Monument – Outlook tower – View-point

Base de loisirs
Recreatiecentrum
Freizeiteinrichtung
Leisure centre

Base de Loisirs

Installation de sports – Terrain de golf
Sportterrein – Golfterrein
Sportanlage – Golfplatz
Sports ground – Golf course

Château, château-fort – Ruine – Fort
Slot, burcht – Ruïne – Fort
Schloß, Burg – Ruine – Fort
Castle – Ruin – Fort

Tour radio – Cimetière
Radiotoren – Begraafplaats
Funkturm – Friedhof
Radio tower – Cemetery

AUTRES INDICATIONS – OVERIGE INFORMATIE – SONSTIGES – OTHER INFORMATION

Paris, périmètre urbain
Parijs, stadgebied
Paris, Stadtgebiet
Central Paris

Zone industrielle
Industriecomplex
Industriegebiet
Industrial area

Banlieu
Dicht bebouwde omgeving
Dicht bebaute Umgebung
Densely built-up area

Parque, bois
Park, bos
Park, Wald
Park, forest

Environs
Buitenwijk met open bebouwing
Offen bebautes Außengebiet
Suburb, open development

Guide d'orientation des pages
Bladzijde-Oriënteringsrooster
Seiten-Orientierungshilfe
Page identification

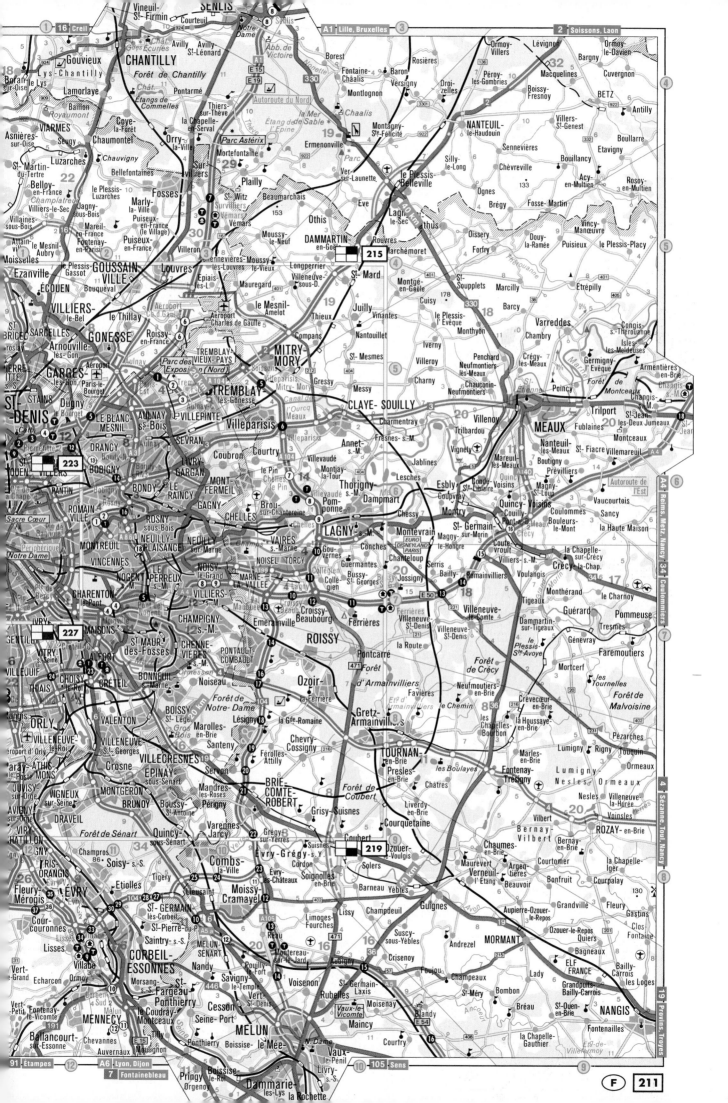

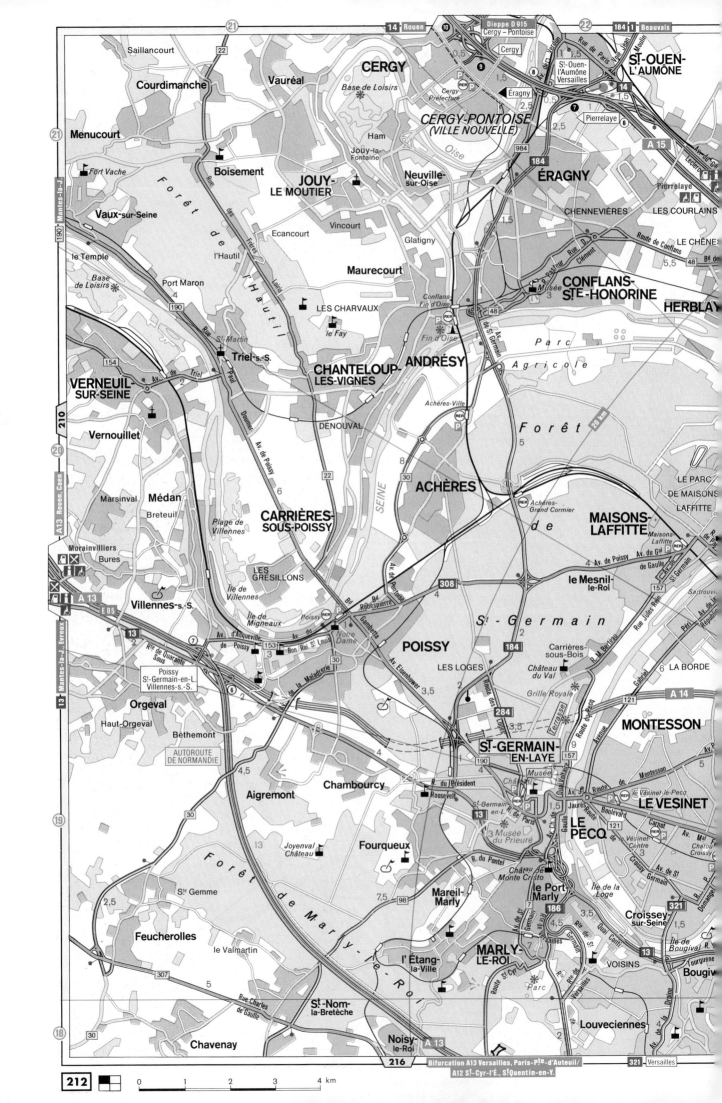

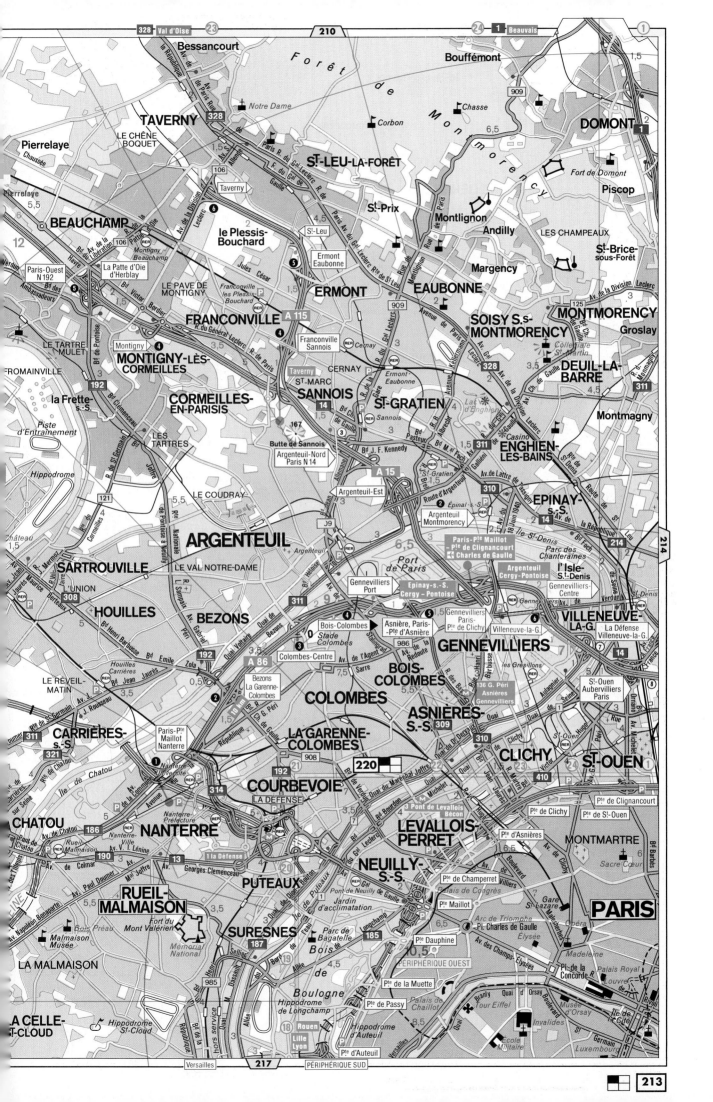

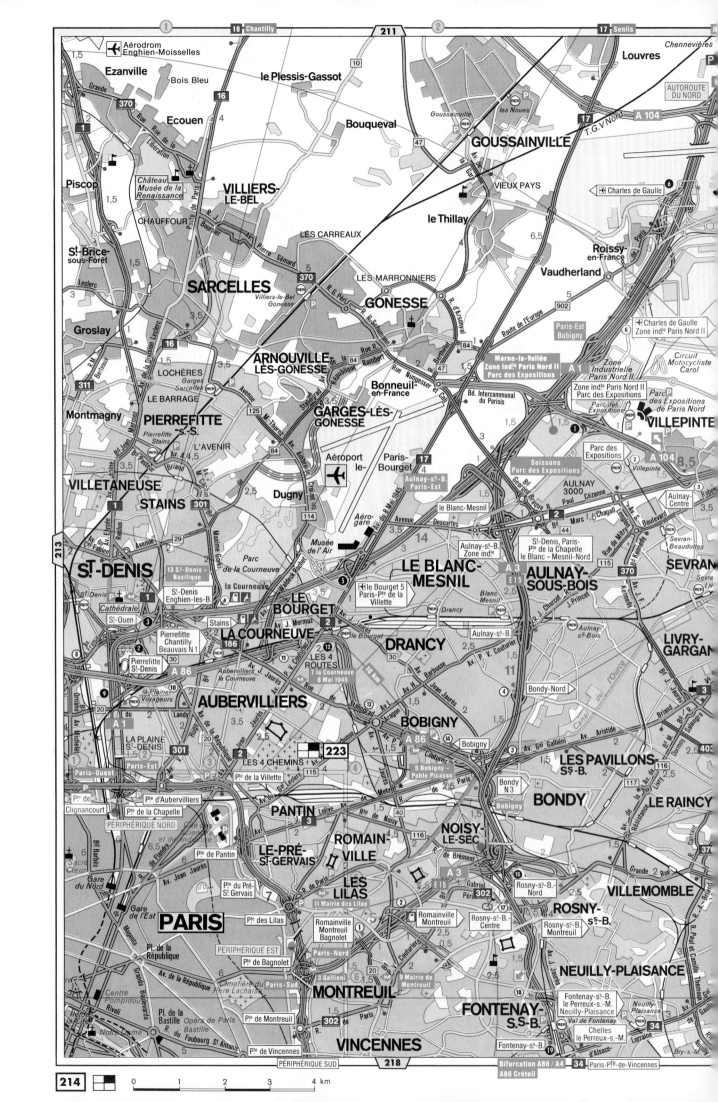

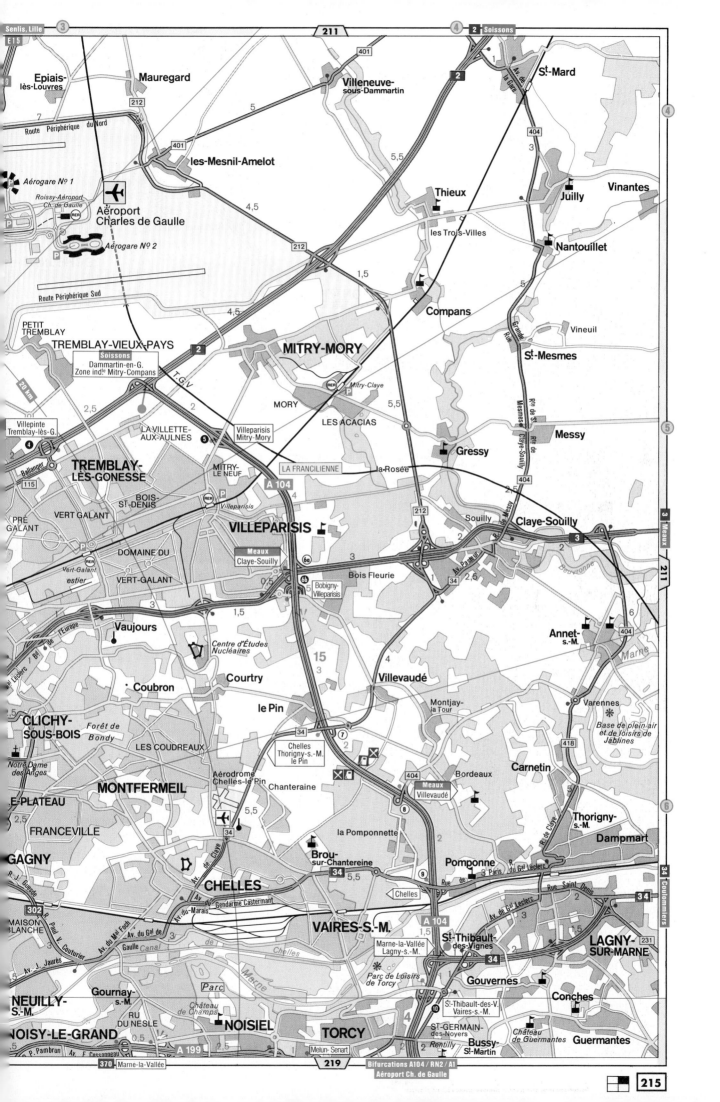

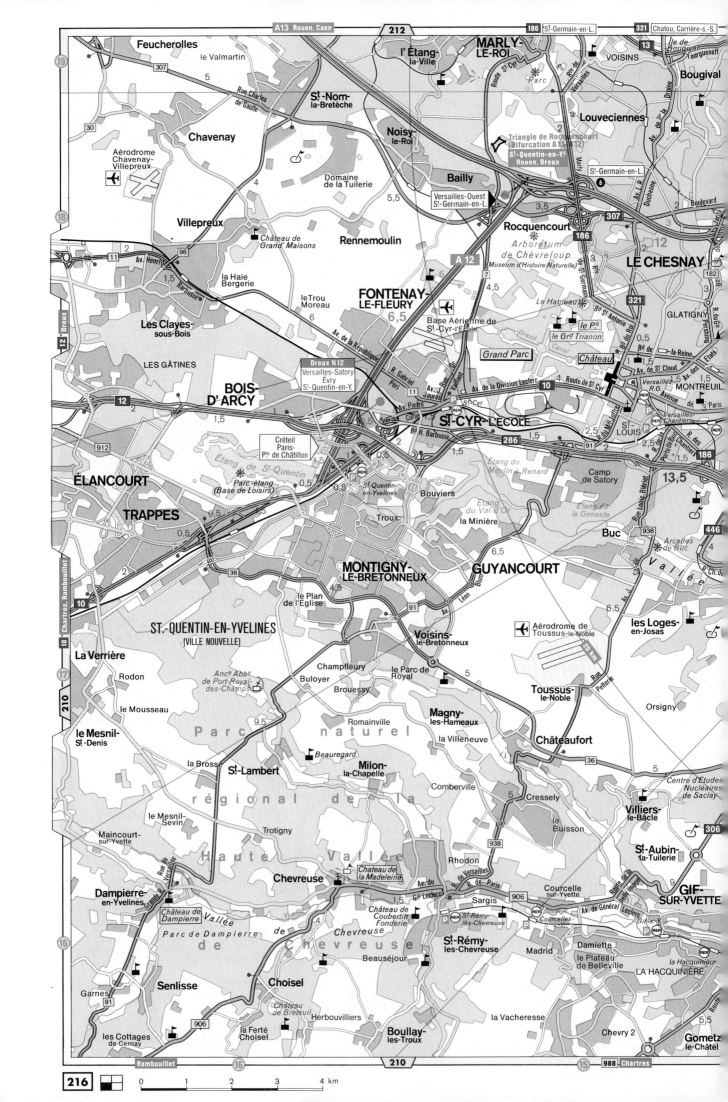

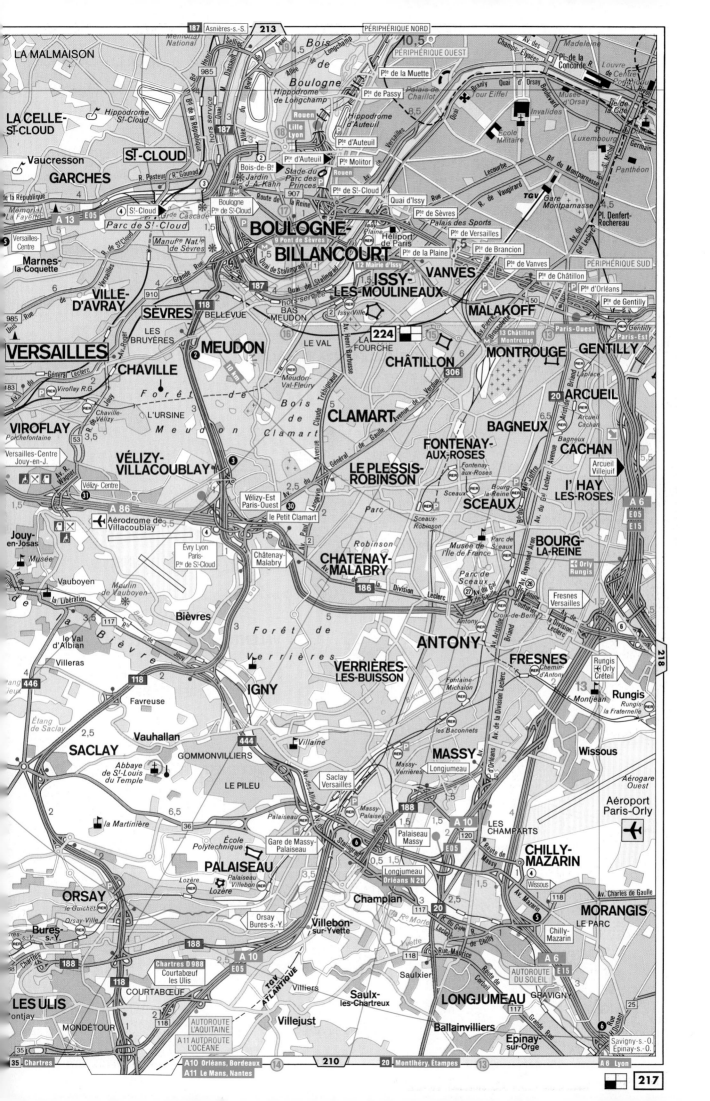

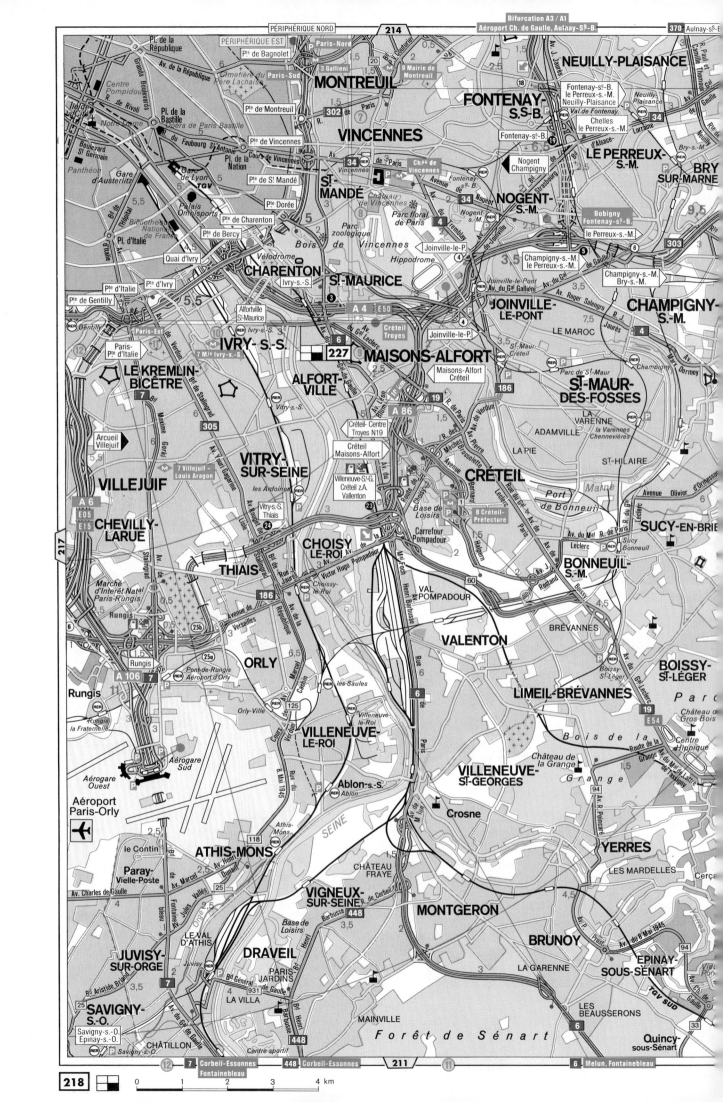

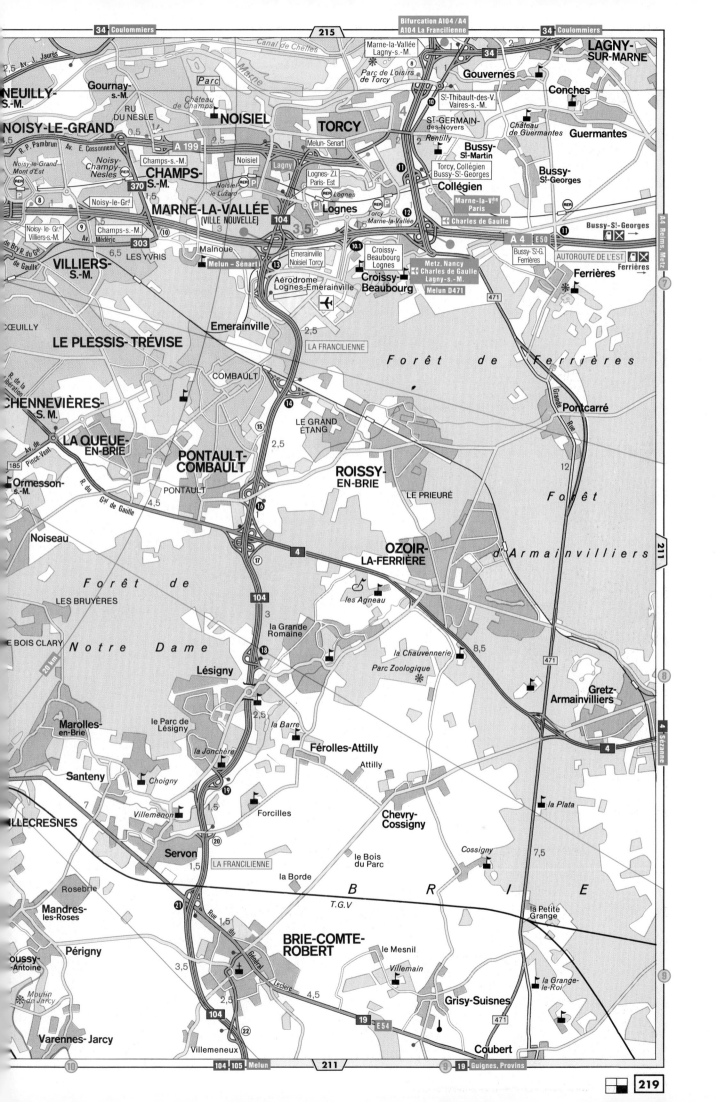

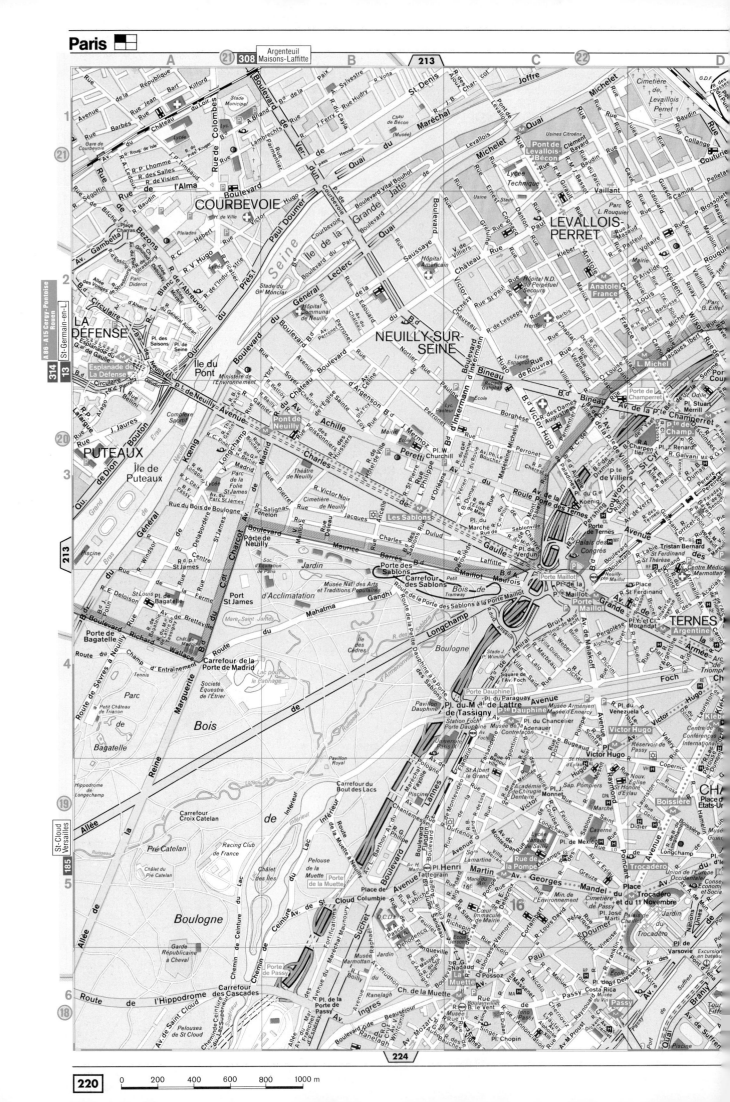

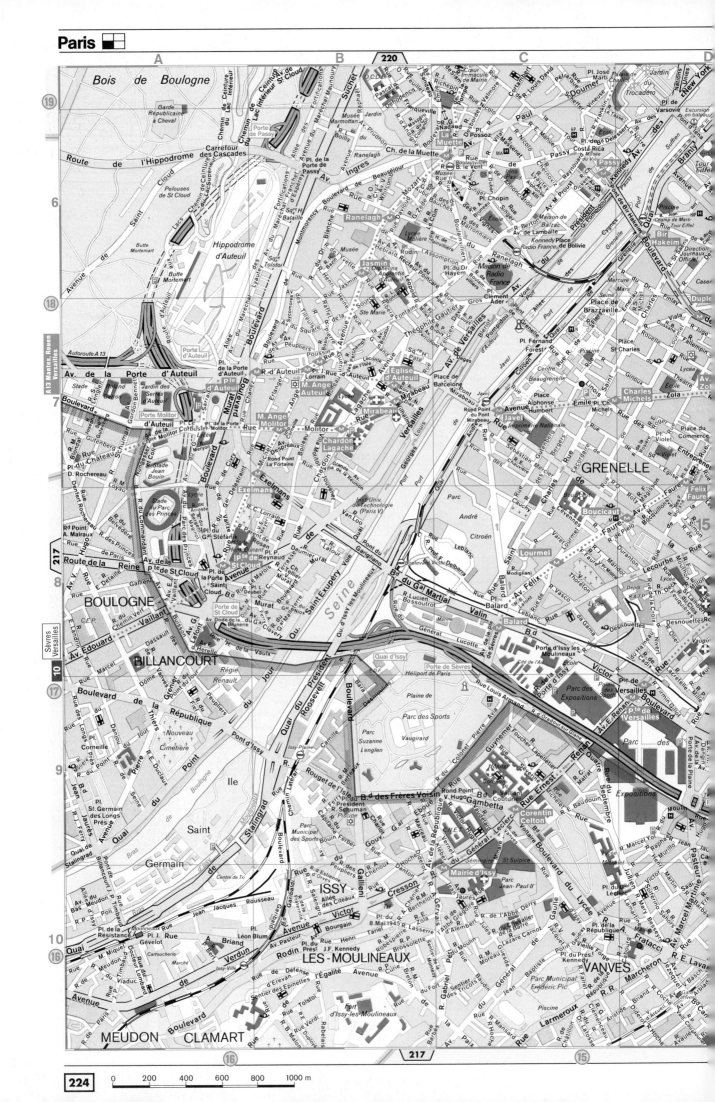

Paris

A B 220 C D

19
18
6
7
15
8
10
17
9
16

Bois de Boulogne

Garde
Républicaine
à Cheval

Carrefour
des Cascades

Pelouses
de St Cloud

Butte
Mortemart

Hippodrome
d'Auteuil

Butte
Mortemart

Porte
de Passy

Porte
d'Auteuil

Autoroute A 13

Av. de la Porte d'Auteuil

Porte Molitor

Stade
Jean
Bouin

Stade
du Parc
des Princes

BOULOGNE-

BILLANCOURT

Boulevard de la République

Nouveau
Cimetière

Ile

Saint

Germain

Pont d'Issy

MEUDON CLAMART

ISSY-

LES-MOULINEAUX

VANVES

La
Muette

Ranelagh

Jasmin

Maison
de Radio
France

Place de
Brazzaville

GRENELLE

Boucicaut

Lourmel

Balard

Porte d'Issy les
Moulineaux

Porte de Sèvres

Héliport de Paris

Quai d'Issy

Parc des
Expositions

Pte de
Versailles

Eglise
d'Auteuil

Mirabeau

Chardon
Lagache

Exelmans

Pte de
St Cloud

Murat

Saint Exupéry

Seine

Parc
André
Citroën

Javel

Passy

Bir
Hakeim

Charles
Michels

Félix
Faure

Parc des
Sports

Vaugirard

Parc Suzanne
Lenglen

Plaine de
Vaugirard

Gambetta

Corentin
Celton

Mairie d'Issy

Pl. de la
République

224 0 200 400 600 800 1000 m

216 217 15

222

226

Plans de villes · Stadsplattegronden · Piante di città · Planos de ciudades
Stadtpläne · City maps · Stadskartor · Plany miast
Légende · Legenda · Segni convenzionali · Signos convencionales
Zeichenerklärung · Legend · Teckenförklaring · Objaśnienia znaków
1:20.000

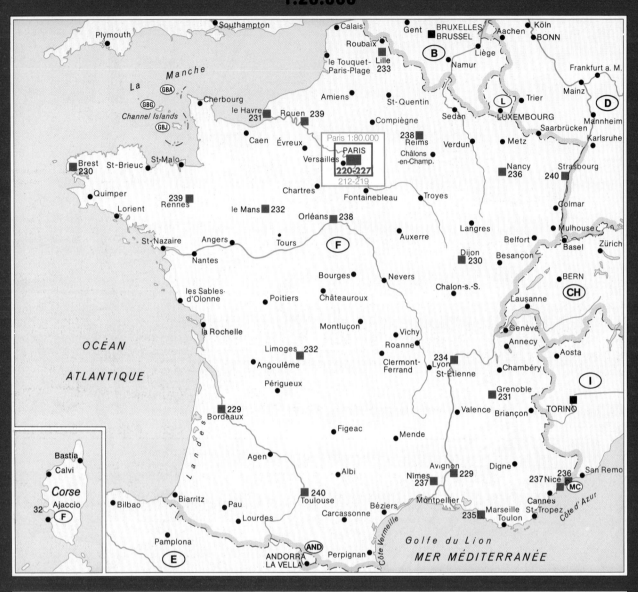

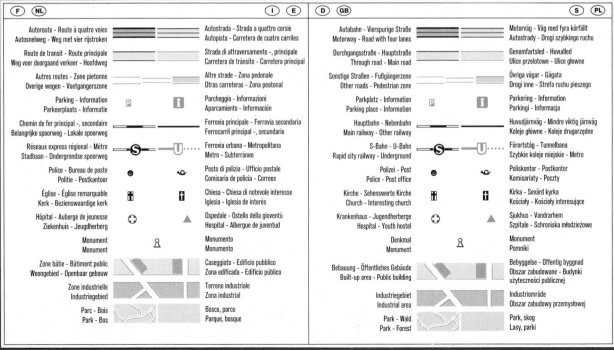

F NL	I E	D GB	S PL
Autoroute - Route à quatre voies / Autosnelweg - Weg met vier rijstroken	Autostrada - Strada a quattro corsie / Autopista - Carretera de cuatro carriles	Autobahn - Vierspurige Straße / Motorway - Road with four lanes	Motorväg - Väg med fyra körfällt / Autostrady - Drogi szybkiego ruchu
Route de transit - Route principale / Weg voor doorgaand verkeer - Hoofdweg	Strada di attraversamento -, principale / Carretera de tránsito - Carretera principal	Durchgangsstraße - Hauptstraße / Through road - Main road	Genomfartsled - Huvudled / Ulice przelotowe - Ulice główne
Autres routes - Zone pietonne / Overige wegen - Voetgangerszone	Altre strade - Zona pedonale / Otras carreteras - Zona peatonal	Sonstige Straßen - Fußgängerzone / Other roads - Pedestrian zone	Övriga vägar - Gågata / Drogi inne - Strefa ruchu pieszego
Parking - Information / Parkeerplaats - Informatie	Parcheggio - Informazioni / Aparcamiento - Información	Parkplatz - Information / Parking place - Information	Parkering - Information / Parkingi - Informacja
Chemin de fer principal -, secondaire / Belangrijke spoorweg - Lokale spoorweg	Ferrovia principale - Ferrovia secondaria / Ferrocarril principal -, secundario	Hauptbahn - Nebenbahn / Main railway - Other railway	Huvudjärnväg - Mindre viktig järnväg / Koleje główne - Koleje drugorzędne
Réseaux express régional - Métro / Stadbaan - Ondergrondse spoorweg	Ferrovia urbana - Metropolitana / Metro - Subterráneo	S-Bahn - U-Bahn / Rapid city railway - Underground	Förortståg - Tunnelbana / Szybkie koleje miejskie - Metro
Police - Bureau de poste / Politie - Postkantoor	Posto di polizia - Ufficio postale / Comisaría de policía - Correos	Polizei - Post / Police - Post office	Poliskontor - Postkontor / Komisariaty - Poczty
Église - Église remarquable / Kerk - Bezienswaardige kerk	Chiesa - Chiesa di notevole interesse / Iglesia - Iglesia de interés	Kirche - Sehenswerte Kirche / Church - Interesting church	Kirka - Sevärd kyrka / Kościoły - Kościoły interesujące
Hôpital - Auberge de jeunesse / Ziekenhuis - Jeugdherberg	Ospedale - Ostello della gioventù / Hospital - Albergue de juventud	Krankenhaus - Jugendherberge / Hospital - Youth hostel	Sjukhus - Vandrarhem / Szpitale - Schroniska młodzieżowe
Monument / Monument	Monumento / Monumento	Denkmal / Monument	Monument / Pomniki
Zone bâtie - Bâtiment public / Woongebied - Openbaar gebouw	Caseggiato - Edificio pubblico / Zona edificada - Edificio público	Bebauung - Öffentliches Gebäude / Built-up area - Public building	Bebyggelse - Offentlig byggnad / Obszar zabudowane - Budynki użyteczności publicznej
Zone industrielle / Industriegebied	Terreno industriale / Zona industrial	Industriegebiet / Industrial area	Industriområde / Obszar zabudowy przemysłowej
Parc - Bois / Park - Bos	Bosco, parco / Parque, bosque	Park - Wald / Park - Forest	Park, skog / Lasy, parki

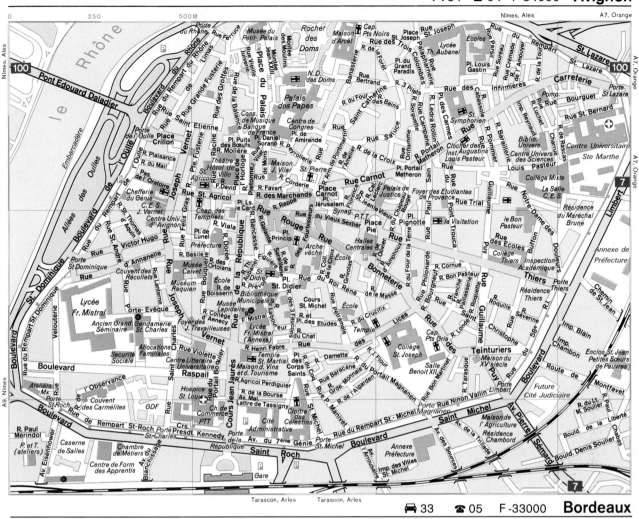

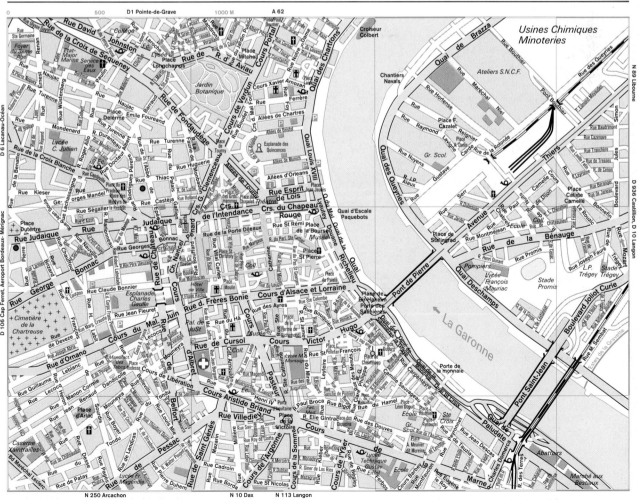

Brest F-29200 ☎ 02 🚗 29

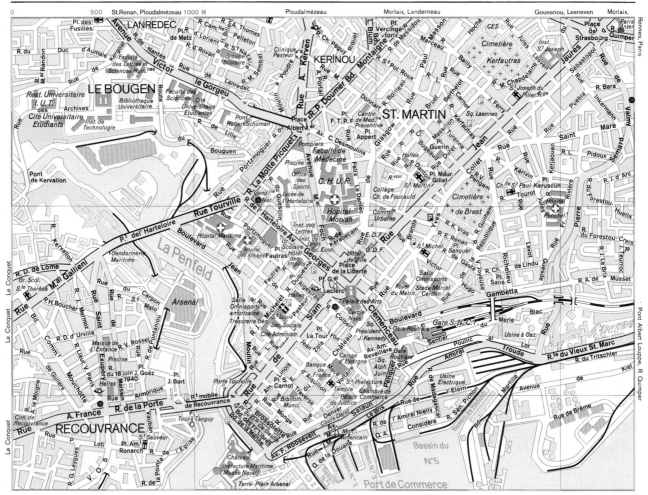

Dijon F-21000 ☎ 03 🚗 21

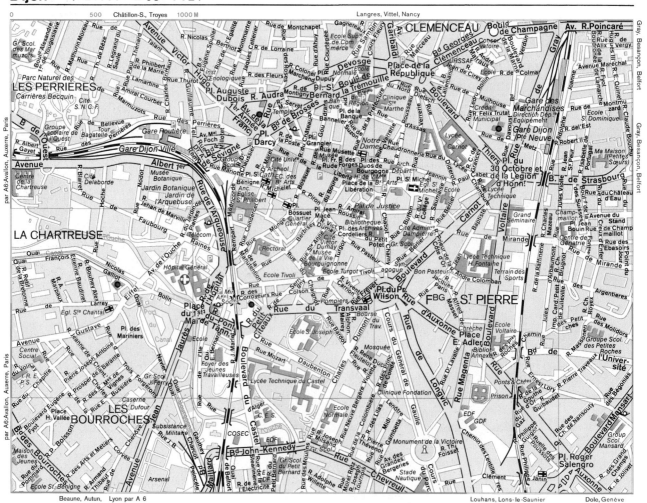

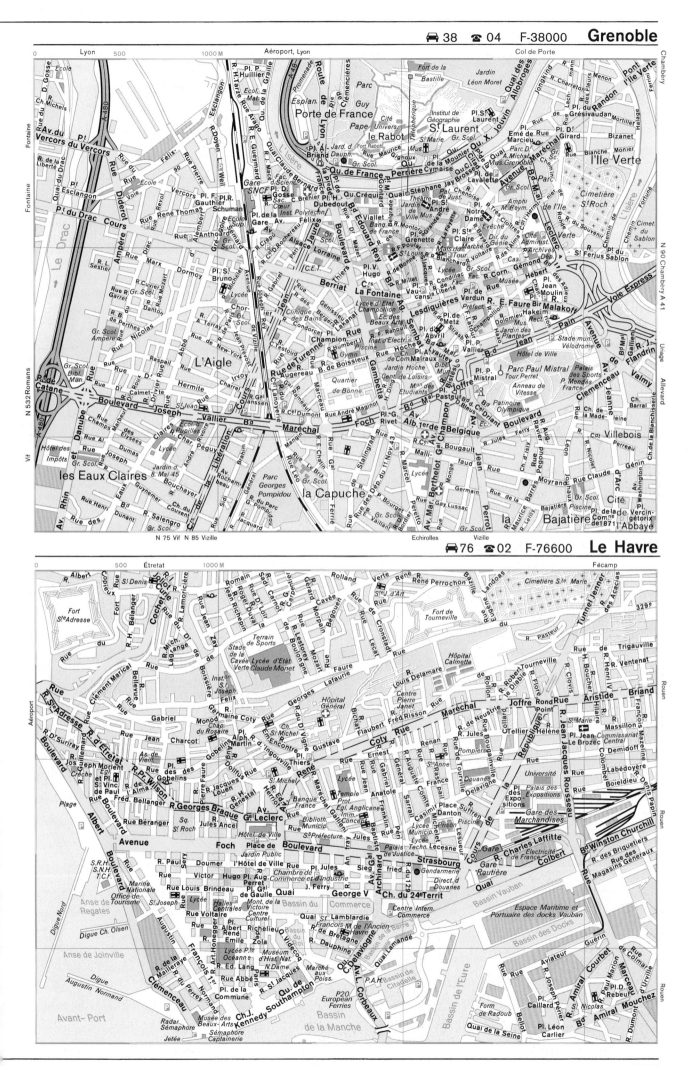

Le Mans   F-72000   ☎02   🚗72

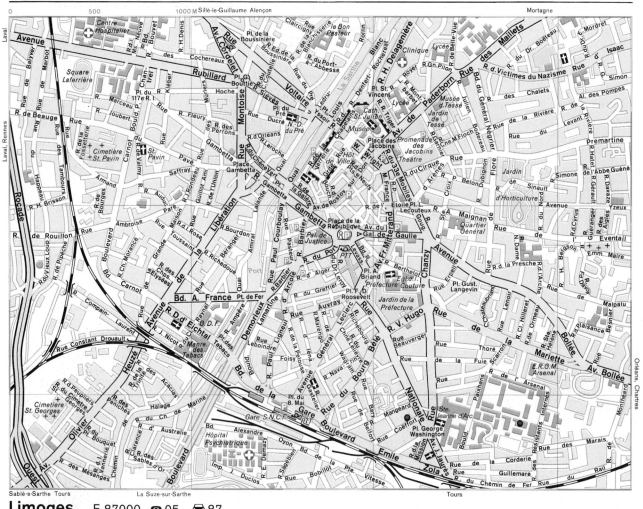

Limoges   F-87000   ☎05   🚗87

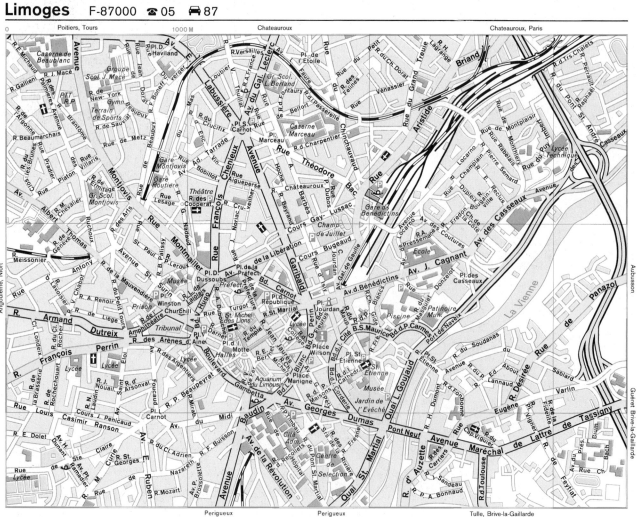

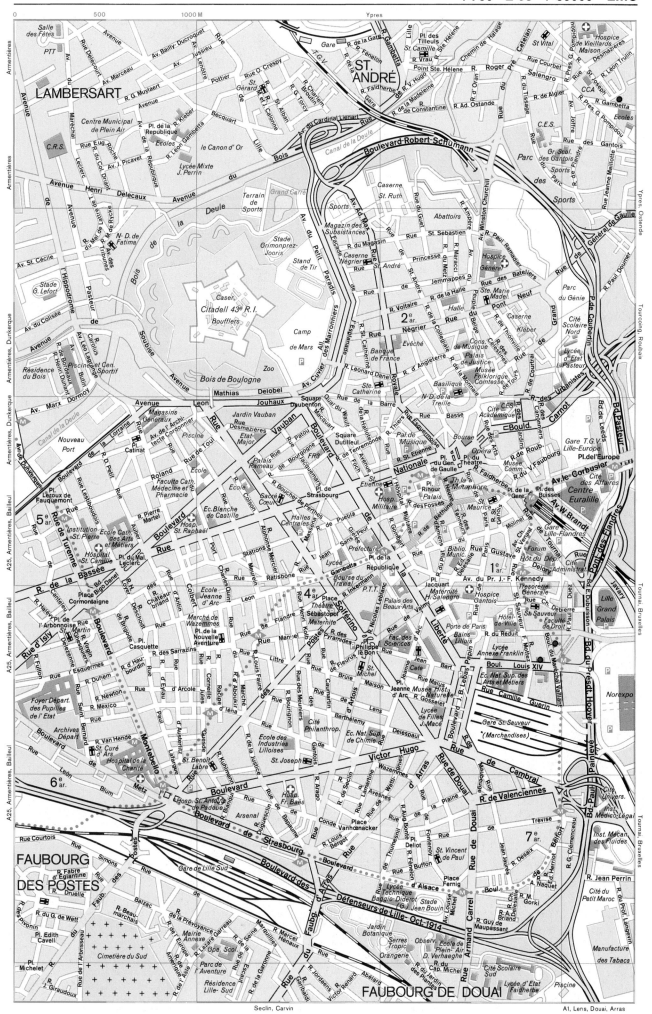

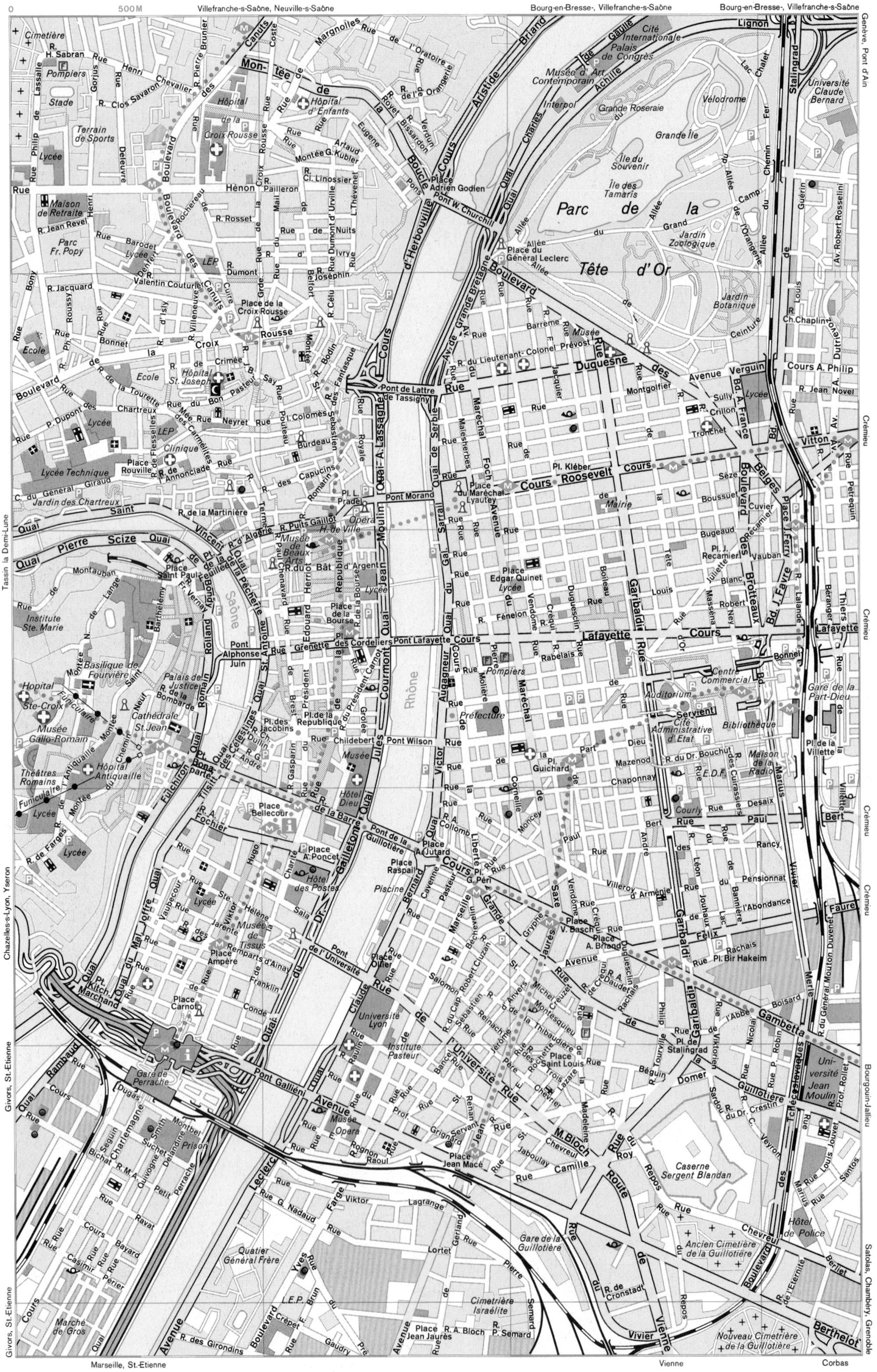

0   500 M

Villefranche-s-Saône, Neuville-s-Saône — Bourg-en-Bresse-, Villefranche-s-Saône — Bourg-en-Bresse-, Villefranche-s-Saône

Genève, Pont d'Ain

Cité Internationale/Palais de Congrès
Musée d'Art Contemporain
Interpol
Grande Roseraie
Université Claude Bernard
Vélodrome
Île du Souvenir
Île des Tamaris
Grande Île

Parc de la Tête d'Or

Jardin Zoologique
Jardin Botanique

Cimetière
H. Sabran
Pompiers
Stade
Terrain de Sports
Maison de Retraite
Parc Fr. Popy
Hôpital de la Croix Rousse
Hôpital d'Enfants
Place de la Croix Rousse
Croix Rousse
Hôpital St. Joseph
Jardin des Chartreux
Clinique
Lycée Technique

Musée de Beaux Arts
Opéra
H. de Ville
Lycée
Place de la Bourse
Place des Cordeliers
Pont Lafayette
Cours Lafayette

Quai Pierre Scize
Institute Ste. Marie
Basilique de Fourvière
Hôpital Ste-Croix
Musée Gallo-Romain
Théâtres Romains
Cathédrale St. Jean
Palais de Justice
Hôpital Antiquaille
Pl. des Jacobins
Pl. de la République
Place Bellecour
Hôtel Dieu
Préfecture

Rhône
Saône

Cours Roosevelt
Pl. Kléber
Place du Maréchal Lyautey
Mairie
Place Edgar Quinet
Lycée

Centre Commercial
Auditorium
Cité Administrative d'État
Gare de la Part-Dieu
Bibliothèque
Maison de la Radio
E.D.F.
Pl. de la Villette

Place A. Poncet
Place A. Jutard
Place Raspail
Piscine
Hôtel des Postes
Musée de Tissus
Place Ampère
Remparts d'Ainay
Place Carnot
Université Lyon
Institut Pasteur
Gare de Perrache
Pont Galliéni
Musée Opéra
Place Jean Macé

Université Jean Moulin
Place de Stalingrad
Place Saint Louis
Place Trois Rivières
M. Bloch
Chevreul

Caserne Sergent Blandan
Hôtel de Police
Ancien Cimetière de la Guillotière

Prison
Quartier Général Frère
Marché de Gros
L.E.P. Brun
Place Jean Jaurès
Gare de la Guillotière
Cimetière Israélite
Nouveau Cimetière de la Guillotière

Givors, St-Etienne
Chazelles-s-Lyon, Yseron
Tassin la Demi-Lune

Marseille, St-Etienne — Vienne — Corbas

Crémieu
Saolas, Chambéry, Grenoble
Bourgoin-Jallieu
Berthelot

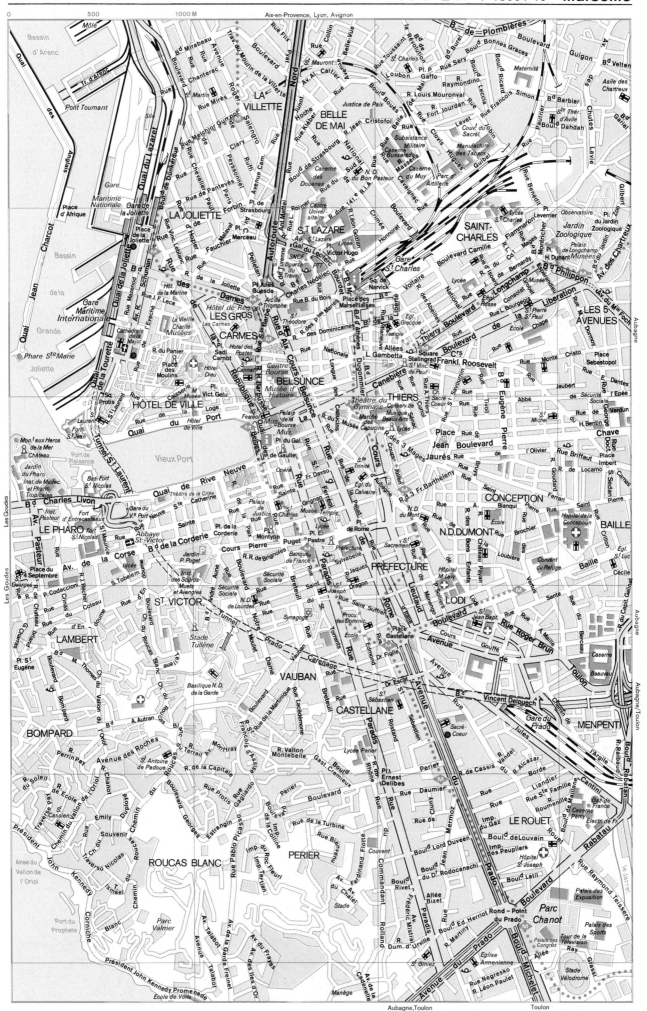

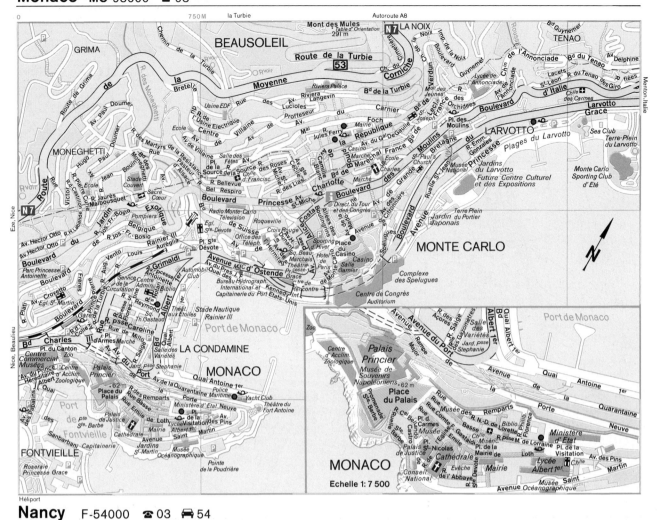

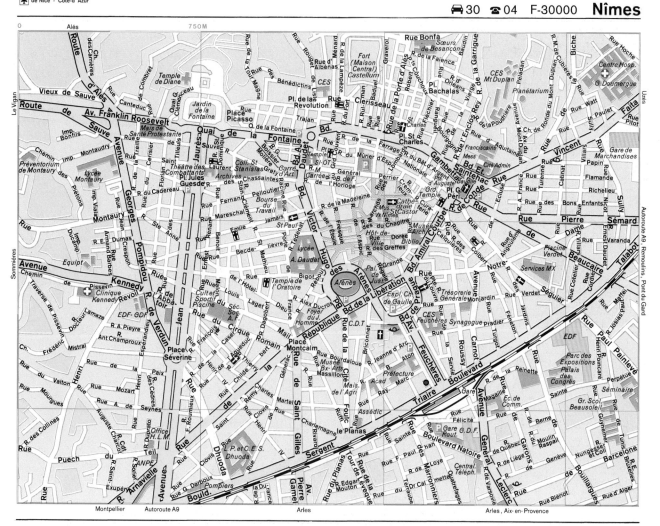

Orléans F-45000 ☎02 🚗45

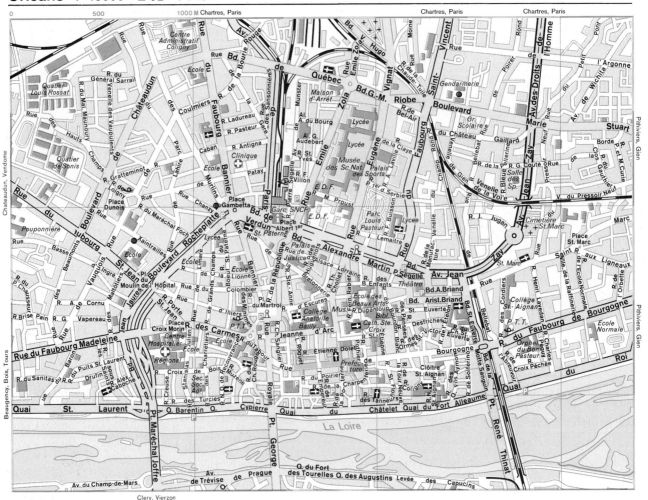

Reims F-51100 ☎03 🚗51

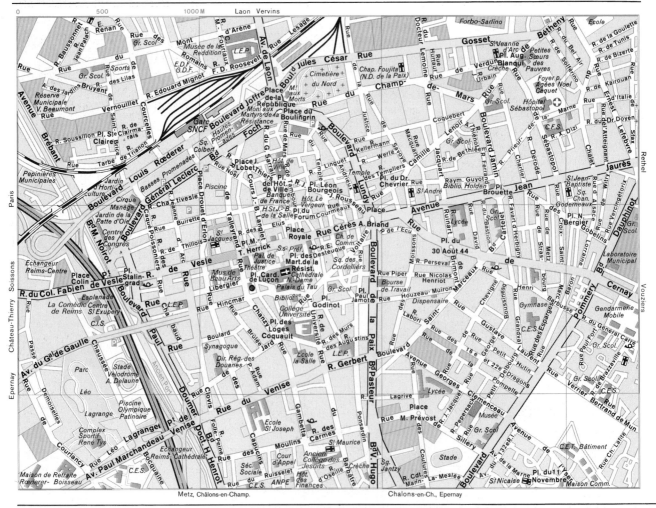

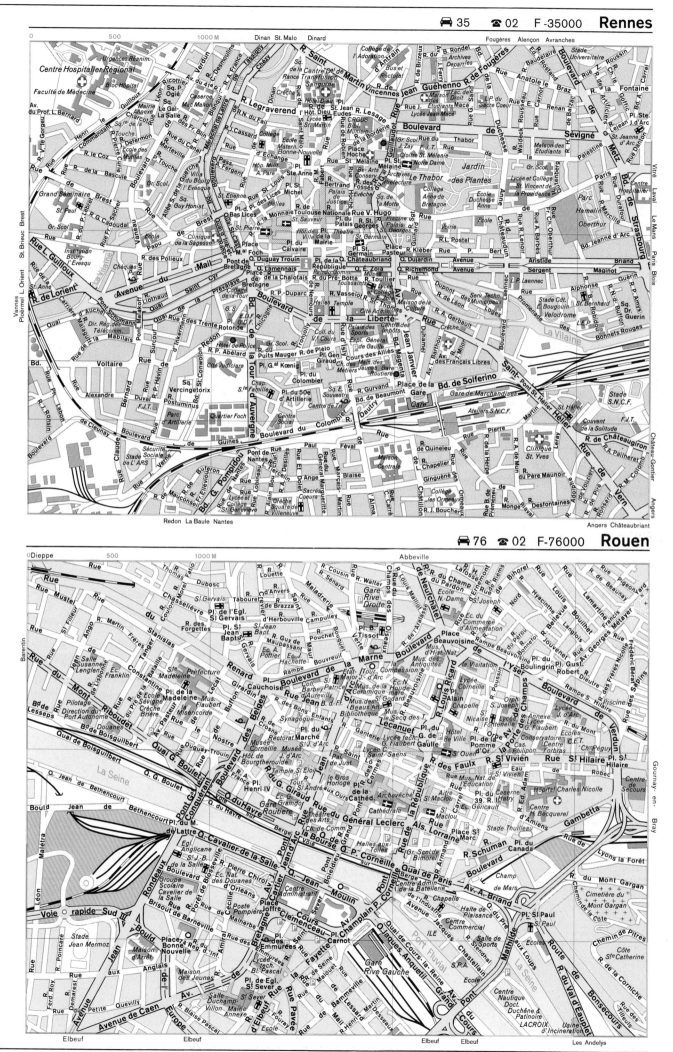

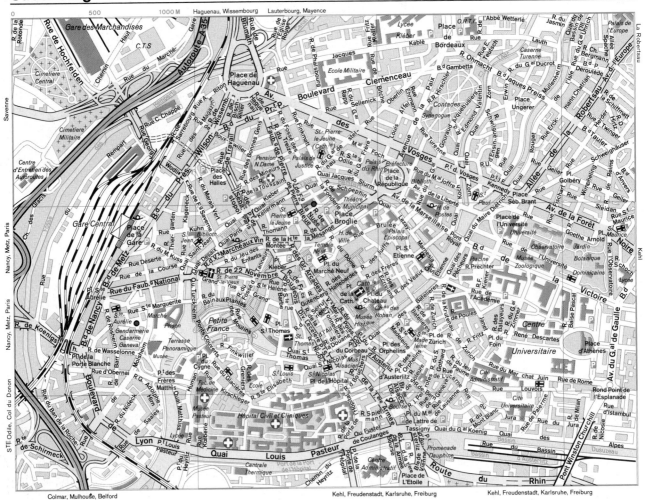

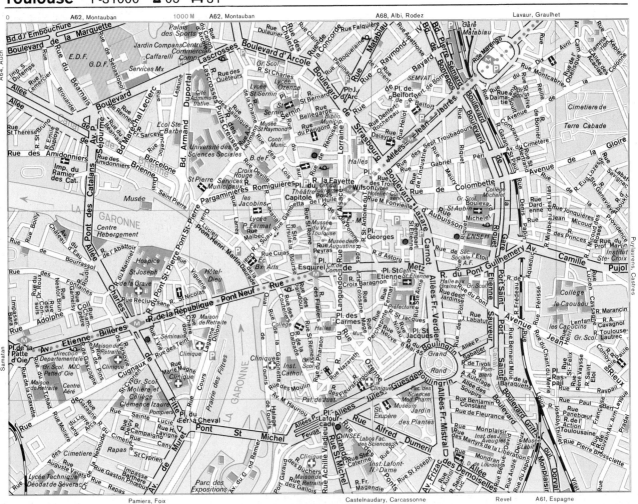

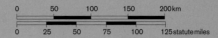

Europa · Europe · Evropa
1:4.500.000

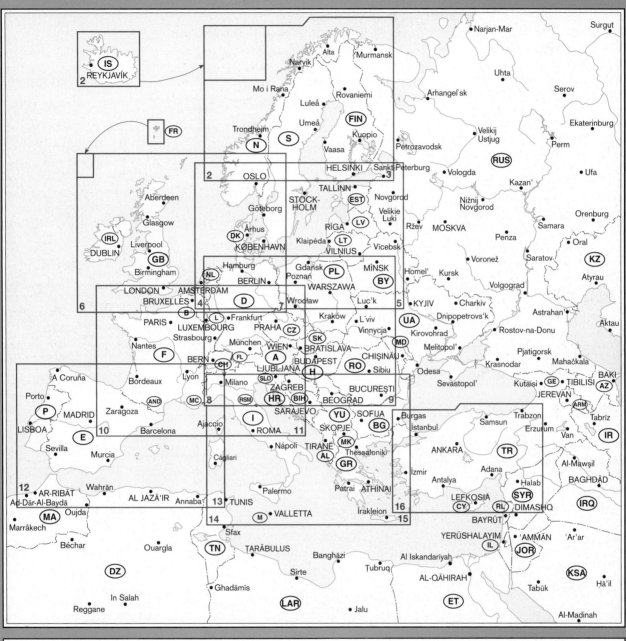

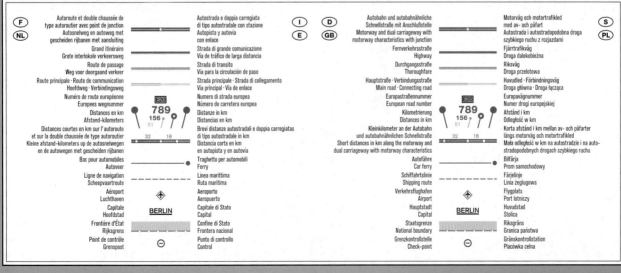

| | | Autoroute et double chaussée de type autoroutier avec point de jonction | Autostrada e doppia carreggiata di tipo autostradale con stazione | | | Autobahn und autobahnähnliche Schnellstraße mit Anschlußstelle | Motorväg och motortrafikled med av- och påfart | | |

ÍSLAND

Kögur Latrar Hornbjarg
Bolungarvik Hlöðuvik
Flateyri Ísafjörður Bær Furufjörður
Þingeyri 52 925 Drangajökull
Patreksfjörður 66 920 Árngerðareyri
Bjargtangar Bildudalur Gjögur
Brjánslækur 54 Hólmavik
Skálmarnesmúli Grimsey Grimsey
Breidafjörður Flatey Siglufjörður Rifstangi
Dagverðarnes Staðarhólskirkja Höfðakaupstaður Dalvik Tjörnes Raufarhöfn
923 Blönduós Grenivik Kópasker
Ólafsvik Stykkishólmur 1052 Sauðarkrókur 22 Húsavik
1446 Búðir Búðardalur 36 Varmahlid 84 Ásbyrgi Þórshöfn
Kolbeinsstaðir Borðeyri Efrinúpur 50 1384 Einarsstaðir Bakkafjörður
Árver 1538 Akureyri Goðafoss Dettifoss
Borgarnes Gilsbakki Kerling Reykjahlið 967 Vopnafjörður
Akranes Fitjar Miðsandur Godðalir Lundarbrekka Mývatn 1251
Garðskagi Gerðar Langjökull Bláfjall Móðrudalur Smjörfjöll 73
Kefla- 1675 1763 1222 Bakkagerði
Hafnir vik Hofsjökull Ódáðahraun Egilsstaðir Seyðisfjörður
Reykjanes Reykjavik Þingvellir Viti Askja Eiriksstaðir Neskaupstaður
Grindavik Hafnarfjörður Miðdalur 1510 Sprengisandur 1929 Valþjófsstaðir Eskifjörður
Hveragerði Gullfoss Tungufell 2009 Bardarbunga 1833 Búðareyri Búðir
Þorlákshöfn Storaborg Þórisvatn 1719 Snæfell Stöðvarfjörður
Eyrarbakki Selfoss Storinúpur Vatnajökull Hof Djúpivogur
Skaró 1491 Hella Hekla Kálfafell Kálfafellsstaður
Þykkvibær Hvolsvöllur Öfærafoss Hornfjörður Hornfjörður Höfn
Vestmannaeyjar 1666 Mýrdals- jökull Kirkjubæjarklaustur 2119 Hof Stokksnes
Surtsey Heimaey Skógafoss 1450 Langholt Ingólfshöfði
Dyrhólaey (Portland) Vik

Ring
Kvaløy
Hillesøy
Gryllefjord
Andenes Senja Finnsnes
Senja Ands- fjord Senjehesten
Vesterålen Andøy 171
Risøyhamn Salangen
Sortland Harstad E06
Langøya Stokmarknes Hinnøy 428
Lofoten Melbu 1266 E10 Lødingen 330
Vestvågøy Austvågøy Digermulkollen 388 Narvik Forså
Ramberg Svolvær Bognes Tysfjord
Ballstad Stamsund Skutvik
Å Moskenes Nordfold
Moskenesøy Værøy
Røst Røst
Røst Bodø 365 Røsvik Røsvik
Sund Saltfjord Fauske Sulitjelma
435 Trollfjord 1914 Kvikkjok
E06
Ørnes Glomfjord 1640 Storjord Junkerdal
707 Krokstrand Jäckvik
Svartisen Mo i Rana E12 Strimasund Ammarnäs
Nesna Korgen Rössvassbukt Västansjö
Sandnessjøen Stabbfossen Rössvatnet
Tjøtta Mosjøen Hattfjelldal Sorsele
Vega Horn Trofors Brenna Fättjaur
Brønnøysund Kroken 707
Vennesund Majavatn Saxnäs Sto
Folda E06 1680 Sutme
Vikna Foldereid Brekkvasselv 72
Vikna Limingen 78 106 Risbäck Vilhelmina
Namsos Grong 521 Eidet Gäddede 134 Dorotea Råsele
Osen Namdalseid Jule Strömsund Lövberga Hoting Åsele
Åfjord Jørstad Snåsavatn 82 Backe Ju
Frøya Vangshylla Steinkjer Jämtland Ramsele
Brekstad Levanger Kallsedet Lillhofmsjön Hammerdal Sollefte
Hitra Rørvik Sandvika Järpen Krokom Stugun
Forsnes Stjørdal E14 Meråker Duved 448 Östersund
Hustavika 1910 Hemne Trondheim Enafors Storsjön Brunflo Bispe
Kristiansund Orkdal Selbu Ås Dödalfallet
Ørjavik Halsa E06 116 Ljungdalen Bräcke Ås
Bud Kvisvik Størén Berkåk 105 Brekken Fjällnäs Ange E14 Borgsjö
Molde Gjemnes Kvanne Ulsberg Röros Tännäs Hedeviken Åsarna Ostavall Stöd
Åfarnes 162 Sunndalsøra Oppdal 706 Rätansbyn Sveg
Ålesund Vatne Åndalsnes 75 Sørvika Sanfjället Ytterhogdal 110
Runde Harøid Sykkylven E136 Hjerkinne 54 Elga 1277 Sörvattnet Kårböle Ljusdal
Vestkapp Årvik Stranda Valldal Slettfoss 2300 Hjerkinn Tynset Femund Flötningen
Volda Geiranger Trollstig 107 1026 Tron Drevsjö Idre Särna Los Sveg
Måløy Stryn Søstfoss Dombås Rondane 1666 Alvdal Koppang Särna Voxna Bollnäs
Nordfjordeid Grotli Vågåmo Jordet Furudal
Sandane Skei Lom Ottå 357 Atnmoen Nybergsund Langflon Mora Orsa
Flora Jotunheimen 2469 Bessheim Ringebu Fulunäs Älvdalen Siljan 105 Ockelb
Førde Glitterind 2452 Bygdin Fåberg Rena Malung Rättvik
Høyanger 2404 Øvre Ardal Koppang Lillehammer Elverum Falun 113
Dale Sogndal Skjolden 348 Gjøvik Hamar Sandvik
Leirvik Balestrand Reysnes E16 Borlaug Borgund Gol Oslo
Oppedal Gudvangen Aurlandsvangen Fagernes Oslo Borlänge
Knarvik Voss Gol Oslo
Haugesund Oslo Borlänge

ATLANTIC

OCEAN

Arctic Circle
Træna

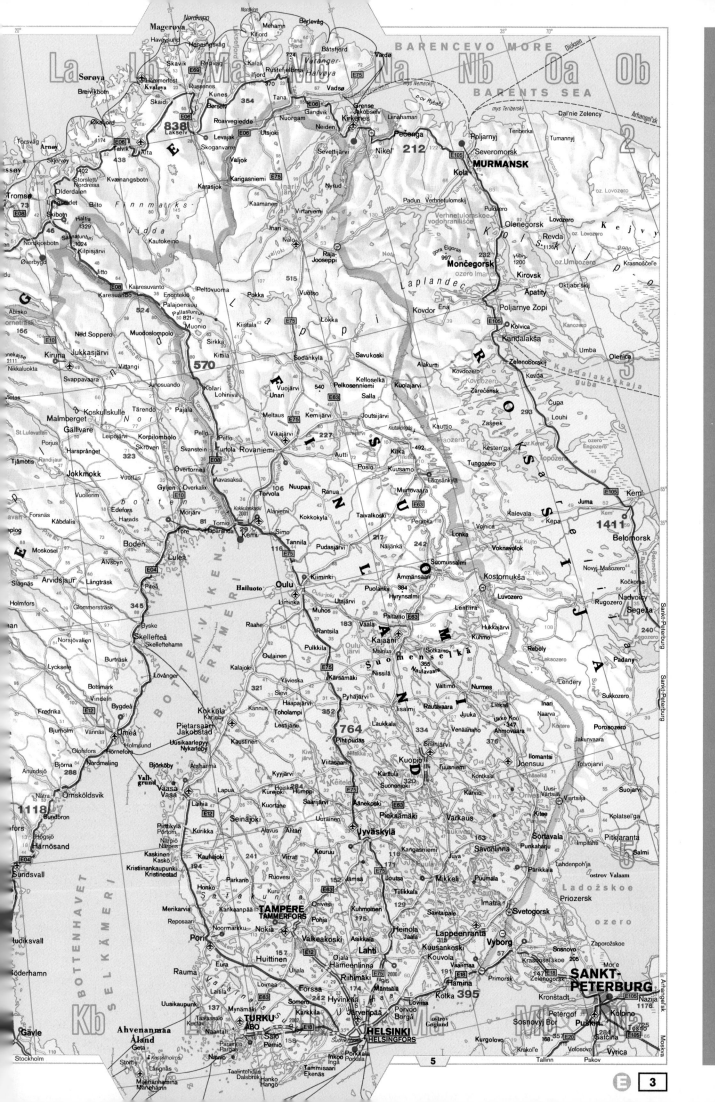

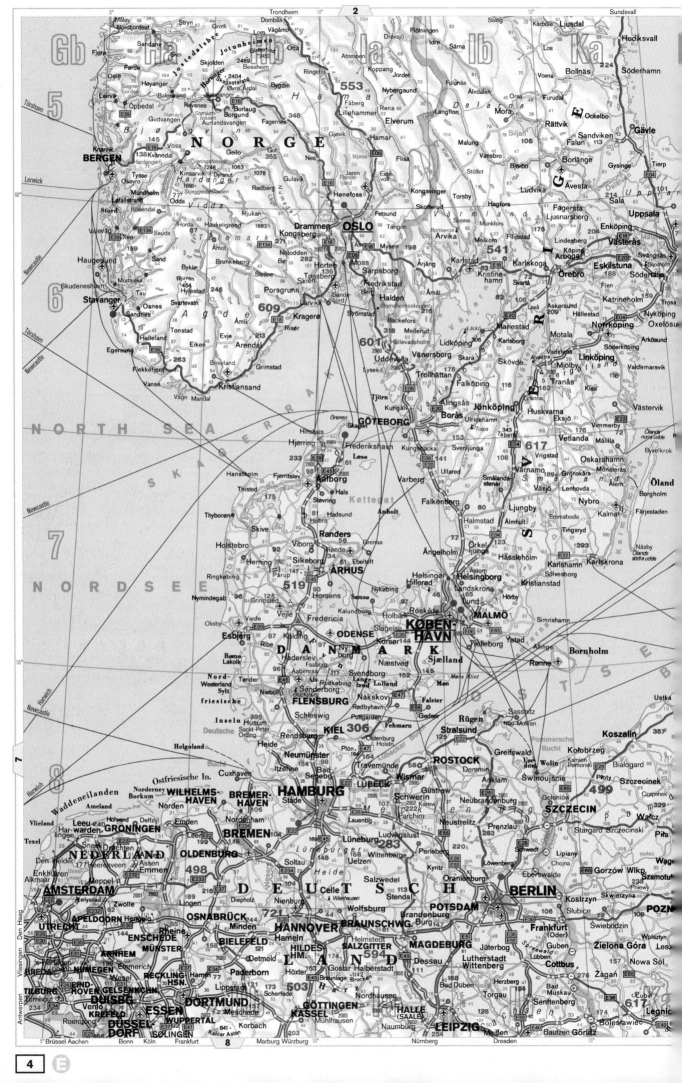

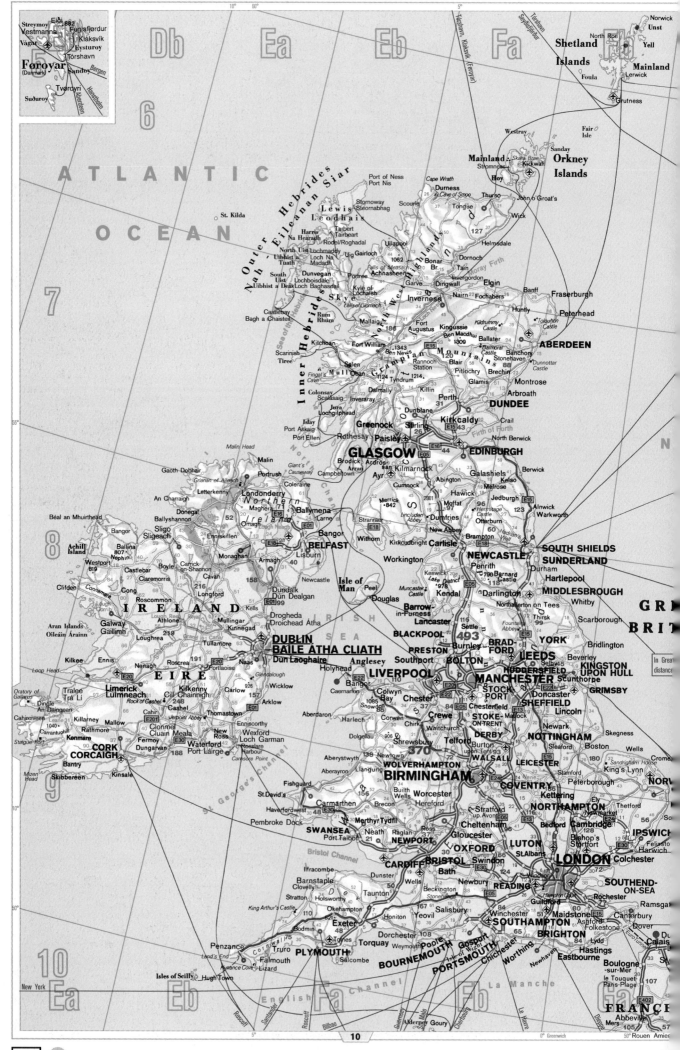

ATLANTIC

OCEAN

Føroyar
(Danmark)
Streymoy
Eiði 882
Vestmanna
Fuglafjørdur
Vágar
Klaksvík
Eysturoy
Tórshavn
Sandoy
Bergen
Suðuroy
Tvøroyri
Alborg
Hanstholm

Db   Ea   Eb   Fa   Ha

Shetland
Islands
North Roe
Norwick
Unst
Yell
Mainland
Lerwick
Foula
Grutness

Westray
Sanday
Skara Brae
Kirkwall
Orkney
Islands
Stromness
Hoy
Mainland
Fair
Isle

Port of Ness
Port Nis
Cape Wrath
Durness
Cave of Smoo
Scourie
Tongue
Thurso
John o'Groat's
Wick
Helmsdale

Outer Hebrides
Nah' Eileanan Siar
St. Kilda
Stornoway
Steornabhag
Lewis
Leodhais
Tarbert
Tairbeart
Harris
Na Hearath
Rodel/Roghadal
North Uist Lochmaddy
Uibhist a Tuath Loch Na Madadh
Dunvegan
South Uist Lochboisdale
Uibhist a Deas Loch Baghasdail
Skye
Kyle of Lochalsh
Falls of Glomach
Ullapool
Falls of Measach
Bonar Br.
Dornoch
Tain
Invergordon
Elgin
Banff
Fraserburgh
Huntly
Peterhead
Achnasheen
Garve
Dingwall
Nairn
Fochabers
Inverness
Kildrummy Castle
Tolquhon Castle
ABERDEEN

Portree
1062
Gairloch

Inner Hebrides
Castlebay
Bagh a Chaisteil
Rum
Rhum
186
Kilchoan
Mallaig
Fort Augustus
Ben Macdhui
1309
Ballater
Balmoral Castle
Banchory
Stonehaven
Dunnottar Castle

Scarinish
Tiree
1343
Ben Nevis
Salen
Fort William
1124
Tyndrum
1214
Blair
Pitlochry
Brechin
Montrose
Arbroath

Fingal's Cave
Mull
Oban
120
Rannoch Station
Killin
Glamis
DUNDEE

Colonsay
Scalasaig
Jura
Loch Gilphead
Inveraray
Dalmally
Perth
31
Crail

Islay
Port Askaig
Port Ellen
Rothesay
Greenock
Paisley
Stirling
26
Kirkcaldy
Dunblane
43
North Berwick

Malin Head
Malin
Giant's Causeway
Portrush
Coleraine
Brodick
Arran
Ardrossan
GLASGOW
Ayr
Kilmarnock
Cumnock
Abington
EDINBURGH
44
Galashiels
Berwick

Gaoth Dobhair
Grianan of Aileach
Letterkenny
An Charraigh
Donegal
Ballyshannon
52
Northern Ireland
Maghera
Ballymena
Larne
Merrick
842
2001
Moffat
Lincluden Abbey
Hawick
Melrose
Jedburgh
96
Kelso
123
Alnwick
Warkworth

Béal an Mhuirthead
Bangor
Sligo
Sligeach
Enniskillen
Omagh
Bangor
Dumfries
Hermitage Castle
Otterburn
27
Achill Island
807
Nephin
Ballina
Castlebar
Boyle
Carrick-on-Shannon
Cavan
158
Monaghan
Armagh
BELFAST
Lisburn
Newcastle
New Abbey
60
Hadrian's Wall
NEWCASTLE
SOUTH SHIELDS
SUNDERLAND
Westport
819
40
Withorn
Kirkcudbright
Carlisle
Brampton
Penrith
790
Barnard Castle
118
Durham
Hartlepool
MIDDLESBROUGH

Clifden
Connemara
Cong
Claremorris
Roscommon
216
Longford
Kells
Drogheda
Droichead Atha
Workington
Keswick
978
Lake District
Muncaster Castle
Kendal
Darlington
Northallerton on Tees
Thirsk
99
Whitby
Scarborough

Galway
Gaillimh
Athlone
218
Mullingar
Kinnegad
51
Isle of Man
Peel
Douglas
Barrow-in-Furness
Lancaster
Settle
116
Fountains Abbey
Bridlington

Aran Islands
Oileáin Árainn
Loughrea
66
Tullamore
63
DUBLIN
BAILE ATHA CLIATH
Dún Laoghaire
BLACKPOOL
493
BRADFORD
YORK
Beverley

Kilkee
Ennis
Roscrea
191
Naas
Portlaoise
Carlow
926
157
Wicklow
Arklow
Holyhead
Anglesey
Southport
PRESTON
Burnley
BOLTON
LEEDS
HUDDERSFIELD
KINGSTON UPON HULL
Scunthorpe
GRIMSBY

Loop Head
EIRE
Kilkenny
Cill Chainnigh
248
Cashel
Rock of Cashel
Jerpoint Abbey
Thomastown
58
LIVERPOOL
Bangor
Caernarfon
Colwyn Bay
Chester
110
MANCHESTER
STOCK-PORT
SHEFFIELD
Lincoln
Doncaster

Oratory of Gallarus
Tralee
Trá Lí
Limerick
Luimneach
Nenagh
Cahir
Clonmel
Cluain Meala
New Ross
Enniscorthy
Wexford
Loch Garman
Snowdon
1085
Chesterfield
Crewe
37
Chirk
84
STOKE-ON-TRENT
Matlock
Newark
Skegness

Dingle
An Daingean
Cahirciveen
1040
Carrantuohill
Killarney
Mallow
Rathmore
Fermoy
Dungarvan
Waterford
Port Láirge
Rosslare Harbour
Harlech
Dolgellau
906
Corwen
Whitchurch
Telford
DERBY
Burton upon Trent
NOTTINGHAM
Wells
Boston
180

Stague Fort
Kenmare
37
CORK
CORCAIGH
188
Carnsore Point
Aberdaron
Newtown
139
Shrewsbury
370
WOLVERHAMPTON
WALSALL
LEICESTER
Stamford
King's Lynn
Sandringham House

Mizen Head
Bantry
Kinsale
Skibbereen
Aberystwyth
Aberayron
Llangurig
BIRMINGHAM
COVENTRY
Kettering
Peterborough
NORWICH

St George's Channel
Fishguard
St. David's
Builth Wells
156
Brecon
Worcester
Hereford
Stratford up. Avon
116
NORTHAMPTON
Ely
Newmarket
Thetford
56

Haverfordwest
48
Carmarthen
Merthyr Tydfil
Cheltenham
Bedford
Cambridge
Bishop's Stortford
IPSWICH
Felixstowe
Harwich

Pembroke Dock
SWANSEA
Port Talbot
Neath
Raglan
21
Gloucester
OXFORD
LUTON
166
St Albans
Colchester

Bristol Channel
Ilfracombe
NEWPORT
CARDIFF
BRISTOL
Bath
Swindon
Newbury
124
READING
Windsor
Hampton Court
LONDON
3072
SOUTHEND-ON-SEA
Rochester

Barnstaple
Clovelly
Stratton
Holsworthy
Dunster
Wells
Beckington
Stonehenge
Salisbury
Winchester
84
Guildford
65
Maidstone
Ashford
Ramsgate
Canterbury
Dover
Folkestone

King Arthur's Castle
Okehampton
110
Honiton
Yeovil
167
Dorchester
108
Newhaven
SOUTHAMPTON
Chichester
BRIGHTON
Hastings
Eastbourne

Penzance
Truro
75
Bodmin
Exeter
48
Totnes
Torquay
Weymouth
BOURNEMOUTH
Gosport
PORTSMOUTH
Worthing
Boulogne-sur-Mer
le Touquet
Paris-Plage

Land's End
Penrance Cove
Lizard
Falmouth
Salcombe
PLYMOUTH
Poole
Isle of Wight
Calais
107

Isles of Scilly
Hugh Town
New York

English
Channel
La Manche
FRANCE
Abbeville
E402
Rouen Amiens
Dieppe

GR
BRI
In Grea
distance

10° 60°
5°
Fa
Ha

0° Greenwich
50° Rouen Amiens

10

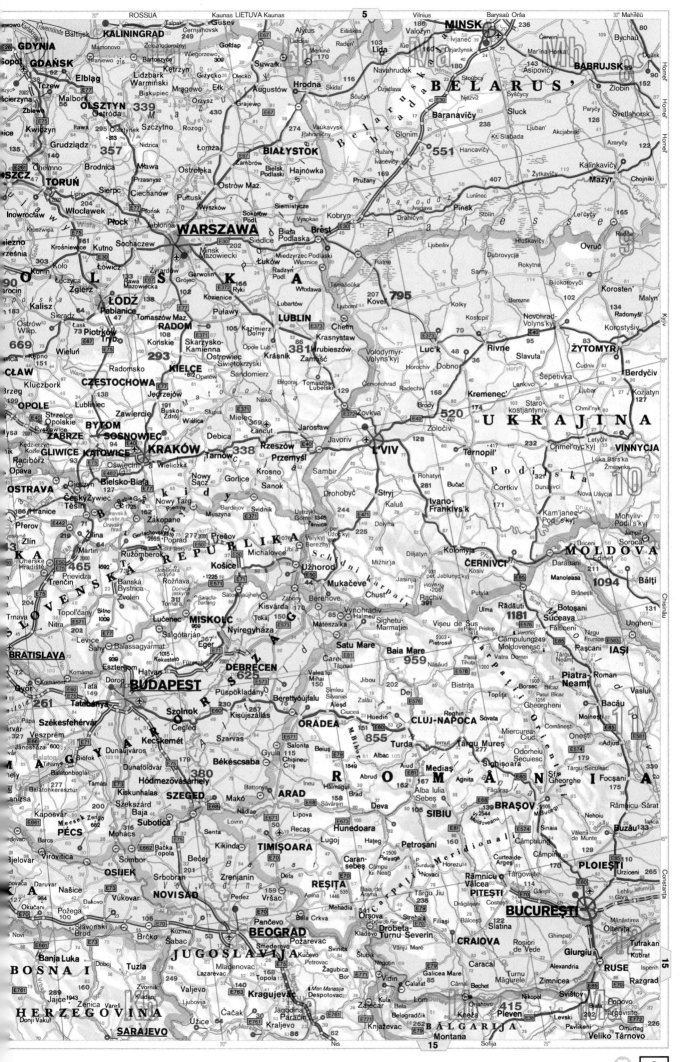

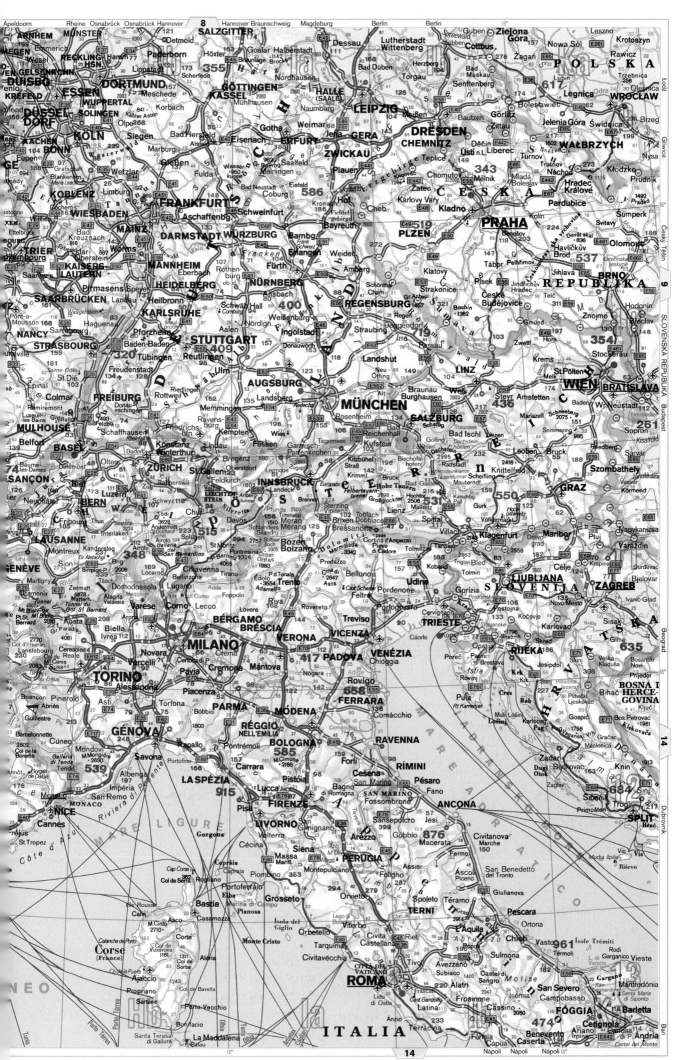

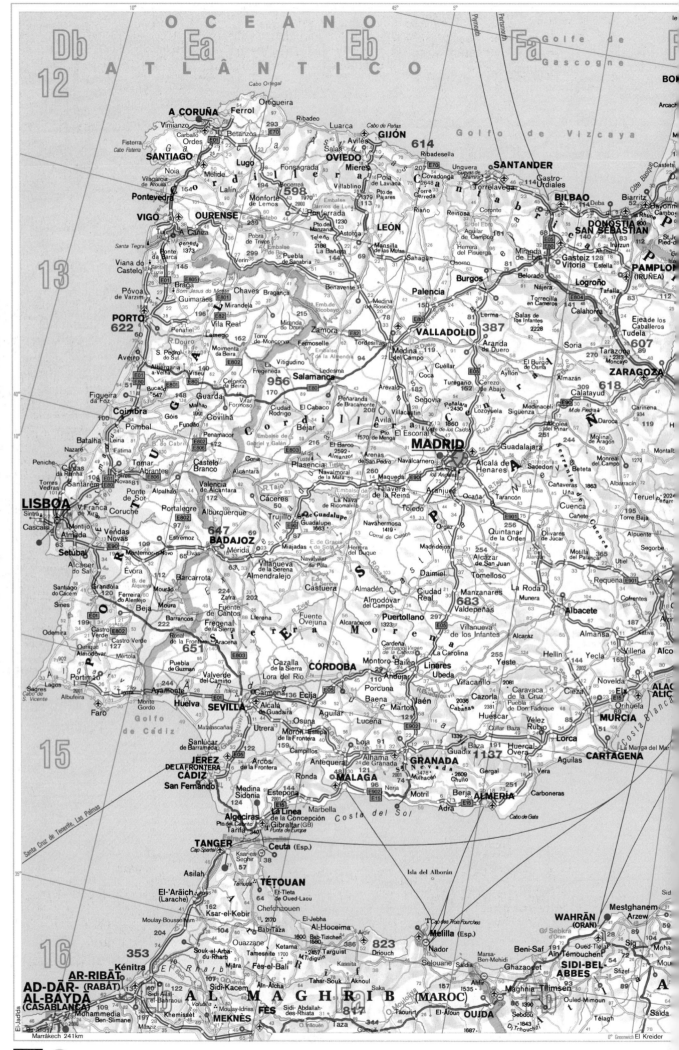

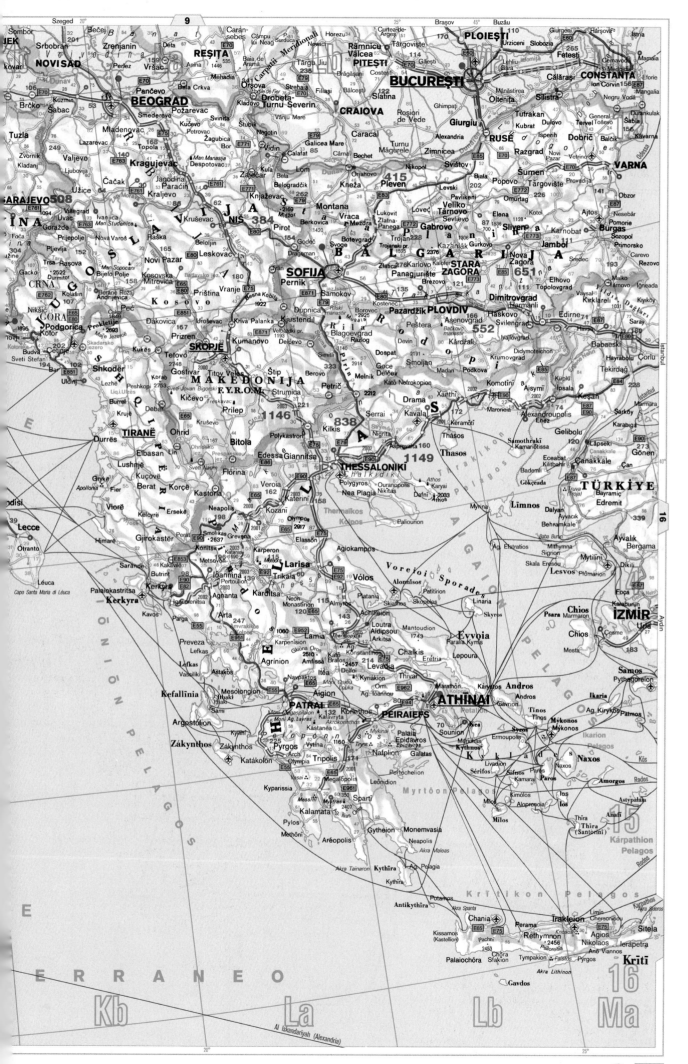

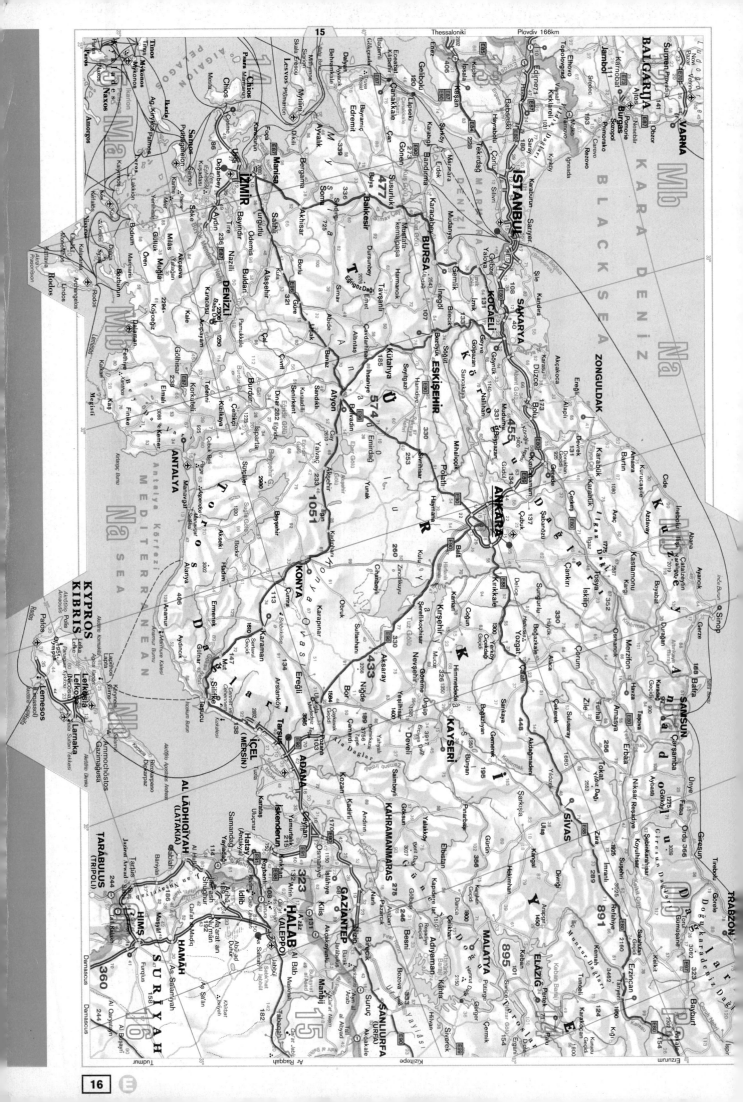